PSICOTERAPIA
POSITIVA

AUTORES:

Tayyab Rashid
Licensed clinical psychologist and associate faculty at the University of Toronto Scarborough, Canada. Expertise in Positive Psychology interventions, resilience and post-traumatic growth. Received the Outstanding Practitioner Award from the International Positive Psychology Association.

Martin Seligman
Director of the Penn Positive Psychology Center, Zellerbach Family Professor of Psychology in the Penn Department of Psychology, and director of the Penn Master of Applied Positive Psychology Program. Leading authority in the fields of Positive Psychology, resilience, learned helplessness, depression, optimism and pessimism.

R222p   Rashid, Tayyab.
        Psicoterapia positiva: manual do terapeuta / Tayyab Rashid, Martin Seligman ; tradução: Sandra Maria Mallmann da Rosa; revisão técnica : Marco Montarroyos Callegaro. – Porto Alegre : Artmed, 2019.
        xii, 362 p. ; 25 cm.

        ISBN 978-85-8271-549-9

        1. Psicoterapia. 2. Psicologia positiva. I. Seligman, Martin. II. Título.

        CDU 159.9:616.8-085.851

Catalogação na publicação Karin Lorien Menoncin – CRB 10/2147

TAYYAB **RASHID**
e
MARTIN **SELIGMAN**

PSICOTERAPIA POSITIVA

MANUAL DO TERAPEUTA

Tradução:
Sandra Maria Mallmann da Rosa

Revisão técnica:
Marco Montarroyos Callegaro
Psicólogo. Mestre em Neurociências pela Universidade Federal de Santa Catarina. Diretor do Instituto Catarinense de Terapia Cognitiva (ICTC). Presidente da Federação Brasileira de Terapia Cognitiva (FBTC) – gestão 2009-2011. Presidente da Associação de Psicologia Positiva da América Latina (APPAL) – gestão 2015-2017.

artmed

Porto Alegre
2019

Obra originalmente publicada sob o título
Positive psychotherapy: clinician manual, first edition
ISBN 9780195325386
This translation is published by arrangement with Oxford University Press.
Artmed Editora Ltda is solely responsible from this translation of the original work and Oxford University Press shall have no liability for any errors, omissions, or inaccuracies or ambiguities in such translation or for any losses caused by reliance thereon.
Copyright © 2018 Oxford University Press

Gerente editorial
Letícia Bispo de Lima

Colaboraram nesta edição:

Coordenadora editorial
Cláudia Bittencourt

Capa
Paola Manica

Preparação de original
Camila Wisnieski Heck

Editoração
Ledur Serviços Editoriais Ltda.

Reservados todos os direitos de publicação, em língua portuguesa, à
ARTMED EDITORA LTDA., uma empresa do GRUPO A EDUCAÇÃO S.A.
Av. Jerônimo de Ornelas, 670 – Santana
90040-340 Porto Alegre RS
Fone: (51) 3027-7000 Fax: (51) 3027-7070

Unidade São Paulo
Rua Doutor Cesário Mota Jr., 63 – Vila Buarque
01221-020 São Paulo SP
Fone: (11) 3221-9033

SAC 0800 703-3444 – www.grupoa.com.br

É proibida a duplicação ou reprodução deste volume, no todo ou em parte, sob quaisquer formas ou por quaisquer meios (eletrônico, mecânico, gravação, fotocópia, distribuição na Web e outros), sem permissão expressa da Editora.

IMPRESSO NO BRASIL
PRINTED IN BRAZIL

Para Zain, Zaid e Afroze, as luzes dos meus olhos.
  T.R.

Para John Abela, Susan Nolen-Hoeksema e Christopher Peterson, excelentes estudantes que faleceram antes que pudessem conhecer os frutos completos de seu trabalho.
  M.S.

AGRADECIMENTOS

Inúmeras mãos amigas e generosas contribuíram para o desenvolvimento deste livro. Somos gratos a Sarah Harrington, da Oxford University Press, por liderar a produção com a atenção e os cuidados necessários. Kate Scheinman, graças a sua experiência editorial, aprimorou o texto original. As seguintes pessoas contribuíram de maneira singular, e a elas dedicamos nossos sinceros agradecimentos: Robert e Diane Ostermann, Jane Gilham, John Abela, Karen Reivich, Judy Saltzberg, Peter Schulman, James Pawelski, Angela Duckworth, Acacia Parks, H'Sien Hayward, Linda Newstead, Barbara Fredrickson, Denise Quinlan, Neal Mayerson, Ryan Neimeic, Robert McGrath, Dan Tamasulo, Juan Humberto Young, Hamid Peseschkian, Ruth Louden, Alexandra Love, Curtis Cole, Miriam Shuchman, Desmond Pouyat, George Vaillant, Rick Summers, Carol Kaufmann, Carolyn Lennox, Ruth Baumal, Judith Kaufmann, Amanda Uliaszek, Ryan Howes, Danielle Uy, Aryel Maharaj, Karen Young, Shafik Kamani, Gjylena Nexhipi, Noman Siddque, Wenbin Cai, Steve Holtje, Louisa Jewell, Tanya De Mello, John Hendry, Mike Slade, Beate Schrank, Simon Riches, Carol Yew, Samuel Ho, Michael Alexander, Sarah Spinks, Neil Docherty, Abdul Rauf, Faisal Nisar, Asif Saeed, Eman Bente Syed, Mehreen Raza, Timothy Gianotti, Robert Fazio, bem como nossos clientes, que nos ensinaram como curar em meio às feridas.

Tayyab Rashid
Martin Seligman

PREFÁCIO
A aplicação da psicologia positiva em contextos clínicos

Uma premissa implícita e não testada da psicoterapia tradicional é que um cliente, quando encorajado a falar longamente sobre o que está errado, de alguma forma irá se recuperar. A psicoterapia positiva (PPT) utiliza a abordagem oposta. Ela encoraja os clientes a reconhecerem o que está certo, forte e bom em suas vidas e usa o que há de melhor neles para protegê-los contra transtornos mentais. Considere os seguintes exemplos:

- *Emma, uma jovem obcecada por lembranças do trauma, reúne coragem para descobrir que o perdão ajuda e também machuca.*
- *Alejandro, um homem de meia-idade com depressão e ideação suicida, está sentado no setor de emergências psiquiátricas. Ele observa que quase todos os outros sentados ali parecem piores do que ele, e então se dá conta de que tem recursos internos suficientes para enfrentar bem seus problemas.*
- *Myriam, uma estudante de pós-graduação de quase 30 anos, tem alucinações visuais e auditivas que não se enquadram claramente em nenhuma categoria diagnóstica. Ela retorna à terapia depois de ter sido encaminhada a inúmeros especialistas que não chegaram a um acordo quanto ao diagnóstico.*

Nos últimos 15 anos, essas pessoas e outras centenas buscaram a psicoterapia positiva (PPT) porque essa abordagem não as vê meramente como almas feridas, corpos cansados e espíritos indiferentes. A PPT avalia, valoriza e amplifica o que é bom nos clientes – sem minimizar seu sofrimento – e usa essas forças como alavancas para a cura.

- Quando Emma estava pronta para olhar para seu trauma, a PPT se tornou um processo de compreensão das nuanças do perdão – onde ele pode ajudar ou machucar. Ela descobriu que sua força para o perdão a define como uma pessoa amável e empática.
- Durante a PPT, Alejandro descobriu que perspectiva é uma de suas forças. Ele foi capaz de identificar que há outros que estão piores do que ele, e essa compreensão lhe deu força para perceber seus aspectos positivos e usá-los em sua vida.
- Quando foi questionada sobre o que a trouxe de volta à terapia (apesar do fato de nossa clínica não ter serviços especializados para ela), Myriam respondeu ter descoberto que a PPT é a única que olha para ela além de seus sintomas e valoriza como sua criatividade e perseverança lhe permitirão terminar seus estudos.

A psicoterapia evoluiu, em grande parte, como uma disciplina curativa preocupada principalmente em consertar e reparar os pontos fracos. Nas páginas a seguir, você aprenderá que a psicoterapia pode estar centrada em explorar e cultivar emoções positivas genuínas, forças de caráter, significado e propósito. As vinhetas clínicas que aparecem neste livro mostram que os clientes, apesar de estarem tristes, estressados, ansiosos, ambivalentes ou com raiva, são capazes de descobrir e usar sua gentileza, sua gratidão, seu entusiasmo, sua autorregulação e, acima de tudo, sua esperança e seu otimismo. Junto dessas histórias é apresentada uma estrutura sistemática para o uso de competências positivas como proteção contra transtornos. Acreditamos que ele descreve um processo transformador, em que o cultivo de emoções positivas, a amplificação de forças de caráter, a busca de significado, o estímulo de relações positivas e os esforços em direção a objetivos intrinsecamente motivadores são centrais para a forma como os clientes, e também os clínicos, se curam e se desenvolvem.

Os profissionais da saúde mental podem usar este manual para inúmeras condições clínicas que requerem flexibilidade e considerações culturais. A Parte I apresenta a fundamentação teórica, enquanto a Parte II guia os clínicos, passo a passo, nas práticas da PPT. Recursos clínicos relevantes estão listados no fim de cada sessão e também nos apêndices deste manual.[1]

A PPT é nova, ainda carecendo de estudos definitivos em grande escala sobre seus resultados. Nossa maior expectativa é que este livro contribua para sua avaliação.

---

[1] Acesse **loja.grupoa.com.br**, encontre a página do livro por meio do campo de busca e localize a área de Material Complementar para acessar formulários em língua portuguesa a serem utilizados na prática clínica.

SUMÁRIO

PARTE I   INTRODUÇÃO E FUNDAMENTOS TEÓRICOS

1	Psicoterapia positiva: o que é e por que precisamos dela?	3
2	Intervenções positivas e pressupostos teóricos	9
3	Psicopatologia: sintomas e forças	25
4	A centralidade das forças de caráter e como usá-las na psicoterapia positiva	39
5	Psicoterapia positiva: prática, processo e mecanismos de mudança	51

PARTE II   PRÁTICA SESSÃO A SESSÃO

6	Sessões, práticas e processo terapêutico	77
7	Sessão um: *Apresentação positiva e diário de gratidão*	85
8	Sessão dois: *Forças de caráter e forças de assinatura*	99
9	Sessão três: *Sabedoria prática*	125
10	Sessão quatro: *Uma melhor versão de mim mesmo*	139
11	Sessão cinco: *Memórias abertas e fechadas*	149
12	Sessão seis: *Perdão*	161
13	Sessão sete: *Maximização* versus *satisfação*	173
14	Sessão oito: *Gratidão*	183
15	Sessão nove: *Esperança e otimismo*	191
16	Sessão dez: *Crescimento pós-traumático*	199

17	Sessão onze: *Diminuir o ritmo e saborear*	209
18	Sessão doze: *Relações positivas*	219
19	Sessão treze: *Comunicação positiva*	231
20	Sessão catorze: *Altruísmo*	243
21	Sessão quinze: *Significado e propósito*	251

	APÊNDICE A: Práticas de relaxamento e *mindfulness*	263
	APÊNDICE B: Diário de gratidão	269
	APÊNDICE C: Inventário de psicoterapia positiva	273
	APÊNDICE D: Construindo suas forças	279
	Referências	325
	Índice	351

PARTE I

Introdução e fundamentos teóricos

1

PSICOTERAPIA POSITIVA
O que é e por que precisamos dela?

Por mais de um século, a psicoterapia tem sido o lugar em que os clientes discutem seus problemas. Milhares de pessoas a cada ano participam de palestras motivacionais, *workshops*, retiros e cursos e ainda compram livros e aplicativos digitais de autoajuda. O foco dessas iniciativas terapêuticas está baseado no pressuposto de que a descoberta de traumas infantis, a distorção de pensamentos falhos ou o restabelecimento de relações disfuncionais é curativo. Esse foco nos *aspectos negativos* faz sentido intuitivamente, mas, como autores deste manual, acreditamos que os clínicos perderam de vista a importância dos *aspectos positivos*. A psicoterapia faz um bom trabalho ao fazer os clientes se sentirem menos deprimidos e menos ansiosos, mas o bem-estar dos clientes não é um objetivo explícito da terapia. A psicoterapia positiva (PPT), por sua vez, é um esforço terapêutico dentro da psicologia positiva (PP) que visa aliviar o estresse sintomático por meio da valorização do bem-estar.

Este manual direcionado ao clínico está dividido em duas partes:

- A Parte I apresenta a estrutura teórica da PPT, explora as forças de caráter e conclui com práticas, processos e mecanismos de mudança.
- A Parte II contém 15 sessões de PPT, incluindo conceitos centrais, diretrizes, competências e folhas de exercícios para a prática dessas competências. Cada sessão inclui uma seção de adequação e flexibilidade que apresenta várias maneiras como as práticas da PPT podem funcionar (sem perder seus elementos essenciais) levando em conta situações específicas dos clientes. Cada sessão inclui pelo menos uma vinheta, além das implicações transculturais.

O QUE É PSICOTERAPIA POSITIVA?

A PPT é uma abordagem terapêutica emergente amplamente baseada nos princípios da PP. A PP estuda as condições e os processos que possibilitam que os indivíduos, comunidades e instituições prosperem. Ela explora o que funciona, o que é certo e o que pode ser cultivado (Rashid, Summers, & Seligman, 2015). O impacto da PPT em áreas da psicologia pode ser verificado pelos resultados de uma extensa revisão sistemática (Donaldson, Dollwet, & Rao, 2015) que apurou 1.336 artigos publicados entre 1999 e 2013. Desses artigos, mais de 750 incluem testes empíricos das teorias, princípios e intervenções da PP.

A PPT é o braço clínico ou terapêutico da PP. A PPT integra os sintomas com as forças, os riscos com os recursos, os pontos fracos com os valores e os pesares com as esperanças, tendo como objetivo compreender as complexidades inerentes da experiência humana de forma equilibrada. Sem ignorar ou minimizar as preocupações do cliente, o clínico em PPT compreende empaticamente, dá atenção à dor associada ao trauma e simultaneamente explora o potencial para crescimento. Não consideramos que a PPT seja um novo gênero de psicoterapia; em vez disso, a consideramos como uma reorientação terapêutica – um modelo para "construir o que é forte" – que *complementa* a tradicional abordagem de "consertar o que está errado" (Duckworth, Steen, & Seligman, 2005).

A PPT vai mais além dos aspectos positivos. Como clínicos em PPT, não estamos sugerindo que outras psicoterapias são negativas, e, na verdade, a PPT não pretende substituir as psicoterapias existentes. Em vez disso, a PPT é uma mudança gradual para dar um equilíbrio ao foco terapêutico nos pontos fracos. Clientes em sofrimento psicológico podem ser mais bem compreendidos e atendidos se aprenderem a usar seus mais altos recursos – pessoais e interpessoais – para enfrentar os desafios na vida. Conhecer nossos pontos fortes; aprender as competências necessárias para cultivar emoções positivas; fortalecer relações positivas; e incluir significado e propósito em nossas vidas pode ser tremendamente motivador, empoderador e terapêutico. O objetivo final da PPT é ajudar os clientes a aprender competências concretas, aplicáveis, pessoalmente relevantes que melhor utilizem suas forças para lutar por vidas engajadas, satisfatórias e significativas. Ao atingir esse objetivo, a PPT amplia o papel do clínico de uma autoridade prescritiva, que diagnostica déficits para uma que também facilita ativamente o crescimento, a resiliência e o bem-estar.

POR QUE PRECISAMOS DA PSICOTERAPIA POSITIVA?

A psicoterapia é a atividade central dos profissionais de saúde mental (como psicólogos, psiquiatras, assistentes sociais e conselheiros) e lança mão de um amplo espectro de métodos teóricos (Watkins, 2010). Entre todos os métodos, a psicoterapia demonstrou ser eficiente na melhoria do sofrimento psicológico (p. ex., Castonguay, 2013; Seligman, 1995). Ela supera significativamente o placebo e, em muitos casos, tem melhores resultados no longo prazo do que medicação isoladamente (p. ex., Leykin & DeRubeis, 2009; Siddique et al., 2012). De fato, a psicoterapia demonstrou ser tão eficaz quanto muitos tratamentos médicos validados empiricamente, entre os quais quase todas as intervenções em cardiologia (p. ex., betabloqueadores, angioplastia e estatinas), medicina geriátrica e asma (Wampold, 2007). Encontram-se disponíveis psicoterapias validadas empiricamente para muitos transtornos psicológicos, como depressão, esquizofrenia, transtorno de estresse pós-traumático, transtorno obsessivo-compulsivo, fobias, transtorno de pânico e transtornos alimentares (Barlow, 2008; Seligman, 1995). O *website* Substance Abuse and Mental Health Service Administration (SAMHSA) lista 145 tratamentos manualizados para 84 dos mais de 365 transtornos mentais (SAMHSA, 2015). Aspectos mais sutis da psicoterapia, como aliança terapêutica, nuances da comunicação terapêutica, linguagem não verbal, influências do terapeuta, processo de tratamento e processo de *feedback* para o cliente e do cliente, foram todos estudados (Wampold, 2001; Watkins, 2010).

O foco da terapia tradicional no que saiu errado resultou em tratamentos que reduzem os sintomas para muitos transtornos. No entanto, acreditamos que o foco intensivo dos psicoterapeutas no negativo chegou a um impasse: entre 20 e 30% dos clientes experimentam pouca mudança durante a terapia, e de 5 a 10%, na verdade, ficam pior durante ou após o tratamento (Hansen, Lambert, & Forman, 2002; Lambert, 2013). Assim, a psicoterapia, segundo nosso ponto de vista, enfrenta uma barreira significativa, que chamamos de "barreira dos 65%", isto é, 65% dos clientes em psicoterapia encontram algum benefício com o tratamento. Acreditamos que uma abordagem baseada nas forças, como a PPT, pode melhorar a eficácia da psicoterapia da seguinte forma:

- expandindo a abrangência da psicoterapia
- ampliando para além do modelo médico
- expandindo os resultados da psicoterapia e
- atenuando o impacto no clínico

Expandindo a Abrangência da Psicoterapia

A tendência dos clínicos de voltar o foco na direção dos aspectos negativos é compreensível. A evolução nos dotou de cérebros que são orientados e mais fortemente responsivos às experiências negativas do que às positivas (p. ex.,

Baumeister, Bratslavsky, Finkenauer, & Vohs, 2001; Rozin & Royzman, 2001). Essa propensão inata para a negatividade nos ajudou a garantir abrigo, alimento e parceria no passado evolucionário. A mente humana consome uma quantidade de tempo desproporcional pensando no que está errado, mas nem de perto um tempo suficiente pensando no que está correndo bem em nossas vidas. Em essência, o negativo define em grande parte a função da terapia. Embora os aspectos negativos sirvam a uma função importante em psicoterapia, eles também limitam sua abrangência.

Como seres humanos, queremos vidas que sejam imbuídas de propósito e significado (Duckworth, Steen, & Seligman, 2005). Com o crescente conhecimento das questões de saúde mental, as pessoas com doença mental estão tendo mais voz, descrevendo como são suas vidas e o que as ajudaria a ir além do papel de um paciente com um transtorno psiquiátrico (Secker, Membrey, Grove, & Seebohm, 2002). Esses clientes desejam uma recuperação plena, o que inclui esperança, relações positivas e objetivos significativos (Secker, Membrey, Grove, & Seebohm, 2002; Slade, 2010). A psicoterapia apresenta uma oportunidade ímpar de apoiar o desenvolvimento pessoal dos clientes por meio do cultivo de suas forças, e esse processo não deve ser desperdiçado pela atenção exclusiva à melhora dos sintomas ou déficits. Recuperação não é melhorar ou eliminar os problemas; é avaliar e fortalecer os pontos fortes, competências, habilidades, talentos e aptidões (Crits-Christoph et al., 2008; Le Boutillier et al., 2011; Rapp & Gosha, 2006).

Ampliando para Além do Modelo Médico

A psicoterapia continua a operar segundo um modelo médico em que os transtornos mentais são doenças do cérebro causadas pela desregulação de neurotransmissores, anomalias genéticas e defeitos na estrutura e na função cerebral (Deacon, 2013; Maddux, 2008). David Elkin (2009) e muitos outros observaram que a sobreposição do modelo médico em psicoterapia é um problema. No modelo médico, um médico diagnostica uma doença com base nos sintomas e administra o tratamento desenvolvido para curar a doença. Em psicoterapia, tanto a doença quanto o tratamento frequentemente dependem de características contextuais interpessoais – que têm pouco a ver com medicina –, mas o modelo médico permanece como estrutura descritiva dominante porque empresta à psicoterapia um nível de respeitabilidade cultural e vantagens econômicas que outros sistemas descritivos não lhe conferem (Elkins, 2009). Entretanto, diferentemente dos distúrbios médicos, os transtornos psiquiátricos não podem ser atribuídos a agentes etiológicos simples.

James Maddux (2008) observou que a influência do modelo médico na psicoterapia pode ser comprovada pelos termos que são mais comumente associados à psicoterapia, entre os quais sintomas, disfunção, diagnósticos, transtorno e tratamento. Essa influência determina desproporcionalmente o foco clínico nos transtornos e nas disfunções, e não na saúde. Em vez de abandonar o modelo médico da psicoterapia, o qual está totalmente arraigado no treinamento, na pesquisa e nas organizações profissionais, sugerimos a incorporação de uma abordagem baseada nas forças para tornar a psicoterapia mais equilibrada. Evidências mostram que as forças podem se tornar ingredientes ativos no tratamento de aflições graves como psicose (Schrank et al., 2016), ideação suicida (Johnson et al., 2010) e transtorno da personalidade *borderline* (Uliaszek et al., 2016). Ao fundir e integrar os pontos fortes, o campo da psicoterapia pode enriquecer a experiência dos clientes e dos clínicos. Slade (2010) defende que essa expansão também pode oferecer aos clínicos a oportunidade de desafiar o estigma e a discriminação, além de promover o bem-estar social. No entanto, expandir o modelo psicoterápico do déficit para os pontos fortes irá exigir mudanças tanto na avaliação quanto no tratamento. Essa mudança no papel do clínico pode se tornar a norma em vez da exceção no século XXI. Alex Wood e Nicholas Tarrier (2010) sugeriram que a compreensão e o tratamento dos níveis clínicos de sofrimento devem ser equilibrados com um foco de mesmo peso nos aspectos positivos porque

- As forças podem servir como defesa contra o efeito de acontecimentos negativos no sofrimento, potencialmente prevenindo o desenvolvimento de transtorno psicológico (Huta & Hawley, 2008; Marques, Pais-Riberio, & Lopez, 2011).
- As forças têm sido associadas a vários indicadores de bem-estar, como qualidade de vida (Proctor et al., 2011), bem-estar psicológico e bem-estar subjetivo (Govindji & Linley, 2007), e quase todas as forças de caráter estão relacionadas a satisfação acadêmica, média das notas (Lounsbury et al., 20099) e saúde mental (Littman-Ovadia & Steger, 2010; para uma revisão, veja Quinlan et al., 2012).
- Intervenções baseadas nas forças produzem inúmeros benefícios. Elas predizem transtorno psicológico além do poder preditivo da presença de características negativas ou de sintomas (Wood et al., 2009). Intervenções baseadas nas forças conferem inúmeros benefícios (para uma revisão, veja Quinlan et al., 2012).
- O aprimoramento das forças pode ser mais eficiente e aceitável para clientes de diferentes origens culturais (Harris, Thoresen, & Lopez, 2007; Pedrotti, 2011).
- As forças de caráter de inteligência social e gentileza são indicativas de menos estigma em relação a pessoas com problemas de saúde mental. Pessoas de mentalidade aberta não consideram os indivíduos com diagnóstico de transtornos mentais como pessoalmente responsáveis por adquirir esses transtornos (Vertilo & Gibson, 2014).

Expandindo os Resultados da Psicoterapia

Pesquisadores dos resultados da psicoterapia enfatizaram que indicadores de qualidade de vida e bem-estar psicológico devem ser incorporados à definição de recuperação (Fava & Ruini, 2003). Larry Davidson e colaboradores usaram o termo "atendimento orientado para a recuperação" para descrever o tratamento que cultiva os elementos positivos da vida de uma pessoa – como recursos, aspirações, esperanças e interesses –, pelo menos na medida em que tenta melhorar e reduzir os sintomas (Davidson, Shahar, Lawless, Sells, & Tondora, 2006).

Uma análise temática de 30 documentos internacionais que oferecem um guia prático orientado para a recuperação recomenda que a noção de recuperação seja expandida além da remissão dos sintomas para incluir o bem-estar. A análise sugere que a recuperação inclua a avaliação e a utilização das forças e dos apoios naturais para informar a avaliação, revisões, planos de atendimento e objetivos e que a assistência e o tratamento façam uso efetivo dessas forças (Le Boutillier et al., 2011). Definir e expandir a recuperação também expande o papel do profissional de saúde mental, com maior ênfase na parceria com o cliente (Slade, 2010). Schrank e Slade (2007) conceituam recuperação como um processo único profundamente pessoal no qual a atividade, valores, sentimentos, objetivos e papéis do indivíduo se modificam. Recuperação completa significa que, apesar das limitações causadas pelo sofrimento psicológico, o indivíduo é capaz de ter uma vida gratificante e satisfatória. Recuperação completa também envolve o desenvolvimento de novo sentido e propósito na vida enquanto o indivíduo se desenvolve e supera os efeitos catastróficos da doença mental.

Atenuando o Impacto no Clínico

A própria natureza da psicoterapia requer que os clínicos em saúde mental escutem descrições graficamente detalhadas de acontecimentos algumas vezes terríveis e sejam testemunhas da repercussão psicológica (e algumas vezes física) de atos de intensa crueldade e/ou violência. Se a psicoterapia em grande parte implica confrontar lembranças negativas e experiências adversas – sutis e severas –, a experiência cumulativa de tal engajamento empático pode ter efeitos negativos nos clínicos. Evidências demonstraram que esses efeitos se manifestam por meio da exaustão emocional, despersonalização e falta de realização pessoal – o que causa *burnout* e fadiga por compaixão (Berzoff & Kita, 2010; Deighton, Gurris, & Traue, 2007; Hart, 2014). Ao explorarem o que mantém o bem-estar dos clínicos e o que os torna exemplares, Harrison e Westowood

(2009) encontraram uma orientação positiva abrangente transmitida por uma habilidade de manter a confiança em três atributos: (a) o *self* como suficientemente bom – isto é, o clínico tem confiança em sua *expertise*; (b) o processo de mudança terapêutica; e (c) o mundo como um lugar de beleza e potencial (apesar e além da dor e do sofrimento). Esses três atributos são essenciais para a orientação teórica da PPT e são promovidos durante as práticas.

A BARREIRA DOS 65%

Conforme observado anteriormente, alguns clientes não obtêm nenhum benefício com psicoterapia, e outros (entre 5 e 10%) na verdade deterioram durante a terapia (Lambert, 2007). Vamos discutir essa barreira aplicada à forma mais comum de psicopatologia: a depressão – um transtorno algumas vezes denominado como "o resfriado comum entre as doenças mentais". Considere dois tratamentos que sabemos ser efetivos: terapia cognitivo-comportamental e uso de inibidores seletivos da recaptação da serotonina como Prozac, Zoloft e Lexapro. Cada tratamento produz uma taxa de resposta de aproximadamente 65%, e sabemos que essa resposta incorpora um efeito placebo que varia de 45 a 55% (p. ex., Rief et al., 2011); quanto mais realista o placebo, maior a resposta ao placebo. Esses números ocorrem repetidamente. Uma revisão metanalítica recente de 30 anos de ensaios randomizados de antidepressivos controlados com placebo documenta que uma alta porcentagem do efeito do tratamento pode ser atribuída à resposta ao placebo (Kirsch et al., 2002; Undurraga & Baldessarini, 2017).

Por que existe uma barreira de 65% e por que os efeitos específicos da terapia são tão pequenos? Acreditamos que isso ocorra porque a mudança comportamental é difícil para as pessoas em geral e especialmente difícil para os clientes que estão buscando terapia, que podem não ter motivação, que têm comorbidades ou que vivem em ambientes insalubres que não são suscetíveis à mudança. Em consequência, muitos clientes continuam a se comportar de maneiras arraigadas e mal-adaptativas, e a noção de mudança pode ser percebida como ameaçadora e impossível de ser atingida.

Na verdade, muitos clínicos abandonaram a noção de cura. A gestão da saúde e os orçamentos limitados para tratamento algumas vezes resultaram em situações em que os profissionais de saúde mental dedicaram seu tempo e talento para apagar incêndio em vez de fazer prevenção de incêndio. Seu foco é quase inteiramente no manejo da crise e na oferta de tratamentos cosméticos. O fato de o tratamento ser com frequência apenas cosmético explica parcialmente a barreira dos 65% (Seligman, 2006).

Na psicoterapia tradicional orientada para o déficit, muitos clínicos acreditam que uma forma de minimizar as emoções negativas, especialmente a raiva contida, é expressá-las, com a suposição de que, se a raiva não for expressa, ela se manifestará por meio de outros sintomas. A literatura terapêutica está repleta de expressões, como "esmurrar a almofada", "relaxar" e "botar pra fora", que ilustram esse tipo de pensamento (Seligman, 2002a). No entanto, essa abordagem deixa a psicoterapia atual em grande parte como uma ciência da *vitimologia* que retrata os clientes como respondentes passivos às circunstâncias. Impulso, instinto e necessidade criam conflitos inevitáveis que podem ser aliviados apenas parcialmente por meio do desabafo. Em nossa opinião, desabafar é, na melhor das hipóteses, um remédio cosmético e, na pior das hipóteses, um tratamento que pode desencadear raiva amplificada, ressentimento e doença cardíaca (Chida & Steptoe, 2009).

ALTERNATIVAS ÀS ABORDAGENS PSICOTERÁPICAS TRADICIONAIS

Aprender a funcionar bem em face do sofrimento psicológico é uma abordagem alternativa que é adotada pela PPT. Depressão, ansiedade e raiva frequentemente resultam de traços de personalidade herdados que podem ser melhorados, mas não eliminados. Todas as emoções negativas e traços de personalidade negativos têm fortes fronteiras biológicas, e é irrealista esperar que a psicoterapia possa ultrapassar esses limites. O melhor que a terapia tradicional pode fazer com sua abordagem paliativa é ajudar os clientes a viver na parte superior dessas variações de depressão, ansiedade ou raiva. Considere Abraham Lincoln e Winston Churchill, duas figuras históricas que sofreram de doença mental grave (Pediaditakis, 2014). Ambos eram seres humanos com funcionamento incrivelmente alto que desempenhavam bem apesar de vivenciarem problemas significativos de saúde mental. Talvez eles funcionassem bem porque utilizavam seus pontos fortes. A psicoterapia precisa desenvolver intervenções que ensinem os clientes a utilizar suas forças para funcionarem bem na presença de sintomas. Estamos convencidos de que a PPT pode ajudar os clientes a funcionar bem e possivelmente romper a barreira dos 65%.

Há outra razão essencial para desafiar e mudar as abordagens tradicionais da psicoterapia. Uma boa vida, o objetivo final da psicoterapia, não pode ser plenamente atingida por meio da estrutura tradicional orientada para o déficit. Por exemplo, em um estudo que controlou essas características negativas, os pesquisadores encontraram que pessoas que tinham poucas características positivas (p. ex., esperança e otimismo, autoeficácia e gratidão) tinham risco duas vezes maior de desenvolver depressão (Wood & Joseph, 2010). Da mesma forma, a presença de forças de caráter (p. ex., esperança; apreciação da beleza e excelência; e espiritualidade) demonstrou prestar uma contribuição significativa para recuperação de depressão (Huta & Hawley, 2008). Esperança e otimismo (Carver, Scheier, & Segerstrom, 2010), além de gratidão (Flinchbaugh, Moore, Chang, & May, 2012), demonstraram conduzir a níveis mais baixos de estresse e depressão.

2
INTERVENÇÕES POSITIVAS E PRESSUPOSTOS TEÓRICOS

As intervenções psicológicas voltadas para os aspectos positivos são poucas e dispersas. Iniciamos este capítulo revisando brevemente as primeiras intervenções e tratamentos relacionados, os quais servem como precursores das intervenções em psicologia positiva (IPPs) contemporânea e psicoterapia positiva (PPT).

UMA VISÃO HISTÓRICA DAS INTERVENÇÕES PSICOLÓGICAS POSITIVAS

Cientistas, filósofos e sábios tentaram descrever felicidade, bem-estar e prosperidade segundo muitas perspectivas. Por exemplo, Confúcio acreditava que o significado da vida residia na existência humana comum combinada com disciplina, educação e relações sociais harmoniosas. Para atingir a felicidade, a busca de uma vida virtuosa é a condição necessária segundo Sócrates, Platão e Aristóteles. Antes da Segunda Guerra Mundial, a psicologia tinha três missões claras: curar a psicopatologia, tornar as vidas de todas as pessoas mais produtivas e gratificantes e identificar e estimular altos talentos (Seligman & Csikszentmihalyi, 2000). William James observou, em *Varieties of religious experiences* (1902), que coragem, esperança e confiança podem vencer a dúvida, o medo e a preocupação. John Dewey (1934) sublinhou a necessidade de trocas artísticas e estéticas entre as pessoas e o ambiente. Henry Murray (1938) postulou que o estudo de experiências positivas, prazerosas e fecundas é essencial para a compreensão dos seres humanos.

Imediatamente após a Segunda Guerra Mundial, em grande parte devido a exigências econômicas e políticas, a avaliação e o tratamento da psicopatologia se tornaram o foco principal mais restrito da psicologia. No entanto, psicólogos humanistas como Carl Rogers, Abraham Maslow, Henry Murray, Gordon Allport e Rollo May continuaram a defender abordagens positivas para a psicoterapia. Eles tentaram descrever uma boa vida e identificar formas como nossa tendência inerente ao crescimento pode facilitar essa vida. Maslow (1970) apontou:

> A ciência da psicologia teve muito mais sucesso no lado negativo do que no positivo. Ela nos revelou muito acerca das deficiências do homem, sua doença, seus pecados, mas pouco sobre seus potenciais, suas virtudes, suas aspirações realizáveis ou sua estatura psicológica plena. É como se a psicologia tivesse voluntariamente se restringido apenas à metade da sua competência legítima, a metade mais sombria, mais vil. (p. 354)

Marie Jahoda discutiu o conceito de saúde mental positiva na década de 1950 (Jahoda, 1958). Michael Fordyce transformou essas noções em algumas intervenções positivas e as testou com estudantes universitários (Fordyce, 1983). A terapia focada na solução, desenvolvida na década de 1980 por Steve de Shazer e Ing Kim Berg (De Shazer et al., 1986; Hawkes, 2011), foca na geração de soluções e objetivos a partir de opções modificáveis. A terapia do bem-estar integra a terapia cognitivo-comportamental a elementos de bem-estar e demonstrou ser efetiva no tratamento de transtornos afetivos e de ansiedade (Ruini & Fava, 2009). Igualmente, a terapia da qualidade de vida de Frisch integra a terapia cognitiva a ideias da psicologia positiva e provou ser eficaz com clientes depressivos (Frisch, 2013). Entretanto, considerando-se que havia tão poucas intervenções focadas nos aspectos positivos se comparadas com o número esmagador de tratamentos orientados para o déficit, os psicoterapeutas aprenderam muito sobre danos, déficits e disfunções e muito pouco sobre os ingredientes para uma boa vida e como estes podem ser cultivados.

INTERVENÇÕES EM PSICOLOGIA POSITIVA E PSICOTERAPIA POSITIVA

A PPT é uma abordagem terapêutica baseada amplamente nos princípios básicos da psicologia positiva. Em outras palavras, a PPT é o trabalho clínico e terapêutico dentro da psicologia positiva. A PPT é composta por 14 práticas específicas que foram validadas empiricamente como IPPs, seja isoladamente, seja em conjuntos de duas ou três práticas (Seligman et al., 2005). Depois da validação empírica, essas práticas foram organizadas em um protocolo coeso e denominadas psicoterapia positiva (PPT). Nesta seção, avaliamos a posição empírica das IPPs antes de descrevermos a PPT mais detalhadamente.

Frequentemente realizadas *on-line*, as IPPs são estratégias relativamente simples para aumentar o bem-estar. Martin Seligman e colaboradores validaram empiricamente três IPPs (*Três coisas boas*, também conhecida como *Diário de bênçãos*; *Utilização das forças de assinatura de uma maneira nova*; e *Visita de gratidão*; Seligman et al., 2005). Linhas de pesquisa independentes replicaram esses achados (Gander et al., 2013; Mitchell et al., 2009; Mongrain, Anselmo-Mathews, 2012; Odou & Vella-Brodrick, 2013; Schueller & Parks, 2012; Duan et al., 2014; Shotanus-Dijkstra et al., 2015; Vella-Brodrick, Park, & Peterson, 2009).

Desde sua validação inicial, as IPPs têm sido amplamente aplicadas (p. ex., Parks et al., 2012; Proyer et al., 2013; Quinlan et al., 2015; Winslow et al., 2016). Elas deram um novo impulso a tentativas teóricas e clínicas paralelas de fomentar o bem-estar e atributos positivos como gratidão (Emmons & McCullough, 2003), perdão (Worthington & Drinkard, 2000), saborear (Bryant, 1989), forças (Buckingham & Clifton, 2001; Saleebey, 1997), bem-estar psicológico (Ryff & Singer, 1996; Ryff, Singer, & Davidson, 2004) e empatia (Long et al., 1999).

Tanto a estrutura teórica quanto as implicações aplicadas das IPPs estão atraindo estudos acadêmicos na forma de obras editadas. *The handbook of positive psychology interventions* (Parks & Schueller, 2014) oferece uma visão abrangente de IPPs já estabelecidas, novas e emergentes. Alex Wood e Judith Johnson publicaram recentemente um volume editado abrangente, *The handbook of positive clinical psychology* (Wood & Johnson, 2016). Ele oferece uma perspectiva integrada do bem-estar e faz relação com a personalidade, a psicopatologia e os tratamentos psicológicos examinando condições clínicas como depressão, desregulação emocional, ansiedade, transtorno de estresse pós-traumático, suicidalidade e psicose. O *Handbook* também discute tratamentos clínicos baseados na psicologia positiva, como a PPT (Rashid & Howes, 2016), a terapia do bem-estar (Fava, 2016) e a terapia da qualidade de vida (Frisch, 2016), e reinterpreta tratamentos tradicionais, como a terapia de aceitação e compromisso, a terapia centrada no cliente e a terapia dos esquemas segundo a posição estratégica da psicologia positiva.

A Tabela 2.1 (Intervenções Selecionadas de Psicologia Positiva em Contextos Clínicos) mostra como as IPPs contribuíram para o desenvolvimento e o refinamento do protocolo da PPT. Ela lista 20 IPPs, aplicadas em uma variedade de contextos de cuidados clínicos e à saúde com adultos. Essas IPPs focam em problemas clínicos centrais, como depressão, ansiedade, transtornos alimentares, suicidalidade e problemas de conduta. Essas linhas de pesquisa independentes demonstram de forma clara que as IPPs são efetivas na redução dos sintomas. De forma notável, aparentemente por meio do uso de construtos focados (como gratidão, esperança, gentileza, perdão e pontos fortes no caráter), as IPPs podem ser usadas no tratamento ativo ou adjunto de uma ampla gama de questões de saúde, como problemas e reabilitação cardíacos, reabilitação após acidente vascular cerebral (AVC), lesão cerebral, diabetes tipo II e câncer de mama. As IPPs foram aplicadas transculturalmente em países como Hong Kong, Indonésia, Irã, Coreia, Austrália, Alemanha e Espanha.

A prática relevante da PPT usada com cada estudo também está listada na Tabela 2.1. Essas informações são particularmente importantes para os clínicos porque demonstram que, embora a PPT seja uma modalidade de tratamento nova e em desenvolvimento, tais práticas apresentam uma base de evidência.

Ademais, a revisão da tabela irá ajudar os clínicos a adaptar o modelo da PPT para tratar das necessidades clínicas específicas de seus clientes. Por exemplo, com base em evidências emergentes, os clínicos podem decidir qual prática é mais efetiva para clientes com problemas

TABELA 2.1 Intervenções Selecionadas de Psicologia Positiva em Contextos Clínicos[a]

Nº	Fonte	Foco Clínico e Prática Pertinente da PPT	Descrição (Amostra, Metodologia)	Resultados
1	Huffman et al., 2011	Problemas Cardíacos Expressões de Gratidão Carta de Gratidão Melhor *Self* Possível Três Atos de Gentileza	Uma intervenção de PP com telemedicina de oito semanas foi testada para pacientes cardíacos.	A intervenção IPP pareceu ser viável e foi bem aceita em uma coorte de pacientes com doença cardíaca aguda.
2	Fung et al., 2011	Estresse do Cuidador Forças de Caráter, Contagem das Dádivas Visita de Gratidão Utilização de Forças para Resolver Problemas	Pais e cuidadores de crianças com paralisia cerebral, em um departamento de ortopedia e traumatologia de um hospital em Hong Kong, realizaram quatro sessões semanais.	Os participantes exibiram um nível significativamente mais baixo de estresse parental e nível de esperança mais alto, tanto após a intervenção de quatro sessões quanto na sessão de reforço. Seu suporte social percebido aumentou quando o grupo estava em andamento, mas não depois que se encerrou.
3	Cheavens et al., 2006	Depressão Forças de Caráter	Trinta e quatro adultos que preenchiam os critérios para TDM foram randomizados para 16 semanas de tratamento, com um grupo focando nas forças e outro nos déficits ou na compensação, além de TCC.	Os resultados indicaram que os indivíduos do grupo que focou nas forças dos clientes mostraram uma taxa mais rápida de mudança nos sintomas em comparação com a abordagem do déficit ou compensação.

(Continua)

(Continuação)

Nº	Fonte	Foco Clínico e Prática Pertinente da PPT	Descrição (Amostra, Metodologia)	Resultados
4	Flückiger et al., 2008	Ansiedade Recursos do cliente, como forças individuais, habilidades e prontidão, são incorporados ao tratamento	O estudo, conduzido na Alemanha, explorou se manter o foco nos recursos do paciente (competências), especialmente nas fases iniciais da terapia, tinha impacto nos resultados do tratamento.	Os resultados mostraram que focar nas competências estava associado a um resultado positivo no tratamento, independentemente do sofrimento pré-tratamento, da resposta rápida de bem-estar, da experiência do profissional e da duração do tratamento.
5	Ho, Yeung, & Kwok, 2014	Depressão História de Felicidade, Observar gratidão na vida cotidiana, Identificar formas otimistas de pensar, Saborear, Curiosidade	Setenta e quatro participantes da comunidade e de lares para idosos em Hong Kong, entre 63 e 105 anos, se submeteram a IPPs em contextos grupais durante nove semanas.	Os resultados mostraram redução dos sintomas depressivos e aumento dos níveis de satisfação, gratidão e felicidade.
6	Andrewes, Walker, & O'Neil, 2014	Lesão Cerebral Forças de Assinatura	Dez pacientes com lesão cerebral foram designados aleatoriamente para intervenção ou grupo-controle.	Depois de 12 semanas, o grupo com intervenção mostrou aumento na felicidade e melhoria do autoconceito.
7	Huffman et al., 2014	Suicidalidade Visita de Gratidão Forças de Caráter Melhor *Self* Possível Contando Dádivas Atividades Significativas	O estudo avaliou a viabilidade e a aceitabilidade de nove exercícios de PP para pacientes hospitalizados por pensamentos ou comportamentos suicidas e para explorar secundariamente o impacto relativo dos exercícios.	Os resultados mostraram efeitos globais das IPPs, contabilizando idade, ordem e exercícios omitidos. Tanto gratidão quanto as forças pessoais apresentaram eficácia.

(Continua)

(Continuação)

Nº	Fonte	Foco Clínico e Prática Pertinente da PPT	Descrição (Amostra, Metodologia)	Resultados
8	Kerr, O'Donovan, & Pepping, 2015	Problemas psiquiátricos incluindo depressão, ansiedade, abuso de substância e similares Gratidão e Gentileza	Os participantes eram 48 adultos em uma das sete clínicas de psicologia ambulatorial em Queensland, Austrália, que estavam em uma lista de espera para tratamento psicológico individual. Eles foram designados para intervenções autoadministradas por duas semanas.	Os resultados demonstraram que uma IPP breve pode cultivar com confiabilidade as experiências emocionais de gratidão, mas nenhuma gentileza, nesse breve período. Entretanto, as intervenções tanto em gratidão quanto em gentileza desenvolveram um sentimento de conexão, maior satisfação e otimismo com a vida diária e reduziram a ansiedade em comparação com uma condição placebo.
9	Huffman et al., 2015	Diabetes Tipo 2 Gratidão por Eventos Positivos Forças Pessoais Carta de Gratidão Atos de Gentileza	Neste estudo de comprovação do conceito, 15 pacientes (idade média 60,1 ± 8,8 anos) com diabetes tipo II e riscos cardiovasculares completaram exercícios de PP.	Os resultados sugerem que os níveis mais elevados de afeto positivo, otimismo e bem-estar estavam associados à melhoria na adesão a comportamentos de saúde (e resultados) em pacientes com doenças crônicas como diabetes tipo II.
10	Huynh et al., 2015	Problemas de conduta que resultam em prisão Atividades e atribuições baseadas em PERMA incorporadas ao Modelo de Vidas Boas	Esta IPP, o Reingresso Positivo em Programas Correcionais, oferecida por meio de palestras semanais, discussões e dever de casa, focou em ensinar aos infratores competências que facilitem o reingresso na comunidade.	Os resultados indicaram diferenças significativas nos escores de pré e pós-intervenção nas medidas de gratidão, esperança e satisfação na vida.
11	Ko & Hyun, 2015	Depressão Escrita sobre Coisas Boas, *Feedback* Positivo, Carta de Gratidão	Cinquenta e três adultos com diagnóstico de TDM receberam, durante oito semanas, IPPs e controle com nenhum tratamento em um contexto hospitalar na Coreia.	O grupo que recebeu IPPs relatou declínio significativo nos escores na medida de depressão e aumento significativo nos escores das medidas de esperança e autoestima.

(Continua)

(Continuação)

Nº	Fonte	Foco Clínico e Prática Pertinente da PPT	Descrição (Amostra, Metodologia)	Resultados
12	Lambert D'raven, Moliver, & Thompson, 2015	Depressão Escrita de Cartas de Gratidão Envolvimento em boas ações	Em um programa-piloto de seis semanas, 76 pacientes em um contexto de cuidados primários de saúde com sintomas de depressão participaram de uma intervenção que incluía o envolvimento em boas ações e a escrita de cartas de gratidão.	Os resultados mostraram melhoria nos escores a partir da linha de base no *follow-up* de seis meses para saúde, vitalidade, saúde mental e os efeitos da saúde mental e física nas atividades diárias.
13	Retnowati et al., 2015	Depressão depois de um desastre natural Intervenção de Esperança, Identificação de Objetivos, Planejamento, Manutenção da Motivação	O grupo de intervenção consistia de 31 adultos afetados diretamente por erupções do Monte Merapi, Indonésia, que receberam quatro sessões de 2 horas em Intervenção de Esperança. Eles foram comparados a indivíduos de um grupo-controle não tratado ($n = 31$).	O grupo com intervenção no pós-tratamento mostrou redução significativa na depressão.
14	Chaves et al., 2017	Depressão Gratidão Saborear Forças de Caráter Gentileza	Neste ensaio randomizado e controlado, seguido por diagnóstico estruturado, clientes com TDM foram designados para um grupo de TCC ($n = 49$) ou um grupo de IPP ($n = 47$).	Os clientes em ambos os grupos mostraram mudanças significativas nos períodos de pré e pós-intervenção em todos os resultados principais, mas não foram encontradas diferenças significativas entre os dois tratamentos.
15	Nikrahan et al., 2016	*Bypass* coronariano Gratidão e Perdão Forças de Assinatura Melhores *Selves* Possíveis Interações Sociais Positivas Reestruturação do Passado	Sessenta e nove pacientes com cirurgia para enxerto de *bypass* na artéria coronária ou intervenção percutânea foram randomizados para uma IPP ou um grupo-controle na lista de espera. Foram avaliados os biomarcadores de risco antes da intervenção, no período pós-intervenção (7 semanas) e no *follow-up* de 15 semanas.	O grupo com IPP teve alta sensibilidade significativamente mais baixa e resposta de cortisol ao despertar significativamente mais baixa às sete semanas quando comparado com os participantes controles.

(Continua)

(Continuação)

Nº	Fonte	Foco Clínico e Prática Pertinente da PPT	Descrição (Amostra, Metodologia)	Resultados
16	Sanjuan et al., 2016	Reabilitação Cardíaca Observação de Coisas Boas, Forças de Assinatura Melhor *Self* Possível Expressão de Gratidão Atos de Gentileza	Pacientes cardíacos (*n* = 108) na Espanha foram designados aleatoriamente para um grupo-controle (programa de reabilitação regular) ou programa de bem-estar e programa de reabilitação.	Depois de controlar a capacidade funcional, o grupo no programa de bem-estar e reabilitação relatou afeto significativamente menos negativo do que o grupo de reabilitação isoladamente.
17	Wong et al., 2018	Sofrimento Psiquiátrico Cartas de Gratidão	Adultos (*n* = 293) que procuraram terapia foram designados aleatoriamente para (a) controle (somente psicoterapia), (b) uma psicoterapia + escrita expressiva e (c) uma psicoterapia + escrita de gratidão.	Os participantes da condição de gratidão escreveram cartas expressando gratidão a outras pessoas. Os participantes da condição de gratidão relataram saúde mental significativamente melhor do que aqueles que estavam nas condições expressiva e de controle.
18	Harrison, Khairulla, & Kikoler, 2016	Transtorno Alimentar Cultivo de Emoções Positivas Forças de Caráter	Oito pacientes do sexo feminino em regime ambulatorial entre 11 e 18 anos participaram de um grupo de positividade e foram avaliadas antes, depois e no *follow-up* de seis meses.	Foi reportada melhoria significativa por 75% das pacientes em felicidade subjetiva e por 87,5% em satisfação com a vida.
19	Terrill et al., 2016	Reabilitação depois de AVC Expressão de Gratidão Prática de gentileza	Os participantes eram casais que consistiam de um parceiro que havia tido um AVC > 6 meses atrás e um parceiro/cuidador coabitando. Um ou ambos os parceiros relataram sintomas depressivos. A intervenção foi uma IPP comportamental autoadministrada de oito semanas, realizando duas atividades sozinhos e duas em conjunto a cada semana.	Cinco casais completaram o programa (83% de retenção). Os participantes se engajaram em atividades por pelo menos seis das oito semanas e relataram que estavam "muito satisfeitos" com a intervenção (M = 3,5 de 4).

(Continua)

(Continuação)

Nº	Fonte	Foco Clínico e Prática Pertinente da PPT	Descrição (Amostra, Metodologia)	Resultados
20	Muller et al., 2016	Dor crônica e incapacidade física Expressão de Gratidão Atos de gentileza Perdão *Flow* Cuidado com o corpo	Indivíduos com lesão na medula espinal, esclerose múltipla, doença neuromuscular ou síndrome pós-poliomielite e dor crônica foram designados aleatoriamente a uma PP ou a uma condição controle. Os participantes do grupo de PP se submeteram a uma IPP personalizada, enquanto os participantes do grupo-controle escreveram sobre a vida por oito semanas.	O grupo de PP relatou melhorias nos períodos de pré e pós-intervenção na intensidade da dor, no controle da dor, na catastrofização da dor, na interferência da dor, na satisfação com a vida, no afeto positivo e na depressão. As melhorias em satisfação com a vida, depressão, intensidade da dor, interferência da dor e controle da dor foram mantidas até o *follow-up* de 2,5 meses.

Nota: PP = psicologia positiva; IPP = intervenção de psicologia positiva; TCC = terapia cognitivo-comportamental; TDM = transtorno depressivo maior.
[a] Listadas cronologicamente por ano de publicação.

alimentares; como a *Carta de Gratidão* ou a *Visita de Gratidão* pode ser executada transculturalmente; ou qual prática pode não ser apropriada para clientes que lidam com trauma.

As bases teóricas das IPPs, seu mecanismo potencial de mudança e seu papel na explicação das condições clínicas também têm sido explorados, incluindo gratidão como uma compensação para os efeitos perniciosos da depressão (Wood, Maltby, Gillett, Linley, & Joseph, 2008), esperança como um mecanismo de mudança no tratamento de transtorno de estresse pós-traumático (Gilman, Schumm, & Chard, 2012), o papel terapêutico da espiritualidade e seu significado na psicoterapia (Steger & Shin, 2010; Worthington, Hook, Davis, & McDaniel, 2011) e perdão como um processo gradual de exercer o próprio direito de vingar-se ou deixar a raiva passar (Harris et al., 2006; Worthington, 2005). Outros estudos documentaram a relação entre criatividade e transtorno bipolar (Murray & Johnson, 2010), emoções positivas e ansiedade (Kashdan et al., 2006) e relações sociais e depressão (Oksanen et al., 2010). Fitzpatrick e Stalikas (2008) sugerem que as emoções positivas são fortes previsores de mudança terapêutica. Outras evidências científicas convergentes mostram que emoções positivas não refletem simplesmente sucesso e saúde; elas também produzem sucesso e saúde ao mudarem adaptativamente atitudes e mentalidades (Fredrickson, 2009).

A eficácia geral e a relevância de IPPs também foram exploradas em várias revisões. Essas revisões sintetizam vertentes teóricas e oferecem importantes implicações clínicas referentes à aplicação de IPPs. Doze dessas revisões são apresentadas na Tabela 2.2: Revisão de Intervenções Positivas com Implicações Clínicas. Estas incluem duas metanálises publicadas sobre a eficácia geral das IPPs. A primeira metanálise, conduzida por Sin e Lyubomirsky (2009), de 51 intervenções positivas, que incluiu amostras clínicas e não clínicas, encontrou que as intervenções positivas são efetivas, com tamanhos de efeito moderados na redução significativa de sintomas de depressão (média $r = 0,31$) e melhoria do bem-estar (média $r = 0,29$). A segunda metanálise, feita por Bolier e colaboradores (2013), envolveu 6.139 participantes (e incluiu 19 estudos de Sin e Lyubomirsky). Foi relatado que IPPs reduzi-

TABELA 2.2 Revisão de Intervenções Positivas com Implicações Clínicas [a]

	Fonte	Descrição da Revisão	Achados Relevantes
1	Sin & Lyubomirsky, 2009	**Metanálise:** Inclui 51 IPPs com 4.266 indivíduos, explorando a eficácia de IPP e para fornecer orientação prática aos clínicos.	Os resultados indicaram que intervenções de PP melhoraram significativamente o bem-estar (média $r = 0,5$) e diminuíram os sintomas depressivos (média $r = 0,31$).
2	Mazzucchelli, Kane, & Rees, 2010	**Metanálise:** O estudo examinou o efeito de AC no bem-estar. Foram incluídos 20 estudos, com um total de 1.353 participantes.	O tamanho de efeito agrupado (g de Hedges) indicou que a diferença no bem-estar entre AC e condições controle no pós-teste foi de 0,52.
3	Quinlan, Swain, & Vella-Brodrick, 2012	**Revisão:** Uma revisão de oito estudos que buscavam explicitamente ensinar ou usar uma classificação das forças para melhorar o bem-estar e que usou medidas pré- e pós-intervenção e um grupo para comparação.	A revisão identificou que as intervenções funcionam melhor quando pedem que os participantes planejem, visualizem um futuro diferente e, implícita ou explicitamente, estabeleçam objetivos. Objetivos relacionados à própria motivação, a relacionamentos e a autonomia são mais prováveis de ser atingidos. Intervenções mais longas são mais efetivas do que as mais curtas.
4	Bolier ct al., 2013	**Metanálise:** Uma revisão de 39 estudos randomizados publicados, incluindo 7 clínicos, envolvendo 6.139 participantes.	A metanálise identificou uma diferença média padronizada de 0,34 para bem-estar subjetivo, de 0,20 para bem-estar psicológico e de 0,23 para depressão, o que indica pequenos efeitos para IPPs.
5	Casellas-Grau & Vives, 2014	**Revisão Sistemática:** Focada em 16 estudos, incluindo abordagens baseadas em *mindfulness*, expressão de emoções positivas, intervenções espirituais, terapia da esperança e intervenções para busca de sentido.	IPPs aplicadas a pacientes e sobreviventes de câncer de mama provaram ser mais capazes de promover aspectos positivos.
6	D'raven & Pasha-Zaidi, 2014	**Revisão:** Direcionada para o aconselhamento de profissionais, esta revisão explora uma amostra de IPPs, como saborear, gratidão e autocompaixão, para descrever por que, como e em que condições essas IPPs são efetivas e para quem elas funcionam idealmente.	A revisão concluiu que IPPs podem contribuir para maior bem-estar. No entanto, aspectos importantes como adequação, momento e cultura devem ser levados em conta, e mais nem sempre é melhor.

(Continua)

(Continuação)

Fonte	Descrição da Revisão	Achados Relevantes
7 Drvaric et al., 2015	**Revisão Crítica:** Esta revisão de 11 estudos explorou a relevância e a eficácia de abordagens terapêuticas baseadas nas forças no tratamento daqueles em risco clínico para o desenvolvimento de psicose.	Competências positivas para enfrentamento e resiliência emergiram como fatores protetivos que podem mitigar altos níveis de estresse psicológico, o que sugere que estimular a resiliência pode ser eficaz na melhoria do bem-estar e na promoção de saúde mental adaptativa para alto risco clínico de psicose.
8 Hone, Jarden, & Schofield, 2015	**Revisão da Eficácia:** Focando na eficácia de 40 IPPs envolvendo 10.664 participantes, esta revisão explorou a eficácia em cinco dimensões de utilidade da intervenção, incluindo: Alcance, Eficácia, Adoção, Implementação e Manutenção (REACH).	Os níveis reportados nos escores em RE-AIM variaram substancialmente: Alcance 64%, Eficácia 73%, Adoção 84%, Implementação 58% e Manutenção 16%.
9 Quoidbach, Mikolajczak, & Gross, 2015	**Revisão:** Usando-se um modelo de processo de regulação emocional, foi conduzida uma revisão de mais de 125 estudos. Ela incluiu IPPs como Atos de Gentileza, Melhores *Selves* Possíveis, Contabilização de Bênçãos, Visita de Gratidão, Definição de Objetivos e Saborear	Os autores propõem que emoções positivas podem ser cultivadas por meio de cinco estratégias no curto e no longo prazo: escolha da situação, modificação da situação, mobilização da atenção, mudança cognitiva e modulação de respostas. Estas revisões oferecem uma estrutura abrangente e um itinerário detalhado para ajudar os clínicos a aumentarem a felicidade de seus clientes.
10 Roepke, 2015	**Metanálise:** Esta revisão explorou se as pessoas crescem depois da adversidade, por meio de diversas abordagens de tratamento. Incluiu 12 estudos aleatórios controlados, com uma medida válida e confiável de CPT (ou construto intimamente relacionado).	Embora nenhuma destas intervenções tenha sido planejada para estimular CPT como resultado primário, foi encontrado crescimento em CPT (tamanho de efeito de médio a grande).

(Continua)

(Continuação)

Fonte	Descrição da Revisão	Achados Relevantes
11 Stoner, Orrell, & Spector, 2015	**Revisão Sistemática:** A revisão avaliou medidas de resultados da PP usando critérios padronizados em populações que foram identificadas como tendo características compartilhadas. Seu objetivo era identificar medidas robustas que fossem adequadas para adaptação potencial ou uso dentro de uma população com demência.	A revisão identificou resultados de medidas de 16 PP dentro dos construtos de resiliência, autoeficácia, religiosidade/espiritualidade, valorização da vida, senso de coerência, autonomia e desenvoltura. A revisão destacou a importância de relatar análises psicométricas apropriadas em IPPs.
12 Macaskill, 2016	**Revisão:** Esta revisão examinou a aplicação de IPPs a populações clínicas com problemas de saúde física.	As IPPs estão começando a ser aplicadas a populações clínicas com problemas de saúde física. Este estudo investiga a aplicação de IPPs para câncer, doença cardíaca coronariana e diabetes. As IPPs mostram resultados iniciais promissores.

Nota: PP = psicologia positiva; AC = ativação comportamental; IPP = intervenção de psicologia positiva; CPT = crescimento pós-traumático.
[a] Listadas cronologicamente por ano de publicação.

ram a depressão com tamanhos de efeito pequenos (média $r = 0,23$), mas aumentaram o bem-estar com tamanhos de efeito moderados ($r = 0,34$). Ao explorarem a eficácia de 40 IPPs, Hone, Jarden e Schofield (2015) usaram uma estrutura padronizada, a RE-AIM, avaliando o Alcance (**R**each), a Eficácia (**E**fficacy), a Adoção (**A**doption), a Implementação (**I**mplementation) e a Manutenção (**M**aintenance) de uma intervenção (Glasgow, Vogt, & Boles, 1999; National Collaborating Centre for Methods and Tools, 2008). A RE-AIM avalia a representatividade das amostras do estudo e contextos, custos e duração dos efeitos em âmbito individual e institucional. De acordo com a RE-AIM, os escores em IPP variaram substancialmente: Alcance 64%, Eficácia 73%, Adoção 84%, Implementação 58% e Manutenção 16%. Duas metanálises que usaram emoções positivas – uma com ativação comportamental (Mazzucchelli, Kane, & Rees, 2009) e outra com abordagens baseadas em *mindfulness* (Casellas-Grau & Vives, 2014) – demonstraram que abordagens baseadas nas forças podem melhorar o bem-estar.

Outras revisões exploraram a eficácia de atributos positivos específicos, como emoções positivas em regulação emocional (Quoidbach, Mikolajczak, & Gross, 2015), e a eficácia de forças específicas (gratidão e gentileza) na redução dos sintomas e na melhoria do bem-estar (D'raven & Pasha-Zaidi, 2014; Drvaric et al., 2015). Outras revisões examinaram como atributos positivos afetam o manejo de problemas de saúde físicos (Macaskill, 2016), câncer de mama e gratidão (Ruini & Vescovelli, 2013) e a identificação de medidas robustas dos resultados (Stoner, Orrell, & Spector, 2015). A relevância das IPPs em situações complexas como trauma e guerra também foi explorada (Al-Krenawi et al., 2011), assim como sua relevância para a neurociência (Kapur et al., 2013).

Louise Lambert D'raven e Pasha-Zaidi (2016) revisaram a relevância de intervenções positivas utilizando forças de caráter como gratidão, saborear, autocompaixão e relações positivas no contexto do aconselhamento. Os autores concluem que IPPs são efetivas na geração de afeto e experiência positiva e no alívio da depressão. O que é mais importante, IPPs usadas em um contexto clínico podem mobilizar habilidades inerentes para ajudar a motivar os clientes a fazer as mudanças desejáveis. Além disso, IPPs oferecem estratégias para práticas clínicas em geral para manter e melhorar emoções positivas e bem-estar.

As IPPs aplicadas em diversos contextos clínicos, combatendo problemas clínicos complexos, estão avançando a base de conhecimento da psicoterapia e os resultados em saúde. Fortes evidências empíricas e o trabalho emergente em IPPs têm sido essenciais no estabelecimento de uma base para o desenvolvimento e o refinamento da PPT.

PSICOTERAPIA POSITIVA E A TEORIA DO BEM-ESTAR

A PPT está baseada em duas teorias importantes: a conceituação de bem-estar PERMA de Seligman (Seligman, 2002a, 2012) e forças de caráter (Peterson & Seligman, 2004). Começamos explicando PERMA, que é um modelo que organiza o bem-estar em cinco componentes cientificamente mensuráveis e manejáveis, conforme descrito na Tabela 2.3: Teoria do Bem-Estar (PERMA): (a) emoções positivas (**p**ositive), (b) engajamento (**e**ngagement), (c) relações (**r**elationships), (d) significado (**m**eaning) e (e) realizações (**a**ccomplishment) (Seligman, 2012). Pesquisas demonstraram que o cumprimento de três dimensões de PERMA (emoções positivas, engajamento e significado) está associado a taxas mais baixas de depressão e a maior satisfação com a vida (Asebedo & Seay, 2014; Bertisch et al., 2014; Headey, Schupp, Tucci, & Wagner, 2010; Kern et al., 2015; Lambert D'raven & Pasha-Zaidi, 2016; Lamont, 2011; Schueller & Seligman, 2010; Sirgy & Wu, 2009).

Emoções Positivas

As emoções positivas representam a dimensão hedônica da felicidade. Essa dimensão consiste em experimentar emoções positivas sobre o passado, o presente e o futuro e aprender competências para amplificar a intensidade e a duração dessas emoções.

- Emoções positivas sobre o passado incluem satisfação, contentamento, concretização, orgulho e serenidade.
- Emoções positivas sobre o futuro incluem esperança e otimismo, fé, confiança e segurança.
- Emoções positivas sobre o presente são experiências complexas, como saborear e *mindfulness* (Seligman, 2002a).

Comparadas com as emoções negativas, as emoções positivas tendem a ser transitó-

TABELA 2.3 Teoria do Bem-Estar: PERMA [a]	
Elementos	Breve Descrição
Emoções Positivas	Experimentar emoções positivas como felicidade, contentamento, orgulho, serenidade, esperança, otimismo, confiança, segurança e gratidão.
Engajamento	Imergir profundamente em atividades que utilizam as próprias forças para experimentar *flow*, um estado ideal marcado com concentração precisa, foco intenso e motivação intrínseca para maior desenvolvimento.
Relações	Ter relações positivas, seguras e confiáveis.
Significado	Pertencer e servir a alguma coisa com um senso de propósito e a crença de que ela é maior que a própria pessoa.
Realizações	Buscar sucesso, domínio, competência e realizações por si só.

[a] *Seligman, 2012*

rias; no entanto, elas desempenham um papel importante em tornar os processos de pensamento mais flexíveis, criativos e eficientes (Fredrickson, 2009). Pesquisas também mostraram que emoções positivas constroem resiliência ao "desafazerem" os efeitos das emoções negativas (Fredrickson, Tugade, Waugh, & Larkin, 2003; Johnson et al., 2009) e estão fortemente associadas a longevidade, satisfação conjugal, amizade, renda e resiliência (para revisões veja Fredrickson & Branigan, 2005; Lyubomirsky, King, & Diener, 2005). Barry Schwartz e colaboradores (2002) constataram que clientes deprimidos que procuram terapia tendem a experimentar uma relação de menos de 0,5 para 1 de emoção positiva para emoção negativa. Aparentemente, então, essa ausência de emoções positivas é central para a psicopatologia.

Emoções positivas também impactam a saúde física. Por exemplo, agentes de saúde pública mantêm registros de doença cardíaca como causa subjacente de morte. Eles também coletam dados sobre possíveis fatores de risco, como taxas de tabagismo, obesidade, hipertensão e falta de exercícios. Esses dados estão disponíveis para cada condado nos Estados Unidos. Uma equipe de pesquisa da Universidade da Pensilvânia buscou correlacionar essa epidemiologia física com sua versão digital no Twitter. Com base em um conjunto de *tweets* feitos entre 2009 e 2010, esses pesquisadores estabeleceram dicionários emocionais para analisar uma amostra aleatória de *tweets* de indivíduos que haviam disponibilizado suas localizações. Com *tweets* suficientes e dados de saúde de aproximadamente 1.300 condados americanos, os quais contêm 88% da população do país, eles constataram que, depois de controlar a renda e o nível educacional, as expressões de emoções negativas como raiva, estresse e fadiga nos *tweets* das pessoas em um determinado condado foram associadas a risco mais elevado de doença cardíaca naquele condado. Por sua vez, expressões de emoções positivas como entusiasmo e otimismo foram associadas a risco mais baixo (Eichstaedt et al., 2015).

Engajamento

Engajamento é a dimensão do bem-estar relacionada à busca de engajamento, envolvimento e absorção no trabalho, relações íntimas e lazer. A noção de engajamento provém do trabalho de Csikszentmihalyi (1990) sobre *flow*, que é o estado psicológico decorrente de intensa concentração que tipicamente resulta em perda da noção do tempo enquanto se está engajado em uma atividade, como ao se sentir "em comunhão com a música". Desde que os níveis de competência de uma pessoa sejam suficientes para enfrentar os desafios da tarefa, os indivíduos provavelmente permanecerão profundamente absorvidos ou "em comunhão" com a experiência e perderão a noção da passagem do tempo. Seligman (2002a) propôs que uma maneira de aumentar o engajamento é identificar as forças de "assinatura" do cliente (discutidas posteriormente neste manual – veja o Capítulo 8, Sessão 2) e ajudá-lo a encontrar oportunidades de usá-las com mais frequência. IPPs que encorajam os indivíduos a usar intencionalmente suas forças de assinatura de novas maneiras foram identificadas como particularmente efetivas (Azañedo et al., 2014; Berthold & Ruch, 2014; Buschor et al., 2013; Forest et al., 2012; Güsewell & Ruch, 2012; Khumalo et al., 2008; Littman-Ovadia & Lavy, 2012; Martinez-Marti & Ruch, 2014; Peterson et al., 2007; Proyer et al, 2013; Ruch et al., 2007).

Na PPT, os clientes aprendem a realizar atividades que usam suas forças de assinatura para criar engajamento. Essas atividades são relativamente intensivas e podem incluir escalada em rocha; xadrez; basquete; dança; criação ou experiência de arte, música ou literatura; atividades espirituais; interações sociais; e outras atividades criativas, como cozinhar, fazer jardinagem e brincar com uma criança. Comparadas com prazeres sensoriais, que se dissipam rapidamente, essas atividades de engajamento duram mais tempo, envolvem mais pensamento e interpretação e não criam hábito muito facilmente. O engajamento pode ser um antídoto importante para o tédio, a ansiedade e a depressão.

Anedonia, apatia, tédio, multitarefas e agitação – características de muitos transtornos psicológicos – são em grande parte manifestações de perturbação da atenção (Donaldson, Csikszentmihalyi, & Nakamura, 2011; McCormick et al., 2005). O engajamento intenso elimina o tédio e a ruminação – ao se tentar realizar uma tarefa com sucesso, os recursos atencionais precisam ser ativados e direcionados para a tarefa em questão, dessa forma deixando menos capacidade para o processamento de informações autorrelevantes e relacionadas à ameaça. Além disso, um sentimento de realização depois de feita a atividade frequentemente nos deixa recordando e relaxados, que são duas formas de ruminação positiva (Feldman, Joormann, & Johnson, 2008). Essas características do engajamento foram aplicadas com sucesso a intervenções terapêuticas (Grafanaki et al., 2007; Nakamura & Csikszentmihalyi, 2002).

Relações

Foi alegado que todos os humanos têm uma "necessidade de pertencer" fundamental que foi moldada pela seleção natural no curso da evolução humana (Baumeister & Leary, 1995). Relações positivas e seguras estão fortemente relacionadas a uma sensação de bem-estar (Wallace, 2013). Segundo a American Time Use Survey, passamos a maior parte das horas em que estamos acordados interagindo de uma maneira ou de outra, ativa ou passivamente, o que pode incluir discutir, colaborar e trocar produtos com outras pessoas (Bureau of Labor Statistics, 2015). A qualidade de nossas relações é mais importante do que as características quantitativas, como o número de amigos que temos ou o tempo que passamos juntos. Por exemplo, crianças com amplo suporte social, incluindo os pais, pares e professores, apresentam menos psicopatologia (i.e., depressão e ansiedade) e mais bem-estar (satisfação com a vida) do que seus pares sem esses suportes, independentemente de seu desempenho acadêmico (Demir, 2010; Stewart & Suldo, 2011). Além disso, relações positivas não só nos protegem da psicopatologia; elas também somam longevidade. Em 148 estudos que envolveram 308.849 participantes, aqueles que tinham relações sociais mais fortes apresentaram probabilidade de sobrevivência aumentada em 50%. Esse achado permaneceu consistente comparando-se idade, sexo, condição de saúde inicial, causa da morte e período de *follow-up* (Holt-Lunstad & Timothy, 2010). Quase todas as práticas de PPT envolviam reflexões internas da pessoa ou recordações que envolvem outros. Em um ensaio randomizado, os pesquisadores constataram que indivíduos que realizavam atividades focadas nas relações relatavam maior satisfação nas relações (O'Connell, O'Shea, & Gallagher, 2016).

Significado

Significado consiste de usar forças de assinatura para pertencer e servir a alguma coisa que seja maior que a própria pessoa. Victor Frankl (1963), um pioneiro no estudo do significado, enfatizou que a felicidade não pode ser atingida simplesmente desejando felicidade. Em vez disso, ela deve acontecer como a consequência não intencional de trabalhar para um objetivo maior do que nós mesmos. As pessoas que buscam com sucesso atividades que as conectam com esses objetivos mais amplos atingem uma "vida significativa". São inúmeras as formas como isso pode ser obtido: relações interpessoais próximas; busca de inovações artísticas, intelectuais ou científicas; contemplação filosófica ou religiosa; e espiritualidade ou outras buscas potencialmente solitárias, como a meditação (p. ex., Stillman & Baumeister, 2009; Wrzesniewski, McCauley, Rozin, & Schwartz, 1997). Independentemente da forma como uma pessoa estabelece uma vida significativa, fazer isso produz um sentimento de satisfação e a crença de que ela viveu bem (Ackerman, Zuroff, & Moskowitz, 2000; Hicks & King, 2009).

Adultos com níveis mais altos de propósito na vida apresentam recuperação mais rápida de danos cerebrais (Ryff et al., 2016). A terapia pode ser um investimento útil para auxiliar os clientes a definirem e estabelecerem objetivos concretos e esclarecerem significados abrangentes associados a esses objetivos de forma que se aumente a probabilidade de atingi-los (McKnight & Kashdan, 2009). Há boas evidências de que ter um sentimento de significado e propósito ajuda a nos recuperarmos rapidamente da adversidade e nos protege contra sentimentos de desesperança e falta de controle (Graham, Lobel, Glass, & Lokshina, 2008; Lightsey, 2006). Clientes cujas vidas estão imbuídas de significado têm mais probabilidade de persistir em vez de desistir diante de uma situação difícil (McKnight & Kashdan, 2009). A PPT pode ajudar os clientes a estabelecer conexões para lidar com problemas psicológicos.

Realização

Realização pode denotar realizações objetivas e concretas; promoções; medalhas; ou recompensas. No entanto, a essência da realização reside na sua busca subjetiva por progresso, avanço e, em última análise, crescimento pessoal e interpessoal. No modelo PERMA de bem-estar, realização é definida como aproveitar nossas forças, habilidades, talentos e competências para atingir algo que nos dá um sentimento profundo de satisfação e realização.

Realização requer o uso ativo e estratégico das forças (i.e., quais forças usar e quando) e o monitoramento atento das flutuações situacionais para fazer mudanças oportunas. Juntamente com as mudanças, realização requer consistência de comportamentos ou hábitos específicos. Por fim, a realização pode ter recompensas externas, mas ela estimula o bem-estar quando buscamos e atingimos um objetivo intrinsecamente motivador e significativo.

PSICOTERAPIA POSITIVA: PRESSUPOSTOS TEÓRICOS

A PPT foi desenvolvida sobre as bases empíricas de estudos de intervenção positiva e os fundamentos teóricos do modelo PERMA e forças de caráter. No entanto, a PPT também opera segundo três pressupostos referentes a natureza, causa, curso e tratamento de padrões comportamentais específicos, conforme discutido a seguir.

Capacidade Inerente para Crescimento

De modo consistente com a psicologia humanista, a PPT postula que a psicopatologia ocorre quando as capacidades inerentes do cliente para crescimento, realização e bem-estar são frustradas por dificuldades psicossociais prolongadas. A psicoterapia oferece uma oportunidade única para desencadear ou recuperar o potencial humano por meio do poder transformador da conexão humana. Ela apresenta uma interação inigualável na qual um clínico empático e não crítico compartilha emoções, desejos, aspirações, pensamentos, crenças, ações e hábitos mais profundos de um cliente. Se esse acesso exclusivo for usado preponderantemente para processar os aspectos negativos – algo que naturalmente ocorre conosco – e corrigir os piores deles, a oportunidade de estimular o crescimento será ofuscada ou, com frequência, completamente perdida.

O foco nas forças possibilita que os clientes aprendam competências específicas para que possam ser mais espontâneos, alegres, criativos e agradecidos, em vez de meramente aprenderem a não ser rígidos, aborrecidos, convencionais e queixosos. Evidências mostram que as forças podem desempenhar um papel essencial no crescimento – mesmo em circunstâncias graves na vida. As forças de caráter predizem resiliência, para além de demografia, suporte social, autoestima, satisfação com a vida, afeto positivo, autoeficácia e otimismo (Martínez-Martí & Ruch, 2016). Evidências crescentes estão apoiando esse pressuposto sobre a importância das forças. Por exemplo, Linley e colaboradores (2010) demonstraram que pessoas que usam suas forças têm maior probabilidade de atingir seus objetivos. Além disso, o uso das forças amortece o impacto das experiências negativas (Johnson, Gooding, Wood, & Tarrier, 2010). Os sintomas depressivos entre adultos idosos foram reduzidos quando eles focaram em suas forças, como otimismo, gratidão, saborear, curiosidade, coragem, altruísmo e propósito na vida (Ho, Yeung, & Kwok, 2014). Tomada em conjunto, a PPT assume que os clientes são capazes de crescimento e enfatiza o processo de crescimento, o qual, por sua vez, ajuda a reduzir os sintomas.

As Forças são Tão Autênticas Quanto os Sintomas

A PPT valoriza as forças por direito próprio. Ela considera as emoções positivas e as forças tão autênticas e reais quanto os sintomas negativos e os transtornos. As forças não são defesas, ilusões ou subprodutos do alívio dos sintomas que ficam sentados de braços cruzados na periferia clínica. Se ressentimento, trapaça, competição, ciúme, ganância, preocupação e estresse são reais, também são reais atributos como honestidade, cooperação, contentamento, gratidão, compaixão e serenidade. Pesquisas demonstraram que a mera ausência de sintomas não corresponde diretamente à presença de bem-estar mental (Bartels et al., 2013; Keyes & Eduardo, 2012; Suldo & Shaffer, 2008). A incorporação das forças aos sintomas expande a autopercepção dos clientes e oferece ao clínico rotas adicionais de intervenção. Cheavens e colaboradores (2012) mostraram que focar nas forças relativas dos clientes em psicoterapia, em vez de nos seus pontos fracos, leva a um resultado superior. Igualmente, Flückiger e Grosse Holtforth (2008) constataram que focar nas forças do cliente antes de cada sessão de terapia melhorou os resultados da terapia. Quando um clínico trabalha ativamente para recuperar e cultivar coragem, gentileza, modéstia, perseverança e inteligência social, as vidas dos clientes provavelmente se tornarão mais gratificantes. Contudo, quando o clínico foca na melhoria dos sintomas, as vidas dos clientes podem se tornar menos infelizes.

Relação Terapêutica

O terceiro e último pressuposto da PPT é que relações terapêuticas efetivas podem ser construídas sobre a exploração e a análise de características pessoais e experiências positivas (p. ex., emoções positivas, pontos fortes e virtudes), e não apenas falando sobre problemas. O estabelecimento de uma aliança terapêutica é um fator central comum para a mudança terapêutica (Horvath et al., 2011; Kazdin, 2009). Scheel, Davis e Henderson (2012) descobriram que focar nas forças ajudava os clínicos a construir relações de confiança com os clientes e motivá-los ao instilarem esperança. Outro estudo, com base em entrevistas com 26 terapeutas brasileiros, constatou que, quando os clínicos derivam emoções positivas da contribuição de um paciente na terapia, essa contribuição positiva possibilita ao clínico maior conscientização dos recursos do paciente. Além disso, emoções positivas fortalecem a relação terapêutica quando os recursos do cliente são vistos com igual importância, comparados aos seus déficits (Vandenberghe & Silvestre, 2013). Assim, a aliança terapêutica pode ser estimulada por meio de uma relação que incorpora as forças.

Esse processo está em contraste com a abordagem tradicional da psicoterapia, em que um clínico analisa e explica para um cliente a constelação de sintomas e problemas na forma de um diagnóstico. Esse papel do clínico é ainda mais reforçado pela representação da psicoterapia na mídia popular, que mostra as relações terapêuticas marcadas pela conversa sobre problemas, exposição de emoções contidas e recuperação da autoestima perdida ou abalada com a ajuda de um clínico.

3

PSICOPATOLOGIA
Sintomas e forças

O conceito principal de psicopatologia em psicoterapia positiva (PPT) reside na noção de que os aspectos positivos (p. ex., forças de caráter, emoções positivas, significado, relações positivas e realizações) são tão centrais quanto os sintomas na avaliação e no tratamento da psicopatologia. Este é um afastamento significativo da visão tradicional da psicopatologia, em que os sintomas ocupam a posição central. Um sistema de classificação puramente baseado nos sintomas é inadequado para compreender as vidas ricas e complexas dos clientes. Antes de apresentarmos nossos argumentos, gostaríamos de esclarecer que compreendemos as razões por trás do foco exclusivo nos sintomas. De fato, sintomas perturbadores se destacam e são mais prontamente abordados e avaliados em um contexto clínico do que os aspectos positivos. Experiências negativas geralmente são um convite a um discurso clínico mais complexo e mais profundo – para clientes e clínicos. Portanto, não é de causar surpresa que os clientes que procuram serviços clínicos facilmente se recordem de acontecimentos negativos, reveses e fracassos, ou que os clínicos prontamente avaliem, elaborem e interpretem histórias de conflito, ambivalência, engano e déficits pessoais ou interpessoais. Devido ao seu valor informativo aparentemente maior, os clínicos prestam mais atenção aos aspectos negativos e se engajam em processamento cognitivo complexo (p. ex., Peeters & Czapinski, 1990). Assim, a avaliação clínica é tipicamente conduzida para explorar sintomas e transtornos. Entretanto, um foco quase exclusivo nos sintomas limita a avaliação clínica de formas importantes, conforme será discutido a seguir.

SINTOMAS

Os Ingredientes Centrais

Os sintomas são avaliados com um pressuposto subjacente de que são os ingredientes centrais do discurso clínico. Assim, os sintomas justificam uma exploração séria, enquanto os aspectos positivos são considerados subprodutos do alívio sintomático que não precisam ser avaliados. Esse pressuposto está tão arraigado que atributos tradicionalmente positivos são frequentemente considerados como defesas. Por exemplo, a ansiedade foi teorizada como uma força propulsora por trás de um trabalho ético que caracterizou a Reforma Protestante (Weber, 2002). Foi teorizado que a depressão se desenvolve como um mecanismo de defesa para afastar sentimentos de culpa, e a compaixão resulta como compensação por esses sentimentos (McWilliams, 1994). Na PPT, as forças humanas são tão reais quanto os pontos fracos humanos, tão velhas como o tempo, e valorizadas em todas as culturas (Peterson & Seligman, 2004). As forças são tão essenciais na avaliação e no tratamento da psicopatologia quanto são os sintomas. As forças não são consideradas como defesas, subprodutos ou compensações. Elas são valorizadas e avaliadas independentemente dos pontos fracos no procedimento de avaliação. Por exemplo, humildade não é necessariamente um traço utilizado para obter cooperação de outras pessoas refreando-se a si mesmo.

Ser útil não é necessariamente uma tentativa de dispersar ou neutralizar uma situação estressante, e criatividade não é apenas aproveitar a ansiedade para a inovação.

Perfis Tendenciosos e Estruturação

A tradicional avaliação e abordagem terapêutica orientada para o déficit rotula os clientes dentro das categorias artificias do *Manual diagnóstico e estatístico de transtornos mentais* (DSM; American Psychiatric Association, 2013). Rotular não é, por si só, algo indesejável; rótulos classificam e organizam o mundo (Maddux, 2008). No entanto, reduzir ou objetificar os clientes com um rótulo de psicopatologia pode despojá-los de sua rica complexidade (Boisvert & Faust, 2002, Szasz, 1961). Quando ocorre esse foco excessivo no diagnóstico, os diagnósticos baseados no DSM produzem um perfil de personalidade do cliente que descreve predominantemente déficits, disfunções e transtornos. A avaliação clínica da personalidade deve ser um processo híbrido que explore as forças e as fraquezas (Suldo & Shaffer, 2008). Depois que a avaliação clínica estrutura a questão presente como um problema, a redução dos problemas apresentados é vista como uma medida do sucesso da intervenção. No entanto, problemas psicológicos são complexos e multidimensionais e frequentemente têm apresentação idiossincrásica (Harris & Thoresen, 2006). Além disso, a melhora dos sintomas psiquiátricos não assegura que os clientes atingiram o bem-estar. O real estado clínico, em termos de tempo e recursos alocados, é finito. Se a maior parte desse estado real for ocupada pela melhoria dos sintomas, não restará muito tempo e esforço para a amplificação dos pontos fortes, significado ou propósito.

Estigma

A prática clínica atual é, em grande parte, direcionada para a descoberta de traumas infantis, a avaliação dos pensamentos distorcidos e a análise das dificuldades interpessoais e do caos emocional. As pessoas evitam procurar serviços clínicos porque temem ser estigmatizadas caso seus problemas sejam formulados dentro de um diagnóstico psiquiátrico (Corrigan, 2004). As representações de indivíduos com doenças mentais na mídia popular mantêm o estigma contra a saúde mental (Bearse, McMinn, Seegobin, & Free, 2013). Além disso, indivíduos cada vez mais diversos e cosmopolitas nem sempre se encaixam nos rótulos diagnósticos eurocêntricos (Zalaquett et al., 2008).

PSICOPATOLOGIA COMO DESREGULAÇÃO DAS FORÇAS

Judith Johnson e Alex Wood (2017) defenderam que a maioria dos construtos estudados pela psicologia positiva e clínica existe em contínuos que oscilam entre positivo e negativo (p. ex., gratidão e ingratidão, calma e ansiedade), e, portanto, não faz sentido falar de um ou outro campo estudando o "positivo" ou o "negativo". A psicologia tradicional baseada no déficit se beneficiaria com a integração da psicologia positiva porque

- Construtos da psicologia positiva, como as forças de caráter e emoções positivas, podem de forma independente prever o bem-estar quando contabilizam fatores clínicos tradicionais, tanto transversalmente quanto prospectivamente.
- Os focos principais dos psicólogos positivos, como as forças e as emoções com valência positiva, interagem com fatores de risco para prever os resultados, dessa forma atribuindo resiliência.
- As intervenções em psicologia positiva (como a PPT) tipicamente usadas para ampliar o bem-estar também podem ser usadas para aliviar os sintomas.
- A pesquisa clínica em grande parte eurocêntrica pode ser adaptada para aplicações transculturais por meio da incorporação de construtos da psicologia positiva.

À luz desses argumentos, convidamos os clínicos a reconceitualizar os transtornos psicológicos baseados no *DSM*. Mais de duas décadas atrás, Evans (1993) postulou que comportamentos ou sintomas negativos têm formas positivas alternativas. Até certo ponto, essa reciprocidade é uma questão de semântica. Os sintomas são definidos na linguagem cotidiana, que sempre pode ser traduzida em opostos simples, embora nem todos os sintomas ou transtornos se prestem naturalmente a essa reciprocidade. Por exemplo, coragem pode ser conceituada como a antítese de ansiedade, mas nem todos os indivíduos ansiosos não têm coragem. Evans argumentou que a maioria dos construtos em psicopatologia pode ser escalonada em duas dimensões paralelas. Primeiro, o atributo patológico ou indesejável partindo do desvio grave, passando por algum ponto neutro até sua não ocorrência positiva. Segundo, o atributo antitético partindo da não ocorrência, passando por algum ponto neutro até sua forma desejável.

De acordo com o mesmo princípio, Peterson (2006) propôs que os transtornos psicológicos podem ser considerados como uma *Ausência* da força, o *Oposto* da força ou o *Excesso* da força (AOE). Peterson argumenta que a ausência de forças de caráter não necessariamente se aplica a transtornos como esquizofrenia e transtorno bipolar, os quais apresentam claros marcadores biológicos. Muitos transtornos de base psicológica (p. ex., depressão, ansiedade, problemas de atenção e conduta e transtornos da personalidade) podem ser mais compreendidos holisticamente, tanto em termos da presença de sintomas quanto da ausência, oposto ou excesso de forças de caráter. Usando a abordagem AOE de Peterson, conformidade se deve à ausência de originalidade, especialmente quando um grupo inteiro adere à conformidade. A ausência de curiosidade seria desinteresse. O desinteresse que impõe limites ao que uma pessoa pode saber é indesejável. O oposto da curiosidade seria o tédio. Curiosidade exagerada pode ser igualmente prejudicial, especialmente se alguém é curioso em relação a violência, sexo ou drogas ilícitas. Levar em conta as sensibilidades e as sutilezas clínicas, aplicando-se uma abordagem AOE em um contexto clínico, pode ser desafiador. Conceituar os clientes com uma total ausência de forças (p. ex., coragem, otimismo ou gentileza), com opostos das forças (p. ex., banalidade para criatividade, falsidade para honestidade ou preconceito para justiça) ou com exagero das forças (promiscuidade emocional para inteligência emocional, chauvinismo[1] para cidadania ou bufonaria[2] para humor) pode ser desanimador tanto para os clínicos quanto para os clientes e pode até mesmo não ser teoricamente plausível. Mas é difícil imaginar que alguém possa não ter um pingo de gentileza ou que lhe falta coragem completamente. Portanto, propomos uma visão ligeiramente modificada de AOE em relação às forças.

Propomos que os transtornos baseados no DSM sejam revisados em termos de falta ou excesso de forças. Por exemplo, a focalização nas *faltas* pode resultar em depressão, em parte devido à falta de esperança, otimismo ou entusiasmo, entre outras variáveis; da mesma forma, falta de coragem e paciência pode explicar alguns aspectos de ansiedade; e falta de imparcialidade, equidade ou justiça pode estar subjacente a transtornos da conduta. Inúmeros transtornos psicológicos podem plausivelmente ser conceituados como um *excesso* de forças específicas. Por exemplo, a depressão pode ser, em parte, um excesso de humildade (relutância em mostrar as próprias necessidades), um excesso de gentileza (em relação aos outros, à custa do autocuidado), um excesso de perspectiva (uma visão da realidade restritamente construída) e um excesso de significado (o que leva a um foco excessivo e a um comprometimento inflexível). A Tabela 3.1, Principais Transtornos Psicológicos como Desregulação das Forças, lista sintomas dos principais transtornos psicológicos em termos de falta ou excesso de forças.

A falta de forças isoladamente é insuficiente para justificar um diagnóstico. No entanto, linhas de pesquisa emergentes feitas por Alex Wood, na Universidade de Sterling, Reino Unido, estão mostrando que a ausência ou a falta de aspectos positivos representa um risco para uma condição clínica. Em um estudo longitudinal com 5.500 participantes, Wood e Joseph (2010) constataram

---

[1] N. de T. Chauvinismo: entusiasmo excessivo pelo que é nacional; entusiasmo intransigente por uma causa, atitude ou grupo (Dicionário Houaiss da Língua Portuguesa).
[2] N. de T. Bufonaria: falta de seriedade, palhaçada, zombaria (Dicionário Houaiss da Língua Portuguesa).

TABELA 3.1 Principais Transtornos Psicológicos como Desregulação das Forças[a]	
Presença de Sintomas	Desregulação das Forças Falta ou Excesso
Transtorno Depressivo Maior	
Humor depressivo, sentindo-se triste, sem esperança (observado por outros, p ex., parece choroso), impotente, lento, nervoso, enfadado	Falta de alegria, prazer, esperança e otimismo, ludicidade, espontaneidade, orientação para os objetivos Excesso: prudência, modéstia
Prazer diminuído	Falta de saborear, entusiasmo, curiosidade Excesso: autorregulação, contentamento
Cansado, lento	Falta de entusiasmo, vigilância Excesso: desleixo, negligência
Habilidade diminuída de pensar ou se concentrar e indecisão, inquietação	Falta de determinação e análise da solução, pensamento divergente Excesso: analítico em excesso
Ideação/planejamento suicida	Falta de significado, esperança, conectividade social, análise da solução, pensamento divergente, desenvoltura Excesso: despreocupação (pessimismo defensivo)
Transtorno Disruptivo da Desregulação do Humor	
Explosão de raiva severa (verbal e física)	Falta de autorregulação e prudência
Irritabilidade e raiva persistente	Excesso: entusiasmo
Transtorno Depressivo Não Especificado Ansioso	
Sente-se nervoso ou tenso, incomumente inquieto	Falta de satisfação (tolerância ao sofrimento), gratidão, relaxamento, prudência Falta de abertura a novas ideias (curiosidade) Excesso: entusiasmo, gosto, interesse
Transtorno Bipolar	
Humor elevado, expansivo, irritável	Falta de equanimidade, equilíbrio e sangue-frio Excesso: compostura, paixão
Autoestima inflada ou grandiosidade	Falta de humildade, inteligência pessoal e social Excesso: força de vontade, introspecção
Mais falante do que o habitual	Falta de reflexão e contemplação Excesso: entusiasmo, paixão
Envolvimento excessivo em atividades prazerosas (p. ex., compras compulsivas, indiscrições sexuais, negócios/escolhas de carreira impensados)	Falta de moderação, prudência, simplicidade Excesso: paixão (obsessão), autoindulgência

(Continua)

(Continuação)

Presença de Sintomas	Desregulação das Forças Falta ou Excesso
Envolvimento excessivo em atividades que têm alto potencial para consequências dolorosas (p. ex., compras compulsivas, indiscrições sexuais ou investimentos comerciais insensatos)	Falta de autorregulação, perspectiva, equilíbrio, humildade, regulação emocional Excesso: autocuidado (autoindulgência), zelo, gratificação
Transtorno de Ansiedade Generalizada	
Preocupação excessiva com perigo real ou percebido	Falta de perspectiva, sabedoria, pensamento crítico Excesso: cautela, atenção
Sente-se inquieto, cansado, nervoso, trêmulo, tenso, com dificuldade de concentração e de dormir	Falta de equanimidade, cuidado, espontaneidade Excesso: previsão do futuro, compostura
Transtorno de Ansiedade de Separação	
Preocupação persistente e excessiva de perder figuras de apego importantes	Falta de amor, capacidade de amar e ser amado, confiança social, otimismo, vínculos Excesso: afeição, autorregulação
Mutismo Seletivo	
Não consegue falar em situações sociais específicas nas quais há expectativa de que fale	Falta de iniciativa, inteligência pessoal e social, competências sociais Excesso: prudência, autoexame
Fobia Específica	
Ansiedade acentuada em relação a um objeto ou situação específicos	Falta de coragem, criatividade Excesso: sensibilidade, reatividade cautelosa
Esquiva ativa ou suportada com medo ou ansiedade intensa; medo desproporcional	Falta de relaxamento, prudência, coragem para suportar julgamento social, pensamento motivacional (reflexão e introspecção) Excesso: observância, consciência, cautela
Sente-se inquieto, nervoso, trêmulo, tenso	Falta de equanimidade, inteligência emocional, autoavaliação, monitoramento, relaxamento, cuidado, sangue-frio, autocontrole Excesso: cautela, sensibilidade, reatividade, avaliação crítica
Fobia Social	
Medo de situação ou desempenho sociais	Falta de coragem, extemporaneidade,[3] confiança nos outros Excesso: inteligência social (vê a si mesmo como audiência, em vez de como parte do quadro social), análise e avaliação críticas

(Continua)

---

[3] N. de T. Extemporaneidade: fora do tempo.

(Continuação)

Presença de Sintomas	Desregulação das Forças Falta ou Excesso
Agorafobia	
Medo acentuado ou ansiedade ao usar transporte público, estacionamentos, pontes, lojas, teatros, estar em uma multidão	Falta de coragem, extemporaneidade, receptividade, flexibilidade Excesso: sensibilidade, cautela em relação a uma situação
Transtorno de Pânico	
Medo intenso de "ficar louco", marcado por palpitação, desequilíbrio, instabilidade ou tontura	Falta de serenidade, inteligência social e pessoal, criatividade e curiosidade para explorar o ambiente/situação além da superfície, otimismo (esperar resultados adversos inesperados) Excesso: sensibilidade, reatividade a sinais do ambiente, atenção
Transtorno Obsessivo-compulsivo	
Pensamentos, impulsos ou imagens indesejados recorrentes, persistentes, intrusivos	Falta de prudência, curiosidade, perspectiva Excesso: reflexão e introspecção, moralidade ou imparcialidade
Comportamentos ou atos mentais repetitivos que o indivíduo se sente compelido a realizar para evitar a ansiedade	Falta de satisfação com objetos e desempenho menos do que perfeitos, criatividade, flexibilidade, habilidade de controlar Excesso: reflexão e introspecção, planejamento
Transtorno Dismórfico Corporal	
Preocupação com defeitos percebidos na aparência física que não são observáveis ou são leves para os outros	Falta de satisfação com autoimagem menos que perfeita, reconhecimento de forças de caráter pessoal, modéstia Excesso: inteligência pessoal, autocuidado, autovalorização
Transtornos de Acumulação	
Dificuldade persistente de descartar ou se separar de pertences, independentemente dos valores reais	Falta de perspectiva em relação ao que é importante e significativo, autoimagem distinta (identidade fundida com os objetos), relação com objetos e artefatos em vez de com pessoas e experiências, inabilidade de passar por cima das necessidades percebidas (falta de compaixão) Excesso: otimismo, cautela

(Continua)

(Continuação)

Presença de Sintomas	Desregulação das Forças Falta ou Excesso
Transtorno de Estresse Pós-traumático	
Lembranças penosas recorrentes, involuntárias, intrusivas, de um acontecimento traumático	Falta de resiliência, habilidade de recuperar-se, inteligência pessoal para processar as emoções ou procura de apoio para processar as emoções, habilidade de correr riscos/criatividade para explorar vários mecanismos de enfrentamento, persistência, otimismo, esperança, apoio social, encontrar sentido no acontecimento traumático, ou colocar as coisas em perspectiva Excesso: reflexão (ruminação), visão ou percepção do acontecimento apenas através de lentes ou perspectiva negativas, aderência (à experiência traumática)
Sofrimento psicológico intenso ou prolongado e medo de sinais externos que simbolizem o acontecimento traumático	Falta de habilidade de se acalmar, relaxar ou recuperar a serenidade; criatividade e coragem para experimentar a objeção ou situação penosa de uma forma diferente ou adaptativa, autodeterminação Excesso: serenidade, cautela, manter o *status quo*
Esquiva de lembranças penosas (pessoas, lugares, atividades de conversação, objetos, situações)	Falta de determinação para lidar com lembranças penosas (bravura emocional) Excesso: autopreservação à custa de não gerar experiências espontâneas ou correr riscos necessários
Transtorno de Déficit de Atenção/Hiperatividade	
Falha em prestar atenção a detalhes, aparentemente não ouvir quando lhe falam diretamente	Falta de vigilância e inteligência social Excesso: vigilância
Dificuldade de organizar tarefas e atividades	Falta de disciplina e gerenciamento Excesso: gosto, entusiasmo
Evita e não gosta de tarefas que requerem atenção constante e esforço mental	Falta de determinação e paciência Excesso: prazeres hedônicos
Excessiva inquietação, atividade motora, velocidade	Falta de calma e serenidade Excesso: agilidade, fervor
Fala excessivamente, interrompe-se ou interrompe outros, dificuldade de esperar sua vez	Falta de inteligência social, autoconhecimento Excesso: entusiasmo, iniciativa, curiosidade
Transtorno de Oposição Desafiante	
Importuna as pessoas deliberadamente	Falta de gentileza, empatia e imparcialidade Excesso: clemência
Frequentemente irritado, ressentido, maldoso ou vingativo	Falta de perdão, gratidão e serenidade Excesso: imparcialidade e igualdade

(Continua)

(Continuação)

Presença de Sintomas	Desregulação das Forças Falta ou Excesso
Transtornos da Conduta, Disruptivo, do Controle de Impulsos	
Importuna, intimida e ameaça as outras pessoas	Falta de gentileza e cidadania Excesso: liderança, controle, governança
Rouba e destrói propriedade alheia	Falta de honestidade, imparcialidade e justiça Excesso: coragem, imparcialidade
Transtornos da Personalidade	
Transtorno da Personalidade Paranoide	
Desconfiança sem base suficiente para afirmar que outros o estão explorando, prejudicando ou enganando	Falta de inteligência social, confiança nos outros, receptividade, curiosidade Excesso: cautela, diligência
Duvida da lealdade ou confiabilidade dos outros, reluta em confiar nos outros, lê um significado oculto humilhante ou ameaçador em comentários ou acontecimentos benignos	Falta de inteligência pessoal, dar ou receber amor, falta de apego profundo e seguro Excesso: inteligência social, receptividade
Transtorno da Personalidade Borderline	
Instabilidade generalizada nas relações, abandono imaginado ou real	Falta de capacidade de amar e ser amado nas relações pessoais profundas e contínuas, apego seguro, intimidade emocional e reciprocidade nas relações, prudência e gentileza nas relações, empatia Excesso: curiosidade e entusiasmo que passa rapidamente, apego, inteligência emocional
Idealização e desvalorização	Falta de autenticidade e confiança nas relações íntimas, moderação, prudência e receptividade (é influenciado por um único acontecimento), orientação para a realidade, perspectiva Excesso: julgamento, espontaneidade
Impulsividade autodestrutiva (p. ex., gasta, dirige com imprudência, come compulsivamente) e explosões de raiva	Falta de autorregulação (tolerância), moderação, prudência Excesso: bravura sem prudência (ações sem prudência), correr riscos
Transtorno da Personalidade Narcisista	
Padrão de grandiosidade, arrogância, necessidade de admiração, sentimento de autovalorização	Falta de autenticidade, humildade Excesso: autodepreciação, criticismo
Falta de empatia	Fata de inteligência social, gentileza (estar genuinamente interessado nos outros) Excesso: inteligência pessoal (necessidades ou desejos pessoais são priorizados)

(Continua)

(Continuação)

Presença de Sintomas	Desregulação das Forças Falta ou Excesso
Fantasias de sucesso, poder, brilhantismo, beleza ou amor ideal ilimitados	Falta de humildade, perspectiva e inteligência pessoal Excesso: criatividade (fantasia), racionalização, intelectualização
Sentimento de legitimidade, expectativas de tratamento irracionalmente favorável, exige admiração excessiva	Falta de humidade, cidadania e imparcialidade Excesso: liderança, necessidade de valorização
Exploração interpessoal	Falta de imparcialidade, equidade e justiça Excesso: retidão, despotismo, autoritarismo
Transtorno da Personalidade Histriônica	
Emocionalidade e busca de atenção excessivas	Falta de serenidade e modéstia Excesso: inteligência pessoal e emocional
Facilmente sugestionável (i.e., facilmente influenciável pelos outros ou pelas circunstâncias)	Falta de persistência, determinação, orientação para o objetivo Excesso: de eficiência, de concentração
Sedução sexual inapropriada, ênfase exagerada na aparência física	Falta de critério e autorregulação Excesso: desinibição emocional
Expressão emocional superficial e intempestiva	Falta de *mindfulness* e inteligência social Excesso: espontaneidade
Autodramatização, teatralidade e expressão emocional exagerada e superficial	Falta de autenticidade; expressão autêntica das próprias necessidades, emoções e interesses; moderação, *mindfulness* Excesso: inteligência emocional, entusiasmo
Transtorno da Personalidade Obsessivo-compulsiva	
Preocupação com detalhes, ordenação e perfeccionismo	Falta de perspectiva quanto ao que é mais importante, espontaneidade Excesso: persistência, ordenação
Controle interpessoal à custa de flexibilidade, abertura e eficiência	Falta de gentileza, empatia e habilidade de entender Excesso: submissão e leniência
Preocupação com detalhes, regras, listas, organizações ou horários até o ponto em que o objetivo primário da atividade é sobrepujado	Falta de flexibilidade, criatividade ao pensar de formas novas e produtivas para fazer as coisas Excesso: perfeição, organização
Excessivamente dedicado ao trabalho à custa do lazer e de amizades	Falta de equilíbrio, saborear, valorização das relações Excesso: autoindulgência
Rigidez e obstinação	Falta de adaptabilidade, flexibilidade, solução criativa de problemas Excesso: disciplina, prudência

(Continua)

(Continuação)

Presença de Sintomas	Desregulação das Forças Falta ou Excesso
Excesso de preocupação, escrupuloso e inflexível sobre moralidade, ética ou valores	Falta de perspectiva, consideração da implicação da decisão, adaptabilidade, flexibilidade, solução criativa de problemas Excesso: retidão
Transtorno da Personalidade Evitativa	
Evita atividades com outros devido ao medo de crítica, desaprovação ou rejeição	Falta de coragem interpessoal para correr riscos, raciocínio crítico para colocar a crítica ou desaprovação dos outros em perspectiva, coragem Excesso: autoconsciência, cautela
Isolamento social, evitação das pessoas, inibição em situação interpessoal nova devido a sentimentos de inadequação	Falta de forças interpessoais, mistura da própria identidade com outros/grupo Excesso: prudência, pensamento crítico
Vê a si mesmo como socialmente inadequado, pouco atraente e inferior aos outros	Falta de autoconfiança, autoeficácia, esperança e otimismo Excesso: humildade, autenticidade
Relutância em correr riscos para se engajar em atividades novas	Falta de coragem e curiosidade Excesso: autorregulação, conformidade
Transtorno da Personalidade Dependente	
Necessidade excessiva de ser cuidado, medo de ser deixado sozinho	Falta de independência, iniciativa e liderança Excesso: isolamento
Dificuldade de tomar decisões, falta de perspectiva	Falta de determinação, perspectiva Discernir análise crítica, foco em detalhes
Dificuldade de expressar discordância de outros	Falta de coragem, de ser capaz de se manifestar pelo que é certo, julgamento Excesso: intransigência
Dificuldade de iniciativa	Falta de autoeficácia, otimismo, curiosidade Excesso: organização, autonomia
Transtorno da Personalidade Antissocial	
Incapacidade de se adequar às normas sociais ou leis	Falta de cidadania, propósito comunitário, respeito pela autoridade, gentileza, compaixão, perdão Excesso: coragem (correr risco), vitalidade
Desonestidade, mente repetidamente, dá golpes nos outros para benefício pessoal	Falta de honestidade, integridade, imparcialidade, bússola moral, empatia Excesso: inteligência pessoal autocentrada

(Continua)

(Continuação)

Presença de Sintomas	Desregulação das Forças Falta ou Excesso
Irritabilidade, impulsividade, agressividade conforme indicado por brigas ou agressões físicas	Falta de serenidade, prudência, tolerância, gentileza e consideração, conhecimento dos outros, autocontrole, perspectiva (incapacidade de prever as consequências) Excesso: vigor mental e físico, paixão, ambição, coragem, não hesita em sair da zona de conforto

Falta = capacidade diminuída de exercer/usar uma força de caráter; Excesso = excesso de forças; não deve ser considerado como excesso de sintomas.
a *Com base no Manual diagnóstico e estatístico de transtornos mentais (5ª ed.).*

que indivíduos com poucas características positivas – como autoaceitação, autonomia, propósito na vida, relações positivas com outras pessoas, domínio do ambiente e crescimento pessoal – tinham até sete vezes mais probabilidade de experimentar sintomas depressivos na diversidade clínica. A ausência de características positivas consistia, independentemente, em um fator de risco para transtorno psicológico, ultrapassando a presença de inúmeros aspectos negativos, inclusive depressão atual e prévia, neuroticismo e doença-saúde física. Além disso, pessoas com alto nível de características positivas estão protegidas do impacto de acontecimentos negativos na vida, inclusive problemas clínicos (Johnson et al., 2010; Johnson, Gooding, Wood, & Tarrier, 2010).

Como, exatamente, uma falta ou excesso de forças pode atuar segundo uma perspectiva da PPT? Consideremos um exemplo clínico. A Escala de Depressão do Centro para Estudos Epidemiológicos (CES-D; Radloff, 1977) é uma das medidas mais frequentemente usadas de sintomas depressivos. Com 16 itens negativos e 4 positivos, acreditava-se amplamente que essa medida examinava dois fatores separados – depressão e felicidade (Shafer, 2006). Analisando-se os dados de 6.125 adultos, Alex Wood e colaboradores demonstraram que uma estrutura bidimensional da CES-D é, mais provavelmente, um artefato estatístico: depressão e felicidade podem, em grande parte, ser sinônimos, e a medida existente pode alcançar diferentes extremidades do mesmo *continuum* (Wood, Taylor, & Joseph, 2010). Ou seja, depressão e felicidade fazem parte do mesmo *continuum*, e estudá-las separadamente duplica de forma desnecessária o esforço da pesquisa. Igualmente, o Inventário de Ansiedade Traço-Estado (Spielberger et al., 1983) pode ser conceituado em um *continuum* de ansiedade até relaxamento.

Diferenças Individuais

Na PPT, nossa escolha dos traços para descrever uma falta ou excesso de forças é uma mescla de forças definidas e bem pesquisadas (como gratidão, curiosidade e perdão) e traços que são expressos em experiências na vida cotidiana (como despreocupação, serenidade, reflexão e flexibilidade). Uma forma de reconceituar sintomas é considerar seus opostos – isto é, suas forças – como em falta ou em excesso nas experiências cotidianas. Embora os termos cotidianos que utilizamos para descrever a falta ou o excesso de forças possam ter diferenças individuais discerníveis e mensuráveis, muitos deles não têm sido foco de exame empírico.

Falta e Excesso de Forças

Percebemos que inúmeros termos usados para descrever uma falta ou excesso de forças podem implicar que sua falta ou excesso é indesejável, tornando as forças normativas. Por exemplo, a falta de perspectiva, moderação e coragem é geralmente considerada um estado indesejável, enquanto excesso de entusiasmo, perseveração e assunção de riscos é geralmente considerado um estado desejável. Nossa abordagem e esforço são para oferecer uma compreensão menos subjetiva e mais científica. Evidências mostram que mais quantidade de gratidão, gentileza, curiosidade, amor e esperança está fortemente relacionada a satisfação com a vida (Park, Peterson, & Seligman, 2004), enquanto uma falta de inteligência social, moderação, autorregulação e perseverança está associada a problemas psicológicos (Aldao, Nolen-Hoeksema, & Schweizer, 2010; Bron et al., 2012).

Dinâmica Situacional

Transtornos psicológicos e sintomas relacionados podem ser mais bem percebidos pela compreensão de situações complexas e meios culturais nos quais os clientes estão inseridos e dos quais eles frequentemente têm pouco controle para mudar essas dinâmicas. Apresentamos dois exemplos:

> Um de nossos clientes, Michel, tinha sintomas de ansiedade social. Ele evitava situações sociais porque era excessivamente cauteloso por medo de dizer algo errado ou inapropriado porque inglês não era sua primeira língua. Michel tornou-se socialmente ansioso quando inadvertidamente disse algo inapropriado, o que ofendeu um de seus amigos, que o acusou de discriminá-lo. Examinar os sintomas em termos de uma falta ou excesso de pontos fortes também requer compreensão das características contextuais. Michel não mostrava sinais de ansiedade social enquanto interagia com amigos que falavam sua língua nativa; nessa situação, ele se sentia confiante, fazia piadas e demonstrava empatia. Uma abordagem orientada para o sintoma provavelmente descreveria a situação como: "o cliente não exibe sintomas de ansiedade social quando interage na sua língua nativa". Uma abordagem baseada nas forças provavelmente descreveria a mesma situação como: "o cliente é alegre, socialmente à vontade e empático quando interage na sua língua nativa".
>
> Outra cliente, Sharon, tinha dois empregos de meio período – um em uma loja de luxo e o outro em uma clínica psiquiátrica na qual trabalhava com crianças com problemas de desenvolvimento. Na loja, Sharon precisava ser muito profissional e vigilante e prestar atenção aos mínimos detalhes na hora de uma venda. Ela dizia que era muito cautelosa em seu trabalho na loja e gradualmente foi ficando preocupada com a possibilidade de cometer erros ou se esquecer de alguma coisa. No outro emprego, apesar de ter a tarefa desafiadora de envolver as crianças em atividades terapêuticas, Sharon se percebia relaxada, alegre e social. Uma abordagem voltada para o sintoma provavelmente descreveria a situação como: "a cliente experimenta níveis moderados de ansiedade antecipatória em seu trabalho na loja. Ela não experimenta um nível similar de ansiedade em seu trabalho na clínica psiquiátrica". Uma abordagem baseada nas forças provavelmente descreveria a mesma situação como: "a cliente na posição de vendedora é cautelosa e vigilante – algumas vezes mais do que deveria. Assim, ela não é capaz de usar algumas de suas outras forças, como criatividade e alegria. Na instituição psiquiátrica, no entanto, ela é mais capaz de usar suas forças. Ela é alegre, relaxada e se conecta genuinamente com os outros".

É importante levar em conta a dinâmica situacional e como as forças desempenham um papel com muitas nuances na compreensão das vidas complexas e ricas dos clientes.

Ter Forças *versus* Desenvolver Forças

Ter uma constelação específica de sintomas que causam acentuado sofrimento e deficiência funcional geralmente produz um diagnóstico clínico. Esse foi o caso com uma de nossas clientes, Yasmin, que chegou à terapia depois de ser diagnosticada com transtorno da personalidade *borderline* por vários profissionais de saúde mental.

> Nos primeiros 10 minutos do nosso tempo juntos, Yasmin narrou seus sintomas quase literalmente conforme listado no DSM. Tudo o que ela via em si mesma era desregulação emocional, dificuldades de relacionamento e impulsividade autodestrutiva. Depois de ter concluído uma avaliação abrangente das forças (descrita no Capítulo 8 deste manual), sem desvalorizar seus sintomas, nós a descrevemos como alguém que basicamente é uma pessoa afetuosa a quem faltam competências para expressar amor apropriadamente e como alguém que poderia se beneficiar de compreender e então adquirir as competências de construção de empatia, gentileza e prudência. Embora Yasmin tenha sido capaz de identificar muitos domínios nos quais tendia a demonstrar mau julgamento, também conseguia compartilhar momentos em que exercitava um bom julgamento. Ela compartilhou um incidente em que sua reação espontânea e oportuna salvou a vida de um amigo. Uma avaliação de suas forças a fez perceber que tinha

forças específicas e que, embora essas qualidades sejam de fato forças, um uso excessivo delas a deixou com problemas. Ao mesmo tempo, ela não tem forças específicas, como prudência, autorregulação e uso adaptativo de entusiasmo, as quais poderia usar para resolver seus problemas.

O mero conhecimento dos sintomas ou forças, segundo nossa visão, é insuficiente para estimular a mudança. Pode ocorrer mudança terapêutica quando o clínico ajuda o cliente a desenvolver um uso adaptativo e diversificado de suas forças. A mudança acontece quando o clínico destaca sucessos passados do cliente para lidar com as dificuldades presentes, quando é suficientemente proficiente para identificar mesmo um pequeno ou breve exemplo de uso ou exibição de forças, quando comunica a autovalorização do cliente por meio de exemplos concretos das forças e quando não desiste de procurar essas forças.

Grau ou Extensão

O clínico deve averiguar se um cliente apresenta quantidade suficiente de uma força particular para que possa aplicá-la efetivamente (Ajzen & Sheikh, 2013). Por exemplo, Julia, uma cliente de meia-idade, estava experimentando sintomas de transtorno de ansiedade generalizada marcados por preocupação excessiva, inquietação e dificuldades de concentração. Se seus sintomas pudessem ser tratados pelo desenvolvimento de forças, então em que medida Julia precisaria ter, por exemplo, pensamento crítico, perspectiva e saborear? Existe um pareamento específico ou constelações de forças que poderiam ser terapeuticamente efetivas? Pesquisas demonstraram que trabalhar em nossas forças de assinatura ou trabalhar em menos forças é igualmente efetivo para aumentar a satisfação com a vida (Gelso, Nutt Williams, & Fretz, 2014; Rashid, 2004; Rust, Diessner, & Reade, 2009).

4

A CENTRALIDADE DAS FORÇAS DE CARÁTER E COMO USÁ-LAS NA PSICOTERAPIA POSITIVA

PONTOS FORTES DE CARÁTER – TÃO CENTRAIS QUANTO OS SINTOMAS

A obra *Character strengths and virtues* (CSV), de Peterson e Seligman (2004), foi o primeiro esforço abrangente, coerente e sistemático em psicologia para classificar as forças humanas essenciais (veja a Tabela 4.1: Valores em Ação: Classificação das Forças). As forças de caráter são definidas como traços universais que são valorizados por si só e não necessariamente levam a resultados instrumentais. Em sua maior parte, as forças de caráter não diminuem; ao contrário, indivíduos com tais forças elevam aqueles que testemunham essa força, produzindo admiração em vez de ciúme. São tremendas as variações nos padrões das forças que possuímos. As instituições sociais tentam cultivar essas forças de caráter por meio de rituais. No entanto, a classificação das CSV é descritiva, e não prescritiva, e as forças de caráter podem ser estudadas como outras variáveis comportamentais.

Forças de Caráter, Valores e Talentos

O que distingue forças (descrições do comportamento desejado) de valores (prescrições do comportamento desejado)? Forças de caráter e valores são ambos moralmente desejáveis, porém diferem em alguns pontos:

Primeiramente, comparadas a um conjunto mais amplo de valores nucleares, as forças de caráter são atributos do nosso *self* mais detalhados e sutis. Por exemplo, o valor de ter um bom relacionamento com outras pessoas é extrapolado a partir de atributos mais específicos (forças de caráter), como capacidade de amar e ser amado, gentileza, inteligência social, trabalho em equipe e gratidão.

Em segundo lugar, comparados às forças de caráter, os valores frequentemente são cultivados ativamente por instituições, por meio de práticas parentais, educação e um sistema intricado de recompensas e reconhecimento. Somos considerados bons cidadãos se defendemos ou demonstramos esses valores. Em outras palavras, os valores são usados como critério para nos avaliar como indivíduos.

Valores e forças são primos próximos, apresentando inúmeras semelhanças. Um ou mais valores nucleares podem estar operando subjacentes a várias forças de caráter, e inúmeras forças de caráter podem interseccionar com um ou mais valores nucleares. Tanto os valores quanto as forças de caráter guiam nosso comportamento. Tanto os valores quanto as forças de caráter nos oferecem uma oportunidade de refletir sobre quem somos e os princípios que orientam nossas ações e decisões. Tanto os valores quanto as forças de caráter estão fortemente associados a maior satisfação com a vida e bem-estar.

Os valores tendem a ser mais prescritivos do que as forças de caráter. Por exemplo, o valor de ser bem-sucedido é não só desejado em nome do sucesso – há muito mais nisso. Instituições como escolas, empresas, trabalho, política, artes e esportes estabeleceram regras e exigências

TABELA 4.1 Valores em Ação: Classificação das Forças[a]

Virtude: Sabedoria e Conhecimento – forças que envolvem a aquisição e o uso do conhecimento

a. **Criatividade**: Pensar de formas novas e produtivas para fazer as coisas

b. **Curiosidade**: Abertura à experiência: ter interesse em todas as experiências em curso

c. **Mente aberta**: Refletir sobre as coisas e examiná-las por todos os ângulos

d. **Amor ao aprendizado**: Dominar novas competências, tópicos e corpos de conhecimento

e. **Perspectiva**: Ser capaz de dar conselhos sábios aos outros

Virtude: Coragem – forças emocionais que envolvem exercício de vontade para atingir os objetivos diante de oposição, externa ou interna

a. **Bravura**: Não recuar diante de ameaça, desafio ou dor

b. **Persistência**: Terminar o que foi começado; persistir em um curso de ação apesar dos obstáculos

c. **Integridade**: Falar a verdade e se apresentar de forma genuína

d. **Vitalidade e Entusiasmo**: Abordar a vida com entusiasmo e energia; não fazer as coisas pela metade ou com indecisão; viver a vida como uma aventura; sentir-se vivo e ativado

Virtude: Humanidade – forças interpessoais que envolvem cuidar e ser cuidado por outros

a. **Amor**: Valorizar as relações íntimas com os outros, em particular aquelas em que compartilhar e cuidar são recíprocos; estar perto das pessoas

b. **Gentileza**: Fazer favores e boas ações para os outros; ajudá-los; cuidar deles

c. **Inteligência Social**: Ter consciência dos próprios motivos e sentimentos e os dos outros; saber o que fazer para se adequar a diferentes situações sociais; saber o que faz as outras pessoas progredirem

Virtude: Justiça – forças que estão subjacentes à vida comunitária saudável

a. **Cidadania e Trabalho em Equipe**: Trabalhar bem como membro de um grupo ou equipe; ser leal ao grupo; fazer sua parte

b. **Imparcialidade**: Tratar todas as pessoas da mesma maneira segundo as noções de imparcialidade e justiça; não permitir que sentimentos sociais tornem parciais decisões sobre os outros; dar a todos uma chance justa

c. **Liderança**: Encorajar um grupo do qual faz parte para que as coisas sejam feitas e, ao mesmo tempo, manter boas relações dentro do grupo; organizar atividades grupais e ver que elas acontecem

Virtude: Temperança – forças que protegem contra o excesso

a. **Perdão e Compaixão**: Perdoar aqueles que erraram; aceitar as dificuldades dos outros; dar às pessoas uma segunda chance; não ser vingativo

b. **Humildade e Modéstia**: Deixar que as próprias realizações falem por si mesmas; não procurar os holofotes; não se considerar mais especial do que é

c. **Prudência**: Ser cuidadoso com as próprias escolhas; não correr riscos indevidos; não dizer ou fazer coisas das quais pode se arrepender mais tarde

d. **Autorregulação [Autocontrole]**: Regular o que sente e faz; ser disciplinado; controlar os próprios desejos e emoções

Virtude: Transcendência – forças que forjam conexões com o universo maior e oferecem um propósito

a. **Apreciação da beleza e excelência**: Notar e apreciar a beleza, excelência e/ou desempenho qualificado em todos os domínios da vida, desde a natureza até as artes, matemática e ciências

b. **Gratidão**: Ter consciência e ser grato pelas coisas boas; reservar um tempo para expressar agradecimento

c. **Esperança e Otimismo**: Esperar o melhor no futuro e trabalhar para atingi-lo; acreditar que um bom futuro é algo que pode ser promovido

d. **Humor e Ludicidade**: Ligação com o riso e a brincadeira; provocar sorrisos em outras pessoas, ver o lado leve; fazer brincadeiras

e. **Espiritualidade**: Saber onde a pessoa se encaixa dentro do esquema mais amplo; ter crenças coerentes sobre o maior propósito e significado da vida que moldam a conduta e propiciam bem-estar

[a] De Peterson & Seligman, 2004. ©VIA Institute; reproduzida com permissão.

específicas para medir e ter acesso ao nosso sucesso. Algumas dessas regras incluem os valores de ter bom relacionamento com as pessoas, manter boa higiene, manter-se organizado e ser meticuloso. Esses valores são atributos praticamente necessários para a realização pessoal e profissional. Comparativamente, as forças de caráter são consideradas como atributos mais personalizados. Por exemplo, a pessoa A pode ser igualmente bem-sucedida e realizada (valores) com as forças de caráter de criatividade, coragem, autenticidade, prudência e ludicidade comparada à pessoa B, com as forças de caráter de curiosidade, imparcialidade, inteligência social, autorregulação e espiritualidade.

Forças de caráter também são distintas de talento. Talentos como habilidade musical, agilidade atlética ou destreza manual são mais inatos e fixos, enquanto as forças são adquiridas, construídas individualmente e com frequência nutridas por instituições sociais maiores. Os talentos tendem a ser mais automáticos, enquanto as forças podem ser exercidas deliberadamente (p. ex., compreender quando é apropriado usar gentileza *versus* imparcialidade). Conforme observado, os talentos são mais inatos (p. ex., musical, atlético, destreza manual) e algumas vezes são desperdiçados. Indivíduos cujas forças marcantes são gentileza, curiosidade, gratidão ou otimismo frequentemente encontram maneiras de usar, e não de desperdiçar, seus talentos. Os talentos tendem a ser moralmente neutros, enquanto as forças e os valores têm uma moral subjacente. Evidências mostram que indivíduos que são gratos, curiosos, atenciosos, otimistas e entusiasmados têm mais probabilidade de ser satisfeitos com suas vidas. Em outras palavras, as forças de caráter melhoram o bem-estar (Peterson, Park, & Seligman, 2005).

Os talentos tendem a ser mais independentes do que as forças ou os valores. A agilidade atlética de uma pessoa tem menos influência em seu funcionamento intelectual, e a habilidade artística de alguém tem menos probabilidade de estar relacionada a sua inteligência prática cotidiana. As forças, comparadas aos talentos, são mais inter-relacionadas e com frequência funcionam em conjunto. Alguém com alta dose de curiosidade provavelmente também terá alta dose de criatividade; autorregulação e prudência andam de mãos dadas, assim como liderança e cidadania.

Terceiro, as forças de caráter são expressas em combinações (e não isoladamente) e vistas dentro do contexto em que são usadas. Por exemplo, forças como gentileza e perdão podem consolidar vínculos sociais, mas, se usadas em excesso, podem ser tomadas por permissividade. Nesse esquema de classificação, forças de caráter (p. ex., gentileza, trabalho em equipe, entusiasmo) são distintas de talentos e habilidades. Destreza atlética, memória fotográfica, afinação perfeita, destreza manual e agilidade física são exemplos de talentos e habilidades que são frequentemente valorizados porque levam a outros resultados. As forças têm características morais, enquanto os talentos e habilidades, não.

INCORPORANDO AS FORÇAS À PSICOTERAPIA POSITIVA

No curso da psicoterapia positiva (PPT), o clínico procura ativamente acontecimentos, experiências e expressões de forças nas vidas de seus clientes. Estas podem se manifestar por meio de habilidades, competências, talentos, capacidades e aptidões que podem ser nutridas para o enfrentamento e potencialmente proteger contra transtornos psicológicos. Os psicólogos positivos com frequência são criticados por minimizarem as fraquezas ou focarem exclusivamente nas forças e nos aspectos positivos. Reiteramos, como fazemos ao longo deste manual, que explorar as forças de caráter não significa ignorar os sintomas. Acreditamos que os clientes podem passar do mal-estar para o bem-estar se seus sintomas forem integrados às forças, o risco aos recursos e a vulnerabilidade à resiliência para oferecer-lhes um retrato complexo, porém realista, do autoconhecimento. No entanto, a integração cuidadosa das forças no perfil global dos clientes é algo geralmente feito na psicoterapia tradicional. Recomendamos, portanto, a utilização de três considerações para realçar as forças do cliente:

- Utilizar medidas válidas e confiáveis das forças.
- Desenvolver uma compreensão matizada e contextualizada das forças.
- Estruturar as forças em objetivos significativos.

Usando Medidas Válidas e Confiáveis das Forças

As forças em intervenções mais positivas costumam ser avaliadas usando-se a medida *on-line* gratuita Values in Action – Inventory of Strengths (https://www.viacharacter.org/) (VIA-IS; Peterson & Seligman, 2004). Algumas medidas alternativas das forças de caráter também foram desenvolvidas e validadas empiricamente, entre elas Strength Finder (Buckingham & Clifton, 2001), Realise 2 (Linley, 2008), Adult Needs and Strengths Assessment (Nelson & Johnston, 2008) e Quality of Life Inventory (Frisch, 2013). Em geral, os clínicos seguem uma estratégia simples de "identificar e usar suas forças", em que os cinco escores principais (de um total de 24) são considerados como forças de assinatura. Os clientes são, então, convidados a encontrar novas formas de usar suas forças de assinatura. Essa abordagem, embora útil e efetiva em contextos não clínicos, pode não atender a necessidades clínicas essenciais. O foco exclusivo nos escores de forças de maior classificação pode levar os clientes a pensar que suas cinco forças principais têm o maior potencial terapêutico quando, na verdade, esse pode não ser o caso para todos os clientes. Por exemplo, um cliente de meia-idade e bem-sucedido, em nossa prática, disse: "Depois de cada conquista, minha reação instintiva é que outra pessoa fez melhor". Um cliente como esse pode não se beneficiar de trabalhar em suas forças principais, que incluem persistência, liderança e amor ao aprendizado. Algumas de suas forças inferiores, como gratidão, espiritualidade e atitude lúdica, podem lhe proporcionar maior efeito terapêutico. É importante observar que nem todas as 24 forças têm o mesmo potencial terapêutico em cada caso.

Desenvolvendo uma Compreensão Matizada e Contextualizada das Forças

O aspecto mais crítico da abordagem terapêutica baseada nas forças é um uso contextualizado das forças, o que mantém os problemas e sintomas presentes no centro das atenções. O contexto clínico frequentemente requer uma abordagem mais matizada e teoricamente orientada para uso das forças (Biswas-Diener, Kashdan, & Minhas, 2011). Para superar essa dificuldade, sugerimos a utilização de uma abordagem abrangente de avaliação das forças (Rashid & Seligman, 2013; veja as folhas de exercícios no Capítulo 8, Sessão 2). Nessa abordagem, o clínico fornece aos clientes uma breve descrição de cada força essencial (aproximadamente 20 a 25 palavras por força – com base no CSV) e pede que eles identifiquem (não classifiquem) até cinco forças que melhor ilustram sua personalidade. Além disso, o cliente recolhe dados colaterais obtidos com um amigo ou familiar para compartilhar com o clínico. O clínico, então, sintetiza toda essa informação e fornece ao cliente descrições das forças selecionadas com seus títulos – para identificar cada força com um nome e contexto específico. A seguir, o clínico encoraja o cliente a compartilhar lembranças, experiências, histórias da vida real, episódios, realizações e competências que ilustram o uso dessas forças em situações específicas. O cliente, então, completa uma medida de autorrelato das forças (p. ex., VIA-IS). Em colaboração com o clínico, os clientes estabelecem objetivos específicos, atingíveis e mensuráveis voltados para suas preocupações presentes e identificam usos adaptativos de suas forças de assinatura. Em um estudo clínico recente, entre os clientes com diagnóstico de depressão e ansiedade, as forças de curiosidade, humor e autenticidade foram as mais prováveis de ser identificadas por outras pessoas, enquanto humildade, imparcialidade e perspectiva foram as menos prováveis de ser endossadas por outros (Rashid et al., 2013).

Estruturando as Forças em Objetivos Significativos

É importante que os objetivos sejam pessoalmente significativos, além de adaptativos no contexto interpessoal dos clientes. Por exemplo, se o objetivo do cliente for usar mais a curiosidade, o cliente e o clínico discutem qual é o equilíbrio ideal da curiosidade por meio de ações concretas, de modo que o uso de curiosidade não leve a indiscrição (excesso/uso excessivo) ou aborrecimento (falta/subutilização). Os clientes também são ensinados a usar suas forças de maneira equilibrada e flexível no estabelecimento de objetivos para enfrentar de modo adaptativo os desafios situacionais (Biswas-Diener, Kashdan, & Minhas, 2011; Schwartz & Sharpe, 2010). Veja a Tabela 4.2: Usando as Forças para Vencer 15 Desafios Comuns.

Considere o caso a seguir de nossa jovem cliente, Emma, que procurou psicoterapia para lidar com o divórcio depois de um casamento de curta duração.

> Como muitos clientes, Emma começou a terapia sentindo-se magoada, prejudicada e traída. Ela se sentia envergonhada por ter escolhido se casar ainda relativamente jovem, contra a vontade de seus pais conservadores, que queriam que continuasse seus estudos. Ela relatou ter pensamentos intrusivos negativos. Nosso foco terapêutico inicial foi no processamento do trauma, simplesmente criando de forma mútua um espaço onde Emma conseguisse compartilhar seus sentimentos de mágoa, raiva e traição e onde pudesse sentir empatia e validação – ao ser ouvida. Nessas conversas, o clínico focou nos detalhes do trauma, além de gentilmente apontar alguns dos comportamentos sadios que a cliente demonstrava (como enfrentamento sadio e resiliência). O clínico também demonstrou valorização pelo empenho de Emma em vir para a terapia (reconhecimento), além de conseguir compartilhar seu constrangimento,

TABELA 4.2 Usando as Forças para Vencer 15 Desafios Comuns

Desafios (Sintomas)	Força(s) de Caráter Potencial(is)	Considerações Baseadas nas Forças
1. O cliente não demonstra interesse em socialização (p. ex., não fala muito, não compartilha ou participa muito em atividades sociais, tem poucos amigos).	Vitalidade e Entusiasmo, Autorregulação	Encoraje o cliente a iniciar e manter pelo menos uma atividade ao ar livre semanalmente, como caminhada, ciclismo, *mountain bike*, montanhismo, caminhada rápida ou corrida.
2. O cliente desiste facilmente, tem dificuldade em terminar as tarefas e comete erros por descuido.	Persistência, Assiduidade, Diligência, Perseverança	Ajude o cliente a identificar fatores que diminuem o interesse nas atividades diárias; estabeleça objetivos pequenos e atingíveis que possam ser monitorados ou compartilhados com alguém em quem o cliente confia.
3. O cliente se comporta impulsivamente, se esforça para regular as emoções, experimenta alterações de humor.	Autorregulação, Inteligência Pessoal	Explore os gatilhos de explosão emocional (inteligência pessoal e emocional): reassegure o cliente de que, em vez de reagir a ameaças percebidas, ele pode planejar comportamentos substitutos concretos e baseados nas forças que podem servir à mesma função ou objetivos. Por exemplo, em vez de gritar para chamar a atenção ou expressar frustração, o cliente pode exercitar a curiosidade e a mente aberta para fazer perguntas sobre coisas que o incomodam. Se os problemas persistirem, o cliente pode usar perspectiva – por exemplo, este é um problema solúvel, e, caso não seja, que partes são solúveis? Então ele pode procurar maneiras criativas de resolver o problema trabalhando com outros (equipe de trabalho), ao mesmo tempo que mantém uma perspectiva realista, mas esperançosa (otimismo).
4. O cliente guarda ressentimentos, exagera quanto a ofensas menores por parte de outros e não aceita desculpas sinceras.	Perdão e Compaixão	Discuta o impacto emocional de guardar ressentimentos e lembranças negativas. Ajude o cliente a mostrar gentileza para empatizar com o agressor, quando apropriado, e normalizar a experiência ajudando-o a recordar situações em que ele ofendeu alguém e foi perdoado.

(Continua)

(Continuação)

Desafios (Sintomas)	Força(s) de Caráter Potencial(is)	Considerações Baseadas nas Forças
5. O cliente não responde a gestos amigáveis e descontraídos de outros e parece emocionalmente reprimido.	Humor e Atitude Lúdica, Inteligência Social e Emocional	Encoraje o cliente a se engajar em gestos despreocupados e atividades lúdicas com uma atitude bondosa. Mostre aos clientes alguns vídeos relevantes e atrativos, relatos visuais da vida real ou exemplos contemporâneos.
6. O cliente quer, mas tem dificuldade para iniciar interações sociais significativas, evita situações sociais e se sente isolado e indiferente.	Inteligência Social, Coragem, Persistência	Encoraje o cliente a começar a participar de eventos sociais em que se sinta seguro e que não requeiram muita interação individualizada, como participar de uma aula sobre um esforço criativo (p. ex., fotografia, pintura, *design* gráfico, culinária ou tricô). Encoraje-o a prestar muita atenção às interações sociais e encontrar formas de fazer suas observações e compartilhar suas opiniões sem temer avaliações.
7. O cliente se preocupa com seus fracassos e dificuldades e é demasiadamente negativo.	Esperança e Otimismo	Trabalhe de forma ativa com o cliente para construir uma lista de coisas que estão funcionando atualmente ou que pelo menos são suficientemente boas e obtenha a opinião do cliente sobre sua causa; evoque sucessos do passado, mesmo pequenos, para desenvolver domínio e otimismo.
8. O cliente é competitivo e com realização elevada e gasta muito tempo e energia tentando ser o melhor; ele se ressente ou lamenta quando outros o superam.	Cidadania e Trabalho em Equipe, Perspectiva, Humildade e Modéstia	Informe o cliente sobre achados científicos de que ganhos materiais têm retorno reduzido. Ajude-o a saborear, experimentar morosidade e gratidão por meio de atividades experienciais para que possa sentir os benefícios. Ensine o cliente sobre os benefícios psicológicos da humildade, permitindo que ele faça um bom trabalho sem a necessidade de aprovação externa ou recompensa.
9. O cliente tem pensamento rígido e inflexível; não se adapta bem a mudanças, como novos contextos, colegas e situações.	Curiosidade, Mente Aberta	Cultive sistematicamente a curiosidade e a mente aberta encorajando o cliente a experimentar novas experiências, especialmente **em torno de pessoas, lugares e processos**. Encoraje-o a deliberadamente fazer o papel de advogado do diabo para desenvolver a abertura de sua mente, examinando deliberadamente todos os lados; leia e discuta pontos de vista contrários para melhor se informar.

(Continua)

(Continuação)

Desafios (Sintomas)	Força(s) de Caráter Potencial(is)	Considerações Baseadas nas Forças
10. O cliente subestima as coisas boas da vida e atos bem-intencionados dos outros.	Gratidão, Inteligência Social, Gentileza	Discuta com o cliente algumas das coisas pelas quais ele é genuinamente grato, mas não articulou de modo explícito. Encoraje-o a refletir sobre como se sentiria se as coisas que conta como certas não estivessem presentes em sua vida. Ajude-o a observar e registrar (por escrito ou visualmente com um *smartphone*) atos positivos feitos por outros durante o dia.
11. O cliente não tem modéstia, chama a atenção desnecessariamente e exagera na avaliação das suas qualidades e realizações.	Humildade e Modéstia, Autenticidade	Instrua o cliente a fazer uma estimativa acurada e realista de suas habilidades e realizações e ajude-o a visualizar/recordar a experiência sentindo-se autêntico, genuíno e sem qualquer pretensão externa. Peça que o cliente escreva afirmações reconhecendo suas imperfeições e como estas o tornam humano.
12. O cliente não aprende com os erros e frequentemente os repete. Não tem uma compreensão mais profunda de questões morais e éticas e é incapaz de aplicar conhecimento a problemas práticos.	Perspectiva, Sabedoria Prática, Prudência	Usando uma decisão recentemente tomada pelo cliente que teve um resultado desfavorável, engaje-o no aprimoramento da sabedoria prática discutindo: (a) Qual é o impacto dessa decisão no cliente e nos outros? (b) O cliente usou de forma ideal ou considerou características contextuais relevantes da situação? (c) Existem formas alternativas que podem ser usadas para atingir um resultado melhor, como inteligência social e gentileza em vez da aplicação rígida de regras (imparcialidade percebida)? (d) O comportamento do cliente transmite forças subjacentes? (e) O cliente procurou conselhos de um par ou uma fonte bem-informada confiável?
13. O cliente se afasta, isolando-se ou aparentando desinteresse.	Capacidade de Amar e Ser Amado, Inteligência Social	O cliente demonstra amor e afeição genuínos por meio de gestos e ações no cotidiano. Ajude-o a comunicar carinho de pequenas formas por aqueles que se interessam por ele e a ser honesto e transparente com seus amigos.

(Continua)

(Continuação)

Desafios (Sintomas)	Força(s) de Caráter Potencial(is)	Considerações Baseadas nas Forças
14. O cliente se comporta inapropriadamente em situações específicas e não demonstra sensibilidade ou interesse por aqueles que são diferentes.	Imparcialidade, Equidade e Justiça	Sem envergonhar ou culpar o cliente, encoraje-o a tomar consciência dos atributos positivos de pessoas que são diferentes. Gradualmente o encoraje a interagir e envolver-se com elas. O cliente defende os outros quando eles são tratados injustamente, intimidados ou ridicularizados.
15. O cliente se sente bloqueado pelo trabalho, é incapaz de encontrar oportunidades para crescimento, sente-se indiferente, entediado.	Criatividade, Coragem e Persistência	Encoraje o cliente a abordar as tarefas de rotina no trabalho de uma maneira nova, mas adaptativa, sem temer o fracasso. Se ele tentar isso e não obtiver sucesso, treine-o para encontrar formas de explorar e expressar sua criatividade começando uma atividade fora do trabalho, algo que ele sempre quis fazer, mas não tinha sido capaz até o momento. Se essa atividade não for satisfatória, encoraje o cliente a experimentar outra até que encontre uma que seja gratificante.

arrependimentos e medos (coragem) e seu esforço e persistência. Esse apoio ajudou a cliente a expressar um desejo de mudança. O clínico, com base nas forças, demonstrou compreensão pelo momento e encorajou Emma a discutir a possibilidade de mudar, compartilhando delicadamente suas forças observadas em terapia até aquele momento. Embora inicialmente hesitante em reconhecer suas forças, o simples fato de ouvir o clínico falar sobre elas de forma genuína já aumentou a autoeficácia de Emma.

INCORPORANDO FORÇAS EM PSICOTERAPIA POSITIVA: COMPETÊNCIAS E ESTRATÉGIAS

A avaliação das forças de um cliente proporciona uma abertura clínica única para elaborar os objetivos colaborativamente. Os clínicos podem discutir com os clientes o objetivo do tratamento. Por exemplo: "Você quer se livrar de todas as suas preocupações, medos, estressores e dúvidas ou também está interessado em ser feliz, confiante e satisfeito?". Quase todos os clientes em nossa experiência endossam essa última parte da pergunta, além da primeira.

No entanto, é essencial que os clínicos estejam cientes de que o objetivo da PPT é ajudar os clientes a compreenderem que a ausência de fraquezas não é o único objetivo clínico e que a presença de bem-estar é igualmente importante para o tratamento e a prevenção de transtornos psicológicos (Keyes, 2013). A seguir, apresentamos estratégias para a incorporação das forças na PPT.

Formas de Avaliar Forças de Caráter

A maioria das medidas de psicopatologia é cara e requer realização em contextos clínicos. Medidas das forças que sejam válidas e confiáveis, desenvolvidas por profissionais e pesquisadores da psicologia positiva, estão facilmente acessíveis *on-line* e gratuitamente. Por exemplo, o *website* Authentic Happiness (www.authentichappiness.org; afiliado à Universidade da Pensilvânia) e o *website* Values in Action (www.viacharacter.org) oferecem muitas dessas medidas. Os clientes podem completar as medidas em casa e trazer os resultados impressos para a terapia. Conforme mencionado anteriormente, uma das medidas mais amplamente usadas para avaliar as forças é a VIA-IS (Peterson & Seligman, 2004; www.viacharacter.org). Com base no modelo CSV das forças, a VIA-IS está disponível em duas versões – em 240 e 120 itens. Também com base no modelo CSV, uma versão breve com 72 itens com mecanismo de *feedback* encontra-se disponível (Rashid et al., 2013, www.tayyabrashid.com). Todos esses três *websites* fornecem, em inglês, medidas gratuitamente e *feedback* instantâneo sobre as forças e outros atributos positivos.

Além das medidas de autorrelato, entrevistas guiadas por pesquisa podem ser usadas para avaliar as forças. Se os clínicos preferirem não usar avaliação formal, podem usar perguntas no começo ou durante a terapia para evocar forças, emoções positivas e propósito. Exemplos de perguntas incluem: "O que dá a sua vida um senso de propósito? Vamos fazer uma pausa aqui e falar sobre coisas em que você é bom. Quais são seus pensamentos e sentimentos iniciais quando você vê alguém realizando um ato de gentileza ou coragem?". Flückiger e colaboradores (2009) usaram uma entrevista clínica para evocar as forças do cliente no processo terapêutico. A seguir, apresentamos várias das suas "perguntas para ativação dos recursos" que podem ser facilmente incorporadas a um questionário sobre a história do paciente ou à entrevista clínica na prática rotineira:

- De que você mais gosta? Por favor, descreva suas experiências mais prazerosas.
- Em que você é bom? Por favor, descreva experiências que despertaram o melhor em você.
- Quais são suas aspirações para o futuro?
- O que faz com que um dia seja satisfatório para você?
- Que experiências lhe dão um sentimento de autenticidade?
- Por favor, descreva uma situação em que você se sentiu "verdadeiramente você".

Em seu estudo dos psicoterapeutas, Michael Scheel e colaboradores (2012) identificaram cinco temas que podem guiar os clínicos que conduzem PPT ou alguma terapia baseada nas forças para avaliar as forças dos clientes por meio de entrevistas. Esses temas são descritos a seguir, com exemplos de nossa prática clínica.

Amplificação das forças

Este tema ajuda os clientes a ver suas forças no passado, notar os aspectos positivos no que está sendo apresentado e provocar sucessos, mesmo que pequenos.

Exemplos: Um cliente que apresentava sintomas de ansiedade social compartilhou uma história de superação do medo de praticar seu esporte à frente dos "olhos penetrantes" da multidão quando entrou na quadra e jogou por três minutos durante toda a temporada e marcou três pontos – mas isso foi suficiente para levar seu time às finais. Uma cliente com sintomas de transtorno de estresse pós-traumático (TEPT) e depressão conseguiu recordar de sua coragem ao enfrentar alguém que estava intimidando sua amiga. Essas histórias oferecem aos clínicos oportunidades de amplificar forças passadas dos clientes.

Considerações contextuais

Para situações que requerem mais do que um foco no problema, o clínico precisa compreender a limitação das forças. O trabalho com o tema das considerações contextuais postula que pressionar com muita pressa pode impedir a aceitação futura das forças por parte do cliente.

Exemplos: Clientes com sintomas agudos de transtorno de pânico ou transtorno obsessivo-compulsivo precisam de protocolos de tratamento específicos bem estabelecidos. Sugerir que um cliente que tem sintomas graves de ansiedade social aprimore espontaneamente suas competências sociais, ou pedir que um cliente considere o crescimento pós-traumático sem processar seu trauma primeiro, pode afastá-los de uma abordagem futura baseada nas forças.

Processos orientados para as forças

Este tema busca encontrar formas de definir a identidade a partir de um lugar de forças, ajudando os clientes a transpor sua atenção seletiva nos problemas e déficits e tirar partido de bons momentos para discutir as forças.

Exemplo: Durante a fase inicial da terapia, uma cliente comentou que "apesar de fazer aulas de meditação, eu me sinto inquieta... Sinto como se minha mente estivesse sempre na via expressa". O clínico guiou essa cliente para a recordação consciente dos últimos três dias, um dia de cada vez, e pediu que ela procurasse pelo menos uma experiência positiva – mesmo que pequena. Ela conseguiu recordar e, então, anotou essas três experiências. O clínico complementou com a força de saborear (reminiscência), além da apreciação da beleza (uma experiência recordada incluía o prazer de uma caminhada de 5 minutos, exatamente quando o sol espreitava entre as nuvens). A experiência de escrever sobre acontecimentos positivos serviu como uma indicação visual para retornar aos momentos positivos. A cliente concordou em começar um *Diário de Gratidão* e, por fim, conseguiu tornar útil sua prática de meditação.

Resultados orientados para as forças

Este tema ajuda os clientes a aumentar a autoria das mudanças, formar objetivos usando suas forças e aprender a estabelecer objetivos de encontrar ou aproveitar uma força específica.

Exemplo: Uma cliente tinha inaugurado uma firma de consultoria financeira de sucesso, mas veio para terapia porque sentia falta de propósito e significado. Ao compilar o perfil de suas forças, a cliente conseguiu se dar conta de que o processo de abrir uma empresa a partir do zero e fazer dela um sucesso em um mercado competitivo não teria sido possível sem sua persistência e um constante sentimento de otimismo e resiliência. Durante o processo, ela encontrou muitos obstáculos, mas suportou. Nomear as forças ajudou a cliente a reconhecê-las profundamente, pois ela nunca havia tido tempo para si mesma e para celebrar suas conquistas. Sempre havia outra meta a ser atingida antes de avançar para a seguinte. Além disso, essa cliente foi capaz de perceber que sua firma mantinha muitos empregados e suas famílias – uma percepção que aumentou seu senso de propósito. Para desenvolver ainda mais seu senso de propósito, a cliente decidiu conceder uma bolsa de estudos a um estudante de origem economicamente desfavorecida.

Produção de propósito positivo

O clínico utiliza o tema da produção de propósito positivo quando ajuda os clientes a perceberem que as forças se desenvolvem com a crescente compreensão de seus problemas, ao ajudar os clientes a equilibrarem seus traços negativos e positivos por meio de perspectiva realista e ajudando-os a compreender o contexto em que um desafio ou problema pode ser uma força.

Exemplo: Um cliente experimentou traumas durante toda a sua vida, entre os quais sobreviver a muitos ataques aéreos em sua terra natal, guerra civil constante e luta para obter a condição de refugiado. Em seu novo país, o cliente teve que trabalhar mais de 60 horas por semana e frequentar o ensino médio e depois a faculdade. No começo da terapia, ele se via como nada mais do que uma coleção de sintomas de TEPT, transtorno de déficit de atenção/hiperatividade, ansiedade e depressão. A identificação das forças e sua conceituação por meio de desafios na vida real ajudaram a alterar sua autopercepção. As forças facilitaram e ajudaram o cliente a perceber sua transformação de vítima em sobrevivente. Agora ele está ajudando outras vítimas de tortura e trauma como conselheiro – um dos poucos que fala a língua delas e compreende suas nuances culturais.

Localizando Forças no Ambiente

Alguns clientes terão mais consciência de suas forças do que outros. Os clínicos podem encorajar seus clientes a procurarem informações colaterais de familiares, colegas e amigos acerca de suas próprias forças, além das forças de indivíduos envolvidos com os clientes. Isso é particularmente útil na avaliação e identificação de moderadores sociais e comunitários. Por exemplo, além de averiguarem problemas com os familiares, os clínicos podem avaliar o apego, o amor e a proteção oferecidos pelo grupo de apoio primário, instituições (associações, sociedades, clubes, fraternidades, irmandades) e redes sociais. Os problemas do cliente no trabalho ou na comunidade devem ser explorados, assim como os benefícios e apoios incluídos nas instituições sociais (Wright & Lopez, 2009).

Exemplos de Força

Para ajudar os clientes a discernirem e identificarem as próprias forças, os clínicos podem fazer referência a paradigmas (também denominados exemplos ou ícones). Exemplos incluem Malala Yusuf Zai representando bravura; Mahatma Gandhi representando liderança e autorregulação; Madre Teresa representando gentileza e humanidade; Nelson Mandela representando liderança e persistência; Martin Luther King

Jr. representando coragem, autorregulação e justiça; Albert Einstein representando curiosidade; Charlie Chaplin representando humor e postura lúdica; Bill Gates representando altruísmo; e Meryl Streep representando criatividade. O Apêndice D: Construindo Suas Forças contém descrições, comportamentos, formas de usar as forças, achados de pesquisa relevantes, livros acadêmicos, exemplos contemporâneos e *websites* relevantes relativos a cada uma das 24 forças.

O uso de ícones específicos e personagens de filmes para discutir as forças permite discussões concretas de sua aplicação dentro do contexto de conflitos na vida real e apoia o desenvolvimento das forças ao apresentar exemplos com os quais aprender. Os clínicos podem explorar as formas como um cliente se identifica e como não se identifica com os ícones específicos de forças relevantes e podem fazer referência a esses ícones quando trabalham para resolver dilemas na vida do cliente. Os clínicos podem fornecer ilustrações concretas das forças usando recursos como o *Positive psychology at the movies* (Niemiec & Wedding, 2013), que lista filmes, seus temas e seus personagens associados a cada uma das 24 forças VIA. O Apêndice D também contém uma extensa lista de ideias para usar as forças com nomes de filmes e exemplos.

Avaliando as Forças no Início da Terapia

As forças podem ser avaliadas logo no início do processo terapêutico. Quando o *rapport* está sendo construído por meio da escuta empática, o clínico pode começar observando as forças enquanto os clientes revelam suas histórias. Recomendamos a discussão das forças assim que possível na terapia por várias razões. Primeiro, conhecer e reconhecer as forças pode ser particularmente benéfico se ocorrer uma crise. Essa compreensão equipa os clínicos com um valioso recurso adicional que potencialmente pode ser ativado, em especial quando é necessária resiliência para enfrentar situações difíceis. No Health & Wellness Centre, University of Toronto Scaborough, onde um dos autores do manual é psicólogo clínico e pesquisador, a avaliação *on-line* de forças de caráter faz parte da avaliação de ingresso habitual. Ao completarem uma medida das forças, os clientes recebem *feedback* sobre suas forças de caráter evidentes. A seguir, apresentamos três exemplos.

Exemplo 1: Uma jovem que passou por um acidente de automóvel apresentava, na admissão, sintomas graves de depressão, inclusive lentidão cognitiva e motora. O clínico chamou a atenção para uma de suas forças – gratidão – e perguntou como ela a representa. A cliente sorriu relutantemente e, depois de uma longa pausa, disse: "Sou grata por estar viva... Eu achava que as coisas sempre iam estar lá, considerava tudo como garantido. Agora nunca mais vou considerar nada como garantido".

Exemplo 2: Um estudante do terceiro ano começou terapia individual depois de ter recebido uma carta de cancelamento da faculdade, devido às suas dificuldades acadêmicas. Durante a primeira sessão, ele parecia desalentado e disse que a faculdade não era para ele. O clínico ouviu empaticamente suas preocupações e então lhe pediu que compartilhasse algum episódio que pudesse demonstrar sua força de inteligência social. Apesar das dificuldades acadêmicas, ele sempre se sobressaía no trabalho como representante de vendas em uma grande loja varejista. "Eu podia me conectar com quase todos e convencê-los de que precisavam daquele produto específico. Ao final do meu primeiro ano, para minha absoluta surpresa, o gerente me disse que eu era o número três em todo o país, em termos de produtos vendidos e receita gerada."

Exemplo 3: Uma mulher de meia-idade havia recebido diagnóstico de transtorno da personalidade *borderline* e buscou terapia individual depois de ter participado de um grupo de terapia comportamental dialética em regime ambulatorial. No seu ingresso, quando a cliente e o clínico discutiram as principais forças de caráter da cliente, ela comentou: "Já passei por muitos tratamentos, psicoterapias, grupos de apoio, mas esta é a primeira vez que um tratamento começa me dizendo o que eu sou capaz de fazer, de uma maneira positiva... Sempre ouvi sobre as minhas fraquezas. Isso é muito generoso de sua parte".

A avaliação sistemática das forças de caráter, além dos sintomas, irá enriquecer a compreensão clínica do cliente. Se existe um rastro de sofrimento por trás de cada sintoma, também existe uma história de resiliência, conexão e realização para cada força. Nomear as forças lhe dá a oportunidade de se conectar com o cliente de formas que irão incutir esperança, otimismo, coragem e criatividade.

5

PSICOTERAPIA POSITIVA
Prática, processo e mecanismos de mudança

PRÁTICA E PROCESSO

São três as grandes fases da psicoterapia positiva (PPT).[1] A Tabela 5.1: Psicoterapia Positiva: Descrição Sessão a Sessão apresenta um esboço da PPT.

1. No início da Fase Um, o cliente cria uma narrativa pessoal, recordando e escrevendo uma história que despertou o seu melhor, especialmente na superação de um desafio. A maior parte do trabalho terapêutico nesta fase foca na avaliação e na organização de um perfil das forças de assinatura e na aquisição das competências necessárias para integrar as forças com os estressores psicológicos.
2. A Fase Dois ajuda os clientes a aprenderem a reavaliar as experiências intra e interpessoais, especialmente mudando as negativas para positivas, visando promover uma perspectiva balanceada.
3. A Fase Três ajuda os clientes a buscarem sentido e propósito por meio de suas forças.

Neste capítulo, descrevemos cada fase e, dentro de cada fase, detalhamos o processo e as práticas usadas na sessão e entre as sessões. Embora descrevamos a PPT de maneira concreta e sequencial, os clínicos precisam usar seu julgamento clínico para aplicar esse processo, adaptando-o a cada cliente. A PPT pode ser um tratamento independente, ou suas práticas podem ser incorporadas a outras abordagens de tratamento.

Durante toda a terapia, os clínicos encorajam os clientes a manterem um *Diário de Gratidão* para descrever três coisas boas que lhes aconteceram ao longo de cada dia. (Para mais sobre o *Diário de Gratidão*, veja o Capítulo 7, Sessão 1.) A maioria dos clientes acha útil direcionar sua atenção deliberadamente para experiências boas, as quais com frequência são ignoradas na agitação da vida diária. No final da terapia, os clientes aprenderam a fazer um diário de suas experiências cotidianas positivas por escrito (à mão, rabiscado ou digital) ou em formato interpessoal (discussão, apreciação e/ou expressão em pessoa). Esse processo os ajuda a manter a consciência experiencial mais ampla que aprendem a cultivar na sessão e a continuar resistindo à natural propensão humana para o viés negativo. Os clientes aprendem que detêm um conjunto único de forças e que podem usar essas forças de diferentes maneiras. Com isso em mente, continuamos a explorar os métodos da PPT.

---
[1] Outra abordagem de tratamento, também conhecida como psicoterapia positiva, foi desenvolvida por Nosrat Peseschkian na Alemanha. Peseschkian e colaboradores trabalharam em sua psicoterapia positiva por mais de 20 anos. Embora os dois tratamentos acidentalmente compartilhem o mesmo nome, eles são distintos um do outro. A PPT discutida neste livro está enraizada no movimento mais recente e contemporâneo da psicologia positiva, enquanto a psicoterapia positiva conforme praticada por Peseschkian e colaboradores é uma abordagem integrativa sistemática que incorpora perspectivas transculturais e interteóricas (Peseschkian, 2000; Peseschkian & Tritt, 1998).

TABELA 5.1 Psicoterapia Positiva: Descrição Sessão a Sessão		
Número da Sessão e Título	Conteúdo	Práticas Principais
Fase Um		
1. Apresentação Positiva e Diário da Gratidão	Esta sessão orienta os clientes para o ambiente clínico e esclarece os papéis e responsabilidades do cliente e do clínico. Esta sessão também ensina como iniciar a prática contínua do cultivo da gratidão por meio da confecção de um diário de experiências positivas e apreciação do impacto da gratidão no bem-estar.	*Apresentação Positiva*: O cliente recorda, reflete e escreve uma *Introdução Positiva* de uma página compartilhando a história com um começo, meio e final positivo, em termos concretos, que despertou o melhor do cliente. *Diário de Gratidão*: O cliente começa um diário para registrar três coisas boas todas as noites (grandes ou pequenas) e também escreve o que fez elas acontecerem.
2. Forças de Caráter e Forças da Assinatura	Esta é a primeira de três sessões que focam nas Forças de Caráter e nas Forças de Assinatura, que são traços positivos que podem ser desenvolvidos por meio da prática e podem contribuir para o crescimento pessoal e o bem-estar.	*Forças de Caráter*: O cliente compila seu perfil de forças de assinatura coletando informações de múltiplos recursos, entre eles autorrelato, uma medida *on-line*, um familiar e um amigo.
3. Sabedoria Prática	Esta sessão apresenta as competências da sabedoria prática. Essas competências nos ensinam a aplicar adaptativamente nossas forças de assinatura de forma balanceada para resolver problemas.	Know-how *das Forças*: O cliente aplica quatro estratégias de sabedoria prática (especificidade, relevância, conflito, reflexão e calibração) para resolver três cenários específicos.
4. Uma Melhor Versão de Mim	Esta sessão está voltada para a articulação e a implementação de um plano escrito de autodesenvolvimento positivo, pragmático e persistente.	*Uma Melhor Versão de Mim*: O cliente escreve um plano de autodesenvolvimento, denominado *Uma Melhor Versão de Mim*, que usa suas forças de forma adaptativa por meio de objetivos específicos, mensuráveis e atingíveis.
Fase Dois		
5. Memórias Abertas e Fechadas	Nesta sessão, os clientes recordam, escrevem e processam memórias e aprendem a desenvolver competências para lidar com memórias abertas ou negativas.	*Avaliação Positiva*: Depois de praticar relaxamento, o cliente escreve memórias amargas e explora quatro formas de lidar com elas de forma adaptativa.

(Continua)

(Continuação)

Número da Sessão e Título	Conteúdo	Práticas Principais
6. Perdão	Esta sessão ensina que o perdão é um processo para mudança, em vez de um evento. Esta sessão explica o que é perdão e o que não é.	*REACH:* O cliente aprende o REACH – um processo de perdão; e/ou *Carta de Perdão:* O cliente escreve uma carta de perdão, mas não necessariamente a entrega.
7. Maximizar *versus* Satisfazer	Esta sessão apresenta os conceitos de maximizar (buscar fazer a melhor escolha possível) e satisfazer (fazer uma escolha "suficientemente boa").	*Em Direção à Satisfação:* O cliente explora em quais domínios da vida ele se maximiza ou satisfaz. Esboça um plano para aumentar a satisfação.
8. Gratidão	Esta sessão amplia o conceito de gratidão fazendo o cliente recordar e escrever para alguém que está vivo agora e que no passado fez alguma coisa positiva, mas a quem o cliente nunca agradeceu plenamente.	*Carta de Gratidão:* O cliente reflete e escreve uma carta de gratidão para alguém que o ajudou em um momento de necessidade e que não recebeu os agradecimentos apropriadamente. *Visita de Gratidão:* O cliente convida a pessoa para quem escreveu a *Carta de Gratidão* para um encontro entre os dois. Sem explicar de forma antecipada, o cliente lê a carta pessoalmente.
Fase Três		
9. Esperança e Otimismo	Nesta sessão, os clientes aprendem a ver os melhores resultados realistas possíveis. Eles aprendem que os desafios são temporários e a desenvolver um sentido de esperança.	*Uma Porta Se Fecha, Outra Porta Se Abre:* O cliente reflete e escreve sobre três portas que se fecharam e três portas que se abriram.
10. Crescimento Pós-Traumático	Esta sessão convida os clientes a explorar seus sentimentos e pensamentos profundos acerca de uma experiência traumática que continua a incomodá-los.	*Escrita Expressiva:* O cliente pode realizar um exercício de transportar experiências perturbadoras e traumáticas para uma folha de papel, com a garantia de que essa escrita será somente para os olhos do cliente e será mantida em local seguro. A prática é realizada depois que o cliente desenvolve competências de enfrentamento saudáveis e não está sobrecarregado por estressores atuais.

(Continua)

(Continuação)

Número da Sessão e Título	Conteúdo	Práticas Principais
11. Lentidão e Saborear	Nesta sessão, os cientes aprendem a desacelerar e desenvolvem uma consciência de como saborear. Fazendo isso, eles aprendem a olhar atentamente para os aspectos positivos.	*Desacelerar e Saborear:* O cliente escolhe uma técnica de desaceleração e uma técnica de saborear que se adapte a sua personalidade e circunstâncias na vida.
12. Relações Positivas	Nesta sessão, os clientes aprendem a importância de reconhecer as forças de seus entes queridos.	*Árvore das Relações Positivas:* O cliente, em conjunto com seus entes queridos, avalia suas forças; todos se identificam em uma grande "árvore" – desenhada no papel. O cliente discute com seus entes queridos maneiras de enriquecer as relações, celebrando as forças uns dos outros.
13. Comunicação Positiva	Nesta sessão, os clientes aprendem quatro estilos de respostas a boas notícias e qual delas prediz satisfação na relação.	*Resposta Construtiva Ativa:* O cliente explora as forças de seu companheiro significativo e pratica a resposta construtiva ativa.
14. Altruísmo	Nesta sessão, os clientes aprendem como ser altruísta ajuda tanto eles mesmos como os outros.	*Presente do Tempo:* O cliente planeja dar o presente do tempo fazendo alguma coisa que também use suas forças de assinatura.
15. Sentido e Propósito	Esta sessão foca na procura e na busca de esforços significativos por um bem maior.	*Legado Positivo:* O cliente escreve como ele gostaria de ser lembrado, especialmente em termos das marcas positivas que deixou.

Fase Um

Processo

A Fase Um da PPT ocorre nas quatro primeiras sessões. Começando com a primeira sessão, os clínicos encorajam os clientes a refletirem sobre sua narrativa pessoal, a qual está centrada em uma experiência ou acontecimento específico que despertou o melhor do cliente. O clínico encoraja os clientes a compartilharem episódios, relatos e histórias que mostram suas forças juntamente com suas dificuldades – ou seja, expressar como os clientes enfrentaram com sucesso ou superaram os desafios, grandes ou pequenos.

O clínico escuta empaticamente as queixas atuais dos clientes para estabelecer e manter uma relação terapêutica de confiança. A discussão do sofrimento sintomático é aprofundada com uma conversa sobre atos simples de bondade na vida diária, como o paciente fazer e desfrutar de uma refeição específica, saborear a temperatura agradável ou concluir com sucesso seus afazeres domésticos cotidianos. Essas discussões permitem que os clientes direcionem sua atenção para aspectos pequenos, mas positivos, de suas vidas, que podem ser obscurecidos por um foco excessivo no diagnóstico das dificuldades.

Os clientes, então, avaliam suas forças por meio de múltiplos recursos (veja o Capítulo 8, Sessão 2) e estabelecem objetivos realistas que são relevantes para seus problemas presentes e seu bem-estar. O cerne da Fase Um da PPT é ampliar as perspectivas dos clientes apresentando-os às suas próprias forças, passadas e presentes, por meio da autoavaliação e incorporando contribuições de outras pessoas significativas. Esse processo é atingido primariamente por meio da escrita de uma narrativa de resiliência e identificação das forças que possibilitaram essa resiliência. O clínico procura ativamente oportunidades de ajudar os clientes a aprofundarem sua compreensão de como as forças podem ser usadas de forma adaptativa para administrar uma situação desafiadora. Evidências mostram que a recordação de experiências positivas desempenha um papel importante na regulação do humor (Joormann, Dkane, & Gotlib, 2006). Essa recordação permite que os indivíduos "saboreiem" essas emoções positivas (Bryant, Smart, & King, 2005). Fitzpatrick e Stalikas (2008) sugeriram que emoções positivas, especialmente na primeira fase do processo terapêutico, servem como um gerador de mudança – possibilitando que os clientes levem em consideração novas ideias e perspectivas – e podem construir recursos cumulativos de longo prazo.

O último passo na avaliação das forças é o clínico encorajar os clientes a desenvolver sabedoria prática (veja o Capítulo 9, Sessão 3). Em termos do uso das forças, a sabedoria prática é considerada uma força-mestre (Schwartz & Sharpe, 2010). Esse é o *Know-How das Forças*. Sabedoria prática envolve a habilidade de adaptar as demandas situacionais flutuantes reconfigurando os recursos mentais incluindo as forças; mudando a perspectiva; e equilibrando desejos, necessidades e domínios concorrentes na vida (Kashdan & Rottenberg, 2010; Young, Kashdan, & Macatee, 2015).

A PPT ajuda os clientes a regular as emoções e melhorar a autoavaliação em vários contextos ensinando-lhes o uso matizado, adaptado e contextualizado das emoções positivas e negativas. Por exemplo, os clientes podem ser motivados a experimentar ou mesmo reforçar emoções negativas porque estas podem ser mais úteis para eles do que as positivas:

- Raiva, frustração ou decepção em uma relação íntima podem sinalizar transgressão por parte da outra pessoa.
- Confiança em concluir uma tarefa importante, sem um nível ideal de ansiedade, pode se transformar em procrastinação.
- Evitar o reconhecimento da perda e do sofrimento e recorrer a meios nocivos de enfrentamento (p. ex., drogas, sexo ou compras) pode impedir que os clientes compreendam o significado da perda e contemplem uma narrativa pessoal revisada que pode ser necessária para o enfrentamento adaptativo.

A PPT não pede necessariamente que os clientes usem mais as forças; ela encoraja os clientes a se engajarem em uma reflexão mais profunda de quando e como o uso de forças específicas pode ser adaptativo ou mal-adaptativo e como esse uso pode impactar os outros (Biswas-Diener, Kashdan, & Minhas, 2011; Freidlin, Littman-Ovadia, & Niemiec, 2017; Kashdan & Rottenberg, 2010). A Tabela 4.2 (no Capítulo 4) apresenta conexões potenciais entre os desafios psicológicos e formas como estratégias específicas baseadas nas forças podem ser usadas para vencê-los.

Práticas

Os clientes começam a PPT criando uma *Apresentação Positiva*, que oferece a oportunidade de ser introduzida por meio de uma história que os descreve quando eles consideram que estão em seu auge, especialmente na superação de um desafio (veja o Capítulo 7, Sessão 1). Como dever de casa, os clientes refletem mais e concretizam essa apresentação em uma história escrita de aproximadamente 300 palavras. Para o restante da Fase Um, o foco se localiza nas práticas das forças, que começam com uma avaliação abrangente das forças (veja o Capítulo 8, Sessão 2). A PPT recomenda o uso de duas medidas válidas e confiáveis, o Values in Action – Inventory of Strengths (VIA-IS; Peterson & Seligman, 2004), com 120 itens, e o Signature Strengths Questionnaire (Rashid et al., 2013). As duas medidas são derivadas da Classification of Strengths and Virtues (Peterson & Seligman, 2004). A avaliação das forças também incorpora outras medidas de autorrelato (identificação das forças com base em descrições e em fotografias associadas) e relatos colaterais de outras pessoas significativas identificando (*não hierarquizando*) as forças de assinatura do cliente. (Os relatos colaterais são obtidos pelo cliente entre as sessões.) O clínico, então, combina os dados de todas as fontes para determinar as forças de assinatura do cliente. Esse processo de avaliação abrangente possibilita que os clientes identifiquem, compreendam e contextualizem suas forças em termos concretos. Uma lista abrangente dos comportamentos e ações que visam exibir 24 forças de caráter está disponível no fim deste manual, no Apêndice D: Construindo Suas Forças. Esse recurso traduz a noção abstrata das forças em ações concretas administráveis.

Durante o curso da terapia, para manter as forças de assinatura igualmente proeminentes com os sintomas, os clínicos gentilmente incentivam os clientes a compartilharem memórias, experiências, histórias da vida real, episódios, realizações e competências que ilustram o uso e o desenvolvimento de suas forças de assinatura. No entanto, ao discutir as forças, o clínico não deve enfraquecer ou minimizar as características negativas; o contexto é importante na determinação de quando usar as forças. Por exemplo, conforme observado, os clientes podem ser motivados a agir de acordo com, ou mesmo reforçar, emoções negativas porque elas podem ser mais úteis do que as emoções positivas em determinado contexto. A PPT não pede necessariamente que os clientes usem mais determinada força; em vez disso, propicia que os clientes reflitam sobre quando e como a expressão de forças específicas pode ser adaptativa ou mal-adaptativa. Essa abordagem é consistente com as estratégias desenvolvidas por Kashdan e Rottenberg (2010) e Biswas-Diener, Kashdan, e Minhas (2011).

A Fase Um da PPT termina com os clientes estabelecendo objetivos comportamentais específicos e atingíveis que usem adaptativamente suas forças de assinatura para abordar suas preocupações. Esses objetivos são centrais para a prática de *Uma Melhor Versão de Mim* (veja o Capítulo 10, Sessão 4). Essa prática é uma modificação da intervenção original em psicologia positiva *Our Best Selves* – O Melhor de Nós (Sheldon & Lyubomirsky, 2006) e encoraja os clientes a ficarem mais próximos de ser "o melhor de nós". Com a crescente compreensão de seus recursos mais profundos e forças de assinatura, os clientes são guiados a visualizar e depois escrever, em termos concretos, um objetivo pessoal relacionado às suas preocupações. O objetivo é melhorar a autorregulação para reconstruir as prioridades do cliente e aumentar sua motivação e emoções. A parte escrita dessa prática é importante. Pesquisas mostram que fazer um plano escrito de autoaperfeiçoamento aumenta as chances de sucesso em 42% (Fadla, 2014).

Fase Dois

Processo

A Fase Dois da PPT é composta das sessões 5 a 8. Essa fase se concentra em ajudar os clientes a aplicarem as forças de forma adaptativa por meio de discussões das nuances de navegar efetivamente entre os incômodos cotidianos e resolver ou, de outra forma, abordar de forma construtiva adversidades mais significativas, como rancores, lembranças negativas ou traumas. Os clientes também são ensinados a usar suas forças de uma forma adaptativa que possa fazer frente aos desafios situacionais (Biswas-Diener, Kashdan, & Minhas, 2011). Fazendo isso, o clínico destaca ações ou hábitos específicos do cliente que podem explicar os sintomas ou problemas como uma falta ou um excesso de forças (conforme discutido anteriormente), em vez de em termos de déficits.

A parte central da Fase Dois da PPT é ajudar os clientes a aprenderem estratégias de enfrentamento positivas específicas e baseadas no significado para reinterpretar memórias abertas (não resolvidas) e negativas que continuam a perturbá-los (Folkman & Moskowitz, 2000). Considere o exemplo a seguir de uma de nossas práticas clínicas:

Sam, um jovem com dificuldades psicológicas, passou as três primeiras sessões de sua terapia individual compartilhando o que parecia ser uma narrativa bem ensaiada. Sua narrativa era repleta de memórias recentes e passadas de sentimentos de insegurança com seu relacionamento romântico atual, raiva de seu pai, que abandonou a família quando Sam tinha apenas 9 anos, insatisfação com sua aparência e desconforto em situações sociais. A necessidade de compartilhar esses detalhes, com uma explicação, era tão forte que seu clínico só se sentiu compelido a intervir quando o cliente compartilhou uma lembrança positiva sobre seu pai. Sam contou que, embora raramente tenha estado presente em sua vida, devido a problemas com drogas, seu pai participava de um ritual com Sam, quase religiosamente. Aquela foi uma abertura, e o clínico não hesitou em pedir mais detalhes. Sam explicou que a cada dezembro seu pai o levava a uma feira de Natal, e eles esperavam um longo tempo para andar na roda-gigante. Aquecido pelo chocolate quente em suas mãos, Sam descreveu o passeio de 10 a 12 minutos como a melhor coisa do ano. Enquanto discutia os detalhes dessa recordação, o afeto de Sam mudou. Embora sua opinião sobre seu pai não tenha mudado muito, a descrição de uma memória positiva criou um nicho pequeno e suave de positividade em seu coração. Sam também se deu conta de que havia passado muito tempo remoendo lembranças negativas do pai, acontecimentos do passado que não podiam ser mudados. No entanto, agora ele tinha a opção de mudar suas reações em relação a essas lembranças.

Durante a Fase Dois da PPT, os clientes tomam consciência da quantidade de atenção e outros recursos que têm utilizado em memórias abertas e negativas e podem aprender formas de empregar essa atenção para acontecimentos positivos genuínos e autênticos em suas vidas. (Veja o Capítulo 11, Sessão 5.) Depois de aprender o que é perdão e o que não é (veja o Capítulo 12, Sessão 6), os clientes são apresentados à opção de utilizar o perdão para interromper o ciclo de emoções baseadas no ressentimento. Eles podem experimentar um sentimento duradouro de gratidão, refletindo sobre lembranças positivas passadas. Escrever a respeito e refletir sobre experiências profundamente pessoais ajuda os clientes a encontrar sentido em suas emoções, o que, por sua vez, lhes oferece maior sensação de controle – um ingrediente essencial do crescimento pessoal (Deci & Ryan, 2008).

Práticas

Na Fase Dois da PPT, depois de estabelecerem o *rapport* terapêutico e ajudarem os clientes a identificarem suas forças, os clínicos os encorajam a escrever sobre seus rancores, lembranças amargas ou ressentimentos e, então, discutem os efeitos de se apegar a esses aspectos negativos. A PPT não desencoraja a expressão de expressões negativas; ela encoraja os clientes a avaliarem uma ampla gama de emoções – positivas e negativas. Entretanto, conforme observado anteriormente, emoções negativas (frequentemente na forma de rancores ou lembranças amargas) perduram e continuam conosco por mais tempo do que suas contrapartidas positivas. Há inúmeras práticas de PPT que ajudam os clientes a lidar com lembranças negativas de forma adaptativa. Por exemplo, a *Positive Appraisal* (Rashid & Seligman, 2013) ajuda os clientes a desfazerem seus rancores e ressentimentos (veja o Capítulo 11, Sessão 5) e reavaliá-los por meio de quatro estratégias:

- *Criação de espaço psicológico:* Os clientes escrevem a respeito de uma memória amarga segundo a perspectiva de uma terceira pessoa, o que é menos pessoal e mais neutro. Essa prática os ajuda a dispender menos esforço e tempo para recontar detalhes emocionalmente evocativos de memórias negativas (Kross, Ayduk, & Mischel, 2005). Em consequência, mais recursos cognitivos e atencionais estão disponíveis para os clientes reconstituírem seus sentimentos e o significado da memória negativa, em vez de refazerem o que aconteceu e o que eles sentiram.
- *Reconsolidação:* Os clientes recordam aspectos mais delicados e sutis de uma memória amarga em um estado de relaxamento. O propósito é recordar, rearquivar e reconsolidar aspectos positivos ou adaptativos da memória amarga que podem ter sido negligenciados devido à tendência da mente para a negatividade.
- *Autofoco atento:* Os clientes são encorajados a *observar* as memórias negativas em vez de *reagir* a elas. Essa prática se trata de dar um passo atrás e deixar as memórias abertas e

negativas se revelarem diante dos olhos do cliente, como se assistisse a um filme. Os clientes são ensinados a ser observadores dessas memórias em vez de participantes, com um esforço deliberado de afrouxar as amarras emocionais associadas à memória.

- *Desvio:* Os clientes são encorajados a reconhecer pistas que ativam a recordação de uma memória amarga e são ajudados a imediatamente se engajar em uma atividade cognitiva ou física alternativa (desvio) para interromper o reaparecimento da memória amarga. Densamente interconectadas, as memórias amargas de clientes com sofrimento psicológico são frequentemente desencadeadas por pistas externas. Engajar os clientes em uma atividade alternativa adaptativa ajuda a interromper o retorno cíclico das memórias negativas. Se a prática é realizada de forma eficaz, os clientes aprendem a administrar as memórias negativas em vez de serem consumidos por elas.

No Capítulo 12, Sessão 6, o clínico explora cenários com os clientes para ajudá-los a compreender o que é perdão e o que não é. Perdão em PPT é conceituado como um processo de mudança – voluntariamente abrir mão do próprio direito (percebido ou real) de vingança (Harris et al., 2007; Wade, Worthington, & Haake, 2009). Os clientes são ensinados que perdão não é desculpar ou perdoar o agressor, minar a justiça socialmente aceitável, esquecer o agravo ou ignorar as consequências do delito. Eles aprendem que perdão também não é simplesmente substituir pensamentos ou emoções negativos por outros neutros ou positivos (Enright & Fitzgibbons, 2015). Usando essa compreensão, os clientes escrevem sobre uma de suas experiências negativas com a intenção de resolvê-la por meio do perdão.

Outra prática na parte intermediária da PPT, *Em Direção à Satisfação* (Schwartz et al., 2002), ajuda os clientes a compreenderem como podem ter consciência da energia e do tempo dispendidos em tarefas e como administrar esse investimento para fins apropriados e benéficos. (Veja o Capítulo 13, Sessão 7.) A intenção dessa prática é aumentar a consciência do cliente de que frequentemente dispensamos muito tempo fazendo compras, o que nos distrai de nos defrontarmos com os aspectos negativos e não acrescenta muito ao nosso bem-estar.

Um construto relacionado e igualmente central na PPT é gratidão, que é um estado de ser grato pelos aspectos positivos de nossa vida. A gratidão tem confiavelmente revelado fortes associações com o bem-estar (Davis et al., 2016; Kerr, O'Donovan, & Pepping, 2015; Wood, Froh, & Geraghty, 2010). Duas práticas relacionadas, conforme descrito no Capítulo 14, Sessão 8, são essenciais para cultivar a gratidão nessa fase da PPT. A primeira é a *Carta de Gratidão*, em que o cliente se recorda de uma pessoa que fez alguma coisa gentil para ele e pela qual nunca agradeceu a essa pessoa. Na sessão, os clientes escrevem um primeiro rascunho de uma carta que, de forma clara e autêntica, expressa sua gratidão, descrevendo as especificidades do ato de gentileza da pessoa e suas consequências positivas. Como dever de casa, os clientes escrevem outros dois rascunhos da carta e, então, organizam uma *Visita de Gratidão*. Nessa segunda prática, os clientes são encorajados a ler a carta para o destinatário, em pessoa ou ao telefone. Quando feita em pessoa, essa prática pode gerar emoções positivas poderosas de ambos os lados e é com frequência descrita pelos clientes como uma experiência profundamente comovente, na qual eles estavam relutantes em se engajar de início.

Fase Três

Processo

A Fase Três da PPT, que abrange as sessões de 9 a 15, foca no restabelecimento ou encorajamento de relações positivas (tanto íntimas quanto comunitárias). As obras de Frankl, *Man's search for meaning* (1963) e *The doctor and the soul: from psychoterapy to logotherapy* (1986) – dois textos de referência sobre significado e propósito –, enfatizam que a felicidade não pode ser alcançada apenas desejando. Ao contrário, felicidade deve "resultar" como a consequência não intencional de trabalhar para um objetivo maior do que nós mesmos. Pessoas que são capazes de buscar atividades que as conectam com objetivos maiores experimentam maior bem-estar (McKnight & Kashdan, 2009; McLean & Pratt, 2006; Schnell, 2009). Portanto, na Fase Três da PPT, os clientes provavelmente estarão prontos para buscar significado e propósito; as forças ampliaram o autoconceito dos clientes, e eles foram capazes de lidar com memórias perturbadoras, aprenderam sobre perdão e começaram a ver os benefícios da gratidão. Pesquisas apoiam fortemente que um senso de significado e propósito ajuda os clientes a lidarem com o sofrimento psicológico de forma efetiva, e a presença de um senso de propósito os ajuda a recuperarem-se das adversidades, além de proteger contra sentimentos de desesperança e falta de controle (Bonanno & Mancini, 2012; Calhoun & Tedeshi, 2006; Graham, Lobel, Glass, & Lokshina, 2008; Skaggs & Barron, 2006). A Fase Três da PPT encoraja os clientes a cultivarem significado por meio do engajamento em inúmeros processos, como o fortalecimento de relações pessoais íntimas e comunitárias; a busca de inovações artísticas, intelectuais ou científicas; ou o engajamento em contemplação filosófica ou religiosa (Stillman & Baumeister, 2009; Wrzesniewski, McCaley, Rozin, & Schwartz, 1997). As práticas dessa fase, como *Uma Porta Se Fecha, Outra Porta Se Abre*; *Escrita Expressiva*; e *Presente do Tempo*, ajudam os clientes a buscar e perseguir significado e propósito. Durante o processo, eles com frequência compartilham experiências dolorosas e algumas vezes traumáticas. O clínico, de forma empática, dá atenção a essas experiências e, sempre que apropriado, também explora temas de crescimento a partir delas. Apresentamos, a seguir, duas ilustrações dessa exploração:

> Uma de nossas clientes, uma estudante chamada Nafissa, estava sendo abusada emocionalmente por seu parceiro e estava criando um filho com problemas de desenvolvimento. Achava que ninguém se importava com ela. Depois de estabelecer uma relação terapêutica sólida por meio de empatia e valorização de sua resiliência, o clínico perguntou como, apesar de todos esses desafios, ela conseguiu continuar seus estudos. Nafissa fez uma pausa e, então, descreveu os detalhes do grande apoio que recebe de sua irmã mais velha. Menos de 10 minutos antes, ela se sentia sozinha e impotente, mas, depois de discutir os detalhes do apoio da irmã, o afeto de Nafissa dentro da sessão mudou; discutir os detalhes do apoio da irmã ajudou a cliente a apreciar as forças dos outros e aliviou sua raiva – um pouco.

> Nyugen, uma cliente com sintomas de desregulação emocional e problemas de dependência de drogas, estava consultando um de nós em terapia individual. Quase no fim de uma sessão, a cliente disse que era perturbada pelo pensamento de que alguns meses antes havia feito um aborto – algo que não havia discutido em sessões anteriores. Ela já havia completado seu Perfil de Forças de Assinatura, e gentileza era uma de suas forças. A propósito, antes desse comentário de última hora, o clínico e Nyugen discutiram sua gentileza. Uma semana mais tarde, na sessão seguinte, a cliente disse: "Sabe, eu mencionei o quanto aquele pensamento me incomodava... Pensei nisso porque estávamos discutindo gentileza... De repente eu fiquei me perguntando o que seria uma coisa boa a se fazer nessa situação... Eu pesquisei e decidi doar um dos meus óvulos a um casal que se beneficiaria com ele". Disse ainda que, para doar, teria que ficar um ano sem usar drogas. Ela achava que sua decisão apoiaria outras pessoas e a ela mesma.

Práticas

As práticas na Fase Três da PPT continuam a usar as forças do cliente e a focar na utilização destas para pertencer e servir a algo maior do que si mesmo. Várias práticas na Fase Três focam na melhoria das relações interpessoais observando, reconhecendo e celebrando as forças dos outros ou empregando as próprias forças para se conectar com os outros (Ryan, Huta, & Deci, 2008). Os clientes também aprendem a identificar forças de seus entes queridos e planejam eventos interpessoais em torno de forças compartilhadas ou relevantes por meio da prática denominada *Árvore das Relações Positivas*. Outra prática, *Resposta Construtiva Ativa*, ensina aos clientes formas de validar e capitalizar momentos preciosos quando seus parceiros compartilham boas notícias com eles (Gable, Reis, Impett, & Asher, 2004). As duas práticas finais dessa fase (*Presente do Tempo* e *Legado Positivo*) ajudam o cliente a compartilhar suas forças servindo outros por meio de esforços significativos e a articular uma visão de como gostariam de ser lembrados.

A prática de *mindfulness* pode promover significado nos tornando conscientes de momentos prazerosos que teriam passado despercebidos se não atraíssem nossa atenção explicitamente para eles. A experiência clínica sugere que a maioria dos clientes procura terapia para administrar os estressores associados a viver em ambientes acelerados e altamente complexos. A prática *Desacelerar e Saborear* (Bryant & Veroff, 2007) requer que os clientes prestem muita atenção às sensações associadas à realização de uma tarefa simples, como comer uma passa, tocar uma pluma ou aspirar uma fragrância. Os clientes tendem a descobrir que, simplesmente prestando atenção a essas atividades, elas se tornam mais prazerosas e interessantes. O clínico deve trabalhar para ajudar os clientes a implementar esse ato de saborear conscientemente vários aspectos de suas vidas. Outra prática, o *Presente do Tempo*, ajuda os clientes a experimentar a importância e o impacto que reservar um tempo explicitamente para pessoas significativas tem em suas relações e nos indivíduos dentro das relações.

A prática final da PPT, *Legado Positivo*, pede que os clientes escrevam um fragmento breve (uma página no máximo) focado em como eles gostariam de ser lembrados. O processo tem a intenção de ensinar os clientes a habilidade de selecionar e otimizar forças específicas para atingir objetivos de longo prazo, além de prever ou se adaptar aos obstáculos que podem enfrentar durante o processo (Schmid, Phelp, & Lerner, 2011). Essa prática final está vinculada com a prática de abertura em termos de obtenção de domínio a partir do passado (*Apresentação Positiva*) e adaptação das forças e da motivação para o futuro (*Legado Positivo*). A seguir, apresentamos uma ilustração:

> Malika, uma cliente de aproximadamente 40 anos, voltou à universidade para concluir o mestrado depois que seus filhos ficaram independentes. Ela começou a terapia individual sentindo-se cética e amarga, sobretudo em relação ao seu ex-marido. Entretanto, à medida que trabalhou ativamente e criou uma distância sadia de lembranças tóxicas do passado, Malika se tornou, aos poucos, orientada para o futuro, e a prática do Legado Positivo a ajudou a articular o que realmente quer da vida:

"Não quero ser lembrada como uma pessoa irritada e amarga... Com certeza, quero ser lembrada como autêntica, mas não autêntica demais no sentido de estar sempre envolvida em amargura. Quero ser lembrada como feliz e talvez, o que é mais importante, como uma pessoa atenciosa e comprometida – alguém que trabalhou duro e não se deu por vencida diante das dificuldades da vida. Quero ser lembrada como uma mãe que ensinou seus três filhos que o verdadeiro teste da vida não é acumular riqueza e recursos, mas compartilhá-los. Não quero ser lembrada como uma pessoa que não conseguiu perdoar aqueles que a prejudicaram. Eu sei que não recebi os genes mais otimistas, mas seja lá o que recebi, os tornei melhores, não piores."

> **NOTA CLÍNICA**
>
> As três fases e processos descritos aqui podem nem sempre se desenvolver como pretendido e podem não funcionar igualmente bem com todos os clientes. Considere essas três fases como caminhos entrelaçados em direção à recuperação e ao bem-estar. Um cliente pode não compreender plenamente o significado na sua história até que significado e propósito tenham sido discutidos nas fases finais da terapia. Da mesma forma, a prática da Avaliação Positiva pode abrir muito mais do que pode ser contido dentro de 15 sessões. Fatores situacionais ou outros fatores, como um número limitado de sessões terapêuticas, o surgimento de uma crise ou trauma que requeira atenção imediata e contínua, ou a preferência do cliente de não focar nas forças, podem impedir que os clientes expressem plenamente suas forças. Mudar é difícil. Anos que foram gastos focando na negatividade podem precisar de mais do que 15 sessões para cultivar e sedimentar forças como esperança, entusiasmo e gratidão.

MECANISMOS DE MUDANÇA

Em uma revisão sistemática da PPT, Walsh, Cassidy e Priebe (2016) identificaram alguns mecanismos de mudança, conforme mostra a Figura 5.1. Esses mecanismos são discutidos em cinco categorias amplas. Os descritores entre parênteses depois de cada título correspondem amplamente a variáveis descritas na Figura 5.1.

Psicoterapia Positiva (PPT): Mecanismo de Mudança

Possível Mecanismo
- Reeducação da atenção para notar e recordar experiências positivas
- Avaliação positiva (reinterpretação de memórias negativas)
- Identificação de forças de caráter
- Uso equilibrado das forças
- Exploração do significado e propósito

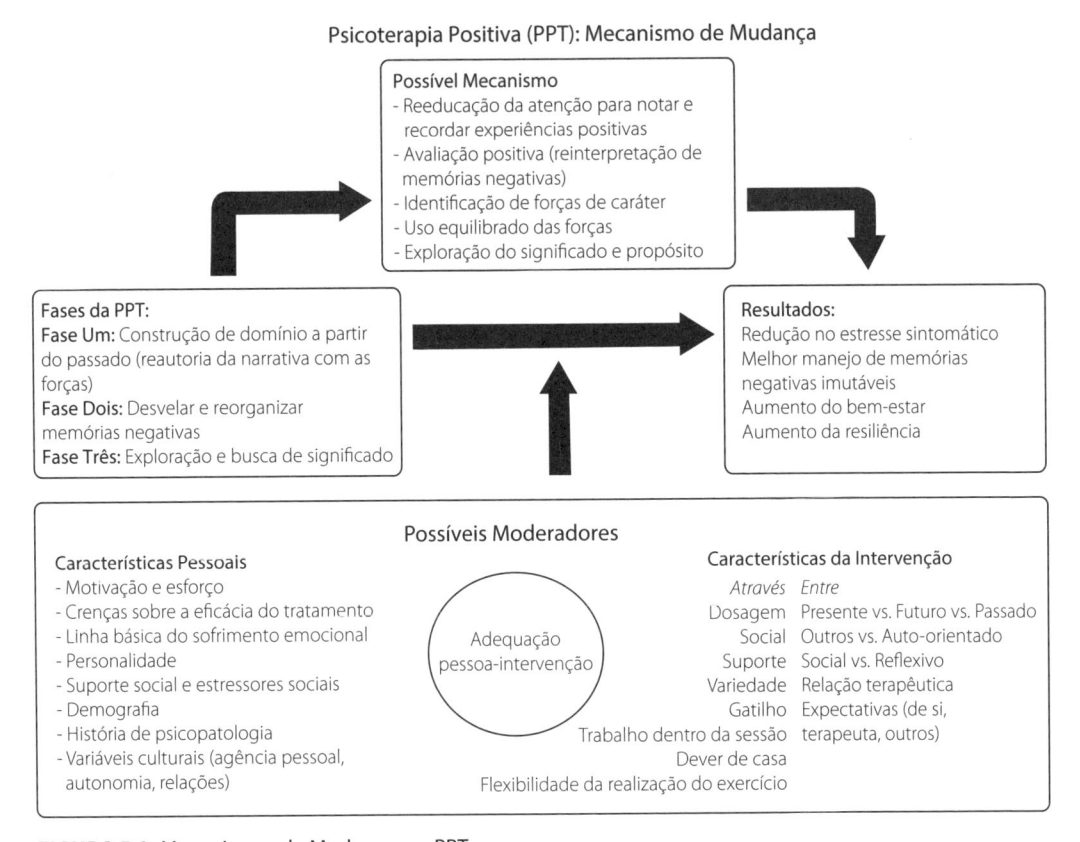

Fases da PPT:
Fase Um: Construção de domínio a partir do passado (reautoria da narrativa com as forças)
Fase Dois: Desvelar e reorganizar memórias negativas
Fase Três: Exploração e busca de significado

Resultados:
Redução no estresse sintomático
Melhor manejo de memórias negativas imutáveis
Aumento do bem-estar
Aumento da resiliência

Possíveis Moderadores

Características Pessoais
- Motivação e esforço
- Crenças sobre a eficácia do tratamento
- Linha básica do sofrimento emocional
- Personalidade
- Suporte social e estressores sociais
- Demografia
- História de psicopatologia
- Variáveis culturais (agência pessoal, autonomia, relações)

Adequação pessoa-intervenção

Características da Intervenção

Através	*Entre*
Dosagem	Presente vs. Futuro vs. Passado
Social	Outros vs. Auto-orientado
Suporte	Social vs. Reflexivo
Variedade	Relação terapêutica
Gatilho	Expectativas (de si, terapeuta, outros)
Trabalho dentro da sessão	
Dever de casa	
Flexibilidade da realização do exercício	

FIGURA 5.1 Mecanismos de Mudança em PPT.

Cultivo de Emoções Positivas (Reeducação da Atenção)

Várias práticas da PPT cultivam explicitamente emoções positivas, as quais abrem nossos recursos atencionais. O trabalho seminal de Barbara Fredrickson sobre emoções positivas mostrou que elas, embora de natureza fugaz, ampliam nosso repertório cognitivo e comportamental (Fredrickson, 2001, 2009). Práticas da PPT como *Diário de Gratidão*, *Carta de Gratidão*, *Visita de Gratidão* e *Desacelerar e Saborear* facilitam especificamente o cultivo de emoções positivas. Na prática do *Diário de Gratidão*, antes de ir para a cama, os clientes escrevem três coisas boas – pequenas ou grandes – que aconteceram durante o dia. A maioria dos clientes considera essa prática útil não só para lidar com experiências negativas, mas também para sedimentar relacionamentos por meio do reconhecimento explícito de atos e gestos gentis de amigos e familiares. Dessa forma, desenvolve-se um sentimento de apreciação das relações existentes. Expressar gratidão explicitamente por um ato de gentileza – de preferência em pessoa, embora não seja fácil – quase sempre produz emoções positivas porque essa expressão é acompanhada de um sentimento de gratidão duradouro, genuíno e focado, o que gera emoções positivas em todos os lados. Por exemplo, depois de concluir essa prática, um de nossos clientes, um administrador de meia-idade, comentou:

> No trabalho, eu costumava ver apenas as brechas e erros dos meus supervisionados. Desde que comecei o meu diário, procuro deliberadamente encontrar algo de bom que meus empregados fizeram... e há muitas coisas que eu deixei passar... agora consigo ver.

Da mesma forma, a *Carta de Gratidão* e a *Visita de Gratidão* com frequência produzem emoções positivas profundamente sentidas, conforme apresentado na seguinte ilustração de nosso cliente, Lawrence, que descreveu a experiência da *Visita de Gratidão*:

> Precisei de sete rascunhos para escrever exatamente o que eu queria dizer, pois não queria ter pressa.
>
> Mark e eu costumávamos jantar ou almoçar juntos uma vez por semana, em determinada lanchonete. Eu escolhi esse mesmo local quando recentemente convidei Mark para jantar em um fim de semana. Nós estávamos sentados no meio da lanchonete lotada. Enquanto esperávamos nossos pedidos, os quais nos disseram que demorariam pelo menos 25 minutos para chegar, eu disse a Mark: "Eu tenho um bilhete para você que gostaria de ler".
>
> Ele me olhou e perguntou em um tom preocupado: "Você está bem, Lawrence? Está tudo bem com sua saúde? Você não parece bem".
>
> "Não, não, estou bem. Eu preciso ler isto para você em voz alta", tentei explicar.
>
> "OK, vá em frente", ele disse, um tanto ambivalente.
>
> Eu li a carta e, para minha absoluta surpresa, vi lágrimas nos olhos dele – algo que nunca havia visto. Somos amigos há 33 anos. Ele ficou sem palavras, e eu também. Mas esta foi uma das vezes em que nós dois éramos o destaque e estávamos conectados como nunca havia acontecido antes.

Esse exemplo ilustra que emoções positivas podem produzir momentos transformadores. Teopfer e Walker (2009) descobriram que a qualidade, as palavras expressivas e o tom da *Carta de Gratidão* podem contribuir para o bem-estar. Além disso, ao identificarem suas próprias forças de caráter e as dos outros, os clientes provavelmente se sentirão valorizados e reconhecerão o valor dos outros. Os clientes desenvolvem conscientização do valor de saborear e relacionar-se com os outros de uma maneira positiva. A carta e a visita tiveram um impacto positivo no bem-estar desse cliente quando ele reviveu uma relação importante que talvez estivesse afetada adversamente pela sua depressão constante. Sublinhando a importância das emoções positivas como geradoras potenciais de mudança terapêutica, Fitzpatrick e Stalikas (2008) defendem que a ampliação tem valor heurístico para a psicoterapia, aumentando o escopo do que contribui para a mudança e como a mudança pode ser obtida. Por exemplo, em PPT podemos argumentar que as práticas não só geram emoções positivas, mas também preparam os clientes para serem mais abertos. Quando os clientes experimentam emoções positivas, é maior a probabilidade de que pensem em ideias novas, desenvolvam soluções alternativas para seus problemas, reinterpretem seus desafios atuais e iniciem novas soluções, novos cursos de ação. Emoções positivas ampliam o pensamento, tornando-o flexível e inclusivo. Essa expansão, associada ao conhecimento de suas forças, encoraja os clientes a reestruturarem seus problemas. Semana após semana, as práticas da PPT possibilitam que os clientes condicionem e aproveitem sua atenção e consciência para detectar, rotular e descrever experiências positivas. Assim, as práticas da PPT servem como "eventos de minimudança" que se acumulam com o tempo para criar um resultado maior.

**Avaliação Positiva
(Reescrever as Memórias)**

A Fase Dois da PPT focaliza em ajudar os clientes a encontrarem memórias negativas (referidas como "memórias abertas" em PPT) de forma sistemática. Em um ambiente terapêutico relaxado e seguro, depois que os clientes estabeleceram a aliança terapêutica, exploraram suas forças e adquiriram estratégias de sabedoria prática, eles tentam reinterpretar experiências, eventos ou situações negativas de uma forma realisticamente positiva (Watkins et al., 2008). A ênfase está em ajudar os clientes a verem o impacto adverso de carregar memórias negativas e as implicações positivas do desenvolvimento de um vocabulário emocional e cognitivo mais rico, mais profundo e com mais matizes. Os clientes também aprendem estratégias específicas para mudar sua atenção de humores negativos – que os mantêm presos – para humores mais neutros. Juntamente com essas competências, os clientes adquirem outras competências para ajudá-los a usar suas forças. Por exemplo, as competências da *Avaliação Positiva* ajudaram uma de nossas clientes, Gina, que estava amargurada por suas memórias abertas e negativas de um divórcio cheio de ressentimento:

> Enquanto realizava essa prática, Gina também mantinha um *Diário de Gratidão* (uma prática contínua), que reforçava suas competências de reconhecimento das dimensões adaptativas e mal-adaptativas de suas forças. Para essa cliente, a mudança não se deveu a uma ou duas práticas, mas à contemplação de suas forças (Perfil das Forças de Assinatura), à reinterpretação do passado (Avaliação Positiva), ao início e à manutenção de uma estrutura positiva da mente para superar seu viés negativo (frequentar a terapia regularmente) e à manutenção de um *Diário de Gratidão*. Juntos, esses processos ajudaram Gina a compreender que as reações emocionais podem ser dinâmicas e que o conhecimento das forças nos ajuda a explorar os aspectos positivos ou adaptativos dessas dinâmicas.

As emoções associadas a memórias são maleáveis devido a sua propriedade reconstrutiva inerente. Memórias negativas podem ser reescritas, o que reduz seu impacto adverso (Redondo et al., 2014). Por meio da Avaliação Positiva, os clientes aprendem a associar as experiências negativas às positivas.

**Escrita Terapêutica
(Identificação das Forças de Caráter)**

Inúmeras práticas da PPT que facilitam a *Avaliação Positiva* envolvem reflexão e escrita. A escrita – após reflexão (individual) e discussão (com o clínico) de uma experiência significativa, para encontrar sentido nela – é outro mecanismo potencial de mudança. Essa abordagem é considerada uma via terapêutica poderosa (Frattaroli, 2006). Aparentemente, escrever sobre eventos positivos (*Apresentação Positiva, Carta de Gratidão, Legado Positivo*) e negativos (memórias abertas) permite que os clientes encontrem sentido nos eventos. Os benefícios da escrita sobre eventos dramáticos são bem documentados (Pennebaker, 1997). Escrever sobre eventos negativos e positivos ajuda os clientes a explorarem as dimensões mais profundas das experiências. Como exatamente o processo de escrita pode levar à mudança? Em PPT, escrever é um processo que quase sempre acontece acompanhado por reflexão – seja pelo cliente, de forma individual, seja facilitada pelo clínico dentro da sessão. Por exemplo, na prática do *Diário de Gratidão*, os clientes organizam suas experiências pessoais e emocionais de uma forma mais íntima, o que lhes permite refletir sobre experiências e emoções que são relevantes à terapia. Assim, nessa situação, escrever atua em consonância com a *Avaliação Positiva*. O processo permite que os clientes organizem suas memórias misturadas em uma linguagem verbal sequencial, um tanto estruturada, dentro de limites seguros e na presença (literal ou metaforicamente) de um clínico. Uma relação terapêutica apoiadora ajuda os clientes a reestruturarem ou reavaliarem experiências emocionalmente sensíveis e frequentemente evitadas.

Reflexão e escrita também ajudam os clientes a focarem na perspectiva do tempo. Por exemplo, a prática da *Apresentação Positiva* enfatiza o domínio *a partir do passado* para estimular a autoeficácia *no presente*, enquanto *Uma Melhor Versão de Mim* e *Legado Positivo* permitem que os clientes usem o domínio, o sucesso e a resiliência *a partir do passado e do presente para visualizar um futuro significativo* que esteja baseado no emprego deliberado das forças.

O guarda-chuva abrangente das emoções positivas durante a PPT aumenta as chances de que os clientes experimentem um aumento no processamento da informação, o que, por sua vez, pode ajudá-los a ser mais abertos e exploratórios em sua escrita enquanto reavaliam suas experiências. Também há sólidas evidências de que escrever sobre experiências traumáticas é benéfico para a saúde mental e física (Frattaroli, 2006; Kerner & Fitzpatrick, 2007; Phillips & Rolfe, 2016). Estão surgindo evidências que mostram que escrever sobre eventos negativos e positivos ajuda os clientes a explorarem dimensões mais profundas das experiências (Burton & King, 2004; Furnes & Dysvik, 2013). As mudanças que testemunhamos em nossos clientes que se submeteram à PPT, individual e em grupo, mostram que refletir e escrever sobre aspectos positivos e negativos pode ser terapêutico.

Ativação dos Recursos (Usando as Forças)

A PPT se baseia no modelo de ativação dos recursos (Flückiger & Grosse Holtforth, 2008) da psicoterapia, que aplica os recursos preexistentes dos clientes – como as forças individuais, as habilidades e a prontidão – aos próprios problemas para os quais eles buscam terapia. Atividades da PPT, como a exploração das forças de assinatura – com dados colaterais obtidos em outras práticas, como *Visita de Gratidão, Resposta Construtiva Ativa, Desacelerar e Saborear* e *Presente do Tempo* –, ativam recursos, ou seja, traduzem as forças em ações concretas pessoalmente aplicáveis. A realização dessas práticas ajuda os clientes a experimentarem ideias abstratas na realidade, o que, por sua vez, modifica os sentimentos do cliente. Afinal de contas, eles procuram terapia porque se sentem angustiados, e colocar em ação suas forças e outros elementos PERMA direciona os recursos cognitivos do cliente (p. ex., memória de trabalho, atenção, seleção e filtragem) para essas atividades, o que pode não deixar tempo suficiente para dar atenção aos aspectos negativos da vida. Mais engajamento experimental em experiências positivas aumenta a autoeficácia e fortalece a autoconfiança do cliente. Pesquisas mostraram que as forças estão relacionadas à satisfação com a vida devido ao nível aumentado do autoconceito (Allan & Duffy, 2014; Douglass & Duffy, 2015).

Os clínicos são capazes de estimular a ativação dos recursos enquanto os clientes explicam suas competências explorando e se apossando de suas competências pessoais e interpessoais e resiliência e buscando objetivos pessoalmente significativos e relevantes. Por exemplo:

> Depois que Saima, uma cliente com depressão, compartilhou sua Apresentação Positiva e concluiu sua prática das forças de assinatura, ela disse: "Os anos que passei em terapia olhando apenas para o que estava faltando em mim, é como se eu estivesse envolvida em um falso cobertor de segurança... Só fez com que eu afundasse mais... Agora vejo – e outros também concordam comigo – que eu sou uma pessoa elevada, criativa e socialmente inteligente. Sinto como se o cobertor, aquele véu, tivesse sido removido, e estou pronta para seguir em frente". Ela foi capaz de estabelecer objetivos específicos por meio da prática de Uma Melhor Versão de Mim.

Aparentemente, quanto mais se sentem valorizados e em boas mãos, mais os clientes estão dispostos e são capazes de trabalhar em seus problemas. Acreditamos que a identificação das forças os ajuda a se experimentarem como competentes e autoconfiantes.

Construção de Competência Experiencial (Sentido e Propósito)

As práticas da PPT permitem que os clientes desenvolvam suas *forças de assinatura*. O sofrimento sintomático mantém escondidos esses recursos, e os clientes que vêm para terapia frequentemente não têm conhecimento de suas forças específicas. Diferentemente das atividades hedônicas (i.e., atividades indutoras de prazer, como comer chocolate, fazer sexo, sair em férias ou fazer compras), que são atalhos, as práticas da PPT são atividades intencionais intensivas e em ordem cronológica (p. ex., primeiro escrever e, então, completar a *Visita de Gratidão*, fazer um plano para usar as forças de assinatura, escrever três coisas boas diariamente em um *Diário de Gratidão*, organizar um encontro para saborear e dar um *Presente do Tempo*). Comparadas aos prazeres hedônicos aos quais nos acostumamos (ou nos adaptamos) rapidamente, as atividades da PPT duram mais tempo, envolvem muito pensamento e interpretação e não criam hábito facilmente. Por exemplo, evidências mostram que atividades experienciais predizem maior bem-estar em comparação a fazer compras (Dittmar, Bond, Hurst, & Kasser, 2014; Kasser, 2002). Portanto, desde o início da terapia, é dito aos clientes que felicidade não acontece simplesmente, mas é algo que eles precisam fazer acontecer. As práticas da PPT provocam mudança nos clientes porque uma atividade que explora suas forças de assinatura pode propiciar engajamento (Allan & Duffy, 2014; Forest et al., 2012). Por exemplo, uma cliente com a força de assinatura de criatividade foi convidada a pensar em alguma coisa que usasse sua criatividade. Ela escolheu trabalho em cerâmica – algo que sempre teve vontade de experimentar.

O Papel das Variáveis Moderadoras na Mudança Terapêutica (Adequação Pessoa-Intervenção)

Inúmeros moderadores potenciais podem impactar a mudança terapêutica. Stephen Schuller (2010) discutiu amplamente a adequação pessoa-atividade. No contexto das práticas da PPT, esse processo envolve essencialmente que o clínico direcione práticas específicas de acordo com as necessidades individuais dos clientes, levando em conta sua disposição de personalidade e motivação intrínseca. Por exemplo: o cliente está motivado para a mudança? Em caso afirmativo, qual é seu nível de comprometimento e senso de autoeficácia? O cliente percebe como útil a PPT em geral e suas práticas específicas? O cliente valoriza suficientemente as práticas da PPT para que, apesar dos desafios, seu nível de comprometimento não diminua? Caso diminua, ele tem suporte social para ajudá-lo a se reengajar? Quais são as características contextuais gerais em termos do nível ideal de intensidade, tempo, sequência e integração de exercícios específicos? (Lyubomirsky & Layous, 2013; Schueller, Kashdan, & Parks, 2014). O quanto de flexibilidade é permitido dentro de cada prática da PPT para abordar características culturais e de personalidade únicas e as características contextuais na criação de pacotes de tratamento individualizados, sem comprometer a integridade essencial do tratamento? A Parte II deste manual discute adequação e flexibilidade para cada prática da PPT.

ADVERTÊNCIAS NA CONDUÇÃO DA PPT

A psicologia positiva tem sido criticada por não explorar em profundidade suficiente os problemas das pessoas e por rapidamente direcioná-las para noções positivas baseadas individualmente (Coyne & Tennen, 2010; Ehrenreich, 2009; McNulty & Fincham, 2012). Conforme reiterado de várias maneiras ao longo deste capítulo, o objetivo terapêutico da PPT não nega as emoções negativas, nem encoraja os clientes a rapidamente procurarem as positivas através de lentes cor-de-rosa. A PPT é um esforço científico que gentilmente encoraja os clientes a explorarem seus recursos intactos e aprenderem a usá-los na superação de seus desafios. Dito isso, ao conduzir a PPT, é importante estar atento às seguintes advertências:

1. Apesar de enfatizar as forças, a PPT não é prescritiva. Ao contrário, ela é uma abordagem descritiva baseada na convergência de evidências científicas que indicam que certos benefícios resultam quando os indivíduos dão atenção aos aspectos positivos de sua experiência. Com o tempo, também irão se acumular linhas de evidências específicas de que os aspectos positivos e as forças desempenham um papel causal medido por marcadores biológicos e genéticos. Por exemplo, sair-se bem (não simplesmente se sentir bem) está associado à expressão mais forte de genes de anticorpos e antivirais (Fredrickson et al., 2013). Igualmente, *tweets* de pessoas que apresentam emoções negativas, como raiva, estresse e fadiga, estão associados a risco mais elevado de doença cardíaca (Eichstaedt et al., 2015). A base científica das ideias e práticas da PPT deve ser explicada ao cliente para evitar que ela seja percebida como uma abordagem prescritiva.

2. É clinicamente imprudente aplicar PPT a clientes que experimentam sintomas agudos de transtorno de pânico, mutismo seletivo ou transtorno da personalidade paranoide, já que atualmente não há evidências de que a PPT seja efetiva para esses transtornos. Além disso, alguns clientes podem ter um forte sentimento de que seus sintomas, e não suas forças, devem ser o foco do tratamento. Tais clientes podem temer que a expressão ou articulação de seus pontos fracos sejam julgadas pelo clínico. Outros podem ter uma autopercepção profundamente arraigada de serem vítimas e podem não descobrir facilmente sua agência. Para outros, ainda, a identificação das forças de caráter pode exagerar características narcisistas. Portanto, é importante que as forças sejam discutidas dentro de contextos situacionais específi-

cos e que as nuanças sejam discutidas profundamente. Por exemplo, alguns clientes podem não se beneficiar sendo gentis ou dispostos a perdoar em determinadas situações. Da mesma forma, outros podem se sentir em conflito por serem autênticos *versus* socialmente inteligentes. Alguns podem se defrontar com o dilema de resolver um desafio complexo sendo honestos ou empáticos. Igualmente, clientes com história de abuso e com um perfil de forças de humildade, gentileza e disposição a perdoar podem não se beneficiar prontamente com a PPT até que desenvolvam a força da perspectiva e competências de pensamento crítico para compreender as situações de forma mais acurada e realística. Clientes com experiências de trauma grave e sintomas de estresse pós-traumático podem responder melhor inicialmente a tratamentos focados nos sintomas e podem não estar prontos para práticas de PPT em crescimento pós-traumático. Em suma, a PPT não é uma panaceia. Ela pode ser mais efetiva para alguns problemas clínicos do que para outros. Também pode ser mais relevante para alguns clientes do que para outros e pode ser relevante em momentos específicos, e não o tempo todo. O clínico precisa explorar essas dimensões para avaliar a adequação cliente-tratamento e também deve monitorar essa adequação constantemente.

3. Um clínico que usa PPT não deve esperar uma progressão linear da melhora porque a motivação para mudar antigos padrões comportamentais e emocionais flutua durante o curso da terapia. Os clínicos não devem pressupor que todas as emoções negativas residuais, as mágoas, as dores e os sentimentos de perda não foram bem administrados – porque os clientes podem não ter mencionado tudo. Não é incomum que algumas práticas de PPT gerem emoções negativas e desconfortáveis. A natureza de algumas dessas práticas encoraja os clientes a explorarem a dor (além do crescimento potencial) a partir de experiências difíceis e traumáticas. Quando lembranças dolorosas vêm à tona, os clínicos sempre devem estar atentos para abordar essas emoções negativas de forma oportuna, sem banalizá-las ou minimizá-las em nome dos aspectos positivos, o que poderia minar gravemente a relação terapêutica. Em particular, quando traumas históricos são relatados e o clínico tem noção do crescimento subsequente já atingido na terapia, as oportunidades que traumas, perdas ou adversidades oferecem não devem ser assinaladas muito rapidamente ou de forma contundente. No entanto, chamar a atenção do paciente para o crescimento potencial não deve ser comprometido pela preocupação do clínico com uma ruptura da relação terapêutica.

4. Assim como ocorre em outros tratamentos, o clínico deve estar ciente de que as práticas da PPT podem causar dano involuntário. Por exemplo, para um cliente com uma autopercepção inflada, o uso das forças pode reforçar ainda mais seu narcisismo. E, embora seja importante sublinhar o uso balanceado e situacionalmente relevante das forças, a dimensão adaptativa das emoções negativas também deve ser discutida. Por exemplo, os sentimentos de um cliente que expressa raiva pelas violações flagrantes dos direitos humanos ou que expressa tristeza devido à perda de um recurso na comunidade (como o fechamento de uma livraria independente ou a perda de empregos para a automação) devem ser reconhecidos e validados. Emoções negativas genuínas e autênticas não devem ser apressadamente substituídas por outras positivas.

5. Por fim, emoções positivas, forças de caráter, significado, relações e realizações devem ser vistos de um ponto de vista da cultura. Um estilo emotivo de comunicação, interdependência de membros da família estendida ou esquiva do contato visual direto podem transmitir entusiasmo, amor e respeito (McGrath, 2015; Pedrotti, 2011), quando vistos segundo a perspectiva cultural do cliente. Para cada sessão de PPT, fizemos algumas considerações culturais (Capítulos 7 a 21).

ESTUDOS DE RESULTADOS DA PPT

A PPT tem um crescente corpo de evidências empíricas. As práticas em PPT, de início, foram validadas individualmente (Seligman, Steen, Park, & Peterson, 2005) antes de serem reunidas no manual da PPT (Rashid & Seligman, 2019; Seligman, Rashid, & Parks, 2006), as quais, desde então, foram usadas em 20 estudos (veja a Tabela 5.2: Resumo dos Estudos de Resultados da PPT para uma extensa lista de estudos). Esses estudos foram realizados em âmbito internacional e contemplaram uma variedade de populações clínicas (p. ex., populações com depressão, ansiedade, transtorno da personalidade *borderline*, psicose e dependência de nicotina). A maioria desses estudos foi realizada em formato de terapia de grupo. De modo geral, a PPT demonstrou reduzir significativamente sintomas de sofrimento e melhorar o bem-estar no pós-tratamento, com efeitos colaterais de médios a grandes (veja a Tabela 5.2 para as alterações nos escores pré e pós-medida nas medidas dos resultados e efeitos colaterais). Quatro desses estudos, entre os quais dois ensaios controlados randomizados, compararam a PPT diretamente com terapia comportamental dialética e terapia cognitivo-comportamental – dois tratamentos manualizados ativos e bem pesquisados. A PPT demonstrou desempenhar igualmente bem ou superar ambos os tratamentos, notadamente em medidas do bem-estar (p. ex., Carr, Finnegan, Griffin, Cotter, & Hyland, 2017; Ochoa, Casellas-Grau, Vives, Font, & Borràs, 2017; Schrank et al., 2016). Mais da metade dos estudos da Tabela 5.2 tratou amostras na comunidade (em regime ambulatorial, clínicas comunitárias de saúde mental) do Canadá, da China, da Coreia do Sul, do Chile, da França, da Espanha, da Áustria, do Irã e dos Estados Unidos e se voltou para problemas clínicos, entre eles depressão, ansiedade, transtorno da personalidade *borderline*, psicose e dependência de nicotina.

Em geral, os estudos de resultados da PPT relatam reduções na depressão e aumento no bem-estar comparados com escores do controle ou pré-tratamento. Quando comparada com outros tratamentos bem estabelecidos, como terapia cognitivo-comportamental ou terapia comportamental dialética, a PPT teve desempenho de eficácia comparável, notadamente em medidas do bem-estar. Um cuidado importante ao revisar esses estudos é que a maioria tem tamanhos de amostra pequenos. No entanto, esses estudos sugerem que os métodos da PPT têm mérito e justificam exame empírico adicional para esclarecer achados prévios e melhorar nossa compreensão dos mecanismos de mudança. Para esse fim, foi criada e validada uma medida de resultados para PPT: Positive Pychotherapy Inventory (PPTI; Guney, 2011). (O PPTI é reproduzido no Apêndice C no final deste manual.) O PPTI é usado para avaliar ingredientes ativos específicos da PPT, entre os quais emoções positivas, engajamento, propósito e relacionamentos (Bertisch, Rath, Long, Ashman, & Rashid, 2014; Rashid, Howes, & Louden, 2017).

Uma revisão sistemática que examinou a aplicação da PPT em contextos de cuidados em saúde mental foi publicada recentemente (Walsh et al., 2016). Baseada em 12 estudos, a revisão identificou que alguns componentes da PPT são usados amplamente (*Diário de Gratidão*, forças de caráter, *Carta e Visita de Gratidão*), enquanto outros são aplicados com menos frequência (p. ex., *Em Direção à Satisfação*, *Avaliação Positiva*, *Árvore das Relações Positivas*). À medida que a prática clínica e a pesquisa evoluem, esperançosamente com a publicação deste manual, *designs* de pesquisa longitudinal e multimétodo (p. ex., amostragem experiencial ou índices fisiológicos e neurológicos) podem revelar a eficácia da PPT para transtornos específicos. Julgamos essencial que a aplicação clínica da PPT seja informada continuamente pela pesquisa clínica, a qual irá enriquecer e refinar o repertório de práticas clínicas.

Somos clínicos que teorizam, pesquisam e praticam. Na Parte I, procuramos configurar uma estrutura teórica coerente da PPT. Argumentamos a favor da PPT – por que ela é necessária e a partir de que vertentes de bem-estar ela é informada. Por quase uma década, a prática baseada em evidências tem sido nossa protago-

TABELA 5.2 Resumo dos Estudos de Resultados da PPT[a]

Ensaios Controlados Randomizados

Nº	Autores e *Status* da Publicação	Descrição e Características da Amostra	Medidas do Resultado	Conclusões Principais
1	Seligman, Rashid, & Parks, 2008, publicado	PPT individual ($n = 11$), 12-14 sessões, com clientes com diagnóstico de TDM, comparados com TAU ($n = 9$) e TAUMED ($n = 12$); alunos de graduação e pós-graduação buscando tratamento no centro de aconselhamento de uma universidade	Depressão (ZDRS e Hamilton), sofrimento psiquiátrico global (OQ-45), satisfação com a vida (SWLS) e bem-estar (PPTI)	Pós-depressão PPT < TAU (ZDRS e Hamilton $d = 1,12$ e 1,14) e PPT < TAUMED (ZDRS $d = 1,22$) e sofrimento psiquiátrico global (OQ-45 $d = 1,13$); pós-bem-estar PPT > TAU e TAUMED ($d = 1,26$ e 1,03)
2	Seligman, Rashid, & Parks, 2008, publicado	PPT em grupo ($n = 21$) com clientes experimentando sintomas depressivos de leves a moderados comparados com controle sem tratamento ($n = 21$) em seis sessões; alunos de graduação em uma universidade	Depressão e satisfação com a vida (SWLS)	Pós-depressão PPT < controle (BDI-II $d = 0,48$) e *follow-up* aos 3, 6 e 12 meses ($d = 0,67$, 0,77 e 0,57, respectivamente) com redução de 0,96 pontos por semana ($p < 0,003$), uma taxa de mudança que foi significativamente maior do que a do grupo-controle ($p < 0,05$)
3	Parks-Schneider, 2009, dissertação	Individual ($n = 52$) realizando seis exercícios de PPT *on-line*, comparado com grupo-controle sem tratamento ($n = 69$), amostra *on-line*	Depressão (CES-D), satisfação com a vida (SWLS) e afeto positivo e negativo (PANAS)	Pós-depressão (CES-D, $d = 0,21$ no *follow-up* de 6 meses); pós-PPT > afeto positivo e negativo ($d = 0,16$, 0,33 e 0,55 *follow-up* aos 3 e 6 meses, respectivamente)
4	Asgharipoor et al., 2012, publicado	PPT em grupo ($n = 9$) por 12 semanas, com clientes com diagnóstico de TDM, comparados com TCC, também por 12 semanas, em um contexto hospitalar no Irã	Depressão (SCID e BDI-II), felicidade (OTH), satisfação com a vida (SWLS) e bem-estar psicológico (SWS)	Pós-felicidade, PPT > TCC (OTH $d = 1,86$). Na maioria das medidas os dois tratamentos não diferiram.

(Continua)

(Continuação)

Nº	Autores e *Status* da Publicação	Descrição e Características da Amostra	Medidas do Resultado	Conclusões Principais
5	Lü & Liu, 2013, publicado	PPT em grupo ($n = 16$), (2 horas durante 16 sessões semanais), comparado com um grupo-controle sem tratamento ($n = 18$), explorando o impacto do afeto positivo no tônus vagal ao lidar com desafios ambientais	Afeto positivo e negativo (PANAS) e arritmia sinusal respiratória	Depressão, PPT < controle no *follow-up* aos 6 meses ($d = 0,21$); afeto positivo e negativo, PPT > controle, nos *follow-up* pós-intervenção, aos 3 e 6 meses ($d = 0,16$, $0,33$ e $0,55$, respectivamente)
6	Rashid et al., publicado	PPT em grupo ($n = 9$), oito sessões, com alunos da 6ª e 7ª série comparados com controle sem tratamento ($n = 9$) no fim do ensino fundamental de escola pública	Competências sociais (SSRS), satisfação do estudante (SLSS), bem-estar (PPTI-C) e depressão (CDI)	Pós-PPT > Competências Sociais (SSRS- versão mista para os pais) ($d = 1,88$) e também em PPTI-C ($d = 0,90$)
7	Reinsch, 2014, apresentação	Clientes de PPT em grupo ($n = 9$), seis sessões com clientes que buscam psicoterapia por meio do programa de assistência ao empregado, comparados com grupo-controle sem tratamento ($n = 8$)	Depressão (CES-D) e bem-estar (PPTI)	Pós-depressão (CES-D $d = 0,84$). Ganhos terapêuticos mantidos um mês pós-intervenção, enquanto controle sem tratamento com a depressão diminuindo a uma taxa estatisticamente significativa de 45%.
8	Schrank et al., 2016; publicado	PPT WELLFOCCUS em grupo foi realizada ($n = 43$), por 11 semanas vs. TAU ($n = 41$), com adultos da comunidade com diagnóstico de psicose	Bem-estar (WEMWBS); estresse psiquiátrico (Brief Psychiatric Rating Scale), Escala de Depressão, Escala de Felicidade, PPTI	Pós-WEMWBS ($d = 0,42$), depressão ($d = 0,38$) e bem-estar de acordo com o Inventário de Psicoterapia Positiva ($d = 0,30$). Análise secundária adaptada para terapia em grupo melhorou resultados para redução dos sintomas ($d = 0,43$) e depressão ($d = 0,41$) SDHS Depressão

(Continua)

(Continuação)

Nº	Autores e *Status* da Publicação	Descrição e Características da Amostra	Medidas do Resultado	Conclusões Principais
9	Uliaszek, Rashid, Williams, & Gulamani, 2016, publicado	PPT em grupo ($n = 27$) comparou terapia comportamental dialética em grupo ($n = 27$) com clientes que exibiam sintomas de depressão e transtorno da personalidade *borderline* em um centro de saúde universitário	Depressão (SCID), sintomas psiquiátricos (SCL-90), regulação emocional (DER), tolerância ao estresse (DTS), *mindfulness* (KIMS), bem-estar (PPTI) e satisfação com a vida (SWLS) e formas de enfrentamento (WOCCL), Inventário de Aliança de Trabalho; PPTI PPT	PPT e terapia comportamental dialética diferiram significativamente de pré para pós-tratamento em todas as medidas, exceto PPTI, SWLS, Inventário de Aliança de Trabalho e subescala mal-adaptativa de WOCCL com um tamanho do efeito médio de $d = 0,60$ e $d = 0,78$, respectivamente
10	Dowlatabadi et al., 2016, publicado	36 mulheres inférteis que mostraram sinais de depressão de leve a moderada foram colocadas aleatoriamente em dois grupos: controle ($n = 18$) e intervenção ($n = 18$)	Depressão (BDI-II) e satisfação com a vida (SWLS)	Os resultados mostraram, comparados ao grupo-controle, que o grupo com intervenção mostrou aumento significativo na satisfação com a vida, de 22,66 no pré-teste e de 26,13 no pós-teste ($p < 0,001$)
11	Dowlatabadi et al., 2016, publicado	Este ensaio controlado randomizado com pacientes com câncer de mama no Centro de Oncologia em Kermanshah, Irã, designou 21 pacientes para PPT e 21 pacientes para o grupo-controle. 5 pacientes em PPT e 4 na condição controle não concluíram o estudo.	Os dados foram coletados antes da intervenção e 10 semanas depois em depressão (BDI-II) e o Questionário de Felicidade de Oxford	Pós-depressão, PPT > controle (BDI-II $d = 1,13$) e pós-felicidade, PPT > controle (Questionário de Felicidade de Oxford $d = 1,83$)

(Continua)

(Continuação)

Nº	Autores e *Status* da Publicação	Descrição e Características da Amostra	Medidas do Resultado	Conclusões Principais
12	Carr et al., 2017, publicado	82 participantes, 3 com diagnóstico de TDM, de 3 instituições mentais públicas, foram designados para Say Yes To Life (SYTL), uma PPT integrada com TCC ($n = 40$), ou TAU ($n = 42$). TAU incluiu terapia de apoio TCC, terapia centrada no cliente, psicodinâmica, psicoterapia e psicoterapia integrativa. Os dois tratamentos duraram 20 sessões semanais de 2 horas	Depressão: SCID; Beck Depression Inventory-II (BDI-II), Hamilton Rating Scale for Depression (HRS-D), Montgomery--Asberg Depression Rating Scale (MADRS), avaliação dos custos-consequências	Tanto no tratamento mais completo quanto nas análises ITT do Tempo 1, 2 e 3, os escores médios em DI-II, HAM-D e MADRS usando 2 x 3, Grupo x Tempo MANOVAs, houve efeitos significativos no Tempo, todos os tamanhos do efeito favoreceram o grupo SYTL e variaram de pequeno ($d = 0,12$) a médio ($d = 0,66$). Uma análise de custo-consequência mostrou que o custo total médio do uso do serviço em Euro por caso no grupo SYTL foi significativamente mais baixo do que o do grupo TAU.
13	Furchtlehner & Laireiter, 2016, apresentação	PPT em grupo ($n = 44$) foi comparada com TCC em grupo ($n = 44$) com pacientes com diagnóstico de depressão, em pequenos grupos, em sessões de 2 horas por 14 semanas	SCID, depressão (BDI-II, MADS), bem-estar (PPTI), satisfação com a vida (SWLS) e sintomas (BSI)	PPT teve melhor resultado do que TCC em todas as medidas dos resultados com tamanhos do efeito de moderado a grande, depressão ($d = 0,82$), MADS ($d = 0,33$), PPTI ($d = 0,58$), SWLS e BSI ($d = 0,95$)
14	Hwang, Kwon, & Hong, 2017, publicado	Estudantes universitários da área metropolitana de Busan, Coreia, foram designados aleatoriamente para receber três condições: individual modificada (PPTm; $n = 8$), terapia de meditação em grupo auxiliada por *neurofeedback* (NFB; $n = 8$) e sem tratamento ($n = 8$)	Flourishing Scale (FS) para avaliar o bem-estar psicológico e social e Scale of Positive and Negative Experience (SPANE) para avaliar afeto subjetivo	Tanto PPT quanto terapia de meditação auxiliada por NFB mostraram efeitos positivos significativos no bem-estar psicológico (FS) e experiências positivas e negativas (SPANE) em comparação com grupo sem tratamento. No *follow-up*, a terapia de meditação com NFB mostrou maior aumento no bem-estar subjetivo comparada à mPPT, com tamanho do efeito médio de $d = 1,08$, enquanto a mPTT (mPPT) apresentou maior aumento no bem-estar psicológico comparada à terapia de meditação com NFB, com tamanho do efeito médio $d = 1,36$.

(Continua)

(Continuação)

Nº	Autores e *Status* da Publicação	Descrição e Características da Amostra	Medidas do Resultado	Conclusões Principais
15	Ochoa et al., 2017, publicado	126 pacientes adultas, sobreviventes de câncer de mama, com alto nível de sofrimento emocional, foram designadas para psicoterapia positiva para câncer (PPC; *n* = 73) no formato de grupo ou controle com lista de espera (*n* = 53). PPC conduzida em 12 sessões	Hospital Anxiety and Depression Scale (HADS), Post-stress Disorder Checklist-Civilian Version (PCL-C), PTG e Extreme Life Event Inventory	O grupo com PPC obteve resultados significativamente melhores após o tratamento do que o grupo-controle, mostrando redução do sofrimento, redução dos sintomas pós-traumáticos e PTG aumentado. Os benefícios foram mantidos aos 3 e12 meses de *follow-up*.
Não Randomizados				
16	Goodwin, 2010, dissertação	PPT em grupo (*n* = 11), em 10 sessões focadas em aumentar a satisfação nos relacionamentos entre indivíduos ansiosos e estressados; amostra da comunidade em uma clínica de treinamento	Ansiedade (BAI), estresse (PPS), ajuste nos relacionamentos (DAS)	Pós PPT < Ansiedade (BAI *d* = 1,48), Estresse < (PPS *d* = 1,22), sem mudanças na satisfação nos relacionamentos (DAS)
17	Cuadra--Peralta et al., 2010, publicado	PPT em grupo (*n* = 8) em 9 sessões com clientes com diagnóstico de depressão, comparada com terapia comportamental (*n* = 10) em um centro comunitário no Chile	Depressão (BDI-II e CES-D), felicidade (AHI)	Pós-felicidade (AHI, PPT > Terapia Comportamental (*d* = 0,72); grupo com PPT < em Depressão, de pré a pós-tratamento (BDI-I *d* = 0,90 e CES-D *d* = 0,93)
18	Bay, 2012, publicado	PPT em grupo (*n* = 10) comparada com TCC em grupo (*n* = 8) e medicação (*n* = 8) com clientes que experimentam sintomas de depressão em um contexto hospitalar na França	Depressão (BDI-Abreviado), depressão e ansiedade (HADS), felicidade (SHS), Inventário Emocional (EQ-I), satisfação com a vida (SWLS) e efeito positivo e negativo (PANAS)	Pós-depressão, PPT < TCC (*d* = 0,66), felicidade (SHS *d* = 0,81), satisfação com a vida (SWLS *d* = 0,66), otimismo (LOT-R *d* = 1,62) e inteligência emocional (EQ-I *d* = 1,04). Na maioria das medidas, PPT e TCC tiveram melhor resultado do que o grupo com medicação.

(Continua)

(Continuação)

Nº	Autores e *Status* da Publicação	Descrição e Características da Amostra	Medidas do Resultado	Conclusões Principais
19	Meyer et al., 2012, publicado	PPT em grupo em 10 sessões, com seis exercícios adaptados para clientes ($n = 16$) com sintomas de esquizofrenia em uma clínica associada a um hospital, com avaliação da linha de base, pós-intervenção, *follow-up* de três meses	Bem-estar psicológico (SWS), saborear (SBI), esperança (DHS), recuperação (RAS), sintomas (BSI) e funcionamento social (SFS)	Pós-PPT < TCC, depressão (BDI $d = 0{,}66$), felicidade (SHS $d = 0{,}81$), satisfação com a vida (SWLS $d = 0{,}66$), otimismo (LOT-R $d = 1{,}62$) e EQ-I ($d = 1{,}04$). Na maioria dos casos, PTT e TCC tiveram melhor resultado do que o grupo com medicação.
20	Kahler et al., 2015, publicado	PPT em grupo ($n = 19$) em 8 sessões foi integrada a aconselhamento para cessação do tabagismo e adesivo de nicotina em um centro médico comunitário	Depressão (SCID), CES-D), dependência de nicotina (FTND), afeto positivo e negativo (PANAS)	As taxas de comparecimento às sessões e de satisfação com o tratamento foram altas, com a maioria dos participantes relatando o uso e benefício com exercícios de PPT. Quase um terço (31,6%) da amostra manteve abstinência do tabagismo por seis meses após sua data de interrupção.

Nota: PPT = psicoterapia positiva; TDM = transtorno depressivo maior; SWLS = Escala de Satisfação com a Vida; TAU = tratamento usual; TAUMED = tratamento usual mais medicação; TCC = terapia cognitivo-comportamental; MANOVA = análise multivariada da variância; PTG = crescimento pós-traumático; ZDRS = Escala de Avaliação de Depressão de Zung.
[a] Cronologicamente ordenado por ano de publicação e/ou apresentação.

nista constante. A Parte I descreve nossas tentativas de explorar a eficácia da PPT com inúmeras condições clínicas e amostras diversas. As vertentes teóricas descritas na Parte I são transformadas na Parte II em sessões estruturadas e sequenciadas, porém flexíveis e culturalmente adequadas.

Medidas do Resultado[2]

1. Beck Depression Inventory – II (BDI-II; Beck, Steer, & Brown, 1996)
2. Beck Depression Inventory – II – Short Form (BDI-SF; Chibnall & Tait, 1994)
3. Beck Anxiety Inventory (BAI; Beck, Epstein, & Steer, 1988)
4. Brief Symptom Inventory (BSI; Derogatis, 1993)
5. Brief Psychiatric Rating Scale (BPRS; Overall & Gorham, 1962)
6. Center for Epidemiological Studies Depression Scale (CES-D; Radloff, 1977)
7. Children Depression Inventory (CDI; Kovacs, 1992)
8. Client Satisfaction Questionnaire (CSQ-8; Larsen, Atkinson, Hargreaves, & Nguyen, 1979)
9. Difficulties in Emotion Regulation Scale (DERS; Gratz & Roemer, 2004)
10. Distress Tolerance Scale (DTS; Simons & Gaher, 2005)
11. Dyadic Adjustment Scale (DAS; Spanier, 1976)

---

[2] N. de T.: Para informações sobre testes disponíveis no Brasil, consultar o Sistema de Avaliação de Testes Psicológicos (SATEPSI) do Conselho Federal de Psicologia (CFP): http://satepsi.cfp.org.br/.

12. Emotional Quotient Inventory (EQ-I; Dawda & Hart, 2000)
13. Fagerström Test for Nicotine Dependence (FTND; Heatherton, Kozlowski, Frecker, & Fagerström, 1991)
14. Hamilton Rating Scale for Depression (HRSD; Hamilton, 1960)
15. Health of the Nation Outcome Scale (HoNOS; Pirkins et al., 2005)
16. Hospital Anxiety and Depression Scale (HADS; Bjelland, Dahl, Haug, & Neckelmann, 2002)
17. Integrated Hope Scale (IHS; Schrank et al., 2012)
18. Kentucky Inventory of Mindfulness Skills (KIMS; Baer, Smith, & Allen, 2004)
19. Montgomery Asberg Depression Scale (MADS; Montgomery & Asberg, 1979)
20. Orientations to happiness (Peterson, Park, & Seligman, 2005)
21. Life Orientation Test – Revised (LOT-R; Scheier, Carver, & Bridges, 1994)
22. Outcome Questionnaire-45 (OQ-45; Lambert et al., 2003)
23. Positive Psychotherapy Inventory (PPTI; Rashid & Ostermann, 2009)
24. Positive Psychotherapy Inventory – Children Version (PPTI-C; Rashid & Anjum, 2008)
25. Post-stress Disorder Checklist — Civilian Version (Costa-Requena & Gil, 2010)
26. Post-traumatic Growth Inventory (PTGI; Tedesshi & Calhoune, 1996)
27. Recovery Assessment Scale (RAS; Corrigan, Salzer, Ralph, Sangster, & Keck, 2004)
28. Respiratory sinus arrhythmia (RSA; Berntson et al., 1997); measures heart rate variability
29. Savoring Beliefs Inventory (SBI; Bryant, 2003)
30. Scales of Well-being (SWB; Ryff, 1989)
31. Short Depression-Happiness Scale (SDHS; Joseph & Linley, 2006)
32. Social Skills Rating System (SSRS; Gresham & Elliot, 1990)
33. Structured Clinical Interview for DSM-IV Axis I (SCID; First, Spitzer, Gibbon, & Williams, 2007)
34. Students' Life Satisfaction Scale (SLSS; Huebner, 1991)
35. Social Functioning Scale (SFS; Birchwood, Smith, Cochrane, & Wetton, 1990)
36. Values in Action – Youth (VIA-Youth; Park & Peterson, 2006)
37. Warwick-Edinburgh Mental Well-being Scale (WEMWBS; Tennant et al., 2007)
38. Zung Self-rating Depression Scale (ZSRS; Zung, 1965).

PARTE II

Prática sessão a sessão

6
SESSÕES, PRÁTICAS E PROCESSO TERAPÊUTICO

O objetivo da Parte II deste manual é ajudar clínicos com diferentes origens profissionais a adquirir, adaptar e aprimorar as competências terapêuticas para realizar psicoterapia positiva (PPT) em uma variedade de contextos. A Tabela 6.1: Psicoterapia Positiva: Estrutura Genérica da Sessão, descreve uma sessão de PPT típica para contextos individuais e grupais. Os autores empreenderam todos os esforços – a partir de evidências e da experiência – para operacionalizar condições terapêuticas que estimulem emoções positivas, engajamento, relacionamentos gratificantes, propósito e objetivos voltados para a recuperação e resiliência. As sessões da Parte II oferecem aos clínicos competências e estratégias gentis e claras, sequenciais e adaptáveis, bem como empáticas e efetivas.

ORIENTAÇÃO PARA PSICOTERAPIA POSITIVA

Roteiro sugerido para o clínico

Apresentamos, a seguir, um roteiro que você pode usar para apresentar a PPT aos seus clientes:

> A psicoterapia positiva (PPT) é uma abordagem terapêutica que procura contrabalançar seus sintomas com forças, fraquezas com virtudes e déficits com competências, para ajudá-lo a compreender situações e experiências complexas de uma forma balanceada.
>
> A mente humana presta mais atenção e responde mais fortemente a aspectos negativos do que a positivos. Entretanto, a PPT ajuda nos ensinando a desenvolver nossos aspectos positivos. Para lidar com os desafios mais difíceis da vida, precisamos dos nossos recursos internos mais fortes, os quais, por sua vez, desenvolverão nossa resiliência. Assim como saúde é melhor do que doença, domínio é melhor do que estresse, cooperação é melhor do que conflito, esperança é melhor do que desesperança, e forças são melhores do que fraquezas.
>
> Os aspectos positivos da PPT estão principalmente baseados nas ideias do Dr. Martin Seligman sobre bem-estar. O Dr. Seligman organizou felicidade e bem-estar em cinco partes cientificamente mensuráveis e ensináveis: (a) **P**ositive Emotion (emoção positiva); (b) **E**ngagement (engajamento); (c) **R**elationship (relacionamentos); (d) **M**eaning (significado); e (e) **A**ccomplishment (realizações), com as primeiras letras de cada parte formando a mnemônica **PERMA** (Seligman, 2012). Esses elementos não são exaustivos nem exclusivos, mas foi demonstrado que a satisfação nesses elementos está associada a taxas mais baixas de sofrimento e a taxas mais altas de satisfação.
>
> As práticas da PPT lhe ajudarão a avaliar suas forças a partir de múltiplas perspectivas, seguidas por uma série de práticas que lhe ajudarão a desenvolver o que chamamos de "sabedoria prática". Exemplos incluem como decidir entre tomar uma nova iniciativa arriscada *versus* depender do que já foi experimentado e testado; como estabelecer um equilíbrio entre justiça e gentileza; e como demonstrar empatia com um amigo, mas também ser objetivo. O objetivo da sabedoria prática é ajudá-lo a lidar melhor com situações desafiadoras, ou seja, escolher a maneira inteligente quando existem muitas opções para lidar com um desafio.
>
> A PPT ensina sobre forças, mas no contexto. Na verdade, em algumas circunstâncias, aspectos negativos, como tristeza e ansiedade, podem ser mais adaptativos do que aspectos positivos, especialmente quando a sobrevivência está em jogo. Igualmente, a raiva – expressa como protesto para atuar por um

TABELA 6.1 Psicoterapia Positiva: Estrutura Genérica da Sessão	
Conceitos Principais	Os conceitos principais baseados em evidências são descritos em linguagem simples que os clínicos consigam ler ou preparar facilmente.
Prática de Relaxamento	Cada sessão se inicia com uma prática de relaxamento; tipicamente os clientes são guiados por meio de uma prática de 3 a 5 minutos.
Diário de Gratidão	• Após a prática de relaxamento, os clientes compartilham um evento ou uma experiência positivos anotados em seu *Diário de Gratidão* relativos à semana anterior. • O clínico traz à tona episódios de forças dos clientes. • Os clientes compartilham emoções positivas – grandes ou pequenas – e também uma reflexão sobre o que as causou. • O clínico compartilha com os clientes eventos positivos relatados na mídia.
Revisão	O clínico e os clientes revisam o(s) conceito(s) principal(ais) da sessão prática anterior. O clínico encoraja os clientes a compartilharem suas experiências, reações e reflexões referentes aos conceitos discutidos e praticados durante a sessão anterior.
Prática na Sessão	Cada sessão tem pelo menos uma prática na própria sessão que continua entre as demais com a expectativa de que os clientes continuem a praticar em casa.
Reflexão e Discussão	As perguntas dirigidas aos clientes encorajam-nos a refletir e discutir as práticas realizadas na sessão.
Vinheta	É apresentada pelo menos uma vinheta de prática clínica dos autores do manual, com todas as informações de identificação alteradas para proteger a confidencialidade do cliente.
Adequação e Flexibilidade	A prática da PPT pode não ser efetiva para todas as necessidades clínicas, e é oferecida flexibilidade.
Considerações Culturais	Cada sessão inclui considerações culturais.
Manutenção	São apresentadas estratégias específicas que os clientes podem usar para manter os benefícios de cada prática.
Recursos	São listados recursos como leituras adicionais, *websites* e vídeos.
Relaxamento	Recomendamos que cada sessão termine com a mesma prática breve de relaxamento que iniciou a sessão.

bem maior – é mais adaptativa do que a obediência. Iremos trabalhar juntos para compreender sua dor e mágoas e também iremos procurar encontrar significado nesse sofrimento.

Depois desse roteiro, examine a Tabela 5.1: Psicoterapia Positiva: Descrição Sessão a Sessão, com seus clientes. A apresentação dessa visão geral da PPT irá ajudá-lo a identificar e abordar eventuais preocupações ou confusões que os clientes apresentam antes que essas confusões ou preocupações se manifestem durante a sessão. Por exemplo, se um cliente estiver confuso ou ambivalente (p. ex., "Não estou certo se a psicoterapia positiva pode tratar meus problemas psicológicos tão antigos" ou "Todos esses tópicos parecem ótimos, mas onde e como meus sintomas específicos serão tratados?"), o esclarecimento irá ajudá-lo a se beneficiar plenamente da abordagem de tratamento, pois as chances são de que ele não esteja em seu melhor estado de espírito ou familiarizado com essa abordagem de tratamento.

Você pode usar o seguinte roteiro para apresentar uma visão geral da PPT:

Roteiro sugerido para o clínico

A PPT pode ser subdividida em três fases:

- A Fase Um foca em ajudar você a elaborar uma narrativa balanceada explorando suas forças a partir de múltiplas perspectivas. Você irá criar objetivos significativos usando suas forças de assinatura.
- A Fase Dois foca na construção de emoções positivas e, com apoio, no manejo de lembranças negativas, experiências negativas e sentimentos negativos. Esses negativos podem estar deixando você travado, não permitindo que siga em frente.
- A Fase Três foca na exploração de suas relações positivas e no fortalecimento dos processos que nutrem esses relacionamentos. Essa fase final da PPT também lhe permite explorar o significado e o propósito de sua vida.

O PROCESSO TERAPÊUTICO

Nesta seção, discutimos os aspectos mais detalhados da psicoterapia no contexto da PPT. Eles incluem facetas como o estabelecimento de regras básicas, o estímulo do processo terapêutico, a aliança terapêutica, o engajamento, a motivação, o processo de mudança, a motivação intrínseca, a prevenção de recaída, o *feedback* e os resultados, os efeitos no terapeuta e no cliente e o processo de mudança.

Estabelecendo Regras Básicas

É importante combinar algumas regras básicas a serem seguidas no curso da PPT. Você e seus clientes devem discutir essas regras no começo do tratamento e atualizá-las continuamente. No entanto, se os clientes continuarem relutando, se se tornarem passivos, tentarem mudar as competências a serem ensinadas ou evitarem adquirir as competências completamente, reconheça e empatize com os clientes e questione as razões para a hesitação. Em última análise, é sua responsabilidade profissional administrar o processo terapêutico, e, se os clientes, por uma série de razões, se desviarem de forma significativa do propósito pretendido do tratamento, você deve conscientemente encerrar o tratamento ou fazer os encaminhamentos apropriados.

Confidencialidade

Discuta os papéis e responsabilidades do cliente e os seus. Reassegure os clientes quanto à confidencialidade das informações em consonância com sua autoridade profissional. Em contextos grupais, nos quais os clientes compartilham das informações confidenciais dos outros, explique que os detalhes específicos das histórias e experiências devem permanecer confidenciais dentro do grupo, mas que fora do grupo eles podem compartilhar as lições aprendidas na sessão.

Relaxamento

Inicie as sessões com uma prática breve (de 3 a 5 minutos) de relaxamento. Consulte o Apêndice A: Práticas de Relaxamento e *Mindfulness*, que pode ser encontrado no final deste livro. Em contextos grupais, você pode deixar uma música instrumental relaxante tocando um pouco antes de cada sessão de PPT. Isso pode ajudar a criar um ambiente terapêutico calmo e seguro para os clientes, encorajando-os a mergulhar mais fundo nos problemas que precisam ser resolvidos.

Relação Terapêutica

Como qualquer outra terapia, o estabelecimento e a manutenção de uma relação cordial, de confiança e colaborativa em PPT é crucial para manter os clientes motivados e os clínicos engajados nas mudanças terapêuticas. Avalie frequentemente para assegurar que não haja rupturas no relacionamento. Sinais de ruptura incluem discordância do cliente, falta de envolvimento nas tarefas terapêuticas, falta de compreensão do progresso terapêutico, interrupção no progresso e quebra na comunicação entre os clientes e os clínicos.

Motivação Intrínseca

Alguns clientes perdem a motivação quando não conseguem ver ganhos imediatos com seus esforços. Outros não têm confiança em suas habilidades para realizar as práticas com sucesso. Outros, ainda, não têm o suporte social necessário para concluir as práticas com sucesso (Ryan, Lynch, Vansteeekiste, & Deci, 2011). Todas essas condições podem diminuir a motivação do cliente. Ryan e colaboradores argumentam que a maioria das pessoas não é motivada intrinsecamente para receber orientações. Elas não aguardam ansiosamente pelo direcionamento do terapeuta como uma atividade divertida e recreativa. É mais provável que os clientes o valorizem se perceberem a terapia como um caminho para outros resultados valorizados, como melhorias na carreira, relacionamentos mais satisfatórios ou um estilo de vida mais saudável. Portanto, é importante avaliar quais são os resultados específicos que cada cliente mais deseja. Conectar esses resultados com os valores mais profundos do cliente os ajudará a se manterem motivados para fazer as mudanças necessárias.

Engajamento Ativo

A PPT é um tratamento ativo. Ela não está baseada no pressuposto de que uma relação terapêutica segura é suficiente, e discussões detalhadas dos problemas de forma isolada provavelmente não irão encorajar os clientes a mudar um comportamento indesejado. A PPT é um tratamento ativo que pode produzir resultados excelentes quando os clientes se envolvem ativamente com os clínicos, praticando e aplicando competências da PPT à vida diária. Portanto, a participação do cliente nas práticas da PPT, tanto dentro quanto fora da sessão, é essencial para um resultado efetivo no tratamento.

Instilação de Esperança

Instilação de esperança é uma faceta importante no processo de mudança humana. Entre as várias orientações teóricas, a esperança serve com uma estrutura unificadora na terapia (Frank & Frank, 1991). De fato, Seligman (2002b) postula que a instilação de esperança é uma estratégia terapêutica importante e profunda, que é frequentemente relegada de forma depreciativa com o termo errôneo de "inespecífico". Evidências mostram que a esperança desempenha um papel essencial na fomentação da mudança na parte inicial da psicoterapia – em 3 a 4 sessões (Hanna, 2002; Schrank, Stanghellini, & Slade, 2008). Quando introduzida no início da terapia, a esperança pode fortalecer e capacitar os clientes a acreditar que é possível ter um futuro melhor (Frank & Frank, 1991). Beck e colaboradores descreveram os terapeutas como "fornecedores de esperança" (Newman, Leahy, Beck, Reilly-Harrington, & Gyulai, 2002, p. 86) e defenderam técnicas terapêuticas e competências que especificamente desenvolvem um sentimento de esperança nos clientes, os quais com frequência entram em terapia em um estado de aflição e desesperança. Apesar de destacar a importância de instilar esperança, poucas pesquisas empíricas foram feitas sobre como é promovida a esperança pelos psicoterapeutas (Larsen, Edey, & LeMay, 2007). Em um estudo de caso que focou na tradução da esperança em prática terapêutica específica, Larsen e Stege (2010) recomendam um uso implícito da esperança, sem na verdade usar a palavra *esperança* na psicoterapia. Esses autores recomendam destacar os recursos do cliente, como as forças pessoais, as mudanças recentes e a presença de suporte social. Os clientes podem ser convidados a refletir sobre suas histórias pessoais de forças ou mudança. Desde o início, a PPT encoraja os clientes a compartilhar suas histórias de forças. A prática de abertura da *Apresentação Positiva* é sobre refletir, escrever e compartilhar uma história que despertou o melhor no cliente. Igualmente, a avaliação das forças envolve refletir sobre as experiências na vida que realçam as forças do cliente em diferentes situações. Além disso, práticas como *Diário de Gratidão* e *Carta de Gratidão*, *REACH*, *Carta de Perdão*, *Escrita Expressiva* e *Legado Positivo* estimulam narrativas das forças e da mudança. Assim, a PPT pode ser conceituada como uma abordagem terapêutica que ativamente instila esperança desde o começo e mantém a fonte da esperança ao longo do curso do tratamento.

Tratamentos Simultâneos

Procure saber se os clientes estão participando de outros processos relacionados que incluam elementos terapêuticos e/ou medicina complementar ou alternativa (p. ex., fitoterápico, homeopático, Reiki) e quais defendem orientações ou expectativas específicas sobre o estilo de vida. Discuta se eles são complementares ou competitivos com as práticas da PPT.

O Processo de Mudança

Alguns clientes podem ser motivados por razões externas – como encaminhamento de outras pessoas significativas ou tratamento obrigatório – e podem estar procurando uma solução terapêutica rápida e fácil. Outros podem estar genuinamente interessados devido ao estresse agudo, mas, depois de saberem que a PPT é um tratamento ativo que requer a participação do cliente, podem achar difícil mudar padrões comportamentais mal-adaptativos de longa duração. Reconhecendo a cronicidade dos padrões, é importante construir uma relação terapêutica sólida que demonstre empatia e transmita claramente aos clientes que eles são capazes de mudar e que vale a pena mudar seu antigo comportamento. Ajude os clientes a conceituarem a mudança de forma concreta, realista e otimista, o que pode levar tempo.

Flexibilidade

As práticas da PPT, conforme descritas neste manual, descrevem orientações específicas para a implementação efetiva. No entanto, se a motivação do cliente esmorecer, clínicos qualificados podem modificar as práticas para recuperar o interesse do cliente e atender às suas necessidades. Não deixe de revisar a seção "Adequação e Flexibilidade" incluída em cada sessão, o que permitirá que você seja flexível para que possa manter a motivação do paciente.

Aumentando a Acessibilidade, a Inclusão e a Eficácia

Nem todas as práticas de PPT satisfazem plenamente às necessidades de todos os clientes. Necessidades que não são atendidas podem minar o tratamento. Portanto, ter conhecimento e experiência em mais de um protocolo de tratamento pode ajudá-lo a oferecer opções complementares. Essas opções podem introduzir modificações necessárias para condições clínicas específicas, tornando, assim, o tratamento mais acessível, inclusivo e efetivo.

Feedback

A psicoterapia – diferentemente de parentalidade, tutoria, ensino, gerenciamento e negociação – é inerentemente um processo interpessoal íntimo que só é efetivo quando o cliente participa de forma ativa. Assim, é importante que os clínicos engajem os clientes em discussões e frequentemente obtenham *feedback* franco para assegurar que os clientes compreendem a justificativa para os componentes da PPT. Obtenha ativamente *feedback* de seus clientes sobre a PPT durante o curso do tratamento. Discuta com os clientes o que funcionou para eles e o que não funcionou. Para coisas que funcionaram, como elas funcionaram e o que mudou? Como a PPT se esforça para manter um equilíbrio delicado entre positivos e negativos, seja perceptivo ou pergunte explicitamente como o cliente percebe o trabalho na sessão e as práticas de competências. Ele percebe a aquisição de competência como administrável e benéfica? Devido ao estresse psicológico, alguns clientes podem não apreciar plenamente os conceitos principais de tópicos ou práticas específicas, então ofereça suportes apropriados e flexibilidade enquanto eles adquirem as competências. Obter ativamente *feedback* contínuo dos clientes pode ajudá-lo a avaliar se a terapia é efetiva e se o cliente está melhorando ou deteriorando, e essa interação possibilita oportunidades de fazer as mudanças necessárias no tratamento (Lambert, Hansen, & Finch, 2001).

Monitorando os Resultados Terapêuticos

Durante o curso da condução da PPT, é importante que você se mantenha vigilante – com a ajuda de medidas confiáveis dos resultados – à possibilidade de os clientes estarem deteriorando. Como já foi discutido anteriormente neste manual, cerca de 30 a 40% dos clientes não obtêm benefício com a psicoterapia, e um pequeno grupo de clientes – entre 5 e 10% – na verdade deteriora durante a terapia (Lambert, 2007). Inicie a PPT com confiança, mas entenda que ela pode não funcionar para todos, nem o tempo todo. A complementação do seu julgamento clínico com medidas confiáveis e válidas dos resultados regularmente lhe ajudará a monitorar o progresso (ou a falta dele) e a melhorar a tomada de decisão clínica oportuna. Se por meio do *feedback* você perceber que um cliente não se engajou, não está melhorando ou está deteriorando, avalie sua motivação e discuta esse afastamento com o cliente dentro da sessão. Obter o *feedback* de um paciente que abandona o tratamento pode ser de grande utilidade para você, ao esclarecer as nuanças da realização do tratamento que podem ser melhoradas. Encorajamos fortemente que você consulte seus colegas para avaliar e adaptar seu engajamento ao longo do tratamento.

Prevenção de Recaída

Em qualquer tratamento, os clientes podem recair ou regredir para seu estado sintomático. Os clientes podem recair devido a múltiplas razões, inclusive diminuição da motivação. A recaída é um evento crítico. Discuta, em termos inequívocos, as indicações e condições que podem levar à vulnerabilidade do cliente (p. ex., aniversários, lugares específicos ou pessoas específicas). Com frequência, emoções e experiências negativas deixam os clientes vulneráveis, provocando recaída. Aplique práticas da PPT na sessão (como *Diário de Gratidão*, *Desacelerar e Saborear* ou as forças de assinatura em uma atividade criativa) para gerar emoções positivas. Pesquisas (Fredrickson, 2009) mostram que emoções positivas ampliam mentalidades. Os clientes têm maior probabilidade de recuperar sua motivação para o tratamento quando experimentam emoções positivas. Alegria, comportamento lúdico, interesse e curiosidade podem produzir informações mais acuradas do que atitudes inicialmente negativas, como aborrecimento e cinismo (Fredrickson & Losada, 2005). Emoções positivas também podem desempenhar uma parte vital na manutenção da motivação dos clientes, e as práticas da PPT visam produzir emoções positivas. À medida que os clientes se engajam nessas práticas, tanto dentro como fora da sessão, envolva-os em uma discussão autêntica sobre como experimentar emoções positivas pode tornar essas práticas intrinsecamente motivadoras para os clientes.

Progressão

Como também foi discutido no Capítulo 5, não espere uma progressão linear de melhora porque a motivação para mudar padrões comportamentais e emocionais de longa duração flutua durante o curso da terapia. Além disso, a prontidão do cliente para mudar também flutua. Consequentemente, é importante que você responda de forma positiva às mudanças quando elas ocorrerem e permanecerem abertas para ajustar os objetivos terapêuticos. Certificar-se de que os objetivos são concretos e relevantes para os estressores e as mudanças desejadas irá melhorar os resultados do cliente.

Fundamentos Teóricos

A motivação do cliente muda quando as circunstâncias mudam. Você pode explorar explicações plausíveis para essas mudanças com seu cliente e, quando necessário, pode consultar seus colegas. É importante que você esteja familiarizado com a teoria baseada em evidências da PPT. Você inevitavelmente enfrentará situações idiossincrásicas únicas para as quais as práticas estruturadas descritas neste manual podem não se aplicar prontamente. Um conhecimento sólido da teoria da PPT irá ajudá-lo a adaptar as práticas da PPT a situações únicas. Entretanto, é importante que a modificação das práticas da PPT seja feita em colaboração com os clientes, oferecendo-lhes múltiplos caminhos para atingir os resultados desejados.

O restante da Parte II deste manual apresenta 15 sessões com os correspondentes conceitos centrais, práticas, reflexões, discussões, vinheta(s), dicas de adequação e flexibilidade, considerações culturais, dicas de manutenção e recursos, os quais constituem a essência da PPT.

7

SESSÃO UM
Apresentação positiva e diário de gratidão

A Sessão Um orienta os clientes para o contexto clínico e esclarece os papéis e as responsabilidades do cliente e do clínico. Essa sessão também ensina como iniciar a prática contínua de cultivar gratidão por meio do registro em um diário de experiências positivas e avaliar o impacto da gratidão no bem-estar. As duas práticas da psicoterapia positiva (PPT) tratadas nesta sessão são a *Apresentação Positiva* e o *Diário de Gratidão*.

ESBOÇO DA SESSÃO UM

Conceitos Centrais (Parte 1)
    Prática na Sessão: *Apresentação Positiva*
    Reflexão e Discussão
    Vinhetas
    Adequação e Flexibilidade
    Considerações Culturais
    Manutenção
Conceitos Centrais (Parte 2)
    Prática na Sessão: *Diário de Gratidão*
    Reflexão e Discussão
    Vinheta
    Adequação e Flexibilidade
    Considerações Culturais
    Manutenção
Recursos

CONCEITOS CENTRAIS (PARTE 1)

A psicoterapia é uma das poucas vezes em nossas vidas em que temos a oportunidade de compartilhar nossas histórias de vida de uma forma que nenhuma outra interação social oferece (Adler & McAdams, 2007). Se a maior parte dessa interação terapêutica for passada recordando mágoas do passado, agressões e feridas, a oportunidade de integrar as partes do *self* que podem ter escapado de nossa consciência devido a pensamento rígido, emoções lábeis ou relações inseguras estará perdida. Ao recordarem atentamente uma experiência significativa, tecê-la como uma história (com início, meio e fim), registrá-la por escrito e compartilhá-la com alguém, os clientes têm a oportunidade de reestruturar, reavaliar e reprocessar partes importantes do *self* a partir das quais eles podem extrair força pessoal. A prática da *Apresentação Positiva*, realizada no início da PPT, pode ser um catalisador para construir ou restaurar um autoconceito mais saudável e resiliente. Essa prática permite que tanto o cliente como o clínico vejam a experiência como parte da personalidade do cliente como um todo.

A *Apresentação Positiva* encoraja os clientes a recordarem um evento ou experiência significativa que terminou muito bem. A recordação de lembranças positivas desempenha um papel importante na regulação do humor (Joormann, Siemer, & Gotlib, 2007). Refletir, escrever, compartilhar e potencialmente reestruturar um ponto alto pessoal, especialmente na fase inicial do processo terapêutico, tem o potencial de gerar emoções positivas. O cultivo de emoções positivas no começo do processo terapêutico prediz robustamente mudança terapêutica ao possibilitar que os clientes considerem novas ideias e perspectivas e desenvolvam recursos de longo prazo (Fitzpatrick & Stalikas, 2008).

Os clientes com frequência entram em psicoterapia com questionamentos como: "Por que eu falhei? Por que os outros me trataram injustamente? Algum dia eu vou conseguir atingir meus objetivos?". O ato de escrever (com papel e caneta, no *notebook* ou em outro aparelho eletrônico) permite que os clientes tenham consciência de sua eficácia no passado (algo que foi feito com sucesso no passado) e comparem seu estado atual a alguma mudança, sutil ou significativa, que podem ter experimentado desde que ocorreu o evento sobre o qual escolheram escrever. Pessoas felizes e maduras tendem a destacar cenas de crescimento pessoal e libertação em suas histórias de vida (McAdam, 2008). A *Apresentação Positiva* pode atuar como um indicador (um ponto alto na vida) para os clientes a partir do qual eles podem editar suas narrativas do presente para o futuro, para criar experiências mais positivas e bem-sucedidas.

RELAXAMENTO NO COMEÇO DA SESSÃO

No início de cada sessão, comece com um breve exercício de relaxamento. Consulte o Apêndice A: Práticas de Relaxamento e *Mindfulness*, que pode ser encontrado no final deste manual.

PRÁTICA NA SESSÃO: *APRESENTAÇÃO POSITIVA*

Nesta prática de abertura, os clientes se apresentam por meio de uma história da vida real. Como encorajamento, você pode começar com um exemplo. Uma história da vida real de um dos autores deste manual é apresentada como ilustração. Alguns exemplos em vídeo estão listados na seção de Recursos no final desta sessão. Qualquer uma dessas ilustrações e exemplos irá ajudar os pacientes a elaborarem suas próprias histórias. Para começar, oriente os clientes segundo o roteiro a seguir.

Roteiro sugerido para o clínico

Você pode usar o roteiro a seguir para introduzir para seus clientes a prática da *Apresentação Positiva*:

Por favor, acomodem-se em suas cadeiras. Sentem-se com as costas retas apoiadas no encosto da cadeira, com os pés apoiados no chão e as mãos apoiadas nas pernas. Respirem três vezes profundamente. Recordem de um momento ou situação em que lidaram com uma situação difícil de forma positiva. Vocês não precisam encontrar um grande acontecimento que tenha mudado sua vida. Talvez o que venha a sua mente seja um pequeno evento que desencadeou o melhor em você. Agora abram os olhos e, usando a Folha de Exercícios 1.1., escrevam sobre essa situação. Apresentem-na na forma de uma história com um começo claro, meio e um final positivo.

Dê 3 a 4 minutos para que os clientes se recordem de uma história. Então, peça que abram os olhos e escrevam tudo a respeito do evento usando a Folha de Exercícios 1.1: Apresentação Positiva. Observe que essa e todas as folhas de exercícios (a) aparecem dentro da sessão correspondente deste manual e (b) podem ser baixadas na página do livro em loja.grupoa.com.br. Encoraje seus clientes a escreverem livremente – sem inibição – e esclareça que eles não precisam compartilhar todos os detalhes da história. Independentemente do que escreverem, o relato será somente para seus olhos, e o ato de anotar alguma coisa pode nos ajudar a encontrar sentido em nossas experiências, o que algumas vezes nos define. Se você estiver conduzindo a PPT em uma sessão individual, peça que seu cliente compartilhe a história ou o processo de gerar a história. Em contextos individuais, os clientes quase sempre compartilham suas histórias. Se você estiver conduzido a PPT em um contexto grupal, peça que os clientes compartilhem a história ou o processo de geração da história com alguém no grupo com quem se sintam à vontade. Peça que os parceiros ouçam com atenção, pois é possível que tenham que se reportar ao grande grupo, mas só se esse compartilhamento for permitido pelo autor da história. Embora o compartilhamento seja opcional, a primeira pessoa a compartilhar em um grupo tende a instigar mais compartilhamento por parte dos outros membros.

FOLHA DE EXERCÍCIOS 1.1

Pense em um momento em que você lidou com uma situação difícil de uma forma positiva. Você não precisa encontrar um grande acontecimento que mudou sua vida. Talvez o que venha a sua mente seja um pequeno evento que desencadeou o melhor em você. Escreva sobre essa situação. Faça na forma de uma história com um começo claro, meio e um final positivo. Se precisar de mais espaço, use uma folha extra.

REFLEXÃO E DISCUSSÃO

Solicite que os clientes reflitam a respeito e respondam às seguintes perguntas por escrito:

- Algumas histórias se tornam parte de como percebemos a nós mesmos. Como essa história pode ter impactado seu autoconceito?
- O que o ajudou a lidar com a situação? Por favor, descreva aspectos específicos, como:
  - Atributos pessoais, entre os quais persistência, otimismo ou fé.
  - Atributos ambientais, como apoio de amigos próximos, familiares ou relações profissionais.
- Outras pessoas significativas de sua vida conhecem essa história dento do mesmo espírito ou da forma como você se recorda dela?

Depois de terminadas a reflexão e a escrita, facilite uma discussão.

VINHETA: EM QUE VOCÊ É BOM?

A seguinte *Apresentação Positiva* foi escrita por um dos autores do manual. Esta é uma história real que mudou a orientação dele sobre os seres humanos e o convenceu a reestruturar suas perguntas na terapia. O autor não costuma compartilhar esta história com os clientes, mas, como clínico, você pode se beneficiar dela reestruturando suas próprias perguntas.

Alguns anos atrás no Brooklyn, Nova York, em meio à luz fraca e às folhas caídas no chão outonal, eu estava andando alegremente até meu carro depois de ter dado uma aula de ioga. De repente, mas silenciosamente, um frio toque metálico nas minhas costas interrompeu minha caminhada. Quando me virei, descobri que era uma arma, portada por um adolescente. Outro adolescente, possivelmente seu parceiro no crime, me acompanhou em silêncio até o carro e pediu as chaves. Ao seu comando, sentei no banco traseiro, com um dos adolescentes vigilantemente mantendo a arma encostada nas minhas costas, enquanto seu parceiro, agora ao volante, dirigia impetuosamente. Em pouco tempo já havíamos atravessado dois sinais vermelhos. De um estado calmo e zen, meu corpo e mente foram catapultados para um verdadeiro estado de pânico, com as mãos suadas e o coração acelerado. Só consegui ter um pensamento catastrófico sobre o meu destino: saído das ruas empoeiradas e perigosas de Lahore, Paquistão, meu sonho de obter um doutorado em psicologia clínica vai morrer nas ruas do Brooklyn – em uma perseguição policial.

Meus sequestradores exigiram a minha carteira, a qual prontamente entreguei. Seus olhos brilharam quando viram um cartão de débito. Seu entusiasmo por conseguirem dinheiro talvez tenha acelerado ainda mais a velocidade, e outro sinal vermelho foi ignorado. Eu passei de um estado de pânico para um estado de ultrapânico. Sentindo-me completamente desamparado, acabei me conformando com uma respiração Ujjayi profunda e longa – uma técnica de ioga para acalmar as emoções. O impacto dessa respiração talvez tenha atingido minha mente mais rápido do que meu corpo, e o instinto clínico em mim me encorajou a dizer, gaguejando: "Vocês têm o meu carro novo, meu cartão de débito e eu estou pronto para ir até o caixa eletrônico e sacar o dinheiro para vocês, então por que a pressa? Se vocês continuarem passando no sinal vermelho, logo a polícia vai nos parar". A polícia normalmente patrulhava aquela parte do Brooklyn, especialmente depois do cair da tarde. A resposta imediata de um dos adolescentes foi: "Cale a sua boca de m*, senão você não vai ver a luz do sol de novo". Percebi que aquele não era o momento para exercer minhas competências clínicas. Afinal de contas, terapia pode ser prejudicial às vezes. No entanto, supreendentemente notei que logo em seguida ele reduziu a velocidade e até parou no sinal vermelho. Agora eles estavam procurando ativamente um caixa eletrônico, mas não conseguiam encontrar algum onde pudessem me levar com segurança. Eu me tratei com outra dose de respirações Ujjayi, que talvez me acalmasse e desencadeasse o instinto clínico em mim, mais uma vez. Fiz o que a maioria dos clínicos faz – fazer perguntas. Em grande parte, para distrair minha mente dos pensamentos catastróficos, iniciei uma conversa fiada com eles.

Perguntei respeitosamente: "O que vocês fazem, quer dizer, além disto (roubo de carro)?".
"Por que você quer saber?", respondeu o motorista.

"Só por curiosidade", respondi.

"Esta área do Crooklyn" (eles queriam dizer Brooklyn) "é nossa... Qualquer um que tente nos ferrar, nós damos um jeito nele... você sabe, ninguém ferra com a gente. Você não vai vez a luz do dia de novo."

Eu só estava tentando construir algum *rapport*, embora construir *rapport* com uma arma apontada não é ensinado na maioria dos programas de graduação em psicologia clínica. A resposta dele me silenciou. Mas a maioria dos clínicos permanece em silêncio por tanto tempo? Duvido. Não consegui resistir a agir segundo meu instinto clínico e, do nada, perguntei: "Em que vocês são bons?". Suas primeiras respostas não são dignas de escrever aqui, e deixamos para a sua imaginação. No entanto, o toque coloquial rude de suas respostas não ofendeu o clínico obstinado dentro de mim, e eu persisti. Falei, sondando gentilmente: "Tenho certeza de que vocês são muito bons em cuidar da sua área, mas tem outras coisas em que vocês são bons?".

Agora confusos e um pouco animados ao mesmo tempo, o olhar em seus rostos parecia dizer: "No que foi que nos metemos?". Após uma longa pausa, com um sorriso encabulado, o garoto ao meu lado pressionou a arma com um pouco mais de força contra meu estômago. Respirei fundo mais algumas vezes e reformulei a pergunta: "Vocês devem ser bons em alguma coisa". Previ mais algumas cordialidades. Em vez disso, o motorista pegou um CD no bolso da jaqueta, inseriu no CD *player* do carro e aumentou o volume. Imediatamente todos os cantos do meu carro estavam reverberando com uma cacofonia barulhenta – acho que chamam isso de música atualmente. Um dos meus sequestradores gritou: "Nós somos bons em música. Quando estamos felizes, tocamos música e dançamos... Meu parceiro, aí atrás, tem músicas muito legais".

Com a música explodindo e o corpo balançando, meus sequestradores insistiam para que eu me juntasse a eles, já que eu me parecia com eles, e, se estivesse me mexendo de acordo com a música dentro do carro, ninguém suspeitaria de nada. A dança, mesmo em ambientes seguros, me deixa nervoso. Com a arma apontada, imaginei as manchetes no dia seguinte: homem morto dançando. Eu disse a eles que não sabia dançar. Meus sequestradores amavelmente se ofereceram para me ensinar os "movimentos". Colocaram um boné de beisebol invertido na minha cabeça e me mandaram acompanhar seus movimentos. Logo meu corpo estava se movimentando em ritmos antes desconhecidos para mim. Criado com as músicas de Bollywood, na Índia, nunca imaginei que aprenderia a dançar *rap* e *reggae* nas ruas do Brooklyn com uma arma apontada para mim.

De alguma forma eles se esqueceram de ir até o caixa eletrônico e desviaram até uma lojinha para fazer um lanche. Eles se ofereceram para me comprar alguma coisa que eu polidamente declinei. Depois fomos visitar um amigo deles. Depois de outros 45 minutos, eles me deixaram em uma esquina escura do Brooklyn e foram embora com meu carro. No dia seguinte, a polícia encontrou meu carro com danos apenas superficiais. Meus cartões de débito e crédito não haviam sido usados, e meu *notebook* no porta-malas estava intacto. Desde então, nunca mais tive vergonha de perguntar: "Em que você é bom?".

VINHETA: TRÊS PONTOS NO JOGO FINAL DE BASQUETE

Isto faz parte de uma *Apresentação Positiva* que Louis, um cliente de pouco mais de 20 anos, compartilhou na psicoterapia individual. Ele apresentava sintomas de ansiedade social, além de falta de motivação e confiança. Durante as três primeiras sessões, o clínico e o cliente focaram no manejo do sofrimento presente. No final da terceira sessão, o clínico pediu que Louis escrevesse uma história sobre si mesmo, usando as orientações dadas no Roteiro para o Clínico. Durante a sessão seguinte, Louis relutantemente leu a sua história, fazendo muito pouco contato visual com o clínico.

A história discute o último ano de Louis no ensino médio quando estava no time de basquete. Ele era atleta e sempre quis jogar, mas, devido à ansiedade social, sempre optava por ficar sentado no banco. Durante o último jogo da temporada, na quadra de uma escola rival, três minutos antes do final do jogo com seu time perdendo por dois pontos, um jogador importante do time se lesionou, e o técnico não teve escolha senão pedir que Louis entrasse na quadra. Ele contou que o simples pensamento de entrar na quadra o deixou desconfortável:

> "Mesmo estando nervoso antes do jogo, rapidamente descobri que durante os poucos minutos em que estava na quadra eu estava totalmente mergulhado no momento e na experiência. No final já não me importava o que eu aparentava ou o que os outros achavam das minhas habilidades para jogar. Eu simplesmente estava lá para fazer o meu papel. Naquele momento, fui capaz de cumprir meu dever e me esqueci dos olhares penetrantes do julgamento dos outros."
>
> Louis encerrou a história, dizendo que marcou apenas três pontos durante toda a temporada, mas que foram suficientes para levar seu time às finais.

ADEQUAÇÃO E FLEXIBILIDADE

Os clientes podem usar fotografias, artefatos, *souvenirs* ou lembranças como prêmios, certificados e cartas de apreço para ancorar suas histórias. Eles também podem contar suas histórias por meio de uma montagem de imagens digitais, vídeos no YouTube, etc. Os clientes podem apresentar as histórias pessoalmente ou por meio eletrônico.

Os clientes podem ter a opção de selar sua *Apresentação Positiva* em um envelope, escrever seu nome e a data na parte da frente e dar o envelope para você como depositário. Você pode dizer aos clientes que suas histórias de apresentação serão usadas em uma prática futura, conforme explicado no Capítulo 21, Sessão 15 – mas não compartilhe os detalhes. Assegure os clientes de que os envelopes serão guardados em segurança, que só você terá acesso a eles e que ninguém irá ler suas histórias.

Os clientes com dificuldades para recordar e escrever uma *Apresentação Positiva* podem pedir que familiares próximos ou amigos escrevam uma história sobre eles.

Por fim, se os clientes não conseguirem se beneficiar com as opções descritas aqui, eles podem escrever alguma história ou acontecimento da vida real de superação de desafios que achem inspirador. A partir disso, eles podem gradualmente seguir na direção de sua própria história da vida real ou experiência de resiliência. Como alternativa, os clientes podem criar uma apresentação idealizada de si mesmos.

CONSIDERAÇÕES CULTURAIS

Clientes de culturas não ocidentais, nas quais a modéstia é altamente desejável, podem inicialmente achar a prática da *Apresentação Positiva* desafiadora. Eles podem encará-la como uma expressão de autoapreciação, vaidade e falta de modéstia; podem achar esse exercício incompatível com suas expectativas culturais. Uma dessas clientes, originária de uma cultura da Ásia Oriental, era estudante internacional que frequentava uma escola de administração de empresas reconhecida mundialmente e estava com dificuldades para realizar o exercício. No entanto, um de seus amigos, com sua permissão, enviou um *e-mail* com uma história muito comovente sobre a cliente.

Se os clientes estiverem relutantes em compartilhar uma história verbalmente ou por escrito, peça que escrevam sobre formas culturalmente apropriadas de autoexpressão. Convide-os a compartilhar sua história de uma maneira que seja adequada para eles. Por exemplo, uma de nossas clientes, em vez de escrever uma história, compartilhou seu caderno de rascunho com o clínico. Esses rascunhos, feitos durante um período de tempo, descreviam um motivo cultural específico com o qual a cliente se identificava muito. Encorajar a cliente a discutir esse motivo e suas associações ajudou a gerar sua história. Ajudar os clientes a compreender que a prática tem a ver com autoconhecimento, e não com exibicionismo, ajuda a gerar a história.

Por fim, para facilitar a adequação cultural, os clientes podem compartilhar uma história de resiliência que envolva o trabalho com outras pessoas.

MANUTENÇÃO

Discuta as dicas a seguir com seus clientes para que eles possam manter seu progresso:

- Uma *Apresentação Positiva* pode ajudá-lo a recordar outras histórias de crescimento e triunfo. Encorajamos você a compartilhar outras histórias similares. Às vezes, a história mais importante surge depois que você e seu clínico se conhecem melhor e você está mais à vontade com o processo terapêutico.
- As histórias que você conta a seu respeito são partes diferentes de você mesmo. Para ampliar o benefício dessa prática, reflita sobre as histórias que você conta, para si mesmo e para os outros, a seu respeito. Existe algum tema ou temas? O que você está tentando comunicar sobre si mesmo por meio das suas histórias? Você é vulnerável ou resiliente? Você é uma vítima ou um sobrevivente? Suas histórias mudam, ou mudam de nuance, de acordo com a audiência? Quais são seus valores? Essas perguntas lhe ajudarão a esclarecer quem você é (Mclean, Pasupathi, & Pals, 2007).
- As histórias que nós contamos são moldadas pela cultura em que as histórias acontecem. Uma forma de buscar um conhecimento aprofundado da sua cultura é explorando e compartilhando suas histórias, em especial aquelas de resiliência, com seus entes queridos. Igualmente, convide-os a compartilhar suas histórias com você. Esse processo certamente irá consolidar suas relações com os outros, e você também irá aprender formas diferentes de lidar com o mesmo desafio.

> **NOTA CLÍNICA**
>
> A maioria das conversas em psicoterapia tem o potencial de formar uma sequência de histórias e narrativas. Preste muita atenção à história de cada cliente. Indague a respeito e a amplifique de forma autêntica. Tome notas e lembre-se de detalhes e do tema principal de cada história. Essas histórias podem ser usadas em práticas/sessões posteriores como narrativas contínuas.

> Também pode ser importante explorar alguma disparidade entre a história narrada e circunstâncias da vida atual.
>
> Estressores cotidianos frequentemente esgotam nossa energia e esmorecem nosso humor. Pesquisas mostram que recordar memórias autobiográficas positivas pode ajudar a acabar com um humor negativo (Joorman & Siemer, 2004). Encoraje os clientes a manter um *Diário de Gratidão* (conforme discutido mais adiante nesta sessão) e revisite-o periodicamente para observar mudanças nas percepções. Os clientes também podem recordar momentos ou experiências de pico como uma forma de enfrentar os estressores. Após a prática da Apresentação Positiva, um cliente escolheu fotografias de seis experiências similares e as manteve em seu telefone celular como um lembrete para ajudá-lo a se proteger dos estressores.

CONCEITOS CENTRAIS (PARTE 2)

Gratidão é uma experiência de agradecimento, que envolve notar e apreciar as coisas positivas na vida. Ao fazermos isso, reconhecemos o valor e o significado dos aspectos positivos. A gratidão amplia a perspectiva e constrói outras emoções positivas e raciocínio positivo (Emmons, 2007).

Indivíduos clinicamente deprimidos mostram gratidão significativamente mais baixa (cerca de 50% menos gratidão) do que os controles não deprimidos (Watkins, Grimm, & Kolts, 2004). De fato, a gratidão pode proteger os clientes contra crises de depressão (Wood et al., 2008; Tsang, 2006).

A gratidão estimula os clientes a reestruturarem experiências negativas como positivas sempre que apropriado e realista. Essa reestruturação, por sua vez, está associada a menos sintomas psicológicos (Lambert, Fincham, & Stillman, 2012). Aprender a ser mais grato por meio de práticas contínuas com a manutenção de um *Diário de Gratidão* pode ajudar os clientes a aprenderem e a usarem estratégias de enfrentamento mais positivas, com menos estresse (Wood, Joseph, & Linley, 2007).

PRÁTICA NA SESSÃO: DIÁRIO DE GRATIDÃO

Como Nos Beneficiamos da Gratidão

A gratidão amplia nossa perspectiva e desenvolve outras emoções positivas e atributos dentro de nós. Segundo Robert Emmons (Emmons & Mishra, 2012), um importante pesquisador da gratidão, pesquisas mostraram que a prática da gratidão pode oferecer oito efeitos distintos:

- *Benefício Máximo:* A gratidão nos permite extrair o benefício máximo de uma experiência positiva.
- *Autovalorização e Autoestima:* A gratidão reforça nossa autovalorização e autoestima. Ela nos ajuda a perceber o quanto nós e os outros conquistamos, o que, por sua vez, nos torna mais confiantes e eficazes. Assim, a gratidão pode nos ajudar a desaprender hábitos negativos a como autopiedade, que é a tendência a ruminar ou se sentir vitimizado.
- *Enfrentamento do Estresse:* A gratidão pode nos ajudar a enfrentar o estresse e a adversidade. Depois de um choque inicial, a gratidão pode nos ajudar a valorizar o que é mais importante em nossas vidas.
- *Ajudar os Outros:* Pessoas gratas têm mais probabilidade de ajudar outras pessoas. Elas se tornam mais atentas a atos de gentileza e atenção e se sentem compelidas a retribuir. Elas têm menos probabilidade de ser materialistas e mais probabilidade de valorizar o que possuem.
- *Melhores Relações:* A gratidão pode fortalecer nossas relações. Quando nos tornamos verdadeiramente conscientes do valor de nossos amigos e familiares, provavelmente iremos tratá-los melhor. Quando os tratamos bem, eles nos tratam bem.
- *Menos Comparações Negativas:* Expressar gratidão diminui a probabilidade de nos compararmos com os outros. Tornamo-nos gratos e satisfeitos com o que temos (amigos, família, saúde), e é menos provável que nos sintamos mal pelo que não temos.
- *Menos Tempo para Emoções Negativas:* Quando expressamos gratidão, é provável que passemos menos tempo remoendo emoções negativas. Por exemplo, quando nos sentimos gratos, é menos provável que nos sintamos culpados, mesquinhos ou zangados.
- *Adaptação Mais Lenta:* Quanto tempo dura a alegria de uma nova aquisição? Inicialmente nos sentimos felizes, mas a alegria não dura muito tempo. Apreciando o significado e o valor do objeto e experiência, podemos desacelerar essa adaptação para que a experiência de felicidade dure mais tempo.

Clientes aflitos tendem a se comparar negativamente com os outros. Tais comparações, como mostram as evidências, abalam sua autoestima e os fazem sentir-se vitimizados e ressentidos (Nolen-Hoeksema & Davis, 1999). A gratidão, por sua vez, nos ajuda a ter consciência de que somos receptores de bondade. Não podemos ser gratos sem que sejamos reflexivos. Por meio dessa prática, aprendemos a refletir sobre a gentileza dos outros, mudando nossa perspectiva do egocentrismo para a expansão social. Em suma, a gratidão pode desenvolver nosso capital psicológico, o que pode agir como um mediador em momentos difíceis.

A gratidão já foi exclusivamente relacionada a qualidade do sono total, qualidade subjetiva do sono, latência do sono, duração do sono e disfunção diurna, depois do controle dos efeitos dos traços de personalidade. Acredita-se que as cognições anteriores ao sono sejam mediadoras da relação entre gratidão e qualidade do sono. Quando adormecem, as pessoas gratas têm menos probabilidade de ter pensamentos negativos e preocupantes e maior probabilidade de ter pensamentos positivos. Aparentemente, cognições negativas antes de dormir prejudicam o sono, e a gratidão reduz a probabilidade de esses pensamentos ocorrerem, protegendo a qualidade do sono. Da mesma forma, parece que cognições positivas antes de dormir têm um efeito positivo no sono, e a gratidão facilita esses pensamentos, levando a melhor qualidade do sono (Wood, Joseph, Lloyd, & Atkins, 2009).

Roteiro sugerido para o clínico

Apresentamos, a seguir, um roteiro que você pode usar para apresentar a prática do *Diário de Gratidão* aos seus clientes:

> A evolução humana demonstrou que recordamos os fracassos com mais facilidade do que os sucessos. Nossas mentes são naturalmente programadas para focar mais nas experiências e eventos e negativos do que naqueles que são positivos. Isso é chamado de "viés de negatividade". A maioria das pessoas passa muito mais tempo pensando em como pode consertar alguma coisa que deu errado (ou que está a ponto de dar errado) do que se sentindo bem por alguma coisa que deu certo. Analisamos os acontecimentos negativos mais detidamente do que os acontecimentos bons e tendemos a remoer muito mais os negativos do que os positivos. Essa predisposição minimiza a satisfação com a vida e maximiza o sofrimento psicológico.
>
> Não precisamos de muito treinamento para focar em experiências negativas, mas apreciar experiências positivas requer atenção especial e esforço de nossa parte. Queixar-se, ser crítico e cético é fácil para nós, mas praticar a gratidão é difícil. É mais provável nos esquecermos de experiências positivas e nos lembrarmos das negativas. Portanto, é importante aprendermos as competências e os hábitos que nos permitem valorizar o que temos.
>
> Não presuma que todas as coisas boas só acontecem porque são merecidas. Isso leva ao sentimento de direito, e os acontecimentos positivos são considerados como garantidos. Uma maneira de evitar considerar as coisas como certas é estabelecer uma prática diária de gratidão.

Diário de Gratidão

Roteiro sugerido para o clínico

> Por favor, escreva três dádivas (coisas boas que aconteceram hoje) todas as noites antes de ir para a cama. Ao lado de cada dádiva que você listar, escreva pelo menos uma sentença sobre
>
> - Por que esta coisa boa aconteceu hoje? O que isso significa para você?
> - O que você aprendeu ao reservar um tempo para nomear esta dádiva ou coisa boa?
> - De que forma você ou outras pessoas contribuíram para que esta dádiva ou coisa boa acontecesse?

O Apêndice B: *Diário de Gratidão*, no final deste manual, contém um modelo para um *Diário de Gratidão* semanal.

O *Diário de Gratidão* é uma prática contínua. Encoraje seus clientes a completá-lo diariamente e trazê-lo a cada sessão. Inicie a sessão encorajando os clientes a compartilharem seus registros no diário. Você vai descobrir que alguns clientes não vão atualizar suas anotações no diário. Para resolver isso, traga algumas cópias adicionais do *Diário de Gratidão* para a sessão. Encoraje esses clientes a pensarem na semana que passou e refletirem sobre coisas positivas que podem ter acontecido e peça que registrem essas coisas positivas durante a sessão. Os clientes podem usar papel ou uma versão digital de um *Diário de Gratidão*. Também existem *websites* sobre gratidão, alguns dos quais estão listados na seção Recursos no final deste capítulo. A cada duas semanas, use as perguntas de Reflexão e Discussão para engajar os clientes em uma discussão accrca das dádivas sobre as quais escreveram. Essa discussão irá ajudá-los a concretizar os benefícios de notar e escrever sobre coisas boas em suas vidas.

REFLEXÃO E DISCUSSÃO

Depois de realizar essa prática, peça que os clientes reflitam e discutam:

- Você teve alguma dificuldade em recordar eventos específicos? Em caso afirmativo, especifique.
- Você observou algum padrão em seus bons eventos ou dádivas? Família, amigos, trabalho ou natureza?
- Algum aspecto de sua vida não foi claramente representado nos bons eventos ou dádivas, como trabalho ou amigos?
- Você teve um papel ativo na ocorrência de bons eventos ou dádivas, ou eles simplesmente aconteceram com você?
- Você se viu refletindo mais sobre coisas boas depois desta prática?
- Você acha que esta prática é uma nova maneira de olhar para as situações e pessoas?
- Você compartilhou seus bons eventos ou dádivas com outros?
- Você achou difícil registrá-los? Em caso afirmativo, por quê?

VINHETA: SINTOMAS DEPRESSIVOS E *DIÁRIO DE GRATIDÃO*

Nabila, uma mulher de 23 anos descendente do Sul Asiático, procurou terapia devido a sintomas depressivos, entre os quais melancolia, sensação de vazio, preocupação excessiva e falta de motivação. Esses sintomas, disse ela, são crônicos. Ela já havia buscado tratamento anteriormente, tanto psicoterapia quanto medicação antidepressiva. Relatou, suspirando sem esperança, que a eficácia de cada um dos tratamentos foi limitada, sem uma recuperação duradoura. Quando o clínico perguntou o que a motivou a procurar terapia nesse momento, Nabila disse que, na sua experiência, a fase inicial de cada tratamento, psicoterapia ou medicação, é um tanto efetiva. Além disso, a psicoterapia positiva a intrigava.

"A depressão tem sido parte da minha vida há muito tempo", recordou Nabila, tendo começado na adolescência. Contou que provém de uma família religiosa conservadora que cultiva muita negatividade e o que ela chamou de "drama". "Minha mãe é provavelmente uma pessoa cronicamente deprimida. Ela sofreu abuso emocional e físico nas mãos do meu pai, prepotente e autoritário."

Nabila descreveu sua mãe como uma "pessoa passiva, e eu não quero ser como ela". Continuou: "No ensino médio, eu tentava me impor, mas foi a minha mãe quem se voltou contra mim. Ela era muito dura comigo e continua a ser. Acho que ela descontou sua frustração em mim porque eu sou como ela em muitos aspectos. Quando comecei a assumir mais a minha identidade canadense, ela não gostou e queria que eu aderisse às rígidas normas culturais da Índia. Ela não se conformou com isso. Eu sou canadense descendente do sul da Ásia – não uma asiática vivendo no Canadá, como ela".

Nabila disse que, mesmo amando sua mãe profundamente, ela expressa sua raiva de forma passivo-agressiva. Explicou: "Minha mãe não me impedia de sair, usar roupas ocidentais ou ter amizade com meninos, mas indiretamente ela fazia eu me sentir culpada como se eu estivesse fazendo alguma coisa moralmente errada".

Continuou: "Às vezes minha mãe fazia queixa de mim para meu pai, que agora me considera rebelde, uma desgraça para a sua família e uma má influência para minhas duas irmãs mais moças".

Nabila disse, tristemente, que está constantemente cercada de negatividade e que um comentário desencadeia imagens e lembranças do passado. Ela, então, fica pensativa, o que a faz se sentir mais deprimida e sem esperança.

A cliente apresenta um padrão típico de sintomas depressivos, o que frequentemente arrebata os clientes em uma espiral de negatividade. Entre outras práticas terapêuticas, o clínico pediu que Nabila começasse fazendo um *Diário de Gratidão*. Ela recebeu uma apostila que incluía um espaço para registro em que deveria escrever três coisas boas todos os dias durante uma semana, com ilustrações concretas. Isso a ajudou a focar e a não se distrair com detalhes incidentais da prática, como saber onde escrever a experiência boa e onde escrever a reflexão. Nabila começou o *Diário de Gratidão* com algum ceticismo. Seu primeiro registro foi sobre ter recebido um *e-mail* de agradecimento de uma de suas amigas próximas que estava tendo dificuldades com o marido e com quem Nabila se encontrou durante a semana para tomar um café. O clínico lhe perguntou:

CLÍNICO: O que havia no *e-mail* que você consideraria como uma dádiva?
CLIENTE: Recentemente eu e ela passamos algum tempo juntas. Ela tem tido dificuldades com o marido.
CLÍNICO: O que a fez mandar o *e-mail* para você?
CLIENTE: Sei que ela é uma pessoa legal, mas isso eu não esperava... Também não sei exatamente o que eu fiz que foi tão útil para ela. Às vezes tudo o que você precisa fazer é apenas ouvir.

À medida que Nabila progredia em seu *Diário de Gratidão*, seus registros se tornavam mais detalhados em relação aos aspectos sutis de suas experiências positivas. A discussão desses registros na sessão também deu ao clínico a rara oportunidade de conhecer aspectos de sua vida e utilizá-los para fins terapêuticos. A cliente compartilhou que frequentemente sai para caminhar com a irmã, e o clínico e Nabila discutiram como essas situações demonstram seus atributos positivos em ação e como isso está relacionado ao seu bem-estar. Essas discussões ajudaram a cliente a direcionar sua atenção para as coisas boas já presentes em sua vida. Embora inicialmente ela tenha demonstrado que estava cética sobre o impacto que a simples prática de escrever sobre coisas boas relativamente pequenas que aconteciam poderia ter em sua depressão crônica, ela por fim descobriu que essa prática a ajudou a apreciar seu próprio papel de provocar mudanças positivas pequenas, porém significativas. O que foi mais surpreendente é que Nabila começou a fazer registros positivos sobre sua mãe – um grande passo que ela jamais pensou que seria capaz de dar.

ADEQUAÇÃO E FLEXIBILIDADE

Alguns clientes se adaptam à prática de escrever coisas boas. Podemos nos adaptar tanto a coisas positivas como negativas (Lucas, 2007; Kahneman et al., 2006). Portanto, é importante manter renovada a estratégia da gratidão por meio de variações e evitar seu uso excessivo. As estratégias a seguir mostram como variar expressões de gratidão:

- Alterne essa prática escrevendo no diário por uma semana e, durante a semana seguinte, fazendo a prática oralmente, por exemplo, conversando com um ente querido.
- Expresse gratidão por meio da arte, como fotografia, uma colagem semanal no *smartphone* ou desenhando em vez de escrever.
- Faça a prática interativamente com outras pessoas, por exemplo, compartilhando eventos positivos com os familiares antes ou depois do jantar, ou com colegas de trabalho, no fim do expediente, ou por *e-mail*.
- Intencionalmente varie os domínios a cada semana ou a cada 15 dias, focando na família, no trabalho, no lazer, na natureza ou em acontecimentos positivos da mídia.

Alguns clientes podem precisar de orientação mais específica. Para abordar a adaptação no preenchimento do *Diário de Gratidão*, forneça a esses clientes estímulos como:

- Hoje notei algo bonito.
  Foi _____.
- Hoje experimentei uma coisa que fiz bem.
  Foi _____.
- Hoje fui gentil com alguém ou alguém foi gentil comigo.
  Foi _____.
- Hoje ouvi uma boa notícia.
  Foi _____.
- Hoje vi uma coisa inspiradora.
  Foi _____.

Alguns clientes podem se esquecer de completar a tarefa. Sugira as seguintes estratégias para ajudar a tornar essa tarefa uma rotina:

- Comprar um caderno novo ou diário para a prática para que seja mais provável que o cliente o note ou sinta que é especial.
- Completar a prática na mesma hora todas as noites e guardar o *Diário de Gratidão* sempre no mesmo lugar.
- Configurar um lembrete diário no alarme do *smartphone*.

É essencial para essa prática deliberadamente prestar atenção a eventos positivos, registrando-os de forma sistemática e refletindo sobre eles. Enfatizamos que o engajamento na prática do *Diário de Gratidão* seja durante a noite para que seja possível encerrar cada dia com uma nota positiva. No entanto, alguns clientes preferem registrar suas apreciações logo pela manhã, e também pode ser assim. Sua justificativa pode ser a de que essa prática define um tom positivo para o dia. Outra variação é quando, no começo do dia, os clientes escrevem três coisas boas que provavelmente irão acontecer e, no final do dia, escrevem três coisas boas que realmente aconteceram.

Alguns clientes podem estar passando por circunstâncias muito difíceis (p. ex., morte de uma pessoa amada, condição médica grave, rompimento de um relacionamento antigo ou perda de um trabalho de que gostavam) que impactam adversamente sua habilidade cognitiva de concentrar-se para recordar eventos positivos. Esses clientes podem não conseguir realizar essa prática de forma autêntica. Nesses casos, use uma abordagem flexível, como escrever uma afirmação negativa e uma positiva, discutir novidades positivas em suas vidas ou, se apropriado, compartilhar aspectos positivos como consequência de eventos negativos, o que pode ajudar os clientes a apreciar os aspectos positivos de uma maneira que seja palatável para eles.

CONSIDERAÇÕES CULTURAIS

Os clínicos devem estar atentos ao fato de que as expressões de gratidão variam de cultura para cultura. Algumas culturas preferem gestos de gratidão, em vez de palavras, o que pode ser difícil para capturar por escrito. Ofereça diversas formas de capturar a gratidão.

Para clientes de culturas que podem ter vivenciado condições extremas (p. ex., genocídio, fome, epidemias, guerra civil, opressão política ou grande desastre natural), a gratidão pode ser experimentada quando eles estão distantes dessas condições, em vez de pela observação e reconhecimento de uma experiência positiva. Igualmente, a avaliação positiva de um evento negativo também pode ser considerada uma expressão de gratidão.

Alguns clientes podem estar passando por circunstâncias da vida que tornam difícil para eles encontrar alguma coisa que mereça sua gratidão. Nesse caso, encoraje-os gentilmente a pensar em realizações passadas pelas quais sejam gratos; encoraje-os a recordar aqueles que os ajudaram a ter sucesso. Se eles simplesmente não conseguirem realizar essa prática de forma autêntica fora das sessões, não force, e durante as sessões encontre oportunidades de chamar a atenção desses clientes para experiências pelas quais podem ser gratos.

Alguns clientes de origem cultural diferente podem não ser abertos às formas ocidentais de expressar gratidão, como expressões verbais ou escritas. Em tais situações, explore formas culturalmente específicas e sensíveis de expressar gratidão.

MANUTENÇÃO

Expressar gratidão todos os dias mantém e reforça o bem-estar. Essa expressão pode ser tão simples como dizer um "muito obrigado" consciente e sincero para alguém que abre a porta para você ou receber um *e-mail* positivo de um amigo. Encoraje os clientes a tornarem isso um hábito para construir gratidão no seu dia a dia.

Discuta as seguintes dicas com seus clientes para que eles possam manter seu progresso:

- Pessoas gratas são menos invejosas e têm menor probabilidade de medir seu sucesso em termos de ganhos materiais. Quando somos genuinamente gratos e reconhecemos o que temos (p. ex., família, amigos, saúde, moradia), é menos provável que prestemos muita atenção ao que nossos vizinhos possuem (Finlay & Lyons, 2000; Froh et al., 2011). Pessoas gratas também têm mais probabilidade de ajudar outras. Quando tomamos consciência de atos gentis e amáveis de outras pessoas, naturalmente temos vontade de retribuir (Watkins, 2010). Dessa forma, a gratidão reforça outras consequências favoráveis, aumentando-a e fortalecendo-a. Que outras mudanças favoráveis acontecem quando você começa a praticar a gratidão?
- Um sentimento generalizado de gratidão contribui para interpretações positivas de acontecimentos da vida. Isto é, pessoas gratas tendem a olhar para acontecimentos da vida de maneira mais positiva. Depois de praticar a gratidão (mantendo de forma consistente um *Diário de Gratidão*), sempre que você recordar mágoas passadas e lembranças penosas, encorajamos que discuta com seu clínico se sua interpretação desses eventos mudou depois de praticar a gratidão.
- Observe se uma dádiva ou coisa boa está relacionada às suas forças, qualidades ou talentos; isto é, ser grato também lhe ajudou a apreciar seus outros atributos, como gentileza, inteligência social e pessoal e beleza?
- Você pode expressar gratidão por meio da arte (p. ex., pintura, desenho, fotografia, colagem, álbum de recortes).
- Em vez de escrever, durante algumas semanas você pode compartilhar suas dádivas com seu parceiro e encorajá-lo a compartilhar com você.
- Nos dias em que você for dominado por alguma coisa negativa ou humor triste e não tiver vontade de escrever no seu *Diário de Gratidão*, dê apenas uma revisada em suas anotações.

RELAXAMENTO NO FINAL DA SESSÃO

Recomendamos que cada sessão termine com a mesma prática breve de relaxamento que a iniciou.

RECURSOS PARA *APRESENTAÇÃO POSITIVA*

Leituras

- Bauer, J. J., McAdams, D. P., & Sakaeda, A. R. (2005). Interpreting the good life: Growth memories in the lives of mature, happy people. *Journal of Personality and Social Psychology*, *88*, 203–217.
- Burns, G. (2001). *101 Healing Stories: Using Metaphors in Therapy*. New York: Wiley.
- McAdams, D. P. (2001). The psychology of life stories. *Review of General Psychology*, *5*, 100–122.
- Pals, J. L. (2006). Narrative identity processing of difficult life experiences: Pathways of personality development and positive self-transformation in adulthood. *Journal of Personality*, *74*, 1079–1110.

Vídeos

- Primeira apresentação positiva do autor: Tayyab Rashid on Using Strengths at a Time of Trauma: https://youtu.be/Pucs6MUpKng

Websites

- Seção do Readers' Digest sobre histórias verdadeiras e inspiradoras: http://www.rd.com/true-stories/
- Histórias inspiradoras incluindo histórias surpreendentes, curtas, morais, engraçadas, positivas, comoventes e espirituais: http://www.inspirationalstories.eu

RECURSOS PARA O *DIÁRIO DE GRATIDÃO*

Leituras

- Emmons, R. A., & Stern, R. (2013). Gratitude as a psychotherapeutic intervention: Gratitude. *Journal of Clinical Psychology*, *69*(8), 846–855.
- Kaczmarek, L. D., Kashdan, T. B., Kleiman, E., Baczkowski, B., Enko, B., Siebers, A., et al. (2013). Who self-initiates gratitude interventions in daily life? An examination of intentions, curiosity, depressive symptoms, and life satisfaction. *Personality and Individual Differences*, *55*, 805–810.
- Krysinska, K., Lester, D., Lyke, J., & Corveleyn, J. (2015). Trait gratitude and suicidal ideation and behavior: An exploratory study. *Crisis: The Journal of Crisis Intervention and Suicide Prevention*, *36*(4), 291–296. http://dx.doi.org/10.1027/0227-5910/a000320
- O'Connell, B. H., O'Shea, D., & Gallagher, S. (2017). Feeling thanks and saying thanks: A randomized controlled trial examining if and how socially oriented gratitude journals work. *Journal of Clinical Psychology*, *73*(10), 1280–1300.
- Wood, A. M., Froh, J. J., & Geraghty, A. W. A. (2010). Gratitude and well-being: A review and theoretical integration. *Clinical Psychology Review*, *30*, 890–905.

Vídeos

- Martin Seligman explica o Exercício das Três Dádivas: https://youtu.be/RT2vKMyIQwc
- Robert Emmons sobre práticas baseadas em evidências para cultivar gratidão: https://youtu.be/8964envYh58
- Palestra de Louie Schwartzberg no TED Palestra sobre gratidão apresentando fotografias deslumbrantes em *time-lapse*: https://youtu.be/gXDMoiEkyuQ

Websites

- Explore o que está acontecendo de bom no mundo por meio destes *websites*:
  www.selfgrowth.com/news
  www.happynews.com
  www.optimistworld.com

8

SESSÃO DOIS
Forças de caráter e forças de assinatura

A Sessão Dois é a primeira das três sessões que focam nas *Forças de Caráter* e nas *Forças de Assinatura*, as quais são traços positivos que podem ser desenvolvidos por meio da prática e contribuem para o crescimento pessoal e o bem-estar. Tomadas em conjunto, as Sessões Dois a Quatro abrangem a avaliação das forças; a compreensão de seu uso contextualizado específico para a situação; e como forças específicas podem ser utilizadas para criar uma versão do *self* desejada ou ainda melhor.

ESBOÇO DA SESSÃO DOIS

Conceitos Centrais
    Prática na Sessão: Avaliação das Forças de Caráter
    Reflexão e Discussão
    Vinhetas
    Adequação e Flexibilidade
    Considerações Culturais
    Manutenção
Recursos

CONCEITOS CENTRAIS

Para nos ajudar a estimar o sofrimento psicológico de um cliente, a terapia tradicional tem formas válidas e confiáveis de avaliar os estressores, sintomas, disfunções, déficits e transtornos. A psicoterapia positiva (PPT) oferece ferramentas válidas e confiáveis para avaliar as forças de caráter dos clientes, de modo que eles possam compreender e descobrir muitas formas diferentes pelas quais podem ser bons, sadios e positivos.

A PPT foca nas forças de caráter. Enquanto os sintomas e sua gravidade nos ajudam a compreender o estresse, a tristeza, a raiva e a ansiedade dos clientes, forças de caráter como gratidão, esperança, amor, gentileza e curiosidade nos ajudam a compreender as formas como os clientes podem ser bons, sadios e com alto funcionamento. Assim como a psicologia mostrou que indivíduos que experimentam emoções negativas como raiva, hostilidade, vingança ou traços narcisistas têm maior probabilidade de desenvolver uma variedade de problemas psicológicos, os indivíduos que experimentam gratidão, perdão, humildade, amor e gentileza têm mais probabilidade de relatar que se sentem mais felizes e mais satisfeitos com a vida (Trompetter et al., 2017). Portanto, avaliar as forças juntamente com os sintomas é essencial para uma prática clínica balanceada e holística e para compreender que a psicoterapia tem a ver tanto com o cultivo da prosperidade quanto com o alívio do sofrimento.

A avaliação das forças segundo uma perspectiva clínica foi discutida em detalhes na Parte I deste manual. Os pontos centrais a seguir ajudarão os clientes a focar explicitamente nas forças:

- Consertar os pontos fracos é remediação, enquanto cultivar as forças produz crescimento e mais bem-estar. Embora haja muito valor em ouvir e ajudar os clientes a interpretar seus problemas, a mera interpretação e o *insight* não necessariamente tornam os clientes mais fortes. A discussão e a elaboração das forças, em relação aos sintomas e ao estresse, melhoram a autoeficácia dos clientes porque as forças lhes oferecem diversas maneiras de serem bons, gentis, lúdicos, diligentes, curiosos, criativos e gratos.

- As forças essencialmente provêm de ser bom e fazer o bem, não só de se sentir bem. Geralmente nos sentimos bem quando fazemos o bem. Mas fazer o bem não se limita a afirmações banais de bem-estar do tipo "Você consegue fazer qualquer coisa se trabalhar o suficiente" e "O céu é o limite". Em contraste, fazer o bem provém de ações realistas específicas.
- Evidências mostram que as forças podem atuar como proteção contra doenças mentais. A PPT presume que ocorre psicopatologia devido à falta de determinadas forças. Por exemplo, evidências mostram que pessoas com baixas doses de esperança, otimismo, gratidão, entusiasmo, amor e curiosidade têm mais probabilidade de experimentar depressão (Trompetter et al., 2017), enquanto altos escores em esperança e gratidão estão associados a saúde mental positiva e maior satisfação com a vida (Macaskill & Denovan, 2014).
- Em um estudo recente, clínicos relataram que as forças os ajudaram a ampliar as perspectivas do cliente, instilaram esperança e aumentaram a motivação, ajudaram a criar um significado positivo por meio da reestruturação e de metáforas e melhoraram o processo terapêutico (Scheel, Davis, & Henderson, 2012). Outro estudo mostrou que, quando o clínico derivava emoções positivas a partir da participação do cliente na terapia, houve melhora dos recursos do cliente (Vanderberghe & Silvestre, 2013).
- O uso das forças aumenta a autoeficácia e a confiança do cliente para além da autoestima (Linley et al., 2010). As forças oferecem formas que facilitam tornar-se bom, gentil, bem-humorado, diligente, curioso, criativo e grato. O uso das forças mostra redução significativa do estresse, emoções mais positivas e vitalidade (Wood et al., 2011).

RELAXAMENTO NO COMEÇO DA SESSÃO

No início de cada sessão, comece com um breve exercício de relaxamento. Consulte o Apêndice A: Práticas de Relaxamento e *Mindfulness*, que pode ser encontrado no final deste manual. Continue a sessão com uma revisão do *Diário de Gratidão* do cliente, além de uma revisão dos conceitos centrais ensinados na sessão anterior.

PRÁTICA NA SESSÃO: *AVALIAÇÃO DAS FORÇAS DE CARÁTER*

Depois de discutirem a noção de forças de caráter, os clientes completam vários exercícios para explorarem suas próprias forças. Em vez de uma abordagem simplista para identificação e maior uso das suas cinco forças principais, a PPT adapta uma abordagem de avaliação abrangente das forças, em que os clientes coletam informações sobre suas cinco ou seis forças principais segundo várias perspectivas. No Capítulo 4 deste manual, a seção "Incorporando Forças em PPT" descreve inúmeras formas de avaliar as forças de caráter de um cliente. Dados recentes e a experiência clínica demonstraram que essa forma abrangente de avaliação das forças é válida e os clientes a acharam útil (Uliaszek, Rashid, Williams, & Gulamani, 2016). Ser capaz de encontrar discrepâncias entre os resultados dos diferentes modos de avaliação das forças oferece uma excelente oportunidade para os clientes pensarem criticamente sobre suas forças e para que os clínicos engajem os clientes na discussão de como eles se sentem acerca destas de uma maneira dinâmica e concreta.

Roteiro sugerido para o clínico

A seguir, apresentamos um roteiro que você pode usar para ajudar seus clientes a descobrirem suas forças de assinatura. Esse roteiro envolve as Folhas de Exercícios 2.1 a 2.6. Observe que estas e todas as outras folhas de exercícios (a) aparecem dentro da sessão correspondente deste manual e (b) podem ser baixadas na página do livro em loja.grupoa.com.br. Alguns dos passos a seguir podem ser dados dentro da sessão, enquanto outros podem ser feitos entre as sessões.

> **NOTA CLÍNICA**
> - O Passo Um requer que você apresente um videoclipe específico para o cliente: https://youtu.be/K-3IjNr1gCg.
> - Para concluir o Passo Quatro, o cliente vai precisar de dois envelopes.

Hoje começamos o processo de identificação das suas forças de assinatura, que estão no centro da PPT. Faremos isso a partir de múltiplas perspectivas, então vamos começar.

1. **Passo Um:** Você vai assistir a um videoclipe e, usando a Folha de Exercícios 2.1, irá identificar e registrar cinco forças que melhor lhe representam. Por favor, siga as instruções específicas da folha de exercícios para garantir que este passo seja dado corretamente. Depois de completar a Folha de Exercícios 2.1, transfira as forças identificadas para a coluna 2 da Folha de Exercícios 2.6.
2. **Passo Dois:** Na Folha de Exercícios 2.2, leia as descrições das 24 forças e escolha exatamente cinco (nem mais, nem menos) que melhor lhe representam. Use o tempo que precisar para este exercício. Depois de completar a Folha de Exercícios 2.2, transfira as forças identificadas para a coluna 3 da Folha de Exercícios 2.6.
3. **Passo Três:** Identifique suas forças conforme identificado nos Passos Um e Dois usando a Folha de Exercícios 2.3. As forças da Folha de Exercícios 2.1 correspondem, *grosso modo*, às suas emoções ou seu coração, já que as respostas estão baseadas em uma apresentação audiovisual rápida das forças. As forças da Folha de Exercícios 2.2 estão baseadas no seu pensamento ou sua cabeça, já que você teve muito tempo para pensar e escolher cinco forças. Embora não haja evidências sugerindo que uma combinação entre coração e cabeça seja desejável, todo o processo visa engajar seu autoconhecimento segundo duas perspectivas diferentes – algo que raramente fazemos.
4. **Passo Quatro:** Usando as Folhas de Exercícios 2.4 e 2.5, peça que duas fontes – um amigo próximo e um familiar – identifiquem cinco forças de caráter que acham que melhor representam sua personalidade. Peça-lhes que identifiquem suas forças usando apenas uma marca de checagem (√) e mantenham suas respostas confidenciais. Você vai receber envelopes para colocar as folhas de exercícios preenchidas. Por favor, traga-os na próxima sessão ou assim que estejam prontos. Quando você tiver preenchido a Folha de Exercícios 2.4, transfira as forças identificadas para a coluna 4 da Folha de Exercícios 2.6 e, quando tiver preenchido a Folha de Exercícios 2.5, transfira as forças identificadas para a coluna 5 da Folha de Exercícios 2.6.
5. **Passo Cinco:** Em casa, você preencherá *on-line* e gratuitamente o Questionário das Forças de Assinatura (SSQ-72; em inglês em www.tayyabrashid.com), que identifica as suas cinco ou seis forças principais (com base em seus cinco a seis escores mais altos). Transfira essas forças para a coluna 6 da Folha de Exercícios 2.6.
6. **Passo Seis:** Depois que as Folhas de Exercícios 2.1 a 2.5 estiverem prontas e você tiver completado o Passo Cinco, continue trabalhando na Folha de Exercícios 2.6: Perfil das Suas Forças de Assinatura. Complete a coluna 7, adicionando os escores em cada linha.
7. **Passo Sete:** Vá até a coluna 8 da Folha de Exercícios 2.6 e identifique as forças que você Subutiliza (U) e Sobreutiliza (O). Você pode expandir sua seleção para outras forças, mesmo que elas não sejam suas forças de assinatura.
8. **Passo Oito:** Tendo em mente o motivo por que buscou terapia, preencha a coluna 9 da Folha de Exercícios 2.6 (Desejado) identificando quais forças, sejam elas provenientes das suas forças de assinatura ou de outras, podem ajudá-lo a resolver seus problemas ou a ser o tipo de pessoa que você sempre quis ser.

FOLHA DE EXERCÍCIOS 2.1 QUAIS SÃO SUAS FORÇAS DO "CORAÇÃO"?

Você vai assistir a um vídeo mostrando imagens das forças listadas aqui. Cada imagem será rotulada com o nome de uma dessas forças e irá aparecer por um período de tempo muito breve. Sem focar em se a imagem melhor representa a sua força, entre em sintonia com suas emoções da forma mais precisa possível. Mantenha sua caneta a postos, e, sem pensar muito, se a força representar sua personalidade, por favor, circule-a ou coloque um "x" na coluna da direita. Procure limitar suas escolhas a cinco forças que melhor o descrevam. Se você acabar escolhendo mais de cinco, terá a oportunidade de eliminar as que estiverem em excesso depois que o vídeo tiver terminado.

	Forças de Caráter	Representa Você
1	Criatividade	
2	Curiosidade	
3	Mente Aberta	
4	Amor pelo Aprendizado	
5	Perspectiva	
6	Bravura	
7	Persistência	
8	Integridade	
9	Vitalidade & Entusiasmo	
10	Amor	
11	Gentileza	
12	Inteligência Social	
13	Cidadania & Trabalho em Equipe	
14	Justiça	
15	Liderança	
16	Perdão & Compaixão	
17	Humildade & Modéstia	
18	Prudência	
19	Autorregulação	
20	Apreciação da Beleza e Excelência	
21	Gratidão	
22	Esperança & Otimismo	
23	Humor & Ludicidade	
24	Espiritualidade	

Depois que você tiver preenchido a Folha de Exercícios 2.1, transfira as forças identificadas para a coluna 2 da Folha de Exercícios 2.6.

FOLHA DE EXERCÍCIOS 2.2 QUAIS SÃO SUAS FORÇAS DA "CABEÇA"?

*Leia as seguintes descrições de 24 forças de caráter positivas. Escolha as **cinco** que **mais frequentemente** caracterizam você, colocando uma marca de checagem na coluna das Forças de Assinatura.*

	Descrição	Forças de Assinatura
1	Sou bom em pensar em novas e melhores maneiras de fazer as coisas.	
2	Adoro explorar as coisas, fazer perguntas e estou aberto a diferentes experiências e atividades.	
3	Sou flexível e mente aberta; reflito e examino todos os lados antes de decidir.	
4	Adoro aprender novas ideias, conceitos e fatos na escola ou por conta própria.	
5	Os amigos me consultam sobre coisas importantes, pois me consideram com inteligência acima da minha idade.	
6	Não desisto diante das dificuldades ou desafios, mesmo quando estou com medo.	
7	Termino a maioria das coisas, mesmo quando me distraio; sou capaz de retomar o foco e concluir a tarefa.	
8	Considero-me uma pessoa genuína e honesta, confiável. Ajo de forma compatível com meus valores.	
9	Sou dinâmico, alegre e cheio de vida.	
10	Demonstrar e receber amor e afeição genuínos ocorre naturalmente para mim.	
11	Adoro praticar ações gentis para outras pessoas, frequentemente sem que me seja pedido.	
12	Eu me saio bem em situações sociais e sou conhecido por ter boas competências interpessoais.	
13	Sou um membro ativo na comunidade ou membro do time e contribuo para o sucesso do meu grupo.	
14	Defendo os outros quando são tratados de forma injusta, são intimidados ou ridicularizados.	
15	Os outros frequentemente me escolhem como líder, pois consideram que lidero bem.	
16	Não guardo rancores; perdoo com facilidade aqueles que me ofendem.	
17	Não gosto de ser o centro das atenções e prefiro que os outros brilhem.	

Descrição		Forças de Assinatura
18	Sou cuidadoso e cauteloso: consigo prever os riscos e problemas das minhas ações e respondo de acordo.	
19	Administro meus sentimentos e comportamentos mesmo em situações desafiadoras; normalmente sigo regras e rotinas.	
20	Fico profundamente comovido com a beleza na natureza, na arte (p. ex., pintura, música, teatro) e/ou na excelência em muitas áreas da vida.	
21	Expresso gratidão por coisas boas por meio de palavras e ações.	
22	Espero e acredito que irão acontecer mais coisas boas do que ruins.	
23	Sou alegre e divertido e uso o humor para me conectar com os outros.	
24	Acredito em uma força superior e participo de práticas religiosas ou espirituais (p. ex., oração, meditação) voluntariamente.	

Depois que você tiver preenchido a Folha de Exercícios 2.2, transfira as forças identificadas para a coluna 3 da Folha de Exercícios 2.6.

FOLHA DE EXERCÍCIOS 2.3 SUAS *FORÇAS DE CARÁTER*: CORAÇÃO VS. CABEÇA

	Força de Caráter	Coração	Cabeça
1	Criatividade		
2	Curiosidade		
3	Mente Aberta		
4	Amor pelo Aprendizado		
5	Perspectiva		
6	Bravura		
7	Persistência		
8	Integridade		
9	Vitalidade & Entusiasmo		
10	Amor		
11	Gentileza		
12	Inteligência Social		
13	Cidadania & Trabalho em Equipe		
14	Justiça		
15	Liderança		
16	Perdão & Compaixão		
17	Humildade & Modéstia		
18	Prudência		
19	Autorregulação		
20	Apreciação da Beleza e Excelência		
21	Gratidão		
22	Esperança & Otimismo		
23	Humor & Ludicidade		
24	Espiritualidade		

Na coluna do coração, marque as forças identificadas na Folha de Exercícios 2.1 e, na coluna da cabeça, marque as forças identificadas na Folha de Exercícios 2.2. Não há necessidade de transferir essas forças para a Folha de Exercícios 2.6. O propósito da Folha de Exercícios 2.3 é permitir que você veja se há uma sobreposição entre suas forças do coração e da cabeça.

FOLHA DE EXERCÍCIOS 2.4 SUAS *FORÇAS DE CARÁTER* – CONFORME OBSERVADO POR UM FAMILIAR

A ser preenchida por um familiar

Por favor, leia as descrições a seguir de 24 traços de caráter positivos. Depois, selecione com uma marca de checagem exatamente **cinco** (nem mais, nem menos) que você acha que **mais frequentemente** caracterizam _____.

	Descrição	Forças de Assinatura
1	É bom em pensar em novas e melhores maneiras de fazer as coisas.	
2	Adora explorar as coisas, fazer perguntas, é aberto a diferentes experiências e atividades.	
3	É flexível e mente aberta; reflete e examina todos os lados antes de decidir.	
4	Adora aprender novas ideias, conceitos e fatos na escola ou por conta própria.	
5	Os amigos o consultam sobre coisas importantes, pois consideram-no com inteligência acima de sua idade.	
6	Não desiste diante das dificuldades ou desafios, mesmo quando está com medo.	
7	Termina a maioria das coisas, mesmo quando se distrai; é capaz de retomar o foco e concluir a tarefa.	
8	É uma pessoa genuína e honesta, confiável; age de forma compatível com seus valores.	
9	É dinâmico, alegre e cheio de vida.	
10	Amar e ser amado ocorre naturalmente para ele; valoriza as relações próximas com os outros.	
11	Adora praticar ações gentis para outras pessoas, frequentemente sem que lhe seja pedido.	
12	Tem bom desempenho em situações sociais e é conhecido por ter boas competências interpessoais.	
13	É um membro ativo na comunidade ou membro do time e contribui para o sucesso do grupo.	
14	Defende os outros quando são tratados de forma injusta, intimidados ou ridicularizados.	
15	É frequentemente escolhido como líder, pois consideram que lidera bem.	
16	Perdoa com facilidade aqueles que o ofendem; não guarda rancores.	

Descrição		Forças de Assinatura
17	Não gosta de ser o centro das atenções e prefere que os outros brilhem.	
18	É cuidadoso e cauteloso: consegue prever os riscos e problemas das suas ações e responde de acordo.	
19	Administra bem seus sentimentos e comportamentos, mesmo em situações desafiadoras; normalmente segue regras e rotinas.	
20	Fica profundamente comovido com a beleza na natureza, na arte (p. ex., pintura, música, teatro) e/ou na excelência em muitas áreas da vida.	
21	Expressa gratidão por coisas boas por meio de palavras e ações.	
22	Espera e acredita que irão acontecer mais coisas boas do que ruins.	
23	É alegre e divertido e usa o humor para se conectar com os outros.	
24	Acredita em uma força superior e participa de práticas religiosas ou espirituais (p. ex., oração, meditação) voluntariamente.	

Depois que você tiver preenchido a Folha de Exercícios 2.4, transfira as forças identificadas para a coluna 4 da Folha de Exercícios 2.6.

FOLHA DE EXERCÍCIOS 2.5 SUAS *FORÇAS DE CARÁTER* – CONFORME OBSERVADO POR UM AMIGO

A ser preenchida por um amigo

Por favor, leia as descrições a seguir de 24 traços de caráter positivos. Depois, selecione com uma marca de checagem exatamente **cinco** (nem mais, nem menos) que você acha que **mais frequentemente** caracterizam _____.

	Descrição	Forças de Assinatura
1	É bom em pensar em novas e melhores maneiras de fazer as coisas.	
2	Adora explorar as coisas, fazer perguntas, é aberto a diferentes experiências e atividades.	
3	É flexível e mente aberta; reflete e examina todos os lados antes de decidir.	
4	Adora aprender novas ideias, conceitos e fatos na escola ou por conta própria.	
5	Os amigos o consultam sobre coisas importantes, pois consideram-no com inteligência acima de sua idade.	
6	Não desiste diante das dificuldades ou desafios, mesmo quando está com medo.	
7	Termina a maioria das coisas, mesmo quando se distrai; é capaz de retomar o foco e concluir a tarefa.	
8	É uma pessoa genuína e honesta, confiável; age de forma compatível com seus valores.	
9	É dinâmico, alegre e cheio de vida.	
10	Amar e ser amado ocorre naturalmente para ele; valoriza as relações próximas com os outros.	
11	Adora praticar ações gentis para outras pessoas, frequentemente sem que lhe seja pedido.	
12	Tem bom desempenho em situações sociais e é conhecido por ter boas competências interpessoais.	
13	É um membro ativo na comunidade ou membro do time e contribui para o sucesso do grupo.	
14	Defende os outros quando são tratados de forma injusta, intimidados ou ridicularizados.	
15	É frequentemente escolhido como líder, pois consideram que lidera bem.	
16	Perdoa com facilidade aqueles que o ofendem; não guarda rancores.	

Descrição		Forças de Assinatura
17	Não gosta de ser o centro das atenções e prefere que os outros brilhem.	
18	É cuidadoso e cauteloso: consegue prever os riscos e problemas das suas ações e responde de acordo.	
19	Administra bem seus sentimentos e comportamentos, mesmo em situações desafiadoras; normalmente segue regras e rotinas.	
20	Fica profundamente comovido com a beleza na natureza, na arte (p. ex., pintura, música, teatro) e/ou na excelência em muitas áreas da vida.	
21	Expressa gratidão por coisas boas por meio de palavras e ações.	
22	Espera e acredita que irão acontecer mais coisas boas do que ruins.	
23	É alegre e divertido e usa o humor para se conectar com os outros.	
24	Acredita em uma força superior e participa de práticas religiosas ou espirituais (p. ex., oração, meditação) voluntariamente.	

Depois que você tiver preenchido a Folha de Exercícios 2.5, transfira as forças identificadas para a coluna 5 da Folha de Exercícios 2.6.

FOLHA DE EXERCÍCIOS 2.6 COMPILE SUAS FORÇAS DE ASSINATURA

Esta folha de exercícios contém colunas para você preencher. Cada coluna é independente das outras.

Colunas 2 e 3: *Registre as cinco forças que você identificou em si mesmo nas Folhas de Exercícios 2.1 e 2.2.*

Colunas 4 e 5: *Registre as cinco forças identificadas pelo seu familiar na Folha de Exercícios 2.4 e as cinco forças identificadas pelo seu amigo na Folha de Exercícios 2.5.*

Coluna 6: *Registre suas cinco ou seis forças principais identificadas por meio do Questionário das Forças de Assinatura: www.tayybrashid.com (em inglês).*

Coluna 7: *Some os escores em cada linha.*

Coluna 8: *Identifique cinco forças que podem estar lhe faltando (Subutilização) ou que tem em excesso (Sobreutilização).*

Coluna 9: *Identifique cinco forças que você gostaria de ter.*

Perfil das Forças de Assinatura

Coluna 1	Coluna 2	Coluna 3	Coluna 4	Coluna 5	Coluna 6	Coluna 7	Coluna 8	Coluna 9
Forças	FE 2.1 Coração	FE 2.2 Cabeça	FE 2.4 Família	FE 2.5 Amigo	SSQ-72	Totais	U/O	Desejado
1 Criatividade & Originalidade								
2 Curiosidade, Interesse no Mundo								
3 Mente aberta, Pensamento Crítico								
4 Amor pelo Aprendizado								
5 Perspectiva & Sabedoria								
6 Bravura & Valor								
7 Persistência, Diligência & Dedicação								
8 Integridade, Autenticidade & Honestidade								
9 Vitalidade, Entusiasmo & Energia								
10 Amor: Capacidade de Amar e Ser Amado								
11 Gentileza & Generosidade								
12 Inteligência Social								

Coluna 1	Coluna 2	Coluna 3	Coluna 4	Coluna 5	Coluna 6	Coluna 7	Coluna 8	Coluna 9
13 Cidadania, Trabalho em Equipe & Lealdade								
14 Imparcialidade, Equidade & Justiça								
15 Liderança								
16 Perdão & Compaixão								
17 Humildade & Modéstia								
18 Prudência, Cautela & Discrição								
19 Autorregulação & Autocontrole								
20 Apreciação da Beleza								
21 Gratidão								
22 Esperança & Otimismo								
23 Humor & Ludicidade								
24 Espiritualidade & Religiosidade								

> **NOTA CLÍNICA**
>
> Em PPT, as forças de assinatura são a parte mais essencial de quem somos. Enquanto a maioria das intervenções em psicologia positiva leva em consideração as cinco forças principais em levantamentos populares sobre as forças de caráter, a PPT encoraja os clientes a completarem uma avaliação abrangente das suas forças de assinatura descritas anteriormente. Os clientes podem observar que há diferentes resultados dependendo de quem percebe suas forças, ou seja, suas forças autorrelatadas (por meio de imagens/coração e palavras/cabeça) *versus* forças identificadas por outros e/ou por um questionário objetivo. Este é um ponto importante em PPT, e você pode aproveitar essa oportunidade para discutir as várias perspectivas. (Veja a seção Reflexão & Discussão.)
>
> Discuta com os clientes a noção de forças de assinatura. Seligman (2002a) argumenta que cada cliente possui várias forças de assinatura importantes. Há forças de caráter que um cliente conscientemente possui, celebra e com frequência tem um sentimento de propriedade e autenticidade a respeito ("este é o meu verdadeiro eu") e invariavelmente se sente entusiasmado enquanto as exibe. Ele aprende rapidamente enquanto a força de assinatura é praticada, continua a aprender, sente-se revigorado em vez de exausto ao usá-la e persegue projetos que giram em torno dela. Em PPT, o engajamento é criado pela utilização das forças de assinatura de um cliente.

REFLEXÃO E DISCUSSÃO

Depois de realizar essa prática, peça que os clientes reflitam e discutam:

- Depois de examinar as várias perspectivas, o quanto suas forças de assinatura refletem a sua personalidade? Suas forças de assinatura descreveriam adequadamente a sua personalidade para alguém que não sabe nada sobre você?
- Há diferenças significativas entre a sua perspectiva e as de sua família, amigo e questionário (SSQ-72)? Muitas pessoas identificaram as mesmas forças específicas? Explique.
- Depois de organizar seu perfil, você descobriu que exibe forças específicas com pessoas específicas ou em situações específicas? Explique.
- Quando você pensa na sua vida até o momento, quais das suas forças sempre existiram? Que forças são novas? O que você pode aprender com isso?
- Como suas forças atuam juntas em sinergia?

Depois de refletir a respeito e discutir essas perguntas, os clientes devem completar a Folha de Exercícios 2.7: Marcadores das Suas *Forças de Assinatura*. Explique aos clientes que o propósito dessa folha de exercícios é ajudá-los a explorar a autenticidade das suas forças de assinatura. As forças identificadas pelo perfil de assinatura de um cliente (Folha de Exercícios 2.6) são *realmente* suas verdadeiras forças? Somos capazes de resolver situações complexas da vida diária quando compreendemos nossas forças verdadeiras. Saber que as cinco ou seis forças identificadas são verdadeiramente nossas forças de assinatura é muito importante para que possamos tomar posse delas.

FOLHA DE EXERCÍCIOS 2.7 MARCADORES DAS SUAS FORÇAS DE ASSINATURA

No espaço apropriado, liste primeiramente suas forças de assinatura extraídas do seu perfil de forças de assinatura. A seguir, usando as perguntas apresentadas, escreva brevemente sobre experiências específicas, incluindo episódios sobre uma ou mais das suas forças de assinatura. Observe que as perguntas ajudarão a destacar os principais marcadores (autenticidade) das suas forças de assinatura.

Minhas forças de assinatura, de acordo com o meu perfil, são:
1.
2.
3.
4.
5.
6.

PERGUNTAS para Determinar os Principais Marcadores de Forças de Assinatura
1. **Autenticidade:** Esta força é uma parte central de mim?
2. **Entusiasmo:** Quando uso minha(s) força(s) de assinatura, eu me sinto entusiasmado?
3. **Aprendizado:** Para mim, é natural e simples usar esta força?
4. **Encontrar novas formas de usar.** Eu anseio por encontrar novas formas de usar minha(s) força(s)?
5. **Persistência:** Acho difícil interromper uma atividade que use plenamente esta força?
6. **Revigoramento:** Usar esta força faz eu me sentir revigorado em vez de exausto?
7. **Projetos para usar as forças:** Eu crio projetos pessoais planejados para fazer uso desta força?
8. **Entusiasmado:** Eu me sinto alegre, animado e entusiasmado enquanto uso esta força?

Depois de realizar essa prática, peça que os clientes reflitam e discutam:

- Qual força de assinatura se destacou para você em termos de marcadores específicos (p. ex., autenticidade, aprendizagem ou revigoramento)? Por favor, explique por quê.
- Depois de completar essa folha de exercícios, o quanto você se sente confiante em relação às suas forças de assinatura?
- Por favor, revise todas as 24 forças. Existem forças não identificadas pelo seu perfil que você acha que deveriam estar lá, em termos dos marcadores da Folha de Exercícios 2.7? Por que essas forças não fazem parte da lista das suas cinco ou seis forças de assinatura principais?

Agora que os clientes conhecem suas forças de assinatura, o próximo passo é desenvolver sua consciência da subutilização ou sobreutilização delas, além de quais forças lhes faltam. Peça que os clientes completem a Folha de Exercícios 2.8: Subutilização e Sobreutilização das Forças.

FOLHA DE EXERCÍCIOS 2.8 SUBUTILIZAÇÃO E SOBREUTILIZAÇÃO DAS FORÇAS

Leia a descrição a seguir das forças. Coloque um sinal de menos ao lado de três forças que você pode estar subutilizando (ou completamente ausentes). Coloque um sinal de mais ao lado de três forças que você sobreutiliza. (Note que essas forças não precisam ser uma das suas forças de assinatura.)

A seguir, para cada uma das suas forças de assinatura, especifique uma falta/subutilização e excesso/sobreutilização correspondente, se aplicável.

	Força	Descrição	Subutilização ou Falta	Sobreutilização ou Excesso
1	Criatividade & Originalidade	Pensa em novas e melhores maneiras de fazer as coisas; não se contenta em fazer as coisas da forma convencional.		
2	Curiosidade & Abertura à Experiência	É impulsionado a explorar as coisas; faz perguntas, não tolera ambiguidade facilmente; está aberto a diferentes experiências e atividades.		
3	Mente Aberta & Pensamento Crítico	Reflete e examina todos os lados antes de decidir; consulta outras pessoas confiáveis; é flexível para mudar de ideia quando necessário.		
4	Amor pelo Aprendizado	Ama aprender muitas coisas, conceitos, ideias e fatos na escola ou por conta própria.		
5	Perspectiva (sabedoria)	Organiza as coisas para compreender o significado subjacente; resolve conflitos entre amigos; aprende com os erros.		
6	Bravura & Valor	Vence o medo para fazer o que precisa ser feito; não desiste diante de uma dificuldade ou desafio.		
7	Perseverança, Persistência & Dedicação	Termina a maioria das coisas, sendo capaz de retomar o foco quando distraído, e conclui a tarefa sem reclamar; vence os desafios para realizar a tarefa.		
8	Integridade, Autenticidade & Honestidade	Não finge ser alguém que não é; mostra-se como uma pessoa genuína e honesta.		
9	Vitalidade, Ânimo, Entusiasmo & Energia	É dinâmico, alegre e cheio de vida; é escolhido pelos outros para reunir-se socialmente.		

Força	Descrição	Subutilização ou Falta	Sobreutilização ou Excesso
10 Amor: Capacidade de Amar e Ser Amado	Tem relações ternas e carinhosas com a família e amigos; demonstra amor e afeição genuínos regularmente por meio de ações.		
11 Gentileza & Generosidade	Pratica ações gentis para outras pessoas, frequentemente sem que seja pedido; ajuda os outros regularmente; é conhecido como uma pessoa gentil.		
12 Inteligência Social	Compreende facilmente os sentimentos dos outros; desempenha bem em situações sociais; exibe competências interpessoais excelentes.		
13 Cidadania, Trabalho em Equipe & Lealdade	Relaciona-se bem com companheiros de time ou membros do grupo; contribui para o sucesso do grupo.		
14 Imparcialidade, Equidade & Justiça	Defende os outros quando são tratados de forma injusta, intimidados ou ridicularizados; as ações cotidianas demonstram um senso de justiça.		
15 Liderança	Organiza atividades que incluem outras pessoas; é alguém que os outros gostam de seguir; é frequentemente escolhido como líder pelos pares.		
16 Perdão & Compaixão	Perdoa com facilidade aqueles que o ofendem; não guarda rancores.		
17 Humildade & Modéstia	Não gosta de ser o centro das atenções; não age como se fosse especial; admite as falhas com facilidade; sabe o que pode e não pode fazer. Deixa que os outros brilhem.		
18 Prudência, Cautela & Critério	É cuidadoso e cauteloso: evita correr riscos indevidos; não se rende a pressões externas.		
19 Autorregulação & Autocontrole	Administra bem seus sentimentos e comportamentos; segue regras e rotinas de bom grado.		

Força		Descrição	Subutilização ou Falta	Sobreutilização ou Excesso
20	Apreciação da Beleza & Excelência	Fica profundamente comovido com a beleza na natureza, na arte (p. ex., pintura, música, teatro) ou na excelência em alguma área da vida.		
21	Gratidão	Expressa gratidão por coisas boas por meio de palavras e ações; não considera as coisas como garantidas.		
22	Esperança, Otimismo & Orientação para o Futuro	Espera e acredita que irão acontecer mais coisas boas do que ruins; recupera-se rapidamente das adversidades e dá passos concretos para superá-las.		
23	Humor & Ludicidade	É alegre, divertido e usa o humor para se conectar com os outros.		
24	Religiosidade & Espiritualidade	Acredita em Deus ou em uma força superior; gosta de participar de práticas religiosas ou espirituais (p. ex., oração, meditação) voluntariamente.		

Depois de preencher a Folha de Exercícios 2.8, peça que os clientes reflitam e discutam:

1. Algumas vezes, o que consideramos um comportamento negativo nos outros pode ser uma subutilização ou sobreutilização das forças. Reflita sobre estes cenários comuns e discuta quais podem ser um reflexo da subutilização ou sobreutilização de uma força:[1]

    a. Alguém que se sente triste e lento
    b. Alguém que se preocupa demais com coisas pequenas ou com detalhes mínimos que podem não ser essenciais
    c. Alguém que está sempre alegre e bem-humorado
    d. Alguém que não consegue confrontar seu amigo por um comportamento inapropriado
    e. Alguém que pode estar assumindo projetos ou tarefas excessivos.

2. Frequentemente não é fácil ou simples distinguir o uso balanceado de uma força de sua sobreutilização ou subutilização. Tome a curiosidade como exemplo. Curiosidade envolve buscar ativamente o conhecimento para se abrir a novas experiências. Sua subutilização (desinteresse, apatia ou tédio) pode ser facilmente reconhecida, mas sua sobreutilização pode ser difícil de identificar. Pode-se buscar conhecimento ativamente para muitos propósitos, inclusive perseguir outras pessoas no Facebook. Este último comportamento mais provavelmente seria intromissão. Da mesma forma, entusiasmo pode abranger exibir a vitalidade e o fervor do comportamento maníaco, histérico ou frenético. Considere suas forças de assinatura e reflita sobre quais comportamentos e ações específicos podem lhe dizer se você está subutilizando ou sobreutilizando uma força.

3. Há situações ou circunstâncias específicas que reforçam a subutilização ou sobreutilização de uma de suas forças de assinatura?

4. Há algum fator cultural que endosse a subutilização ou sobreutilização de forças específicas? Por exemplo, algumas culturas colocam maior ênfase na humildade, enquanto outras enfatizam o trabalho em equipe ou a inteligência social.

5. Se usar em excesso suas forças de assinatura – digamos, a criatividade –, você consegue pensar em outras forças (como autorregulação, modéstia ou prudência) que podem não ser suas forças de assinatura, mas ainda podem ajudá-lo a usar a criatividade de uma forma equilibrada?

> **VINHETA: MELISSA**
>
> Melissa, uma mulher de 34 anos, realizou uma PPT em grupo. Ela havia sido encaminhada para o grupo por apresentar sintomas moderados a graves de depressão e ansiedade. Depois de concluir seu perfil de forças de assinatura, Melissa compartilhou as seguintes reflexões com o grupo:
>
> "Compartilhei com meu noivo a folha de exercícios sobre as forças de assinatura, com uma colega de trabalho e uma amiga que conheço desde o ensino médio. Meu noivo e eu combinamos em quatro das cinco forças, o que é surpreendente, já que temos perspectivas muito diferentes em muitos aspectos. Também foi surpreendente porque eu percebi que ele realmente me conhece bem e valoriza minhas forças."
>
> "Minha colega de trabalho destacou a liderança, o que foi um pouco surpreendente porque nunca assumi deliberadamente nenhum papel de liderança. No entanto, depois que ela identificou isso como uma força, comecei a pensar que talvez um dia eu possa gostar de liderar uma iniciativa – mas talvez não

---

[1] (a) Subutilização de entusiasmo e emoções positivas, dado que não há outras circunstâncias atenuantes para explicar a tristeza; (b) falta de perspectiva ou sobreutilização de prudência; (c) sobreutilização de humor e ludicidade; (d) falta de coragem ou justiça; (e) falta de autorregulação.

no meu emprego atual. Minha amiga de longa data identificou integridade e persistência. Não fiquei surpresa com estas. Geralmente eu não assumo um trabalho novo até que tenha terminado o que estou fazendo. Sou considerada uma pessoa honesta e nunca fiz concessões para isso, mesmo que tenha que sacrificar algumas coisas importantes... Na verdade, algumas vezes sou chamada, principalmente pela minha mãe, de 'honesta demais.'"

"Adorei o aspecto da incorporação das perspectivas de outras pessoas... caso contrário, nos tornamos muito seguros de nós mesmos e ignoramos informações discordantes."

VINHETA: MOREEZ

Moreez, um homem de 21 anos, estudante universitário, procurou psicoterapia individual por apresentar sintomas graves de depressão e por sentir-se isolado. Relatou uma história de sintomas depressivos que começaram nos primeiros anos do ensino médio. De início, Moreez não estava suficientemente motivado para se engajar plenamente na psicoterapia, e seu funcionamento acadêmico era baixo. Introvertido e quieto por natureza, sua gama afetiva era restrita. Ele raramente sorria durante as sessões.

À medida que se desenvolveu *rapport* terapêutico, ele relutantemente concordou em explorar suas forças de assinatura. Foi preciso cerca de três sessões para reunir todas as informações colaterais sobre essas forças. Ele optou por pedir que dois amigos – em vez de um familiar – identificassem suas forças, pois se sentia muito envergonhado para pedir que um familiar contribuísse. No entanto, cada passo aumentava seu interesse. Depois de levantadas diferentes fontes, humildade, prudência, gentileza, inteligência social e trabalho em equipe acabaram sendo suas forças de assinatura. Seu clínico ficou intrigado e pediu que Moreez compartilhasse sua percepção sobre inteligência social, trabalho em equipe e perspectiva. Ele disse que é conhecido entre seus amigos como um bom ouvinte. Moreez disse: "Quanto todos precisam de alguém para ouvir seus problemas, eu estou sempre disponível". Acrescentou que não só é um bom ouvinte; sempre que dois amigos discutem ou um amigo se encontra em conflito com outra pessoa, "Eu sou o primeiro a quem eles procuram para buscar aconselhamento. Sou conhecido como a voz da razão". Explicando sua força de assinatura de trabalho em equipe, ele disse que é um bom jogador em equipe e, para tarefas grupais, frequentemente é chamado para fazer parte de um grupo.

Moreez não ficou muito surpreso em relação às suas forças de assinatura, pois intuitivamente já sabia quais elas eram. Disse que, embora estivesse disponível para os outros quando precisavam, ninguém estava disponível para ele. Relatou que não expressa muito suas necessidades e que a maioria dos seus amigos não pergunta, pelo menos não profundamente, sobre como estão as coisas com ele.

Depois de ouvir de forma empática, o clínico reconheceu plenamente as dificuldades e os sentimentos de isolamento de Moreez, além de realçar a coragem que foi necessária para que compartilhasse esses sentimentos na terapia. O clínico, gentil e preliminarmente, comentou que a habilidade de Moreez para ouvir os outros e sua habilidade de refletir de forma suficiente sobre todos os aspectos de uma situação para oferecer conselhos ponderados tornavam-no socialmente inteligente e que essas forças, com algumas adaptações, podem lhe servir muito bem no longo prazo. Depois de ser questionado pelo clínico, Moreez compartilhou várias ilustrações do uso dessas forças. Enfatizando sua força de perspectiva, o clínico chamou a atenção do cliente para como sua gentileza e competências sociais ajudam os outros de muitas maneiras. Moreez achou muito útil essa interpretação das suas forças de assinatura e disse que sempre considerou esses aspectos da sua personalidade mais como um ponto fraco. No entanto, encará-las como forças o fez sentir-se melhor. Quando foi capaz de reestruturar suas desvantagens percebidas como recursos, seu humor melhorou. Sua solidão não diminuiu totalmente, mas ele começou a se sentir mais eficaz e a acreditar que suas forças o ajudavam a se relacionar com os outros.

Posteriormente neste manual, explicamos como esse cliente conseguiu aprender um uso mais flexível e adaptativo das suas forças; no entanto, o processo de identificação das suas forças por si só já ergueu seu humor da depressão.

ADEQUAÇÃO E FLEXIBILIDADE

Como um clínico que conduz PPT, você provavelmente irá se defrontar com inúmeros desafios quando trabalhar segundo uma perspectiva baseada nas forças. Alguns clientes se mostrarão céticos em relação às forças na terapia, pois terão ideias arraigadas de que a terapia é um lugar para discutir problemas e, por conseguinte, um foco nas forças é irrelevante e uma perda de tempo. Outros podem encontrar conforto no seu papel de vítima. Trabalhando segundo uma abordagem baseada nas forças com centenas de clientes por muitos anos – sempre focando na relação terapêutica e no processo terapêutico –, aprendemos a ser pacientes e a encontrar maneiras de usar estas estratégias:

- Quando os clientes relatam estar sobrecarregados ou em crise, eles precisam das suas forças de empatia e relacionamento, além da sua habilidade de tolerar o sofrimento deles. Concentre-se primeiro nelas.
- Pergunte aos clientes como eles costumam lidar com uma crise, observe algumas forças e discuta essas forças sempre que você achar que os clientes estão prontos para se engajar em tal discussão.
- Reconheça e aprecie a disposição dos clientes a compartilhar suas forças. Quando apropriado, apele para a coragem e a habilidade de confiar no clínico.
- Mantenha acesa a esperança e a busca pela mudança e, então, introduza as forças como ingredientes essenciais para facilitar a mudança.
- Sempre que apropriado, reestruture o problema através das lentes das forças. Por exemplo, na solução de problemas, as pessoas aprendem a consultar outras pessoas (interação social), experimentam coisas diferentes (iniciativa, criatividade, persistência), pesam as opiniões (prudência), exploram o que é solucionável e realista (perspectiva) e seguem um curso e tentam mantê-lo (autorregulação).
- Seja concreto ao identificar as forças do cliente. A avaliação formal ganha vida quando o clínico traz à tona ações, hábitos, experiências, competências, histórias e realizações concretas que implicam as forças do cliente.
- Alguns clientes ignoram as forças porque podem ter o que é conhecido como *freudofobia* persistente (Wilson, 2009). Isto é, os clientes acreditam que as causas reais dos seus problemas são impulsos sexuais e agressivos inaceitáveis. Disseminada na cultura popular, essa crença é uma ideia vaga que mantém os clientes presos ao medo e ao ceticismo em relação às suas forças de assinatura. Discuta com eles que essas ideias não só são impossíveis de testar empiricamente como também estão mergulhadas no viés de recordação (Wilson & Gilbert, 2003).
- Muitos clientes podem focar, e alguns podem focar excessivamente, em forças nas quais tiveram escores baixos. Evite direcionar a atenção para suas forças principais e pergunte-lhes o que explica seu escore mais baixo em forças específicas. As narrativas que se seguem lhe oferecerão uma percepção valiosa do autoconceito do cliente – presente e desejado. As informações do cliente sobre suas forças inferiores desvendam traumas não processados, mágoas, feridas e insultos. Essa é uma oportunidade de ouro para você enriquecer as narrativas dos clientes que foram compartilhadas por eles na *Apresentação Positiva*. Além disso, a explicação das forças inferiores pode ajudar os clientes e os clínicos a esclarecerem os objetivos terapêuticos e como as forças principais podem ser sintetizadas para atingir esses objetivos.

NOTA CLÍNICA

- Esteja ciente de que, para alguns clientes, rotular e avaliar as forças pode reforçar suas tendências a localizar as causas do seu problema principalmente nos outros e no ambiente. Isto lhes possibilita escapar da responsabilidade pessoal que é necessária para a recuperação. Por exemplo, para clientes criados em ambientes culturais interdependentes, a responsabilidade pelos sucessos e fracassos é percebida coletivamente e, portanto, é atribuída a forças com base mais interpessoal como amor, inteligência social ou trabalho em equipe.

> Além da cultura, os traços de personalidade desempenham um papel. Por exemplo, um cliente com uma autovisão inflada e tendências narcisistas pode usar as forças para corroborar ainda mais sua autovisão. É importante empregar um tempo suficiente com esses clientes explicando.
> - A maioria dos clientes que buscam terapia foi criada com um regime constante de críticas por parte dos seus pais, irmãos, colegas e chefes. A crítica é um construto culturalmente influenciado e frequentemente funciona como uma faca de dois gumes. Por exemplo, dependendo das normas culturais e normas culturais familiares, a crítica associada a elogios, afeição genuína e atenção pode ser adaptativa, conforme visto em famílias unidas. Entretanto, quando um regime de críticas é associado ao viés de negatividade, isto pode reforçar o pensamento ruminante nos clientes e, preocupados com a ruminação, tais clientes podem aceitar as forças como valor nominal, mas continuam a ruminar suas fraquezas. Mesmo depois que duas outras pessoas significativas afirmam as forças do cliente, tais clientes podem continuar a se perceber como incompetentes, profundamente falhos e perdedores. Explore as raízes culturais da crítica e esteja aberto para usar outras abordagens terapêuticas – como terapia cognitivo-comportamental, terapia focada nas emoções ou terapia de aceitação e compromisso – para tratar o pensamento negativo. Ao mesmo tempo, engajar os clientes em exercícios moderadamente complexos que os deixam pensando sobre suas experiências positivas pode automaticamente reduzir o tempo que passam pensando sobre suas falhas e fracassos. Quase todas as práticas em PPT incluem pensamento abrangente sobre os aspectos positivos.

CONSIDERAÇÕES CULTURAIS

Em parte devido a normas culturais, alguns clientes podem não ver suas forças de assinatura com credibilidade ou podem lhes dar menos importância. Por exemplo, clientes provenientes de uma ética cultural coletivista podem subestimar forças como a criatividade porque a conformidade é desejável na sua cultura; eles podem subvalorizar o entusiasmo quando sua cultura valoriza a humildade; ou podem subvalorizar a liderança quando sua cultura valoriza mais o trabalho em equipe.

Explore a expressão dessas forças específicas da cultura. Uma cliente – uma mulher muçulmana oriunda de uma família conservadora – começou terapia enquanto passava pelo divórcio depois de um casamento muito curto. Ela mencionou familiares do marido muito autoritários e discriminação com base no gênero como as razões principais para a separação. Nascida e criada na América do Norte, a cliente estava convencida de que aquela era a decisão correta, apesar do fato de o casamento ter sido completamente uma escolha sua. No entanto, estava extremamente preocupada com perguntas inquiridoras que sua família estendida poderia lhe fazer sobre a decisão de se divorciar. Perspectiva, bravura e justiça se revelaram como suas forças de assinatura. Justiça foi especialmente endossada por um familiar e uma amiga próxima. Uma discussão sobre as expressões culturalmente apropriadas de justiça revelou que justiça inclui sair em defesa quando alguém está sendo tratado injustamente, incluindo a própria pessoa. Isso ajudou a cliente a se sentir confiante de que sua decisão foi uma expressão de uma das suas forças fundamentais, que é valorizada na cultura com a qual ela e sua família se identificam. Ao se defender contra as pressões culturais, ela apelou para sua força de bravura para persistir em sua busca do que considerava ser justo.

Seja sensível e receptivo às histórias do cliente que mostram resiliência e o uso de forças específicas quando tal uso tem um custo social, financeiro e/ou emocional pesado devido a fatores culturais. Por exemplo, um cliente compartilhou que depois de anos de abuso emocional e físico nas mãos de seu pai, finalmente reuniu coragem – desafiando as normas culturais –, enfrentou seu pai e, por fim, saiu de casa. Outra cliente era amorosa e gentil com seu parceiro, com quem morava. Os oito anos que passou com ele foram repletos de alegria, entusiasmo e gratidão. Certo dia, ela descobriu que, durante todos esses anos, seu parceiro a traía com sua melhor amiga. Os clínicos devem ser sensíveis e prudentes quanto ao ritmo terapêutico na discussão das forças, já que uma discussão prematura pode corroer ainda mais a fé do cliente nas forças. Prossiga lentamente para, em primeiro lugar, estabelecer uma relação terapêutica sólida e, então, introduza elementos de PPT ou uma abordagem baseada nas forças, concentrando-se em equipar os clientes com sabedoria prática, conforme discutido na próxima sessão.

MANUTENÇÃO

Discuta as dicas a seguir com seus clientes para que eles possam manter seu progresso:

Como seres humanos, nossa habilidade de identificar negatividade dentro de nós mesmos – e a nossa volta – é muito mais aguçada, profunda e obstinada do que nossa habilidade de notar os aspectos positivos. Essa tendência cresce sempre que vivenciamos eventos negativos.

Se você não fizer nada em relação a esse viés de negatividade, provavelmente permanecerá preso a ela, e, por sua vez, ela permanecerá com você, com frequência se manifestando por meio de ansiedade crônica, tristeza, raiva, ambivalência e isolamento. Você provavelmente presume, como a maioria de nós, que a psicoterapia é o lugar para discutir esses aspectos negativos, e de fato é. Entretanto, a psicoterapia também é um lugar onde você pode explorar o que o torna resiliente, sem ignorar suas vulnerabilidades, onde você pode descobrir suas esperanças e sonhos, sem ignorar sua desesperança e ilusões, e onde você pode adquirir competências para construir suas forças, sem ignorar seus pontos fracos. Engajar-se em um esforço como esse de forma constante pode reconfigurar suas lentes de negatividade. As formas sistemáticas como você aprende a localizar e usar suas forças podem prepará-lo para aplicar essa aprendizagem em outras áreas de sua vida, como no trabalho e em casa, e podem expandir sua perspectiva geral em relação à vida. A seguir, apresentamos um exemplo:

Karen, uma jovem cliente, achava muito difícil pensar em si mesma em termos das forças. Ela se percebia como um "pacote indesejável" com uma história de hospitalização por ideação suicida crônica, surtos psicóticos e uma preocupação com lembranças negativas do passado, incluindo abuso emocional e perda de familiares próximos. Depois de muito ceticismo, Karen começou a explorar suas forças. Amor pelo aprendizado, curiosidade, criatividade, bravura e liderança provaram ser suas forças de assinatura. Quando solicitada a compartilhar experiências concretas relacionadas a cada força, essa jovem mulher contou que ingressou na faculdade como uma das principais acadêmicas na sua província, com uma bolsa de estudos integral. Apesar de todas essas dificuldades, Karen conseguiu manter sua posição acadêmica e sempre fez parte da "Lista de Honra do Reitor". Ela proferiu palestras para muitas garotas do ensino médio sobre superação do estigma de buscar pronta ajuda. Simplesmente compartilhar esses eventos concretos mudou seu humor, e ela disse: "Agora me dei conta, a minha vida não é tão ruim assim, ainda posso fazer algumas coisas".

Você consegue se identificar com Karen em alguns aspectos? Pergunte-se que tipos de histórias você conta sobre si mesmo. Qual é o tema subjacente de suas histórias? De forma muito semelhante ao que você fez na prática de *Apresentação Positiva*, em que recordou de um evento que despertou o melhor em você, e na prática diária do *Diário de Gratidão*, de olhar para as coisas boas que acontecem, essa prática de reconhecimento das suas forças pode ajudá-lo a orientar seu pensamento para aspectos mais positivos dentro de você e a sua volta. Nós somos bons em imputar aspectos negativos (p. ex., "a desonestidade dele causou a fraude"), e o conhecimento das forças irá lhe ajudar a fazer atribuições positivas na vida diária (p. ex., "sua gentileza ajudou sua amiga a encontrar um lugar para ficar depois que ela teve que sair de um relacionamento abusivo").

As práticas da PPT irão lhe ajudar a saber e compreender suas forças em profundidade. A partir de simples rótulos, você irá aprender a internalizar suas forças. A seguir, apresentamos algumas ilustrações de autodescrições de clientes no início da terapia e, então, depois de terem explorado as forças; essas afirmações demonstram como esses clientes internalizaram a perspectiva das forças em sua personalidade.

Cliente 1

No início da terapia:

Não tenho mais esperança, acho que nunca vou encontrar uma pessoa que me compreenda. Logo depois do primeiro encontro, eu já começo a ver seu verdadeiro lado negativo... Talvez eu só seja boa em atrair a pessoa errada.

Depois de explorar as forças:

Sinto-me melhor por outras pessoas terem identificado forças em mim. Nunca pensei que, apesar de não conseguir encontrar a pessoa certa, eu sou percebida como uma pessoa gentil, socialmente inteligente, prudente e humilde. Isso foi muito útil. Quando eu começar a sair com alguém, já sei que não preciso me preocupar demais e usar de forma excessiva minha prudência ao julgar a pessoa apressadamente. Em vez disso, vou usar minha gentileza e inteligência social para compreender a outra pessoa.

Cliente 2

No início da terapia:

Muitas vezes já me perguntei: isso é tudo?

Depois de explorar as forças:

Nunca havia percebido o quanto fico profundamente comovida com as maravilhas da natureza. A última vez em que eu estava junto à natureza, fiquei em absoluta contemplação; minha mente, corpo e espírito estavam tranquilos. Talvez exista mais na vida do que eu imagino.

Cliente 3

No início da terapia:

Sou conhecido como uma pessoa dinâmica que nunca foge dos desafios; eu os enfrento. Mas ultimamente parece que não consigo acertar... Frequentemente faço a coisa certa, mas na hora errada; ou a coisa certa com a pessoa errada...

Depois de explorar as forças:

Eu consigo colocar as coisas em perspectiva... Sabendo que entusiasmo é uma das minhas forças de assinatura e que os outros também veem isso faz sentido; sou facilmente inspirado, apaixonado e me coloco por inteiro nas atividades que realizo. Talvez um pouco de prudência possa me servir melhor.

Cliente 4

No início da terapia:

Deliberadamente eu evito expressar meu amor e afeição pelo meu parceiro. Talvez eu tenha medo de passar para a pessoa com quem estou saindo a impressão de que sou fraca, dependente e insegura.

Depois de explorar as forças:

Não havia percebido que sou cautelosa demais; preciso me abrir para dar e receber amor... Não havia me dado conta de que isso é uma força... E achava que muita expressão de amor poderia me deixar vulnerável.

Cliente 5

No início da terapia:

Não vou conseguir crescer até que consiga me livrar de todos os meus defeitos.

Depois de explorar as forças:

Já gastei centenas, se não milhares, de horas com terapeutas, *coach* pessoal, incríveis palestrantes motivacionais e gurus espirituais para corrigir meus pontos fracos, mas sempre achei que não conseguiria me livrar deles... Sempre achei que por causa das minhas falhas eu nunca estaria à altura das altas expectativas do meu pai... Identificar minhas forças marcou seriamente a minha forma de pensar; talvez fosse melhor se eu desenvolvesse as minhas forças em vez de tentar me livrar das minhas falhas.

RELAXAMENTO NO FINAL DA SESSÃO

Recomendamos que cada sessão termine com o mesmo relaxamento breve que a iniciou.

RECURSOS

Leituras

- Joseph, S., & Wood, A. (2010). Assessment of positive functioning in clinical psychology: Theoretical and practical issues. *Clinical Psychology Review*, *30*(7), 830–838.
- Quinlan, D. M., Swain, N., Cameron, C., & Vella-Brodrick, D. A. (2015). How "other people matter" in a classroom-based strengths intervention: Exploring interpersonal strategies and classroom outco-

mes. *The Journal of Positive Psychology*, *10*(1), 77–89. doi:10.1080/ 17439760.2014.920407.
- Rashid, T. & Ostermann, R. F. (2009). Strength-based assessment in clinical practice. *Journal of Clinical Psychology*, *65*, 488–498.
- Rashid, T. (2015) Strength-based assessment. In S. Joseph (Ed.), *Positive psychology in practice* (2nd ed., pp. 519–544). New York: Wiley. doi: 10.1002/9781118996874.ch31.
- Scheel, M. J., Davis, C. K., & Henderson, J. D. (2012). Therapist use of client strengths: A qualitative study of positive processes. *The Counseling Psychologist*, *41*(3), 392–427. doi:10.1177/0011000012439427.
- Tedeshi, R. G. & Kilmer, R. P. (2005). Assessing strengths, resilience, and growth to guide clinical interventions. *Professional Psychology: Research and Practice*, *36*, 230–237.

Vídeos

- Quais São Suas Forças? Um vídeo breve para avaliar as forças de caráter (Folha de Exercícios 1; Coração, página x): https://youtu.be/K-3IjNr1gCg
- Palestra de Tayyab Rashid no TED sobre a importância das forças de caráter na psicoterapia: https://youtu.be/Q6W5IrZH7tc
- The Science of Character: um documentário de 8 minutos que apresenta um caso marcante sobre forças de caráter para uma vida realizada: https://youtu.be/p0fK4837Bgg

Websites

- O VIA Institute on Character oferece recursos valiosos sobre a ciência e prática do caráter, com medida gratuita das forças de caráter: http://www.viacharacter.org

9
SESSÃO TRÊS
Sabedoria prática

A sessão três apresenta as competências da sabedoria prática. Essas competências nos ensinam a aplicar adaptativamente as forças de assinatura de maneira balanceada para resolver os problemas. A prática central da psicoterapia positiva (PPT) abordada nesta sessão é o *Know-how das Forças*.

ESBOÇO DA SESSÃO TRÊS

Conceitos Centrais
    Prática na Sessão: *Know-how* das Forças
    Reflexão e Discussão
    Exercícios Adicionais para Desenvolver Competências de Sabedoria Prática
    Vinheta
    Adequação e Flexibilidade
    Considerações Culturais
    Manutenção
Recursos

CONCEITOS CENTRAIS

A característica central deste segmento da PPT é ensinar aos clientes a noção aristotélica de sabedoria prática, ou seja, o uso adaptativo das forças para viver uma vida boa, significativa e virtuosa. Os conceitos centrais do uso adaptativo das forças são apresentados posteriormente nesta sessão, na seção "Aprenda sobre Sabedoria Prática – O *Know-how* das Forças", com a ajuda de vinhetas ilustrativas. Por meio dessas competências, os clientes podem aprender a aplicar suas forças para vencer seus estressores e emoções e experiências negativas. Essas competências os ajudam a perseguir um objetivo profundamente pessoal para alcançar o crescimento.

RELAXAMENTO NO COMEÇO DA SESSÃO

No início de cada sessão, comece com um breve exercício de relaxamento. Consulte o Apêndice A: Práticas de Relaxamento e *Mindfulness*, que pode ser encontrado no final deste manual. Uma cópia desse apêndice também aparece no livro de exercícios do cliente. Continue a sessão com uma revisão do *Diário de Gratidão* do cliente, além de uma revisão dos conceitos centrais ensinados na sessão anterior.

PRÁTICA NA SESSÃO: *KNOW-HOW* DAS FORÇAS

Cultivando a Sabedoria Prática

Procure especificidade

Antes de qualquer coisa, a ideia abstrata de força de assinatura precisa ser traduzida em ações concretas para que os clientes compreendam melhor o que significa força para eles em suas vidas diárias. As situações complexas e os desafios da vida real não se apresentam com instruções claras sobre qual ação melhor representa uma força específica. Uma forma de calibrar a especificidade é o resultado. Por exemplo, se o resultado de usar sua força de assinatura de amor pelo aprendizado for aumentar seu conhecimento, você pode traduzir o resultado em termos específicos (p. ex., lendo um número específico de livros ou artigos para aumentar o conhecimento). Se o resultado de usar sua força de assinatura de espiritualidade for conectar-se com alguma coisa maior que você, então podem ser identificadas tanto a qualidade quanto a quantidade de atividades específicas que se considera representarem espiritualidade.

A especificidade das próprias ações que representam forças de assinatura também depende do contexto. A criatividade, por exemplo, pode ser representada na solução criativa de problemas no contexto de desafios ou experimentando-se uma nova maneira de fazer as coisas. Note que as forças não são mutuamente excludentes, e, de fato, é mais provável que elas se sobreponham do que apareçam isoladamente.

Para lhe ajudar a entender as nuances das forças de assinatura e traduzi-las em ações concretas, veja o Apêndice D: Desenvolvendo Suas Forças, para ações, filmes populares e canções.

Encontre relevância

A segunda e mais difícil competência é saber se sua força de assinatura é relevante para a situação em questão. Por exemplo, mais adiante nesta sessão discutiremos a respeito de uma cliente, Michelle, que tem uma força de assinatura de perdão. A relevância da aplicação dessa força de assinatura é contingente a fatores contextuais e interpessoais. Forças como perdão podem ser mais bem usadas em uma situação específica ou com indivíduos específicos, mas não com todos em todas as situações. Michelle se beneficiaria de aprimorar suas competências de relevância considerando o impacto que o perdão tem nela mesma e nos outros. A experiência passada pode ajudá-la a decidir se o perdão é relevante em um contexto específico.

Sandro, outro cliente, é um homem de meia-idade que guardava forte ressentimento de sua ex-mulher, sua parceira por mais de 20 anos. Ela havia se envolvido em um caso extraconjugal com outra mulher durante o curso de seu casamento com Sandro. Ele conta que ela esperou até que o mais moço de seus filhos fizesse 18 anos e entrasse na faculdade para deixá-lo. Sandro acreditava que era incapaz de perdoá-la. Quando o clínico perguntou o motivo, Sandro disse: "Eu queria que ela percebesse que o que fez estava errado. Se eu a perdoasse, isso não permitiria que ela se desse conta do que fez". O clínico respondeu: "No entanto, eu vejo você chafurdando em sua dor... O perdão não é para ela; é para você. Você não precisa nem mesmo comunicar isso a ela". Esse cliente, no entanto, não estava pronto para perdoar, portanto seu clínico não forçou a questão. O uso do perdão nesse caso, naquele momento da terapia, não era apropriado.

Os desafios da vida real não vêm acompanhados por uma barra de mensagens como aquelas que atravessam a tela de um canal de notícias na televisão, sugerindo que uma força específica é relevante em uma situação específica. Portanto, na decisão da relevância, ajude o cliente a considerar qual força, ou conjunto de forças, produzirá um resultado adaptativo e sadio.

Vamos levar em consideração a questão da imparcialidade, que é necessária para ser um líder eficaz. Uma cliente, Rachael, era uma gerente sênior de RH que se considerava uma líder eficaz e que, portanto, ficou surpresa quando viu que a liderança não era uma das suas forças principais. Uma discussão detalhada sobre as qualidades de liderança a ajudou a perceber que ela não tem a habilidade de trabalhar eficientemente com outras pessoas que não compartilham o seu ponto de vista. Rachael não tem a confiança das pessoas com quem trabalha e não consegue despertar o melhor em cada um de sua equipe, apesar de seus esforços. Discussões com seu clínico sobre o uso de outras forças, como inteligência social, imparcialidade e trabalho em equipe, ajudaram Rachael a usar essas forças para reforçar suas qualidades de liderança.

Além disso, ao decidir a relevância, precisamos *Colocar as Coisas em Perspectiva*, o que nos permite decidir onde, quando, com quem e como nossas forças de assinatura podem ser mais úteis para nós e para os outros. Por exemplo, May, uma cliente casada, relatou sentir de forma muito intensa que a felicidade do seu parceiro é sua responsabilidade principal. Frequentemente ela dizia que agradá-lo é muito mais importante do que dar ouvidos às suas próprias necessidades. Inicialmente, a tarefa de fazer May ver que suas forças de assinatura não eram as mais efetivas para seu próprio bem-estar foi uma parte desafiadora da terapia, mas essa acabou sendo uma descoberta que abriu os olhos da cliente.

Resolva o conflito

A terceira competência no cultivo da sabedoria prática é o desenvolvimento de uma compreensão, e possivelmente a resolução da situação, quando duas forças (ou forças de assinatura) estão em conflito entre si. Por exemplo, uma de nossas clientes, Jia, vivenciava com frequência um conflito entre sua criatividade e prudência. Ela queria se tornar artista, mas seus pais, ambos médicos, frequentemente com sutileza e algumas vezes de forma contundente, encorajavam-na a seguir uma "carreira sólida e segura" em medicina. O senso de cautela de Jia a persuadiu a renunciar à pintura (sua paixão), e atualmente ela está matriculada na faculdade de medicina. Nosso trabalho terapêutico não foi muito efetivo quando ela se conscientizou mais profundamente do conflito entre suas duas forças de assinatura.

No entanto, o conflito pode ser resolvido ao se decidir qual força de assinatura está mais proximamente alinhada com nossos valores centrais ou qual força de assinatura produz os resultados ideais. Por exemplo, se o valor central de Jia for a autoexpressão, e ela despertar para a vida e se sentir autêntica quando perceber seu potencial criativo e otimizado, poderá se sentir mais feliz se for capaz de encontrar um nicho ou saída criativa em algum empreendimento. No entanto, se seu valor central for garantir o emprego, além de preservar uma relação estável com seus pais – o que, no seu caso, é uma expectativa cultural –, Jia poderá estar em uma situação melhor se buscar uma carreira que ofereça segurança no emprego. Comece de trás para a frente com o resultado desejado e avalie qual força levará a esse resultado. Isso pode não apenas ajudar a resolver o conflito, mas também desenvolver uma compreensão mais profunda de qual força pode ajudar os clientes a atingirem suas metas.

Reflita

A sabedoria prática requer que reflitamos sobre o impacto que nossas forças de assinatura terão sobre os outros. Quais são as implicações morais de exercer nossas forças de assinatura em maior escala? Examine os casos a seguir que encontramos na prática clínica: Maria, uma jovem estudante com forças de assinatura de prudência, imparcialidade e inteligência social, interpretou mal mensagens postadas sobre ela em sua página no Facebook por amigos. Ela presumiu que alguém estaria conspirando contra ela e possivelmente contra todas as mulheres de sua origem cultural. Sem nenhum cuidado ou preocupação, postou uma mensagem no Facebook e em várias outras mídias sociais alertando outras mulheres de que sua segurança poderia estar em perigo. As autoridades do *campus* ficaram alarmadas, e uma enxurrada de protocolos de segurança foi colocada em ação, o que causou incômodo a muitos estudantes. Depois que a poeira baixou, em sessão individual, Maria e seu clínico discutiram o incidente. Maria se deu conta de que, sem muita reflexão, utilizou em excesso suas forças de assinatura.

Outro cliente, estudante de pós-graduação, continuou a investir os recursos de laboratório em um projeto que seu supervisor lhe havia dito para mudar. Essa persistência custou a ele e a seus parceiros de laboratório tempo e esforço desnecessários, o que demonstra uso excessivo da persistência. Essas duas ilustrações mostram como as forças podem trazer resultados negativos quando utilizadas em excesso.

Além disso, uma parte essencial da sabedoria prática consiste em desenvolver consciência de nossas motivações. Devemos estar cientes de nossas falhas e dispostos a admiti-las. No entanto, admitir nossas próprias falhas não é fácil e requer coragem e humildade (duas forças). Uma maneira de aprimorar essa competência é recuar e julgar imparcialmente nosso papel e responsabilidades e entender como podemos aprender com os erros e deslizes, especialmente aqueles que provocam impacto nos outros.

Calibre

Para cultivar competências de sabedoria prática, também precisamos regularmente estar em sintonia com a situação e ter senso de mudança, calibragem e recalibragem do uso de nossas forças para adequá-las às demandas da situação. Muitos indivíduos não são capazes de resolver seus problemas e continuam tentando soluções ineficazes ou não mudam sua abordagem. Por exemplo, pense em um profissional da área da saúde. Os médicos precisam equilibrar seu compromisso de dedicar tempo aos pacientes e às suas próprias necessidades profissionais, como atender um número suficiente de indivíduos para fazer frente às despesas do consultório, ser pontual com o próximo paciente, etc. Como um especialista em câncer deve ajustar e equilibrar o desejo de contar a verdade aos pais de uma criança com câncer terminal (Schwartz & Sharpe, 2010)? A multiplicidade e a complexidade da vida frequentemente criam inúmeras zonas nebulosas. Nem todas as regras, diretrizes, políticas e regulações conseguem capturar os diferentes matizes. A aplicação rígida e restrita das regras – não importa o quanto sejam bem-intencionadas – empobrece a motivação dos indivíduos que se encontram atrelados a elas.

Tenha em mente que o perfil das forças de assinatura dos clientes e as subsequentes práticas da PPT ajudam-nos a aprimorar suas competências para usar as forças apropriadamente diante dos desafios em questão. Reserve um tempo para ajudar os clientes a completar o perfil das forças de assinatura da melhor forma possível, pois essa é a base para que conheçam melhor a si mesmos e aos outros.

Roteiro sugerido para o clínico

A seguir, apresentamos um roteiro que você pode usar para ajudar seus clientes a começarem a compreender a importância da utilização de competências de sabedoria prática para aplicar efetivamente as forças de assinatura em suas vidas diárias (Kaitlin et al., 2017; Ronningstam, 2016).

> Assim como os sintomas psicológicos (como tristeza, raiva ou ansiedade) indicam estresse, as forças (como gratidão, esperança, amor, gentileza e curiosidade) exibem bem-estar, satisfação, interesse, engajamento, propósito e significado na vida.
>
> Pesquisas e a experiência clínica nos dizem que os indivíduos que experimentam emoções negativas como raiva, hostilidade e vingança, ou aqueles que apresentam traços narcisistas, têm maior probabilidade de desenvolver inúmeros problemas psicológicos, ao passo que indivíduos que experimentam gratidão, perdão, gentileza e amor têm maior probabilidade de relatar satisfação com a vida. Você já conhece suas forças de assinatura. Agora, iremos focar em como você pode usá-las para ser mais feliz e também desenvolver competências para usar suas forças para administrar seus aspectos negativos. Primeiramente, vamos focar em como desenvolver as competências de uso das suas forças para lidar com seus estressores. Vamos começar pela exploração de como você se sente em relação às suas forças de assinatura.

Subutilização e Sobreutilização das Forças

Usando a Folha de Exercícios 3.1: Ilustrando Sua Subutilização e Sobreutilização das Forças, peça que os clientes continuem explorando formas específicas como eles subutilizam ou sobreutilizam suas forças. Observe que esta e todas as outras folhas de exercícios (a) aparecem dentro da sessão correspondente deste manual e (b) podem ser baixadas na página do livro em loja.grupoa.com.br.

Psicoterapia positiva 129

FOLHA DE EXERCÍCIOS 3.1 ILUSTRANDO A SUBUTILIZAÇÃO E SOBREUTILIZAÇÃO DAS FORÇAS

Use a ilustração a seguir para fazer o diagrama das suas forças, transformando-as em comportamentos (suas ações, atividades e hábitos quando você exibe suas forças). Selecione os círculos maiores para indicar as forças que você sobreutiliza e os círculos menores para as forças que você subutiliza. Use a intersecção dos círculos para indicar forças que se sobrepõem.

Aprenda sobre Sabedoria Prática – O *Know-how das Forças*

Roteiro sugerido para o clínico

Agora que você já identificou suas forças de assinatura, identifique a sobreutilização e subutilização de suas forças. Nesta etapa, aprofundaremos sua compreensão examinando problemas comuns com a subutilização e sobreutilização das forças e aprenderemos sobre sabedoria prática, ou o "*Know-how* das Forças". Vamos examinar três cenários de sessões de PPT na vida real.

Discuta cada cenário com seus clientes e obtenha suas respostas em termos de sobreutilização e/ou subutilização das forças.

- Saleem, um cliente de meia-idade, é gerente de uma loja e tem a força de assinatura de justiça; pesava cada situação segundo essa perspectiva. Ele percebia até mesmo os gestos benignos de sua equipe e colegas como "injustos" e se isolava.
- Michelle, uma cliente jovem com as forças de assinatura de perdão, gentileza e humildade, sobreutilizava suas forças e deixava que os outros se aproveitassem dela; por fim, disse ela, se transformou em um "capacho" para os outros.
- Akeela, uma cliente com a força de assinatura de curiosidade e amor pelo aprendizado, achava cada vez mais difícil concluir suas tarefas na escola e no trabalho, pois passava desordenadamente uma grande quantidade de tempo "pesquisando" tudo.

Esses cenários mostram boas intenções. No entanto, ter boas intenções e o conhecimento das forças de assinatura não é suficiente. Precisamos de competências e disposição para usar essas competências para resolver nossos problemas. Em PPT, esse conjunto de competências é denominado o "*Know-how* das Forças"; o termo mais formal para isso é "sabedoria prática". A seguir, iremos discutir em detalhes o que é sabedoria prática e como ela pode ser cultivada.

Para usar essas forças, sejam elas suas forças de assinatura ou não, a PPT ensina a sabedoria prática, que tem a ver com o uso das forças para tornar as coisas melhores. Segundo a perspectiva da sabedoria prática, as forças não devem ser tratadas de forma isolada. Além disso, mais não é necessariamente melhor – cultivar uma única força à exclusão de outras pode produzir resultados indesejáveis.

Examinando os cenários desses três clientes que acabaram de ser apresentados, a justiça pode ser adaptativa; a falta dela resultaria em tratamento injusto dos outros, mas poderia ajudar Michelle se ela quisesse se defender. A curiosidade pode não ser boa para Akeela ao realizar suas tarefas acadêmicas ou aquelas relacionadas ao trabalho; ela poderia se beneficiar mais da autorregulação e da persistência. Saleem se beneficiaria desenvolvendo perspectiva, sabendo como ler o contexto social e indo além de regras do tipo "preto ou branco" para ver que algumas vezes a melhor maneira de lidar com os outros reside no cinza. Além disso, Michelle poderia se beneficiar de forças que a ajudariam a entrar em sintonia com as próprias emoções. Ela poderia sentir, intuir e gradualmente se tornar assertiva para poder sentir e dizer "Isso não parece certo para mim", em vez de sentir-se como um "capacho". Por fim, ajudaria Akeela a compreender o tempo. A utilização da sua força de curiosidade pode lhe servir melhor quando ela tiver mais tempo em suas mãos para explorar, mas talvez não quando tiver um prazo para apresentar uma tarefa ou projeto.

A seguir, voltaremos para a Folha de Exercícios 3.2: Desenvolvendo Competências de Sabedoria Prática. Descrevemos essas competências e exploramos como os cenários podem ser resolvidos ou manejados por meio da aplicação dessas competências.

FOLHA DE EXECÍCIOS 3.2 DESENVOLVENDO COMPETÊNCIAS DE SABEDORIA PRÁTICA

A seguir, apresentamos cinco estratégias para desenvolver sabedoria prática, ou o Know-how das Forças:

1. **Procure Especificidade:** As situações complexas e os desafios da vida real não se apresentam com instruções claras de quais ações melhor representam uma força específica. Uma forma de procurar especificidade é considerar o resultado. Por exemplo, se, para você, o resultado de usar seu amor pelo aprendizado for aumentar o conhecimento, você pode traduzir o resultado em termos específicos, como ler um número específico de livros ou artigos para aumentar seu conhecimento.

    Para ajudá-lo a entender as nuanças das forças de assinatura e traduzi-las em ações concretas, consulte o Apêndice D: Desenvolvendo Suas Forças, que aparece no final deste livro de exercícios. Esse apêndice oferece múltiplas formas comportamentais de utilizar as forças.

2. **Encontre Relevância:** Explore se sua força de assinatura é relevante para a situação em questão. Por exemplo, gentileza e perdão podem não ser relevantes em situações que precisam ser manejadas com o uso de justiça e coragem. Em algumas situações, suas forças de assinatura de humildade ou ludicidade podem ser muito relevantes, mas, em situações que precisam que você defenda seus direitos, a humildade pode não funcionar; em situações que requerem que empatizemos com uma pessoa que acabou de experimentar um trauma, a ludicidade pode não ser apropriada.

3. **Resolva o Conflito:** A terceira competência é compreender como resolver uma situação em que o uso de duas forças de assinatura pode causar conflito entre elas. Por exemplo, você está fazendo um projeto e quer fazer o melhor trabalho possível. Você quer utilizar sua força de assinatura de criatividade ou persistência. Ao mesmo tempo, seu amigo mais próximo precisa de seu tempo e companhia (força de assinatura: amor). Resolva esses conflitos decidindo qual força de assinatura está mais intimamente alinhada com seus valores centrais ou qual força de assinatura produzirá o resultado ideal.

4. **Reflita:** Sabedoria prática requer que você reflita sobre o impacto que suas forças de assinatura terão sobre os outros. Em maior escala, quais são as implicações morais de exercer suas forças de assinatura? Por exemplo, exercer espiritualidade segundo uma tradição específica, na esfera pública, pode afastar aqueles que não aderem a essa tradição específica. Ou o exercício do amor pelo aprendizado pode impactar negativamente a autoconfiança daqueles que têm problemas com o aprendizado devido a uma dificuldade de aprendizagem inerente.

5. **Calibre:** Para cultivar competências de sabedoria prática, você também precisa regularmente se manter em sintonia com a situação, ter senso de mudança e calibrar e recalibrar (i.e., ajustar) o seu uso de forças para se adequar às demandas da situação. Muitas pessoas não conseguem resolver seus problemas porque ficam tentando soluções ineficazes ou não mudam sua abordagem à medida que a situação muda.

Agora, leia os três cenários a seguir e, abaixo de cada um, escreva o conselho específico que você daria a cada pessoa:

Complacente e atenciosa: Desde o começo do relacionamento de Jane com Jimmy, ela compreendeu que Jimmy fica inseguro e com ciúmes assim que a vê conversando com outro rapaz, especialmente alguém que Jimmy acha que é "melhor" do que ele. Mas Jane está achando difícil romper com Jimmy porque ela é conhecida como uma das pessoas mais "complacentes" e "atenciosas" que existe.

Seu conselho:
_____
_____
_____
_____

Tudo o que eu quero é ser feliz: Lee, um jovem de 20 e poucos anos, frequentemente repetia a mesma coisa na terapia. Depois de apresentar uma longa lista de aspectos positivos, como "Eu trabalho duro; fui contratado antes mesmo de ter concluído minha graduação; dizem que sou bonito, engraçado, brincalhão e prestativo. Nunca magoei ninguém, nunca discuti com ninguém (na minha vida adulta)...", Lee concluía com: "mas não me sinto feliz".

Seu conselho:
_____
_____
_____
_____

Só conversar já ajuda: Heena, uma garota de 21 anos, não está fazendo progresso na terapia – por todos os indicadores (objetivos e clínicos). Heena continua a relatar ideação suicida, embora nunca tenha feito nenhuma tentativa, e resiste a qualquer mudança e quer continuar a terapia. Ela diz que "só conversar com alguém já ajuda".

Seu conselho:
_____
_____
_____
_____

Para continuar aprendendo sobre competências de sabedoria prática, peça que seu cliente agora passe para a Folha de Exercícios 3.3: O Desafio.

FOLHA DE EXERCÍCIOS 3.3 O DESAFIO

Escreva sobre um desafio atual que você está enfrentando e tentou resolver. Descreva-o em termos concretos: O que é? Quando começou e há quanto tempo está acontecendo? Em que aspectos tem sido desafiador?

O Desafio	Suas Reflexões
Descreva um desafio atual que precisa ser resolvido.	
Quando ele começou? Quanto tempo durou?	
Quais são seus efeitos?	
É devido à sobreutilização das suas forças? Quais? Como?	
Que aspectos deste desafio você gostaria de mudar?	
Que estratégia específica de sabedoria prática você pode usar para fazer mudanças adaptativas?	

REFLEXÃO E DISCUSSÃO

As perguntas a seguir são um *follow-up* do desafio identificado na Folha de Exercícios 3.3:

- Vamos supor que você é capaz de usar efetivamente uma das estratégias de sabedoria prática na resolução do problema identificado na Folha de Exercícios 3.3. Como seria se este problema fosse resolvido? Que comportamentos específicos você estaria realizando? E que comportamentos você interromperia? Tente responder o mais concretamente possível.
- Tendo em mente os comportamentos desejáveis, quais passos pequenos, manejáveis, específicos e concretos podem ajudá-lo a se manter engajado e motivado em relação a esses comportamentos?
- A estratégia, ou estratégias, de sabedoria prática que você identificou provavelmente irá exigir apoio de outras pessoas. Quem irá apoiá-lo? Se você não conseguir obter esse apoio, em quais outros apoios alternativos você pode pensar?

EXERCÍCIOS ADICIONAIS PARA DESENVOLVER COMPETÊNCIAS DE SABEDORIA PRÁTICA

Encoraje os clientes a escolherem um dos seguintes exercícios para desenvolverem sua sabedoria prática:

- Discuta com um amigo próximo, confiável e sábio como realocar recursos mentais, emocionais e físicos (i.e., quanto esforço deve ser usado) para resolver o desafio identificado na Folha de Exercícios 3.3. Também reflita se suas forças podem ser usadas de forma mais adaptativa em outro lugar, em vez de trabalhar em aspectos do desafio que não podem ser mudados.
- Identifique novas oportunidades na vida real que podem ajudá-lo a regular suas forças de assinatura de forma adaptativa.
- Desenvolva tolerância e uma atitude de aceitação que incorpore contradições aparentes, como aceitação de pessoas amadas que exibem forças e também agem de forma egoísta, insensível ou desinteressada.
- Equilibre desejos e necessidades conflitantes quando duas forças de assinatura podem ser usadas juntas para resolver um problema ou responder de forma adaptativa a um desafio. Por exemplo, perdão e justiça podem ser integrados de modo criativo para encorajar algum perdão e, ao mesmo tempo, assegurar que a justiça não seja comprometida?

VINHETA

Marc é um profissional de sucesso de 36 anos que trabalha em tempo integral e faz MBA em tempo parcial. Procurou terapia devido a estresse relacionado ao trabalho. O diálogo a seguir com seu clínico mostra a compreensão de Marc das suas forças de assinatura e como ele pode desenvolver suas competências de sabedoria prática para usar idealmente suas forças de assinatura:

CLÍNICO: Marc, o que você aprendeu sobre si mesmo depois de completar seu Perfil das Forças de Assinatura?
MARC: Bem, muito... Eu me vejo de forma um pouco diferente do que meus entes queridos... As coisas que eu escolhi... Estou me referindo àquele questionário de coração, cabeça e *on-line*, eu escolhi amor pelo aprendizado, justiça e autenticidade – estes três estavam em todas as três opções, enquanto apreciação da beleza estava em duas.
CLÍNICO: Você as vê como partes centrais da sua personalidade?
MARC: Sim, certamente. Não faço concessão à justiça, eu sou o que você vê – não há um lado escondido.
CLÍNICO: Que forças os outros destacaram, alguma diferente?

MARC: Eles escolheram perspectiva e, para minha surpresa, também escolheram duas forças que eu não sabia que possuía.
CLÍNICO: Quais foram?
MARC: Meu parceiro de mais de 10 anos escolheu inteligência social e bravura, enquanto meu amigo mais antigo do ensino médio escolheu coragem e humor.
CLÍNICO: O que foi surpreendente em relação a essas forças?
MARC: Eu sou uma pessoa muito prática, lúcida e decidida. Não acho que eu seja particularmente inteligente social ou bem-humorado... Não sou uma pessoa muito sociável, prefiro cuidar de mim.
CLÍNICO: Bem, algumas vezes os outros veem dentro de nós coisas que nós não vemos. Que outras forças seu amigo do ensino médio identificou em você?
MARC: Justiça e autenticidade.
CLÍNICO: Bem, parece que sua seleção de justiça e autenticidade foi endossada por pelo menos outra pessoa que o conhece bem. Isso deve ser central para você. Não é?
MARC: É, como eu expliquei... No entanto, também me preocupo que minha equipe de trabalho não veja minha imparcialidade de fato como imparcialidade. Em vez disso, eles veem como teimosia e um pouco de frieza. É por isso que eles ficam um pouco distantes de mim.
CLÍNICO: Você pode dar um exemplo recente?
MARC: Hummmm... duas semanas atrás, durante uma reunião da equipe, alguém fez um comentário homofóbico – não explícito –, e eu repreendi a pessoa naquele exato momento.
CLÍNICO: O que aconteceu?
MARC: Bem, acho que fui um pouco exagerado... Mais tarde fiquei sabendo que essa pessoa se sentiu muito constrangida e depois disse que não foi sua intenção...
CLÍNICO: Você acha que ele realmente não tinha a intenção?
MARC: Em retrospectiva, eu acho. Ele nunca havia dito ou feito alguma coisa assim antes. De fato, ele é um cavalheiro... Eu poderia ter lidado com a situação de forma diferente.
CLÍNICO: Que estratégia você pode deduzir da sabedoria prática?
MARC: Não tenho certeza... Essa não era uma situação na qual usar justiça?
[O CLÍNICO CHAMA A ATENÇÃO DE MARC PARA A FOLHA DE EXERCÍCIOS 2.6: Organize suas Forças de Assinatura.]
MARC: [Depois de uma pausa] Tanto relevância quanto especificidade poderiam ser aplicáveis aqui.
CLÍNICO: Como seria?
MARC: Bem, eu deveria ter levado em consideração as características interpessoais e contextuais. Foi a primeira vez que aquela pessoa fez um comentário homofóbico, pelo menos que eu tenha conhecimento... Eu poderia ter sido um pouco mais sutil ou poderia ter pedido que ele explicasse o comentário em particular, depois da reunião.
CLÍNICO: Bem, neste momento você está usando outra estratégia de sabedora prática – a reflexão. Você está examinando o impacto da sua força de assinatura nos outros.
MARC: Sim. Eu não tinha consciência disso...
CLÍNICO: Que outra força ou forças você poderia ter usado nessa situação?
MARC: Não tenho certeza de qual...
CLÍNICO: O que seu parceiro identificou em você?
MARC: [Faz uma pausa] Inteligência social... Entendo... tudo é uma questão de tato, as nuanças. O mantra no mundo corporativo é inteligência emocional.
CLÍNICO: Sim, mas além do clichê do mantra...vamos dar um passo mais além. Inteligência social também inclui conhecer as sutilezas emocionais dos outros e também as nossas. Por exemplo, o que fez você reagir de determinada maneira? Até onde tenho conhecimento, você é uma pessoa ponderada.
MARC: Você está certo. Quando se trata do tema da orientação sexual, eu fico um pouco mais suscetível. Minha antena da justiça se ativa muito rapidamente, e eu não consigo suportar quando alguém é tratado de forma injusta... Eu sofri muito *bullying* no ensino médio por causa da minha sexualidade.
CLÍNICO: Eu sei muito bem o que você teve que suportar e saúdo seu comprometimento com a igualdade. A arte da sabedoria prática é que, quando nossas forças não produzem um resultado ideal, sempre podemos experimentar outra. Quando a justiça pode não funcionar, tente a inteligência social ou combine as duas. Estou confiante de que você tem a perspectiva para integrar as duas e encontrar uma solução ideal.
MARC: É bom saber. Com certeza vou tentar.

ADEQUAÇÃO E FLEXIBILIDADE

Enquanto você equipa os clientes com conhecimento sobre suas forças, certifique-se de não lhes passar inadvertidamente a mensagem de que seu perfil de forças de assinatura é final e completo. Para alguns clientes, isso pode representar um fechamento em torno dessas forças. Eles podem parar de se esforçar ativamente para aprimorar essas forças e focar em suas forças menores ou em seus pontos fracos. Devido ao inerente viés de negatividade, forças menores podem ser percebidas como uma área de fraqueza. Portanto, é essencial ajudar os clientes a compreenderem que as forças são dinâmicas. Sempre há espaço para crescimento. O uso de uma força na adolescência ou no início da idade adulta pode parecer diferente do que se parece na meia-idade ou no fim da vida. Verifique periodicamente com os clientes como eles se sentem em relação às suas forças principais. Ao partilhar estratégias de sabedoria prática, especialmente aquelas de especificidade, relevância e calibragem, assegure-se de que os clientes percebem isso como o desenvolvimento de uma força, não meramente como o uso de uma força bem desenvolvida (Biswas-Diener et al., 2011).

Sabedoria prática tem a ver com o uso das forças em conjunto em vez de isoladamente. Ter apenas uma força mais desenvolvida não é necessariamente o melhor. De fato, cultivar uma única força pode produzir resultados indesejáveis. Uma situação desafiadora, como lidar com um intimidador ou se defender de abuso emocional, pode ser enfrentada com muitas forças, como coragem, persistência, justiça, prudência e esperança. Da mesma forma, mais de uma estratégia de sabedoria prática, como especificidade ou relevância, pode traduzir as forças em ações concretas e responsáveis (perspectiva). Além disso, quando trabalhar em pequenos grupos, como times esportivos, equipes de saúde ou equipes específicas para um projeto, procure trabalhar com as forças de assinatura dos membros individuais (i.e., compare os resultados de todos e determine quais forças são mais comuns no grupo). Isso provavelmente aumentará a confiança no processo grupal.

Alguns clínicos podem encorajar os clientes a usarem suas estratégias de sabedoria prática em vez de prematuramente presumir que os clientes compreendem plenamente suas forças. Na verdade, a partir da *Apresentação Positiva* para ordenar as próprias forças de assinatura, os clientes têm múltiplas oportunidades de compreender suas forças em um nível mais profundo. Entretanto, certifique-se de que os clientes *compreendem* suas forças e são capazes de demonstrar em quais condições suas forças de assinatura são mais úteis e em quais condições elas são menos úteis. Para valorizar isso, você pode rapidamente gerar ideias sobre o uso de outra força associada (p. ex., curiosidade em vez de criatividade, sabedoria em vez de amor pelo aprendizado, coragem em vez de autenticidade). Da mesma forma, é importante que o cliente e os clínicos discutam ações específicas que irão demonstrar que a força pretendida está sendo expressada ao máximo por meio dessas ações.

CONSIDERAÇÕES CULTURAIS

As culturas diferem na expressão das forças, assim como ocorre com outras emoções. A sabedoria prática requer que exploremos um nível mais profundo, evitando-se a expressão superficial. Por exemplo, algumas vezes o que consideramos comportamentos negativos em indivíduos de culturas diferentes ou em uma pessoa com habilidades diferentes pode, na verdade, estar inserido em suas normas culturais ou na esfera das possibilidades. Por exemplo, podemos perceber alguém como arrogante quando, em vez disso, essa pode ser sua expressão cultural de uma pessoa confiante. Da mesma forma, alguém que se preocupa excessivamente com detalhes nem sempre é perfeccionista. Esse indivíduo pode ter sido ensinado pela sua cultura familiar ou mais ampla a fazer as coisas meticulosamente. Ele pode ter a percepção de que seu valor depende de ser meticuloso. Da mesma forma, algumas culturas lidam com situações graves com uma postura fatalista ou bem-humorada. Embora isso possa ser percebido por alguns como menos seriedade ou indiferença, na verdade pode ser uma forma culturalmente apropriada de lidar com coisas que não podem ser corrigidas facilmente.

Para citar outro exemplo, um dos autores deste livro trabalhou por muitos anos como psicólogo em uma escola, e um de seus alunos era um menino de 6 anos chamado Pavel, que tinha suspeita de transtorno do espectro autista subjacente. Além de o menino receber as avaliações tradicionais, suas forças também foram avaliadas, inclusive relatos de seus professores e cuidadores depois do horário de aula. De fato, a avaliação confirmou autismo. No entanto, os professores de Pavel também relataram que ele era criativo e que, quando achava alguma coisa interessante, conseguia concluir a tarefa sem se distrair. Durante a sessão de *feedback*, quando a mãe de Pavel ouviu que os professores do filho achavam que a criatividade do menino era uma força, ela chorou e disse: "Eu havia aceitado que Pavel é como é, mas acho que eu estava errada. Realmente há algumas coisas que eu com certeza posso ajudá-lo a desenvolver mais". Ela encerrou com uma observação profunda: "Foram os meus olhos que não olharam mais além dos sintomas do meu filho".

Alguns clientes podem ficar inseguros sobre qual força de assinatura usar ou como usar uma força de assinatura específica no seu contexto cultural. Em vez de explorar formas justificadas de usar as forças de assinatura, encoraje esses clientes, caso estejam abertos a esta discussão, a recorrerem às suas emoções para primeiramente ouvir e sentir o que a situação exige. Depois que conseguirem explorar suas respostas instintivas culturalmente informadas, encoraje-os a alinharem suas emoções com o senso comum. Por exemplo, opor-se ao abuso constante em casa pode deixar uma cliente furiosa, mas ela pode não ser capaz de expressar sua raiva devido ao prestígio familiar na comunidade local. Ajudar essa cliente a sentir sua raiva e encontrar uma forma justificada de expressar essa raiva pode ser uma forma de usar a sabedoria prática de uma maneira culturalmente informada. Por exemplo, discutir o problema com um idoso confiável na comunidade ou procurar o apoio de um líder religioso ou espiritual pode ser benéfico.

Nem todas as situações ou desafios com contextos culturais podem ser resolvidos pelas estratégias de sabedoria prática aqui discutidas. Encoraje os clientes a não terem medo de experimentar formas alternativas e culturalmente apropriadas de encontrar soluções. Reforçar a compreensão do cliente sobre especificidade, relevância, reflexão e calibragem lhes fornece informações suficientes para encontrar uma adequação cultural apropriada.

MANUTENÇÃO

Blaine Fowers (2005) oferece estratégias específicas que podem nos ajudar a reforçar a sabedoria prática. Discuta estas dicas com seus clientes para que eles possam manter seu progresso:

- Algumas vezes suas forças de assinatura podem entrar em conflito. Por exemplo, sua coragem pode querer que você corra riscos e explore um caminho novo e desconhecido, e sua prudência pode alertá-lo contra isso. Você pode querer ser gentil com seu amigo, e sua justiça demanda que você o confronte por causa de uma violação ética que impacta outras pessoas. Você pode querer ser empático com seu subordinado e também se sentir compelido a informá-lo de que ele poderá perder o emprego. Ou você pode querer ser autêntico consigo mesmo, e as normas sociais e culturais o forçam contra isso. Utilize as estratégias listadas na Folha de Exercícios 3.2 para resolver esses conflitos por meio do uso de estratégias de sabedoria prática. Além disso, use suas forças de assinatura (e outras) para desenvolver perspectiva, uma que você pode não enxergar ao simplesmente seguir as regras e regulamentos.
- Quando estiver inseguro quanto a qual força de assinatura usar em determinado contexto, baseie-se nas emoções para primeiramente ouvir e sentir o que a situação demanda. Antes de agir, deixe a emoção se associar à razão; eduque as emoções por meio de outras forças.
- Certifique-se de que você está usando suas forças de assinatura para fazer a coisa certa. Consulte mentes sábias sobre qual é a coisa certa a fazer dentro das circunstâncias.

- Compreenda que nem toda situação pode ser resolvida pelo uso das forças de assinatura. Não tenha medo de experimentar suas forças alternativas, competências, habilidades e talentos.

RELAXAMENTO NO FINAL DA SESSÃO

Recomendamos que cada sessão termine com o mesmo relaxamento breve que a iniciou.

RECURSOS

Leituras

- Allan, B. A. (2015). Balance among character strengths and meaning in life. *Journal of Happiness Studies*, *16*(5), 1247–1261. doi:10.1007/s10902-014-9557-9
- Cassar, J., Ross, J., Dahne, J., Ewer, P., Teesson, M., Hopko, D., et al. (2016). Therapist tips for the brief behavioural activation therapy for depression—Revised (BATD- R) treatment manual practical wisdom and clinical nuance. *Clinical Psychologist*, *20*(1), 46–53.
- Vervaeke, J., & Ferrarro, L. (2013). *Relevance, Meaning and the Cognitive Science of Wisdom: The Scientific Study of Personal Wisdom: From Contemplative Traditions to Neuroscience.* Edited by M. Ferrarri & N. Weststrate. New York: Springer.
- Walsh, R. (2015). What is wisdom? Cross-cultural and cross-disciplinary syntheses. *Review of General Psychology*, *19*(3), 278–293.
- Yang, S. (2013). Wisdom and good lives: A process perspective. *New Ideas in Psychology*, *31*(3), 194.

Vídeos

- Palestra no TED: Barry Schwartz: Usando Nossa Sabedoria Prática: https://youtu.be/IDS-ieLCmS4
- Palestra no TED: Joshua Prager: Sabedoria dos Grandes Escritores sobre Cada Ano da Nossa Vida: https://www.ted.com/talks/joshua_prager_wisdom_from_great_writers_on_every_year_of_life

Websites

- Centre for Practical Wisdom: University of Chicago: http://wisdomresearch.org/
- Podcast: A Word to the Wise: Canadian Broadcasting Cooperation's Program Ideas: http://www.cbc.ca/radio/ideas/a-word-to-the-wise-part-1-1.2913730

10

SESSÃO QUATRO
Uma melhor versão de mim mesmo

A sessão quatro, a última das sessões que focam nas forças de caráter, examina a articulação e a implantação de um plano escrito de autodesenvolvimento positivo, pragmático e persistente. A prática central da psicoterapia positiva (PPT) abrangida nesta sessão é *Uma Melhor Versão de Mim Mesmo*.

ESBOÇO DA SESSÃO QUATRO

Conceitos Centrais
    Prática na Sessão: *Uma Melhor Versão de Mim Mesmo*
    Reflexão e Discussão
    Vinhetas
    Adequação e Flexibilidade
    Considerações Culturais
    Manutenção
Recursos

CONCEITOS CENTRAIS

Muitos de nós somos motivados para o autoaperfeiçoamento, a superação dos nossos desafios e a promoção do nosso bem-estar. No entanto, o tempo requerido para fazer a autorreflexão necessária ao autoaperfeiçoamento e para passar da intenção para a ação é cada vez mais difícil de encontrar devido às nossas vidas agitadas, sempre cheias de engenhocas e estressores externos. Entretanto, julgando pelos bilhões em vendas de produtos de autoajuda (livros, vídeos, *workshops*, retiros e aplicativos), nosso apetite pelo autoaperfeiçoamento não diminuiu. A noção da criação de um *self* futuro melhor ou o melhor possível – seja no domínio da saúde, do trabalho, dos relacionamentos ou dos esforços criativos – pode nos ajudar a redirecionar nossas forças, competências e habilidades para atingirmos nossos objetivos.

Um "eu melhor" é criado pela imaginação e pelos esforços para atingir os objetivos pessoais. As pessoas têm maior probabilidade de se empenhar para atingir os objetivos quando estes são consistentes com suas necessidades e quando as circunstâncias são consideravelmente favoráveis para tal esforço. Não espere que seus clientes articulem os objetivos. Em vez disso, Michalak e Holtforth (2006) sugerem que os clínicos façam um esforço ativo para avaliar o conteúdo e a estrutura dos objetivos do cliente e examinem as relações entre os objetivos, os sintomas e a motivação para o tratamento o mais rápido possível. Além disso, examine periodicamente o progresso dos objetivos com os clientes e ajude-os a refinar o processo, se necessário.

É importante articular e depois escrever os objetivos (no papel ou em meio digital). Os benefícios terapêuticos de escrever estão bem documentados. O trabalho seminal de James Pennebaker (1997) demonstrou que escrever sobre experiências traumáticas, negativas ou difíceis pode não só ajudar os indivíduos a encontrar um processo seguro de exposição como também a desenvolver melhores mecanismos de enfrentamento. Laura King, outra pesquisadora em psicologia narrativa, constatou que escrever sobre experiências positivas também melhora a saúde, ao permitir encontrarmos mais sentido em nossas emoções e, dessa forma, nos oferecer maior sensação de controle (King & Milner, 2000).

Nossos melhores *selves* são criados buscando o que realmente queremos. Pesquisas mostram que as pessoas que escrevem seus objetivos, compartilham essas informações com um amigo e enviam atualizações semanais para esse amigo sobre o progresso do seu objetivo têm 33% mais probabilidade de ter sucesso na concretização de seus objetivos (Hortop, Wrosch, & Gagné, 2013; Sheldon, Ryan, Deci, & Kasser, 2004).

RELAXAMENTO NO COMEÇO DA SESSÃO

No início de cada sessão, comece com um breve exercício de relaxamento. Consulte o Apêndice A: Práticas de Relaxamento e *Mindfulness*, que pode ser encontrado no final deste manual. Uma cópia desse apêndice também aparece no livro de exercícios do cliente. Continue a sessão com uma revisão do *Diário de Gratidão* do cliente, além de uma revisão dos conceitos centrais ensinados na sessão anterior.

PRÁTICA NA SESSÃO: *UMA MELHOR VERSÃO DE MIM MESMO*

Roteiro sugerido para o clínico

A seguir, apresentamos um roteiro que você pode usar para engajar os clientes na discussão do propósito da psicoterapia.

> Pode ser que você não expresse isto. Mas você não concordaria que deseja mais alegria, esperança e otimismo, coragem e amor em sua vida, não simplesmente menos tristeza, medo, raiva ou tédio?
>
> Você deseja explorar, expressar e melhorar suas forças, e não apenas remediar suas fraquezas e proteger-se contra suas vulnerabilidades? Você quer sua vida imbuída de propósito e significado? Existe um enorme interesse nas maneiras de estimular o crescimento e a prosperidade. São muito comuns as receitas para o autodesenvolvimento, propondo de tudo, desde pensamento positivo até aromaterapia (Weiten, 2006). Mas são raras as abordagens de psicoterapia que focam igualmente em nossos sintomas **e** em nossas forças. A psicoterapia positiva é uma dessas abordagens, e o exame das forças e dos sintomas é central para esse tratamento.
>
> Em sessões anteriores, você aprendeu sobre suas forças de assinatura e, nesta sessão, irá aprender a articular e implantar um plano escrito de autodesenvolvimento positivo, pragmático e persistente. Antes de descrever a próxima prática, eu gostaria que você tivesse em mente algumas considerações importantes: por que e como você gostaria de adotar um plano? Teça algumas considerações sobre o esforço em direção a uma melhor versão de si mesmo. Vamos fazer um exercício que se baseia em uma premissa central da PPT: a de que cada um de nós tem uma capacidade inerente para o crescimento, o bem-estar e a prosperidade.
>
> Como seres humanos, estamos constantemente perseguindo nossos objetivos: ser mais ricos, mais magros, mais famosos ou influentes. A PPT não é necessariamente contrária a esses objetivos, mas o foco é ajudá-lo a estruturar objetivos que façam melhor uso das suas forças de assinatura e seus interesses, talentos, necessidades e, o que é mais importante, seus valores centrais.
>
> Pesquisadores do crescimento pessoal concordam que os objetivos pessoais que predizem felicidade são denominados "objetivos autoconcordantes". Trata-se de objetivos que você escolhe sozinho, sem que seja solicitado a fazer alguma coisa, não importa o quão bem-intencionado isso possa ser. Você será o melhor juiz daquilo que deseja.
>
> Algumas vezes, no entanto, sintomas de depressão ou ansiedade podem inibir sua habilidade de articular o que deseja. Espero que, depois das práticas anteriores, por meio das quais você explorou seus recursos mais profundos (suas forças de assinatura) e trabalhou em um desafio atual (Folha de Exercícios 3.3), você tenha uma boa ideia do que quer e de que tipo de pessoa você quer ser.
>
> Se você ainda não tem clareza de que tipo de pessoa quer ser, a seguinte visualização derivada de pesquisas sobre motivação intrínseca (coisas que você realmente quer) o ajudará a visualizar com clareza que tipo de pessoa você quer ser. Com base no que seria uma melhor versão de você mesmo, vou lhe pedir para escrever seu plano de autocrescimento – um plano que está baseado em quem você é e em quem você quer ser em termos dos objetivos concretos e finais. Evidências mostram que você tem maior probabilidade de atingir seus objetivos se escrevê-los e compartilhá-los com um amigo para atualizações periódicas.

Peça aos clientes para:

- Usarem a Folha de Exercícios 4.1: *Uma Melhor Versão de Mim Mesmo* e terem à mão caneta ou lápis. Observe que esta e todas as folhas de exercícios (a) aparecem dentro da

sessão correspondente deste manual e (b) podem ser baixadas na página do livro em loja.grupoa.com.br.
- Liberarem espaço em torno dos clientes. Se eles estiverem sentados em volta de uma mesa grande, itens extras devem ser colocados em uma bolsa ou deixados à parte, e os dispositivos móveis devem ser desligados.
- Se encostarem no espaldar da cadeira/assento, com a cabeça, o pescoço e o tronco em um alinhamento relaxado, os pés apoiados no chão e as mãos em cima ou perto das pernas.
- Se acomodarem e respirarem profundamente por três vezes. Enquanto respiram, eles podem lenta e suavemente fechar os olhos (preferencialmente, mas não obrigatório).

A seguir, leia o seguinte roteiro, literalmente:

Visualize uma melhor versão de si mesmo. O que seria uma melhor versão de si mesmo? Escolha um tema específico: mais relaxado, mais centrado, mais entusiasmado, mais energizado, mais engajado, mais criativo, mais conectado, mais reflexivo, mais feliz, mais saudável.

Lembre-se, esta versão só será boa se você:

- Acreditar que ela o deixará mais feliz e satisfeito
- Acreditar que esta versão de você mesmo é boa para você
- Acreditar que você quer ser esse tipo de pessoa
- Acreditar que você tem que ser esse tipo de pessoa

Agora visualize os detalhes em termos mais concretos. Como você pode avançar na direção dessa melhor versão? Pense nisso como uma jornada. Por qual caminho você precisa seguir para ser essa melhor versão? Para seguir esse caminho, o que exatamente você precisa fazer?

Pense nas suas forças de assinatura. Ao visualizar suas forças de assinatura, foque nos seus interesses, talentos, competências e habilidades que estão relacionados a essas forças de assinatura.

Visualize ações, comportamentos, rotinas e hábitos específicos que expressam suas forças de assinatura. São atos específicos de gentileza, expressando amor em certos aspectos, sentindo-se grato por coisas específicas em sua vida ou por esforços criativos específicos?

Se possível, associe algumas ações para atingir a melhor versão que você acabou de visualizar. Como suas forças de assinatura e as ações que as expressam podem ajudá-lo a ser a melhor versão de si mesmo?

Se você tiver uma lista clara, ou relativamente clara, de ações, atividades, rotinas ou hábitos que o ajudarão a ser a melhor versão, consegue se comprometer a realizar alguns desses itens?

Selecione aqueles com os quais você está disposto a se comprometer durante os próximos três meses.

Visualize as barreiras potenciais que poderiam impedir seu progresso – barreiras internas ou barreiras externas a você.

Pense no que você pode fazer para ultrapassar essas barreiras. Quem pode apoiá-lo na superação dessas barreiras?

Agora visualize o que pode acontecer se você conseguir progredir para uma melhor versão de si mesmo. O que mudaria na sua vida, na sua rotina diária? Seja específico.

Conceda aos clientes tempo suficiente em cada uma dessas perguntas. Então continue:

Quando você estiver pronto, direcione sua atenção de volta para a sala.

Agora complete a Folha de Exercícios 4.1: Uma Melhor Versão de Mim Mesmo. Sem pensar muito, registre suas respostas conforme as visualizou.

FOLHA DE EXERCÍCIOS 4.1 UMA MELHOR VERSÃO DE MIM MESMO

O Plano

Defina objetivos realistas
Qual seria a melhor versão de mim mesmo em   [Dia,   Mês,   Ano   ]?

Defina objetivos que sejam:	Especifique algumas mudanças que você quer ver:
• Concretos e observáveis por meio de comportamentos, ações e hábitos • Bem integrados com sua situação de vida atual • Não conflitantes com seus valores • Apoiados por suas redes sociais	• Mais relaxado? Mais centrado? • Mais entusiasmado? Mais energizado? • Mais engajado? Mais criativo? • Mais conectado? Mais reflexivo? • Mais social? Mais relaxado? • Mais feliz? Mais saudável?

Complete estas sentenças:

Esta *Melhor Versão de Mim Mesmo* me deixará mais feliz ou mais satisfeito porque
_____

Isto é uma coisa boa para mim porque
_____

É assim que eu sempre quis ser porque
_____

É assim que eu tenho que ser porque
_____

Crie uma linha do tempo:

Data do plano: _____

Data prevista da conclusão: _____

Ponto médio (inserir data aproximada): _____

Junte-se a alguém:

Nome do amigo que está disposto a me apoiar: _____

Com que frequência a pessoa irá checar comigo meu progresso? _____

Como iremos nos comunicar?   Por telefone?   Por *e-mail*?   Pessoalmente?

Exemplos de Objetivos para *Uma Melhor Versão de Mim Mesmo*

Resiliência Emocional Mais relaxado/centrado	**Resiliência Social** Conectado mais profundamente com os amigos
• Vou iniciar uma rotina de relaxamento (p. ex., respirar profundamente algumas vezes por dia, frequentar semanalmente uma aula de ioga/meditação) • Vou incorporar tempo ocioso deliberadamente (pelo menos 15 minutos por dia) em que não vou fazer nada • Na próxima vez em que ficar incomodado, vou fazer uma pausa antes de reagir, respirar fundo, consultar alguém que possa me apresentar uma perspectiva imparcial ou tentar fazer mais perguntas para compreender o contexto • Vou eliminar pelo menos uma coisa que me distrai de me manter focado e produtivo • Vou reservar um tempo para fazer alguma coisa de que realmente gosto	• Vou identificar as forças, habilidades e competências específicas dos outros e elogiá-los • Vou perguntar a um amigo com quem me importo, mas a quem não compreendo emocionalmente, sobre formas como posso me conectar melhor com ele • Vou me engajar em uma atividade significativa, porém divertida, com meu amigo que seja mutuamente atrativa para nós (caminhar com raquete de neve, escalar rochas, jogar um jogo de tabuleiro, ir juntos a um evento/apresentação esportiva) • Vou me encontrar para almoçar ou jantar com um amigo próximo, ocasião na qual os aparelhos eletrônicos ficarão desligados • Vou fazer algum tipo de ação (grande ou pequena) para meu amigo sem que ele peça
Resiliência Física Mais Energizado/Mais Saudável	**Resiliência no Ambiente de Trabalho** Mais Engajado
• Vou criar uma rotina de exercícios que eu consiga manter regularmente (três vezes por semana) • Vou acrescentar pelo menos um lanche saudável ao meu plano alimentar diário • Vou prometer não me sentar durante um determinado período de tempo e vou incorporar atividade física à minha rotina a cada X (hora) • Vou melhorar minha qualidade de sono fazendo pelo menos uma coisa de forma consistente (p. ex., parar de comer no mínimo 2 horas antes da hora de dormir, parar de olhar telas pelo menos 1 hora antes de ir para a cama, negar convites de eventos/atividades que impactam meu sono negativamente e de forma significativa) • Vou adotar pelo menos um hábito que irá melhorar minha saúde física (p. ex., lavar as mãos, fazer *checkups* regulares)	• Vou me familiarizar com as exigências do meu trabalho/emprego revisando as tarefas necessárias, prazos, etc. • Vou dedicar a cada projeto o tempo e o esforço que ele merece, me engajando da forma ideal • Se procrastinação for um problema, vou modificar meu diálogo interno para pelo menos dois destes: Eu tenho QUE *Eu escolho* Eu devo terminar PARA *Por onde e quando posso começar?* O projeto é muito grande PARA *Posso dividir a tarefa em pequenas etapas* Meu projeto deve ser perfeito PARA *Nem todos os meus projetos podem ser perfeitos, vou me esforçar para o que for humanamente possível, não perfeito*

REFLEXÃO E DISCUSSÃO

Depois de concluírem essa prática, peça que os clientes reflitam e discutam:

- Essa foi uma visualização longa. Como você descreveria a experiência global de visualizar uma melhor versão de si mesmo? Você conseguiu acompanhá-la ou encontrou alguns desafios? Por favor, compartilhe.
- Como foi a experiência de escrever acerca do que você visualizou? Você conseguiu capturar o que visualizou ou teve dificuldades?
- Esse exercício o ajudou a gerar ideias concretas para uma melhor versão de si mesmo?
- As ideias que você gerou são concretas? Essa prática funciona melhor quando você é capaz de formular ideias concretas que são realistas, as quais você consegue administrar razoavelmente bem.
- No caso de você ter tido dificuldade para gerar ideias concretas, ter um quadro claro de uma melhor versão de si mesmo ainda pode funcionar. Em nossa experiência, ter uma imagem clara da percepção do que a pessoa quer ser – mesmo que ela tenha dificuldades para encontrar ideias concretas de como chegar lá – permite que essa pessoa foque no processo e no objetivo final. Para você, o que funcionou – uma imagem clara de uma melhor versão, caminhos concretos que levam a essa melhor versão ou ambos?

VINHETA: JOHN

John, 38 anos, foi atendido em terapia individual para sintomas de ansiedade generalizada. Esta é sua descrição de *Uma Melhor Versão de Mim Mesmo*:

"**Uma Melhor Versão de Mim Mesmo:** Quando estava no ensino médio, eu era corredor *cross-country* e participei de muitas corridas. Na faculdade, participei como atleta. Mas então as coisas deram uma reviravolta para pior. O colapso econômico cinco anos atrás me abalou em muitos níveis. Perdi meu emprego, e, um ano depois, meu casamento acabou. Então comecei a ter ataques de pânico. Quando visualizo *Uma Melhor Versão de Mim Mesmo*, não tenho problema em ver apenas uma coisa – uma versão mais calma e relaxada de mim mesmo. Para isso, optei por usar minhas forças de autorregulação e persistência, pois não estou certo de como entusiasmo, inteligência social e curiosidade poderiam me ajudar a me sentir mais calmo; elas podem, na verdade, ter um efeito oposto. Meu objetivo é começar a correr novamente. Vou começar com a meta de correr 10 km dentro de três meses e, por fim, uma meia-maratona no próximo verão."

"**Meu plano:** Planejo correr três vezes por semana, começando com 30 minutos no primeiro mês, e então progredindo para 40 minutos. Tenho a sorte de ter um emprego novamente, mas ele exige que eu fique sentado por longos períodos de tempo fazendo meu trabalho administrativo, encarando uma tela de computador quase ininterruptamente. Vai ser ótimo correr pela manhã para ter mais energia no resto do dia."

"**Quem vai me apoiar?** Tenho um amigo que mora perto. Nós costumávamos jogar beisebol juntos, e ele expressou seu interesse em correr, pois acha que engordou um pouco. Ele também costumava correr e, na última vez em que nos encontramos no supermercado, me perguntou se eu gostaria de andar de bicicleta ou correr. Vou ligar para ele e ver se gostaria de se juntar a mim. Nossos horários provavelmente não vão coincidir o tempo todo, mas sempre que possível vou lhe mandar uma mensagem na noite anterior para ver se ele estará disponível na manhã seguinte."

"**O que seria diferente se eu atingisse este objetivo?** Não acho que isso vai mudar a minha vida drasticamente, mas é uma coisa que eu queria fazer porque, na época em que corria, aquela era uma experiência que me acalmava como nenhuma outra. Mesmo depois de longas corridas, eu não me sentia cansado; também me ajudava a parar de me preocupar com meus problemas. Tenho esperança de que, se eu conseguir voltar a correr, vou recuperar meu lado mais calmo e menos ansioso – mesmo que seja um pouquinho, já vai ajudar."

Resultado: Logo após elaborar um plano, John conseguiu entrar em contato com seu amigo, e os dois começaram a correr juntos – com mais frequência do que John previa. Ele disse: "Meu parceiro de corrida agora se tornou um dos meus melhores amigos, pois ele está passando por uma separação difícil", e eles conseguiam compartilhar suas dificuldades, frequentemente depois de uma corrida. A terapia terminou quando a cobertura do seguro de John expirou. Um pouco antes da última sessão, John e seu amigo completaram com sucesso os 10 km e estavam treinando para correr uma meia-maratona dentro de um ano.

VINHETA: SALLY

Sally, 46 anos, gerente de recursos humanos, foi atendida em terapia individual devido a depressão recorrente. Esta é sua descrição de *Uma Melhor Versão de Mim Mesmo*:

"Devo dizer que eu estava muito cética sobre essa coisa toda de forças e *Uma Melhor Versão de Mim Mesmo* – me pareceu tão piegas e meio New Age. Achei que a terapia havia se transformado em um espaço cheio de receitas de autoajuda – só que muito caro. Afinal, estou acostumada ao tipo de terapia que por muitos anos focou apenas nos meus problemas de autoestima e falta de confiança."

"O objetivo do meu plano de ação foi usar minhas forças para focar em me tornar uma pessoa mais afetuosa (embora, no fim das contas, essa tenha-se revelado como minha força de assinatura), mais conectada e centrada. Essas forças não foram uma surpresa para mim, pois eu me conheço. No entanto, fiquei surpresa que espiritualidade não apareceu como uma das minhas forças de assinatura, muito embora eu me considere voltada para a espiritualidade. Decidi encontrar alguma coisa que de alguma forma pudesse me conectar com a espiritualidade, mas também algo que fizesse eu me sentir viva. Seguindo meu plano inicial, tentei meditação, fui voluntária em um abrigo de mulheres e participei de um clube do livro, mas não me senti viva e conectada profundamente. Acabei desistindo desse plano. Certa noite, fui buscar uma das minhas amigas no ensaio do seu coral. Passei menos de 10 minutos ouvindo o ensaio e adorei. Minha amiga me estimulou a entrar para o coral (em troca, ela ganhou uma carona grátis e muito tempo para me atualizar sobre as fofocas da vizinhança). Fui avaliada como apta para participar do grupo. Nas noites de ensaio, meu marido concordou em fazer o jantar e cuidar das tarefas de casa. Em troca, eu assumi a limpeza do pátio e do jardim, o que ele não costumava fazer porque nunca gostou. Supreendentemente, descobri que a experiência de arrancar as ervas daninhas e plantar e cultivar flores e plantas era muito gratificante e quase espiritual."

"Meu marido e filhos notaram a diferença, especialmente nas noites em que eu chegava em casa do ensaio do coral. Disseram que eu parecia mais alegre, e meu humor começou a melhorar gradualmente. Quando chegou o Natal, eu já me sentia mais engajada e viva e adorei a experiência de cantar em uníssono com os outros... Em inúmeras ocasiões durante as apresentações do coral, o tempo parava para mim, e eu me sentia parte de algo maior do que eu mesma – um sentimento nunca experimentado antes. Para mim, aquilo era espiritualidade; embora não fosse minha força de assinatura, ainda assim me proporcionou a mais profunda satisfação. Talvez a espiritualidade inclua muitas dimensões. No trabalho, minha equipe notou a diferença; comentaram que eu me tornei menos enérgica e já não tinha aquele olhar de uma 'chefe sobrecarregada e atarefada.'"

"Nunca imaginei que eu pudesse ficar bem sem medicação, mas estou reduzindo aos poucos. Passados seis meses, não sei se desenvolvi uma melhor versão de mim mesma. Não consigo avaliar, mas realmente me sinto mais leve e mais viva – como eu me sentia quando era muito jovem e brincava no campo, cantando pelo vale para os pássaros e as árvores."

ADEQUAÇÃO E FLEXIBILIDADE

A prática de *Uma Melhor Versão de Mim Mesmo* pode ser uma grande empreitada e pode ser que não seja concluída durante o período de tempo do tratamento. A mudança pessoal frequentemente requer desaprender hábitos antigos e ineficazes e adquirir e praticar um novo conjunto de competências. O cliente precisa alinhar os apoios e recursos para reforço, refinamento e realinhamento com outras competências existentes. Por exemplo, um de nossos clientes criou com sucesso uma nova versão de si mesmo depois de uma grave tentativa de suicídio. Essa jornada teve início cerca de quatro anos atrás, quando ele procurou internação para tratamento medicamentoso e participou de PPT individual e em grupo por dois anos. Atualmente, na ocasião em que é escrito este livro, ele acabou de publicar seu primeiro trabalho científico em uma revista de prestígio e provavelmente irá se graduar com distinção. No entanto, essa criação de sucesso de uma versão muito melhor levou quatro anos, com muitas paradas e reinícios e, o que é mais importante, com significativas mudanças sociais e físicas (p. ex., seus planos de vida e emprego) e, com esse cliente específico, mudanças existenciais (na sua mentalidade). Tudo isso levou tempo. Embora tenhamos alguns casos de muito sucesso e muitos casos moderadamente efetivos, também acumulamos em nossos prontuários clínicos inúmeras tentativas que não progrediram muito. Portanto, os clínicos devem ser pacientes e capazes de tolerar inícios e interrupções, progressão e regressão.

CONSIDERAÇÕES CULTURAIS

Ao facilitar essa prática, o clínico precisa estar ciente dos vieses culturais. Por exemplo, a essência de *Uma Melhor Versão de Mim Mesmo* está baseada no conceito de autodesenvolvimento, o que varia de cultura para cultura. O conceito ocidental de autodesenvolvimento abrange crescimento pessoal, tomar iniciativas novas e, em grande parte, individuais e encontrar nova valorização pela vida. As vinhetas descritas anteriormente destacam esses temas. O autodesenvolvimento nas culturas orientais (e a maioria não europeia) enfatiza investir nas relações; melhorar a interação social; e contribuir para a preservação das tradições familiares, grupais e tribais. Apesar da crescente diversidade cultural, pesquisas mostram que essas diferenças se mantêm. Uma implicação importante dessas diferenças é que os clientes de origem oriental podem escolher e usar suas forças de assinatura para *Uma Melhor Visão de Mim Mesmo* que envolve melhores relações com os outros. Recuperar e melhorar as relações em uma cultura interdependente requer mais esforço e interações mais complexas por um período de tempo mais longo, enquanto *Uma Melhor Versão de Mim Mesmo* focada na melhoria das forças individuais ou em tomar uma iniciativa nova pode requerer uma quantidade de tempo relativamente menor. Portanto, considere cada caso de forma independente, mesmo quando essa intervenção for administrada em contextos grupais.

Ao mesmo tempo, buscar um senso de identidade relativamente mais autônomo pode ser o objetivo desejado para um cliente proveniente de uma cultura conservadora, o que foi o caso de uma de nossas clientes que participou de PPT em grupo. Essa cliente, de origem sul-asiática conservadora e religiosa, desejava desenvolver uma melhor versão de si mesma aprendendo a reajustar sua inteligência social, modéstia e prudência (forças sobreutilizadas).

Por fim, é importante que você ofereça aos seus clientes um ambiente terapêutico onde eles sejam capazes de escolher objetivos pessoalmente significativos, atraentes e cultural e socialmente relevantes.

MANUTENÇÃO

Discuta com seus clientes estas dicas para que eles possam manter seu progresso:

- Cada um de nós tem muitos *selves*, entre os quais alguns de que gostamos e desejamos desenvolver mais e outros de que não gostamos e queremos mudar (Markus & Nuruis, 2008). A prática de *Uma Melhor Versão de Mim Mesmo* oferece a você uma forma estruturada de desenvolver um *self* que você

deseja desenvolver. Você pode repetir ou revisar essa prática quantas vezes quiser, desde que tenha clareza sobre para *qual self* desejável específico você está se encaminhado.
- Ao desenvolver uma melhor versão de si mesmo, escolha atividades que você ache realistas e relevantes e que possa manter por um longo período de tempo. (Para exemplos, veja as sugestões no final da Folha de Exercícios 4.1). Manter não significa que você não se permita desviar. Algumas situações podem requerer que você altere sua rotina. Elas podem incluir deixar de fazer um exercício para ajudar um amigo que precisa de sua ajuda imediata, ser menos criativo se um projeto precisar ser concluído dentro de um tempo e orçamento específicos e restringir ações ousadas se elas causarem mais caos do que tranquilidade.
- Embora *Uma Melhor Versão de Mim Mesmo* requeira detalhes específicos (ações concretas a serem feitas, quando, como, onde e com que frequência), também não tem problema se você iniciar esse processo (de se tornar uma pessoa melhor) sem ter todos os detalhes relevantes. Algumas vezes, o mero comprometimento de se tornar uma pessoa melhor será suficiente, e você poderá acrescentar detalhes relevantes durante o percurso. Em outras palavras, é bom que você aproveite o processo, desde que se mantenha comprometido com o resultado.
- Algumas vezes, seu viés de negatividade, que pode estar incorporado ao seu autoconceito, pode impedir seu progresso – e pode ser algo que você não consiga mudar. Você pode adiar essa prática e avançar para outras práticas da PPT que o ajudem a desfazer o viés de negatividade na esperança de que você se motive a enfrentar o desafio de criar uma melhor versão de si mesmo.
- Você também deve ter em mente que a prática de *Uma Melhor Versão de Mim Mesmo* o encoraja a criar *uma melhor* – não necessariamente *a melhor* – versão de si mesmo. Poderá levar algum tempo para criar a melhor versão. Enquanto isso, você pode criar muitas versões melhores. Os efeitos cumulativos dessas versões podem ajudá-lo, por fim, a criar e manter a versão mais desejável de si mesmo.
- Enquanto segue essa prática, algum contratempo ou um desafio agudo poderá impedir seu progresso. Lembre-se de que o juiz definitivo da sua melhor versão é *você*. Enquanto você estiver empregando seus melhores esforços, uma melhor versão de si mesmo irá tomando forma.

RELAXAMENTO NO FINAL DA SESSÃO

Recomendamos que cada sessão termine com o mesmo relaxamento breve que a iniciou.

RECURSOS

Leituras

- Meevissen, Y. M. C., Peters, M. L., & Alberts, H. J. E. M. (2011). Become more optimistic by imagining a best possible self: Effects of a two-week intervention. *Journal of Behavior Therapy* and *Experimental Psychiatry*, *42*, 371–378.
- Owens, R. L., & Patterson, M. M. (2013) Positive psychological interventions for children: A comparison of gratitude and best possible selves approaches. *The Journal of Genetic Psychology*, *174*(4), 403–428, doi:10.1080/00221325.2012.697496
- Renner, F., Schwarz, P., Peters, M. L., & Huibers, M. J. H. (2016). Effects of a best-possible-self mental imagery exercise on mood and dysfunctional attitudes. *Psychiatry Research*, *215*(1), 105–110.
- Sheldon, K. M., & Lyubomirsky, S. (2006). How to increase and sustain positive emotion: The effects of expressing gratitude and visualizing best possible selves. *The Journal of Positive Psychology*, *2*, 73.

Vídeos

- Barry Schwartz faz um apelo apaixonado à "sabedoria prática" como um antídoto para uma sociedade que está enlouquecendo com a burocracia. Ele argumenta fortemente que as regras com frequência falham conosco, os incentivos frequentemente saem pela culatra e a sabedoria prática do dia a dia irá ajudar a reconstruir nosso mundo: https://www.ted.com/talks/barry_schwartz_on_our_loss_of_wisdom
- Elizabeth Lindsey, membro da National Geographic Society, discute a sabedoria e as tradições indígenas: http://www.ted.com/speakers/elizabeth_lindsey

Websites

- *Website* da Max Planck Society. Oitenta e três institutos dessa sociedade alemã, entre eles um instituto

- de sabedoria, conduzem pesquisas básicas a serviço do público em geral em ciências naturais, ciências da vida, ciências sociais e humanidades: http://www.mpg.de/institutes
- The Science of Older and Wiser: http://www.nytimes.com/2014/03/13/business/retirementspecial/the-science-of-older-and-wiser.html?_r=0
- Sabedoria prática como a virtude principal: http://www.artofmanliness.com/2011/12/19/practical-wisdom/
- Ryan M. Niemiec: The Best Possible Self Exercise (Boosts Hope): http://blogs.psychcentral.com/character-strengths/2012/09/the-best-possible-self-exercise-boosts-hope/

11

SESSÃO CINCO
Memórias abertas e fechadas

Na sessão cinco, que é o começo da Fase Dois da psicoterapia positiva (PPT), os clientes relembram, escrevem e processam suas memórias abertas e fechadas. Eles aprendem a desenvolver competências para lidar com memórias abertas ou negativas por meio da prática da PPT de *Avaliação Positiva*.

ESBOÇO DA SESSÃO CINCO

Conceitos Centrais
    Prática na Sessão: *Memórias Abertas*
    Reflexão e Discussão
    Prática na Sessão: *Uma Memória Fechada*
    Reflexão e Discussão
    Avaliação Positiva
    Prática: *Avaliação Positiva*
    Reflexão e Discussão
    Vinheta
    Adequação e Flexibilidade
    Considerações Culturais
    Manutenção
Recursos

CONCEITOS CENTRAIS

Em PPT, chamamos as memórias que não estão plenamente compreendidas e aquelas que desencadeiam respostas emocionais negativas como "memórias abertas". As memórias que acabaram de certa forma com um resultado positivo, mesmo aquelas que envolvem desafios ou dificuldades passadas, são referidas como "memórias fechadas".

Clientes que entram em psicoterapia frequentemente dizem: "Estou carregando muita bagagem do passado, da qual não consigo me livrar" ou "Meu passado não me deixa seguir em frente". A maioria das formas de terapia tradicional, especialmente aquelas influenciadas pela visão psicodinâmica, confere um destaque terapêutico à descarga da raiva e da frustração relacionadas a sofrimentos passados. Assim, a maior parte das estratégias terapêuticas é direcionada para a liberação da raiva reprimida usando-se um pressuposto não muito testado de que, depois que a raiva é liberada, o cliente automaticamente irá adquirir *insight* terapêutico. Esse pressuposto influenciou significativamente a psicoterapia e também está disseminado na cultura popular, manifestado por meio de expressões como "desabafar", "colocar para fora" e "abrir o coração".

É improvável que desabafar memórias abertas ou negativas provoque mudança terapêutica em um cliente deprimido. Em alguns casos, isso pode ser prejudicial (Bushman, Baumeister, & Phillips, 2001). Evidências também mostram que, quando os participantes soltaram sua raiva socando um saco de boxe, na verdade se sentiram mais irritados e tinham maior probabilidade de se engajar em ação agressiva. Além disso, extravasar a raiva produz mais doença cardíaca e ressentimento (Anderson & Bushman, 2002; Chida & Steptoe, 2009). O foco repetido em memórias negativas do passado mantém e até mesmo aumenta a depressão (Nolen-Hoeksema, Wisco, & Lybomirsky, 2008).

A recordação de memórias abertas e negativas promove pensamento pessimista e fatalista e aumenta o estresse. Se não expressamos esses sentimentos na hora certa de maneira apropriada, eles começam a se instalar e se transformam em amargura em relação a outras pessoas. Assim, devido ao viés de negatividade, podemos rotular os outros como completamente maus e podemos não ser capazes de focar nas especificidades que geraram os sentimentos negativos inicialmente. É prejudicial para nós mesmos quando começamos a desenvolver sentimentos amargos por outras pessoas. Os clientes podem enxergar essas outras pessoas em termos de branco e preto e questionar desnecessariamente e interminavelmente por que os outros os ofenderam. Tais clientes com frequência perguntam: "Por que alguém faria isso comigo?". Eles podem falar sobre isso de forma obsessiva com amigos, o que é uma forma de ruminação. Os clientes presumem que a ruminação proporciona *insight*, quando, na verdade, ela acaba prejudicando-os ainda mais do que aqueles que os ofenderam. Essa ruminação sobre memórias abertas e negativas também pode empobrecer nosso suporte social porque aqueles a nossa volta podem não querer nos ouvir reacendendo constantemente o passado (Calmes & Roberts, 2008).

Evidências mostram que manter memórias negativas, como rancores, está associado à hipertensão em adultos e adolescentes. Pessoas que guardam rancores têm taxas mais elevadas de doença cardíaca, hipertensão, infarto agudo do miocárdio e dor crônica (Andreassen, 2001; Messias, Saini, Sinato, & Welch, 2010). Ter memórias negativas e guardar rancores frequentemente consistem de pensamento negativo, ressentido e cíclico (repetido). Esse tipo de pensamento empobrece os recursos cognitivos com o passar do tempo, o que limita nossas habilidades para a solução de problemas.

> **NOTA CLÍNICA**
>
> Examine o conteúdo desta sessão antes de apresentá-la aos seus clientes. É importante se assegurar de que os clientes são suficientemente estáveis emocional e psicologicamente para lidar com o tópico. Você sempre poderá voltar a este tópico em um estágio posterior no tratamento.
>
> Além disso, a Avaliação Positiva pode não ser relevante para todos os clientes, levando em consideração suas preocupações presentes.

RELAXAMENTO NO COMEÇO DA SESSÃO

No início de cada sessão, comece com um breve exercício de relaxamento. Consulte o Apêndice A: Práticas de Relaxamento e *Mindfulness*, que pode ser encontrado no final deste manual. Uma cópia desse apêndice também aparece no livro de exercícios do cliente. Continue a sessão com uma revisão do *Diário de Gratidão* do cliente, além de uma revisão dos conceitos centrais ensinados na sessão anterior.

PRÁTICA NA SESSÃO: *MEMÓRIAS ABERTAS*

Roteiro sugerido para o clínico

A seguir, apresentamos um roteiro que você pode usar para introduzir o conceito de memórias abertas (negativas) e seu impacto psicológico, social e fisiológico.

> Quando uma pessoa qualquer ouve a palavra "psicoterapia", com o que ela a associa? As respostas podem incluir: um lugar para desabafar a raiva e a frustração com o passado ou um lugar à qual vão as pessoas que têm muitos problemas dos quais querem se livrar, mas não conseguem. De fato, os novos clientes frequentemente dizem: "Meu passado não me deixa seguir em frente". Muitas formas de psicoterapia tradicional estão baseadas no processo de liberação de nossa raiva reprimida com um pressuposto pouco testado de que, depois que a raiva diminuir, o cliente irá ganhar *insight* terapêutico de forma automática. Esse pressuposto influenciou significativamente a psicoterapia e também está disseminado na cultura popular, em expressões como "desabafar", "colocar para fora" e "abrir o coração".
>
> No entanto, evidências mostram que é improvável que desabafar memórias negativas provoque mudança terapêutica em alguém com depressão (Anderson et al., 2006), e, em alguns casos, isso pode até mesmo ser prejudicial. Evidências também mostram que, quando os participantes soltaram sua raiva socando um saco de boxe, na verdade se sentiram mais irritados e tinham maior probabilidade de se engajar em ação agressiva. Além disso, extravasar a raiva pode levar a mais doença cardíaca e ressentimento. Disto isso, é incontestável que um foco repetido em memórias negativas do passado mantém a depressão e pode torná-la pior.
>
> A recordação de memórias negativas promove pensamento pessimista e fatalista e aumenta o es-

tresse. Se não expressamos esses sentimentos na hora certa de maneira apropriada, eles começam a se instalar dentro de nós. Isso se torna prejudicial quando começamos a desenvolver sentimentos amargurados por alguém. Em consequência, podemos rotular essa pessoa como "má", em vez de focarmos nas especificidades que fazem nos sentirmos assim.

Podemos não só julgar a pessoa por inteiro como também, com frequência, de forma desnecessária e interminável, tentamos compreender por que essa pessoa nos ofendeu. Podemos perguntar: "Por que essa pessoa faria isso comigo?". Se falamos sobre isso obsessivamente com nossos amigos, isso é denominado ruminação. Presumimos que esse processo nos oferece *insight*, mas de fato acaba nos prejudicando.

Ruminar memórias negativas pode prejudicar nossas amizades e o suporte social porque outras pessoas podem não querer se associar a nós se parecermos paralisados por nossas memórias negativas ou se ficarmos preocupados com nosso passado negativo.

Pesquisas mostraram que manter memórias negativas, como rancores, está associado à hipertensão em adultos e adolescentes. Pessoas que guardam rancores tendem a ter taxas mais altas de doença cardíaca, hipertensão e dor crônica.

Ter memórias negativas e guardar rancores frequentemente consistem de pensamento negativo, ressentido e cíclico (repetido). Com o tempo, esse tipo de pensamento enfraquece nossos recursos cognitivos, e isso limita nossas habilidades para a solução de problemas.

Agora nos engajaremos em uma prática curta relacionada a esses conceitos.

Prática: Detalhes Passo a Passo

Para que transmitam preocupação com os clientes e possam lhes oferecer apoio suficiente para que sejam capazes de enfrentar corajosamente memórias perturbadoras, encorajamos os clínicos a prosseguirem com esta prática usando os seguintes passos:

- **Passo 1:** Depois de concluir um exercício de relaxamento, os clientes recordam uma memória aberta – uma experiência adversa que, sempre que é recordada, desencadeia experiências e sentimentos negativos. Os clientes sentem que alguma coisa ainda está "aberta", como um "assunto inacabado", quando recordam essa memória perturbadora.

- **Passo 2:** O cliente recorda uma memória fechada – de uma experiência difícil, a qual, na época, parecia resolvida, mas agora, olhando para trás, o cliente acha que ela oferecia oportunidades de crescimento. A recordação dessa experiência traz uma sensação de fechamento e satisfação.

- **Passo 3:** Por meio de reflexão e discussão, os clientes comparam essas duas experiências.

- **Passo 4:** Os clientes aprendem competências de *Avaliação Cognitiva Positiva* e tentam usar uma ou mais para lidar com a memória aberta.

Roteiro sugerido para o clínico

Você pode usar o roteiro a seguir para estimular o cliente a escolher uma memória aberta.

> Sente-se em uma posição confortável, com os braços apoiados sobre as pernas e a cabeça, o pescoço e as costas em uma linha reta relaxada. Seus pés ficam apoiados no chão.
>
> Preste atenção a sua respiração; observe quando você inspira e expira, quando seu peito expande e contrai. Suavemente, leve sua respiração até o abdome. Repita esse ciclo. Inspire e expire 10 vezes, consigo mesmo, silenciosamente.
>
> Continue repetindo esse ciclo respiratório. Tente fazer cada inspiração e expiração durar 10 segundos. Recomece depois de cada contagem.
>
> Se sua atenção oscilar, não se preocupe. Recomece sua contagem.

Conceda pelo menos de 1 a 2 minutos para que os pacientes se concentrem. Então, leia o seguinte parágrafo literalmente:

> Recorde em sua mente uma memória que você acha que não foi plenamente compreendida. Sempre que pensa nessa memória, a experiência não é agradável, e você sente que tem algum assunto inacabado associado a ela. Isso se chama memória aberta. Tente escolher uma memória que não esteja associada a vergonha e culpa ou a uma profunda tristeza, perda, rejeição, raiva, ansiedade ou frustração.

Peça que os clientes abram os olhos. Depois que abrirem, facilite uma discussão usando as perguntas a seguir.

REFLEXÃO E DISCUSSÃO

Depois de concluir essa prática, peça que os clientes reflitam e discutam:

- Se uma memória aberta ou negativa envolver danos ou sofrimentos causados por outra pessoa, você se pega pensando nessa pessoa ou sobre as causas e consequências das ações dela? Você descreveria esse processo como reflexivo, inquietante, ruminativo, conclusivo, etc.? Quais são os benefícios e as desvantagens desse processo?
- Você discutiu essa memória negativa com mais alguém? Em caso afirmativo, qual foi o resultado? Você encontrou outra perspectiva ou expressou seus sentimentos?
- Quais são os efeitos de longo prazo no seu bem-estar emocional ao guardar essa memória negativa? O que você pode fazer para reduzir esses efeitos?

PRÁTICA NA SESSÃO: UMA MEMÓRIA FECHADA

Realize a prática a seguir logo após a discussão dessas perguntas. Recomendamos que as práticas de memória aberta e fechada sejam realizadas em uma sessão. Leia o seguinte parágrafo literalmente:

> Pense em uma situação difícil que você teve que enfrentar. Algumas vezes, mesmo quando acontecem coisas ruins, elas acabam tendo consequências positivas – coisas pelas quais agora podemos ser gratos. Tente focar nos aspectos positivos dessa experiência difícil. Por quais tipos de coisas agora você se sente grato? Isso é chamado de memória fechada.

Peça que os clientes abram os olhos. Depois que abrirem, facilite uma discussão usando as perguntas a seguir.

REFLEXÃO E DISCUSSÃO

Depois de concluir essa prática, peça que os clientes reflitam e discutam:

- Como esta experiência o beneficiou como pessoa?
- Alguma força pessoal se desenvolveu a partir desta experiência?
- Como o evento colocou sua vida em perspectiva?
- Como este evento o ajudou a reconhecer as pessoas e as coisas verdadeiramente importantes na sua vida? Em suma, como você pode ser grato pelas consequências benéficas que resultaram deste evento?

AVALIAÇÃO POSITIVA

As práticas de memórias abertas e fechadas ajudam os clientes a compreenderem que a pessoa que está impactada por memórias abertas é o cliente, não a pessoa que o ofendeu, prejudicou ou magoou. As memórias abertas do cliente – que inicialmente produziram fortes emoções negativas – permanecem não processadas e, por fim, evoluem para complexidades sintomáticas (Harvey et al., 2004). Ao se manterem apegados a essas memórias, os clientes impactam adversamente sua saúde emocional porque com frequência essas memórias os paralisam, especialmente em momentos em que o cliente quer realizar algo importante. A PPT utiliza a *Avaliação Positiva*, uma abordagem de enfrentamento baseada no significado que reinterpreta eventos ou situações de maneira positiva (Cooney et al., 2007; Folkman & Moskowtiz, 2000; Van Dillen et al., 2007).

A seguir, apresentamos exemplos de memórias negativas que os clientes detectaram como persistentes e penosas:

- *Sempre que eu tento fazer algo bom, minha esposa faz alguma coisa que me faz lembrar um incidente doloroso do passado.*
- *Sempre que eu concluo alguma coisa que acho boa, fracassos do passado me fazem lembrar que há muito mais que eu devo realizar para que possa estar à altura.*
- *Eu desejo fazer o bem, mas o ressentimento do passado me impede; as minhas boas ações foram subestimadas.*
- *Perdoei meu marido por ter me magoado, mas ainda acho difícil confiar nele novamente.*
- *Sinto muita raiva quando lembro que minha melhor amiga não me apoiou quando era realmente muito importante.*

A recordação de memórias negativas traz à tona um leque de emoções negativas, como raiva, amargura, confusão ou tristeza. Esses sentimentos podem ser mais intensos se é alguém próximo a nós quem provoca aquele dano ou sofrimento. Podemos guardar rancor e desejar que o agressor seja punido, degradado, humilhado ou fragilizado para que algum senso de justiça seja restaurado. Reconhecendo plenamente e validando de modo consciente esses sentimentos, a PPT postula que, quando memórias abertas não são enfrentadas ativamente, elas costumam evoluir para ressentimento, vingança e hostilidade. Lamentavelmente, a primeira e principal vítima não é a pessoa por quem o cliente nutre rancor, mas o próprio cliente. A PPT ajuda os clientes a lidarem com memórias abertas, amargas e negativas de maneira afirmativa por meio de quatro competências.

PRÁTICA: *AVALIAÇÃO POSITIVA*

A Folha de Exercícios 5.1: *Avaliação Positiva* lista quatro estratégias que abrangem a prática da *Avaliação Positiva* em PPT. Observe que esta e todas as outas folhas de exercícios (a) aparecem dentro da sessão correspondente deste manual e (b) podem ser baixadas na página do livro em loja.grupoa.com.br. Primeiramente, discuta essas estratégias com seus clientes e, então, os encoraje a completar a folha de exercícios para que possam lidar com memórias abertas e negativas frente a frente.

FOLHA DE EXERCÍCIOS 5.1 *AVALIAÇÃO POSITIVA*

1. **Crie Espaço Psicológico:** *Você pode criar espaço psicológico entre você e sua memória negativa persistente. Uma maneira de fazer isso é descrever a memória amarga segundo a perspectiva de uma terceira pessoa – isto é, sem usar "Eu". Isso possibilitará criar alguma distância entre você e a memória aberta, oferecendo-lhe uma oportunidade de revisar seus sentimentos e o significado da memória, em vez de reintroduzi-la.*

    Prática: Imagine que você é um jornalista, fotógrafo ou produtor de documentários e, no espaço a seguir, descreva sua memória aberta a partir do ponto de vista de uma terceira pessoa. Procure manter a expressão da terceira pessoa menos personalizada e mais neutra.

    _____
    _____

2. **Reconsolidação:** *Quando você estiver mergulhado na memória negativa, provavelmente não irá prestar atenção a todos os aspectos da situação porque seu pensamento fica limitado. Faça a prática a seguir quando você estiver em um estado calmo e não sobrecarregado por um estressor atual.*

    Prática: Respire profundamente. Recorde todos os aspectos mais delicados e sutis da sua memória aberta e amarga. Procure reinterpretá-la no espaço a seguir, deliberadamente recordando algum aspecto positivo que você possa ter deixado passar. Mantenha os aspectos negativos afastados – o máximo que puder –, porque o foco da prática está em reconhecer e escrever sobre os aspectos positivos da memória aberta que você pode não ter percebido inicialmente. Ao fazer isso, pense em seus valores mais importantes na vida e inclua-os na sua memória revisada (Folkman & Moskowitze, 2000; Van Dillen et al., 2007; Vázquez, 2015).

    _____
    _____

3. **Autofoco Consciente:** *Esta prática o encoraja a desenvolver um estado mental não incriminador e contínuo sempre que uma memória aberta se apresentar. Com uma mente receptiva, mude sua atenção para eventos e experiências internos e externos evocados pela memória negativa. Quando a memória aberta e negativa se revelar, procure observá-la em vez de reagir a ela.*

    Prática: Recue e deixe que sua memória aberta e negativa se revele diante dos seus olhos, como se você estivesse assistindo a um filme. Seja um observador em vez de ser arrebatado pelas emoções da memória. Sua tarefa é deixar as memórias desagradáveis passarem ao largo. Repita esta prática algumas vezes e anote nos espaços a seguir se suas observações o ajudam a se acostumar com a memória aberta e a se sentir menos perturbado.

    _____
    _____

4. **Desvio:** *Encorajamos você a aguçar sua atenção para prontamente reconhecer sinais que ativam a recordação das suas memórias abertas e amargas e, assim que começar a recordação, imediatamente tentar desviar sua atenção e se engajar em uma tarefa física ou cognitiva que lhe interesse. Quanto mais rápido você desviar sua atenção, mais irá aprender a reconhecer os sinais externos que ativam memórias amargas. Então, você será capaz de capturá-las rapidamente e direcionar sua atenção para comportamentos mais sadios e adaptativos.*

    Prática: Assim que sua memória aberta for desencadeada, procure desviar sua atenção e se engajar em uma tarefa física ou cognitiva que lhe interesse. Nos espaços a seguir, escreva três atividades experienciais, envolventes, práticas e complexas que podem desviar sua atenção de memórias negativas.

    _____
    _____
    _____

REFLEXÃO E DISCUSSÃO

Depois de concluir essa prática, peça que os clientes reflitam e discutam:

- Das quatro estratégias de avaliação positiva, qual(is) delas você considera a mais relevante para suas memórias abertas?
- Depois de revisar as quatro estratégias, você acha que suas memórias abertas podem ser mudadas, modificadas ou reorganizadas de uma maneira diferente que poderia funcionar para você?
- Reflita sobre suas memórias abertas. Quais delas você acha que não são passíveis de *Avaliação Positiva*? Lembre-se, você não tem que se obrigar a lidar com uma memória aberta por meio da *Avaliação Positiva*.
- Ao aplicar uma ou mais das estratégias de *Avaliação Positiva*, de que tipo de suporte social você vai precisar? Você consegue pensar em uma alternativa, caso esse suporte não esteja disponível?
- De que maneiras essas estratégias podem ajudá-lo no futuro, quando você se deparar com situações complexas, ambivalente ou conflitantes?

VINHETA: ANNA E SEU ASSUNTO INACABADO

Anna, 53 anos, mãe solteira de dois filhos adultos, apresentava sintomas crônicos de depressão e também estava amargurada por memórias do passado. A maioria dessas memórias era relacionada ao abuso emocional que Anna sofreu nas mãos do ex-marido, Doug, durante seus 12 anos de casamento, o qual foi marcado por discussões, brigas e muita infelicidade. Divorciada há quase uma década, Anna ainda era perturbada por essas memórias quando entrou em terapia. Relatou que essas memórias eram desencadeadas inesperadamente e que a deixavam com raiva, triste e isolada. Anna já havia estado em terapia anteriormente, mas acha que ainda tem algum "assunto inacabado" com essas memórias; este se tornou o foco principal de sua terapia.

A maioria de nós faz uma reflexão sobre nossos reveses e conflitos. Essa reflexão nos deixa triste – mas a maioria de nós não permanece paralisada. Somos capazes de colocar o passado em perspectiva, redirecionar o foco para nosso presente e seguir em frente em nossa vida diária. Este, no entanto, não era o caso para Anna. Ela não só pensava quase constantemente nas experiências negativas do passado como também tentava extrair novos *insights* delas. No entanto, Anna estava apenas andando em círculos em torno das causas e consequências do abuso emocional sofrido – um processo comumente conhecido como ruminação. Nas primeiras sessões, enquanto ouvia de forma empática as memórias de Anna, seu clínico gentilmente a incentivou a se tornar observadora do próprio pensamento enquanto ruminava as memórias do passado. Tornar-se observadora do próprio pensamento não era uma tarefa fácil para Anna. Para tornar o processo mais fácil e mais concreto, por sugestão do clínico, Anna manteve um registro escrito do tempo que passava apegada a essas memórias negativas e também de como ela se sentia durante e depois disso. Ela relatou que, sempre que ruminava as memórias negativas do passado, seu humor obscurecia, e ela se sentia estressada e não conseguia ter foco, consequentemente prejudicando a qualidade de seu trabalho e a vida familiar.

Em vez de discutir o conteúdo das memórias negativas de Anna, o clínico pediu que ela observasse ativamente e refletisse sobre a ruminação – uma das principais causas de sua depressão. Anna concordou, e isso a ajudou a notar que ruminar o passado, embora fosse um tanto tentador e reconfortante, não a ajudava. Ela não adquiria novos *insights* sobre sua infelicidade passada, e frequentemente pensar sobre essas memórias amargas a deixava com raiva e triste. Além disso, ela percebeu que continuava a guardar rancor de seu ex-marido, o que por vezes desencadeava um forte desejo de se vingar – algo que ela nunca faria de outra forma. Entretanto, esse desejo de vingança a levou a ter mais desconfiança em outras pessoas, inclusive seus filhos. Ela não confiava em seus colegas e não conseguia delegar trabalho que outras pessoas poderiam fazer com facilidade. Além disso, Anna comentou que haviam lhe dito que ela se tornou hipersensível, interpretando comentários benignos dos outros de uma forma negativa e levando para o lado pessoal.

> Depois de desenvolver consciência sobre as consequências de apegar-se a memórias negativas, Anna focou no desenvolvimento da competência de deixar fluir. Anna achava – e com razão – que era uma vítima, um saco de pancadas e um capacho. Ela viveu a maior parte de sua vida sob a influência de duas personalidades, uma mãe forte e assertiva e um marido dominador. Anna achava que o abuso emocional prolongado que sofreu havia deixado cicatrizes profundas em sua personalidade que não poderiam ser curadas. O clínico chamou sua atenção para o presente, em que o abuso já havia parado porque Anna se divorciara há quase 10 anos e estava em pleno processo de passar do papel de vítima para o de sobrevivente.
>
> O clínico e Anna discutiram que o passado, por mais doloroso que seja, não pode ser mudado, mas não pode determinar o presente e o futuro. Se Anna permitir que o passado continue a ditar ou direcionar seu presente e futuro, ela muito provavelmente continuará a experimentar tristeza, sentir um vazio e permanecer isolada e infeliz. Esse papel de vítima a impediu de crescer e explorar novas formas de ser. Após muita discussão, Anna começou a se ver como uma sobrevivente com potencial para crescimento.

ADEQUAÇÃO E FLEXIBILIDADE

Algumas memórias negativas são tão poderosas (p. ex., abuso sexual ou físico, perda trágica de uma pessoa amada, um acidente, desastres naturais ou crimes contra a humanidade) que continuam a provocar fortes emoções sempre que a memória é revisitada. Embora a *Avaliação Positiva* possa ajudar as pessoas a lidar com essas memórias poderosas, o melhor é que os clientes comecem por memórias relativamente menos intensas e avancem de forma gradual para as mais severas e carregadas emocionalmente.

Uma memória negativa causada por uma figura de autoridade ou instituição (p. ex., professor, escola, instituição religiosa) pode não ser fácil de administrar, especialmente se a memória envolver violação dos direitos pessoais. Portanto, aconselhamos os clientes a não as usar na *Avaliação Positiva* porque tais memórias podem evocar outras memórias relacionadas, o que poderia, então, desencadear uma crise ou uma cascata de emoções que podem ser difíceis de conter.

A *Avaliação Positiva* também não é aconselhável para aqueles que experimentaram um trauma recente ou que provavelmente irão experimentar novamente a intensidade dos sintomas relacionados ao trauma. Nem todo trauma precisa de avaliação. Em alguns casos, tentar lidar com um trauma apressadamente pode, de fato, fazer o tiro sair pela culatra. Antes de iniciar essa prática, informe seus pacientes de que esta pode ser uma sessão desafiadora e de que, portanto, vocês terão que avançar lentamente.

Explore e aplique pesos apropriados a fatores de personalidade específicos que possam interagir com essa prática. Por exemplo, uma de nossas clientes tendia a ser muito sensível e focada em pequenas gafes sociais (p. ex., desaprovação não verbal, não ser convidada para uma festa). Ela não tinha os recursos necessários para colocar em perspectiva essas transgressões menores: a discussão prévia e as formas de usar a força de caráter da sabedoria permitiram que ela colocasse as coisas em perspectiva e se engajasse na *Avaliação Positiva*.

Uma memória negativa pode ter múltiplas versões ou cópias. Por exemplo, se a memória negativa envolver não ser capaz de se defender – frequentemente o caso com clientes deprimidos –, ajude o cliente a selecionar a versão mais característica e a usar as estratégias descritas previamente para lidar de forma adaptativa com a memória. Depois que o cliente conseguir elaborar a memória, ajude-o a aplicar a estratégia a episódios passados similares.

Use técnicas de relaxamento como respiração profunda, relaxamento muscular progressivo e imaginário positivo com clientes que podem ficar ansiosos durante a recordação ou avaliação. Depois de relaxado, será muito mais fácil distinguir entre os aspectos negativos e os positivos.

Alguns clientes podem perceber desvio como esquiva ou supressão – o termo pode subentender isso. Em vez de se envolverem em trabalho mais aprofundado para lidar com a memória negativa de forma adaptativa, eles podem apressadamente suprimir ou evitar as emoções negativas associadas à memória e, então, afirmar que dominaram completamente a memória. Como proteção contra uma abordagem precipitada, periodicamente pergunte ao cliente sobre a redução no impacto adverso da memória negativa. Por exemplo, um paciente que é "pavio curto" pode usar a estratégia de desvio para enfrentar sua propensão à raiva jogando um jogo que envolva movimento físico ou jogando no seu *smartphone* ou pode desviar sua atenção para uma atividade física de uma tarefa doméstica.

Alguns clientes podem não querer imediatamente lidar de forma adaptativa com a memória negativa; tais clientes podem preferir desabafar porque se mantiveram apegados a essa memória por muito tempo, e pensar nela os faz se sentirem vivos, ou podem encarar o abandono de uma memória negativa, rancor, ressentimento ou vingança como um sinal de fraqueza. Outros gostam de ter fácil acesso a essas memórias para continuar com a autocomiseração ou o papel de vítima. Com tais clientes, uma discussão mais detalhada, realizada com cordialidade, autenticidade e empatia, pode ajudá-los a avaliar o impacto negativo de se manter apegado às memórias negativas e sublinhar a importância da mudança. E, quando apropriado, permitir que os pacientes desabafem sua raiva de uma maneira segura pode prepará-los para um melhor engajamento nos esforços terapêuticos.

Além disso, certifique-se de que os clientes não se sentem forçados ou coagidos a realizar a *Avaliação Positiva*, pois isso pode comprometer os sentimentos de autonomia e controle do cliente. Por sua vez, a receptividade terapêutica, a autenticidade e a empatia podem encorajar os clientes a enfrentarem questões difíceis e crônicas que podem estar evitando.

O processamento de memórias negativas pode ser apenas temporário se uma ocorrência similar ou um encontro adverso com a mesma pessoa trouxer de volta as memórias negativas, especialmente se a ofensa for grave (p. ex., abuso, agressão, infrações morais deliberadas). Como o abandono desse rancor pode criar o risco de minimizar a ofensa, esquecê-la no curto prazo ou mesmo parcialmente negar ou evitar emoções dolorosas, encoraje os clientes a escolherem uma memória aberta que não envolva uma ofensa grave, especialmente quando estão aprendendo a desenvolver e a manter as competências.

Para ofensas mais graves, meramente abandonar as memórias abertas e negativas pode não ser suficiente. Poderá ser necessário um processo de perdão ativo, comprometido e difícil, e esse processo é discutido no Capítulo 12 (Sessão Seis: Perdão). No entanto, alguns clientes podem precisar conhecer mais sobre os rancores e podem se interessar pelo perdão. A discussão do conteúdo e do processo de perdão requer tempo considerável e pode abrir memórias e problemas que podem ser mais bem administrados em uma prática mais focada no perdão. Algumas vezes, os efeitos terapêuticos da *Avaliação Positiva* não serão mantidos, pois os sintomas podem retornar ou piorar.

CONSIDERAÇÕES CULTURAIS

A cultura tem um impacto na forma como as experiências negativas, traumas e desafios se manifestam. Esteja atento ao modo como a linguagem do estresse é conceituada dentro da cultura do cliente. Tenha em mente que existem variações dentro das culturas, em grande parte devido a fatores familiares e financeiros. Alguns clientes podem não conseguir articular uma memória aberta, pois isso pode revelar estresse cultural, com o qual eles não se sentem capazes de lidar. Além disso, a expectativa cultural dos papéis e deveres pode impedir que alguns clientes revelem o que sentem, ou o próprio trauma pode ser influenciado por um fator peculiar à cultura. Por exemplo, uma de nossas clientes, Latifah, uma mulher de uma cultura interdependente, foi abusada sexualmente por um familiar próximo. Anos mais tarde, quando contou à mãe sobre o abuso, sua mãe (embora empatizasse totalmente com a filha) aconselhou Latifah a permanecer calada e não compartilhar a informação com ninguém, muito embora Latifah ocasionalmente tivesse que cruzar com seu abusador em reuniões sociais. Latifah achou a resposta da mãe muito mais traumática do que o próprio abuso ou do que encontrar o abusador em situações sociais. Esteja atento ao fato de que as normas culturais às vezes podem moldar o conteúdo de uma experiência traumática.

Alguns clientes podem se defrontar com barreiras culturais à recordação e à articulação de uma memória negativa, especialmente se a memória envolver uma pessoa próxima a eles. Na cultura ocidental, compartilhar emoções difíceis é percebido como um sinal de competência e coragem. Entretanto, esse pode não ser o caso em culturas não ocidentais, portanto o contexto cultural deve ser levado em consideração com clientes que podem ter visões similares acerca da expressão de uma memória negativa.

MANUTENÇÃO

Discuta as dicas a seguir com seus clientes para que eles possam manter seu progresso:

- Quando uma memória aberta continua lhe revisitando, sobretudo se ela surge inesperadamente em situações em que você menos espera, use as competências aprendidas nesta sessão. Se sua experiência com a prática da *Avaliação Positiva* foi útil, considere a possibilidade de lidar com uma memória aberta diferente – de preferência alguma coisa que ainda o perturba, mas que não é tão traumática. Encontre um local confortável e silencioso. Comece com uma prática de *mindfulness* de sua escolha – alguma coisa que você já tenha feito em PPT. Respire profundamente algumas vezes. Monitore seu estado emocional. Se você não estiver se sentindo sobrecarregado ou emocionalmente anestesiado, prossiga. Lembre-se, o objetivo é focar em sentimentos negativos sem ser pressionado por eles. Se você não se sentir sobrecarregado, por meio de reflexão, elabore a memória acrescentando contexto do passado (alguma razão histórica relacionada a essa experiência negativa), do presente (a situação mudou desde sua ocorrência?) e relacionado ao futuro (quais são as chances de que esse incidente volte a ocorrer?). Escreva sobre algum significado que você consiga extrair da experiência que seja pessoalmente relevante para seu bem-estar. Questione-se se você consegue se relacionar com a experiência negativa de forma diferente.
- Se as memórias abertas continuarem a perturbá-lo, usando o processo aqui descrito, tente recordar aspectos positivos que você pode ter ignorado na época do incidente devido às circunstâncias estressantes. Em virtude dos vieses de negatividade, aspectos positivos ou adaptativos da situação frequentemente escapam a nossa atenção. Recorde os detalhes para explorar se você ignorou algum aspecto positivo. Você também pode recordar situações similares que podem ajudá-lo a identificar aspectos positivos que passaram despercebidos.
- Ao prosseguir, em situações estressantes ou negativas, tente a técnica de distração conforme discutido na prática de *Avaliação Positiva*. Embora desviar nem sempre seja fácil, tente mudar seu foco para uma tarefa cognitiva moderadamente complexa que o deixe envolvido (como ler ou preparar seu bolo de chocolate favorito).

RELAXAMENTO NO FINAL DA SESSÃO

Recomendamos que cada sessão termine com o mesmo relaxamento breve que a iniciou.

RECURSOS

Leituras

- Ayduk, Ö., & Kross, E. (2010). From a distance: Implications of spontaneous self-distancing for adaptive self-reflection. *Journal of Personality and Social Psychology, 98*(5), 809–829. doi:10.1037/a0019205
- Denkova, E., Dolcos, S., & Dolcos, F. (2015). Neural correlates of 'distracting' from emotion during autobiographical recollection. *Social Cognitive and Affective Neuroscience, 10*(2), 219–230. doi:10.1093/scan/nsu039
- Huffziger, S., & Kuehner, C. (2009). Rumination, distraction, and mindful self-focus in depressed patients. *Behaviour Research and Therapy, 47*(3), 224–230. doi:10.1016/j.brat.2008.12.005
- Joormann, J., Hertel, P. T., Brozovich, F., & Gotlib, I. H. (2005). Remembering the good, forgetting the bad: intentional forgetting of emotional material in depression. *Journal of Abnormal*

- *Psychology*, *114*(4), 640–648. doi:10.1037 0021-843X.114.4.640
- Messias, E., Saini, A., Sinato, P., & Welch, S. (2010). Bearing grudges and physical health: Relationship to smoking, cardiovascular health and ulcers. *Social Psychiatry and Psychiatric Epidemiology*, *45*(2), 183–187.
- Redondo, R. L., Kim, J., Arons, A. L., Ramirez, S., Liu, X., & Tonegawa, S. (2014). Bidirectional switch of the valence associated with a hippocampal contextual memory engram. *Nature*, *513*, 426–430. doi:10.1038/nature13725

Vídeos

- Uma dramatização para demonstrar como lidar com memórias negativas e rancores: http://www.webmd.com/mental-health/features/forgive-forget
- Reestruturação cognitiva em terapia cognitivo-comportamental, um vídeo do Instituto Beck de Terapia Cognitiva: https://youtu.be/orPPdMvaNGA
- O autor e terapeuta Paul Gilbert explora como o conhecimento do funcionamento de nossas mentes pode ajudar a romper padrões de pensamento negativos e ajudar a nos tornarmos mais compassivos: https://youtu.be/pz9Fr_v9Okw

Websites

- MIT Technology Review: Corrigindo Memórias Ruins, 17 de junho de 2013: http://www.technologyreview.com/featuredstory/515981/repairing-bad-memories/
- A Ciência da Felicidade – Um Experimento sobre Gratidão: https://youtu.be/oHv6vTKD6lg?list=PL373A068F767AD185

12

SESSÃO SEIS
Perdão

A sessão seis ensina que o perdão é um processo de mudança, e não um evento. Esta sessão explica o que é o perdão e o que não é. As práticas de psicoterapia positiva (PPT) nela incluídas são a *REACH*, que é uma abordagem do perdão, e a *Carta de Perdão*.

ESBOÇO DA SESSÃO SEIS

Conceitos Principais
    Prática na Sessão: *REACH*
    Reflexão e Discussão
    Uma Segunda Prática: A *Carta de Perdão*
    Reflexão e Discussão
    Vinhetas
    Adequação e Flexibilidade
    Considerações Culturais
    Manutenção
Recursos

CONCEITOS PRINCIPAIS

O perdão é um processo de mudança, e não um evento. É um processo de redução das emoções, motivações e cognições negativas baseadas no ressentimento (Worthington, 2005). Os clientes voluntariamente decidem não procurar vingança; em vez disso, oferecem à pessoa agressora sua gentileza e compaixão.

Em vez do estímulo a permanecer preso a um ciclo de ódio, guardar rancores e ruminar memórias negativas abertas, o perdão oferece aos clientes uma alternativa à vingança. O acúmulo de rancores é um processo emocional contínuo e geralmente complicado marcado por hostilidade, raiva residual, medo e depressão (Worthington & Wade, 1999). O perdão requer que os clientes façam uma escolha informada, modificando sua relação com o passado, de um passado destrutivo para um construtivo (McCullog et al., 2014).

O perdão auxilia a cura psicológica por meio da mudança positiva no afeto, melhora a saúde física e mental, recupera o senso de poder pessoal de uma vítima, ajuda a promover a reconciliação entre agredido e agressor e promove esperança para a solução de conflitos entre grupos no mundo real (Cornish & Wade, 2015; Fehr, Gelfand, & Nag, 2010; Toussaint & Webb, 2005; Van Tongeren et al., 2014).

O perdão pode sugerir muitas coisas, mas é importante que os clientes compreendam o que o perdão *não* significa (Enright & Fitzgibbons, 2015; Worthington, Witvliet, Pietrini, & Miller, 2007):

- perdoar o agressor
- abrandar as demandas por justiça por intermédio de meios socialmente aceitáveis
- esquecer os erros
- aceitar e desculpar (tolerar ou deixar passar uma ofensa)
- justificar – isto é, começar a acreditar que o que o agressor fez estava certo
- presumir que o tempo vai curar
- ignorar as consequências naturais da ofensa substituindo os pensamentos ou emoções negativos por positivos
- equilibrar as balanças – isto é, dar o troco fazendo outra coisa

Comparavelmente às noções aqui descritas, no contexto da PPT o perdão é uma competência psicológica que os clientes podem usar, além da *Avaliação Positiva*, para lidar com memórias negativas, feridas emocionais e mágoas.

RELAXAMENTO NO COMEÇO DA SESSÃO

No início de cada sessão, comece com um breve exercício de relaxamento. Consulte o Apêndice A: Práticas de Relaxamento e *Mindfulness*, que pode ser encontrado no final deste manual. Uma cópia desse apêndice também aparece no livro de exercícios do cliente. Continue a sessão com uma revisão do *Diário de Gratidão* do cliente, além de uma revisão dos conceitos centrais ensinados na sessão anterior.

PRÁTICA NA SESSÃO: *REACH*

Como Perdoar?

Worthington (2006) sugere um processo em cinco passos (embora não seja fácil nem rápido), o qual denomina **REACH**.

NOTA CLÍNICA

Enquanto percorre os passos de REACH com seus clientes, peça que respondam a cada passo usando a Folha de Exercícios 6.1: REACH. Observe que esta e todas as folhas de exercícios (a) aparecem dentro da sessão correspondente deste manual e (b) podem ser baixadas da página do livro em loja.grupoa.com.br.

Roteiro sugerido para o clínico

Você pode usar o roteiro a seguir para apresentar os passos de REACH a seus clientes:

> Vamos começar uma prática sobre perdão. Essa prática é chamada de REACH, e eu gostaria que você seguisse cada passo em sequência. Ela vai exigir uma quantidade substancial de tempo e esforço, mas, considerando os enormes benefícios que ela pode trazer quando você concluir esses passos, eu sugeriria que você a experimentasse com seriedade. Por favor, não hesite em discutir essa prática, se necessário – mesmo quando tivermos avançado para outros tópicos.

Passo Um: R = Recorde (*Recall*) um evento: Você pode fechar os olhos caso se sinta confortável. Pense em uma pessoa que o magoou e continue a sentir o efeito nocivo da mágoa. Não mergulhe em autopiedade. Respire profundamente, lentamente e com calma enquanto visualiza o evento. (Conceda aos clientes de 2 a 3 minutos.)

Por favor, abra os olhos. Nos espaços reservados na Folha de Exercícios 6.1, descreva o evento, incidente ou ofensa. Não é preciso usar os nomes verdadeiros. Você pode usar as iniciais da pessoa ou um pseudônimo do qual consiga se lembrar.

Passo Dois: E = Empatize (*Empathize*) com o ponto de vista do agressor: Quando a sobrevivência está sendo ameaçada, um agressor pode machucar pessoas inocentes. Tenha em mente que a empatia é um ingrediente essencial do perdão. Ela envolve identificar-se emocionalmente e com a experiência do outro – sem avaliar. Para ajudá-lo a fazer isso, lembre-se do seguinte:

- Quando as pessoas sentem que sua sobrevivência está ameaçada, elas podem machucar pessoas inocentes.
- Em geral, pessoas que atacam outras estão em um estado de medo, preocupação e dor.
- A situação em que as pessoas se encontram – não necessariamente suas personalidades subjacentes – pode levá-las a causar danos.
- As pessoas geralmente não pensam quando magoam outras; elas simplesmente partem para o ataque.

O Passo Dois não é fácil de ser dado, mas tente inventar uma história plausível que o agressor poderia contar se fosse desafiado a justificar suas ações. Nos espaços reservados na Folha de Exercícios 6.1, escreva o que você acha que seu agressor estava pensando.

Passo Três: A = Altruísta (*Altruistic*), o dom do perdão: Este é outro passo difícil. Primeiro, recorde um momento em que você transgrediu, sentiu culpa e foi perdoado. Este foi um presente que você recebeu de outra pessoa porque precisava dele, e você ficou grato pelo presente. Nos espaços reservados na Folha de Exercícios 6.1, escreva uma descrição do evento.

Passo Quatro: C = Comprometa-se (*Commit*) a perdoar publicamente: As formas de você perdoar publicamente incluem escrever um "certificado de perdão", escrever uma carta de perdão, escrever em seu diário, escrever um poema ou música ou contar a um amigo confiável o que você fez. Todos estes são contratos de perdão que conduzem ao passo final no processo REACH. Destes, qual contrato você está disposto a celebrar publicamente para expressar seu comprometimento com o perdão? Nos espaços reservados, escreva como você gostaria de mostrar publicamente seu compromisso com o perdão.

Passo Cinco: Honre o perdão: Este é outro passo difícil porque as memórias do evento certamente vão reaparecer. Perdoar não é apagar; em vez disso, é uma mudança nos pontos marcantes que a memória contém. É importante perceber que as memórias não significam que você não perdoou essa pessoa. Não rumine vingativamente as memórias e não se permita ficar preso a elas. Lembre-se de que você perdoou e leia o documento que compôs no Passo Quatro.

Nos espaços reservados na Folha de Exercícios 6.1, liste coisas que podem ajudá-lo a honrar seu perdão, além de coisas que podem interferir ou enfraquecer sua resolução de honrá-lo.

FOLHA DE EXERCÍCIOS 6.1   REACH

Passo Um: R = Recorde (Recall) um evento: Você pode fechar os olhos caso se sinta confortável. Pense em uma pessoa que o feriu e continue a sentir o efeito nocivo da dor. Não mergulhe em autopiedade. Respire profundamente, lentamente e com calma enquanto visualiza o evento. Quando estiver pronto, abra os olhos e, nos espaços a seguir, descreva o evento, incidente ou ofensa. Não é preciso usar os nomes verdadeiros. Você pode usar as iniciais da pessoa ou um pseudônimo do qual consiga se lembrar.

_____
_____
_____

Passo Dois: E = Empatize (Empathize) com o ponto de vista do agressor: Quando a sobrevivência está sendo ameaçada, um agressor pode machucar pessoas inocentes. Tenha em mente que a *empatia* é um ingrediente essencial do perdão. Empatia envolve identificar-se emocionalmente e com a experiência do outro – sem avaliar. Para ajudá-lo a fazer isso, lembre-se do seguinte:

- Quando as pessoas sentem que sua sobrevivência está ameaçada, elas podem machucar pessoas inocentes.
- Em geral, pessoas que atacam outras estão em um estado de medo, preocupação e dor.
- A situação em que as pessoas se encontram – não necessariamente suas personalidades subjacentes – pode levá-las a causar danos.
- As pessoas geralmente não pensam quando magoam outras; elas simplesmente partem para o ataque.

O Passo Dois não é fácil de ser dado, mas tente inventar uma história plausível que o agressor poderia contar se fosse desafiado a justificar suas ações. Nos espaços a seguir, escreva o que você acha que seu agressor estava pensando.

_____
_____
_____

Passo Três: A = Altruísta (Altruistic) dom do perdão: Este é outro passo difícil. Primeiro, recorde um momento em que você transgrediu, sentiu culpa e foi perdoado. Este foi um presente que você recebeu de outra pessoa porque precisava dele, e você ficou grato pelo presente. Nos espaços a seguir, escreva uma descrição do evento.

_____
_____
_____

Passo Quatro: C = Comprometa-se (Commit) a perdoar publicamente: As formas de perdoar publicamente incluem escrever um "certificado de perdão", escrever uma carta de perdão, escrever em seu diário, escrever um poema ou música ou contar a um amigo confiável o que você fez. Todos estes são contratos de perdão que conduzem ao passo final no processo REACH. Destes, qual contrato você está disposto a celebrar publicamente para expressar seu comprometimento com o perdão? Nos espaços reservados, escreva como você gostaria de mostrar publicamente seu compromisso com o perdão.

_____
_____
_____

Passo Cinco: Honre o perdão: Este é outro passo difícil porque as memórias do evento certamente irão reaparecer. Perdoar não é apagar; em vez disso, é uma mudança nos pontos marcantes que a memória contém. É importante perceber que as memórias não significam que você não perdoou essa pessoa. Não rumine vingativamente as memórias e não se permita ficar preso a elas. Lembre-se de que você perdoou e leia o documento que compôs no Passo Quatro.

Em seguida, nos espaços reservados, liste coisas que podem ajudá-lo a honrar seu perdão, além de coisas que podem interferir ou enfraquecer sua resolução de honrá-lo.

Liste coisas que podem ajudá-lo a honrar seu perdão:
1. _____
2. _____
3. _____

Liste coisas que podem interferir ou enfraquecer sua resolução de honrar o perdão:
1. _____
2. _____
3. _____

Encoraje seus clientes a esclarecerem perguntas que possam ter sobre a implantação de *REACH*.

REFLEXÃO E DISCUSSÃO

Se os clientes conseguirem experimentar ou completar a prática *REACH*, encoraje-os a aprender o processo de perdão por meio das seguintes perguntas:

- O quão honestamente e plenamente você conseguiu seguir a prática *REACH*?
- Durante os passos descritos, surgiu raiva, decepção e/ou hostilidade? Se você sentiu alguma dessas emoções, que passo específico da prática, ou alguma outra coisa, o ajudou a continuar a seguir adiante?
- Qual passo da prática você achou mais difícil?
- Se você pudesse prever alguma experiência que poderia desviá-lo da sua resolução de perdoar, qual poderia ser?
- Algumas pessoas perdoam, mas não agem de uma forma clemente. Como você descreveria seu perdão?
- Como você compararia perdão superficial com perdão genuíno?
- Se você sentisse que não poderia perdoar plenamente neste momento, o que poderia ajudá-lo a atingir um nível mais alto de perdão?

UMA SEGUNDA PRÁTICA: *A CARTA DE PERDÃO*

O *REACH* pode levar algum tempo para ser realizado, e a PPT também oferece uma segunda prática de perdão, conforme descrito na Folha de Exercícios 6.2.

FOLHA DE EXERCÍCIOS 6.2 ESCREVENDO UMA *CARTA DE PERDÃO*

Para esta prática, pense em pessoas que o prejudicaram no passado e a quem você nunca perdoou explicitamente. Quais dessas experiências persistem em sua memória e geram emoções negativas das quais você gostaria de se libertar? Escolha uma pessoa a quem você gostaria de perdoar e escreva uma carta de perdão para ela. Não envie a carta – esta prática é para você, não para ela. Você pode até mesmo escrever para uma pessoa que já morreu.

Na carta, descreva em termos concretos como você foi prejudicado por essa pessoa. Como você foi afetado pela transgressão original? Como continuou a ser ferido pela memória do evento? Não deixe de encerrar com uma declaração explícita de perdão.

Para consolidar esta prática, considere mais duas opções:

1. *Você pode planejar uma cerimônia na qual simbolicamente perdoa o perpetrador/transgressor e se liberta da raiva ou amargura. Por exemplo, você pode ler a carta em voz alta (para si mesmo) e enterrá-la no pátio ou colocá-la em um envelope especial, deixando-a selada.*
2. *Se quiser continuar seu trabalho sobre perdão, mantenha um Diário do Perdão. Nele, registre aqueles casos em que memórias dolorosas de ofensas do passado invadem o presente. Reflita sobre como sua vida seria diferente se você se libertasse da raiva e do ressentimento que acompanham essas memórias. Use seu diário para escrever cartas de perdão ou declarações mais rápidas de perdão quando necessário.*

REFLEXÃO E DISCUSSÃO

Depois de realizar essa prática, peça que os clientes reflitam e discutam:

- Escrever sobre memórias difíceis e situações difíceis, embora desafiador, acaba sendo terapêutico. Em que aspectos esse processo foi terapêutico para você?
- Qual foi a parte mais difícil ao escrever essa carta?
- Em que aspectos o processo de escrita é diferente de apenas se manter apegado a memórias da ofensa que ocupam sua mente?

> **VINHETA: LIA E SUA *CARTA DE PERDÃO***
>
> Conforme observado, além da prática de REACH, os clientes podem escrever uma *Carta de Perdão*. Eles podem ser convidados a fazer o rascunho de uma carta de perdão durante a sessão e depois reescrever a carta durante a semana. A seguir, apresentamos a versão final de uma carta como essa escrita por uma de nossas clientes, Lia, uma mulher de vinte e poucos anos. (Note que Lia escreveu sua Carta de Perdão, mas não a entregou. Nesse caso específico, Lia escreveu uma carta de perdão ao seu pai falecido.)
>
> Meu querido pai,
>
> Que Deus dê descanso a sua alma e lhe conceda toda a Sua bondade do outro lado. Escrevi esta carta para você, pai, na esperança de que ela traga paz a nós dois e possibilite que eu abra algum espaço em meu coração para que possa preenchê-lo com mais amor por você.
>
> Pai, é possível que você não saiba, pois nunca expressei estes pensamentos para você, mas quero que saiba que eu o perdoo por não ter feito da minha mãe, minhas duas irmãs e eu uma prioridade constante na sua lista de responsabilidades. Sei que você tinha muito amor e orgulho de nós em seu coração, mas algumas vezes as ações não traduzem necessariamente as intenções, e é por saber disso que agora sou capaz de dizer com um sorriso que eu o perdoo.
>
> Sabe, desde que consigo me lembrar eu me pergunto por que sua preferência por gastar seu dinheiro e às vezes seu tempo foi sempre focada para fora, com outras pessoas, enquanto nós, sua família, sempre éramos deixadas famintas e desprovidas de atenção. Quando era criança, recordo do meu embaraço a cada ano na escola, quando em algum momento nós éramos escoltadas para fora do prédio porque nossas mensalidades não tinham sido pagas. Quando adolescente, aquele constrangimento se transformou em raiva cada vez que eu via minha mãe recolher nossos pertences dentro de sacos pretos de lixo porque tínhamos sido despejados de casa mais uma vez. Eu tinha muita raiva durante boa parte do tempo naquela época e acabei me transformando numa pessoa muito calada. Internalizei todas as minhas emoções e frustrações e, de certa forma, comecei a alimentar dentro de mim um animal de negatividade que se abrigou em meu peito durante muitos anos.
>
> Lembro-me de uma época no final da adolescência quando eu decidi que a vida que estávamos vivendo não era saudável. Eu sabia que você já tinha ido para a cadeia algumas vezes, mas ninguém nunca me falou isso claramente. Eu sabia muito bem que não tínhamos condições de comprar os alimentos básicos ou pagar água corrente e eletricidade porque você foi incapaz de planejar nossas vidas de modo eficiente. Também sabia que as suas irmãs e as famílias delas no Sudão estavam vivendo uma vida muito melhor do que nós porque você as sustentava integralmente. Eu sabia.
>
> Aquele animal que comecei a alimentar em meu peito anos antes havia se transformado num monstro bem nutrido de 3 metros de altura que estava pronto para devorar tudo o que estivesse em seu caminho. Por muito tempo, eu soube que só podia esperar o pior de você. Eu tinha certeza de que as contas nunca seriam pagas, de que nunca seria mostrado respeito por minha mãe, e a parte mais triste era que eu tinha certeza de que sua tirania e ira se voltariam contra minhas irmãs e eu.
>
> Apesar de tudo isso, eu perdoo você – pois já fui perdoada por aqueles a quem ofendi ou julguei mal na minha vida. Consigo refletir e reviver certos cenários onde eu fui a perpetradora e a outra pessoa foi capaz de ver além do meu delito e me concedeu seu perdão. Esses são relacionamentos que hoje fazem de mim uma pessoa melhor e uma colaboradora mais "pé no chão". Ter sido perdoada por alguém representa um presente que me foi dado, e hoje eu gostaria de lhe entregar este presente do perdão.

O que me esqueci de mencionar anteriormente é que, junto com o monstro sombrio, havia uma criatura de luz e amor em meu coração que crescia mais a cada vez que eu ouvia sua voz ou via seu rosto. Sou grata pela luz que me permitiu ver que você é como qualquer outra pessoa que pode nunca ter sabido como valorizar sua esposa e filhas, mas que sabia como dar assistência às irmãs com quem foi criado. Essa sua característica particular é a razão pela qual você sempre será a pessoa mais generosa que já conheci. Para onde essa generosidade é direcionada não é o ponto central aqui, mas sua habilidade de dar incondicionalmente.

Foi um grande desafio para meu cérebro racional e analítico ficar em paz com quem você é. Até agora, e presumo que nos próximos anos, vou me perguntar o que levou você a priorizar os outros. Posso me questionar, mas nunca mais irei julgá-lo.

Já faz *cinco* anos desde que eu o enterrei, e não há um só dia que passe sem que eu seja grata por você ter sido meu pai e por todas as coisas maravilhosas que você inspirou em mim: seu amor pela educação, sua rebelião contra o *status quo*, o coração sensível que você escondia por trás de montanhas de rochas e, acima de tudo, seu orgulho. Como adulta, escolho viver as melhores partes de você e conscientemente recordar de atributos que irei me esforçar para não adquirir. Você sempre será meu pai, e eu sempre vou amá-lo.

Descanse em paz, meu querido pai.
Sua filha e confidente,
Lia

NOTA CLÍNICA

A PPT recomenda que a Carta de Perdão seja escrita, mas não necessariamente entregue. Os clientes precisam avaliar se entregar a carta é apropriado no momento e para a pessoa a quem é dirigida. Os clientes devem estar conscientes da possibilidade de uma reação de raiva ou outra reação emocional por parte do alvo da Carta de Perdão.

VINHETA: KYU MEIN

Kyu Mein, um homem de 27 anos, procurou terapia devido a sintomas depressivos persistentes e ansiedade social. Durante o curso da terapia, relatou ter ressentimento em relação ao seu tio, que o agrediu fisicamente pressionando seu peito quando Kyu Mein era muito jovem. O cliente guardou esse ressentimento desde então. Kyu Mein tentou usar REACH para perdoar seu tio, mas não funcionou para ele. O clínico sugeriu que ele escutasse um *podcast* sobre como lidar com raiva e ressentimento de diferentes maneiras. Depois de ouvir o *podcast*, Kyu Mein afirmou que não precisa perdoar seu tio. Ele disse: "Posso ter compaixão por ele, posso lhe dar o dom da compaixão. E ser compassivo não significa que eu precise perdoá-lo".

ADEQUAÇÃO E FLEXIBILIDADE

Os clientes podem nutrir raiva por inúmeras razões, inclusive condições de vida precárias, bairros carentes e discriminação racial. No entanto, a prática *REACH* e a Carta de Perdão não visam abordar as condições sociais. Os clientes podem querer trabalhar nos danos causados por uma pessoa específica, mas estes podem estar enraizados em um contexto social mais amplo (p. ex., discriminação baseada em raça, orientação sexual, habilidade ou etnia). A PPT não fala com as pessoas como representantes de grupos que podem ter sofrido injustiças historicamente (p. ex., uma minoria radicalizada que tem sido historicamente maltratada, como os negros ou índios americanos). No entanto, sem envolver outros, a PPT pode ajudar os clientes a experimentarem o perdão como um processo unilateral; ou seja, os clientes podem se beneficiar do perdão sem a expectativa de receber um pedido de desculpas ou reconhecimento por parte do agressor.

Às vezes, o processo de perdão não é eficaz, pois os clientes estão tentando esquecer algo que não deve ser perdoado, como abuso, violação grosseira e repetida dos direitos ou agressões que machucam o cliente; entretanto, a verdadeira vítima pode ser outra pessoa.

A manutenção do perdão depende da personalidade do cliente e da agudeza dos sintomas. Por exemplo, para um cliente com sintomas agudos ou reincidentes de um trauma ou com sintomas severos de depressão, pode ser difícil manter o perdão. Estes são dois exemplos de nossa prática: (a) Lien perdoou um familiar pelo abuso emocional que havia lhe infligido durante anos. Esse abuso levou Lien a desenvolver sintomas crônicos de depressão e ansiedade. Em uma reunião de família, um pequeno conflito reacendeu as memórias amargas de abuso de Lien, e todo seu perdão se extinguiu. Ela agora detesta o familiar ainda mais do que antes. (b) Em vez de passar pelo processo de perdão, Francesca começou a acusar o agressor *on-line*. Uma forte retaliação por parte do agressor agora deixou a situação ainda pior.

Clientes com trauma não resolvido podem recorrer ao perdão como uma forma de seguirem em frente. Ajude esses clientes a compreenderem que o perdão é um processo único e distinto de processos que podem se parecer com perdão, mas não são. Desde que os clientes estejam prontos para se engajar no processo com uma mente aberta, o processo pode resultar em perdão, ou não.

NOTA CLÍNICA

Não é aconselhável que os clientes usem o perdão para todas as agressões. As agressões podem precisar ser discutidas com você, e a pessoa que está perdoando deve ser alertada a respeito do que Michael McCullough (2008, p. 87) chama tornar-se "capacho de todos". Revisite as competências de sabedoria prática (veja o Capítulo 9, Sessão 3, neste manual) com esses clientes.

CONSIDERAÇÕES CULTURAIS

Expectativas e explicações culturais, religiosas e familiares podem facilitar ou inibir o perdão de várias maneiras. Por exemplo, as expectativas culturais podem encorajar o perdão por conveniência social para satisfazer a família ou clã. Certifique-se de que o cliente é capaz de encontrar formas de conciliar possíveis conflitos. Em algumas comunidades culturais, o perdão é conceituado como um processo que, de fato, não é perdão; pode ser desculpar, abrandar as demandas por justiça, esquecer, ignorar ou forçadamente normalizar a agressão.

O contexto cultural pode oferecer um significado diferente para perdão, o qual pode ou não funcionar para os clientes. Ajude-os a compreenderem o que é perdoar e o que não é. Por exemplo, um de nossos clientes considerou que Deus se vingou em seu nome quando a pessoa que lhe causou mal se colocou em uma situação terrível. Outro cliente aceitou uma explicação não relacionada da pessoa que o ofendeu e posteriormente a perdoou, porém voltou a experimentar uma agressão similar da mesma pessoa menos de um ano depois.

MANUTENÇÃO

Discuta as seguintes dicas com seus clientes para que eles possam manter seu progresso:

- A manutenção do perdão depende de o perpetrador se abster de agressões futuras, especialmente se você e ele tiverem chance de se encontrar no futuro.
- Se você não consegue perdoar e se apega a memórias negativas ou rancores, note que aqueles que guardam rancores têm probabilidade de desenvolver hipertensão e taxas mais elevadas de doença cardíaca, hipertensão, infarto e dor crônica. Escolher o perdão é benéfico para seu bem-estar geral.
- Para manter o perdão, revise periodicamente os cinco passos de *REACH* (apresentados na Folha de Exercícios 6.1) e reafirme seu compromisso, preferencialmente com uma pessoa de confiança.
- Para manter o perdão ou ampliar seus benefícios, faça uma lista dos indivíduos dos

quais você guarda rancor e, então, se encontre com eles pessoalmente, discuta ou visualize como você pode aplicar *REACH* com eles. Não se esqueça de colocar a agressão original em seu contexto apropriado e em perspectiva.
* Você pode inicialmente perdoar uma agressão ou o agressor, mas não conseguir manter o perdão e, de fato, recorrer a meios passivos de manutenção do rancor, agressão ou dor. Portanto, é importante passar pelo processo de perdão para obter uma mudança duradoura.

RELAXAMENTO NO FINAL DA SESSÃO

Recomendamos que cada sessão termine com o mesmo relaxamento breve que a iniciou.

RECURSOS

Leituras
* Baskin, T. W., & Enright, R. D. (2004). Intervention studies on forgiveness: A meta-analysis. *Journal of Counseling and Development*, *82*, 79–80.
* Harris, A. H. S., Luskin, F., Norman, S. B., Standard, S., Bruning, J., Evans, S., & Thoresen, C. E. (2006). Effects of a group forgiveness intervention on forgiveness, perceived stress, and trait-anger. *Journal of Clinical Psychology*, *62*(6), 715–733. doi:10.1002/jclp.20264
* Pronk, T. M., Karremans, J. C., Overbeek, G., Vermulst, A. A., & Wigboldus, D. H. J. (2010). What it takes to forgive: When and why executive functioning facilitates forgiveness. *Journal of Personality and Social Psychology*, *98*(1), 119–131. doi:10.1037/a0017875
* Worthington, E. L. Jr., & Wade, N. G. (1999). The psychology of unforgiveness and forgiveness and implications for clinical practice. *Journal of Social and Clinical Psychology*, *18*, 385–418.

Vídeos
* Palestra no TED: As mães que encontraram perdão e amizade, uma que perdeu um filho no 11/09 e uma cujo filho foi condenado: https://www.ted.com/talks/9_11_healing_the_mothers_who_found_forgiveness_friendship
* Nelson Mandela: Mensagem de Perdão – O *Making Of* de Mandela: https://youtu.be/S2RyxVURHoY
* *Um Sonho de Liberdade*: O momento em que Red finalmente se opõe ao sistema e impõe seus próprios termos de liberdade: https://youtu.be/KtwXlIwozog

Websites
* Psicólogo Everett Worthington, um líder na pesquisa do perdão: http://www.evworthington-forgiveness.com/
* Dez Exemplos Extraordinários de Perdão: http://listverse.com/2013/10/31/10-extraordinary-examples-of-forgiveness/

Podcast
* Uma Maneira Melhor de Ficar Brabo: conselhos da filósofa Martha Nussbaum: http://www.cbc.ca/radio/tapestry/anger-and-forgiveness-1.3997934/a--better-way-to-be-angryadvice-from-philosopher--martha-nussbaum-1.3997950

13

SESSÃO SETE
Maximização versus *satisfação*

A sessão sete apresenta os conceitos de maximização (fazer a melhor escolha possível) e satisfação (fazer uma escolha "suficientemente boa"). A prática central da psicoterapia positiva (PPT) abordada nesta sessão é *Em Direção à Satisfação*.

ESBOÇO DA SESSÃO SETE

Conceitos Centrais
    Prática na Sessão: *Você é um Maximizador ou um* Satisficer?
    Reflexão e Discussão
    Prática na Sessão: *Em Direção à Satisfação*
    Reflexão e Discussão
    Vinhetas
    Adequação e Flexibilidade
    Considerações Culturais
    Manutenção
Recursos

CONCEITOS CENTRAIS

Uma parte essencial de nosso bem-estar inclui exercermos controle sobre nosso ambiente e sermos capazes de produzir os resultados desejados. A disponibilidade das escolhas desempenha um papel crítico no exercício do controle e na configuração dos resultados desejados (Leotti et al., 2010). Apesar da existência de barreiras ambientais específicas, gostamos de variar os graus das escolhas. Os indivíduos usam essa escolha de formas diferentes. Segundo o psicólogo Barry Schwartz (2004), os *maximizadores* sempre visam fazer a melhor escolha possível, comparando produtos, tanto antes quanto depois de tomarem as decisões de compra, e tomando seu tempo para decidir o que comprar. Eles fazem um esforço enorme lendo rótulos, checando revistas para consumidores e experimentando produtos novos. Também gastam mais tempo comparando suas decisões de compra com as de outros. Por sua vez, os *satisficers* visam o "suficientemente bom", mesmo que possa haver ou não escolhas melhores lá fora, e, quando um item alcança os padrões que estabeleceram, param de procurar.

Schwartz (2004) argumenta que a possibilidade de escolha é uma bênção ambígua. É difícil reunir informações adequadas sobre as opções necessárias para fazer uma escolha, e, à medida que nossa gama de opções se expande, os padrões do que é um resultado aceitável aumentam. (Por exemplo, ande pelos corredores de muitos supermercados hoje e verá uma ampla variedade de cereais para o café da manhã. Como você toma uma decisão quando há tantas opções?) Quando nossas opções se expandem, podemos passar a acreditar que qualquer resultado inaceitável é nossa culpa, porque, com tantas opções, deveríamos ser capazes de encontrar a melhor. A pesquisa de Schwartz indica que, embora os maximizadores provavelmente façam melhores escolhas objetivas, eles obtêm menos satisfação com elas. Quando precisam encerrar a busca e comprometer-se, os maximizadores se sentem apreensivos. Schwartz identificou que os maiores maximizadores são os menos felizes com seus esforços. Quando comparados a outros, eles obtêm pouco prazer quando descobrem que se saíram melhor e sentem substancialmente mais insatisfação quando descobrem que se saíram pior. Também são mais inclinados a se arrepender depois de uma compra e, se sua compra os desapontar, levam muito mais tempo para se recuperar. Além disso, os maximizadores tendem a cismar ou ruminar mais do que os *satisficers*.

Os maximizadores são mais propensos à depressão e ao perfeccionismo devido a expectativas excessivamente altas e temores autorrealizáveis de arrependimento. Os perfeccionistas, como os maximizadores, buscam atingir o melhor, pois ambos têm padrões muito altos. Os perfeccionistas têm padrões que não esperam atingir, enquanto os maximizadores têm padrões muito altos que esperam atingir e, quando não conseguem atingi-los, ficam deprimidos (Chowdhury, Ratneshwar, & Mohanty, 2009; Schwartz et al., 2002).

Nossas vidas nos apresentam uma grande variedade de escolhas, desde decisões cotidianas, como o que comer, o que vestir e que imagem colocar como tela de fundo da área de trabalho, até decisões mais importantes, como quem namorar, qual universidade frequentar, que carreira seguir e para onde se mudar ou onde comprar uma casa. Independentemente do quanto seja grande ou pequena, cada escolha reforça nossas crenças sobre controle. No entanto, a pesquisa de Schwartz mostra que opções demais, embora algumas vezes possam produzir uma melhor decisão, cobram um preço alto para o maximizador e subestimam o impacto emocional da maximização.

RELAXAMENTO NO COMEÇO DA SESSÃO

No início de cada sessão, comece com um breve exercício de relaxamento. Consulte o Apêndice A: Práticas de Relaxamento e *Mindfulness*, que pode ser encontrado no final deste manual. Uma cópia desse apêndice também aparece no livro de exercícios do cliente. Continue a sessão com uma revisão do *Diário de Gratidão* do cliente, além de uma revisão dos conceitos centrais ensinados na sessão anterior.

PRÁTICA NA SESSÃO: *VOCÊ É UM MAXIMIZADOR OU UM SATISFICER?*

Peça que os clientes completem a Folha de Exercícios 7.1. Essa prática irá ajudar a avaliar se o cliente é um maximizador ou um *satisficer*. Observe que esta e todas as folhas de exercícios (a) aparecem dentro da sessão correspondente deste manual e (b) podem ser baixadas na página do livro em loja.grupoa.com.br.

FOLHA DE EXERCÍCIOS 7.1 VOCÊ É UM MAXIMIZADOR OU UM *SATISFICER*?

Usando a escala a seguir, faça uma autoavaliação e explore onde você se enquadra no continuum satisficer-*maximizador*.[1]

1 – Discordo totalmente   2 – Discordo   3 – Discordo um pouco
4 – Neutro   5 – Concordo um pouco   6 – Concordo   7 – Concordo totalmente

Afirmação		Resposta
1	Sempre que me defronto com uma escolha, tento imaginar quais são todas as outras possibilidades, mesmo as que não estão presentes no momento.	
2	Não importa o quanto eu esteja satisfeito com meu emprego, o certo para mim é estar vigilante para melhores oportunidades.	
3	Quando estou no carro ouvindo rádio, frequentemente verifico outras estações para ver se está tocando alguma coisa melhor, mesmo que eu esteja relativamente satisfeito com o que estou ouvindo.	
4	Quando assisto TV, mudo de canal frequentemente, zapeando as opções disponíveis mesmo enquanto estou tentando assistir a um programa.	
5	Trato os relacionamentos como roupas: experimento muito antes de encontrar o ajuste perfeito.	
6	Com frequência encontro dificuldade em comprar um presente para um amigo.	
7	Alugar vídeos é muito difícil. Sempre tenho dificuldade para escolher o melhor.	
8	Quando faço compras, tenho dificuldade para encontrar uma roupa de que eu realmente goste.	
9	Sou grande fã daquelas listas que tentam fazer o *ranking* das coisas (os melhores filmes, os melhores cantores, os melhores atletas, os melhores romances, etc.).	
10	Acho muito difícil escrever, mesmo que seja apenas uma carta a um amigo, porque é muito difícil colocar em palavras da forma exata. Frequentemente faço muitos rascunhos, mesmo de coisas simples.	
11	Não importa o que eu faça, exijo de mim os mais altos padrões.	
12	Nunca me contento em ser o segundo melhor.	
13	Frequentemente fantasio viver de forma muito diferente da minha vida real.	

Depois de completar a folha de exercícios, compute o escore total (a soma de todos os 13 itens). O escore médio nesta escala é 50. O escore alto é a partir de 75, e o baixo é abaixo de 25. Não há diferenças de gênero. Se marcou 65 ou mais, você tem comportamentos ou hábitos maximizadores que têm impacto adverso no seu bem-estar. Se marcou 40 ou menos, você está na extremidade de satisfação da escala.

[1] Reproduzido com permissão, Schwartz et al., 2002.

REFLEXÃO E DISCUSSÃO

Depois de concluir essa prática, peça que os clientes reflitam e discutam:

- O que seu escore indica sobre você?
- Se você pontuou alto (50 ou mais), de que forma ter conhecimento disso vai ajudá-lo a fazer algumas mudanças significativas em direção à satisfação?
- Se você pontuou baixo, o quanto está consciente dos custos (econômicos, emocionais e físicos) da maximização?
- Ninguém maximiza em todas as áreas da vida. Em quais delas você maximiza e em quais satisfaz? Lembre-se e compare suas reações emocionais em ambas as situações.
- Você já se percebeu engajado em mais comparação de produtos do que os *satisficers*?
- Algumas pessoas querem *ter* escolhas, enquanto outras querem *fazer* escolhas. Qual delas o descreve melhor?

PRÁTICA NA SESSÃO:
EM DIREÇÃO À SATISFAÇÃO

A alternativa à maximização é a satisfação. Um *satisficer* tem critérios e padrões, mas não está preocupado com a possibilidade de que haja algo melhor. Independentemente do fato de seus clientes em geral maximizarem ou satisfazerem, peça que completem a Folha de Exercícios 7.2: Dez Formas de Aumentar a Satisfação, que lista estratégias derivadas do trabalho de Barry Schwartz. Apresente essas estratégias a eles durante a sessão e ajude-os a escrever um objetivo personalizado na folha de exercícios no final de cada estratégia. Discuta como esse objetivo pode ser alcançado, tanto maximizando quanto satisfazendo, e qual pode ser o custo ou o benefício de cada abordagem.

FOLHA DE EXERCÍCIOS 7.2 DEZ FORMAS DE AUMENTAR A SATISFAÇÃO[2]

Nº	Estratégia
1	***Seja um Escolhedor, Não um Colhedor:*** Escolhedores são pessoas que são capazes de refletir sobre o que torna uma decisão importante, se talvez nenhuma das opções deva ser escolhida, se deve ser criada uma nova opção e sobre que escolha particular diz alguma coisa sobre o escolhedor como indivíduo. *Você pode ser um Escolhedor, não um Colhedor, nas áreas a seguir:* • Reduza ou elimine deliberações sobre decisões que não são importantes para você. • Use parte do tempo que você liberou para se perguntar o que realmente quer nas áreas de sua vida em que as decisões são importantes. Se nenhuma dessas opções funcionar, você irá tentar: _____ _____
2	***Satisfaça Mais e Maximize Menos:*** Para adotar a satisfação, você irá tentar: • Pensar em ocasiões na sua vida em que você se contentou confortavelmente com o "suficientemente bom". • Verificar como você fez escolhas nessas áreas. • Aplicar essa estratégia mais amplamente. Se essas opções não funcionarem, você irá tentar: _____ _____
3	***Reflita sobre os Custos da Oportunidade:*** Você pode evitar a decepção resultante de pensar sobre os custos da oportunidade tentando o seguinte: • A menos que esteja verdadeiramente insatisfeito, você vai se manter com o que geralmente compra. • Você vai resistir à tentação do "novo e aperfeiçoado". • Vai adotar a atitude de "não coçar a menos que tenha coceira". • Não vai se preocupar com a possibilidade de perder todas as coisas novas que o mundo tem a oferecer. Se essas estratégias não funcionarem, você irá tentar: _____ _____
4	***Torne Sua Decisão Irreversível:*** Quando uma decisão é definitiva, nos envolvemos em uma série de processos psicológicos que reforçam nossos sentimentos sobre a escolha que fizemos em relação às alternativas. Se uma decisão for reversível, não nos evolvemos nesses processos com a mesma intensidade. Liste exemplos de suas decisões reversíveis: a. _____ b. _____ c. _____

Nº	Estratégia
	Agora liste decisões irreversíveis que você irá tomar nas seguintes áreas de sua vida: a. _____ b. _____ c. _____
5	***Pratique uma "Atitude de Gratidão":*** Você pode melhorar muito sua experiência subjetiva esforçando-se conscientemente para ser grato com mais frequência pelos aspectos positivos associados a fazer escolhas e ficar menos decepcionado com os aspectos negativos relacionados a isso. Você irá praticar uma atitude de gratidão em relação às seguintes escolhas: a. _____ b. _____ c. _____
6	***Arrependa-se Menos:*** A ferroada do arrependimento (real ou potencial) colore muitas decisões e algumas vezes nos influencia a evitar completamente tomar decisões. Embora o arrependimento seja com frequência apropriado e instrutivo, quando se torna muito pronunciado, a ponto de intoxicar ou até mesmo impedir decisões, você pode fazer um esforço para minimizá-lo. Você vai reduzir o arrependimento ao: • Adotar os padrões de um *satisficer* em vez dos de um maximizador. • Reduzir o número de opções que você considera antes de tomar uma decisão. • Focar no que é bom em uma decisão em vez de focar nas suas decepções com o que é ruim. Se essas estratégias não funcionarem, você irá tentar: _____ _____
7	***Preveja Adaptações:*** Normalmente nos adaptamos a quase tudo o que vivenciamos. Em tempos difíceis, a adaptação nos possibilita evitar a parte mais pesada das dificuldades; em tempos bons, a adaptação nos insere em uma "rotina hedônica", roubando de nós a plena medida da satisfação que esperamos de cada experiência positiva. Não podemos impedir a adaptação. Você irá desenvolver expectativas realistas sobre como as experiências mudam com o tempo: • Se você comprar um artefato novo, estará ciente de que o entusiasmo não vai durar mais de dois meses. • Você empregará menos tempo procurando a coisa perfeita (maximizando) para que os imensos custos da procura não "amortizem" a satisfação que você obtém com o que escolheu. • Você irá se lembrar de como as coisas são realmente boas, em vez de focar em como elas são menos boas do que eram inicialmente. Se essas estratégias não funcionarem, você irá tentar: _____ _____

Nº	Estratégia
8	***Expectativas de Controle:*** Nossa avaliação da experiência é influenciada substancialmente pelo modo como ela se compara às nossas expectativas. Portanto, o caminho mais fácil para aumentar a satisfação com os resultados das decisões pode ser diminuir as expectativas excessivamente altas sobre elas. Para facilitar a tarefa de baixar as expectativas, você irá: • Reduzir o número de opções que vai levar em consideração. • Ser um *satisficer* em vez de um maximizador. • Permitir o acaso. Se essas estratégias não funcionarem, você irá tentar: _____ _____
9	***Limite as Comparações Sociais:*** Avaliamos a qualidade de nossas experiências por meio de comparações sociais. Embora seja útil, essa prática frequentemente reduz nossa satisfação. Você irá experimentar o seguinte: • Vai lembrar que "Aquele que morre com mais brinquedos vence" é um adesivo de para-choque, não sabedoria. • Vai focar no que o torna feliz e no que dá significado a sua vida. Se essas estratégias não funcionarem, você irá tentar: _____ _____
10	***Aprenda a Amar as Limitações:*** À medida que as opções aumentam, a liberdade de escolha acaba se tornando uma tirania da escolha. As decisões rotineiras tomam tanto tempo e atenção que se torna difícil viver aquele dia. Em muitas circunstâncias, aprenda a encarar as limitações nas possibilidades como libertação, não restrição. A sociedade fornece regras, padrões e normas para fazer escolhas, e a experiência individual cria hábitos. Ao decidirmos seguir uma regra (p. ex., sempre usar o cinto de segurança, nunca beber mais do que dois cálices de vinho em uma noite), evitamos ter que tomar uma decisão deliberada repetidamente. Esse tipo de obediência às regras nos libera tempo e atenção que podem ser dedicados a pensar sobre escolhas e decisões às quais as regras não se aplicam. Você irá seguir estas regras: a. _____ b. _____ c. _____

[2] Schwartz (2004).

REFLEXÃO E DISCUSSÃO

Depois de concluir essa prática, peça que os clientes reflitam e discutam:

- Entre as estratégias de satisfação descritas aqui, quais delas você é capaz de implantar de forma relativamente independente?
- Entre as estratégias discutidas aqui, para quais você precisa de cooperação ou suporte de outros para ter sucesso?
- Algumas escolhas ou decisões, como para onde se mudar, que emprego aceitar ou com quem se casar, se beneficiariam com a maximização. Quais áreas de sua vida se beneficiariam com a maximização?
- A maximização do comportamento e da tomada de decisão frequentemente está baseada na validação externa, como, por exemplo, alguma coisa que está sendo altamente valorizada, recomendada por especialistas ou que é socialmente desejável ou preferida ou seguida por muitos. Sua tomada de decisão depende desses tipos de medidas?

VINHETA: JESSIE E SEUS SAUCONYS

O trecho a seguir se refere a um de nossos clientes, Jessie, que descreve sua compreensão de maximização e satisfação após a discussão desses conceitos em detalhes durante a terapia individual.

"Na semana passada, um fino pedacinho de meia começou a se revelar através de um furo nos meus tênis. Eu tinha adiado demais; já era hora de comprar outro par. Então busquei no Google "comprar tênis de corrida" e, de repente, eu tinha 27.000 lojas de calçados para escolher. Com certeza eu iria encontrar o par perfeito. Mas talvez não seja tão bom assim ter milhares de opções de calçados. Considerar minhas opções e ter que renunciar a muitas características atrativas de coisas não escolhidas causa pesar. Eu adoro meus tênis novos, mas há as características de ventilação e amortecimento da Nike com as quais meus Sauconys novos não estão equipados. Quanto mais opções disponíveis, mais características desejáveis eu posso lamentar não poder aproveitar."

VINHETA: ANASTASIA E SUAS IDAS AO *SHOPPING*

Anastasia, universitária veterana, com sintomas de ansiedade, descreve a experiência de usar uma das estratégias de satisfação:

"Antes de fazer o exercício, eu ia ao *shopping* para comprar roupas, passava muito tempo indo de loja em loja, olhando itens similares na mesma faixa de preço. Tirava fotos no meu celular, comparava os itens com as opções *on-line*... e por fim fazia a compra... Mas então, em casa, logo eu começava a ruminar sobre as imperfeições da minha compra e devolvia os itens... Aquele era um ciclo constante de busca, compra e devolução, busca, compra e devolução. No fim de semana passado, deliberadamente desviei do meu caminho, fui até o *shopping* de descontos mais distante e comprei itens de liquidação que não podem ser devolvidos. Quando cheguei em casa, senti uma estranha sensação de encerramento."

ADEQUAÇÃO E FLEXIBILIDADE

Alguns clientes que pontuam alto na dimensão da maximização podem ser simplesmente grandes realizadores que têm mais sucesso e credenciais superiores e que aprenderam a esperar mais de si mesmos. Assim, é importante ir além dos escores e explorar se o cliente é um maximizador ou um grande realizador, ou ambos.

Também é importante compreender a interação entre a personalidade e a maximização/satisfação do cliente. Por exemplo, clientes com boas habilidades analíticas associadas a um permanente senso de curiosidade provavelmente maximizam mais do que clientes que têm forças como amabilidade, humildade e gratidão. As forças parecem estar mais associadas à satisfação do que à maximização.

CONSIDERAÇÕES CULTURAIS

A maximização também pode ser uma estratégia comportamental proveniente da família de origem do cliente. Por exemplo, em uma família que emigrou de condições econômicas carentes para uma sociedade ocidental abundante em bens materiais e oportunidades, a maximização pode ser um processo de aculturação para a família. Ou seja, antes de tomar uma decisão, a família quer explorar todas as opções, já que esse processo lhes possibilita a aculturação.

Antes de imigrar para um país ocidental próspero, se uma família de origem cultural diferente experimentou dificuldades econômicas severas, como fome, guerra ou outro trauma, as tendências à maximização podem ser uma forma de aliviar a ansiedade em relação à possibilidade de um desastre futuro potencial.

Algumas famílias ou indivíduos percorrem longas distâncias para encontrar a oferta melhor e menos cara não porque estão maximizando, mas porque precisam sobreviver com um orçamento apertado.

Algumas famílias imigrantes, especialmente aquelas com pais que trabalham arduamente para garantir um melhor futuro acadêmico ou profissional para seus filhos, tendem a viver com sacrifício durante a infância. Elas acreditam que, para conseguir realizar o "sonho americano", seus filhos precisam se sobressair em todos os domínios. Assim, "encorajam" fortemente seus filhos a maximizar cada oportunidade. Para algumas outras famílias bem-sucedidas e com alto desempenho, as tendências à maximização são incutidas nos filhos, em parte, devido à crença de que estes terão que maximizar as oportunidades para conseguir manter a posição social e socioeconômica, especialmente em suas comunidades culturais.

Um recém-formado ou um trabalhador que acabou de ser demitido e está se candidatando a dúzias de empregos tem menos probabilidade de satisfazer e maior probabilidade de maximizar enquanto procura um trabalho para sua sobrevivência.

MANUTENÇÃO

Além das estratégias destacadas na Folha de Exercícios 7.2, discuta com seus clientes as dicas a seguir para que eles possam manter seu progresso:

- Os maximizadores têm mais probabilidade de fazer comparações sociais, especialmente avaliar padrões e o *status* relativo de suas próprias experiências ou posses. Para promover satisfação, em vez de basear-se em padrões externos, desenvolva suas próprias âncoras, ou seja, seus próprios padrões internos.
- Para promover satisfação, saboreie as experiências. Em vez de tentar cultivar muitas experiências de muito alta qualidade (alta em valor do prazer), procure manter tais experiências relativamente raras e exclusivas. Isso irá impedir a adaptação, e você terá menos tendência a aumentar as apostas depois de cada experiência prazerosa.
- Ao explorarem um grande número de opções, os maximizadores tendem a acreditar que podem controlar muitas áreas de suas vidas – desde sua educação até seu emprego e desde a escolha dos parceiros até a criação de identidades sociais. No entanto, pesquisas mostram que o ganho líquido (em termos das informações adicionais) tem pouco ou nenhum impacto sobre o resultado (Schwartz et al., 2002). Em outras palavras, a busca do controle ou manejo de um resultado perfeito dá aos maximizadores a impressão de que estão no controle, mas o resultado é quase inconsequente. Além disso, todo o esforço usado para administrar o processo de controle priva os maximizadores de desfrutar o processo.

RELAXAMENTO NO FINAL DA SESSÃO

Recomendamos que cada sessão termine com o mesmo relaxamento breve que a iniciou.

RECURSOS

Leitura
- Jain, K., Bearden, J. N., & Filipowicz, A. (2013). Do maximizers predict better than satisficers? *Journal of Behavioral Decision Making*, *26*(1), 41–50. doi:10.1002/bdm.763
- Kahneman, D., & Tversky, A. (1984). Choices, values, and frames. *American Psychologist*, *39*, 341–350.
- Schwartz, B. (2004). *The Paradox of Choice: Why More Is Less*. New York: Ecco/HarperCollins.
- Schwartz, B., Ward, A., Monterosso, J., Lyubomirsky, S., White, K., & Lehman, D. R. (2002). Maximizing versus satisficing: Happiness is a matter of choice. *Journal of Personality and Social Psychology*, *83*(5), 1178–1197. doi:10.1037/0022-3514.83.5.1178

Vídeos
- Palestra no TED: Barry Schwartz, autor de *The Paradox of Choice*, discute como mais opções nos paralisam e acabam com nossa felicidade: https://www.ted.com/talks/barry_schwartz_on_the_paradox_of_choice
- Palestra no TED: Shyeena Iynger discute como as pessoas escolhem e o que nos faz pensar que somos bons nisso: https://www.ted.com/speakers/sheena_iyengar
- Palestra no TED: Dan Gilbert discute como nossas crenças do que nos faz felizes frequentemente estão erradas: http://www.ted.com/talks/dan_gilbert_researches_happiness
- Para avaliar se você maximiza ou satisfaz, faça um teste *on-line (em inglês)*: http://www.nicholasreese.com/decide/

Websites
- Elizabeth Bernstein: A Forma Como Você Toma Decisões Diz Muito Sobre o Quanto Você é Feliz. Os "Maximizadores" Checam Todas as Opções, os *Satisficers* Tomam a Melhor Decisão Rapidamente: Adivinhe Quem É Mais Feliz? (*The Wall Street Journal*): http://www.wsj.com/articles/how-you-make-decisions-says-a-lot-about-how-happy-you-are-1412614997

14

SESSÃO OITO
Gratidão

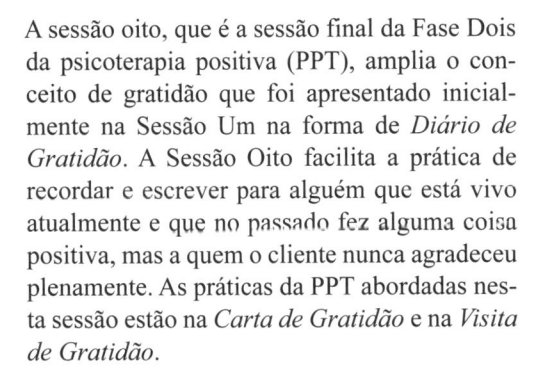

A sessão oito, que é a sessão final da Fase Dois da psicoterapia positiva (PPT), amplia o conceito de gratidão que foi apresentado inicialmente na Sessão Um na forma de *Diário de Gratidão*. A Sessão Oito facilita a prática de recordar e escrever para alguém que está vivo atualmente e que no passado fez alguma coisa positiva, mas a quem o cliente nunca agradeceu plenamente. As práticas da PPT abordadas nesta sessão estão na *Carta de Gratidão* e na *Visita de Gratidão*.

ESBOÇO DA SESSÃO OITO

Conceitos Centrais
    Práticas na Sessão: *Carta de Gratidão* e *Visita de Gratidão*
    Reflexão e Discussão
    Vinhetas
    Adequação e Flexibilidade
    Considerações Culturais
    Manutenção
Recursos

CONCEITOS CENTRAIS

Os conceitos centrais a seguir são idênticos aos apresentados no Capítulo 7, Sessão Um, no qual introduzimos o *Diário de Gratidão*.

Gratidão é uma experiência de agradecimento, que envolve notar e valorizar as coisas positivas na vida. Ao fazermos isso, reconhecemos o valor e o significado dos aspectos positivos.

A gratidão amplia a perspectiva e desenvolve outras emoções positivas e raciocínio positivo (Emmons, 2007).

Indivíduos clinicamente deprimidos apresentam gratidão significativamente mais baixa (cerca de 50% menos gratidão) do que os controles não deprimidos (Watkins, Grimm, & Kolts, 2004). Na verdade, a gratidão pode proteger os clientes contra crises de depressão (Tsang, 2006; Wood et al., 2008).

A gratidão estimula os clientes a reestruturarem experiências negativas como positivas quando apropriado e realista. Essa reestruturação, por sua vez, está associada a menos sintomas psicológicos (Lambert, Fincham, & Stillman, 2012). Aprender a ser mais grato por meio de práticas continuadas, como manter um *Diário de Gratidão*, pode ajudar os clientes a aprender e usar estratégias de enfrentamento mais positivas, o que diminui o estresse (Wood, Joseph, & Linley, 2007).

RELAXAMENTO NO COMEÇO DA SESSÃO

No início de cada sessão, comece com um breve exercício de relaxamento. Consulte o Apêndice A: Práticas de Relaxamento e *Mindfulness*, que pode ser encontrado no final deste manual. Uma cópia desse apêndice também aparece no livro de exercícios do cliente. Continue a sessão com uma revisão do *Diário de Gratidão* do cliente, além de uma revisão dos conceitos centrais ensinados na sessão anterior.

PRÁTICAS NA SESSÃO: *CARTA DE GRATIDÃO* E *VISITA DE GRATIDÃO*

Roteiro sugerido para o clínico

A seguir, apresentamos um roteiro que você pode usar para introduzir o conceito da *Carta de Gratidão* aos seus clientes:

> Sente-se em uma posição confortável com as mãos apoiadas sobre as pernas e a cabeça, o pescoço e o tronco em uma linha reta relaxada. Os pés devem ficar apoiados no chão.
>
> Preste atenção a sua respiração; observe enquanto seu peito se expande e contrai. Suavemente, traga sua respiração para o abdome. Repita esse ciclo. Inspire e expire 10 vezes, contando silenciosamente.
>
> Continue a repetir esse ciclo respiratório. Procure fazer cada inspiração e expiração durar 10 segundos. Reinicie depois de cada contagem.
>
> Feche os olhos. Evoque o rosto de alguém que ainda está vivo e que anos atrás fez alguma coisa que mudou sua vida para melhor, alguém a quem você nunca agradeceu apropriadamente, alguém com quem você poderia se encontrar pessoalmente quem sabe na próxima semana. Já tem um rosto? (De Flourish, Seligman, 2012, p. 30).
>
> Abra os olhos e, sem demora, pegue a Folha de Exercícios 8.1 e escreva uma carta de aproximadamente 300 palavras para a pessoa de cujo rosto você recordou. Expresse seu agradecimento dizendo em termos concretos o que a pessoa fez que o ajudou. Não se preocupe com estilo ou gramática; este é apenas o primeiro rascunho. Honre suas emoções e capture-as à medida que as recorda.

Observe que esta e todas as folhas de exercícios (a) aparecem dentro da sessão correspondente deste manual e (b) podem ser baixadas na página do livro em loja.grupoa.com.br.

FOLHA DE EXERCÍCIOS 8.1 PRIMEIRO RASCUNHO DA SUA *CARTA DE GRATIDÃO*

Escreva seu rascunho inicial:

Caro: _____
_____
_____
_____
_____
_____
_____
_____
_____
_____
_____
_____
_____
_____
_____
_____
_____
_____
_____
_____
_____
_____

Depois de terminar o rascunho da carta, continue este exercício em casa, conforme as instruções:

Carta de Gratidão e Visita de Gratidão

- Refine a Carta de Gratidão que você rascunhou na sessão. Escreva e reescreva a carta, descrevendo em termos específicos por que você é grato. A carta deve especificar o que a pessoa fez para você e explicar exatamente como essa ação afetou sua vida. Na carta, diga à pessoa o que você está fazendo agora e como frequentemente relembra o que ela fez.
- Depois de terminada a versão final da carta, assine-a e plastifique, para simbolizar sua importância.
- A seguir, marque um encontro para visitar essa pessoa. Convide-a para ir a sua casa ou vá até a casa dela.
- É importante que você realize o próximo passo deste exercício pessoalmente, não apenas por escrito ou por telefone. Não explique antecipadamente o propósito da visita; um simples "Eu só quero vê-lo" é suficiente.
- Vinhos e queijos não têm importância, mas traga com você a versão plastificada de seu depoimento como um presente. Quando você e a pessoa estiverem acomodados, leia seu depoimento em voz alta, lentamente, com expressão e com contato visual. Então, deixe que a outra pessoa reaja sem pressa. Relembrem juntos os eventos concretos que tornaram essa pessoa tão importante para você.

NOTA CLÍNICA

A prática da Carta e Visita de Gratidão requer esforço e tempo consideráveis para administrar a logística de organizar uma visita. Portanto, conceda aos clientes tempo adequado para completarem esta prática durante o curso da terapia. Discuta com os clientes o cronograma previsto para concluir este exercício e lembre--os periodicamente de terminá-lo.

Encoraje os clientes a lerem suas Cartas de Gratidão durante a sessão como um exercício de simulação ou ensaio para que eles possam experimentar a escrita e a leitura em voz alta. Isso irá ajudá-los a fazer as alterações necessárias na Carta de Gratidão e, em PPT em grupo, irá motivar outros clientes a seguir o exemplo. Certifique-se de que os clientes também tenham a oportunidade de compartilhar suas experiências da Visita de Gratidão. Se esta prática for feita no contexto de um grupo, peça que os clientes a completem antes do encerramento do grupo.

REFLEXÃO E DISCUSSÃO

Depois de concluir a carta e a visita, peça que os clientes reflitam e discutam:

- Como você se sentiu quando escreveu a carta?
- Qual foi a parte mais fácil de escrever e qual foi a mais difícil?
- Como a outra pessoa reagiu a sua expressão de gratidão? E como você foi afetado pela reação dela?
- Quanto tempo esses sentimentos duraram depois que você apresentou sua carta?
- Você se lembrou da experiência nos dias que se seguiram à leitura da carta? Em caso afirmativo, como essa recordação afetou seu humor?

VINHETAS

A seguir, apresentamos três vinhetas. As duas primeiras são de clientes que se submeteram à PPT em contextos de grupo, e a terceira é uma nota do processo sobre a prática de um cliente visto em terapia individual. A primeira carta é o rascunho inicial, escrito durante a sessão. Não sabemos se a carta foi entregue. A segunda vinheta é a carta final, a qual foi entregue em pessoa a lida ao destinatário pessoalmente.

VINHETA: RASCUNHO INICIAL DE UMA *CARTA DE GRATIDÃO*

"Querida Sally,

Esta carta é para agradecer com gratidão genuína a atitude carinhosa que você teve comigo durante os anos do ensino médio. Certa vez, quando me senti incompreendida, zangada e solitária, com atitude solidária você me ouviu e conversou comigo. O tempo que você dedicou para me ajudar, embora possa parecer pouco aos seus olhos, teve um grande efeito na pessoa que eu estou constantemente me tornando. Quando outros estavam tentando fazer pregações com palavras e conselhos, você me ensinou por meio da ação e da atenção. Você se lembra de quando me pegou com sua caminhonete e conversou comigo por uma hora no acostamento da estrada? Isso pode parecer um gesto pequeno, mas as palavras que estou usando aqui para descrever suas ações são infelizmente insuficientes para explicar o efeito que aquilo teve em mim. Você me fez sentir querida e valorizada, e esse é o maior presente que você já me deu. Esta carta é tanto minha quanto sua: sou sinceramente grata por tudo o que você fez e espero que agora você consiga avaliar o quanto isso significou para mim."

VINHETA: *CARTA DE GRATIDÃO* E *VISITA DE GRATIDÃO*

A vinheta a seguir ilustra uma *Carta de Gratidão* e uma *Visita de Gratidão*. Uma mulher de 23 anos escreveu esta carta. Durante o curso da terapia individual, essa cliente trouxe a destinatária da carta até o consultório e leu a carta na presença do clínico e de outros membros do grupo de PPT, com, é claro, seu consentimento.

"Querida amiga,

Na vida nos defrontamos com eventos e tropeçamos em muitas pessoas por razões que estão além da nossa compreensão. O poeta alemão Rainer Maria Rilke disse: "Tenha paciência com tudo o que não está resolvido em seu coração e tente amar as próprias perguntas, não procure agora as respostas que não podem lhe ser dadas porque você não seria capaz de vivê-las... e o objetivo é viver tudo. Viva as perguntas agora". Mesmo que eu possa não saber inteiramente por que as circunstâncias da minha vida têm sido do jeito que são, a partir dessas circunstâncias decidi aproveitar muitas chances durante os últimos anos e me abrir para mudanças. Em particular, uma das mudanças e chances mais importantes que eu aproveitei foi com você, e estou escrevendo esta carta como uma tentativa de lhe mostrar a gratidão que cresce dentro de mim a cada dia.

Resumir o agradecimento a pontos específicos não é uma tarefa fácil quando percebemos que temos gratidão suficiente a ponto de imergirmos nela, mas vou tentar. Quero lhe agradecer por entrar calmamente na minha vida quando eu estava me sentindo perdida. Você não esperava ser notada, mas foi. É difícil entender o quanto me sinto confortada quando você está por perto, minha tensão diminui lentamente, e sei que estou cercada de carinho. Às vezes você constrói um lar nas pessoas, e eu fiz um em você, um ninho de amor e alegria mútua.

Obrigada por provocar uma mudança estimulante na minha vida em um momento em que eu sentia que ela estava de cabeça para baixo, quando parecia que as coisas estavam afundando devido ao meu senso de identidade instável e a uma longa história de ressurgimento da depressão, ambientes invalidantes e afiliações com pessoas tóxicas. Você me fez sentir segura e querida. O caos que eu enfrentava silenciosamente posso agora compartilhar com você. Sentimos um conforto especial quando conseguimos revelar nossas histórias, nossas verdades (sejam elas grandes ou pequenas) e, mais do que tudo, nossas mágoas. A conscientização de que o sofrimento não precisa ser imediatamente afastado ou suprimido é algo muito importante que aprendi. Obrigada por perceber e aceitar que eu não sou um pacote muito bem embalado (como muitos se apressam em presumir). Sou uma pessoa com desejos e forças (e fraquezas também), mas você nunca deixou que as minhas fraquezas alterassem como você se sentia em relação a mim e quem eu sou para você. Obrigada por estar por perto, diariamente, enquanto compartilho minha vida com você.

Em particular, gostaria de lhe agradecer por me ajudar com o ponto de partida na minha jornada para a saúde mental. Quero lhe agradecer por segurar a minha mão enquanto atravesso pontes para novos territórios do autoconhecimento, mas também por se afastar quando você sabia que era necessário. Obrigada por não ficar impassível e indiferente quando eu passava por meus momentos mais difíceis. Depois das semanas mais assustadoras e esgotantes no ano passado, que me deixaram em uma situação aterradora, você não teve medo de me apontar as consequências de passar constantemente por crises e episódios daquele tipo. Você demonstrou honestamente o quanto era capaz de me ajudar com a minha doença e me direcionou para um caminho diferente de ajuda, o da terapia. Você me motivou a parar de suportar anos de silêncio, maus-tratos comigo mesma e abuso. Você foi uma grande ajuda para me trazer até aqui para o aconselhamento, para o grupo, para encontrar espaços seguros onde é permitido dizer o que eu penso. Você me aceita integralmente (inclusive minhas fraquezas e minha doença) e ainda procura ir além da mera aceitação, tentando compreender (por meio da busca contínua de informação sobre saúde mental e estratégias de enfrentamento.) Você não tem medo de me mostrar o espelho da realidade e incansavelmente me diz que existe algo melhor para mim e que eu mereço me tratar da melhor forma possível.

Estou crescendo continuamente, e isso não quer dizer que meus problemas tenham se dissipado por completo; na verdade, é bem o contrário. Mas agora sei perfeitamente que fiquei muito melhor ao aceitar que algumas respostas nem sempre serão tão explícitas e fáceis de descobrir. O poeta E.E. Cummings diz: 'Os olhos dos meus olhos estão abertos', e isso representa perfeitamente como me sinto em relação à gratidão. Obrigada."

> **VINHETA: O IMPACTO DE ENTREGAR UMA CARTA DE GRATIDÃO**
>
> "Caro Sr. Rashid,
>
> Espero que esta nota o encontre bem, pois estou lhe escrevendo em função da minha *Carta de Gratidão* e *Visita de Gratidão*, que não consegui fazer antes, mas prometi que faria. Bem, hoje foi o dia... Eu estava cético em fazer esse exercício, mas uma semana atrás eu estava muito abalado... aquela velha história que você conhece. Acabei de receber um bilhete de quem eu menos esperava, e eu mudei; na verdade, esse bilhete inesperado me fez ganhar o dia, e o efeito durou vários dias. Pensei que, se um simples bilhete podia me deixar tão feliz, escrever uma *Carta de Gratidão* para minha meia-irmã não faria mal, e então escrevi.
>
> Hoje a visitei – depois de muitos anos – e compartilhei a minha carta. Lê-la em voz alta soou muito desconfortável no começo, e eu queria acabar o mais rápido possível, mas então entrei num tipo de zona – um lugar dentro de mim que eu não sabia que existia. Rapidamente me esqueci de tudo, e a carta e a pessoa eram tudo o que eu conseguia ver e ouvir... Ler a carta em voz alta foi um pouco desconfortável no começo, intenso. Logo as lágrimas começaram a escorrer dos olhos dela, e também havia lágrimas em meus olhos.
>
> De alguma forma sem desmoronar, terminei a carta. Enquanto a escrevia, achei que não estava capturando seu espírito. Mas lê-la foi como...
>
> Depois disso, acabei sabendo que, assim como ela me ajudou, aquela experiência também a ajudou tremendamente, pois ela mesma estava enfrentando sérios problemas pessoais. Estou feliz por ter feito isso."

ADEQUAÇÃO E FLEXIBILIDADE

- A *Carta de Gratidão* e a *Visita de Gratidão* são práticas que podem apresentar desafios para alguns clientes. Eles podem achar extremamente desconfortável escrever a carta e entregá-la pessoalmente, e essa prática pode até mesmo fazê-los se sentir vulneráveis. Reconheça esses desafios e permita a esses clientes alguma flexibilidade: enfatizamos fortemente que os clientes devem entregar a carta pessoalmente. No entanto, isso pode não ser possível por uma série de razões (p. ex., distância geográfica, custos ou dificuldade de ter um encontro em particular devido a restrições familiares/sociais). Em tais casos, a carta pode ser enviada pelo correio com uma solicitação para que o destinatário a abra quando a pessoa que expressa gratidão lhe telefonar ou durante uma conversa por vídeo. Como alternativa, a carta pode ser enviada pelo correio e ser seguida por uma chamada telefônica ou uma conversa em pessoa.
- Alguns clientes podem apresentar emoções confusas sobre a pessoa para quem estão escrevendo. Junto com o mais profundo sentimento de gratidão, esses clientes também podem sentir ressentimento, raiva ou mesmo inveja dessa pessoa. Essa dinâmica ocorre frequentemente quando o destinatário da *Visita de Gratidão* é um familiar próximo ou uma pessoa com quem ocorre interação constante e frequente. Em tais casos, lembre o cliente de que esta é uma *Carta e Visita de Gratidão*, não uma oportunidade para resolver ressentimentos. A intenção dessa prática é focar exclusivamente nos aspectos positivos, não nos negativos. Podemos experimentar emoções negativas e positivas pela mesma pessoa. No entanto, se os clientes não conseguirem manter as negativas a distância de uma maneira adaptativa, devem escolher outra pessoa.
- Essa prática pode não funcionar efetivamente se o destinatário da *Carta e Visita de Gratidão* achar que gratidão é seu direito e privilégio. Da mesma forma, alguns clientes podem achar que ninguém em suas vidas merece isso e que eles próprios deveriam ser os destinatários de gratidão. Outros clientes podem dizer que uma expressão emocional não é necessária, já que a pessoa (a receber o agradecimento) já sabe que eles são gratos.

Ajude-os a compreender que fomentar uma expressão positiva e genuína de gratidão fortalece ainda mais as relações.
- Em vez de visitar, os clientes também podem ser anfitriões de uma "noite de gratidão", convidando alguém que foi importante em suas vidas e a quem não agradeceram apropriadamente e que não sabe como sua ajuda mudou a vida da pessoa que está expressando gratidão. Nossos clientes podem ler sua carta publicamente. Também podem escolher uma ocasião especial, como uma promoção, o recebimento de um prêmio ou troféu ou o reconhecimento de uma conquista, para agradecer publicamente ou em particular à pessoa que o ajudou a alcançar essa honraria.
- Se o destinatário da gratidão estiver indisponível por alguma razão, inclusive morte, a boa ação pode ser reconhecida pela leitura da *Carta de Gratidão* na frente de amigos próximos e familiares.
- Alguns clientes podem estar passando por circunstâncias tão difíceis na vida que se torna muito complicado encontrar alguma coisa pela qual valha a pena ser grato. Nesse caso, encoraje-os gentilmente a pensar em conquistas passadas pelas quais são gratos; encoraje-os a recordar aqueles que os ajudaram a ter sucesso. Se eles simplesmente não conseguirem realizar essa prática de forma autêntica, não os force.

CONSIDERAÇÕES CULTURAIS

A expressão de gratidão pode ser diferente entre as culturas. Algumas pessoas não expressam gratidão por meio de palavras ou podem não ter o vocabulário para isso; assim, pode ser difícil para esses clientes capturar seus sentimentos por meio da escrita. Possibilite, então, que expressem sua gratidão da forma como são mais capazes. Alguns clientes podem se sentir culpados enquanto fazem essa prática porque se sentem mal por aqueles a sua volta que não desfrutam dos luxos que eles têm.

Clientes de várias origens culturais também podem achar essa prática desafiadora; para eles, modéstia e prudência são mais importantes e culturalmente relevantes do que gratidão. Além disso, eles podem achar que a pureza da boa ação seria diluída ao ser recordada e recontada. Explore com esses clientes como a gratidão é expressa na cultura deles e como essa prática pode ser adaptada para uma perspectiva favorável a sua cultura.

MANUTENÇÃO

Discuta com seus clientes as dicas a seguir para que eles possam manter seu progresso:

- Socialize mais com pessoas que são gratas e menos com aquelas que não são. Uma emoção expressa dentro de um grupo tem um efeito cascata e é compartilhada pelo grupo. Pessoas felizes e gratas causam um efeito contagioso.
- As palavras que usamos criam a realidade. As pessoas gratas têm um estilo linguístico particular. Elas usam uma linguagem de doações, dádivas, sorte, abundância, satisfação, bênção e bem-aventurança. Pessoas ingratas usam expressões de privação, arrependimentos, falta, necessidade, escassez e perda. As expressões de pessoas deprimidas que têm baixa dose de gratidão são parecidas e focam na própria pessoa, como, por exemplo, "sou um perdedor" e "ninguém me ama". Se você quiser cultivar gratidão, monitore suas próprias palavras. Não estamos sugerindo que você se encha de elogios superficiais, mas que preste atenção às coisas boas que as pessoas fizeram a você.
- Se sua experiência com a *Carta* e *Visita de Gratidão* foi poderosa, você pensou em outras pessoas com quem gostaria de compartilhar sua gratidão? Pense em pessoas – pais, amigos, professores, técnicos, colegas de equipe, empregadores – que foram especialmente gentis com você, mas que nunca o ouviram expressar sua gratidão. Sua expressão de gratidão pode estar muito atrasada.
- Expresse gratidão diretamente a outra pessoa. A gratidão é um atributo interpessoal que é mais efetivo quando feito diretamente – face a face, por telefone ou por carta. Evite a mera declaração de um "obrigado".

Expresse seu reconhecimento em termos concretos para, por exemplo, o professor que reconheceu sua habilidade e se conectou com você de uma forma que despertou o seu melhor, ou seu tio favorito que o guiou pelo terreno difícil da adolescência quando ninguém mais conseguia compreendê-lo, ou um velho amigo que o defendeu quando você foi perseguido. Escreva a eles e expresse sua gratidão em termos concretos. Se for apropriado e acessível, presenteie essa pessoa com alguma coisa que vocês dois possam fazer juntos, como jantar, assistir a um musical, um concerto, uma exposição de arte ou um evento esportivo.

RELAXAMENTO NO FINAL DA SESSÃO

Recomendamos que cada sessão termine com o mesmo relaxamento breve que a iniciou.

RECURSOS

Leituras

- Emmons, R. A., & Stern, R. (2013). Gratitude as a psychotherapeutic intervention. *Journal of Clinical Psychology*, *69*(8), 846–855.
- Kaczmarek, L. D., Kashdan, T. B., Drążkowski, D., & Enko, J. (2015). Why do people prefer gratitude journaling over gratitude letters? The influence of individual differences in motivation and personality on web-based interventions. *Personality and Individual Differences*, *75*, 1–6.
- Post, S., & Neimark, J. (2007). *Why Good Things Happen to Good People: The Exciting New Research that Proves the Link between Doing Good and Living a Longer, Healthier, Happier Life*. New York: Random House.
- Toepfer, S. M., & Walker, K. (2009). Letters of gratitude: Improving well-being through expressive writing. *Journal of Writing Research*, *1*(3), 181–198.

Vídeos

- A Ciência da Felicidade: Um Experimento sobre Gratidão, o poder de escrever e compartilhar a carta de gratidão: https://youtu.be/oHv6vTKD6lg
- *Visita de Gratidão* Virtual: O Dr. Daniel Tomasulo discute como conduzir uma visita de gratidão virtual: https://youtu.be/iptEvstz6_M

Websites

- *Website* de Robert Emmons, um dos pesquisadores mais eminentes de gratidão: http://emmons.faculty.ucdavis.edu
- Histórias de Gratidão: histórias sobre o poder extraordinário da gratidão: http://365grateful.com

15

SESSÃO NOVE
Esperança e otimismo

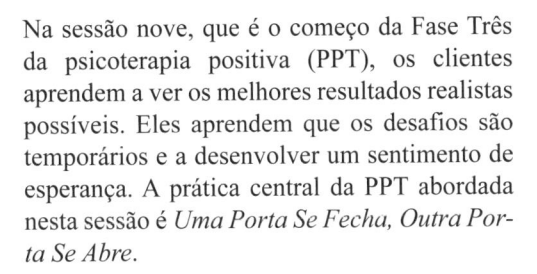

Na sessão nove, que é o começo da Fase Três da psicoterapia positiva (PPT), os clientes aprendem a ver os melhores resultados realistas possíveis. Eles aprendem que os desafios são temporários e a desenvolver um sentimento de esperança. A prática central da PPT abordada nesta sessão é *Uma Porta Se Fecha, Outra Porta Se Abre*.

ESBOÇO DA SESSÃO NOVE

Conceitos Centrais
    Prática na Sessão: *Uma Porta Se Fecha, Outra Porta Se Abre*
    Reflexão e Discussão
    Vinhetas
    Adequação e Flexibilidade
    Considerações Culturais
    Manutenção
Recursos

CONCEITOS CENTRAIS

Pensar sobre um futuro diferente e desejável e encontrar caminhos para alcançar esse futuro são uma das capacidades humanas mais notáveis. Esperança e otimismo são inerentes a essa capacidade. Frequentemente ouvimos afirmações de nossos clientes como: "Sinto-me emperrado; meu trabalho não me permite crescer"; "Quero me sentir bem comigo mesmo, mas tudo o que encontro são fraquezas"; "Já tentei de tudo, mas nada parece funcionar". Ao se lidar com um sentimento profundo de desesperança, a esperança é considerada um objetivo central e válido nas diferentes tradições de psicoterapia (Frank & Frank, 1991), porque esperança e otimismo desempenham um papel vital no combate ao sofrimento psicológico. Eles estão fortemente associados a melhor saúde física, emocional e psicológica (Snyder, Cheavens, & Michael, 2005; Segerstrom, 2007; Seligman, 1991; Visser et al., 2013).

Esperança é a percepção de que podemos atingir os objetivos desejados (Snyder, 1994). O pensamento esperançoso implica a crença de que podemos encontrar caminhos até os objetivos desejados, e encontrar os caminhos nos motiva a usar esses caminhos (Snyder, Rand, & Sigmon, 2002). Otimismo pode ser definido como uma atribuição, ou seja, a forma como explicamos as causas dos eventos para nós mesmos (Seligman, 1991). Quando explicam as causas de um fracasso, os otimistas (a) geralmente atribuem as causas mais a fatores externos, em vez de colocarem a culpa em si mesmos, (b) relacionam as causas a eventos específicos em vez de a todos os eventos em suas vidas e (c) percebem o fracasso como temporário, e não como permanente. Otimismo, segundo outra vertente teórica, é uma disposição orientada para o objetivo, que possibilita que os indivíduos percebam a si mesmos como capazes de avançar em direção aos objetivos desejados (Scheier & Carver, 1994). Apesar das diferenças nesses conceitos centrais, a pesquisa sobre esperança e otimismo oferece um tema comum; isto é, esperança e otimismo – em vez de culpar a si mesmo por todas as falhas – são rotas ou caminhos em direção aos objetivos desejados, e a mudança sistemática de nossas atribuições resulta na criação de caminhos e objetivos atingíveis. Acreditamos que a psicoterapia seja essencialmente sobre a mudança de atribuições de autossabotagem e o cultivo de rotas e rotinas desejáveis. Apresentamos aqui alguns achados marcantes de pesquisas sobre esperança e otimismo:

- Evidências sugerem que, quando os tempos são difíceis, os otimistas relatam menos sofrimento porque lidam com isso de formas que produzem melhores resultados e dão os passos necessários para garantir que seu futuro continue sendo brilhante. Notadamente, há poucas evidências sugerindo que otimistas sejam piores do que pessimistas.
- Esperança e otimismo são muito bem compreendidos e nos servem melhor quando encontramos um revés ou adversidade. Otimismo e esperança foram temas de milhares de estudos científicos que revelaram elementos e processos críticos que podem desenvolver atributos para tratar e prevenir a depressão (Cheavens, Michael, & Snyder, 2005; Seligman, 1991). Construir esperança e otimismo é um dos antídotos mais potentes para a depressão; otimistas e pessimistas diferem em aspectos que têm um grande impacto em suas vidas. Eles diferem no modo como se deparam com problemas e lidam com a adversidade.
- Otimismo está ligado a bons costumes; solução efetiva de problemas; sucesso acadêmico, atlético, militar, ocupacional e político; popularidade, boa saúde; e até mesmo vida longa e ausência de trauma (Alarcon, Bowling, & Khazon, 2013; Nes & Segerstrom, 2006).

RELAXAMENTO NO COMEÇO DA SESSÃO

No início de cada sessão, comece com um breve exercício de relaxamento. Consulte o Apêndice A: Práticas de Relaxamento e *Mindfulness*, que pode ser encontrado no final deste manual. Uma cópia desse apêndice também aparece no livro de exercícios do cliente. Continue a sessão com uma revisão do *Diário de Gratidão* do cliente, além de uma revisão dos conceitos centrais ensinados na sessão anterior.

PRÁTICA NA SESSÃO: *UMA PORTA SE FECHA, OUTRA PORTA SE ABRE*

Roteiro sugerido para o clínico

A seguir, apresentamos um roteiro que você pode usar para apresentar essa prática aos seus clientes:

> Reflita sobre esta citação de Winston Churchill: "Um pessimista vê dificuldade em cada oportunidade; um otimista vê oportunidade em cada dificuldade". O que essa citação significa para você? Você tende a agir com um pessimista ou otimista?
>
> Otimismo implica emoções positivas sobre o futuro e também sobre o presente. O otimista vê o bem no mal. Ser otimista não torna uma pessoa tola ou ingênua. Na verdade, o otimismo pode ser uma tarefa difícil, conforme sugere a Folha de Exercícios 9.1: Portas Que se Abrem. Pense nas vezes em que você não conseguiu um emprego que desejava ou em que foi rejeitado por alguém que amava. Quando uma porta se fecha, outra porta quase sempre se abre (Pine & Houston, 1993).

Observe que esta e todas as folhas de exercícios (a) aparecem dentro da sessão correspondente deste manual e (b) podem ser baixadas na página do livro em loja.grupoa.com.br.

FOLHA DE EXERCÍCIOS 9.1 PORTAS QUE SE ABREM

Passo Um:

Nos espaços em branco a seguir, escreva sobre suas experiências com portas que se abrem e se fecham. Você viu a porta se abrir imediatamente ou levou algum tempo? Sua decepção, tristeza, amargura ou sentimentos negativos resultantes da porta fechada tornaram mais difícil encontrar uma porta aberta? Há coisas que você pode fazer no futuro para encontrar a porta aberta mais rapidamente?

Considere três portas que se fecharam para você. Que outras portas se abriram? Tente preencher os espaços em branco:

1. A porta mais importante que já se fechou para mim foi _____ e a porta que se abriu foi _____
2. Uma porta que se fechou para mim através de má sorte ou oportunidade perdida foi _____ e a porta que se abriu foi _____
3. Uma porta que se fechou para mim através de perda, rejeição ou morte foi _____ e a porta que se abriu foi _____

Passo Dois:

Neste passo, você irá explorar como explica a si mesmo o raciocínio que responde por que a porta se fechou. Escolha uma das três ilustrações do Passo Um e responda às afirmações escolhendo uma resposta numérica que melhor representa seu raciocínio para portas fechadas e abertas. (Nas escalas, 1 = Muito inverídico para você, enquanto 7 = Muito verdadeiro para você.)

A porta que se fechou foi a porta número _____

1. Essa porta se fechou principalmente por causa de mim mesmo   1.... 3.... 5.... 7....
   OU
2. Essa porta se fechou principalmente por causa de outras pessoas ou circunstâncias   1.... 3.... 5.... 7....
3. Essa porta ou portas similares sempre permanecerão fechadas   1.... 3.... 5.... 7....
   OU
4. Essa porta está fechada temporariamente   1.... 3.... 5.... 7....
5. Essa porta fechada vai arruinar tudo na minha vida   1.... 3.... 5.... 7....
   OU
6. Essa porta influencia apenas esse aspecto da minha vida   1.... 3.... 5.... 7....

Se você pontuar alto (a partir de 12) nos itens 1, 3 e 5, isso indica que suas explicações para as portas fechadas (reveses, fracassos e adversidades) são personalizadas (em grande parte devido a você), permanentes (não vão mudar) e generalizadas (uma porta fechada irá fechar muitas outras coisas na vida).

Se você pontuar alto nos itens 2, 4 e 6, isso indica que suas explicações para as portas fechadas não são personalizadas, são temporárias e localizadas (não impactando todas as áreas de sua vida). Segundo a teoria das atribuições de Seligman (Forgeard & Seligman, 2012; Seligman, 1991), tais explicações estão associadas a funcionamento mais adaptativo na sequência de experiências negativas.

REFLEXÃO E DISCUSSÃO

Depois de concluir essa prática, peça que os clientes reflitam e discutam:

- Quando as pessoas se sentem unicamente responsáveis por um revés e percebem-no como tristeza e desgraça em quase todos os aspectos de suas vidas que irá durar para sempre, elas se tornam vulneráveis à depressão e a inúmeros problemas psicológicos. Como você explica as causas dos fracassos a si mesmo, especialmente quando uma porta se fecha (i.e., um revés, uma oportunidade perdida ou uma adversidade)?
- Qual foi o impacto das portas que se fecharam? Quais foram os aspectos negativos e positivos relacionados a sua felicidade e bem-estar? O impacto foi abrangente ou duradouro?
- Esse impacto trouxe algo de positivo para você? O que foi?
- De que forma a prática de *Uma Porta Se Fecha, Outra Porta Se Abre* aprimorou sua flexibilidade e adaptabilidade?
- Você acha que o foco deliberado no lado bom (*A Porta Se Abre*) pode encorajá-lo a minimizar ou desconsiderar percepções difíceis que você precisa enfrentar?
- O que levou ao fechamento de uma porta e o que o ajudou a abrir outra?
- O quanto foi fácil ou difícil para você ver se uma porta se abriu, mesmo apenas uma fresta?
- O que a porta fechada representa para você agora?
- Você cresceu a partir de portas que se abriram? Há espaço para mais crescimento? Como seria esse crescimento?
- Pense em uma ou duas pessoas que o ajudaram a abrir as portas ou que as mantiveram abertas para você entrar.
- Você gostaria que a porta que se fechou ainda estivesse aberta, ou não se importa com isso agora?

VINHETA: ANTOINE

Enquanto estava sob influência de álcool e drogas, Antoine, um homem de 37 anos, fez sexo sem proteção com outro homem. Seis meses depois, Antoine foi diagnosticado com HIV. Vendedor de sucesso em uma galeria de arte, Antoine inicialmente ficou chocado, sentiu-se culpado e ficou devastado pelo que percebia como uma porta se fechando no seu futuro e se viu à beira do suicídio. Ele fez uma tentativa, mas foi salvo por um bom samaritano. Sentindo-se sem esperança e com ódio de si mesmo, Antoine só desejava esperar pela morte.

Durante o trabalho focado no trauma em terapia, Antoine também avaliou suas forças. Criatividade e apreciação da beleza eram evidentes. Ele sempre desejou ser fotógrafo. Antoine vendeu sua casa, mudou-se para um apartamento menor e começou a fazer aulas de fotografia. Esse cliente de longo tempo, com sintomas bem administrados, agora viaja pelo mundo para captar os triunfos e as turbulências do dia a dia de homens infectados com o vírus da aids.

VINHETA: LAUREN

Lauren, uma mulher de 23 anos com diagnóstico de transtorno da personalidade *borderline*, compartilhou que a porta mais importante que se fechou para ela foi quando foi expulsa da casa de sua família. Inicialmente apavorada e sentindo-se abandonada, ela encontrou empregos humildes, se sustentou e também pagou seus estudos. Lauren aprendeu a cozinhar, limpar e a viver com um orçamento escasso. Quando a porta de casa se fechou para ela, a porta do autossustento se abriu. Lauren se formou neste ano, não com notas altas, mas com esperanças altas.

ADEQUAÇÃO E FLEXIBILIDADE

O maior desafio que os clientes enfrentam quando abordam uma tarefa ou desafio com otimismo é saber em quais situações o otimismo é a abordagem apropriada para ser usada. Há muitas situações na vida que justificam o uso ponderado da prudência e do pensamento crítico. A PPT encoraja os clientes a desenvolverem otimismo flexível e complexo. Os clientes podem escolher usar o otimismo quando julgam que menos depressão, mais realizações ou melhor saúde é a questão, mas também podem optar por não usar o otimismo quando julgam que é necessário ter uma visão clara ou assumir responsabilidades. Aprender otimismo não corrói nosso senso de valores ou nosso julgamento; ao contrário, nos liberta para atingir os objetivos que estabelecemos. No entanto, os benefícios do otimismo não são ilimitados.

O pessimismo também tem um papel a desempenhar, tanto na sociedade em geral como em nossas próprias vidas; precisamos ter a coragem de suportar o pessimismo quando sua perspectiva é útil (Seligman, 1991, p. 292). Por exemplo, o pessimismo promove nossa prontidão para identificar, prever e nos preparar para perigos potenciais, competências estas que são especialmente importantes em relação a situações de perigo. Por exemplo, dependendo da temperatura, uma pessoa pessimista poderia ser motivada a descongelar um avião pela segunda vez antes de decolar porque está pensando no pior resultado possível, enquanto uma otimista poderia considerar isso desnecessário. Da mesma forma, para bombeiros e cirurgiões, o pensamento focado e um conjunto de comportamentos seletivos diretamente relacionados às tarefas em questão são muito importantes. O pessimismo é adaptativo se for direcionado para coisas que são específicas e seletas; pessimismo difuso e universal não é funcional.

É importante que, como clínico, você seja capaz de avaliar e desenvolver um senso genuíno de esperança e otimismo nos clientes. Alguns clientes, devido à preponderância de atitudes negativas em relação à saúde mental, podem minimizar seus sintomas de depressão, superestimar suas chances de recuperação ou descartar ou minimizar nuanças sutis, embora importantes, de saúde emocional (Hunt, Auriemma, & Cashaw, 2003; Tong, 2014). Outros podem apresentar um otimismo irrealista, também conhecido como viés otimista (Sedikides & Gregg, 2008). Esta é uma tendência quando indivíduos deprimidos ou com algum outro quadro se julgam estar em menor risco de experimentar eventos desfavoráveis quando comparados com a "média".

Esperança e otimismo funcionam melhor quando os clientes apresentam avaliações realistas de coisas que podem ser mudadas. Alguns clientes podem ter um senso de otimismo desenfreado de que tudo é possível, contanto que se persevere com pensamento positivo. A PPT é sobre mudar coisas que podem ser mudadas (p. ex., pensamento, ação, formas de responder e interagir). Esperança e otimismo não são fantasias de mudar coisas que não podem ser mudadas. Tal indulgência distrai os clientes do envolvimento em buscas realisticamente possíveis de atingir (Oettingen & Gollwitzer, 2009).

CONSIDERAÇÕES CULTURAIS

Alguns clientes que se preocupam, especialmente aqueles originários da Ásia Oriental, podem parecer consideravelmente pessimistas devido a fatores culturais que cultivam prudência e autorregulação, mais do que esperança e entusiasmo. Tais clientes podem ter operado e sobrevivido bem trabalhando com seu pessimismo. Eles estabelecem baixas expectativas e presumem que as coisas podem se revelar muito ruins e examinam todos os resultados negativos e ruins que podem ocorrer. Eles ensaiam mentalmente maneiras de lidar com vários desafios e fazem isso até que obtenham um quadro claro de como as coisas se revelarão e de quais precauções são necessárias para minimizar as chances de fracasso. Essa estratégia, geralmente conhecida como pessimismo defensivo, algumas vezes funciona bem, sobretudo para aqueles que são ansiosos e também para deprimidos (Norem & Chang, 2000).

Tendo em mente os fatores culturais, em vez de utilizarem o pessimismo defensivo, os clientes podem responder melhor às forças de prudência e cautela. Portanto, é importante que você compreenda profundamente o perfil da força de assinatura de seus clientes para que seja capaz de ajudá-los a deixar de lado os rótulos sobre si mesmos baseados nos aspectos negativos e déficits e a usar uma linguagem mais baseada nas forças para compreenderem a si mesmos.

Também é importante avaliar otimismo e esperança dentro do contexto cultural. O senso de otimismo chinês, por exemplo, implica ser capaz de aceitar as próprias condições de vida, em vez de esperar que mais coisas boas aconteçam no futuro (Lai & Yue, 2000), e a orientação interdependente (sugerindo uma orientação coletiva) pode levar a maior modéstia e humildade.

MANUTENÇÃO

Discuta as dicas a seguir com seus clientes para que eles possam manter seu progresso:

- Na próxima vez que você ajudar um amigo com um problema, procure os aspectos positivos da situação. Em vez de usar clichês como "olhe para o lado bom", tente ajudar seu amigo a encontrar oportunidades concretas específicas que de outra forma ele não consideraria.
- Para manter esperança e otimismo, especialmente em momentos difíceis depois da terapia, lembre-se de como você conseguiu se beneficiar com a psicoterapia – que é essencialmente um processo de intensificação da esperança. As pessoas podem procurar terapia porque não têm competências para mudar aspectos indesejáveis de seu comportamento ou porque têm competências, mas falta-lhes confiança sobre como aplicá-las criativamente. O processo terapêutico, se efetivo, permite que você compreenda suas competências e as aproveite ou as reforce, caso sejam necessárias competências adicionais. Se você tem competências, o processo terapêutico irá ajudá-lo a ganhar e recuperar a confiança e a motivação para aplicar essas competências por meio da elaboração de um plano para atingir objetivos específicos. Da próxima vez que você se encontrar sem esperança e otimismo, lembre-se de como a psicoterapia funcionou efetivamente para você – caso tenha funcionado. Tal reflexão possibilitará transferir competências aprendidas na terapia para resolver novos desafios que você pode encontrar na vida.
- Manter a esperança e o otimismo também requer apoio social e um ambiente social apoiador. Procure rodear-se de pessoas que são voltadas para o futuro e otimistas. Se você encontrar um grave revés, fracasso ou adversidade, um amigo otimista e esperançoso pode ser um recurso para ajudar a impulsionar seu humor. Da mesma forma, se seus amigos enfrentarem problemas, você pode levantar o moral deles.

RELAXAMENTO NO FINAL DA SESSÃO

Recomendamos que cada sessão termine com o mesmo relaxamento breve que a iniciou.

RECURSOS

Leituras

- Caprara, G. V, Steca, P., Alessandri, G., Abela, J. R, & McWhinnie, C. M. (2010). Positive orientation: explorations on what is common to life satisfaction, self-esteem, and optimism. *Epidemiologia E Psichiatria Sociale*, *19*, 63–71.
- Carver, C. S., Scheier, M. F., & Segerstrom, S. C. (2010). Optimism. *Clinical Psychology Review*, *30*(7), 879–889. doi:10.1016/j.cpr.2010.01.006.
- Gilman, R., Schumm, J. A., & Chard, K. M. (2012). Hope as a change mechanism in the treatment of posttraumatic stress disorder. *Psychological Trauma: Theory, Research, Practice, and Policy*, *4*, 270–277. doi:10.1037/a0024252
- Giltay, E. J., Geleijnse, J. M., Zitman, F. G., Hoekstra, T., & Schouten, E. G. (2004). Dispositional optimism and all-cause and cardiovascular mortality in a prospective cohort of elderly Dutch men and women. *Archives of General Psychiatry*, *61*, 1126–1135.
- Jarcheski, A., & Mahon, N. E. (2016). Meta-analyses of predictors of hope in adolescents. *Western Journal of Nursing Research*, *38*(3), 345–368. doi:10.1177/ 0193945914559545
- Weis, R., & Speridakos, E. C. (2011). A meta-analysis of hope enhancement strategies in clinical

and community settings. *Psychology of Well-Being: Theory, Research and Practice*, *1*(1), 5. http://doi.org/10.1186/2211-1522-1-5.
- Yarcheski, A., & Mahon, N. E. (2016). Meta-analyses of predictors of hope in adolescents. *Western Journal of Nursing Research*, *38*(3), 345– 368. doi:10.1177/0193945914559545

Vídeos
- Estilo explanatório: Aprenda como os hábitos de pensamento podem afetar sua habilidade de reagir a circunstâncias estressantes: https://youtu.be/q8UiXudooh8
- Palestra no TED: Neil Pasricha fala sobre espalhar um pouco de otimismo todos os dias sobre coisas que fazem a vida valer a pena: http://www.ted.com/speakers/neil_pasricha; recuperada em 24 de novembro de 2015
- Seligman sobre Otimismo: no Hardtalk da BBC: https://youtu.be/nFzlaCGvoLY?list=PLB9036743C2E1866F
- Emoções Positivas, com Barbara Fredrickson: foca no que é "positividade" e por que ela precisa ser sincera para que seja efetiva: https://youtu.be/Ds_9Df6dK7c

Websites
- Um *website* sobre coisas incríveis: http://1000awesomethings.com
- Notícias Diárias sobre Psicologia Positiva: Para se manter atualizado sobre eventos de psicologia positiva: http://positivepsychologynews.com
- Proporção da Positividade: Aprenda sobre sua proporção positiva e negativa, também denominada proporção da positividade, no *website* de Barbara Fredrickson: www.positivityratio.com

16

SESSÃO DEZ
Crescimento pós-traumático

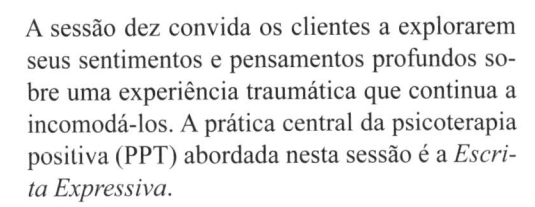

A sessão dez convida os clientes a explorarem seus sentimentos e pensamentos profundos sobre uma experiência traumática que continua a incomodá-los. A prática central da psicoterapia positiva (PPT) abordada nesta sessão é a *Escrita Expressiva*.

ESBOÇO DA SESSÃO DEZ

Conceitos Centrais
    Prática na Sessão: *Escrita Expressiva*
    Reflexão e Discussão
    Vinhetas
    Adequação e Flexibilidade
    Considerações Culturais
    Manutenção
Recursos

CONCEITOS CENTRAIS

Depois de um trauma, alguns indivíduos desenvolvem transtorno de estresse pós-traumático (TEPT), uma condição grave que requer tratamento rigoroso. No entanto, depois do trauma, a maioria das pessoas desenvolve o que é chamado de crescimento pós-traumático (CPT), o qual implica uma mudança na percepção do significado da vida e da importância dos relacionamentos. Esse crescimento frequentemente ajuda a mitigar os sentimentos de perda ou desamparo gerados pelo trauma (Calhoun & Tedeschi, 2006). Pesquisas mostram que o CPT pode levar a melhora nas relações, maior apreciação da vida e maior força pessoal e espiritualidade (Grace, Kinsella, Muldoon, & Fortune, 2015; Roepke, 2015; Jayawickreme & Blackie, 2014). Pesquisas também mostram que pessoas que experimentam CPT:

- desenvolvem uma crença renovada em suas habilidades de resistir e triunfar
- obtêm melhora em seus relacionamentos – em particular, descobrem quem são seus verdadeiros amigos e com quem podem realmente contar; algumas relações passam no teste, enquanto outras fracassam
- sentem-se mais confortáveis com intimidade e têm maior senso de compaixão por outras pessoas que sofrem
- desenvolvem uma filosofia de vida mais profunda, mais sofisticada e mais satisfatória

Outros aspectos a considerar (Fazio, Rashid, & Hayward, 2008):

- Espiritualidade, gratidão, gentileza, esperança e bravura facilitam o CPT.
- Com o CPT nem tudo são rosas. Ele possibilita que os sobreviventes vejam "quem são seus verdadeiros amigos" ou "quem são seus amigos só nas horas boas".
- Enfrentamento focado no problema, reinterpretação positiva e enfrentamento religioso positivo facilitam o CPT.
- O tempo em si não influencia o CPT, mas eventos e processos intermediários facilitam o crescimento, e o CPT tende a ser estável com o tempo.

RELAXAMENTO NO COMEÇO DA SESSÃO

No início de cada sessão, comece com um breve exercício de relaxamento. Consulte o Apêndice A: Práticas de Relaxamento e *Mindfulness*, que pode ser encontrado no final deste manual. Uma cópia desse apêndice também aparece no livro de exercícios do cliente. Continue a sessão com uma revisão do *Diário de Gratidão* do cliente, além de uma revisão dos conceitos centrais ensinados na sessão anterior.

PRÁTICA NA SESSÃO:
ESCRITA EXPRESSIVA

Por mais de duas décadas, James Pennebaker tem explorado como o fato de escrever sobre uma experiência traumática ou perturbadora pode afetar a saúde e o bem-estar das pessoas. A estratégia de Pennebaker, conhecida como *Escrita Terapêutica* (Pennebaker & Evans, 2014), foi explorar mais de 200 estudos e inclui a escrita com a garantia de confidencialidade (Smyth & Pennebaker, 2008). Ele pede que seus alunos escrevam sobre uma de suas experiências mais penosas ou traumáticas na vida. Os alunos são instruídos a descrever a experiência em detalhes e a explorar integralmente suas reações pessoais e emoções mais profundas. Cada sessão de escrita dura de 15 a 30 minutos, e os alunos devem continuar a escrever por um total de 3 a 5 dias consecutivos.

Pennebaker e outros descobriram que a escrita expressiva sobre eventos traumáticos passados traz muitos benefícios (Park & Blumberg, 2002; Pennebaker, 1997). Indivíduos que passam três dias explorando, em um diário, seus mais profundos pensamentos e sentimentos sobre infortúnios ou traumas fazem menos consultas médicas nos meses seguintes à escrita, mostram função imune fortalecida, relatam menos depressão e angústia, tiram notas mais altas e têm maior probabilidade de encontrar um novo trabalho depois que perdem o emprego. Escrever sobre experiências pessoais e significativas tem efeitos positivos na saúde mental (Cooper & Frattaroli, 2006). Revelar informações pode ajudar as pessoas a atribuir sentido a eventos perturbadores, regular melhor suas emoções e melhorar sua conexão com o mundo social, o que acarreta efeitos positivos na saúde e no bem-estar (Neimeyer, Burke, Mackay, & van Dyke Stringer, 2010). Esses efeitos foram encontrados transculturalmente.

O mecanismo crítico parece ser a natureza do próprio processo de escrita, o que ajuda os indivíduos a compreender, aceitar e dar sentido ao trauma. Encontrar significado no trauma por meio da escrita também parece reduzir a frequência e a intensidade com que os indivíduos experimentam pensamentos intrusivos a respeito dele.

Roteiro sugerido para o clínico

Você pode usar o roteiro a seguir para apresentar aos clientes a prática da *Escrita Expressiva*.

> O próprio ato de escrever sobre sua experiência traumática mais profunda pode inibir sua expressão se você achar que alguém vai ler o que escreveu. Para aliviar sua apreensão, mantenha seus textos em um local seguro ao qual ninguém tenha acesso. Se você mora com seu parceiro, poderá lhe explicar a natureza e o propósito desse exercício e pedir privacidade.
>
> Seguindo as instruções da Folha de Exercícios 10.1, passe pelo menos de 15 a 20 minutos por dia por quatro dias consecutivos escrevendo um relato detalhado de um trauma que você vivenciou.
>
> Essa prática pode não ser fácil de realizar, mas nós já lidamos com alguns tópicos difíceis na sessão, tais como refletir e escrever sobre uma situação desafiadora e revisitar memórias abertas e negativas. Espero que essas práticas tenham aumentado sua confiança para lidar com questões difíceis dentro dos limites terapêuticos seguros. O objetivo é ajudá-lo a obter uma nova percepção a partir dessas práticas – compreensão que está voltada para seu crescimento pessoal.
>
> Enquanto estiver escrevendo, se você for arrebatado por seus sentimentos e pensamentos, faça uma pequena pausa (de 2 a 5 minutos no máximo). Recupere-se e volte rapidamente. Faça o máximo possível para não deixar a prática incompleta ou parcialmente terminada, como, por exemplo, escrever por apenas um ou dois dias.

Observe que esta e todas as folhas de exercícios (a) aparecem dentro da sessão correspondente deste manual e (b) podem ser baixadas na página do livro em loja.grupoa.com.br.

FOLHA DE EXERCÍCIOS 10.1 *ESCRITA EXPRESSIVA*

Usando um bloco de notas ou diário, escreva um relato detalhado de um trauma que você vivenciou. Continue esse exercício por pelo menos 15 a 20 minutos por dia durante quatro dias consecutivos. Certifique-se de manter seus textos em um local seguro ao qual só você tenha acesso.

Ao escrever, procure se soltar e explore seus pensamentos e sentimentos mais profundos acerca da experiência traumática. Você pode ligar essa experiência a outras partes de sua vida ou mantê-la focada em uma área específica. Pode escrever sobre a mesma experiência em todos os quatro dias ou sobre experiências diferentes.

Ao fim de quatro dias, depois de descrever a experiência, escreva se ela o ajudou a:

- *compreender o que ela significa para você*
- *compreender sua habilidade de lidar com situações similares*
- *compreender seus relacionamentos por um ângulo diferente*

REFLEXÃO E DISCUSSÃO

Depois de concluir essa prática, peça que os clientes reflitam e discutam:

- Qual foi a parte mais difícil de escrever? Você concorda que, mesmo que possa ter sido difícil, ainda assim valeu a pena escrever?
- Algumas reações ao trauma, a adversidades ou perdas podem ser tão fortes que deliberadamente evitamos sentimentos associados. O processo de escrita o ajudou a ver essa esquiva, se é que houve?
- Escrever o ajudou a visualizar crescimento em termos de sua perspectiva na vida?
- Você experimentou recuperação ou crescimento apesar de ter a dor persistente do trauma ou perda?
- Escreva sobre algumas ações concretas ou comportamentos que você realizou ou planeja realizar que significam CPT.
- A estrutura do processo de escrita o ajudou a ver o encadeamento causal da experiência traumática de forma diferente? Em caso afirmativo, que diferentes ligações causais você descobriu?
- Você vê suas forças de caráter refletidas em seu CPT?

VINHETA: KANE

Kane, um cliente de 20 anos, foi visto pela primeira vez em PPT individual e depois em grupo. Kane teve uma recuperação efetiva e de sucesso. Seis meses depois da última sessão, ele descreveu sua recuperação e crescimento:

"O processo de recuperação e crescimento de um senso claro e adaptativo do *self* é como seguir o sol em um dia nublado, o sol é o verdadeiro *self*. A resposta natural que as pessoas têm quando não conseguem ter uma visão clara de si mesmas é o sofrimento, mas existem sinais que podemos identificar e nos deixam mais próximos de encontrar o sol. É a esses sinais que devemos prestar atenção, mas nunca confiar incondicionalmente. Não há nada mais arrasador do que se engajar numa busca direta para depois descobrir, em um momento de claridade, que o sol está numa localização completamente diferente da direção da nossa busca. Acho que essa é a origem de boa parte da instabilidade inicial a partir da qual a recuperação deve acontecer. Portanto, é de vital importância que esse erro não seja cometido novamente. Isso não quer dizer que não devemos seguir nossas intuições, mas simplesmente que não devemos presumir que nossas intuições sejam corretas. Quando o objeto da busca é da importância de um senso de identidade coerente, a emoção que acompanha tais intuições pode ser enganosa. É a emoção associada à importância do objetivo que torna tão grandioso o incentivo da intuição. Não é necessariamente a intuição propriamente dita. Esse é um erro que pode se revelar prejudicial para a recuperação.

Por fim, a nuvem maior e mais intrusiva na vida da maioria das pessoas é provavelmente uma incapacidade de perdoar e aceitar a si mesmas. Uma coisa é ver a si mesmo claramente, outra coisa é ter uma visão completamente favorável do que é visto. Para tratar disso, tudo o que posso dizer é que vale a pena você aceitar. Não há nada intrinsecamente errado com você, não importa o quão profundamente você possa acreditar que seja assim. Perdoar a si mesmo é libertar-se. Não há grilhões mais restritivos do que os julgamentos que impomos a nós mesmos. Nós nos restringimos a continuamente nos comportarmos e pensarmos de forma contraproducente até que aprendemos a nos aceitar como somos. Liberte-se, você merece muito isso."

VINHETA: O CAMINHO TORTUOSO ATÉ A PERSPECTIVA

Annie, 23 anos, originária do sul da Ásia, recentemente se graduou com especialização em arte e escrita criativa. Ela participou de PPT em grupo em seu primeiro ano, mas não teve coragem de realizar a prática de *Escrita Expressiva*. Quase três anos mais tarde, Annie veio para algumas sessões individuais um pouco antes da sua formatura e disse que finalmente se sentia capaz de escrever sobre seu trauma e, no processo, produziu *insight*. (Perspectiva era uma das forças de assinatura de Annie, e, sem qualquer estímulo, ela integrou sua perspectiva a esta narrativa.)

"Cada um de nós possui um mundo que está sempre girando em torno de um 'Eu' construído centralmente que é testemunha e acrescenta significado narrativo. Lutando contra as correntes da vida – eu tento me manter firme. Essa é uma promessa, um ato constante de resistência que tenho empregado desde que era uma garotinha. Quando criança, eu sentia que engolia um peso que permanecia dentro da minha barriga. Recordo que depois de longos dias de *bullying* constante na escola e chegar em casa e enfrentar brigas e gritos, eu me esgueirava até meu quarto. Ficava olhando pela janela as luzes amarelas poeirentas da rua, ouvindo os murmúrios da noite. Todas as noites meu corpo tremia com lágrimas silenciosas e vergonha enquanto eu rezava por *um lugar* para onde fugir e por uma metamorfose da minha fealdade familiar. Mais de uma década depois, meu corpo cresceu, a pele esticou e mudou, minhas orações enfraqueceram.

Percebi que a minha persistência em movimento era integralmente para conquistar um caminho para mim mesma. É o caminho que tem início e vai de volta até aquela menininha, que já não pranteia, mas cuja mão eu tomo gentilmente. Assim, mergulhar dentro de mim foi um processo de retorno. A perspectiva está inextricavelmente associada à visão – pertencendo aos *olhos* e a *mim*. Possuir um coração sensível e a curiosidade natural me proporcionou entrar em sintonia com meu trabalho interior. Utilizei a escrita como um meio de mapear as dimensões e mudanças em minhas reflexões e autopercepção. Ao final de cada verão eu preenchia dois cadernos repletos de confissões guardadas e experiências acumuladas.

Por meio da escrita, posso vislumbrar a mim mesma, postada em um palco tendo apenas uma testemunha: eu mesma. Uma página em branco é o que existe entre as facas que estão sendo retiradas das feridas. Mergulhar dentro de mim inicialmente fez eu me centrar na minha ânsia, aflição e esperanças. No entanto, depois de muitos anos, estou ensinando a mim mesma a **circular** e **estar presente** em meio ao próprio sentimento. Eu compreendo perspectiva como a habilidade de simultaneamente entrar e sair de mim mesma. Com frequência em momentos muito comuns em que conseguimos ter um pequeno vislumbre do nosso crescimento. É nosso dever permitir que nosso espírito persista. Como afirma Rainer Maria Rilke:

'Deixe tudo acontecer a você
Beleza e terror
Apenas continue
Nenhum sentimento é final'"

VINHETA: HENRY

A história a seguir foi escrita por um de nossos jovens clientes, Henry, o qual, diante de circunstâncias muito desafiadoras, concluiu sua graduação e por fim conseguiu um emprego em tempo integral. Henry inicialmente participou de PPT em grupo e depois individual.

de uma infância imaculada
numa terra distante, um dia uma guerra de credo e classe se desencadeou
e varreu seus sonhos
ele viu destroços humanos
deixando cicatrizes indeléveis em sua alma
seu lar devastado em pedaços
sua família foi espalhada pelos cinco continentes, em numerosos campos de refugiados
por quase uma década, ele esperou, nas esquinas frias
com um mínimo calor de esperança
que finalmente aportou nele no solo canadense frio, mas seguro
ele desembarcou com um pé na neve e outro em um supermercado
ele ficou ali, semana após semana, toda a semana por sessenta horas

> também nos fins de semana, quando seus pares jogavam e iam a festas
> Mas ele trabalhou e deu cada centavo para pagar o aluguel de um apartamento lotado
> e pagou os mantimentos – para todos
> ele disse: eu os alimentei, mas ainda
> com um corpo cansado, sempre que entrava no apartamento,
> era recebido por discursos e problemas da família
> frequentemente ele pensava: isso é tudo...?
> um de seus colegas pensava o mesmo, e saiu da vida
> deixando-o à beira da existência, a qual não tinha significado, nem meios para viver
> "isso é tudo"... esse pensamento o levou a aposentos psiquiátricos sem janelas e frios inúmeras vezes
> por semanas... ele vivia no hospital
> seu espírito aquietado por um coquetel de medicamentos
> e a alma lacerada por um coquetel de diagnósticos
> depressão, TEPT, ansiedade social
> ele começou PPT em grupo com grande ceticismo
> sua história de apresentação terminou com uma frase: "Eu nunca desisti"
> e ele achava que eram apenas estressores, e não forças
> mas ficou surpreso quando os outros apontaram essa coragem e resiliência
> ainda cético ele começou a pensar sobre essas forças
> ele recontou sua história, desta vez com lampejo de forças, junto com os estressores
> enquanto contava a história, muitas tensões e batalhas atravessaram seu caminho
> mas a cada vez ele dizia a si mesmo: "Eu nunca desisto".

ADEQUAÇÃO E FLEXIBILIDADE

Anne Marie Roepke (2015), que recentemente revisou a literatura relevante para CPT, sugere que os clínicos devem prestar muita atenção aos temas de crescimento porque comentários ou gestos sutis ou inadvertidos podem aniquilar o crescimento ou promovê-lo, encorajando os clientes a discuti-lo.

Exercícios de promoção do crescimento – especialmente aqueles que lidam com trauma – correm o risco de construir nos clientes a expectativa de que eles *têm que crescer* depois de concluir os exercícios. Reduza essa pressão para o crescimento focando no processo em vez de no resultado.

Embora certos temas relacionados à manifestação do trauma possam ser delineados a partir de achados anteriores, a natureza e a cronologia da manifestação do trauma variam de pessoa para pessoa, especialmente nas sociedades contemporâneas urbanas e diversas. Os clínicos que conduzem PPT devem estar cientes de que a conclusão dessa prática como parte do protocolo e sequência é muito menos importante do que se adaptar ao protocolo quando necessário para promover a assistência clínica ideal para cada cliente. Se você achar que essa prática pode potencialmente causar prejuízo ou interferir na recuperação natural ou no processo de recuperação, prossiga com cautela. Entretanto, também é importante estar ciente de que muitos clientes irão evitar o processamento do trauma, e a prática da *Escrita Expressiva* pode lhes possibilitar finalmente lidar com ele por intermédio de um processo estruturado. Discuta com os clientes que a prática tem o potencial de lhes oferecer uma perspectiva mais clara, o que pode ajudá-los a dar um encerramento a uma experiência penosa e possibilitar que reconheçam os ganhos positivos que podem ter adquirido.

Algumas vezes deliberadamente não queremos mergulhar em nosso passado se isso envolver memórias traumáticas, porque confrontar o trauma e as emoções associadas não só é desconfortável como também nos faz sentir vulneráveis. Se esse for o caso com seus clientes, peça-lhes que escolham um contexto que lhes ofereça sentimentos de segurança ou apoio social confiável, ou um horário do dia ou estação do ano durante o qual se sintam rejuvenescidos (p. ex., primavera ou verão), ou um momento em que não estejam sobrecarregados por estressores externos (i.e., uma semana de trabalho estressante, férias, membros da família em transição ou problemas médicos) para realizar essa prática (Jelinek et al., 2010). Se os clientes se sentirem mais à vontade, também podem realizar a primeira sessão de escrita na sala de terapia, com a opção de o clínico sair do local temporariamente.

Tenha em mente que os piores momentos de um trauma frequentemente contêm pensamentos desorganizados ou inacabados que o cliente pode não articular claramente ou acuradamente por meio de sua prática de CPT. Isso não significa que o exercício não deva ser realizado, e, durante o curso do exercício (antes, durante ou depois), encoraje esses clientes a avaliar a acurácia de sua recordação.

Também leve em conta que fatores externos atuais (como acontecimentos pelo mundo, escândalos no noticiário, etc.) podem impactar o processo de escrita expressiva. Por exemplo, uma cliente recentemente compartilhou que o número crescente de relatos de agressões sexuais por celebridades proeminentes e figuras públicas promoveu o desencadeamento de memórias. Sem conseguir recordar de forma precisa, ela acha que pode ter vivenciado um trauma quando era muito jovem. Os clínicos devem prosseguir com cuidado para assegurar que as experiências de trauma do cliente – baseadas em memórias autobiográficas – não subestimem nem superestimem o impacto. Estressores externos significativos podem abalar a maioria de nós, tornando a prática pouco apropriada.

NOTA CLÍNICA

Não é razoável esperar que as mudanças decorrentes de práticas focadas no CPT irão durar para sempre ou resultar em uma transformação pessoal total.

1. Pode ser difícil estabelecer um início e pontos finais específicos que marquem quando o crescimento por um trauma começou ou terminou.
2. Tenha em mente que alguns clientes podem não continuar a experimentar crescimento por um longo tempo devido a inúmeras razões que podem estar além de seu controle. Uma avaliação periódica usando uma medida válida e confiável pode oferecer um parâmetro para estimar as mudanças no crescimento.
3. Continue discutindo as mudanças terapêuticas com os clientes sem perguntar explicitamente acerca do crescimento. Isso poderá ajudá-lo a compreender o contexto no qual os clientes estão profundamente mergulhados.
4. Além disso, uma discussão contínua focada em temas de mudanças poderá ajudá-lo a identificar quando são necessários recursos ou suportes adicionais para manter e ampliar o CPT.

Na última década, trabalhamos com centenas de clientes em contextos individuais e de grupo. Apresentamos, a seguir, uma nota de uma cliente que apresentou CPT:

Erica, uma mulher de vinte e tantos anos, vivenciou durante anos abuso emocional e por vezes físico por parte de seu marido. O relacionamento mudou para pior depois que seu filho foi diagnosticado com problemas de desenvolvimento. Enquanto seu marido não conseguiu aceitar essa realidade dolorosa, Erica aceitou e não poupou esforços em procurar os melhores serviços possíveis de apoio para o filho. No processo, embora a relação com seu marido tivesse piorado, ela se tornou uma defensora para pais de crianças com problemas de desenvolvimento similares.

CONSIDERAÇÕES CULTURAIS

É imperativo que você escute atentamente a linguagem e as respostas psicológicas dos clientes dentro de seu contexto cultural. Em vez de simplesmente serem ouvidos de forma empática, clientes de algumas culturas podem lhe solicitar conselhos explícitos, sugestões, estratégias de enfrentamento ou recursos culturalmente apropriados. Responda de uma forma que atenda às suas necessidades ou os encaminhe para alguém que compreenda as características contextuais do trauma, inclusive as circunstâncias culturais, religiosas, sociais e econômicas imediatas do cliente.

Enquanto se engaja nesse processo, tenha em mente as expressões emocionais culturalmente sensíveis, especialmente aquelas associadas a traumas. As culturas diferem nas formas como diferenciam claramente emoções específicas. Por exemplo, emoções interpessoais são mais frequentemente articuladas em culturas interdependentes, enquanto emoções intrapessoais são mais claramente diferenciadas em culturas individualistas (Cordaro et al., 2018). Enquanto estiver engajado na prática do CPT, preste muita atenção ao modo como clientes de diversas origens culturais expressam emoções, amplificam estados fisiológicos associados às emoções e interpretam as emoções relacionadas a trauma e crescimento.

Além disso, escute com atenção, sem julgar as experiências do cliente através de lentes culturais específicas. Essa é uma boa oportunidade para os clínicos exercerem suas forças de mente aberta, curiosidade e inteligência social.

MANUTENÇÃO

Discuta as dicas a seguir com seus clientes para que possam manter seu progresso:

- Escrever sobre um evento traumático pode ser extremamente desafiador. No entanto, manter o trauma dentro de si – sem expressá-lo de uma maneira adaptativa – pode ser muito prejudicial para você. Assim, é importante que antes e depois da prática da *Escrita Expressiva* você se lembre de que sua intenção é romper o bloqueio mental, interromper o ciclo do pensamento sobre o trauma e, o que é mais importante, explorar se o trauma também provocou alguma mudança positiva em você.
- Essa prática é tanto individual quanto interpessoal. A base terapêutica trabalhada até agora, com a ajuda de seu clínico, é essencial para prepará-lo para realizar o esforço do CPT. Mais provavelmente você vai usar as forças de coragem, inteligência social e autorregulação para realizar esse trabalho. Entretanto, para obter e manter perspectiva, especialmente na interpretação do seu significado e crescimento potencial, você irá se beneficiar grandemente com a continuação do suporte terapêutico. Confiar seus sentimentos ao seu clínico, colocar tais sentimentos em palavras e extrair compreensões sobre o crescimento potencial serão ações mais bem feitas em um contexto interpessoal seguro. Recomendamos que, para manter os benefícios dessa prática, você se mantenha engajado na terapia durante algum tempo.
- Também é importante que você não se force a encontrar crescimento ou espere que sobreviver a um trauma irá produzir mudanças positivas importantes em sua vida. O crescimento a partir de um trauma, embora seja um fenômeno mais frequente do que é reconhecido, pode levar seu devido tempo e curso para se manifestar. Em vez de procurar por uma expressão específica de crescimento, foque mais nas mudanças que podem ter ocorrido organicamente dentro de você. Por exemplo, depois de sobreviver a um evento traumático, a maioria dos indivíduos reporta experimentar três coisas (Roepke, 2015):
- crença renovada em sua capacidade de resistir e triunfar
- melhora nos relacionamentos – em particular, descobrir quem são os verdadeiros amigos e com quem se pode realmente contar e o quanto os relacionamentos são essenciais se comparados aos bens materiais
- sentir-se mais à vontade com a intimidade e ter maior senso de compaixão por outras pessoas que sofrem

Reflita periodicamente sobre se essas ou outras mudanças similares ocorreram em você.

RELAXAMENTO NO FINAL DA SESSÃO

Recomendamos que cada sessão termine com o mesmo relaxamento breve que a iniciou.

RECURSOS

Leituras

- Bonanno, G. A., & Mancini, A. D. (2012). Beyond resilience and PTSD: Mapping the heterogeneity of responses to potential trauma. *Psychological Trauma, 4,* 74–83.
- Fazio, R., Rashid, T., & Hayward, H. (2008). Growth from trauma, loss, and adversity. In S. J. Lopez (Ed.), *Positive Psychology: Exploring the Best in People.* Westport, CT: Greenwood.
- Jin, Y., Xu, J., & Liu, D. (2014). The relationship between post-traumatic stress disorder and post traumatic growth: Gender differences in PTG and PTSD subgroups. *Social Psychiatry and Psychiatric Epidemiology, 49*(12), 1903–1910.
- Pennebaker, J. W. (2004). *Writing to Heal: A Guided Journal for Recovering from Trauma and Emotional Upheaval.* Oakland, CA: New Harbinger.
- Roepke, A. M. (2015). Psychosocial interventions and posttraumatic growth: A meta-analysis. *Journal of Consulting and Clinical Psychology, 83*(1), 129–142. http://dx.doi.org/10.1037/a0036872
- Tedeschi, R. G. & McNally, R. J. (2011). Can we facilitate posttraumatic growth in combat veterans? *American Psychologist, 66,* 19–24.

Vídeos

- Palestra motivacional do Dr. Randy Pausch: A Última Palestra: https://youtu.be/p1CEhH5gnvg
- Equipe Hoyt: Eu só Posso Imaginar, a história de Dick e Rick Hoyt, uma das equipes de pai e filho mais inspiradoras a correr em uma competição Ironman: https://youtu.be/cxqe77-Am3w
- Palestra no TED: Andrew Solomon: Como os piores momentos nos ajudam a saber quem somos: http://www.ted.com/talks/andrew_solomon_how_the_worst_moments_in_our_lives_make_us_who_we_are; Recuperado em 24 de novembro de 2015.

Websites

- *Home Page* de James Pennebaker, pioneiro no processamento do trauma por meio da escrita: https://liberalarts.utexas.edu/psychology/faculty/pennebak
- Manitoba Trauma Information & Education Centre: http://trauma-recovery.ca/resiliency/post-traumatic-growth/
- O que não nos mata: http://www.huffingtonpost.com/stephen-joseph/what-doesnt-kill-us-post_b_2862726.html
- Aplicativos para celular relacionados a trauma: www.veterans.gc.ca/eng/stay-connected/mobile-app/ptsd-coach-canada

17

SESSÃO ONZE
Diminuir o ritmo e saborear

Na sessão onze, os clientes aprendem como deliberadamente diminuir o ritmo e desenvolver uma consciência de como saborear. Ao fazerem isso, aprendem a observar atentamente os aspectos positivos. As práticas centrais da psicoterapia positiva (PPT) abordadas nesta sessão são *Diminuir o Ritmo* e *Saborear*.

ESBOÇO DA SESSÃO ONZE

Conceitos Centrais: Lento
    Prática na Sessão: *Lento*
    Reflexão e Discussão
Conceitos Centrais: Saborear
    Prática na Sessão: *Savoring*
    Reflexão e Discussão
    Prática na Sessão: *Atividade Planejada de Savoring*
    Reflexão e Discussão
    Prática com Dever de Casa: *Um Encontro Saboreado*
    Reflexão e Discussão
    Vinhetas
    Adequação e Flexibilidade
    Considerações Culturais
    Manutenção
Recursos

CONCEITOS CENTRAIS: LENTO

Nesta época de multitarefas, a velocidade se tornou o desejo definitivo, e o jornalista canadense Carl Honore (2005) argumenta que vivemos uma era da multitarefa, na qual nos tornamos viciados em velocidade. Acumulamos cada vez mais coisas em cada minuto de nossas vidas, como:

- dietas rápidas e encontros rápidos
- mensagens instantâneas, mensagens no Twitter
- *drive-throughs*
- jantares de micro-ondas
- cursos intensivos para dominar competências
- ioga rápida e meditação rápida

Vivemos vidas turbinadas em que cada momento parece uma corrida contra o relógio. Essa atitude de impaciência tem afetado todas as áreas de nossa cultura, e estamos todos desesperados por uma cura. Esse tipo de vida cobra um preço em todos os aspectos, desde saúde, dieta e trabalho até nossas comunidades, relacionamentos e o ambiente. Evidências mostram que pessoas que são cognitivamente ocupadas também são mais propensas a agir de forma egoísta, usam linguagem sexista e fazem julgamentos errôneos em situações sociais (Kahneman, 2011).

Muitos clientes relatam que, apesar de fazerem muitas coisas todos os dias, a maioria das quais são feitas rapidamente, ainda se sentem estressados, sub-realizados e cansados. Eles nunca parecem chegar ao final de sua lista de "coisas a fazer". Sentem como se estivessem correndo pela vida em vez de realmente vivê-la. Por pelo menos cinco décadas, a cultura ocidental (e agora, boa parte do mundo) tem sido enganada pela crença de que a velocidade é algo bom. Ir mais rápido pode ser desejável em alguns casos, mas, em anos recentes, entramos em uma fase de "rendimentos decrescentes". Apesar de acelerarmos em quase tudo, inclusive a maturação humana, não nos sentimos mais felizes nem estamos mais saudáveis. É por isso que o "Slow Movement" está atraindo a atenção.

Em toda parte, as pessoas estão acordando para a insensatez que é viver em avanço rápido e descobrindo que, ao diminuírem o ritmo de forma sensata, fazem tudo melhor e desfrutam de tudo muito mais. A neurociência mais recente mostra que, quando as pessoas estão em estado relaxado e calmo, o cérebro passa para um modo de pensamento mais profundo, mais rico, com mais nuanças (Kahneman, 2011). Os psicólogos na verdade chamam isso de "pensamento lento". Os artistas sempre souberam que não se pode ter pressa no ato de criação, e, cada vez mais, as empresas estão fazendo a mesma coisa. Os trabalhadores precisam de momentos para relaxar, desligar e ficar em silêncio para que sejam criativos e produtivos. Sem muita digressão, vamos esclarecer aqui que lentidão não é antivelocidade. Internet de alta velocidade é uma coisa boa, não gostaríamos de hóquei no gelo se ele fosse lento (talvez um toque mais suave, no entanto), e há prazos para projetos que nos impelem a aumentar nosso ritmo.

A multitarefa também é onipresente em nossa sociedade. No entanto, para a maioria das atividades de ordem superior, o cérebro humano não está projetado para multitarefas; ao contrário, o que o cérebro faz, na verdade, é se alternar sequencialmente entre as atividades, e se torna bom em ir e vir (Carrier et al., 2015).

Pesquisas indicam que esse tipo de alternância entre as atividades não é muito produtivo, e, de fato, as tarefas podem demorar o dobro do tempo para serem concluídas quando realizadas dessa maneira (Minear et al., 2013). É por isso que os projetos e as tarefas nos quais trabalhamos podem levar mais tempo para ser concluídos quando estamos constantemente inundados por mensagens instantâneas, alertas no Facebook e as últimas notícias.

RELAXAMENTO NO COMEÇO DA SESSÃO

No início de cada sessão, comece com um breve exercício de relaxamento. Consulte o Apêndice A: Práticas de Relaxamento e *Mindfulness*, que pode ser encontrado no final deste manual. Uma cópia desse apêndice também aparece no livro de exercícios do cliente. Continue a sessão com uma revisão do *Diário de Gratidão* do cliente, além de uma revisão dos conceitos centrais ensinados na sessão anterior.

PRÁTICA NA SESSÃO: *LENTO*

A Folha de Exercícios 11.1 oferece seis estratégias para nos ajudar a diminuir o ritmo. Discuta cada uma com os clientes. Essa abordagem psicoeducacional irá ajudar os clientes a entenderem o conceito de diminuição do ritmo com sugestões concretas. Enquanto eles discutem, pergunte aos clientes como eles se identificam com cada estratégia. Observe que esta e todas as folhas de exercícios (a) aparecem dentro da sessão correspondente deste manual e (b) podem ser baixadas na página do livro em loja. grupoa.com.br.

FOLHA DE EXERCÍCIOS 11.1 ESTRATÉGIAS PARA DIMINUIR O RITMO

Como você pode fazer mudanças e diminuir um pouco o ritmo? Apresentamos algumas sugestões. Escolha a que você acha que pode implantar com facilidade. No espaço reservado no final da folha de exercícios, indique a opção que você escolheu. Depois, escreva por que escolheu essa opção.

Comece Pequeno e Desacelere Gradualmente: Uma redução crescente e gradual do ritmo é melhor do que parar de repente. Comece com um pequeno decréscimo e desacelere gradualmente.

Comece por Algumas Áreas: Escolha uma ou duas áreas em que você geralmente é apressado e diminua o ritmo nessas áreas. Exemplos: fazer no mínimo três refeições lentamente em uma semana, andar lentamente pelo menos uma vez por semana ou ter uma noite sem mídias/tecnologia uma vez por semana.

Envolva-se: Foque deliberadamente em experiências pacíficas, como acompanhar com os olhos as nuvens flutuando, assistir ao pôr do sol, sentir a brisa ou ouvir e desfrutar de sinos de vento. Você poderá descobrir que os ritmos da natureza são lentos, mas profundamente satisfatórios.

Eduque: Converse com sua família e amigos acerca das consequências adversas da velocidade (p. ex., acidentes, lesões, estresse e ansiedade).

Zonas Sem Equipamentos: Crie horários ou zonas livres de equipamentos (p. ex., sem celulares após as 6 da tarde ou sem TV no quarto).

Aprenda a Dizer Não: Aprenda a dizer não e evite excessos na agenda.

Opção escolhida:
Por que você escolheu essa opção?

Ações:
Que ações específicas você vai tomar?

Com que frequência?

De que tipo de apoio social você acha que precisa para implantar essa estratégia?

Se essa estratégia funcionar, o que seria diferente em três meses?

REFLEXÃO E DISCUSSÃO

Depois de concluir essa prática, peça que os clientes reflitam e discutam:

- Se você se encontra constantemente ocupado, como isso se manifesta em sua vida diária? Você percebe constantemente que está com pouco tempo para tudo o que tem que fazer, e é multitarefa?
- Você acha que sobrecarga de informações, estar sempre em cima da hora, superestimulação, subdesempenho e multitarefa são alguns dos sinais de ser muito frenético e viver uma vida acelerada? Qual dessas situações você vivencia?
- O que impulsiona seu comportamento frenético? Você acha que são comportamentos internos, externos ou uma combinação de ambos? Exemplos de comportamento interno são disposição a personalidade ansiosa e sintomas de ansiedade.
- Como as estratégias de diminuição do ritmo que você escolheu na Folha de Exercícios 11.1 estão relacionadas aos seus sinais específicos?
- Todas as estratégias para diminuição do ritmo aqui mencionadas requerem engajamento ativo. Que ações específicas você irá tomar, ou quem irá apoiar ou inibir seu engajamento ativo?
- Que forças (do seu perfil ou outras) você pode usar para assegurar que sua estratégia escolhida seja bem-sucedida?

CONCEITOS CENTRAIS: SABOREAR

Fred Bryant (2003), um pioneiro em *savoring*, define *savoring* como um processo consciente de atenção e apreciação das experiências positivas em nossas vidas. Bryant descreve vários aspectos de *savoring*:

- Há quatro tipos de *savoring*: relaxar, agradecer, maravilhar-se e prudência. *Savoring* promove emoções positivas e aumenta o bem-estar.
- Ao saborearmos objetos ou experiências com amigos e a família, podemos aprofundar nossa conexão com as pessoas significativas em nossas vidas.
- *Savoring* requer esforço – temos que trabalhar contra as pressões da multitarefa e de "mexa-se, mexa-se, mexa-se".
- Saborear torna-se um sentimento cada vez mais natural à medida que o praticamos.

PRÁTICA NA SESSÃO: *SABOREAR*

Há inúmeros tipos de experiências de *savoring* às quais os clientes podem prestar atenção, apreciar e vivenciar para que possam ampliar as experiências positivas. Algumas delas estão descritas na Folha de Exercícios 11.2. Também estão incluídas técnicas para experimentar tipos específicos de *savoring*. Discuta os diferentes tipos de experiências e técnicas de *savoring* com seus clientes e veja se eles se identificam mais com certas experiências e técnicas do que com outras.

FOLHA DE EXERCÍCIOS 11.2 EXPERIÊNCIAS E TÉCNICAS DE *SAVORING*

Savoring é combinar conscientemente as sensações positivas, emoções, percepções, pensamentos e crenças para apreciar a experiência. Esta folha de exercícios lista diferentes tipos de experiências de savoring, seguidos por técnicas que você pode usar para saborear. No espaço reservado no final desta folha de exercícios, escolha uma técnica de savoring que você gostaria de experimentar. Depois, escreva sobre quando, onde e com que frequência você pode usar essa técnica em sua vida diária.

Tipos de Experiências de *Savoring*
Relaxar: Obter grande prazer ou satisfação nas próprias conquistas, boa sorte e dádivas.
Agradecer: Ser grato; expressar gratidão.
Regalar-se: Obter grande prazer (e não mostrar restrições) em usufruir de conforto e sensações físicas.
Maravilhar-se: Ser preenchido com admiração ou surpresa. A beleza frequentemente induz a maravilhar-se. Exercer virtude também pode inspirar admiração. Por exemplo, podemos nos maravilhar com a força de uma pessoa para enfrentar e superar adversidades.
Prudência: O estado consciente, atento e observador de si mesmo, de seu entorno e das outras pessoas.
Técnicas de *Savoring*
Compartilhar com Outros: Você pode procurar outras pessoas para compartilhar uma experiência e contar aos outros o quanto você valoriza o momento. Este é o mais forte previsor de prazer.
Construção de Memórias: Tire fotografias mentais ou mesmo uma lembrança física de um evento e mais tarde recorde com outras pessoas.
Autoelogio: Não tenha medo de se orgulhar. Compartilhe suas conquistas com outras pessoas. Isso tem a ver com ser autêntico e honesto ao celebrar sua persistência em manter o foco e o entusiasmo para atingir alguma coisa significativa para você.
Apurar as Percepções: Envolve focar em certos elementos e bloquear outros. Por exemplo, a maioria das pessoas passa muito mais tempo pensando sobre como podem corrigir alguma coisa que deu errado (ou que está prestes a dar errado) do que relaxando pelo que deu certo.
Escolha uma dessas técnicas de savoring. Quando, onde e com que frequência você pode usá-la para aumentar as emoções positivas em sua vida diária?

REFLEXÃO E DISCUSSÃO

Depois de concluir essa prática, peça que os clientes reflitam e discutam:

- Dos quatro tipos de *savoring* (relaxar, agradecer, regalar-se e maravilhar-se), qual você usaria mais frequentemente e em que situações?
- Há algum tipo adicional de *savoring* que você utilizou e que não está listado aqui?
- Há algum fator que o inibe de usar algum dos tipos de *savoring* listados na Folha de Exercícios 11.2?
- *Savoring* requer prática. Que ações específicas você pode realizar para solidificar sua prática de *savoring*?

PRÁTICA NA SESSÃO: *ATIVIDADE PLANEJADA DE* SAVORING

Antes de começar esta sessão, colete uma variedade de itens (p. ex., lembrancinhas, pedras, alguma coisa que produza sons melódicos, penas, flores, alimentos, fotografias ou cartões postais de belezas naturais). Se você estiver conduzindo PPT em formato de grupo, verifique antecipadamente a possibilidade de alergias. Coloque os itens sobre uma mesa, no caso de PPT em grupo, ou ao lado do cliente, para PPT individual.

- Discuta os diferentes tipos de experiências e técnicas de *savoring*, com a ajuda da Folha de Exercícios 11.2.
- Peça que os clientes escolham no mínimo um dos objetos e saboreiem-no usando uma ou mais das técnicas de *savoring*.
- Peça que os clientes registrem mentalmente o que observam enquanto saboreiam.
- Peça-lhes para usar seus sentidos ao máximo (diferentes tipos, além de técnicas).
- Conceda aos clientes de 3 a 5 minutos para saborearem o(s) item(s) escolhido(s).

O passo seguinte é compartilhar com alguém. Em PPT em grupo, os clientes podem compartilhar com a pessoa ao seu lado. Em PPT individual, o cliente pode compartilhar com o clínico. Peça que os clientes discutam o tipo de experiência de compartilhamento e a técnica que usaram para esse exercício. Então, peça que reflitam e discutam usando as perguntas a seguir.

REFLEXÃO E DISCUSSÃO

- Quantos dos seus sentidos você envolveu enquanto estava saboreando os itens da sua escolha?
- Você tentou focar em certas propriedades sensoriais dos itens enquanto bloqueava outros?
- Enquanto estava saboreando, você sentiu o impulso de deixar um item e correr para outro?
- Você conseguiu ficar à vontade e relaxado para fazer essa atividade?
- Enquanto saboreava, você achou que o item específico poderia ter sido melhor? O que provocou esse pensamento?
- Você teve uma boa experiência? O que levou a isso?

VINHETA: SOPHIA SABOREIA AO PREPARAR UM JANTAR

Sophia, uma cliente de 23 anos com sintomas de transtorno da personalidade *borderline*, participou de uma intervenção em grupo de PPT. Relatou frequente irritabilidade e inquietação. Depois de concluir a maioria das práticas de PPT e achá-las moderadamente úteis, Sophia descobriu que *savoring* era a mais benéfica. A paciente tinha discussões frequentes com seu namorado por coisas triviais, com motivos que iam desde onde exatamente colocar os talheres enquanto esvaziava a lava-louça até qual programa de televisão assistir. Embora seu relacionamento como um todo fosse estável, esses aborrecimentos diários estavam prejudicando a qualidade do tempo que passavam juntos. Sophia adorava cozinhar. Ela surpreendeu o namorado, Sami, preparando seu prato favorito da cozinha indiana. Ela descreveu a experiência assim:

"Depois de aprender as várias formas de *savoring*, decidi escolher alguma coisa de que eu gostasse e Sami também. No fim de semana passado, ele trabalhou o dia inteiro. Isso permitiu que eu primeiro fosse ao supermercado indiano e escolhesse os ingredientes. Adorei especialmente o aroma dos temperos, desde as fortes sementes de cominho até o sutil pó de açafrão – todos eles aguçaram meus sentidos. Comprei o máximo que consegui dos temperos originais. Quando voltei para nosso apartamento, decidi preparar apenas um prato por vez para desfrutar o aroma e o processo. Com minha música instrumental indiana tocando ao fundo, moí as especiarias. A cozinha inteira se encheu de aromas distintos. Não tive pressa e lavei e cortei os vegetais, preparei e segui cada etapa lentamente. Sami ficou agradavelmente surpreso. Fizemos uma refeição demorada, desfrutando cada porção que era colocada na boca. Aquela foi uma experiência tão boa que Sami e eu decidimos nos revezar e fazer aquele prato todos os meses."

"*Reflexão*: Eu sei que uma ceia não vai mudar a minha vida ou a de Sami, mas percebo que uma ceia por vez pode me ajudar a administrar melhor meu humor. Sempre adorei cozinhar e experimentar novas receitas. Eu havia parado de fazer isso depois que algumas irritações sem importância atrapalharam minha disposição na última vez em que estava cozinhando e, então, decidi não fazer mais. Mas a experiência desse fim de semana me ajudou a compreender duas coisas sutis. A primeira é que eu posso ter bons momentos sozinha. Não preciso de outras pessoas nem de uma porção de coisas sofisticadas para me sentir bem. Sinto-me bem quando estou fazendo alguma coisa prática e que requer algum esforço. Em segundo lugar, percebi que nosso jantar no fim de semana foi tão bom que no dia seguinte eu consegui lidar melhor com aborrecimentos sem importância. Talvez eu precise planejar deliberadamente esses bons momentos para ter dias bons."

VINHETA: AYSHEEHA LIDA COM SEUS SINTOMAS DEPRESSIVOS APRENDENDO A SABOREAR

Aysheeha, 24 anos, uma cliente com tendências perfeccionistas, buscou terapia individual para sintomas severos e recorrentes de depressão. Depois de alguma relutância, ela concordou em dar início a um *Diário de Gratidão*. A seguir, apresentamos alguns registros de seu diário, listando suas experiências de *savoring*:

Domingo	• Saboreei que minha mãe comprou a echarpe mais bonita de todas na minha loja favorita. • Meu irmão me apresentou um delicioso e possivelmente viciante molho de queijo *cheddar* apimentado.
Segunda-feira	• Chuva: adoro. É como se a cidade inteira cheia de poeira tivesse tomado um banho. • Todos os ônibus, trens e bondes no horário. Uau!
Terça-feira	• Continuei a desfrutar da chuva. • Comprei uma marca nova e cara de iogurte grego e o saboreei com granola. Delicioso.
Quarta-feira	• Gostei que minha mãe reconheceu que já sou uma mulher crescida, e não mais uma criança. • Saboreei o pensamento de que posso escolher o curso da minha vida sem me sentir culpada.
Quinta-feira	• Cheguei à aula na hora. • Tive uma boa discussão sobre um dos meus temas favoritos em aula: fiquei surpresa ao ver o nível de maturidade de alguns alunos – achava que eles fossem alheios a essas questões.
Sexta-feira	• Graças a Deus é sexta-feira, não precisei ir à aula e pude dormir até mais tarde.
Sábado	• Adorei não fazer nada.
Domingo	• Dormi até tarde e aproveitei para ir ao *shopping* com minha irmã e minha mãe.

PRÁTICA EM CASA:
UM ENCONTRO SABOREADO

Para ampliar a prática de *savoring*, peça que seus clientes façam a atividade a seguir em casa e depois reflitam sobre as perguntas.

> Planeje e execute um "encontro saboreado". Você pode fazer esta atividade com seu parceiro, um amigo ou um familiar. Por exemplo, pode convidar um amigo para tomar um sorvete (experimentando juntos alguns sabores diferentes); podem assistir juntos a um filme favorito ou ouvir uma música favorita (com o objetivo de prestar o máximo de atenção possível usando o maior número de sentidos possível para apreciar plenamente o filme ou música); podem sentar ao ar livre e saborear a natureza a sua volta ou, se possível, acender uma fogueira; ou simplesmente reservar um tempo para caminhar com a outra pessoa (ao mesmo tempo sendo curioso, atento e apreciador durante o tempo compartilhado). Seja criativo com este exercício e planeje uma atividade que requeira no mínimo 1 hora com a outra pessoa. Então, depois que tiver terminado, escreva um relato da experiência usando as perguntas da seção Reflexão e Discussão.

REFLEXÃO E DISCUSSÃO

- O quanto você desfrutou seu encontro saboreado? Caso não tenha desfrutado, o que o impediu?
- O planejamento deliberado afetou a satisfação ou prazer? Você acha que fazer isso espontaneamente produziria um resultado diferente?
- O quão raro é esse tipo de encontro em sua vida?
- Você tentou assimilar cada propriedade do encontro saboreado (cenas, sons, cheiros, etc.)?
- Durante o encontro saboreado, você pensou em outras coisas que estavam pendentes, como problemas, preocupações ou tarefas que você ainda precisa enfrentar?

ADEQUAÇÃO E FLEXIBILIDADE

Embora *savoring* possa ser atraente para alguns, para clientes deprimidos a tarefa pode ser assustadora se eles não perceberem que têm controle sobre seu estilo de atribuição negativa (p. ex., esses clientes podem ser desencorajados pela tarefa se ficarem distraídos durante o curto período de tempo em que devem ficar atentos). Avalie o que pode estar impedindo os clientes de se engajarem em práticas de *savoring* e converse com eles sobre isso caso não estejam certos sobre o que pode estar atrapalhando.

Desfrutar de uma experiência é um aspecto mais importante de *savoring* do que a percepção de estar no controle. Ajude os clientes a prestarem atenção e apreciarem os sentimentos positivos que emergem das atividades feitas como dever de casa.

Clientes que têm dificuldade em saborear porque estão acostumados com velocidade e pressa podem ser ensinados a intencionalmente diminuir o ritmo definindo especificamente o quanto ir devagar (p. ex., duas mordidas por minuto). Além de ser dividida no tempo, uma experiência também pode ser dividida em unidades menores. Pode ser criado um inventário de todas as experiências sensoriais antes da experiência propriamente dita, com o cliente analisando cada aspecto.

Algumas experiências, pela sua própria natureza, são fugazes (p. ex., identificar uma estrela cadente, avistar um pássaro raro que alça voo rapidamente). Portanto, tenha em mente o ritmo natural da experiência. Dito isso, também é importante ter em mente que os clientes podem atribuir importâncias diferentes a certos aspectos de uma experiência, como saborear vinho *versus* queijo. Da mesma forma, a disposição individual da personalidade pode ser moderadora das experiências de *savoring*. Para alguns, escalar até o alto de uma montanha e desfrutar a vista é a experiência definitiva de *savoring*; para outros, é surfar na crista de uma onda. Para alguns, é cortar, limpar, ralar, cozinhar e temperar os ingredientes para uma sopa favorita. Uma experiência de *savoring* pode ser complexa ou simples. Alguns cientes podem focar acentuadamente em um ou dois aspectos de uma experiência, enquanto outros podem experimentar todos os elementos sinergisticamente (p. ex., uma majestosa visão panorâmica da natureza, uma *performance* de um artista talentoso, um musical da Broadway).

Alguns pacientes deprimidos podem ter problemas para saborear uma experiência agradável devido a dificuldades de atenção. A atenção é um recurso limitado. Preste muita atenção ao modo como os clientes estão utilizando seus recursos atencionais disponíveis para saborear. Ensinar os clientes a eliminar ou ignorar distrações pode ajudá-los a focar diretamente e completamente em alguns aspectos da experiência. Isso pode reduzir sua ansiedade e minimizar suas expectativas incorretas de que precisam prestar atenção a todos os aspectos.

CONSIDERAÇÕES CULTURAIS

Clientes cercados por culturas estimuladas pela tecnologia acelerada podem achar difícil compreender o valor de diminuir o ritmo quando seu sucesso no trabalho parece ser definido e determinado pela sua habilidade de avançar em um ritmo rápido. É importante que esses clientes compreendam que é possível ser acelerado às vezes quando é necessário produtividade, mas que também precisam encontrar tempo para diminuir o ritmo a fim de cuidarem de si mesmos e desfrutarem de suas atividades e experiências.

Nem todas as culturas são tão associadas ao tempo e aceleradas como a norte-americana. Clientes de diversas origens culturais já podem estar familiarizados e acostumados com um ritmo mais lento em casa. Avalie e modifique as instruções de acordo com as expectativas culturais.

Clientes afetados psicologicamente provenientes de diversas origens culturais exibem diferentes preferências de *savoring*. Por exemplo, comparados a indivíduos do leste asiático, os norte-americanos endossam fortemente respostas de *savoring* cognitivas e comportamentais que visam ampliar ou prolongar experiências positivas (p. ex., autocongratulações, ativação comportamental; Nisbett, 2008). Por exemplo, a preparação e a antecipação das festividades de um feriado, como Dia dos Namorados, Halloween, Dia de Ação de Graças e Natal, começam semanas antes da data, prolongando o período de celebração. Clientes originários do Leste e do Sul da Ásia, da América Latina, do Oriente Médio e do Leste Europeu têm suas próprias celebrações culturais, como Deewalli, Eid, Kwanza e Hanukkah, e podem ter a mesma expectativa em relação às suas celebrações.

MANUTENÇÃO

Discuta com seus clientes as dicas a seguir para que possam manter seu progresso:

- *Savoring* requer prática. Reflita e escreva sua lista pessoal de ações que podem manter e estimular *savoring*.
- Alguns podem ter dificuldades com práticas de *savoring* porque pensam demais nas experiências, o que interfere em sua habilidade de perceber e prestar atenção aos próprios sentidos, como tato, olfato ou audição.
- Preste atenção conscientemente a todos os aspectos de uma experiência de *savoring*, inclusive a seus aspectos cognitivos, afetivos e comportamentais. No entanto, sintonizá-la excessivamente com sentimentos ou pensamentos pode ter uma interferência negativa, acabando por enfraquecer a experiência de *savoring*.
- O foco das práticas de *Diminuir o Ritmo e Saborear* é positivo. Se você está se sentindo angustiado, veja se consegue colocar de lado por um tempo seus pensamentos e sentimentos negativos, de modo que possa se beneficiar mais dessas práticas. Você pode usar a estratégia da distração (da Sessão Cinco: Memórias Abertas e Fechadas) para se beneficiar da forma ideal de sua experiência de *savoring*.
- Uma forma de manter o *savoring* é diversificá-lo. Passe algum tempo de qualidade com um de seus familiares ou amigos favoritos. Escolha uma atividade de que vocês dois gostem. Pode ser algo tão simples quanto ter uma conversa em um ambiente sem distrações, assistir a um filme juntos ou sair para dar uma caminhada. Tente se manter no "aqui e agora".
- Passe algum tempo sozinho. Pode ser por meia hora ou um dia inteiro. Você pode escolher ouvir suas músicas favoritas, explorar um parque, ir a um restaurante novo ou simplesmente ler um livro de sua escolha. Pres-

te muita atenção aos seus sentidos enquanto está engajado na atividade. O que você vê, cheira e ouve a sua volta?
- Velocidade nem sempre é ruim, nem é sempre bom. Às vezes é bom trabalhar rapidamente, mas, na maior parte das vezes, quando trabalhamos em um estado relaxado, nosso cérebro torna-se mais criativo e mais produtivo na realização de tarefas complexas.
- Para manter e estimular o *savoring*, você também pode replicar a prática feita na sessão com amigos ou familiares, especialmente em ocasiões especiais e celebrações.

A seguir, apresentamos uma lista com sugestões de itens para saborear. Os itens dessa lista são planejados para contemplar cada um dos sentidos e ampliar a noção de *savoring* para incluir itens que vão além dos alimentos: chocolate amargo; pedras lisas e conchas do mar; sacos de vários tipos de café moído ou folhas de chá para infusão; caleidoscópio; CDs com diferentes gêneros de música, como ópera, *jazz*, *hip hop*; vários tipos de nozes; sinos de vento; flores; pinhas; madressilva; algodão; lixa; gaze; um poema.

RELAXAMENTO NO FINAL DA SESSÃO

Termine esta sessão com um exercício curto baseado em *mindfulness*, seguido da apresentação de uma palestra no TED: Natureza, Beleza, Gratidão: deslumbrantes fotografias em *time-lapse* de Louis Schwartzberg.

RECURSOS

Leituras

- Bryant, F. B., & Veroff, J. (2007). *Savoring: A New Model of Positive Experience*. Mahwah, NJ: Lawrence Erlbaum Associates.
- Honoré, C. (2005). *In Praise of Slowness: How a Worldwide Movement Is Challenging the Cult of Speed*. San Francisco: Harper.
- Howell, A. J., Passmore, H. A., & Buro, K. (2013). Meaning in nature: Meaning in life as a mediator of the relationship between nature connectedness and well-being. *Journal of Happiness Studies*, *14*(6), 1681–1696. doi:10.1007/s10902-012-9403-x
- Hurley, D. B., & Kwon, P. (2012). Results of a study to increase savoring the moment: Differential impact on positive and negative outcomes. *Journal of Happiness Studies*, *13*(4), 579–588. doi:10.1007/s10902-011-9280-8

Vídeos

- Palestra no TED: Natureza. Beleza. Gratidão: Deslumbrantes fotografias em *time-lapse* de Louis Schwartzberg: http://www.ted.com/talks/louie_schwartzberg_nature_beauty_gratitude
- Palestra no TED: David Griffin: Como a fotografia nos conecta: http://www.ted.com/playlists/30/natural_wonder
- Palestra no TED: Julian Treasure apresenta um plano em oito passos para recuperar sua relação com o som: http://www.ted.com/talks/julian_treasure_shh_sound_health_in_8_steps

Website

- *Website* oficial da National Geographic: http://www.nationalgeographic.com

18

SESSÃO DOZE
Relações positivas

Na sessão doze, os clientes aprendem a importância de reconhecer as forças em suas pessoas amadas. A prática central da psicoterapia positiva (PPT) abordada nesta sessão é a criação de uma *Árvore das Relações Positivas*.

ESBOÇO DA SESSÃO DOZE

Navegando na PPT
Conceitos Centrais
    Prática na Sessão: *Árvore das Relações Positivas*
    Reflexão e Discussão
    Vinheta
    Adequação e Flexibilidade
    Considerações Culturais
    Manutenção
Recursos

> **NOTA CLÍNICA**
>
> Nas páginas a seguir, a noção de família é usada de forma ampla. Não a estamos limitando à família com relações biológicas, mas usamos o termo para qualquer constelação de relações positivas, mutuamente respeitosas e amorosas.

NAVEGANDO NA PPT

Até agora, nossa viagem pela PPT focou na revelação dos recursos internos dos clientes. Esperamos que nossas práticas tenham ajudado seus clientes a usar seus recursos positivos para desenvolver ainda mais sua resiliência. Juntos, você e seus clientes viajaram pelos altos e baixos das emoções e experiências – desde identificar coisas boas no momento (*Diário de Gratidão*) até revisitar experiências que realçaram a bondade dentro de nós; desde acalmar mentes tortuosas até compor um autoconceito rico, texturizado e holístico (Perfil das Forças de Assinatura); desde enfrentar com coragem a dor de memórias abertas e negativas até expressar uma sensação duradoura de gratidão (*Carta e Visita de Gratidão*). Todas essas emoções e experiências positivas ampliaram a mentalidade dos clientes. A partir deste momento, as práticas de PPT focam principalmente nos recursos interpessoais, sociais e comunitários. Começamos com as relações positivas.

CONCEITOS CENTRAIS

Somos essencialmente seres gregários. A maioria de nós passa a maior parte do tempo na companhia ativa ou passiva de outras pessoas (Bureau of Labor Statistics, 2016). A *qualidade* do tempo que é passado com os outros também é importante, e evidências mostram claramente que a interação positiva com outras pessoas atua como uma proteção contra inúmeros problemas psicológicos, especialmente contra depressão (Fisher & Robinson, 2009). Logo, há um consenso de que, quando o impulso gregário é frustrado, a decorrência é a depressão – entre outras doenças. E, quando nossas interações positivas com outras pessoas encontram sua expressão, nós desabrochamos. Evidências emergentes mostram que relações seguras estão fortemente associadas a indicadores de saúde. Uma metanálise de 148 estudos mostrou que, independentemente de idade, sexo, condição de saúde inicial e causa da morte, adultos com laços sociais mais fortes tinham probabilidade de sobrevivência aumentada em pelo menos 50% (Holt-Lunstad, Smith, & Layton, 2010).

As relações positivas se apresentam de muitas formas. Vamos começar pela família. Tenham ou não laços biológicos, todos os membros da família apresentam forças e recursos. Devido às atribuições negativas e ao viés de negatividade, essas forças podem ser menos proeminentes. A PPT ajuda os clientes a explorarem não só suas próprias forças, mas também as forças das pessoas que amam. Portanto, nesta fase, a PPT procura superar esses desafios. Susan Sheridan e colaboradores (2004) definem "família positiva" como uma unidade que é capaz de ter acesso e mobilizar as forças e recursos para desenvolver habilidades e construir competências, por meio de comportamentos específicos, para atender às necessidades e aos desafios de seus membros.

Segundo Barbara Fredrickson (2014), a eminente pesquisadora das emoções positivas, a principal força para fazer frente aos desafios é o amor. Fredrickson argumenta que o amor nos possibilita ver a outra pessoa, holisticamente, com cuidado, preocupação e compaixão. Dentro de cada momento de conexão amorosa, o indivíduo investe sinceramente no bem-estar do outro, simplesmente em favor dessa pessoa. Tais sentimentos, no amor genuíno, são mútuos. Evidências mostram que esse cuidado mútuo é a marca característica das relações íntimas.

Há muitas formas de cultivar sistematicamente a preocupação genuína. Segundo o ponto de vista da PPT, aprender sobre as forças uns dos outros é uma forma importante porque promove empatia e maior apreciação das ações e intenções de cada pessoa. Por exemplo, quando uma mãe descobre que algumas das principais forças de seu filho são honestidade, justiça e bravura, ela pode entender melhor por que ele se dá ao trabalho de atravessar a cidade para devolver um dólar extra que lhe foi dado acidentalmente quando esteve no mercado, mesmo que vá gastar mais do que um dólar em gasolina nesse processo de ida e volta da loja. Em vez de ver um comportamento ilógico, a mãe pode ver que seu filho está simplesmente agindo de acordo com as forças de caráter que o definem. Da mesma forma, compreender que as forças de assinatura de um familiar são autenticidade e honestidade pode oferecer uma perspectiva sobre seus comentários, observações ou respostas que podem ser percebidos por outros como ásperos ou rudes. Coesão é a característica distintiva de uma família positiva, incluindo um senso de conectividade ou laço emocional entre os familiares. Pesquisas feitas por Houltberg e colaboradores (2011) mostraram que a conectividade em família protege contra humor depressivo (Tabassum, Mohan, & Smith, 2016; Vazsonyi & Belliston, 2006).

RELAXAMENTO NO COMEÇO DA SESSÃO

No início de cada sessão, comece com um breve exercício de relaxamento. Consulte o Apêndice A: Práticas de Relaxamento e *Mindfulness*, que pode ser encontrado no final deste manual. Uma cópia desse apêndice também aparece no livro de exercícios do cliente. Continue a sessão com uma revisão do *Diário de Gratidão* do cliente, além de uma revisão dos conceitos centrais ensinados na sessão anterior.

PRÁTICA NA SESSÃO: *ÁRVORE DAS RELAÇÕES POSITIVAS*

Discuta com seus clientes as seguintes perguntas durante a sessão:

- Quem nas suas relações imediatas ou estendidas sempre parece ser a pessoa mais esperançosa e otimista?
- Quem em seu círculo de relações tem a disposição mais bem-humorada e lúdica?
- Quem nas suas relações é a pessoa mais criativa?
- Quem nas suas relações está sempre alegre, animado e sorridente?
- Quem nas suas relações é a pessoa mais curiosa?
- Quem sempre trata os outros com justiça e uniformidade?
- Quem é a pessoa mais amável na sua família ou amigos?

- Quem entre seus entes queridos adora criar coisas novas?
- Quem entre seus entes queridos era ou é um bom líder?
- Quem nas suas relações é a pessoa mais tolerante?
- Quem entre seus entes queridos mostra autorregulação equilibrada?

Dever de Casa

Depois de discutir essas perguntas na sessão, peça que os clientes leiam e completem a Folha de Exercícios 12.1: *Árvore das Relações Positivas*, como dever de casa. Observe que esta e todas as folhas de exercícios (a) aparecem dentro da sessão correspondente deste manual e (b) podem ser baixadas na página do livro em loja. grupoa.com.br.

FOLHA DE EXERCÍCIOS 12.1 ÁRVORE DAS RELAÇÕES POSITIVAS

Uma forma de promover relações positivas é perceber a importância da compreensão e do reconhecimento das maiores forças das pessoas que você ama e o modo como você se encaixa dentro da sua família estendida e na rede de amigos. Quando você reconhece as forças dos seus amigos e familiares, tem maior probabilidade de apreciá-los e de construir conexões mais fortes. Além disso, aprender sobre as forças do outro potencialmente o ajuda a obter novas percepções do comportamento dos seus entes queridos que você previamente compreendia mal. Por exemplo, quando Beverley descobre que algumas das principais forças de seu marido, Jackson, são honestidade, justiça e bravura, ela pode compreender melhor por que ele atravessaria a cidade para devolver um dólar a mais que lhe foi dado acidentalmente quando esteve no mercado – mesmo que ele vá gastar mais do que um dólar em gasolina nesse processo de ida e volta da loja. Em vez de ver o comportamento de Jackson como ilógico, Beverley pode ver que ele está simplesmente agindo de acordo com suas forças de caráter. Da mesma forma, pais que compreendem que uma força de assinatura de seu filho é curiosidade e interesse pelo mundo são mais capazes de tolerar e até mesmo gostar da grande quantidade de perguntas feitas pelo filho sobre como e por que as coisas funcionam de determinada maneira.

A Árvore das Relações Positivas é projetada para ajudar você e as pessoas que lhe são próximas a obterem uma compreensão das forças uns dos outros. Para realizar este dever de casa, peça que seus familiares completem o Questionário das Forças de Assinatura (SSQ-72), em www.tayyabrashid.com (em inglês), ou o levantamento Valores em Ação, disponível em http://www.viacharacter.org/ (em inglês).

Depois que seus familiares determinaram suas forças e compartilharam os resultados com você, complete a árvore em branco a seguir. Apresentamos um exemplo de uma árvore preenchida para sua referência.

Modelo da *Árvore das Relações Positivas*

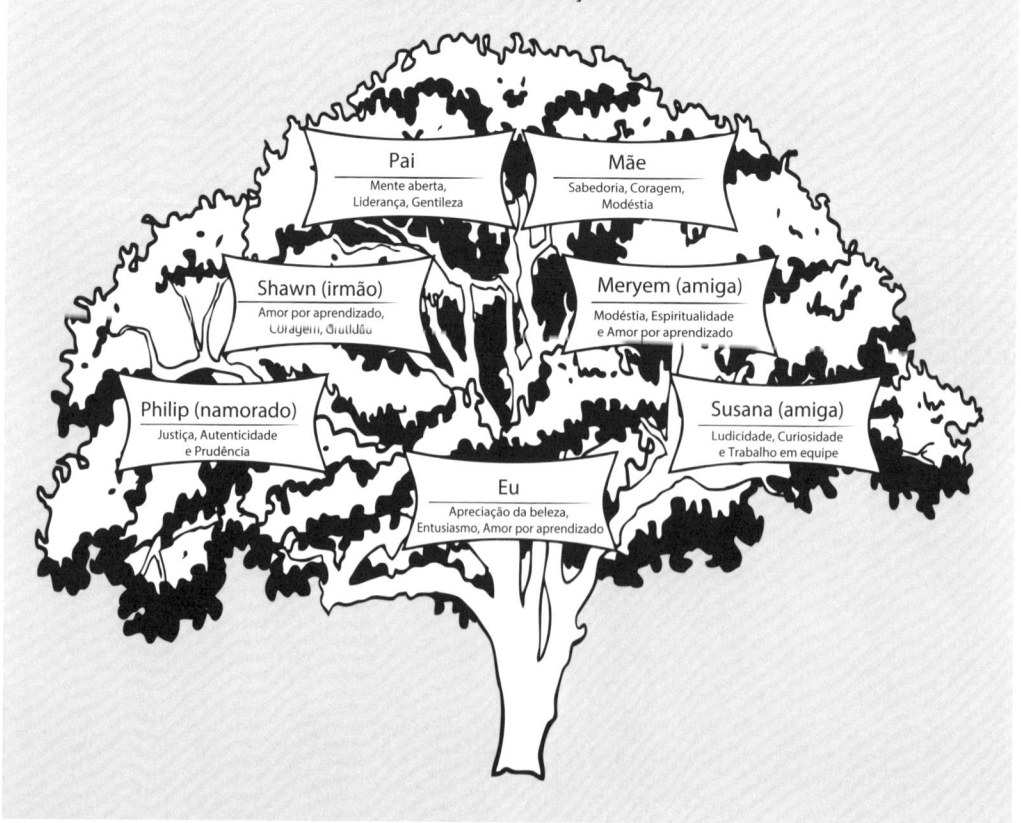

Pai
Mente aberta, Liderança, Gentileza

Mãe
Sabedoria, Coragem, Modéstia

Shawn (irmão)
Amor por aprendizado, Coragem, Gratidão

Meryem (amiga)
Modéstia, Espiritualidade e Amor por aprendizado

Philip (namorado)
Justiça, Autenticidade e Prudência

Susana (amiga)
Ludicidade, Curiosidade e Trabalho em equipe

Eu
Apreciação da beleza, Entusiasmo, Amor por aprendizado

Sua *Árvore das Relações Positivas*

REFLEXÃO E DISCUSSÃO

Depois que a tarefa foi concluída, as perguntas da Folha de Exercícios 12.2: Refletindo sobre Sua *Árvore das Relações Positivas*, podem ajudar os clientes a facilitarem a discussão dentro de suas famílias. Peça-lhes para completarem a folha de exercícios e compartilharem com você durante a sessão seguinte.

FOLHA DE EXERCÍCIOS 12.2 REFLETINDO SOBRE SUA *ÁRVORE DAS RELAÇÕES POSITIVAS*

Depois de completar sua Árvore das Relações Positivas, preencha esta folha de exercícios e a traga na próxima sessão:

1. Que eventos específicos exemplificam forças dos seus entes queridos?
   - Exemplo 1: *Meu pai é gentil porque ele sempre tenta fazer coisas boas para mim sem que eu nem mesmo peça.*
   - Exemplo 2: *Minha melhor amiga é corajosa porque ela defende os outros quando as pessoas fazem coisas ruins.*

   Exemplo:
   _____
   _____

   Exemplo:
   _____
   _____

   Exemplo:
   _____
   _____

2. Você consegue identificar pessoas na sua árvore que o ajudaram a desenvolver suas forças?
   _____
   _____

3. Você tem forças que também estão entre as cinco principais nos seus entes queridos?
   _____
   _____

4. Há padrões específicos em termos de forças entre suas relações íntimas?
   _____
   _____

5. Você tem forças que ninguém mais em sua árvore de forças tem?
   _____
   _____

6. Como você pode usar suas forças em conjunto para tornar as relações mais fortes?
   _____
   _____

VINHETA: SARAH E SUA *ÁRVORE DAS RELAÇÕES POSITIVAS*

Sarah, 47 anos, mãe de dois filhos, completou a prática da *Árvore das Relações Positivas* como parte da PPT individual. Ela procurou psicoterapia devido à falta de apoio por parte de seu filho e marido enquanto trabalhava em tempo integral e concluía seus estudos. Depois de realizar essa prática, Sarah discutiu suas percepções com o clínico:

CLÍNICO: O que você achou da prática da *Árvore das Relações Positivas*?
SARAH: Você sabe que eu sou uma pessoa reservada. Para mim, a ideia de construir uma árvore das minhas relações positivas me pareceu quase engraçada.
CLÍNICO: O que lhe pareceu engraçado nisso?
SARAH: Pareceu muito grandioso e um pouco tolo. Você conhece minhas dificuldades com meu marido e filho. E também não tive uma infância tão boa assim. Meu pai era teimoso, introvertido, e minha mãe, ah... Acho que ela tem depressão e ansiedade não diagnosticadas... Portanto, não estou certa se existe uma árvore das relações positivas na minha vida... Eu duvido. Achei que eu conseguiria encontrar alguns pontos...
CLÍNICO: O que você encontrou?
SARAH: Bem, minha primeira tentativa de fazer meu marido e meu filho completarem o teste *on-line* sobre as forças fracassou. Os dois me ridicularizaram. Eles sabem que eu estou em terapia. Meu marido falou que isso deve ser porque meu terapeuta quer ver "o quanto nós somos loucos"... Então se recusaram.
CLÍNICO: Você conseguiu completar todo o exercício?
SARAH: Sim, duas semanas atrás, eu tinha uma grande tarefa a ser realizada e com prazo determinado, e também meu trabalho anda muito agitado nos últimos dias. Pedi que meu marido cuidasse do jantar por apenas três dias e que meu filho lavasse a louça.
CLÍNICO: E então?
SARAH: Bem, no primeiro dia, quando cheguei em casa depois da reunião com meu grupo, encontrei os dois assistindo seu canal de esportes favorito. Não havia jantar à vista. Em vez disso, eles acabaram com todos os salgadinhos que havia em casa.
CLÍNICO: Como você reagiu?
SARAH: Fiquei amuada, permaneci em silêncio e rapidamente preparei o jantar. Mas depois do jantar não consegui manter a compostura e expressei meu desapontamento. Os dois ficaram um pouco constrangidos. Meu marido concordou que não é justo que eu tenha que trabalhar, estudar e depois voltar para casa e fazer o jantar. Depois de refletir sobre isso, falei que, em vez de fazer o jantar, se eles quisessem fazer uma reparação, poderiam me ajudar a completar a prática da *Árvore das Relações Positivas*. Eu já estava vendo mudanças positivas na minha vida pelas práticas feitas anteriormente e queria que eles completassem o teste *on-line* sobre as forças de uma maneira honesta.
CLÍNICO: Gostei que você usou sua força de justiça para compartilhar as responsabilidades familiares [justiça foi identificada como uma das forças de assinatura de Sarah].
SARAH: Sim, mas acho que eles completaram mais por culpa. De qualquer modo, no fim de semana passado eu preparei meu prato favorito. Logo após a refeição, todos foram para a internet e completaram o questionário sobre as forças de assinatura. Nos reunimos na hora da sobremesa e compartilhamos o *feedback* sobre nossas forças. A seguir, coloquei uma folha de *flipchart* no centro da mesa e desenhei uma grande árvore. Eu comecei primeiro e coloquei minhas forças de assinatura na árvore. Meu marido e meu filho continuaram, e dentro de 10 minutos as forças de assinatura de todos preenchiam a árvore.
CLÍNICO: Estou curioso sobre o que aconteceu a seguir.
SARAH: Para nossa surpresa, constatamos que compartilhamos pelo menos uma força – persistência. Meu marido tem escore alto em trabalho em equipe, prudência e perspectiva, enquanto meu filho tem humor e ludicidade, entusiasmo, criatividade e amor por aprendizado. Ambos concordaram que essas forças os descrevem bem.
CLÍNICO: Vocês discutiram sobre como as forças podem apoiá-los como uma família com bom funcionamento?
SARAH: Sim, estou feliz que tenhamos discutido sabedoria prática anteriormente. Primeiro, todos nós compartilhamos como usamos a persistência. Nós três a usamos de formas diferentes e em contextos diferentes. Por exemplo, meu filho é muito persistente nos esportes, e meu marido é muito persistente no trabalho – algumas vezes persistente até demais. Eu disse que seria ótimo se os dois pudessem mostrar mais persistência com as tarefas domésticas. Continuei dizendo que, se eu posso persistir e continuar trabalhando e também estudando, eles podem persistir em casa concluindo suas tarefas domésticas. Ambos conseguiram valorizar o que eu estava dizendo. Meu marido rapidamente indicou: "Querida, você é persistente e justa; na verdade, você é persistentemente justa". Nós rimos. Meu marido conseguiu colocar as coisas em perspectiva

e, pela primeira vez em sua vida – em vez de discutir sobre a minha insistência na distribuição equitativa do trabalho, pedindo que todos arregacem as mangas em casa –, conseguiu reconhecer a minha expressão de justiça.

CLÍNICO: E quanto ao seu filho?

SARAH: Conhecer as forças de Matt foi talvez a maior surpresa. Ele tem 21 anos e sempre foi uma criança ativa. Ele é cheio de energia, é aventureiro, adora esportes ao ar livre. Quando mais moço, ele não era muito coordenado; ainda não é. Meu marido e eu sempre suspeitamos que Matt tivesse TDAH. Nos primeiros anos escolares, seus professores também suspeitavam disso; ele foi testado, e a avaliação concluiu que algumas características não fechavam o diagnóstico de TDAH. Se alguma coisa prende a atenção de Matt, ele consegue focar bem e persiste. Por todos esses anos, eu temi que Matt realmente tivesse TDAH e a avaliação simplesmente não tivesse sido detalhada o suficiente para detectar isso... [Sarah parecia claramente desalentada.]

CLÍNICO: Na verdade, isso a entristece porque você quer o melhor para seu filho... Permita-me perguntar uma coisa: esse medo de que Matt tivesse TDAH "não diagnosticado" teve impacto na sua relação com ele?

SARAH: Com certeza teve. Eu o percebia como inadequado... e muitas vezes me culpei e ao meu marido por não passarmos tempo suficiente com Matt quando ele era mais moço, fazendo coisas que desenvolveriam seu foco e a concentração. [Lágrimas brotaram em seus olhos, e houve uma pausa.]

CLÍNICO: Posso imaginar... e você vem experimentando essas emoções esse tempo todo. [Pausa]

SARAH: Depois de concluir a prática da *Árvore das Relações Positivas*, aquela foi primeira vez que na verdade compreendi que eu olhava para meu filho – e talvez também para meu marido – segundo uma perspectiva das inadequações. Eu fiz o mesmo comigo – por anos – até que avaliei minhas forças no tratamento e comecei a acreditar nelas. Acho que também preciso começar a fazer isso com as pessoas que amo.

CLÍNICO: De fato. Dá muita satisfação ver como você está integrando várias partes de sua vida. E como você vê Matt agora? Isso mudou sua relação com ele?

SARAH: Já não acho que ele tenha sido subdiagnosticado com TDAH. Em vez de ver os sintomas de hiperatividade, vejo que Matt tem muito entusiasmo, vitalidade, energia. E, se olho para trás, na maior parte do tempo ele usou seu entusiasmo de formas produtivas. Ele nunca estudou muito, mas sempre teve notas boas. Agora eu vejo que sua energia atrai muitos amigos. Ele sempre foi o centro das atenções.

CLÍNICO: Como essa nova percepção sobre Matt impacta a interação familiar?

SARAH: Depois de conhecer as forças de Matt, meu marido comentou que o pai dele era como Matt. Mas, naquela época, o termo TDAH não estava na moda. Então as pessoas o viam como um rapaz "muito legal" que sempre queria fazer coisas importantes. E ele fazia. Ele foi um marinheiro realizado.

CLÍNICO: Espero que esse seja só o começo dessa prática e que seus entes queridos identifiquem as forças uns dos outros sem que se sintam tolos. [Sarah sorriu.]

ADEQUAÇÃO E FLEXIBILIDADE

Além de descobrir as forças de uma pessoa amada, outra forma de compreender essas forças é ouvir suas histórias de resiliência. Explorar como nossos entes queridos superaram desafios no passado nos possibilita compreender suas forças de uma forma mais profunda.

Alguns clientes podem ter dificuldade em realizar essa prática porque suas relações ou famílias podem não estar funcionando bem. Talvez eles tenham dificuldades financeiras ou mau gerenciamento, atritos nos relacionamentos, problemas com drogas ou álcool ou desequilíbrio entre trabalho e família. Em tais casos, encoraje os clientes a procurarem díades que possam estar funcionando melhor do que o grande grupo – díades como mãe-adolescente, pai-adolescente, neto-avô ou subgrupos dos irmãos. As forças podem ser identificadas por meio de grupos menores.

Não deixe de lembrá-los de que eles podem incluir em sua *Árvore das Relações Positivas* qualquer pessoa que considerem família. Clientes que provêm de famílias desfeitas, dispersas, mortas ou disfuncionais podem achar essa atividade emocionalmente difícil. Encoraje-os a usar quaisquer pessoas amadas em suas vidas.

Alguns clientes não conseguem fazer mudanças positivas devido a barreiras biológicas, culturais ou econômicas. Em vez de focarem na correção das fraquezas, esses clientes se beneficiariam com o desenvolvimento de comportamentos produtores de crescimento que enfatizam as forças, os recursos e as competências. Esse foco pode, por sua vez, promover conexões mais fortes, competência e confiança.

CONSIDERAÇÕES CULTURAIS

No passado, as famílias eram geralmente moldadas no modelo tradicional (i.e., família nuclear, casal heterossexual, com dois filhos dependentes). As famílias contemporâneas são muito mais diversificadas, com famílias com um genitor, famílias mistas, famílias com parceiros do mesmo sexo, famílias multirraciais, famílias multiétnicas, famílias divididas por estatutos de imigração (p. ex., pais que não podem permanecer no país com seus filhos), etc. As características do funcionamento familiar saudável podem diferir com base nessas diversas composições.

Famílias de mesma origem cultural têm mais probabilidade de compartilhar narrativas que demonstram forças coletivas, tais como cuidar dos pais, ajudar irmãos mais jovens e expressar preferência por objetivos e buscas interdependentes. Portanto, se você estiver trabalhando com clientes de origens culturais diversas, é importante que tenha ciência do quanto as forças interpessoais – como trabalho em equipe, inteligência social ou gentileza – se manifestam dentro de contextos culturais específicos, já que esses atributos podem ser facilmente percebidos como fraquezas. Por exemplo, perseguir os objetivos familiares, em vez de pessoais, pode motivar os clínicos a sugerir que o cliente deve focar na expressão da agência individual. Outros podem pedir que os clientes considerem a autocompaixão. Da mesma forma, a gentileza dos irmãos mais velhos – manifestada pelo cuidado com os irmãos mais novos ou ajuda com seu dever de casa – pode ser percebida como exploração dos pais, e os clientes podem ouvir, implícita ou explicitamente, que estão sendo tratados de forma injusta.

Ao trabalhar com clientes da primeira geração, é importante prestar atenção à culpa – um fenômeno psicológico que alguns jovens adultos da primeira geração em países ocidentais podem apresentar por terem escapado das dificuldades e pobreza que seus pais suportaram em seus países nativos. Como resultado, uma manifestação explícita de emoções positivas, como entusiasmo, vitalidade e ludicidade, pode não surgir naturalmente ou pode ser moderada (Carrier et al., 2015).

As culturas também diferem quanto aos objetivos. Por exemplo, na cultura chinesa, o objetivo de manter relações familiares harmoniosas é preferível aos objetivos individuais. Da mesma forma, o bem-estar da família e o funcionamento global da família como unidade têm preferência sobre o bem-estar individual. Portanto, é importante que, ao realizar essa prática, você discuta com os clientes como as forças individuais contribuem para os objetivos coletivos.

Por fim, as relações positivas são criadas, desenvolvidas e mantidas dentro de normas, tradições e rotinas culturais específicas. A expressão das forças deve ser vista dentro desses contextos normativos e culturais.

MANUTENÇÃO

Discuta com seus clientes as dicas a seguir para que eles possam manter seu progresso:

- Uma maneira de construir relações positivas é identificando, nomeando e celebrando as forças de nossos entes queridos. Ao reconhecer as forças de suas pessoas amadas, imediatamente se cria uma ressonância positiva, o que pode, por sua vez, fortalecer as relações.
- Foque em atividades que desenvolvem laços entre os membros da família, que estabelecem rotinas e padrões de comunicação e que acontecem regularmente. Estas são atividades centrais de lazer familiar.
- A partir da identificação, do reconhecimento e da celebração das forças, é importante criar atividades espontâneas e estruturadas. Atividades espontâneas são aquelas que requerem planejamento mínimo, são informais e inclusivas para todos ou a maioria dos membros da família. Exemplos de atividades espontâneas incluem jantar em família no parque, comprar ingredientes juntos e experimentá-los em uma nova receita, jogar jogos de tabuleiro ou jogos digitais ou praticar esportes juntos casualmente, como bater bola na calçada, jogar *badminton* no pátio ou pingue-pongue no porão. Exemplos de atividades familiares estruturadas incluem tirar

férias em família; fazer aventuras ao ar livre, como piqueniques, acampamento, participar de eventos esportivos ou culturais; e visitar a família estendida ou amigos próximos em outra cidade, estado, província ou país (Morganson, Litano, & O'Neil, 2014). Para algumas famílias, as atividades estruturadas também podem incluir visitar lugares específicos ou locais de significado religioso, espiritual, artístico, político ou cultural. Tanto as atividades espontâneas como as estruturadas que envolvem pessoas amadas consolidam relações positivas como nada mais. Considere esta citação de Kelly (1997):

> A vida não é constituída de parques e cruzeiros temáticos. Ela é constituída de conversas à mesa do jantar, férias em grupo, arrumar a casa e o pátio, fazer brincadeiras, cuidar um do outro, ficar à toa, sonhar e todas as minúcias cotidianas. Esta é a vida real em condições reais que é importante para todos nós. (p. 3)

- Procure ter uma conversa sem interrupções com cada membro de sua família pelo menos uma vez por semana. Periodicamente pergunte-se: "Estou ouvindo minha pessoa amada da forma como eu gostaria de ser ouvido?".
- Conhecer as forças uns dos outros também pode ajudar os clientes a adquirirem novas percepções dos comportamentos de familiares que anteriormente eram mal compreendidos. Esse conhecimento possibilitará que os membros da família conheçam, reconheçam e celebrem as forças uns dos outros e promovam interação e atividades centradas na família em torno dessas forças. Por exemplo, se você descobre que seu parceiro tem as forças de apreciação da beleza e excelência, então um centro de artes criativas ou performáticas seria um ótimo lugar para visitar quando estiverem de férias. Se algum de seus familiares adora esportes, uma excursão da família em torno de um evento esportivo possibilitaria a demonstração de múltiplas forças, entre as quais ludicidade e humor (divertirem-se juntos), trabalho em equipe (coordenação do evento) e amor por aprendizado (conhecimento sobre esportes).
- Investir em relações positivas dentro da própria família, família escolhida e/ou círculo de pessoas significativas demanda tempo, habilidade e esforço. Esse esforço pode levar a maior felicidade.
- Ao cultivar relações positivas entre pessoas significativas, é importante reconhecer as forças dessas pessoas e engajar-se em atividades que permitam que todas as partes usem suas forças.
- Dispor de um tempo para recordar as forças e outras qualidades positivas das pessoas amadas é importante para a preservação das relações positivas. Com o tempo, podemos nos acostumar tanto com essas qualidades positivas que acabamos não as percebendo como anteriormente fazíamos.

RELAXAMENTO NO FINAL DA SESSÃO

Recomendamos que cada sessão termine com a mesma prática de relaxamento breve que a iniciou.

RECURSOS

Leituras

- Davis, M., & Suveg, C. (2014). Focusing on the positive: A review of the role of child positive affect in developmental psychopathology. *Clinical Child and Family Psychology Review*, *17*(2), 97–124.
- Ho, H. C. Y., Mui, M., Wan, A., Ng, Y., Stewart, S. M., Yew, C., et al. (2016). Happy family kitchen II: A cluster randomized controlled trial of a community-based positive psychology family intervention for subjective happiness and health-related quality of life in Hong Kong. *Trials*, *17*(1), 367.
- Sheridan, S. M., Warnes, E. D., Cowan, R. J., Schemm, A. V., & Clarke, B. L. (2004). Family-centered positive psychology: Focusing on strengths to build student success. *Psychology in the Schools*, *41*(1), 7–17. doi:10.1002/pits.10134

Vídeos

- YouTube: Vamos Comer Arroz, Papai: comercial do Ano Novo chinês em 2012 feito por BERNAS: https://youtu.be/LzP8E8KSgPc
- Parentalidade Positiva: Lea Waters sobre Parentalidade Baseada nas Forças: https://youtu.be/RMhVopiQYzM

- Palestra no TED: Andrew Solomon: O Que Significa Família? https://www.ted.com/talks/andrew_solomon_love_no_matter_what?referrer=playlist-what_does_family_mean
- YouTube: Pai, Filho e um Pardal: https://youtu.be/fOYpFhxEptE

Websites

- Instituto de Estudos da Família: https://ifstudies.org/
- Melhores Juntos: http://robertdputnam.com/better-together/
- Centro para Estudos da Família, Universidade de Oxford: https://www.cfr.cam.ac.uk/

19

SESSÃO TREZE
Comunicação positiva

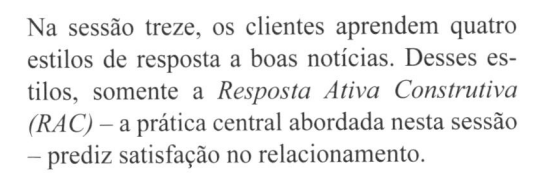

Na sessão treze, os clientes aprendem quatro estilos de resposta a boas notícias. Desses estilos, somente a *Resposta Ativa Construtiva (RAC)* – a prática central abordada nesta sessão – prediz satisfação no relacionamento.

ESBOÇO DA SESSÃO TREZE

Conceitos Centrais
    Prática na Sessão: *Resposta Ativa Construtiva*
    Reflexão e Discussão
    Prática como Dever de Casa: *Identifique as Forças do Seu Parceiro*
    Reflexão e Discussão
    Vinhetas
    Adequação e Flexibilidade
    Considerações Culturais
    Manutenção
Recursos

CONCEITOS CENTRAIS

Considere este provérbio sueco:

Alegria compartilhada é uma dupla alegria; tristeza compartilhada é meia tristeza.

Coisas boas e coisas ruins acontecem às pessoas. Alguns de nós tentamos reestruturar um evento negativo para colocá-lo em perspectiva. Outros têm dificuldade em deixar de recordar um evento negativo e continuam a ruminar. Pesquisas indicam que as pessoas experimentam emoções positivas 2,5 vezes mais frequentemente do que emoções negativas, assim como também experimentamos emoções positivas e negativas simultaneamente (Trampe, Quoidbach, & Taquet, 2015). No entanto, a potência das negativas, especialmente as ruminativas, ou a "aderência" delas, nos mantém paralisados. Algumas pessoas até mesmo hesitam em divulgar eventos positivos.

Quando passamos por adversidades, desafios, aborrecimentos e traumas, na maior parte das vezes (se não sempre), recorremos aos cônjuges, parceiros, amigos, família e à comunidade para buscar apoio. Pesquisas mostram que o suporte social é benéfico, emocional e fisicamente, para o enfrentamento. Como clínico, isso provavelmente não é novo para você. No entanto, você já considerou o outro lado da moeda? Coisas boas também acontecem, e, para a maioria de nós, coisas boas acontecem mais do que coisas ruins. Ironicamente, os psicoterapeutas têm menos probabilidade de perguntar aos seus clientes "O que você faz quando as coisas correm bem?", especialmente em relação a seus parceiros. A autoexposição de eventos positivos é essencial para uniões seguras e para o desenvolvimento de intimidade. Nesta sessão de psicoterapia positiva (PPT), é apresentado um tipo específico de autoexposição. Essa autoexposição é feita de maneira construtiva e positiva.

Shelly Gable e colaboradores (Gable et al., 2004; Maisel & Gable, 2009) exploraram as consequências intrapessoais e interpessoais da autoexposição e da busca de outras pessoas quando coisas boas nos acontecem. Langston (1994) constatou que, quando as pessoas experimentam um evento positivo e compartilham essa notícia com outras pessoas, elas experimentam maior afeto positivo, além de aumentos associados à valência do próprio evento positivo. Langston chamou isso de "capitalização", um termo que Gable adotou para denotar o processo de compartilhar notícias positivas com outra pessoa e, assim, derivar benefício adicional com isso. Capitalização é um processo de ser visto, sentido, valorizado e expandido. A soma desses componentes é maior, já que tanto o compartilhador quanto o respondente se sentem validados. A capitalização oferece uma competência para regular nossas respostas.

Gable e colaboradores (2004) delinearam as respostas em quatro estilos distintos. Desses estilos, que são apresentados no Quadro 19.1, a *RAC* foi associada a aumento do afeto positivo e do bem-estar diário, independentemente do impacto do próprio evento positivo e de outros eventos cotidianos.

Gable e colaboradores descobriram que, quando havia a percepção de que outros respondiam ativa e construtivamente (e não passiva ou destrutivamente) às tentativas de capitalização, os benefícios eram ainda maiores. Além disso, relações íntimas em que o parceiro responde às tentativas de capitalização do indivíduo entusiasticamente estavam associadas a maior bem-estar no relacionamento (p. ex., intimidade, satisfação conjugal diária). Linhas de pesquisa emergentes mostraram que a *RAC* a um

QUADRO 19.1 QUATRO FORMAS DE RESPONDER A UM EVENTO BOM COMPARTILHADO POR UMA PESSOA AMADA

	Construtiva	**Destrutiva**
Ativa	Apoio entusiástico elabora a experiência; a pessoa se sente validada e compreendida; o evento é revivido, expandido; são feitas perguntas sobre o desdobramento do evento e as razões por que o evento aconteceu; também é perguntado que eventos positivos adicionais associados podem acontecer. *Ilustração:* "Isso é maravilhoso! Estou tão feliz por você. Você seria excelente nesse novo cargo." *Manifestação:* Mantém contato visual, sorri, demonstra emoções positivas.	Invalida o evento, interrompe a conversa; a pessoa se sente envergonhada, constrangida, culpada ou com raiva. *Ilustração:* "Se você ganhar a promoção vai ter que trabalhar toda a semana e nas manhãs de sábado também." *Manifestação:* Aponta as desvantagens; exibe emoções negativas por meio de caretas, testa franzida, etc., e por meio de sinais não verbais.
Passiva	Quieto, apoio discreto; a conversa não leva a nada; a pessoa se sente sem importância, incompreendida, constrangida e culpada. *Ilustração:* "Que bom que você está sendo considerado para a promoção." *Manifestação:* Feliz, mas expressões moderadas e sem entusiasmo; minimiza; pouca ou nenhuma expressão emocional.	Ignora o evento; a conversa nunca inicia; a pessoa se sente confusa, culpada ou decepcionada. *Ilustração:* "Uma promoção, é? Bom, ande logo e vá trocar de roupa para podermos jantar. Estou morrendo de fome." *Manifestação:* Pouco ou nenhum contato visual, falta de interesse, desvia, sai da sala.

evento positivo fortalece a intimidade do casal, aumenta a felicidade diária e reduz os conflitos. Tanto a autoexposição quanto a reatividade do parceiro contribuem para a experiência de intimidade nas interações. Especificamente, a capitalização afirma que (Lemay, Clark, & Feeney, 2007):

- Os parceiros ou outras pessoas que compartilham notícias boas se sentem validados. A capitalização lhes dá a mensagem de que são importantes.
- Quando as pessoas contam para outras os eventos positivos, experimentam mais emoções positivas e sentem maior satisfação na vida do que quando não podem ou escolhem não contar a outros sobre esses eventos positivos.
- Os benefícios de compartilhar estão além das emoções positivas e da satisfação na vida que são experimentadas com o próprio evento.
- O compartilhamento de eventos positivos envolve perguntas sobre o evento, discussões sobre os aspectos importantes do evento e as implicações do evento – todas as quais consolidam as relações.

Na PPT, recomendamos que uma forma de construir relações positivas é compreender e reconhecer as forças maiores de nossos familiares e como elas se encaixam em nossa rede familiar mais ampla. Quando reconhecemos as forças de nossos familiares, temos maior probabilidade de valorizar uns aos outros e construir conexões mais fortes. Aprender sobre as forças dos outros também nos ajuda a obter novas percepções dos comportamentos de nossos familiares que anteriormente não compreendíamos bem. Isso possibilitará que os membros da família saibam, reconheçam e celebrem as forças uns dos outros e promovam interações e atividades centradas na família em torno dessas forças. Por exemplo, se um cliente aprende que seu irmão tem um grande amor por história, então um museu histórico seria um ótimo lugar para visitar quando a família sair de férias. Conhecer as forças uns dos outros nos possibilita ter percepções sobre cada um, as quais muito provavelmente removerão mal-entendidos e promoverão empatia e maior apreciação das ações e intenções de cada um.

Engajar-se em autoexposição é essencial para criar vínculos seguros e desenvolver intimidade. Em PPT, é encorajado um tipo específico de autoexposição. Essa autoexposição é feita de uma maneira construtiva e positiva. Eventos positivos têm um potencial de acolhimento, ampliação ou desenvolvimento (Fredrickson, 2001) e raramente são irreversíveis. Por sua vez, eventos negativos provocam danos duradouros, requerem respostas mais rápidas e podem ser potencialmente fatais quando requerem regulação para mudar situações aversivas (Pratto & John, 1991).

RELAXAMENTO NO COMEÇO DA SESSÃO

No início de cada sessão, comece com um breve exercício de relaxamento. Consulte o Apêndice A: Práticas de Relaxamento e *Mindfulness*, que pode ser encontrado no final deste manual. Uma cópia desse apêndice também aparece no livro de exercícios do cliente. Continue a sessão com uma revisão do *Diário de Gratidão* do cliente, além de uma revisão dos conceitos centrais ensinados na sessão anterior.

PRÁTICA NA SESSÃO: *RESPOSTA ATIVA CONSTRUTIVA*

A Folha de Exercícios 13.1 começa com exemplos dos quatro estilos de resposta, seguidos por um exercício dentro da sessão. Observe que esta e todas as folhas de exercícios (a) aparecem dentro da sessão correspondente deste manual e (b) podem ser baixadas na página do livro em loja.grupoa.com.br. Os exemplos da Folha de Exercícios 13.1 são extraídos de contextos clínicos e não clínicos. Apresente esta folha de exercícios aos seus clientes. Peça-lhes que leiam sobre os vários estilos de resposta e escolham aquelas que representam suas próprias situações, na maior parte do tempo, marcando um X na coluna da Resposta.

FOLHA DE EXERCÍCIOS 13.1 EXEMPLOS DE QUATRO ESTILOS DE RESPOSTA

Leia a seguir sobre os diferentes estilos de resposta e marque um X na coluna da Resposta para aqueles que se aplicam a você na maior parte do tempo.

Ativo/Construtivo	Resposta
Meu parceiro geralmente reage a minha boa sorte com entusiasmo.	
Algumas vezes tenho a impressão de que meu parceiro fica ainda mais feliz e entusiasmado do que eu.	
Meu parceiro frequentemente faz muitas perguntas e demonstra interesse genuíno sobre o evento bom.	
Passivo/Construtivo	
Meu parceiro tenta não dar tanta importância a isso, mas fica feliz por mim.	
Meu parceiro geralmente é um apoiador silencioso das coisas boas que me acontecem.	
Meu parceiro fala pouco, mas sei que está feliz por mim.	
Ativo/Destrutivo	
Meu parceiro geralmente encontra um problema nisso.	
Meu parceiro me faz lembrar que a maioria das coisas também tem seus aspectos ruins.	
Ele aponta as desvantagens potenciais do evento bom.	
Passivo/Destrutivo	
Algumas vezes tenho a impressão de que ele não se importa muito.	
Meu parceiro não presta muita atenção em mim.	
Meu parceiro frequentemente parece desinteressado.	

- Agora é sua vez de experimentar a RAC na sessão de hoje. Alterne com um parceiro (ou com seu clínico se você estiver em terapia individual).
- Como **Compartilhador**, pense em alguma coisa significativa e positiva que lhe aconteceu ou que você notou na última semana. Compartilhe isso com seu parceiro.
- Como **Respondente**, pense em suas forças e explore como você pode usá-las nas Respostas Ativas Construtivas que oferecer (p. ex., curiosidade para guiar sua pergunta, otimismo, inteligência social).
- Depois, invertam os papéis entre compartilhador e respondente. Quando essa prática tiver terminado, seu clínico vai lhe fazer algumas perguntas para reflexão.

REFLEXÃO E DISCUSSÃO

Depois de concluir essa prática, peça que os clientes reflitam e discutam:

- O que foi confortável ao realizar essa prática?
- O que foi desconfortável ao realizar essa prática?
- Há alguma barreira subjetiva ou objetiva (como seu estilo de personalidade, preferências, família de origem, cultura, crenças ou dinâmica interpessoal) que o impede de se engajar em *RAC*?
- Se você já faz algum tipo de *RAC*, o que pode fazer para levá-la a um nível superior?
- Se acha que a *RAC* não surge naturalmente para você, que pequenos passos você pode dar para adotar alguns aspectos dessa prática que são consistentes com sua disposição?
- Identifique indivíduos ou situações que exibem todos os quatro estilos de resposta. Que efeitos de cada estilo você observa no compartilhador e no respondente?
- O que você pode aprender sobre si mesmo com a identificação do seu estilo de resposta?

PRÁTICA COMO DEVER DE CASA: *IDENTIFIQUE AS FORÇAS DO SEU PARCEIRO*

Para ampliar a prática da *RAC*, peça que seus clientes completem a Folha de Exercícios 13.2 em casa e depois reflitam sobre as perguntas a seguir.

FOLHA DE EXERCÍCIOS 13.2 FORÇAS DO SEU PARCEIRO

No começo da terapia, você realizou práticas que lhe possibilitaram determinar suas forças de assinatura, e agora você está bem familiarizado com essas forças. Para realizar este dever de casa, você vai precisar de duas cópias desta folha de exercícios. Reserve no mínimo 30 minutos para esta prática com seu parceiro. Em um ambiente relaxado, peça que seu parceiro preencha a folha de exercícios identificando cinco forças que melhor representam você, sem colocá-las em ordem. Enquanto seu parceiro está completando a folha de exercício, você preenche uma para ele. Depois de terminado, troquem as folhas e prossigam com as perguntas de Reflexão e Discussão.

	Descrição	Forças de Assinatura
1	É bom em pensar em novas e melhores maneiras de fazer as coisas.	
2	Adora explorar as coisas, faz perguntas, é aberto a diferentes experiências e atividades.	
3	É flexível e mente aberta; reflete e examina todos os lados antes de decidir.	
4	Adora aprender novas ideias, conceitos e fatos na escola e por conta própria.	
5	Os amigos o consultam sobre assuntos importantes; é considerado muito inteligente para sua idade.	
6	Não desiste diante de dificuldades ou desafios, mesmo quando tem medo.	
7	Termina a maioria das coisas; é capaz de retomar o foco quando distraído e de completar a tarefa.	
8	É uma pessoa genuína e honesta, é sabidamente confiável; age de forma consistente com seus valores.	
9	Tem energia, é alegre e cheio de vida.	
10	Amar e ser amado é algo natural para ele; valoriza as relações próximas com os outros.	
11	Adora realizar atos de gentileza para os outros, frequentemente sem que seja solicitado.	
12	Tem bom desempenho em situações sociais e é conhecido por ter boas competências interpessoais.	
13	Está em uma comunidade ativa ou é membro de uma equipe e contribui para o sucesso do grupo.	
14	Defende os outros quando são tratados injustamente, intimidados ou ridicularizados.	
15	É frequentemente escolhido pelos outros como líder; sabidamente lidera bem.	

	Descrição	Forças de Assinatura
16	Perdoa facilmente aqueles que o ofendem; não guarda rancores.	
17	Não gosta de ser o centro das atenções e prefere que os outros brilhem.	
18	É cuidadoso e cauteloso, consegue antever os riscos e problemas decorrentes das suas ações e responde de acordo.	
19	Administra bem sentimentos e comportamentos em situações desafiadoras; geralmente segue regras e rotinas.	
20	Comove-se profundamente com a beleza da natureza, da arte (i.e., pintura, música, teatro) e/ou da excelência em muitas áreas da vida.	
21	Expressa gratidão pelas coisas boas por meio de palavras e ações.	
22	Espera e acredita que vão acontecer mais coisas boas do que ruins.	
23	É alegre e divertido e usa o humor para se conectar com os outros.	
24	Acredita em uma força superior e participa de práticas religiosas ou espirituais (p. ex., oração, meditação) voluntariamente.	

REFLEXÃO E DISCUSSÃO

Depois de concluir essa prática com seu parceiro, reflita e discuta:

- Como foi o processo de nomear e afirmar as forças de cada um? Você já tinha feito antes alguma coisa parecida com seu parceiro?
- Que comportamentos, ações e hábitos seu parceiro exibe para denotar as forças que você identificou?
- Vocês compartilham forças em comum? Discuta as que vocês compartilham e as que não compartilham.
- De que formas suas forças se complementam entre vocês?
- Você também examinou suas forças menos importantes e as do seu parceiro? O que pode aprender com elas?

VINHETA: SABRINA EXPERIMENTA A RESPOSTA ATIVA CONSTRUTIVA

Sabrina, 33 anos, casada, de origem hispânica, procurou terapia por ser constantemente criticada e sentir-se desvalorizada por seu marido. Sabrina e José se conheceram quando ambos estavam fazendo estágio em tempo integral; eles namoraram por mais de dois anos antes de se casarem. Sabrina recordava que antes do casamento José valorizava sua inteligência, atenção aos detalhes, comprometimento com o trabalho e integridade profissional. Ela informa que trabalha tanto quanto José e ganha mais do que ele, embora ultimamente venha se sentindo desvalorizada e inadequada e esteja ficando cansada de ser magoada por ele. Compartilhando uma experiência específica, Sabrina contou que, na semana anterior, conseguiu captar uma conta corporativa pela qual havia se empenhado muito. Todos no escritório a parabenizaram, e seu chefe a premiou com um bônus e dois dias de folga. Sentindo-se realizada e eufórica, Sabrina entusiasticamente compartilhou a novidade com José assim que chegou em casa. José, com os olhos colados em uma partida de beisebol na televisão, deu-lhe os parabéns em um tom indiferente sem fazer contato visual e acrescentou que aquele poderia ser um cliente difícil para ela. Então, ele rapidamente mudou de assunto falando no jantar.

Com sua alegria esmorecida, Sabrina se distraiu preparando o jantar, enquanto José permaneceu fixado na televisão. Com dificuldade para encontrar palavras para se expressar, Sabrina ficou remoendo o assunto nos dias seguintes, achando que seus sucessos e sentimentos não tinham importância para José, questionando-se se ele ainda a amava.

Considerando que Sabrina acha difícil se expressar, ela perguntou a José se ele gostaria de ir com ela à terapia por algumas sessões. Após hesitação inicial, José concordou em participar de algumas sessões, mas continuou insistindo que o casal estava bem. Em vez de acusar e envergonhar José, inicialmente a terapia focou na criação de um espaço acolhedor onde ambos puderam compartilhar outros momentos em que se sentiram valorizados e não valorizados, reconhecidos e não reconhecidos. Como esperado, Sabrina tinha muito mais a compartilhar do que José.

Ao ouvir as reflexões de Sabrina, José ficou surpreso. Ele achava que tudo estava indo bem. Ao ouvir as queixas da esposa na presença de um profissional imparcial, José tomou consciência de duas coisas: primeiro, que ele se comunicava constantemente com Sabrina – com ou sem palavras, seja sorrindo, seja com "cara de paisagem", fazendo ou evitando contato visual, seja se aproximando e tocando Sabrina, seja fisicamente afastado dela. José se comunicava com Sabrina, que, por sua vez, estava atribuindo significado a tudo o que ele comunicava. Em segundo lugar, José também percebeu que seu estilo de comunicação estava causando muito sofrimento à esposa. Em vez de corrigir esse estilo de comunicação, o clínico pediu que José se engajasse em *RAC*. Para colocar o exercício em prática, Sabrina foi convidada a compartilhar alguma coisa importante e positiva que havia acontecido com ela nas duas últimas semanas. José, por sua vez, precisava responder entusiasticamente de forma que lhe parecesse autêntica e que também fizesse Sabrina se sentir compreendida e validada. As primeiras respostas de José foram entusiásticas ou autênticas, mas não ambas. Foi necessário algum treinamento antes que ele fosse capaz de oferecer à esposa uma resposta que a fizesse sentir-se valorizada e apoiada.

José estava um tanto desanimado. Disse que não consegue mudar: "É assim que eu sou". No entanto, ele foi tranquilizado de que, mesmo que pudesse parecer um pouco estranho inicialmente, já que não estava acostumado a responder de uma maneira típica, com o tempo e com esforço sincero, a RAC acabaria ficando mais fácil e pareceria mais natural para ele. Além disso, ele não precisa colocar a RAC em prática com todos e em todas as situações. O objetivo da prática é conectar-se genuinamente com suas pessoas amadas, não com todas as pessoas.

Como seres humanos, somos predispostos a detectar expressões faciais, entonações, gestos e posturas negativas com mais eficiência do que as positivas e com frequência não temos consciência dessa tendência. Na verdade, esse viés de negatividade pode aguçar nosso pensamento crítico, mas, se focado excessivamente em nossas relações íntimas, pode causar danos. Felizmente, também somos dotados de sofisticação psicológica para passar por cima dessa "programação" e fazer um esforço para oferecer respostas positivas e construtivas para tornar nossas relações mais gratificantes – algo que Sabrina e José começaram a fazer.

VINHETA: SHERRY E A COMPENSAÇÃO DA VERGONHA COM HUMOR

Sherry, uma cliente de 38 anos, recentemente participou de um *workshop* de PPT durante o qual os participantes tinham que fechar os olhos e fazer uma prática de meditação em que visualizavam um momento em suas vidas no qual tiveram algum tipo de desafio e conseguiram superá-lo de forma positiva. Eis a reflexão de Sherry sobre a prática:

"Quando fechei os olhos, foi um pouco complicado escolher um evento porque houve muitos na minha vida. Tenho certeza de que isso ocorre com qualquer pessoa. Em pouco tempo, minha mente pousou em uma memória agradável relacionada à minha mãe. Meu relacionamento com ela sempre foi um pouco tenso. E, naquela época da minha vida, eu havia firmado o compromisso de resolver meus 'problemas com a mãe' enquanto aprendia a criar uma relação mais saudável e feliz com ela.

Recordo de uma vez quando tinha cerca de 35 anos. Eu já estava entrando e saindo de sessões de aconselhamento havia aproximadamente sete anos, focando na solução de várias dificuldades na minha vida, entre elas o relacionamento com minha mãe. Estava aprendendo sobre assertividade, fronteiras pessoais e a expressão dos meus pensamentos e sentimentos de uma forma mais saudável, em vez de ser reativa e atacar com raiva, medo ou vergonha, como me acostumei a fazer quando me sentia ameaçada.

Voltando ao presente, sentada naquela sala silenciosa com 20 outros participantes do *workshop*, meus olhos fechados, minha respiração regulada para um ritmo agradável, lento e fácil, minha mente vagou até uma lembrança. O telefone estava tocando. 'Alô?', eu disse. Minha mãe estava ligando para me pedir que fizesse alguma coisa para ela. Naquela época da minha vida, eu era mãe solteira criando dois filhos e fazendo faculdade em tempo integral para me tornar assistente social. Não é necessário dizer que eu estava muito, muito ocupada. Eu realmente não tinha tempo para ajudar minha mãe, nem tinha a vontade de fazer, não importava o que ela fosse pedir. Não era nada realmente importante, e podia ser feito por ela mesma, ou então um dos meus irmãos menos ocupados poderia cuidar daquilo. Eu estava cuidando das crianças e estudando, além de ter uma infinidade de tarefas domésticas de que uma mãe solteira precisa dar conta. Então eu disse: 'Não, eu não posso ajudar'. E então escutei aquela ladainha que tipicamente se seguia como consequência da minha recusa em realizar seus desejos: 'Você é egoísta!', 'Só pensa em si mesma!' e 'É igualzinha ao seu pai!' (nunca uma coisa boa na visão dela).

Meus pais haviam se divorciado muitos anos atrás, e minha mãe ainda guardava muita raiva e ressentimento em relação a ele. Eu me via reagindo com raiva, medo e/ou vergonha sempre que minha mãe me dizia o quanto eu era egoísta e autocentrada e como era parecida com meu pai. Mas, desta vez, foi diferente. Pela primeira vez eu não tive aquela fixação emocional ao que ela estava dizendo. Não aderi às suas crenças sobre mim ou suas acusações e fiquei muito surpresa com isso! O que aconteceu, em vez disso, foi que não senti nada mais além de paz. Foi muito interessante! Enquanto visualizava isso, percebi com um lampejo de *insight* que esse é um padrão que minha mãe usou por toda a minha vida. Essa dinâmica de comunicação era sua maneira de nos manipular quando crianças para fazermos o que ela queria que fizéssemos. Obter essa clareza foi como se as nuvens estivessem se afastando e o paraíso se abrisse diante de mim com música celestial e os anjos cantando Aleluia!!! Ha, ha – na verdade não, mas é o que

> eu imaginei. Eu estava impressionada com essa percepção e o modo como aquilo me influenciou durante toda a minha vida! Então comecei a rir! Não estava rindo dela, só estava rindo de pensar em tudo isso e em como eu não podia acreditar que não tinha me dado conta disso antes.
>
> Minha mãe ficou quieta por um tempo. Depois, disse com uma voz muito áspera: 'Do que você está rindo???'. Eu ainda estava rindo um pouco e disse: 'Oh, meu Deus, mãe! Só agora estou vendo pela primeira vez! Você tem usado isso como uma manipulação para mim e meus irmãos durante toda a nossa vida. Você sabe que está me manipulando ao ficar braba comigo e me dizendo o quanto sou egoísta e autocentrada. Você tenta fazer com que eu me sinta culpada para conseguir que eu faça o que você quer!'. Ela ficou muito quieta novamente, e eu pensei: 'Oh, não, lá vem ela. Ela vai ficar muito braba comigo'. Então, ela começou a rir! Eu não conseguia acreditar no que estava ouvindo!!! Esperei um pouco... e ela disse: 'Você demorou, hein?'.
>
> Acho que aquela conversa foi o nascimento de uma relação adulta entre minha mãe e eu. Nunca mais ela me tratou como se eu fosse uma menininha, e ela parecia ter renovado o respeito por mim como uma mulher adulta. Ela começou a se relacionar comigo como tal, e, sabe, eu comecei a ser mais generosa, paciente e mais gentil com ela também. E consegui ver minha mãe como adulta e como uma mãe solteira que tinha seus desafios para enfrentar diante de circunstâncias muito difíceis.
>
> Compartilhei esta história durante o *workshop*, e me disseram que eu consegui usar as forças de ludicidade e humor para enfrentar esse problema desafiador com minha mãe."

ADEQUAÇÃO E FLEXIBILIDADE

Alguns clientes podem dizer, como um de nossos clientes disse: "Mas, para início de conversa, eu não sou uma pessoa muito entusiasmada e celebradora" ou "Eu não sou muito extrovertido, e a *RAC* parece ser algo muito extrovertido". A *RAC* não tem a ver com o volume de respostas do cliente; ela tem a ver com profundidade e interesse. Não tem a ver com a precisão da expressão verbal, mas com a sinceridade das emoções. Um cliente pode ser introvertido, mas, no conforto de sua disposição e atitude, pode fazer perguntas para aprofundar mais, para que a outra pessoa saiba que ele está genuinamente interessado e feliz pelas boas notícias.

Como todas as formas de resposta a boas e más notícias são altamente subjetivas, como podemos determinar o que é uma *RAC* real? Além disso, é possível que algumas pessoas fiquem satisfeitas com um sorriso gentil, enquanto outras podem não ficar satisfeitas mesmo com entusiasmo exagerado. Shelley Gable e colaboradores (2004) descobriram que as classificações objetivas da *RAC* estão relacionadas ao modo como o respondente se sente depois da discussão; especificamente, quando observadores externos classificam a resposta como ativa e construtiva, os compartilhadores também se sentem mais satisfeitos e mais próximos de seus parceiros. Assim, aparentemente a resposta real tem importância, e não se trata apenas de que algumas pessoas vejam uma resposta como ativa (ou passiva) e construtiva (ou destrutiva). Em geral, há uma intuição de autenticidade transmitida ou recebida.

Alguns clientes podem dizer que parece falso, ostentoso ou extravagante celebrar os sucessos, mesmo os de menor importância. De fato, não podemos oferecer a *RAC* para todo evento bom. O uso frequente ou excessivo de *RAC* dilui sua autenticidade. Portanto, devemos responder ativamente e construtivamente a eventos que são significativos e importantes. Além disso, alguns fatores situacionais podem não se prestar para oferecer *RAC* imediatamente quando o evento bom é compartilhado. Ela pode ser adiada se os fatores situacionais não permitirem que o respondente ofereça uma *RAC* autêntica, como ter de dar atenção às necessidades médicas de alguém, responder a uma ligação telefônica que precisa de um retorno imediato, acrescentar os toques finais a um projeto com um prazo que se aproxima ou quando na companhia de outros que podem não compreender sua resposta. Por fim, a *RAC* é sobre especificidade. Cada pergunta é construída com base na anterior. Mesmo que o compartilhador ignore as notícias positivas ou seja evasivo, o respondente deve continuar reconhecendo.

A *RAC* é um aspecto das relações positivas. Os parceiros também precisam dedicar um tempo para paixões, *hobbies* e autorreflexão, o que pode requerer isolamento. É importante que os clientes não sacrifiquem essas outras qualidades importantes na busca dessa prática.

Nos dias atuais, a natureza tecnológica de nossa cultura atual torna a comunicação mais fácil, porém menos pessoal. Cada vez menos tempo é passado em interações face a face. Uma qualidade central de uma boa relação é a interação pessoal e a conectividade, o que é mais fomentado por meio da interação face a face (consulte também os Conceitos Centrais no Capítulo 20, Sessão 14, para mais detalhes sobre esse tópico). Ajude os clientes a compreenderem a diferença entre trocar mensagens de texto com um amigo e falar com ele pessoalmente.

CONSIDERAÇÕES CULTURAIS

Clientes de algumas culturas podem achar a prática da *RAC* ostentosa porque eventos bons e experiências boas em geral não são celebrados em sua cultura. Vejamos Dave, um profissional de saúde mental de 42 anos, da Austrália. Depois de concluir um *workshop* de treinamento em PPT, Dave comentou que achou a *RAC* parecida com o axioma australiano: "não se estimula a bravata". No entanto, uma discussão aprofundada focada na transmissão de interesse autêntico ao ouvir e fazer perguntas ativamente, de uma maneira construtiva, ajudou Dave a superar a hesitação.

Como clínicos, devemos ter em mente que as culturas diferem na autoexposição das emoções. Essas diferenças podem ser em termos de falar diretamente ou indiretamente, com pouco contato visual ou contato consistente, comunicando muito ou pouco por meio de gestos corporais e posturas enquanto respondem, solicitam ou chamam atenção enquanto respondem, e compartilhando experiências positivas com um tom animado *versus* um tom neutro (Gobel, Chen, & Richardson, 2017; Kleinsmith, De Silva, & Bianchi-Berthouze, 2006). Uma característica encorajadora, mas não óbvia, da prática é que a *RAC* não depende apenas de respostas verbais ruidosas. Gestos corporais, posturas, ouvir mais e fazer menos perguntas, porém mais relevantes, são mais importantes.

A *RAC* tem a ver com a oferta de resposta autêntica e positiva. Os respondentes são convidados a adaptá-la culturalmente, ou seja, a usar sua criatividade para encontrar formas culturalmente apropriadas de responder de uma maneira ativa e construtiva. Por exemplo, um clínico de origem cultural alemã fez esse exercício durante um *workshop* e comentou: "Em vez de usar palavras e expressões, achei mais fácil expressar minha resposta ativa e construtiva de forma não verbal. Durante meu treinamento em terapia da Gestalt, aprendi que quase metade da comunicação é transmitida de forma não verbal, pela postura corporal e expressão facial".

Acentuar e amplificar eventos bons pode ser considerado arrogância e vaidade em algumas culturas. Outras culturas podem ter uma prática ou norma de minimizar, em vez de expandir, o evento bom. No entanto, tenha em mente que as culturas são dinâmicas. Oferecer *RAC* de uma maneira culturalmente sensível pode abrir precedentes novos e positivos. Chris Peterson (2006), um dos pioneiros nesse campo, diz que a psicologia positiva o ajudou a progredir de "pretender ser engraçado" para "ser meio engraçado". Do mesmo modo, podemos oferecer *RAC* com a boa intenção de que ela irá fortalecer as relações – um objetivo que é valorizado entre as culturas.

Clientes de algumas culturas podem querer expressar sua apreciação por um evento positivo de formas culturalmente adaptativas. Podem ser usadas formas culturalmente adaptativas desde que o espírito e a essência da *RAC* – isto é, compartilhar e celebrar uma experiência positiva de forma autêntica – permaneçam intactos.

MANUTENÇÃO

Discuta com seus clientes as dicas a seguir para que possam manter seu progresso:

- Em *RAC*, o questionamento autêntico, e não o volume do questionamento, é o que importa. É o que é visto, sentido, valorizado e expandido de forma autêntica. Esses passos precisam de prática em uma variedade de situações.
- A *RAC* tem a ver com especificidade. Cada pergunta é construída com base na anterior. Mesmo que o compartilhador ignore ou seja evasivo, o respondente deve continuar reconhecendo.
- A *RAC* é sobre sintonia, sobre conhecer um ao outro de forma profunda e autêntica, de modo que ambas as partes se sintam compreendidas, validadas e cuidadas.
- A *RAC* é não só para parceiros. Ela pode ser usada quando amigos ou outros membros da família compartilham um evento bom.
- O impacto da *RAC* tem mais probabilidade de aumentar se você for capaz de deixar de lado por algum tempo dúvidas, emoções e sentimentos negativos e celebrar e compartilhar com sua pessoa amada os momentos positivos. Você pode discutir os aspectos negativos, queixas, dúvidas ou impactos adversos posteriormente.
- A *RAC* oferece uma forma concreta de melhorar a habilidade de reconhecer, compreender e responder a emoções positivas, sentimentos e experiências das pessoas amadas. Pergunte ao seu parceiro como esse processo pode ajudar vocês dois a melhorarem sua compreensão de outras questões, situações, eventos ou experiências que também podem se beneficiar com a *RAC*.

RELAXAMENTO NO FINAL DA SESSÃO

Recomendamos que cada sessão termine com o mesmo relaxamento breve que a iniciou.

RECURSOS

Leituras

- Gable, S. L., Reis, H. T., Impett, E. A., & Asher, E. R. (2004). What do you do when things go right? The intrapersonal and interpersonal benefits of sharing positive events. *Journal of Personality and Social Psychology, 87*, 228–245.
- Gable, S. L., & Reis, H. T. (2010). Good news! Capitalizing on positive events in an interpersonal context. In M. P. Zanna (Ed.), *Advances in Experimental Social Psychology* (Vol. 42, 195–257). San Diego, CA: Elsevier Academic Press.
- Lambert, N. M., Clark, M. S., Durtschi, J., Fincham, F. D., & Graham, S. M. (2010). Benefits of expressing gratitude to a partner changes one's view of the relationship. *Psychological Science, 21*(4), 574–580.
- Stanton, S. C. E., Campbell, L., & Loving, T. J. (2014). Energized by love: Thinking about romantic relationships increases positive affect and blood glucose levels. *Psychophysiology, 51*(10), 990–995. doi:10.1111/psyp.12249
- Woods, S., Lambert, N., Brown, P., Fincham, F., & May, R. (2015). "I'm so excited for you!" How an enthusiastic responding intervention enhances close relationships. *Journal of Social and Personal Relationships, 32*(1), 24–40.

Vídeos

- YouTube: Resposta Ativa Construtiva: https://youtu.be/qRORihbXMnA?list=PLLBhiMXTg8qvQ4Ge94wRFYZhk66t_wm1e
- Shelley Gable explica a Resposta Ativa Construtiva (RAC): https://youtu.be/OF9kfJmS_0k
- It Is Not About the Nail: uma ilustração hilária da importância de "Eu só preciso que você escute": https://youtu.be/-4EDhdAHrOg

Websites

- Usando a psicologia positiva em seus relacionamentos: http://health.usnews.com/health-news/family-health/brain-and-behavior/articles/2009/06/24/using-positive-psychology-in-your-relationships
- Paul Ekman: Atlas das Emoções, visa desenvolver o vocabulário das emoções: http://atlasofemotions.org/#introduction/disgust

20

SESSÃO CATORZE
Altruísmo

Na sessão catorze, os clientes aprendem como ser altruísta ajuda a si mesmos e aos outros. A prática central da psicoterapia positiva (PPT) abordada nesta sessão é o *Presente do Tempo*.

ESBOÇO DA SESSÃO CATORZE

Conceitos Centrais
    Atividade na Sessão: Vídeo Capturando a Prática do *Presente do Tempo*
    Reflexão e Discussão
    Vinheta
    Adequação e Flexibilidade
    Considerações Culturais
    Manutenção
Recursos

CONCEITOS CENTRAIS

Altruísmo é beneficiar os outros, por vontade própria, sem ser solicitado e sem nenhuma compensação financeira. Em PPT, o significado envolve o uso das forças de assinatura para pertencer e servir a alguma coisa que o indivíduo considera maior do que ele mesmo. O desejo é viver uma vida que seja importante para o mundo e faça a diferença para melhor. Os benefícios psicológicos do altruísmo são significativos:

- Linhas convergentes de evidências mostram que o voluntariado está associado a aumento da longevidade, melhor habilidade de executar atividades da vida diária, melhor comportamento para lidar com a saúde, hábitos de vida mais saudáveis, melhora na qualidade de vida, suporte social confiável, maior interação positiva com os outros, menos dor crônica e hospitalizações e menos sofrimento psíquico de modo geral (Casiday, Kinsman, & Fisher, 2008; Musick & Wilson, 2003; Nedelcu & Michod, 2006; Soosai-Nathan, Negri, & Delle Fave, 2013).
- Evidências também identificaram que, após ajuste de algumas características relevantes, as pessoas que se voluntariavam mantinham níveis mais altos de atividade física e relatavam melhor saúde autoavaliada e menos sintomas depressivos (Pillemer et al., 2010).
- Voluntariado e doação pessoal estão fortemente associados a felicidade e bem-estar. As pessoas adquirem e consomem produtos com o objetivo de se tornarem mais felizes, mas raramente atingem esse objetivo por meio do comportamento de compra (Kasser & Kanner, 2004; Lyubormirsky, 2007). Com o tempo, os *produtos* perdem seu encanto devido à adaptação hedônica, mas as *experiências* ficam melhores com o tempo (Kasser & Kanner, 2004; Van Boven & Gilovich, 2003). Quando as pessoas investem dinheiro para comprar produtos, elas esperam satisfação clara e ininterrupta ou prazer com esses produtos. Por sua vez, quando se engajam em experiências como voluntariado, tendem a refletir em um nível mais profundo, como, por exemplo, se seu envolvimento valeu a pena ou não. Além disso, produtos estão associados à utilidade, enquanto experiências estão associadas a emoções. Experiências nos conectam com pessoas (através de interações), enquanto produtos e aparelhos –

especialmente os dispositivos tecnológicos atuais – nos afastam das pessoas a nossa volta. Na verdade, realmente nos conectamos com muitas pessoas no Facebook e outras plataformas de mídias sociais, mas com frequência estamos distantes de nossos colegas do escritório ao lado, dos vizinhos ao lado e das pessoas que amamos na sala ao lado.

- Aqueles que ajudam outras pessoas também têm benefícios na saúde. Em um estudo randomizado, 106 estudantes canadenses da 10ª série fluentes em inglês e sem uma condição de saúde crônica foram voluntários por dois meses ajudando crianças da escola elementar. Marcadores de risco cardiovascular, inclusive nível da proteína reativa C, colesterol total e índice de massa corporal, foram monitorados. Os resultados mostraram que aqueles que apresentaram maior aumento na empatia e em comportamentos altruístas e maior redução em humor negativo também mostraram os maiores decréscimos no risco cardiovascular com o passar do tempo (Schreier, Kimberly, Schonert-Reichl, & Chen, 2013). Esse estudo oferece a primeira evidência epidemiológica para uma associação positiva.
- Robert Putnam (2000), um cientista político da Universidade de Harvard que obteve evidências empíricas de quase 500 mil entrevistas conduzidas durante o último quarto de século, mostra que o capital social – construído por relações positivas – foi significativamente enfraquecido. Comparado à década de 1950, o envolvimento ativo na maioria das organizações caiu em mais de 50%, a frequência a locais de culto caiu de 25 a 50%, e a taxa de amigos recebidos em casa caiu 45%, entre muitas outras tendências. Putnam sugere a verdade sombria de que altruísmo, voluntariado e filantropia têm estado em declínio constante desde a década de 1950.

Em suma, ajudar outras pessoas muda o foco da atenção da indulgência nos próprios pensamentos (i.e., inquietar-se com pensamento depressivo), pois a atenção é deslocada do pensamento nocivo para um esforço comportamental mais saudável. Enquanto o primeiro torna o indivíduo vulnerável e reforça a autopercepção como vítima, o último promove a autoeficácia. No entanto, conforme observado, tem havido um declínio global no voluntariado e no comportamento altruísta. Como essa tendência lamentável pode ser impactada pela PPT? Depois de cultivar as relações mais próximas, a PPT agora amplia o bem-estar interpessoal encorajando os clientes a ajudarem os outros a ajudarem a si mesmos.

RELAXAMENTO NO COMEÇO DA SESSÃO

No início de cada sessão, comece com um breve exercício de relaxamento. Consulte o Apêndice A: Práticas de Relaxamento e *Mindfulness*, que pode ser encontrado no final deste manual. Uma cópia desse apêndice também aparece no livro de exercícios do cliente. Continue a sessão com uma revisão do *Diário de Gratidão* do cliente, além de uma revisão dos conceitos centrais ensinados na sessão anterior.

ATIVIDADE NA SESSÃO: VÍDEO CAPTURANDO A PRÁTICA DO *PRESENTE DO TEMPO*

A prática desta sessão concentra-se em assistir a um vídeo que captura o conceito de altruísmo e ilustra a prática do *Presente do Tempo*. Exiba este vídeo do YouTube e depois peça que os clientes reflitam e discutam, usando as perguntas de Reflexão e Discussão.

Gift, Curta-Metragem com Drama Inspiracional de Singapura (Duração: 7:30)
https://youtu.be/1DUYlHZsZfc?list=PL8m

Esse curta-metragem retrata um filho que descobre um grande segredo de seu pai, o que muda seu entendimento sobre ele.

REFLEXÃO E DISCUSSÃO

- O que se destacou para você nesse vídeo sobre altruísmo?
- O material lhe fez lembrar de alguma coisa das suas próprias experiências referentes a altruísmo?

- Que ações específicas, caso haja, o vídeo o fez pensar em relação ao cultivo do altruísmo em sua vida diária?
- Por que o pai escondeu de seu filho o segredo da doação?
- No vídeo, o pai doa muito, apesar de não ter muito. Como esse exemplo pode ajudar as pessoas que podem achar que não têm nada ou muito pouco a oferecer?

NOTA CLÍNICA

O autocuidado dos clientes já pode estar comprometido. Converse com esses clientes para certificar-se de que seus esforços altruístas não impactam negativamente suas necessidades de autocuidado. Uma discussão detalhada de seu nível de sofrimento e bem-estar irá ajudar os clientes a decidirem quanto à escala de seus esforços altruístas, além de revelar sua exposição à vulnerabilidade potencial.

Clientes de origem marginalizada com recursos limitados têm menos probabilidade de ser voluntários do que suas contrapartidas mais abastadas e saudáveis.

Clientes já comprometidos em tomar conta de um familiar com problemas de saúde crônicos, aqueles que frequentemente precisam cuidar de um familiar devido a problemas de saúde frequentes, mas não planejados, e aqueles que cuidam de pais idosos ou familiares com deficiências desenvolvimentais podem não ser capazes de se voluntariar. Portanto, é importante discutir o tópico do voluntariado com os clientes, considerando com sensibilidade os desafios de suas situações.

Dever de Casa

Depois de assistir ao vídeo e discutir as perguntas na sessão, peça que os clientes preencham a Folha de Exercícios 14.1 como dever de casa. Observe que esta e todas as folhas de exercícios (a) aparecem dentro da sessão correspondente deste manual e (b) podem ser baixadas na página do livro em loja.grupoa.com.br. Dependendo dos clientes, essa tarefa pode ser feita antes da próxima sessão ou depois que a PPT tiver terminado, já que eles estão sendo convidados a oferecer tempo como um presente.

FOLHA DE EXERCÍCIOS 14.1 *O PRESENTE DO TEMPO*

O objetivo desta prática é que você dê a alguém de quem gosta o Presente do Tempo, fazendo alguma coisa que requeira uma quantidade de tempo razoável e envolva o uso de uma das suas forças de assinatura.

O exercício será mais gratificante se você usar sua força de assinatura para entregar o presente. Por exemplo:

- *Quem é criativo pode escrever uma mensagem de aniversário para um melhor amigo.*
- *Quem é alegre e bem-humorado pode preparar um assado.*
- *Quem é gentil pode preparar um jantar com quatro pratos diferentes para seu colega de quarto ou parceiro que está doente.*

Depois de concluir este exercício, escreva sobre sua experiência de dar o Presente do Tempo. Tenha o cuidado de registrar exatamente o que você fez e o tempo que levou:

_____
_____
_____
_____
_____
_____
_____
_____
_____
_____
_____
_____
_____
_____

REFLEXÃO E DISCUSSÃO

Depois de concluir essa prática, peça que os clientes reflitam e discutam:

- Como você se sentiu enquanto estava dando seu presente?
- Como você se sentiu depois de dar seu presente?
- Como reagiu o destinatário do seu presente?
- Houve alguma consequência (positiva ou negativa) resultante de dar seu presente?
- Você usou uma ou mais forças de assinatura? Em caso afirmativo, quais e como?
- Você já havia realizado uma atividade como essa no passado? Qual foi? Você acha que foi diferente desta vez? Em caso afirmativo, que diferenças você notou?
- Houve situações no passado em que você foi solicitado a dar o *Presente do Tempo* e não quis dar?
- Você já recebeu de alguém o *Presente do Tempo*? Como foi?
- Você está disposto a dar o *Presente do Tempo* regularmente para uma causa particular? Que causa poderia ser?
- Você prevê uma adaptação? Ou seja, depois de algum tempo, acha que o *Presente do Tempo* poderia não trazer tanta satisfação como foi da primeira vez? Em caso afirmativo, que atitudes você pode tomar para resolver isso?

VINHETA: KISHANA E SEU *PRESENTE DO TEMPO*

Kishana, 47 anos, é mãe de três filhos e coach executiva. Participou de um treinamento de três dias em PPT, recebendo um dever de casa para fazer. Kishana escolheu realizar a tarefa do *Presente do Tempo*. A seguir, apresentamos sua reflexão sobre a prática, escrita três meses depois de participar do *workshop*, enquanto estava em meio a sua prática do *Presente do Tempo*.

"Desde que eu era muito jovem, minha mãe – meu maior modelo – incutiu em mim um profundo sentimento de que sempre podemos dar alguma coisa aos outros; refiro-me a coisas positivas. Inicialmente eu não entendia, pois possuíamos muito pouco para a nossa subsistência. Mas, quando recordo, vejo que minha mãe sempre encontrava tempo para ajudar os outros. Mãe solteira com uma renda precária, ela trabalhava com vendas, e seu valor profissional era avaliado por quanto ela vendia – não por quanto ela servia. Entretanto, [ela acreditava] em encontrar tempo para ajudar os outros fazendo coisas, como andar duas quadras para colocar fora o lixo de uma mulher idosa que não podia fazer isso sozinha e se esquecia com frequência, segurar portas quando entrava ou saía de *shoppings* e saguões, recolher sobras de comida dos restaurantes nos fins de semana (quando eu queria que ela me levasse a locais de diversão) e levar para os bancos de alimentos ou abrigos, e ensinar refugiados recém-chegados a circular por sistemas sociais complexos. Eu observava minha mãe fazendo todas essas tarefas, e com frequência ela me arrastava com ela. A contragosto, eu ia junto porque geralmente ela não tinha ninguém para cuidar de mim. Quando adolescente, eu me interessei por exercícios físicos. Havia uma academia ao lado do banco de alimentos onde minha mãe frequentemente era voluntária, e, vendo a dedicação dela, o dono da academia me ofereceu uma inscrição gratuita. Eu adorei correr, nadar e desenvolver meus músculos. Eu achava que minha mãe não tinha poder – então me tornei poderosa na academia. Minha mãe era amada por seu bom trabalho, mas amor não lhe dá poder. Ao contrário, eu via as pessoas se aproveitando de sua personalidade amável. Quando precisavam de seu amor, atenção e ajuda, ela lhes dava. Silenciosamente, eu me ressentia com ela.

Fomos forjadas por anos difíceis. Eu era boa em meus estudos, muito boa nos esportes. As boas notas me renderam uma bolsa de estudos, e me mudei para uma faculdade muito distante. Eu adorei minha nova liberdade. Trabalhei duro em meus estudos e pratiquei com ainda mais afinco. Pelo time da faculdade, agora eu estava participando de competições de natação estaduais.

Numa terrível noite de outono, voltando do treino, eu estava indo para o dormitório quando tropecei em algumas folhas molhadas e escorreguei no piso de mármore do saguão do dormitório... caindo sobre meu ombro esquerdo e batendo com a cabeça numa quina. Quando abri os olhos, estava no hospital, com o ombro engessado e uma atadura na cabeça. As semanas seguintes foram mergulhadas no desespero por não poder competir no próximo encontro do campeonato estadual, com a preocupação de que eu poderia perder a bolsa de estudos. Minha mãe me visitou várias vezes, mas não podia ficar por muito tempo.

Três meses depois, mergulhei na piscina, mas quase não conseguia nadar. Sentei em um banco, envolta em depressão, e comecei a chorar com o que eu esperava que fossem lágrimas invisíveis. Mas alguém as viu. Era um senhor idoso. Ele gentilmente bateu no meu ombro e perguntou por que eu andava sumida. Seu rosto era familiar, e então me lembrei: enquanto treinava nas raias destinadas aos nadadores, ele nadava nas raias destinadas à comunidade. Então lhe contei sobre meu acidente, e ele me contou sobre ele – tricampeão nacional de natação que também havia tido sua dose de lesões. Ele se ofereceu para me ajudar com a reabilitação – sem nenhum custo –, o que estava muito além do que a equipe de reabilitação da minha faculdade poderia fornecer. Eu mal podia acreditar naquela incrível oferta e graciosamente aceitei.

Durante os três meses seguintes, ele me doou pelo menos uma hora do seu tempo quase todos os dias, trabalhando em estratégias de reabilitação adaptadas ao meu tipo físico e à lesão, e nunca me pediu um centavo. Como astuto observador e nadador experiente, ele transmitia as sutilezas das braçadas e posturas – melhor do que meu treinador teria feito. Aos poucos, fui me recuperando e, dentro de seis meses, já estava quase de volta à minha melhor forma. Perguntei a ele por que havia passado tanto tempo comigo. Ele respondeu: 'Eu tive um casamento infeliz, e, depois do meu divórcio, até meus filhos não se importam comigo. Porém, minha mãe era uma mulher muito feliz. Ela era pobre e uma sobrevivente do Holocausto. Tinha muito pouco para dar em termos materiais, mas tinha um grande coração, o que lhe permitia encontrar muito tempo para ajudar os outros. Eu não entendia por que ela passava tanto tempo ajudando as pessoas e, de fato, eu me ressentia com isso. Mas agora entendo por que ela era tão feliz. E passar esse tempo com você me mostrou o quanto eu posso ser feliz ao ajudar outra pessoa.'"

ADEQUAÇÃO E FLEXIBILIDADE

Alguns clientes que são socialmente ansiosos ou tímidos podem ter dificuldades em se aproximar de outras pessoas – quando os esforços altruístas envolvem outros – por medo de julgamento social. Ajude esses clientes a dar pequenos passos, como associar-se a uma organização que tenha um programa de voluntariado bem desenvolvido. Isso irá lhes proporcionar uma estrutura e instruções claras sobre o que fazer, reduzindo, assim, sua ansiedade social. Eles também podem trabalhar com uma equipe de voluntários para evitar a abordagem das pessoas individualmente.

É muito importante abordar as preocupações das outras pessoas com prudência. Indivíduos altruístas não se impõem a outras pessoas ou tentam ajudar aqueles que não querem ser ajudados. Lembre os clientes de que devem se assegurar de que sua abordagem altruísta atende às necessidades declaradas dos outros.

As pessoas são mais capazes de ajudar aquelas a sua volta quando têm as competências, *expertise*, experiência e os meios necessários. Encoraje os clientes a discutir as especificidades com os receptores para garantir que as expectativas de todas as partes são realistas. Há muitas formas como os clientes podem ajudar outras pessoas.

Evidências mostram que o engajamento prático ativo com a natureza (p. ex., desbaste de árvores, melhora da infraestrutura, remoção de espécies invasoras, trabalho de reparo de trilhas, remoção de lixo e criação de hábitats ou espaços verdes) é outra forma de se engajar no *Presente do Tempo*. Também conhecida como voluntariado ambiental, essa abordagem inovadora se mostrou efetiva, particularmente para indivíduos provenientes de comunidades marginalizadas e infratores que desejam se reintegrar à sociedade. Participantes engajados em voluntariado ambiental relatam um senso de lugar e autodescoberta e sentem-se como parte de um todo. Essa abordagem também desenvolve um senso de responsabilidade e amplia as relações sociais dos participantes. Além disso, pode ser usada como um adjunto para o tratamento clínico.

Devemos nos lembrar sempre de que o que percebemos como um problema pode não ser um problema para outras pessoas. Os clientes precisam manter uma perspectiva aberta e empática, permitindo-lhes que sejam guiados pelas necessidades da *outra pessoa*.

Lembre os clientes de que atos altruístas são presentes que podem ser desfrutados pelo doador e de que não têm que ser um fardo. Igualmente, os atos altruístas devem ser considerados a partir de um ponto de vista social e moral mais amplo.

CONSIDERAÇÕES CULTURAIS

Para alguns clientes, o altruísmo pode representar uma parte importante de sua herança social, religiosa ou cultural. Se tais clientes estiverem abertos, explore com eles as práticas altruístas culturalmente e religiosamente incorporadas com as quais eles se identificam significativamente.

Lembre os clientes de que devem levar em consideração as diferenças culturais entre o doador e o receptor: o cliente (como o doador) deve se assegurar de que o receptor do que quer que seja oferecido (p. ex., o *Presente do Tempo*) é culturalmente apropriado. Por exemplo, uma de nossas clientes, branca, empreendeu muito esforço na coleta de itens usados para um recém--nascido e os ofereceu como presente a uma família imigrante. A resposta da família foi de indiferença, o que decepcionou a cliente. Depois de alguma exploração, ficou claro para ela que uma prática cultural entre a família imigrante é que os recém-nascidos sejam presenteados com roupas novas. No entanto, os irmãos mais velhos podem receber gentilmente roupas usadas.

Também tenha em mente que esforços altruístas estão associados às condições econômicas e sociais. Alguns clientes podem querer dar o *Presente do Tempo*, mas, em virtude das longas horas de trabalho e responsabilidades em casa, podem não ter tempo ou lhes faltar *expertise* ou habilidades para usar idealmente o tempo disponível.

MANUTENÇÃO

Discuta com seus clientes as dicas a seguir para que possam manter seu progresso:

- Imagine um mundo onde as pessoas são capacitadas e equipadas com competências para um engajamento constante em filantropia como doadores de tempo, talento e valores para o bem comum. Para sermos altruístas, não precisamos doar coisas de grande porte. Podemos procurar oportunidades simples na vida diária para sermos generosos com nosso tempo – ajudando alguém ou elogiando alguém pelo seu comportamento positivo.
- Aprenda mais sobre altruístas importantes que, apesar de problemas de saúde mental, compartilharam suas forças, competências e gentileza com outras pessoas. Exemplos incluem Lady Diana (problemas alimentares), Martin Luther King (depressão) e Madre Theresa (depressão). Com qual deles você se identificaria? O que motivou esses altruístas a se doarem para suas causas? Como suas ações mudaram o mundo?
- Envolva-se em clubes ou organizações escolares ou comunitárias que ofereçam oportunidades de ser voluntário e doar tempo e habilidades.
- Comece um esforço altruísta em pequena escala. Doe tempo de forma consistente. Por um período de tempo, esse esforço provavelmente vai lhe proporcionar um propósito, significado e motivação para continuar.
- Ajudar outras pessoas provavelmente vai lhe possibilitar refinar sua inteligência social e pessoal em termos da compreensão das sutilezas das necessidades dos outros.
- Esforços altruístas frequentemente nos conectam com redes de pessoas que podem nos ajudar a aprender as competências necessárias para o voluntariado. Isso amplia nosso círculo social e nos ensina sobre recursos e serviços que já estão presentes na comunidade, além de como utilizá-los efetivamente.

RELAXAMENTO NO FINAL DA SESSÃO

Recomendamos que cada sessão termine com o mesmo relaxamento breve que a iniciou.

RECURSOS

Leituras

- Chen, E., & Miller, G. E. (2012). "Shift-and-persist" strategies: Why low socioeconomic status isn't always bad for health. *Perspectives on Psychological Science*, *7*(2), 135–158. doi:10.1177/1745691612436694
- Kranke, D., Weiss, E. L., Heslin, K. C., & Dobalian, A. (2017). We are disaster response experts: A qualitative study on the mental health impact of volunteering in disaster settings among combat veterans. *Social Work in Public Health*, *32*(8), 500.
- Poulin, M. J., Brown, S. L., Dillard, A. J., & Smith, D. M. (2013). Giving to others and the association between stress and mortality. *American Journal of Public Health*, *103*(9), 1649–1655.
- Tabassum, F., Mohan, J., & Smith, P. (2016). Association of volunteering with mental well-being: A lifecourse analysis of a national population-based longitudinal study in the UK. *BMJ Open*, *6*(8), e011327.
- Welp, L. R., & Brown, C. M. (2014). Self-compassion, empathy, and helping intentions. *Journal of Positive Psychology*, *9*(1), 54–65. doi:10.1080/17439760.2013.831465

Vídeos

- Bumerangue da Gentileza – "Um Dia": https://www.youtube.com/watch?v=nwAYpLVyeFU
- *Gift*, Curta-Metragem com Drama Inspiracional de Singapura: https://youtu.be/1DUYlHZsZfc?list=PL8m
- A Ciência da Gentileza: https://www.youtube.com/watch?v=FA1qgXovaxU

Websites

- Os Atos Aleatórios de Gentileza: https://www.kindness.org/
- Estatuto da Compaixão: https://charterforcompassion.org/
- De Mim para Nós: https://www.metowe.com/
- Revista *Greater Good*: https://greatergood.berkeley.edu/

21

SESSÃO QUINZE
Significado e propósito

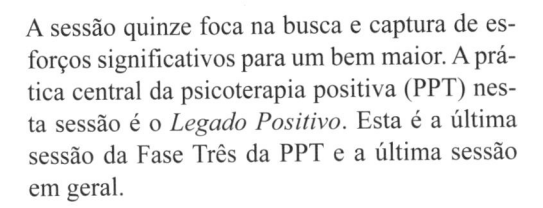

A sessão quinze foca na busca e captura de esforços significativos para um bem maior. A prática central da psicoterapia positiva (PPT) nesta sessão é o *Legado Positivo*. Esta é a última sessão da Fase Três da PPT e a última sessão em geral.

ESBOÇO DA SESSÃO QUINZE

Chegando ao Final da Jornada da PPT
Conceitos Centrais
    Prática na Sessão: *Uma História do Seu Passado e Antevendo um Objetivo Futuro*
    Reflexão e Discussão
    Prática na Sessão: *Legado Positivo*
    Reflexão e Discussão
    Vinhetas
    Adequação e Flexibilidade
    Considerações Culturais
    Manutenção
Recursos

CHEGANDO AO FINAL DA JORNADA DA PPT

Encerramos a PPT com uma sessão que integra as três fases:

- A narrativa da resiliência (apresentação positiva)
- A esperança de cultivar uma melhor versão de si mesmo
- A aspiração de deixar um legado positivo

CONCEITOS CENTRAIS

Há muitas formas de atingir uma vida com propósito: relações interpessoais próximas (sessões recentes incluíram práticas para relações positivas e comunicação positiva), generatividade (criação, reprodução), altruísmo (conforme abordado na sessão anterior), ativismo ou serviço social e carreiras experimentadas como chamados e espiritualidade. Sentir que nossas vidas têm propósito significa que achamos que o mundo é um lugar diferente porque estamos nele. A ausência de propósito, por sua vez, nos faz perceber o mundo como um lugar ameaçador, que provoca ansiedade e depressão (Schnell, 2009). A ausência de propósito é uma explicação parcial para o aumento substancial das taxas de depressão (Ruckenbauer, Yazdani, & Ravaglia, 2007).

"Propósito" se refere a uma compreensão coerente do mundo que promove a busca de objetivos de longo prazo que proporcionam um senso de propósito e realização. Baumeister (2005) sugere que a busca de propósito serve a quatro propósitos em nossas vidas:

- Ajuda-nos a articular objetivos na vida dentro de uma estrutura que inclui nosso passado, presente e futuro.
- Proporciona um senso de eficácia ou controle. O propósito nos permite acreditar que somos mais do que apenas peões controlados pelos eventos do mundo.

- Ajuda a criar formas de justificar as ações.
- Atividades associadas ao propósito frequentemente unem as pessoas com um senso de comunidade compartilhado.

Vitor Frankl, em seu trabalho seminal sobre significado (p. ex., *The Will to Meaning* [Frankl, 1988]; *Man's Searching for Meaning* [Frankl, 1963]; *The Doctor and the Soul* [Frankl, 1973]), argumentou que um propósito é sempre possível e que ele é um impulso fundamental para as pessoas. Independentemente das circunstâncias, os indivíduos são sempre livres para escolher a perspectiva que irão assumir em suas experiências. Com base no trabalho de Freud e Adler, Frankl defendeu que a busca de propósito deve ser incluída às buscas de prazer e poder como um atributo humano central.

Propósito não precisa ser um grande conceito que abrange a vida como um todo. Também há o significado situacional; isto é, significado em relação a eventos em menor escala. Por exemplo, vencer um jogo de cartas, *videogame* ou uma partida esportiva proporciona muita empolgação devido ao propósito de curto prazo fornecido pelo jogo e seu valor relacionado. No entanto, isso não significa necessariamente que o jogo teve grande importância para nossa vida em geral.

O propósito tende a existir em contextos interpessoais. Como os humanos são animais sociais, as pessoas tendem a ter objetivos que promovem seu grupo (p. ex., "Quero me tornar médico porque é uma profissão de prestígio").

Evidências mostram que ter propósito na vida é bom para nossa saúde mental. E há muitas maneiras de alcançar propósito. Comprometer-se com algo maior do que nós mesmos – frequentemente por meio de altruísmo e serviço aos outros – é importante para um propósito (Steger, 2012).

A essência do propósito é a conexão. O propósito pode ligar duas coisas, mesmo que elas sejam entidades fisicamente separadas, como se pertencessem à mesma categoria (banana e maçã são frutas), à mesma pessoa (Jason tem um violão e uma bola de basquete) ou fossem ambas usadas para um objetivo comum (coletar cobertores quentes e alimento para o abrigo local dos sem-teto). Lamentavelmente, essa conexão – social e comunitária – enfraqueceu de forma significativa devido ao crescimento do "individualismo extremo". Seligman (1991) observou que o individualismo extremo maximiza o "estilo depressivo explanatório", o qual motiva as pessoas a explicar falhas comuns com causas permanentes, abrangentes e pessoais. Seligman também observou que o declínio das instituições maiores e benevolentes (Deus, nação, família) não importa mais, já que os fracassos pessoais parecem catastróficos e permanentes.

RELAXAMENTO NO COMEÇO DA SESSÃO

No início de cada sessão, comece com um breve exercício de relaxamento. Consulte o Apêndice A: Práticas de Relaxamento e *Mindfulness*, que pode ser encontrado no final deste manual. Uma cópia desse apêndice também aparece no livro de exercícios do cliente. Continue a sessão com uma revisão do *Diário de Gratidão* do cliente, além de uma revisão dos conceitos centrais ensinados na sessão anterior.

PRÁTICA NA SESSÃO:
UMA HISTÓRIA DO NOSSO PASSADO E ANTEVENDO UM OBJETIVO FUTURO

A prática da *Apresentação Positiva* foi introduzida na Sessão Um da PPT. Se naquele momento você pediu aos clientes para escreverem suas histórias, colocarem-na em um envelope, selarem, assinarem e datarem o envelope e entregarem-no a você, agora é o momento de trazer os envelopes e pedir que os clientes leiam suas histórias, antes de apresentar a Folha de Exercícios 15.1: Recordando Sua História e Antevendo um Objetivo Futuro. Observe que esta e todas as folhas de exercícios (a) aparecem dentro da sessão correspondente deste manual e (b) podem ser baixadas na página do livro em loja.grupoa.com.br. Se você não coletou histórias naquele momento, conceda aos clientes alguns minutos para recordarem o que escreveram.

NOTA CLÍNICA

Na Folha de Exercícios 15.1, além de refletirem sobre sua Apresentação Positiva da Sessão Um, os clientes são convidados a considerarem realizações ou objetivos que gostariam de perseguir no futuro. Para ajudar os clientes com o *brainstorm*, considere os seguintes exemplos de conquistas ou realizações significativas que você pode compartilhar com eles quando necessário:

- Reutilize, encontre novo propósito e recicle eletrônicos
- Explore e promova responsabilidade social corporativa
- Promova formas inovadoras de aumentar a doação filantrópica
- Invista talentos em causas que provocam mudanças para melhor
- Envolva-se politicamente para defender uma causa social importante
- Transforme a imagem do banco de alimentos em refeitório comunitário
- **Contribua para uma causa que possa trazer conforto aos necessitados**
- Torne-se um mentor de pessoas desfavorecidas

FOLHA DE EXERCÍCIOS 15.1 RECORDANDO SUA HISTÓRIA E ANTEVENDO UM OBJETIVO FUTURO

Recordando a história da sua Apresentação Positiva da Sessão Um, responda às perguntas a seguir. Fique à vontade para usar outras coisas que você aprendeu sobre si mesmo no curso do tratamento.

Que significado você pode extrair da experiência de resiliência em sua história?
_____
_____
_____
_____
_____
_____
_____

Agora que você tem um conhecimento muito mais sofisticado das forças de caráter, quais forças de caráter você acha que são mais proeminentes em sua história? Você ainda usa essas forças na sua vida diária? Em caso afirmativo, como?
_____
_____
_____
_____
_____
_____
_____

Sua história de resiliência lhe diz alguma coisa sobre seu propósito na vida?
_____
_____
_____
_____
_____
_____
_____

Em geral, que realização criativa ou significativa você gostaria de perseguir nos próximos 10 anos?
_____
_____
_____
_____
_____
_____
_____

Especificamente, pense em uma realização em arte, ciência, relacionamentos (sociais) ou na área acadêmica que você gostaria de atingir e que é boa, tanto para você quanto para os outros.
_____
_____
_____
_____
_____
_____

O que torna essa realização um objetivo importante para você e por quê?
_____
_____
_____
_____
_____
_____

Como esse objetivo faz a diferença para outras pessoas?
_____
_____
_____
_____
_____
_____

Que passos você precisa dar para atingir esse objetivo nos próximos 10 anos? O que você precisa fazer, ano a ano?
_____
_____
_____
_____
_____
_____

Qual das suas forças de assinatura você vai usar mais frequentemente para atingir seus objetivos?
_____
_____
_____
_____
_____
_____

REFLEXÃO E DISCUSSÃO

Depois de concluir essa prática, peça que os clientes reflitam e discutam:

- Como foi a experiência de reler sua história de resiliência mais uma vez?
- Se você tivesse a oportunidade de reescrever sua história de resiliência, escreveria da mesma maneira que escreveu alguns meses atrás? Em caso negativo, o que você mudaria?
- Em que aspectos as últimas sessões de PPT influenciaram seu pensamento sobre o propósito e significado na vida?
- Como foi para você o processo de refletir e escrever sobre seus objetivos para o futuro?
- O que aconteceria se você atingisse seus objetivos? O que aconteceria se você não atingisse seus objetivos?

PRÁTICA NA SESSÃO: *LEGADO POSITIVO*

Roteiro sugerido para o clínico

O roteiro a seguir é extraído de Peterson (2006):

> Cada um de nós tem uma lista de coisas a fazer antes de morrer; coisas que queremos fazer "algum dia", objetivos que esperamos atingir e lugares que gostaríamos de visitar quando "tivermos tempo". No entanto, podemos achar que nunca teremos tempo a não ser que criemos o tempo. A Folha de Exercícios 15.2: Seu Legado Positivo nos obriga a antever nosso futuro e a realmente pensar sobre como iremos concretizar nossas esperanças e sonhos.

FOLHA DE EXERCÍCIOS 15.2 SEU *LEGADO POSITIVO*

Pense antecipadamente na sua vida como gostaria que ela fosse e como você gostaria de ser lembrado pelas pessoas que lhe são mais próximas. Que realizações e/ou forças pessoais elas mencionariam sobre você? Em outras palavras, o que você gostaria que fosse seu legado? Escreva no espaço reservado. Não seja modesto, mas seja realista.

_____
_____
_____
_____
_____
_____
_____
_____
_____
_____
_____
_____
_____
_____
_____
_____
_____
_____
_____

Quando terminar, dê uma olhada no que você escreveu e pergunte a si mesmo se você tem um plano para criar um legado que seja não só realista, mas também esteja dentro das suas condições de realizar.

Quando terminar de escrever, deixe de lado esta folha de exercícios e guarde-a em um local seguro. Leia novamente daqui a um ou cinco anos. Pergunte a si mesmo se você fez progresso em direção aos seus objetivos e sinta-se à vontade para revisar se surgiram novos objetivos.

REFLEXÃO E DISCUSSÃO

A psicologia positiva ofereceu percepções científicas valiosas sobre os marcadores do nosso bem-estar. Por exemplo, depois de satisfazer as necessidades básicas, mais dinheiro não acrescenta muito à felicidade (Lucas, 2007), enquanto mais engajamento, relacionamentos satisfatórios e esforços significativos acrescentam e mantêm nosso bem-estar (Peterson, Park, & Seligman, 2005). À luz desse achado, que tipo de legado devemos deixar para trás? Depois de concluir a prática do *Legado Positivo*, peça que os clientes reflitam e discutam:

- Como foi o processo de escrita do seu *Legado Positivo*?
- Qual foi a parte mais difícil dessa prática? A noção é muito abstrata? Pareceu falta de modéstia escrever alguma coisa digna de nota sobre seu seu futuro? Você não está muito preocupado sobre como será lembrado?
- Pense em alguém vivo ou falecido que você conheceu suficientemente bem para achar que a vida dessa pessoa é uma ilustração de como você gostaria de ser lembrado. Se tiver alguém em mente, pense sobre o que você escreveria a respeito dessa pessoa. Se não tem ninguém em mente, use uma figura histórica.
- Que objetivos de curto e logo prazo você pode estabelecer para atingir seu *Legado Positivo*?
- Que ações concretas você gostaria de realizar para atingir seus objetivos de curto e longo prazo? Qual é o cronograma para a realização dessas ações?
- De que formas você pode usar suas forças de assinatura para fazer alguma coisa que lhe possibilitaria deixar um *Legado Positivo*?

VINHETA: O LEGADO DE BRIAN

Brian, um cliente de 23 anos, foi visto em PPT individual e em grupo e escreveu seu *Legado Positivo* em uma das sessões em grupo. Este é o esboço original, sem edição.

"Eu gostaria de ser lembrado como uma pessoa que se expressava como um indivíduo que buscava as coisas que mais importavam, com ambição e compaixão: um professor, um curador, um amigo, uma pessoa autêntica e libertária que, acima de tudo, era um aluno humilde."

"Uma realização pela qual eu gostaria de ser lembrado seria ter ajudado aqueles que solicitaram e aqueles que precisaram. Uma pessoa que mudou o mundo externo purificando mundos internos."

"Meu legado será deixar o mundo e as pessoas que conheci um pouco melhores do que quando as encontrei."

"**Que plano eu tenho para promover meu legado?** Não posso ajudar outras pessoas a encontrarem paz e felicidade sem primeiro me encontrar. Por meio da prática da plena consciência, vivendo e interagindo, sou egoísta ao ser gentil. Cuidando de mim mesmo, estou aprendendo a cuidar dos outros."

VINHETA: SAM: SEREI LEMBRADO COMO UM BOM PAI

Sam, um executivo de 47 anos, concluiu sua prática do *Legado Positivo* como parte de um curso de autodesenvolvimento. A seguir, apresentamos algumas reflexões sobre o processo, seguidas pelo seu *Legado Positivo*.

"**Reflexões**: Não foi um exercício fácil, pois tenho tentado descobrir como posso ser uma pessoa feliz e o que significa felicidade; estou passando muito tempo refletindo sobre quem sou e o que quero ser. Gastei a maior parte do meu tempo e energia expandindo meu negócio durante os últimos seis anos e posso ver, com um senso de orgulho, que ele está dando dividendos lindamente."

"No entanto, escrever este legado positivo foi difícil no tocante à minha família. Se eu pensar no legado positivo que desejo deixar, vejo que estou fazendo muito pouco nessa área importante da minha vida. Nos últimos seis anos, tenho feito muito pelo meu negócio, mas pouco pelas pessoas para quem estou construindo esse negócio."

> "Este exercício me ajudou a perceber que aqueles para quem estou fazendo tudo isso estão muito distantes de mim – emocionalmente e com frequência fisicamente. Estou chegando às alturas nas conquistas financeiras, mas parece que todo ponto alto me leva a um novo ponto baixo. Sinto que quanto mais escalo, mais longe fico das pessoas que amo. Mas não consigo encontrar um caminho para voltar à base. Essa percepção me deprimiu, mas usei minhas forças de empresa – não abandonar a esperança – e consegui focar no que seria bom para mim e a minha família. Elaborei os três aspectos seguintes:
> 1. Gostaria de ser lembrado como um pai que era presente nas vidas dos meus dois filhos. O tanto que eu investir em meu negócio, irei investir na minha família. Atualmente, estou indo para casa depois de 10 a 12 horas de trabalho. Irei para casa depois de 8 horas de trabalho. Em vez de trabalhar mais, vou tentar trabalhar de forma mais inteligente.
> 2. Quando chegar em casa, em vez de sentar em frente à televisão, vou desligar todas as telas e me envolver com meus filhos, usando minha força de curiosidade sobre o dia deles, discutindo esportes com eles e fazendo alguma tarefa doméstica juntos.
> 3. Vou me manter atento para reservar duas férias de duas semanas por ano com a minha família, a cada seis meses. Vou fazer a promessa de não levar meu *smartphone* nas minhas férias.
> "Acho que, se fizer essas três coisas de forma consistente, serei lembrado como um bom pai."

ADEQUAÇÃO E FLEXIBILIDADE

A procura e a busca de esforços significativos por um bem maior – deixar um *Legado Positivo* – podem ser desafiadoras para alguns clientes. Devido ao sofrimento psicológico e/ou rigidez cognitiva, as suposições da visão do mundo de alguns clientes podem ser desfavoráveis. Por exemplo, um cliente que recentemente perdeu um familiar próximo em circunstâncias muito trágicas ou um cliente que está passando por depressão grave marcada por um grau significativo de desesperança podem ter dificuldades em procurar e perseguir um propósito na vida. Clientes gravemente deprimidos tendem a ter um escore baixo em propósito (Peterson, Park, & Seligman, 2005).

Alguns clientes podem ter dificuldade em encontrar e perseguir um propósito porque a construção de significado é um processo ativo e que requer esforço. Devido ao estresse psicológico, a motivação para encontrar e perseguir experiências significativas pode ser limitada para esses clientes.

Clientes que experimentaram um trauma recente ou uma perda significativa, aqueles que estão enlutados ou que perderam patrimônio significativo em consequência de um acidente ou desastre natural também podem achar difícil procurar um propósito. Eles podem não estar negando ou minimizando o estresse psiquiátrico (Hicks & King, 2009). Igualmente, clientes com ansiedade aguda podem ser desafiados a encontrar propósito.

Evidências também mostram que ameaças ao pertencimento reduzem nossas crenças de que a vida é significativa (Stillman & Baumeister, 2009). Portanto, clientes com vínculos sociais fracos ou sentimentos de isolamento podem ter dificuldades na busca de um propósito. No entanto, não hesite em perguntar aos seus clientes sobre propósito. Ser questionado sobre propósito pelo clínico pode ser muito importante para o cliente. Irvin Yalom (1980), autor de *Existential Psychotherapy*, afirma que "praticamente todos os pacientes com quem trabalhei expressaram gratuitamente preocupações com a falta de propósito em sua vida ou já responderam prontamente a questionamentos que fiz sobre o assunto".

CONSIDERAÇÕES CULTURAIS

Nossa compreensão do mundo se dá pelas lentes da cultura, portanto a busca de propósito é altamente sensível culturalmente. A forma como um indivíduo percebe uma experiência – significativa ou não – é moldada em grande parte pela sua cultura imediata. A conceituação da cultura ao longo do espectro individualista-coletivista pode ser uma supersimplificação em nosso mundo em rápida mudança, diverso, urbanizado e digital. No entanto, algumas noções ainda se mantêm. Por exemplo, para a maioria dos clientes de origem cultural individualista (p. ex., europeus e norte-americanos), significado e propósito envolverão a busca de objetivos individualistas, de autocrescimento e autonomia. A maioria dos clientes de culturas coletivistas pode encontrar propósito por meio de esforços e ações que preservam e fortalecem a harmonia familiar e comunal positiva e adaptativa (Kitayama & Markus, 2000; Steger et al., 2008).

Igualmente, as fontes de propósito diferem de cultura para cultura. Por exemplo, no taoísmo chinês, o sentido da vida está principalmente baseado em viver em harmonia com a natureza, em vez de lutar contra o Tao (Lin, 2001). O budismo defende uma atitude de aceitação e contentamento com situações adversas porque o sofrimento – o resultado do desejo e do carma – é inevitável (Lin, 2001). Clinicamente, essas diferenças culturais podem se manifestar em termos dos clientes originários do Leste Asiático, que aparentam demonstrar aquiescência, enquanto clientes de origem cultural europeia ou norte-americana trabalham ativamente para melhorar uma situação. Da mesma forma, para clientes da maioria dos países asiáticos e africanos, o sentido da vida depende, em sua maior parte, da habilidade de forjar relações próximas com as normas culturais, a família e a comunidade. Na verdade, uma visão integrativa das múltiplas linhas de pesquisa sugeriu que as pessoas encontram propósito na vida, mas pouco sobre o propósito da vida. As relações, particularmente com a família, são citadas como a fonte mais importante de propósito nas vidas das pessoas em todas as culturas e faixas etárias (Glaw et al., 2017).

Para clientes de origem cultural europeia e norte-americana, uma vida significativa pode depender de viver uma vida autêntica, e, para atingir essa autenticidade, os clientes podem desafiar instituições culturais arraigadas. Exemplos incluem lutar pelos direitos da população LGBTQ, apoiar a igualdade no casamento ou trabalhar para causas ambientais ou políticas. Por fim, para alguns clientes, o propósito é buscado por meio de indagações religiosas e espirituais. Ou seja, para alguns clientes, ser um bom cristão, muçulmano, hindu, judeu ou budista é sinônimo de viver uma vida significativa.

MANUTENÇÃO

Discuta com seus clientes as dicas a seguir para que possam manter seu progresso:

- Propósito dá coerência à vida e aumenta a autoeficácia. Também está associado a saúde e melhores relações. O propósito pode ser global ou local. Para manter um senso de significado e propósito, escolha um propósito global. Propósito global se refere aos seus objetivos e crenças referentes a questões no mundo mais amplo, como justiça, igualdade e imparcialidade. O propósito também pode ser mantido por meio do trabalho em uma questão local que envolva a busca de objetivos específicos na sua comunidade ou família.
- Também podemos manter um senso de significado e propósito contemplando e discutindo eventos que nos causaram um impacto profundo ou significativo, mas sobre o qual ainda não tivemos a chance de refletir. Essa reflexão pode nos ajudar a compreender o significado e o propósito com o tempo.
- Tenha em mente que o propósito não é constante; ele pode mudar com a idade, as circunstâncias ou os eventos significativos da vida.
- Para manter um senso de propósito, nem sempre precisamos fazer alguma coisa. O propósito também pode ser mantido reduzindo-se atividades ou aprendendo a dizer não a atividades que não parecem ter um propósito. Isso pode incluir afastar-se de pessoas, ideias e coisas de sua vida que já não o fazem feliz. Por exemplo, em casa, dê uma olhada a sua volta. Há algumas roupas ou livros de que você não precisa mais? Pense em talvez doá-los. Você tem pensamentos negativos ou derrotistas que o visitam frequentemente? Considere substituí-los por outros mais úteis. Há pessoas em sua vida que o magoam e que podem estar desviando-o de seu propósito? Você consegue pensar em formas de limitar a importância delas em sua vida?

RELAXAMENTO NO FINAL DA SESSÃO

Recomendamos que cada sessão termine com o mesmo relaxamento breve que a iniciou.

A psicoterapia não é uma jornada fácil, e, apesar de seu nome, a psicoterapia positiva não é exceção. A PPT não é necessariamente seguir em direção a alguma coisa; tem mais a ver com movimento – expandir o espaço interno dos clientes para que possam compreender melhor o *yin* e *yang* de suas emoções e experiências. Por meio de práticas estruturadas, você ajudou seus clientes a manejarem seus estressores e os ensinou a utilizarem suas forças. Eles oscilam, às vezes, entre estressores e forças, entre esperança e ceticismo e entre a tentação de desistir e a coragem de tentar algo novo.

O fato de termos chegado à sessão final mostra que você persistiu e que, com você, seus clientes persistiram com coragem e esperança. Os clientes iniciaram a jornada da PPT criando uma narrativa de resiliência e, com sua orientação, moldaram essa narrativa transformando-a em um índice contextualizado de forças – cuidadosamente calibradas e com nuances culturais. Sessão após sessão, você facilitou as práticas desses clientes – algumas duras, algumas difíceis – para criar uma melhor versão de seu cliente, assumindo que comunicamos nossas intenções por meio de ações concretas.

Nós não afirmamos que uma rodada de psicoterapia – PPT ou outras abordagens bem estabelecidas – seja suficiente para curar de forma duradoura e cultivar todos os sintomas e forças. O crescimento é contínuo, e você pode muito bem ser o primeiro (talvez o único) na vida de seu cliente a lançar a luz da esperança e do otimismo como nenhuma outra pessoa. Sinta-se realizado e satisfeito e tenha orgulho de si mesmo por fazer sua parte na celebração de nossa habilidade única de curar e ajudarmos uns aos outros.

RECURSOS

Leituras

- Grundy, A. C., Bee, P., Meade, O., Callaghan, P., Beatty, S., Olleveant, N., & Lovell, K. (2016). Bringing meaning to user involvement in mental health care planning: A qualitative exploration of service user perspectives. *Journal of Psychiatric and Mental Health Nursing*, *23*(1), 12–21. doi:10.1111/jpm.12275
- Löffler, S., Knappe, R., Joraschky, P., & Pöhlmann, K. (2010). Meaning in life and mental health: Personal meaning systems of psychotherapists and psychotherapy patients. *Zeitschrift Für Psychosomatische Medizin Und Psychotherapie*, *56*(4), 358.
- Wilt, J. A., Stauner, N., Lindberg, M. J., Grubbs, J. B., Exline, J. J., & Pargament, K. I. (2017). Struggle with ultimate meaning: Nuanced associations with search for meaning, presence of meaning, and mental health. *The Journal of Positive Psychology*, *13*(3), 240–251.

Vídeos

- YouTube: O Tempo Que Você Tem: https://www.youtube.com/watch?v=BOksW_NabEk
- YouTube: A Invenção de Hugo Cabret: https://www.youtube.com/watch?v=7jzLeNYe46g
- YouTube: Poder Além da Vida – Tudo Tem Um Propósito (Duração 3:20): https://youtu.be/w1jaPahTM4o?list=PL8m55Iz0Oco4BRLkwj9KM9yxbCsLC5mjb

Websites

- Fundação John Templeton: https://www.templeton.org/about
- Virtude, Felicidade e Significado da Vida: https://virtue.uchicago.edu/
- The Mind & Life Institute: https://www.mindandlife.org/

APÊNDICE A
Práticas de Relaxamento e *Mindfulness*

CONCEITOS CENTRAIS

Mindfulness é manter uma consciência momento a momento de nossos pensamentos, sentimentos, sensações corporais e o ambiente a nossa volta sem sermos críticos ou sendo menos críticos. *Mindfulness* nos permite aceitar o que não podemos mudar e nos possibilita ver o que pode ser mudado.

Alguns eventos, experiências e interações específicos se mantêm em nossas cabeças. Sempre que pensamos neles, emoções brotam e nos deixam tristes, felizes, com raiva ou inseguros. Algumas vezes, agimos segundo esses sentimentos sem muita consciência deles. *Mindfulness* é estar consciente de todo esse processo observando o fluxo de nossos pensamentos e emoções sem agir de acordo com eles imediatamente.

Mindfulness também nos ajuda a desenvolver consciência de nossas ações e reações em situações específicas, especialmente situações que nos perturbam. Também aprendemos como nossas emoções impactam os outros. Desenvolver consciência sem julgamento pode nos ajudar a estar abertos e receptivos a diferentes perspectivas.

Por exemplo, estar consciente de uma interação negativa com um amigo pode nos ajudar a ver a perspectiva mais ampla. Talvez a interação negativa não tenha sido causada por alguma coisa que fizemos. Em vez disso, pode ser que nosso amigo tenha ficado perturbado com alguma coisa que absolutamente não está relacionada a nós. Estando conscientes, separamos uma experiência complexa em partes, possibilitando que fiquemos abertos para ampliar nossa perspectiva. *Mindfulness* pode fortalecer nossa abertura, autorregulação e inteligência social.

PRÁTICAS DE *MINDFULNESS* NA SESSÃO

Mindfulness pode ser desenvolvida, mas requer prática regular. A seguir, apresentamos cinco práticas de *mindfulness* e relaxamento que podem ser incorporadas às sessões de psicoterapia positiva (PPT) ou usadas em casa.

PRÁTICA UM: UM MINUTO ATENTO

Instruções

1. Sente-se em uma posição confortável com as mãos apoiadas sobre as pernas, com a cabeça, o pescoço e o tórax em uma linha reta relaxada. Os pés ficam apoiados no chão.
2. Preste atenção na sua respiração. Observe como ela entra em seu corpo e como sai de seu corpo. Foque, enquanto inspira e expira, no quanto seu tórax se expande e contrai.
3. Suavemente, leve sua respiração mais profundamente até seu abdome. Continue repetindo esse ciclo respiratório. Tente fazer cada inspiração e expiração durar de 6 a 8 segundos. Reinicie depois de cada respiração.
4. Em vez de tentar interromper algum outro pensamento, mantenha sua atenção focada e conte em voz baixa ou mentalmente. Sua atenção irá vaguear, e sua tarefa será suavemente trazê-la de volta e reiniciar mais uma vez. Considere esta uma prática não só para focar, mas também na qual você fará muitos começos – distração, inicia novamente, distração, inicia novamente. Se fizer esta prática na sessão, quando passar um minuto, você vai ouvir um sinal sonoro.[1]

---

[1] Se esta prática for feita na sessão, o clínico deve retirar o cliente do exercício suavemente com um som tranquilizante.

PRÁTICA DOIS: RESPIRAÇÃO

Instruções

1. Sente-se em uma posição confortável e relaxada.
2. Mantenha a cabeça, o pescoço e o tórax em uma posição ereta relaxada (não rígida).
3. Relaxe os ombros. Apoie as costas no encosto da cadeira.
4. Repouse as mãos suavemente sobre as pernas ou onde se sentir confortável.
5. Caso se sinta confortável, feche as pálpebras lentamente e suavemente, como uma cortina se fecha em um teatro.
6. Inspire profundamente pelo nariz, espere alguns segundos e depois expire lentamente e suavemente.
7. Repita essa respiração mais duas vezes, cada vez aprofundando-a, descendo do tórax até o abdome.
8. A cada inspiração e expiração, tente relaxar todo o seu corpo, da cabeça aos dedos dos pés.
9. Respire suavemente, sem pausa.
10. A seguir, configure sua respiração; uma boa respiração tem três qualidades (Sovik, 2005):
    - Suave
    - Uniforme (duração da inspiração e da expiração aproximadamente igual)
    - Sem som
11. Relaxe o esforço de respirar e deixe fluir naturalmente, como se todo o seu corpo estivesse respirando.
12. Foque na sua respiração enquanto ela entra e sai pelas suas narinas.
13. Respire 10 vezes suavemente, uniformemente e sem som. Abra os olhos.

PRÁTICA TRÊS: ALONGUE-SE E RELAXE

Instruções

Sente-se na Posição de Relaxamento e pratique os seguintes alongamentos.

Posição de Relaxamento

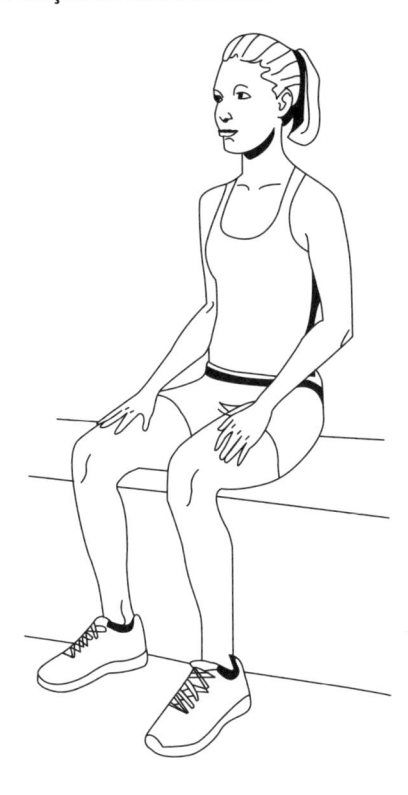

Sente-se com a cabeça, o pescoço e o tórax alinhados, os pés apoiados no chão e as mãos sobre ou próximas às rótulas dos joelhos (adaptado de Cautela & Gorden, 1978).

Cabeça

- Mantendo os ombros firmes, gire a cabeça lentamente para a direita.[2]
- Respire três vezes relaxadamente, começando pela expiração.
- Repita no outro lado.

---

[2] Ou o lado preferido; daqui para a frente, inclua o lado preferido em suas direções. Por uma questão de equilíbrio, nós alternamos entre os lados, de postura para postura.

Orelha

- Mantendo os ombros firmes, leve a orelha esquerda até o ombro esquerdo sem movimentar o ombro.
- Respire três vezes relaxadamente.
- Repita o mesmo no outro lado.

Pescoço

Alinhe a cabeça, o pescoço e o tórax, mantendo os ombros equilibrados. Lentamente, erga o rosto na direção do teto. Continue erguendo até atingir um limite que não seja desconfortável. Mantendo a cabeça firme, alongue a parte frontal do pescoço e a mantenha assim enquanto se sentir confortável. Expire e, lentamente, leve o rosto de volta. Em vez de parar na posição neutra, abaixe o queixo até o peito. Mantenha essa postura e sinta alongar a parte posterior do pescoço. Quando estiver pronto, leve o rosto de volta até uma posição neutra.

Massagem Facial

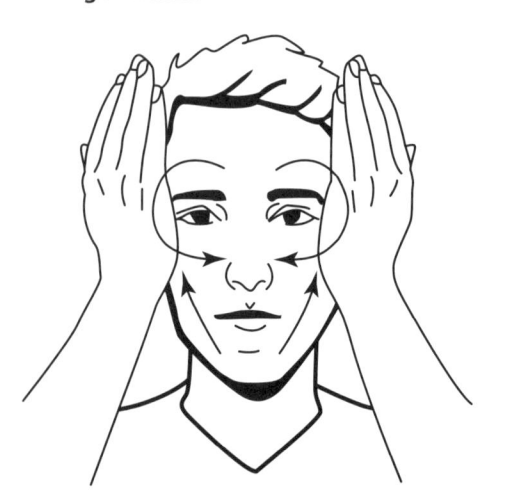

Coloque a parte inferior das palmas das mãos em cada lado dos ossos superiores da face, próximo às têmporas. Comece a fazer movimentos circulares com as palmas, movendo para baixo. Depois que você atingir o osso do maxilar, mova para cima e, então, acompanhe as partes ósseas da sua face (adaptado de Bellentine, 1977).

Massagem nos Olhos e Testa

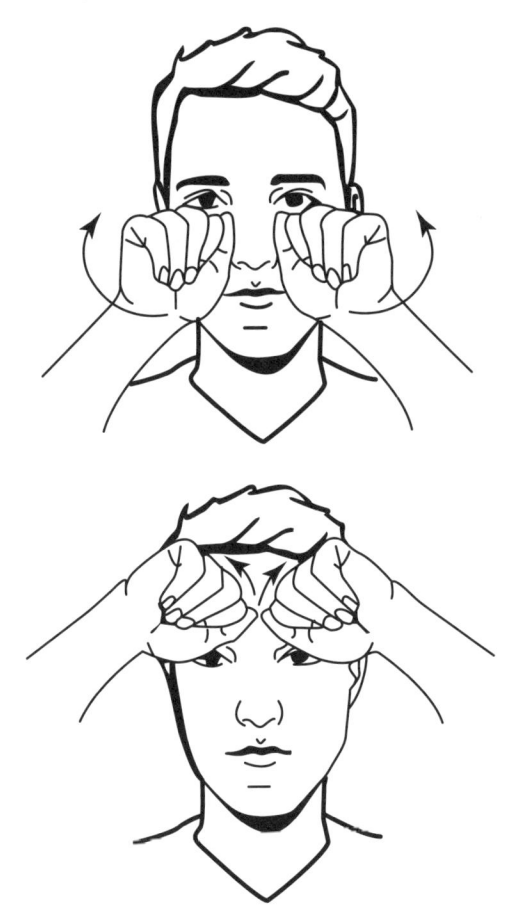

Feche os punhos sem apertar, colocando a palma da mão e as articulações dos dedos (as juntas) abaixo da órbita dos olhos e pressione suavemente contra os ossos que formam a órbita. Mova as juntas lentamente na direção das têmporas. A partir das têmporas, mova um pouco para cima, pressionando as sobrancelhas e a testa. Repita essa rotina várias vezes. Continue pressionando com as juntas todas as partes ósseas da face.

PRÁTICA QUATRO: IMAGEM POSITIVA

Instruções

Se você está fazendo esta prática na sessão, seu clínico pode ler o seguinte roteiro. Se você está fazendo esta prática em casa, grave o roteiro para que possa ouvi-lo enquanto está fazendo a prática. Para começar, sente-se confortavelmente.

> Feche os olhos e imagine um lugar em sua mente. Esse lugar pode ser interno ou ao ar livre, mas é um lugar onde você se sente à vontade sem fazer esforço. Respire algumas vezes relaxadamente para sentir plenamente que você chegou lá. Veja se consegue focar em uma sensação de cada vez. Que coisas você vê? [pausa] Olhe a sua volta lentamente. [pausa] Que coisas você escuta? Observe os sons – próximos, distantes e talvez muito distantes. A seguir, que odores você sente? Odores naturais, alguns odores artificiais. [pausa]. Agora, toque alguma coisa, sinta sua textura – suave ou áspero, duro ou mole, pesado ou leve. Olhe a sua volta, e, se houver algum material, cores, pedras, características ou outros materiais, toque-os. Veja se consegue usá-los para fazer alguma coisa. Não é preciso que seja perfeitamente dimensionado ou simétrico. Ou você não precisa fazer nada. Sinta-se totalmente à vontade para fazer alguma coisa ou nada. Relaxe. Respire algumas vezes profundamente. Tente, mas não com muito esforço, memorizar os detalhes desse lugar, como um quadro mental. Este é o seu lugar, seu lugar para relaxar. Gentilmente e suavemente, rastreie seus passos para sair, da mesma forma como entrou.

PRÁTICA CINCO: MEDITAÇÃO *LOVING-KINDNESS*

Instruções

A prática de meditação a seguir foi adaptada do livro de Sharon Salzberg (1995), *Love-Kindness*. Essa prática recita palavras e frases específicas evocando um "sentimento caloroso infinito". A força desse sentimento não está limitada à ou pela família, religião ou classe social. A meditação começa por nós mesmos, e gradualmente estendemos o desejo de bem-estar e felicidade a todos.

Comece com as seguintes frases:

Que eu seja feliz. Que eu fique bem. Que eu esteja seguro. Que eu esteja em paz e relaxado.

Enquanto recita essas frases, permita-se submergir nas intenções que elas expressam. A meditação *loving-kindness* ajuda a conectar nossas intenções com o bem-estar dos outros. Permita que os sentimentos de amor, gentileza, abertura e aceitação o envolvam e que esses sentimentos se expandam enquanto você repete essas frases. Enquanto continua a meditação, você pode introduzir sua própria imagem e direcionar esse amor e gentileza para si mesmo.

Depois de direcionar *loving-kindness* para si mesmo, dirija sua atenção para um amigo ou alguém em sua vida que se preocupou profundamente com você. Então repita lentamente frases de *loving-kindness* para essa pessoa:

Que você seja feliz. Que você fique bem. Que você esteja seguro. Que você esteja em paz e relaxado.

Enquanto recita essas frases, mergulhe na sua intenção ou significado sincero. E, se surgir algum sentimento de *loving-kindness*, conecte esses sentimentos com as frases para que eles possam se tornar mais fortes enquanto você repete as palavras.

Enquanto continua a meditação, você pode aumentar o círculo e trazer a sua mente outros amigos, familiares, vizinhos, conhecidos, estranhos, animais e, por fim, pessoas com que você tem dificuldades.

RECURSOS ADICIONAIS

A seguir, apresentamos exercícios adicionais que você poderá achar úteis.

Rolf-Solvik, psicólogo clínico associado ao Himalayan Institute: Aprenda Respiração Pragmática para Relaxamento Profundo: https://youtu.be/Q82YnmL0Kr8

Jon Kabat-Zinn, um dos profissionais mais destacados em *mindfulness*, guia uma prática de 30 minutos de meditação de escaneamento do corpo: https://youtu.be/_DTmGtznab4

Sharon Salzberg, uma profissional de destaque, ensina amor e gentileza: https://youtu.be/buTQP4Geabk

Este vídeo animado, baseado no livro de Martin Boroson, *One Moment Meditation*, lhe oferece as ferramentas para encontrar calma rapidamente e efetivamente. Você pode praticar Meditação de Um Momento em casa acompanhando este vídeo: https://www.youtube.com/watch?v=F6eFFCi12v8

APÊNDICE B
Diário de Gratidão

Escreva três dádivas[1] (coisas boas) todas as noites antes de ir para a cama. Ao lado de cada dádiva, escreva pelo menos uma frase sobre:

- Por que essa coisa boa aconteceu hoje? O que isso significa para você?
- O que você aprendeu ao dedicar algum tempo para nomear essa dádiva ou coisa boa?
- Em que aspectos você ou outras pessoas contribuíram para essa dádiva ou coisa boa?

DÁDIVA DIÁRIA: DOMINGO

Domingo	Data ____/____/_____
Primeira Dádiva	
Reflexão	
Segunda Dádiva	
Reflexão	
Terceira Dádiva	
Reflexão	

DÁDIVA DIÁRIA: SEGUNDA-FEIRA

Segunda-feira	Data ____/____/_____
Primeira Dádiva	
Reflexão	
Segunda Dádiva	
Reflexão	
Terceira Dádiva	
Reflexão	

---

[1] Para fazer cópias adicionais deste *Diário de Gratidão*, acesse a página do livro em loja.grupoa.com.br.

DÁDIVA DIÁRIA: TERÇA-FEIRA

Terça-feira	Data ____/____/_____
Primeira Dádiva Reflexão	
Segunda Dádiva Reflexão	
Terceira Dádiva Reflexão	

DÁDIVA DIÁRIA: QUARTA-FEIRA

Quarta-feira	Data ____/____/_____
Primeira Dádiva Reflexão	
Segunda Dádiva Reflexão	
Terceira Dádiva Reflexão	

DÁDIVA DIÁRIA: QUINTA-FEIRA

Quinta-feira	Data ____/____/_____
Primeira Dádiva Reflexão	
Segunda Dádiva Reflexão	
Terceira Dádiva Reflexão	

DÁDIVA DIÁRIA: SEXTA-FEIRA

Sexta-feira	Data ____/____/_____
Primeira Dádiva Reflexão	
Segunda Dádiva Reflexão	
Terceira Dádiva Reflexão	

DÁDIVA DIÁRIA: SÁBADO

Sábado	Data ____/____/_____
Primeira Dádiva Reflexão	
Segunda Dádiva Reflexão	
Terceira Dádiva Reflexão	

APÊNDICE C
Inventário de Psicoterapia Positiva

O Inventário de Psicoterapia Positiva (PPTI) é a principal medida para avaliar o bem-estar do cliente com base na teoria do bem-estar PERMA, discutida no Capítulo 2 deste manual. O PPTI avalia o bem-estar em termos das emoções positivas, engajamento, relações, propósito e realização. O PPTI tem sido usado em vários estudos de resultados publicados (p. ex., Schrank et al., 2014; Seligman, Rashid, & Parks, 2006; Uliaszek et al., 2016) e já foi traduzido para o turco (Guney, 2011), persa (Khanjani et al., 2014) e alemão (Wammerl et al., 2015). As propriedades psicométricas do PPTI são apresentadas a seguir.

INVENTÁRIO C1
Inventário de Psicoterapia Positiva

Leia cada uma das afirmações atentamente. No quadro sombreado, classifique-se usando a escala de 5 pontos no alto do formulário. Por favor, marque apenas o quadro sombreado em cada linha.

Algumas perguntas se referem às forças. Forças são traços estáveis que se manifestam por meio de pensamentos, sentimentos e ações; são moralmente valorizados; e são benéficos para o indivíduo e os outros. Exemplos de forças incluem otimismo, entusiasmo, espiritualidade, justiça, modéstia, inteligência social, perseverança, curiosidade, criatividade e trabalho em equipe.

C.1
Afirmações sobre as forças

5 Muito como eu	4 Como eu	3 Neutro	2 Não como eu	1 Absolutamente não como eu			
				P	E	R	M	A
1. Sinto-me alegre.				■				
2. Conheço minhas forças.					■			
3. Sinto-me conectado com as pessoas com quem interajo regularmente.						■		
4. O que faço é importante para a sociedade.							■	
5. Sou uma pessoa ambiciosa.								■
6. As pessoas dizem que pareço feliz.				■				
7. Busco atividades que utilizam minhas forças.					■			
8. Sinto-me próximo às pessoas que amo.						■		
9. Sinto que minha vida tem um propósito.							■	

	5 Muito como eu	4 Como eu	3 Neutro	2 Não como eu	1 Absolutamente não como eu			
					P	E	R	M	A
10. As realizações de outras pessoas me inspiram a tomar atitudes para atingir meus objetivos pessoais.									■
11. Percebo coisas boas na minha vida e me sinto grato.					■				
12. Uso minhas forças para resolver meus problemas.						■			
13. Durante tempos difíceis, há sempre alguém a quem posso recorrer para receber apoio.							■		
14. Participo de atividades religiosas ou espirituais.								■	
15. Já fiz bem muitas coisas na minha vida.									■
16. Sinto-me relaxado.					■				
17. Minha concentração é boa durante atividades que usam minhas forças.						■			
18. Tenho relações que apoiam meu crescimento e prosperidade.							■		
19. Faço coisas que contribuem para uma causa maior.								■	
20. Quando defino um objetivo, consigo atingi-lo.									■
21. Rio sinceramente.					■				
22. O tempo passa rapidamente quando estou envolvido em atividades que usam minhas forças.						■			
23. Há pelo menos uma pessoa na minha vida que me ouve o suficiente para compreender meus sentimentos e a mim.							■		
24. Uso minhas forças para ajudar os outros.								■	
25. Atingir meus objetivos me motiva a conquistar novos objetivos.									■
				Total de pontos					

Some os pontos dos quadros em cada coluna vertical acima e transfira seu total de pontos para a tabela a seguir. Observe que no alto do quadro há cinco colunas com as letras P, E, R, M e A. Essas letras estão relacionadas às letras na coluna da esquerda na tabela.

Faixa	Clínica	Não clínica	Seu escore
P = Emoções Positivas (5-25)	14	21	
E = Engajamento (5-25)	16	21	
R = Relações (5-25)	14	22	
M = Significado (5-25)	14	19	
A = Realizações (5-25)	18	21	
Total (25-125)	76	104	

C.2
Instruções para pontuação

Escala	Pontuação – Some os Itens	Definição dos Elementos PERMA
Emoções Positivas	1 + 6 + 11 + 16 + 21	Experimentar emoções positivas, como contentamento, orgulho, serenidade, esperança, otimismo, confiança, crédito, gratidão.
Engajamento	2 + 7 + 12 + 17 + 22	Imergir profundamente em atividades que utilizam as próprias forças para experimentar um estado ideal marcado por concentração precisa, estado ideal de experiência com foco intenso e motivação intrínseca para se desenvolver ainda mais.
Relações	3 + 8 + 13 + 18 + 23	Ter relações positivas, seguras e confiáveis.
Propósito	4 + 9 + 14 + 19 + 24	Pertencer e servir a alguma coisa com um senso de propósito e crença que é maior do que o próprio indivíduo.
Realizações	5 + 10 + 15 + 20 + 25	Buscar o sucesso, o domínio e a realização por si só.

PSICOMETRIA

A psicometria do PPTI tem sido explorada. O maior estudo de validação do PPTI envolve uma grande amostra de jovens adultos com diversidade cultural (N = 2.501, idade *média* = 22,55 anos; DP = 2,96; 68,3% mulheres). Estes são indivíduos que participaram de um programa baseado nas forças. Além do PPTI, eles completaram várias medidas, que incluíram:

- **Sofrimento Psiquiátrico:** Outcome Questionnaire (OQ-45; Lambert et al., 1996). Esta medida com 45 itens avalia o nível global de sofrimento, além do nível de dificuldades em três domínios: angústia sintomática, relações interpessoais e papéis sociais.
- **Student Engagement Inventory** (SEI; Rashid & Louden, 2013). Esta medida avalia o nível de engajamento dos alunos em sete áreas: comportamento em sala de aula, tarefas, provas, motivação acadêmica, resiliência acadêmica, engajamento no *campus* e adaptação ao *campus*.
- **Questionário das Forças de Assinatura** (SSQ-72; Rashid et al., 2013). Esses 72 itens medem 24 forças VIA.
- **Grit** (Duckworth et al., 2007). Esta escala de autorrelato de oito itens avalia a perseverança e a paixão no nível dos traços para objetivos de longo prazo.

As correlações bivariadas das medidas já mencionadas com a amostra clínica (determinadas pela variação do escore clínico na pontuação em OQ-45 ≥ 63, e baixa pontuação) e a amostra não clínica (pontuação em OQ-45 ≤ 63) são apresentadas na Tabela C1. Essa tabela apresenta a correlação bivariada no PPTI (total de pontos) com medidas do sofrimento psiquiátrico, engajamento acadêmico global, forças de caráter e determinação. A tendência correlacional demonstra claramente que a medida do bem-estar no PPTI tem correlação favorável com os construtos positivos e negativa com construtos desfavoráveis.

Estrutura

As cinco escalas do PPTI apresentaram consistência interna satisfatória. Os coeficientes alfa de Cronbach para a amostra mencionada foram: Emoções Positivas 0,77; Engajamento 0,81; Relações Positivas 0,84; Propósito 0,71; e Realização 0,77. Pesquisas publicadas também demonstraram que o PPTI tem uma estrutura subjacente com cinco fatores (Khanjani et al., 2014). Além disso, a pontuação geral, assim como as cinco escalas, são passíveis de mudança, como demonstram os resultados de intervenções estruturadas (p. ex., Rashid et al, 2017; Schrank et al., 2016; Uliaszek et al., 2016).

TABELA C1 CORRELAÇÃO BIVARIADA DO INVENTÁRIO DE PSICOTERAPIA POSITIVA COM MEDIDAS DE ESTRESSE, ENGAJAMENTO ACADÊMICO E FORÇAS DE CARÁTER

	Clínica ($n = 710$)	Bem ajustada ($n = 937$)
Sofrimento psiquiátrico (global)	-0,40**	-0,38**
Angústia Sintomática	0,16**	-0,12**
Dificuldades nas Relações Interpessoais	-0,20**	-0,16**
Desafios com os Papéis Sociais	-0,23**	-0,30**
Engajamento Acadêmico (global)	0,14**	0,20**
Sala de Aula e Tarefas	0,24**	0,19**
Provas e Apresentação	0,22**	0,23**
Motivação Acadêmica	0,29**	0,18**
Envolvimento no *Campus*	0,24**	0,22**
Resiliência Acadêmica	0,20**	0,18**
Adaptação no *Campus*	0,15**	0,11*
Forças de Caráter (global)	0,20**	0,19**
Apreciação da Beleza	0,07	0,17**
Bravura	0,09*	0,19**
Cidadania e Trabalho em Equipe	0,08*	0,14**
Criatividade	0,04	0,19**
Curiosidade	0,03	0,18**
Justiça	0,03	0,18**
Perdão	0,07	0,21**
Gratidão	0,10**	0,18**
Determinação	0,16	0,48**
Honestidade	0,08*	0,21**
Esperança e Otimismo	0,10*	0,20**
Humor	0,12**	0,16**
Gentileza	0,09*	0,16**
Liderança	0,10**	0,21**
Amor	0,16**	0,20**
Amor por aprendizado	0,13**	0,22**
Humildade e Modéstia	-0,02	0,15**

	Clínica (*n* = 710)	Bem ajustada (*n* = 937)
Mente aberta	0,04	0,15**
Persistência	0,13**	0,19**
Perspectiva	0,08*	0,18**
Prudência	0,08*	0,16**
Autorregulação	0,01	0,16**
Inteligência Social	0,05	0,17**
Espiritualidade	0,06	0,22**
Entusiasmo	0,13**	0,17**

* = *p* < 0,05; ** *p* < 0,01.

ESTUDOS DE RESULTADOS QUE UTILIZARAM PPTI

Schrank, B., Riches, S., Coggins, T., Rashid, T., Tylee, A., Slade, M. (2014). WELLFOCUS PPT – modified positive psychotherapy to improve well-being: study protocol for pilot randomized controlled. *Trial*, *15*(1), 203.

Seligman, M. E., Rashid, T., & Parks, A. C. (2006). Positive psychotherapy. *American Psychologist*, *61*, 774–788. doi: 10.1037/ 0003- 066X.61.8.774

Rashid, T., Louden, R., Wright, L., Chu, R., Lutchmie-Maharaj A., Hakim, I., Uy, D. A. & Kidd, B. (2017). Flourish: A strengths-based approach to building student resilience. In C. Proctor (Ed.), *Positive Psychology Interventions in Practice* (pp. 29–45). Amsterdam: Springer.

Uliaszek, A. A., Rashid, T., Williams, G. E., & Gulamani, T. (2016). Group therapy for university students: A randomized control trial of dialectical behavior therapy and positive psychotherapy. *Behaviour Research and Therapy*, *77*, 78–85. http://dx.doi.org/10.1016/j.brat.2015.12.003.

TRADUÇÕES

Turco

Guney, S. (2011). The Positive Psychotherapy Inventory (PPTI): Reliability and validity study in Turkish population. *Social and Behavioral Sciences*, *29*, 81–86.

Persa

Khanjani, M., Shahidi, S., FathAbadi, J., Mazaheri, M. A., & Shokri, O. (2014). The factor structure and psychometric properties of the Positive Psychotherapy Inventory (PPTI) in an Iranian sample. *Iranian Journal of Applied Psychology*, *7*(5), 26–47.

Alemão

Wammerl, M., Jaunig, J., Maierunteregger, T., & Streit, P. (2015). The development of a German version of the Positive Psychotherapy Inventory Überschrift (PPTI) and the PERMA-Profler.Presentation at the World Congress of International Positive Psychology Association, Orlando, FL, June.

APÊNDICE D
Construindo Suas Forças

Estressores e forças fazem parte da vida diária, embora os estressores (como problemas de relacionamento, problemas no trabalho ou não ter emprego, equilíbrio entre o trabalho e a vida, estar doente, tráfego constante ou impostos) possam se sobressair mais do que as forças (como curiosidade, integridade, gentileza, justiça, prudência e gratidão). Este apêndice examina as experiências cotidianas e identifica coisas que você pode fazer para incorporar as forças a sua vida. Também apresenta exemplos de filmes, palestras no TED e outros recursos *on-line* que ilustram essas forças. As "ações terapêuticas" deste apêndice não são um substituto para a psicoterapia, caso você precise dela; ao contrário, o material neste recurso visa aumentar sua consciência de que, embora a vida cotidiana inclua aborrecimentos, estressores e problemas inevitáveis, também nos oferece oportunidades para nos tornarmos proficientes em aprender a respeito e a usar nossas forças para a solução de nossos problemas e aumento de nosso bem-estar.

ORGANIZAÇÃO DESTE APÊNDICE

O objetivo deste apêndice é traduzir os conceitos abstratos das forças de caráter em ações concretas e conectar essas forças a ilustrações multimídia relevantes com as quais você poderá se identificar facilmente. Este apêndice está baseado na Classificação das Forças de Caráter e Virtudes VIA (Peterson & Seligman, 2004). Somos gratos ao VIA Institute por generosamente nos autorizar a utilização da classificação para planejar os recursos terapêuticos baseados nas forças.

Segundo Peterson e Seligman (2004), *forças de caráter* são traços onipresentes que são valorizados por si só e não estão necessariamente associados a resultados concretos. Comparadas aos sintomas, em sua maior parte as forças de caráter não diminuem as outras pessoas; ao contrário, elas elevam aqueles que testemunham a força, produzindo admiração em vez de ciúmes. Clinicamente, as forças de caráter se manifestam de muitas maneiras. Algumas são fáceis de identificar e reconhecer em contextos clínicos (p. ex., expressão de gratidão ou criatividade), enquanto outras forças são menos visíveis (p. ex., expressão de humildade ou autorregulação; renunciar a alguma coisa que não é evidente). Assim como as forças de caráter, as *virtudes* também são valorizadas em todas as culturas e são definidas dentro do contexto cultural, religioso e filosófico. Na classificação de Peterson e Seligman, as virtudes são grupos de forças; em outras palavras, as virtudes são caminhos amplos para uma vida boa.

A Tabela D1 apresenta 24 forças de caráter divididas em seis grupos de virtudes. Cada uma dessas forças de caráter é discutida neste apêndice e inclui:

- Uma *descrição* da força apresentada
- Uma discussão do "*meio-termo*" para a força
- Uma explicação das outras forças de caráter que se *integram* à força em discussão
- Ilustrações de *filmes* – mostrando como os personagens incorporam a força
- *Ações terapêuticas* – o que você pode fazer para aumentar sua força
- *Exemplos* – indivíduos que apresentam a força, conforme discutido nas palestras do TED
- *Livros* – para ajudar a analisar mais profundamente a força
- *Websites* que ampliam o conceito da força

TABELA D1 VIRTUDES CENTRAIS E AS FORÇAS DE CARÁTER CORRESPONDENTES

	Virtudes Centrais					
	Sabedoria e Conhecimento	Coragem	Humanidade	Justiça	Temperança	Transcendência
Forças de Caráter	Criatividade Curiosidade Mente Aberta Amor por Aprendizado Perspectiva	Bravura Persistência Integridade Vitalidade e Entusiasmo	Amor Gentileza Inteligência Social	Cidadania e Trabalho em Equipe Justiça Liderança	Perdão e Misericórdia Humildade e Modéstia Prudência Autorregulação	Apreciação da Beleza e Excelência Gratidão Esperança e Otimismo Humor e Ludicidade Espiritualidade

A Tabela D2, localizada no fim deste apêndice, apresenta uma visão geral das forças de caráter aqui descritas. Esse recurso de fácil visualização resume as 24 forças e apresenta sua sobreutilização e subutilização, uma breve descrição de seu uso balanceado (o meio-termo) e como cada força potencialmente se integra com as outras.

Este apêndice é escrito diretamente para você (o cliente), embora os clínicos também possam usá-lo depois que os clientes tiverem completado a avaliação de suas forças de assinatura (veja a Sessão 2). Os recursos neste apêndice podem ajudar os clínicos a reforçarem as competências aprendidas nas sessões individuais, já que aplica uma abordagem baseada nas forças para lidar com os desafios do dia a dia, além de cultivar mais emoções positivas, engajamento e relações positivas, ajudando a criar e manter objetivos significativos.

MEIO-TERMO

"Meio-termo" é o conceito aristotélico de que o comportamento moral é a média (o meio) entre dois extremos. No contexto da psicoterapia positiva (PPT) baseada nas forças, meio-termo significa que um uso balanceado das forças é tanto terapêutico quanto efetivo. Por exemplo, o uso balanceado da curiosidade seria uma média entre o uso excessivo (intromissão e bisbilhotice) e a ausência (tédio, desinteresse ou apatia).

INTEGRAÇÃO

Algumas forças de caráter compartilham atributos entre si e frequentemente trabalham em conjunto. Por exemplo:

- Para superar sintomas de depressão, você precisa compreender que nem todos os eventos futuros serão negativos (esperança) e encontrar formas práticas de continuar trabalhando neles (persistência).
- Para lidar com comportamento impulsivo, você precisa encontrar formas de regular como se sente e o que faz (autorregulação). Ao fazer isso, não seja tão duro consigo mesmo por causa de lapsos no passado com o controle dos impulsos, porque você também precisa de autocuidado (autoperdão e autocompaixão).
- Para lidar com problemas de relacionamento, especialmente quando lhe dizem "você não me entende", procure ter mais consciência dos sentimentos e motivos das outras pessoas e experimente diferentes estratégias para melhor compreender as sutilezas de situações interpessoais complexas (inteligência social). No entanto, você também pode se beneficiar das forças de ludicidade, trabalho em equipe e autenticidade para atingir os mesmos fins ou conectar-se profundamente com outras pessoas, especialmente com aquelas que você ama.

VIRTUDE CENTRAL: SABEDORIA E CONHECIMENTO

Forças cognitivas que implicam aquisição e uso do conhecimento

1. CRIATIVIDADE

Descrição
Se esta é uma de suas forças principais, você pode usar a criatividade para elaborar novas maneiras de resolver problemas que comprometem seu bem-estar, como encontrar uma forma criativa e positiva de responder a estressores constantes ou lidar com uma pessoa difícil. A maioria das expressões criativas que incluem arte (pintura, poesia, *design* gráfico), escrita (poesia, histórias, ensaios) e desempenho (cantar, representar, tocar um instrumento) tem grande potencial terapêutico. Essas expressões usam recursos atencionais, cognitivos e emocionais que de outra forma poderiam ser gastos cismando, remoendo ou acusando.

Meio-termo
Você não está satisfeito em fazer a maioria das coisas da forma habitual ou em se conformar cegamente com as regras. No entanto, seus esforços criativos não são considerados diferentes ou incomuns, mesmo por seus amigos mais próximos. Você também não quer estar meramente satisfeito; em vez disso, você quer ser inovador. De um ponto de vista terapêutico, um uso balanceado da criatividade implica tentar novas soluções para velhos problemas que causam estresse constante. No entanto, antes de tentar essas soluções, reflita sobre seu impacto nos outros. (Por exemplo, você pode usar sua criatividade para reformar seu escritório – se for seu escritório individual – ou em um projeto pelo qual seja responsável. No entanto, reformar um espaço comum ou impor ideias novas e criativas em um projeto grupal – sem envolver os outros – não é uma expressão balanceada da criatividade.). Quando trabalhar com outros, você será mais bem servido pela sua criatividade quando liderar ou facilitar uma sessão de *brainstorm* que seja inclusiva e aberta a novas ideias.

- *Sobreutilização da força*: singularidade, excentricidade
- *Subutilização da força*: monotonia, banalidade, conformidade

Integração
Você pode usar as forças de curiosidade, persistência, entusiasmo e bravura para refinar sua criatividade. Além disso, conforme observado anteriormente, se sua expressão criativa impactar outros, utilize as forças de inteligência social, trabalho em equipe e mente aberta e inclua essas pessoas para encontrar soluções cocriativas para os problemas que impactam o bem-estar.

Tristeza e sofrimento são frequentemente citados como geradores de criatividade. Entretanto, há muitos caminhos e processos que conduzem à expressão criativa. Considere quando crianças estão brincando. Elas estão felizes (emoções positivas) e frequentemente criam dramatizações e personagens imaginários, além de novos cenários a partir dos contextos existentes. Forças como gratidão, apreciação da beleza, ludicidade e humor – com expressões de emoções positivas relativamente mais explícitas – podem facilitar a criatividade. A expressão criativa – desde a concepção até a fruição – precisa ser apoiada pela persistência e autorregulação. Persistência é importante para terminar o que foi iniciado, e autorregulação é necessária para manter o foco ou restabelecer o foco, caso haja distração.

Filmes
- *O pianista (2002)* – O personagem Wladyslaw Szpilman é inspirador neste filme da II Guerra Mundial. Apesar da incrível crueldade dos nazistas, Szpilman conta com sua criatividade para sobreviver.
- *Gravidade (2013)* – Este filme apresenta uma excelente ilustração da solução criativa de problemas quando dois astronautas trabalham juntos para sobreviver depois de um acidente que os deixa isolados no espaço.
- *Julie e Julia (2009)* – Baseado numa celebridade, a chefe de cozinha Julia Child, o filme mostra muitas facetas da criatividade de Julia Child e também de outra mulher, Julie Powell.

Ações Terapêuticas
- **Crie novas soluções para velhos problemas:** Complete uma lista original e prática de soluções ou dicas que irão abordar velhos problemas constantes enfrentados por você e seus pares. Compartilhe essa lista com seus amigos por meio das mídias sociais (ou de alguma outra forma que achar apropriado) para receber *feedback*.
- **Resolva tarefas chatas:** Faça uma lista das tarefas que você acha chatas, mas que precisa fazer. Busque formas diferentes e criativas de realizá-

-las. Encontre maneiras de incorporá-las ao seu trabalho para torná-las mais agradáveis.
- **Ofereça soluções criativas:** Ofereça pelo menos uma solução criativa para os problemas de um irmão ou amigo. Compartilhe suas experiências relevantes, sucessos e contratempos de quando você mesmo tentou alguma coisa semelhante. Pratique a atitude de abertura às ideias criativas deles, além das suas.
- **Utilize sobras (comida, papel, etc.) para fazer novos produtos:** Considere os usos artísticos ou práticos para os itens antes de jogá-los fora.
- **Colete e organize:** Colete e organize materiais sortidos (p. ex., *websites*, vídeos *on-line*, cadernos de rascunho, giz de cera, pastéis ou *flipcharts*) que possibilitem que você rapidamente traduza novas ideias para uma forma concreta.
- **Melhore sua atenção:** Se você tiver dificuldades atencionais – ignora detalhes importantes, distrai-se com facilidade, não consegue ter em mente muitas informações ao mesmo tempo –, busque um esforço criativo que o envolva e possa ajudá-lo a melhorar sua atenção.

Modelos (Palestras no TED)

Visite *https://www.ted.com/talks* e faça uma busca das seguintes palestras para ouvir histórias de indivíduos que representam a força da criatividade:

- William Kamkwamba: Como domei o vento
- Isaac Mizrahi: Moda e criatividade
- Linda Hill: Como gerir a criatividade coletiva
- Kary Mullis: Jogue! Experimente! Descubra!
- Richard Turere: Minha invenção que fez as pazes com os leões

Livros

- Carlson, S. (2010). *Your Creative Brain: Seven steps to Maximize Imagination, Productivity, and Innovation in Your Life*. San Francisco: Wiley.
- Csikszentmihalyi, M. (1996). *Creativity: Flow and the Psychology of Discovery and Invention*. New York: HarperCollins.
- Edwards, B. (2013). *Drawing on the Right Side of the Brain: A Course in Enhancing Creativity and Artistic Confidence*. London: Souvenir Press.
- Drapeau, P. (2014). *Sparking Student Creativity: Practical Ways to Promote Innovative Thinking and Problem Solving*. Alexandria, VA: ASCD.

Websites

- Criatividade Inspiradora: Um curta-metragem sobre pensamento criativo e comportamentos: http://www.highsnobiety.com/2014/05/16/watch-inspiring-creativity-a-short-film-about-creative-thinking-and-behaviors/
- The Imagination Institute: Foca na mensuração, crescimento e melhoria da imaginação em todos os setores da sociedade: http://imagination-institute.org/
- *Website* de Shelley Carson: Faça um teste para explorar sua mentalidade criativa: http://www.shelleycarson.com/creative-brain-test https://www.authentichappiness.sas.upenn.edu/learn/creativity
- 25 coisas que pessoas criativas fazem de maneira diferente: http://www.powerofpositivity.com/25-things-creative-people-differently/
- The Artist's Way: ferramentas para melhorar sua criatividade, vídeos com a autora Julia Cameron: www.theartistway.com

2. CURIOSIDADE

Descrição

Curiosidade envolve reconhecer ativamente e perseguir atividades desafiadoras e procurar novos conhecimentos. No contexto terapêutico, você pode usar a curiosidade para abrir-se a experiências que pode ter evitado pelo fato de deixarem-no temeroso e ansioso, como andar em um trem subterrâneo lotado, fazer uma pergunta em um balcão de informações ou falar com um estranho em uma reunião social. Ou talvez haja objetos que o deixem desconfortável, como agulhas, germes em banheiros públicos ou alimentos específicos. A curiosidade tem grande potencial terapêutico, especialmente se você presumiu que seus medos não podem ser mudados. Em vez de ficar fixado a essas experiências, a curiosidade lhe possibilitará ser flexível. Seus componentes, entre os quais estar aberto e acolher a incerteza, o desconhecido e o novo, irão ajudá-lo a compreender as nuances e sutilezas de seus temores, o que pode facilitar a cura e o crescimento.

Meio-termo

Acabamos nos habituando (isto é, nos acostumamos) a quase todas as experiências e produtos positivos. Uma abordagem balanceada da curiosidade ajuda a afastar o tédio, a apatia e o desinteresse. A curiosidade ajuda você a procurar aspectos novos e revigorados de uma experiência, processo ou produto, especialmente aspectos que você não compreendeu plenamente. Além disso, sem torná-lo ansiosamente preocupado, a curiosidade pode transformar os aspectos mundanos de sua rotina diária em uma vida engajada, interessada e motivada. A aplicação equilibrada da curiosidade visando à autocompreensão é essencial para o crescimento. Em vez de analisar de forma excessiva ou ser excessivamente autocentrado, seja suficientemente curioso para desafiar os limites de seu conhecimento – sobre si mesmo e o mundo a sua volta.

- *Sobreutilização da força*: intromissão, bisbilhotice
- *Subutilização da força*: tédio, desinteresse, apatia

Integração

A curiosidade está intimamente associada a outras forças e atributos, como criatividade, persistência e mente aberta. Sempre que você se encontrar enredado em uma situação complexa, use sua curiosidade em consonância com outras forças para extrair um uso balanceado, mas ideal, de sua curiosidade. Às vezes, sua curiosidade precisa encontrar sua expressão adaptativa, especialmente quando você se sente ambivalente (em parte zangado, em parte triste) e não consegue identificar uma causa específica. É possível que sua ambivalência esteja relacionada a evitar temores, confrontar uma autoridade que o destratou ou que você esteja atordoado por uma experiência traumática. A curiosidade para explorar as causas fundamentais de seu sofrimento é o primeiro passo essencial antes de você procurar formas de gerenciar esse sofrimento.

Filmes

- *O céu de outubro (1999)* – A curiosidade de Homer Hickam, inspirada pelo lançamento do Sputnik, motiva ele e seus amigos a construírem seus próprios foguetes, e eles acabam ganhando destaque na competição da Feira Nacional de Ciências.
- *Um astro em minha vida (2006)* – Um ator decadente em busca de um novo papel vai a um mercado em uma pequena cidade industrial para observar um trabalhador, exibindo um alto nível de curiosidade enquanto interage com uma grande diversidade de pessoas.
- *Indiana Jones e os caçadores da arca perdida (1981)* – Uma aventura arqueológica – envolvendo um templo cheio de armadilhas no Peru à procura de artefatos antigos – mostra inúmeros aspectos da curiosidade.

Ações Terapêuticas

- **Confronte seus temores:** Faça uma lista de experiências ou coisas que o deixam temeroso, desconfortável ou ansioso. Você deve listar coisas que teme e também *evita*, ou seja, coisas que não faz (p. ex., evitando determinados lugares, alimentos ou pessoas) ou que evita fazer, fazendo outra coisa no lugar (p. ex., pegando um atalho, substituindo os alimentos ou não interagindo com as pessoas). Expanda seu conhecimento sobre as formas de lidar com seu temor lendo opiniões de especialistas, assistindo a vídeos recomendados e falando com alguém que possa ajudá-lo com dicas úteis.
- **Lide com o tédio a partir de explorações culturais:** Se você estiver entediado e cansado da rotina, tente algo novo. Por exemplo, experimente um prato de uma cultura diferente ou se engaje em uma experiência cultural que tenha um elemento de novidade para você. Explore o contexto cultural da experiência com alguém familiarizado com a cultura. Compartilhe suas impressões com um amigo pessoalmente ou por meio das mídias sociais.
- **Lide com a ansiedade da incerteza:** Nosso desejo é compreender, gerir e prever os eventos em nossas vidas. No entanto, quase sempre é impossível fazer isso, o que com frequência nos causa ansiedade. Em vez de lidar com essa ansiedade por meios pouco saudáveis (p. ex., "preenchendo as lacunas" com informações imprecisas adquiridas impulsivamente), use a curiosidade para aceitar a incerteza e estar aberto a novas informações. Esse processo vai ajudá-lo a aprender a tolerar a incerteza para que você seja mais capaz de enfrentar a ansiedade. Em vez de buscar certeza, tenha curiosidade sobre o processo que leva até ela.
- **Supere os vieses diversificando as conexões sociais:** Frequentemente socializamos com pessoas que são como nós. Isso ajuda a nos identificarmos com elas e nos prejudica ao limitar nossa exposição social. Essa exposição limitada mantém ou reforça nossos vieses relacionados a pessoas e culturas diferentes de nós. Organize uma conversa cara a cara ou um encontro para um café com uma pessoa de uma cultura diferente e passe uma hora, no mínimo, uma vez por mês, aprendendo sobre a pessoa e sua cultura. Seja curioso, não seja crítico e tenha uma postura aberta em relação a sua própria cultura.
- **Desenvolva curiosidade pela natureza:** A natureza tem grande potencial terapêutico. Redistribua uma hora que você passaria se preocupando, duvidando e se estressando com seus problemas não resolvidos usando-a para explorar a natureza. Durante pelo menos uma hora por semana, explore os processos da natureza, andando por um bosque ou parque, junto a um córrego, no quintal,

etc. Escreva, desenhe ou pinte para fazer um registro de suas impressões e sentimentos.

Modelos (Palestras no TED)

Visite *https://www.ted.com/talks* e faça uma busca das seguintes palestras para ouvir histórias de indivíduos que representam a força da curiosidade:

- Kary Mullis: Jogue! Experimente! Descubra!
- Brian Cox: Por que precisamos dos exploradores
- Taylor Wilson: Sim, eu construí um reator de fusão nuclear
- Jack Andraka: Um teste promissor para câncer pancreático... de um adolescente

Livros

- Goldin, I., & Kutarna, C. (2016). *Age of Discovery: Navigating the Risks and Rewards of Our New Renaissance.* Bloomsbury, UK: St Martin's Press.
- Gruwell, E. (1999). *The Freedom Writers Diary: How a Teacher and 150 Teens Used Writing to Change Themselves and the World around Them.* New York: Doubleday.
- Grazer, B., & Fishman, C. (2015). *A Curious Mind: The Secret to a Bigger Life.* Toronto: Simon & Schuster.
- Kashdan, T. (2009). *Curious.* New York: William Morrow.
- Leslie, I. (2014). *Curious: The Desire to Know and Why Your Future Depends on It.* New York: Basic Books.

Websites

- Descubra como o cultivo de uma mente curiosa pode ajudá-lo a levar uma vida mais feliz e mais saudável: https://experiencelife.com/article/the-power-of-curiosity/
- Quatro razões por que a curiosidade é importante e como ela pode ser desenvolvida: http://www.lifehack.org/articles/productivity/4-reasons-why-curiosity-is-important-and-how-to-develop-it.html
- A curiosidade prepara o cérebro para aprender melhor: http://www.scientificamerican.com/article/curiosity-prepares-the-brain-for-better-learning/

3. MENTE ABERTA

Descrição

Mente aberta é nossa habilidade de refletir sobre as coisas e examiná-las por todos os ângulos. No contexto terapêutico, mente aberta implica uma disposição para considerar as evidências contra nossas crenças a respeito de nós mesmos. A psicoterapia é um esforço interpessoal para avaliarmos nossas crenças, especialmente aquelas que mantêm os sintomas e o estresse. O uso da força da mente aberta, sobretudo para compreender uma situação pessoal complexa, vai encorajá-lo a enxergar diferentes perspectivas ainda não consideradas para resolver os problemas. A mente aberta vai encorajá-lo a manter a "orientação para a realidade", ou seja, não ter viés e perceber os problemas de forma objetiva. Você, portanto, será mais capaz de se contrapor ao "viés de confirmação" generalizado que impede que as pessoas levem em consideração outras perspectivas além das suas.

Meio-termo

Em sua maior parte, a mente aberta envolve investigação crítica, uma triagem cuidadosa da qualidade das informações. Ao resolver seus problemas cotidianos ou enfrentar grandes desafios, a falta de uma mente aberta o impede de refletir, e você provavelmente perceberá seus problemas em branco e preto. Você provavelmente é visto como rígido, sua atitude provavelmente seria chamada de obstinada, e essa obstinação pode exacerbar seus sintomas. Se você experimenta sintomas de depressão e ansiedade e também enfrenta adversidades, retrocessos ou fracassos, terá mais probabilidade de atribuir o desafio às próprias adversidades. É provável que você presuma que o problema vai durar para sempre e que irá impactar adversamente todos os aspectos de sua vida.

Igualmente, uma sobreutilização dessa força o tornará excessivamente analítico, cínico e cético, e você não será capaz de confiar nas pessoas ou processos. Um uso balanceado de mente aberta requer que você exercite a investigação crítica, mas não ignore os aspectos emocionais da situação que podem não ser totalmente explicados unicamente pelos fatos. (Por exemplo, depois de um rompimento, que racionalmente você justifica que lhe fez bem, você pode continuar a se sentir triste e mal. É importante lamentar a perda, mas sem ser devastado por ela.)

- *Sobreutilização da força*: cinismo, ceticismo
- *Subutilização da força*: dogmatismo, "irreflexão", rigidez, excessivamente simplista

Integração

A mente aberta funciona em sinergia com inúmeras forças. Por exemplo, ter a mente aberta e ser organicamente engajado em pensamento crítico possibilita que você esteja aberto a explicações alternativas e a soluções inovadoras – características distintivas da criatividade e curiosidade. Mente aberta também implica estar aberto a múltiplas perspectivas e ter acesso à sabedoria. Além disso, avaliação crítica associada a mente aberta reforça a justiça e a integridade.

Filmes

- *Histórias cruzadas (2011)* – Eugenia Skeeter, uma escritora branca de mente aberta, se empenha em contar as histórias e perspectivas de empregadas domésticas negras em uma sociedade claramente estratificada e altamente racista.
- *Matrix (1999)* – Neo, o protagonista, manifesta mente aberta ao questionar o significado de realidade.
- *A rede social (2010)* – Este filme conta como Mark Zuckerberg fundou o Facebook. Uma cena retratando a primeira aula de um curso universitário difícil mostra a falta de mente aberta do professor, enquanto o filme mostra como Zuckerberg, apesar de vivenciar alguns déficits sociais, exercita suas forças de pensamento flexíveis e críticas.
- *Apocalipse now (1979)* – Em uma adaptação do romance de Joseph Conrad, *Heart of Darkness*, o afamado diretor Francis Ford Coppola descreve uma investigação crítica da loucura provocada pela Guerra do Vietnã.
- *Água (2005)* – Este filme apresenta as vidas de três viúvas que demonstram extraordinária capacidade de julgamento para permanecerem abertas a novas experiências enquanto enfrentam injustiça e as tradições sociais negativas.

Ações Terapêuticas

- **Reflita a respeito e reescreva seus desafios:** Monitore e registre pelo menos três pensamentos e crenças nocivos que o deixam triste, ansioso ou ambivalente. (Por exemplo: "Minha esposa constantemente deixa um rastro de bagunça por todo lado, e isso me incomoda muito! Eu nunca digo nada, mas acho que ela não me respeita. Por que isso sempre acontece comigo?") Reflita a respeito e escreva uma forma alternativa de explicar esses problemas a si mesmo e que inclua alguns dos atributos da mente aberta.
- **Reflita a respeito e escreva sobre decisões que tiveram resultados contrários:** Reflita a respeito e escreva sobre três decisões recentes que você tomou e que tiveram resultados contrários ou não produziram o resultado desejado e adaptativo. Compartilhe suas reflexões com um amigo confiável e inteligente. Peça que seu amigo avalie criticamente seu julgamento. Comprometa-se a ouvir essa avaliação sem ficar irritado ou defensivo.
- **Faça o papel de advogado do diabo:** Reflita a respeito e escolha um problema sobre o qual você tem opiniões convictas. Deliberadamente pense em algum argumento para o outro lado. Desapaixonadamente examine fontes confiáveis que possam apoiá-lo para manter essa visão oposta. Este exercício pode abrir sua mente para uma nova perspectiva que você pode não ter considerado antes.
- **Seja mentor de uma pessoa de origem étnica ou religiosa diferente:** Reflita sobre quais competências ou *expertise* você pode ensinar a alguém de um grupo desfavorecido ou marginalizado. Aborde essa tarefa com a expectativa de que você quer e pode aprender com o orientado tanto quanto ele pode aprender com você como mentor.
- **Reavalie as causas do seu fracasso:** Identifique as causas de três fracassos recentes, adversidades, resultados abaixo do ideal ou decepções. Revise os atributos da mente aberta e depois avalie as situações novamente. Encontre padrões, se houver, tais como por que você sempre se sente mal, ansioso ou impotente quando fala com essa pessoa, ou se há uma causa específica que você tipicamente endossa. (Por exemplo: "*Eu sempre perco alguma coisa importante antes desta reunião*".)

Modelos (Palestras no TED)

Visite *https://www.ted.com/talks* e faça uma busca das seguintes palestras para ouvir histórias de indivíduos que representam a força da mente aberta:

- Alia Crum: Mude sua mentalidade, vire o jogo, TEDxTraverseCity
- Adam Savage: Como ideias simples levam às descobertas científicas
- Adam Grant: Os hábitos surpreendentes dos pensadores originais
- Vernā Myers: Como superar nossos preconceitos? Caminhe corajosamente em direção a eles
- Dalia Mogahed: O que você pensa quando olha para mim?

Livros

- Costa, A. (1985). *Developing Minds: A Resource Book for Teaching Thinking*. Alexandria, VA: Association for Supervision and Curriculum Development.
- Hare, W. (1985). *In Defense of Open-Mindedness*. Kingston, UK: McGill-Queen's University Press.

- Markova, D. (1996). *The Open Mind: Exploring the 6 Patterns of Natural Intelligence*. Berkeley, CA: Conari Press.

Websites
- YouTube: Pensamento Crítico: Um olhar para alguns dos princípios do pensamento crítico:
- https://youtu.be/6OLPL5p0fMg
- YouTube: Os 5 Filmes Principais sobre Abertura da Mente e Qualidade:
- https://youtu.be/gsjEX91vAgY
- Mente aberta, seus benefícios, seu papel como uma "virtude corretiva" e seus exercícios:
- https://www.authentichappiness.sas.upenn.edu/newsletters/authentichappinesscoaching/open-mindedness

4. AMOR POR APRENDIZADO

Descrição

Amor por aprendizado envolve estudar entusiasticamente novas competências, tópicos, corpos de conhecimento. Se essa é uma das suas forças principais, você provavelmente deve gostar de aprender e, com o tempo, irá construir um reservatório de conhecimentos sobre tópicos e domínios específicos. Você não precisa de estímulos externos para "estudar"; ao contrário, é motivado internamente para aumentar e acumular diversas dimensões de dados e informações para constantemente fortalecer sua base de conhecimento sobre tópicos específicos – desde computadores até arte culinária, desde filmes até museus e literatura. Você cria ou é atraído para centros de aprendizagem – seja uma escola, um clube do livro, um grupo de discussão, uma palestra, um *workshop* ou mesmo um curso. Obstáculos, desafios e reveses não esmorecem seu desejo de aprender.

Meio-termo

A resistência em aprender e adquirir novos conhecimentos e compreensão muito provavelmente impede que o indivíduo cresça e é com frequência um dos sinais de depressão subjacente. Aprofundar-se no aprendizado certamente acarreta inúmeros benefícios. No entanto, conhecimento é um recurso concreto, e o conhecimento de estatística, fatos, figuras, eventos históricos, achados científicos e evidências concretas pode estimular um ar de confiança excessiva e, em alguns casos, arrogância, o que pode facilmente criar uma divisão entre aqueles que sabem (ou os sabe-tudo) e aqueles que não sabem, ou não sabem o suficiente. Assim, é importante que, em um mundo rico em dados, informações e conhecimento, você não crie ou ascenda em uma hierarquia de conhecimento e aprendizado e acabe tratando os outros com superioridade (aqueles sem sua quantidade de conhecimento). O que é mais importante, não ignore as emoções. Ter acesso às suas preocupações, temores e dúvidas é essencial, já que essas emoções oferecem o contexto para sua racionalidade e conhecimento, de modo que você possa compreender uma situação como um todo para resolver seus problemas da melhor maneira.

- *Sobreutilização da força*: "o sabe-tudo"
- *Subutilização da força*: complacência, vaidade

Integração

O amor por aprendizado está associado com outras forças dentro da virtude do Conhecimento e Sabedoria. Por exemplo, o amor por aprendizado acompanha a curiosidade e a persistência. Sem persistência, é difícil adquirir uma compreensão mais profunda de qualquer assunto. Da mesma forma, amor por aprendizado melhora sinergisticamente o pensamento crítico e amplia a perspectiva.

Filmes

- *A teoria de tudo (2014)* – Uma história extraordinária de uma das mentes mais brilhantes do mundo. O renomado astrofísico Stephen Hawking exibe amor por aprendizado apesar das suas limitações.
- *Uma prova de fogo (2006)* – A paixão por aprender de uma adolescente norte-americana se revela enquanto ela participa com relutância e acaba vencendo o Concurso Nacional de Soletração.
- *Uma mente brilhante (2001)* – Esta é a história do ganhador do Prêmio Nobel John Nash e sua paixão pela autodescoberta e conhecimento apesar das suas graves dificuldades de saúde mental.

Ações Terapêuticas

- **Reorganize o tempo para aprender sobre enfrentamento adaptativo:** Frequentemente passamos muito tempo pensando e cismando com nossos problemas e menos tempo pensando em como lidar com eles de forma adaptativa. Monitore-se para estimar quanto tempo você passa pensando em seus problemas. Reorganize o tempo para aprender como outras pessoas tiveram sucesso ao lidar com problemas similares.
- **Compartilhe seu aprendizado:** Identifique tópicos que você possa compartilhar com seus pares. Compartilhe informações com humildade e de

forma coloquial. Reflita depois disso. Muito provavelmente você se sentirá satisfeito, e isso pode aumentar sua autoeficácia.
- **Acompanhe uma situação em curso:** Acompanhe um evento local ou global em curso com o qual você possa se identificar ou sentir afinidade. Faça uma lista de coisas que você não sabe sobre o evento e encontre fontes confiáveis para aumentar seu aprendizado.
- **Aprenda por meio do lazer:** Viaje para novos lugares e mescle educação com lazer. Enquanto você está aqui e ali, faça um passeio, assista a uma aula de culinária ou visite um museu local para saber mais sobre a cultura e a história locais.
- **Coaprenda:** Aprenda com um amigo com quem você tem em comum uma ou mais áreas de interesse intelectual. Discuta áreas específicas que cada um irá estudar separadamente. Compartilhem seus achados tomando um café ou chá, de preferência em uma cafeteria. Você também pode coaprender com uma pessoa amada, inclusive seu parceiro, pais, filhos ou membros da família estendida. Isso vai fortalecer suas relações, e vocês passarão mais tempo juntos de uma forma positiva, em vez de potencialmente negativa.

Modelos (Palestras no TED)

Visite *https://www.ted.com/talks* e faça uma busca das seguintes palestras para ouvir histórias de indivíduos que representam a força do amor por aprendizado:

- Salman Khan: Vamos usar o vídeo para reinventar a educação
- Bunker Roy: Aprendendo com um movimento de pés descalços
- Ramsey Musallam: 3 regras para despertar o aprendizado

Livros

- Yousafzai, M., & Lamb, C. (2013). *I Am Malala: The Girl Who Stood Up for Education and Was Shot by the Taliban*. London: Hachette.
- Watson, J. C., & Watson, J. C. (2011). *Critical Thinking: An Introduction to Reasoning Well*. London: Continuum.
- Markova, D. (1996). *The Open Mind: Exploring the 6 Patterns of Natural Intelligence*. Berkeley, CA: Conari Press.

Websites

- Coursera oferece inúmeros cursos *on-line* gratuitos: https://www.coursera.org/
- Curso gratuito do Instituto de Tecnologia de Massachusetts: http://ocw.mit.edu/index.htm
- Cursos *on-line* gratuitos da Universidade de Yale: http://oyc.yale.edu/

5. PERSPECTIVA

Descrição

Perspectiva, que é frequentemente chamada de sabedoria, é diferente de inteligência e envolve um nível superior de conhecimento e julgamento. Essa força permite que você ofereça conselhos inteligentes aos outros. Inúmeros problemas psicológicos são caracterizados por suposições. Por exemplo, achamos que podemos fazer muitas coisas, especialmente quando se trata de coisas que requerem interação com outras pessoas. Quando as pessoas ficam aquém das nossas expectativas e não fazem (ou não são capazes de fazer) o que desejamos, ficamos desapontados e, em alguns casos, deprimidos. (Por exemplo: *"Eu esperava que minha família entendesse por que eu estou tomando essa decisão difícil..."*.) Do ponto de vista terapêutico, a perspectiva o ajuda a avaliar o que você pode fazer, o que não pode fazer, o que pode esperar realisticamente e o que pode não ser realista.

Experimentamos ambivalência quando somos incapazes de discernir informações conflitantes ou incapazes de balancear aspectos positivos concomitantes (p. ex., *"Devo trabalhar mais para ganhar dinheiro de modo que possamos sair de férias, ou devo usar esse tempo para jogar um jogo de tabuleiro com as pessoas que amo, de modo que possamos fazer alguma coisa juntos agora?"*). A força da perspectiva o ajudará a pesar uma opção para um bem maior – esteja ela relacionada aos cuidados consigo mesmo ou cuidados com os outros. Perspectiva também permite que você trate de questões importantes e difíceis sobre moralidade e o sentido da vida. Pessoas com perspectiva estão conscientes dos padrões amplos de significado em suas vidas, suas próprias forças e fraquezas e a necessidade de contribuir para a sociedade.

Meio-termo

Perspectiva, por definição, é o meio-termo. Ou seja, se ela é uma das suas principais forças, você sabe como encontrar um equilíbrio entre seu trabalho e sua vida pessoal. Você é bom em estabelecer expectativas realistas. Você é bom em separar os aspectos positivos dos negativos, pesando-os apropriadamente. Com essa força, você pode pesar fatores pessoais (p. ex., *"Eu sempre faço papel de bobo"*) versus fatores situacionais (p. ex., *"Ontem, minha apresenta-*

ção não foi bem porque meu colega não forneceu os dados fundamentais de que eu precisava"). Um uso balanceado de perspectiva envolve ter a habilidade de ver tanto a floresta quanto as árvores na floresta. Também tem a ver com tolerar algum sofrimento de curta duração (p. ex., enfrentar uma situação de ansiedade) para obter ganhos de longo prazo (p. ex., livrar-se de sua ansiedade). No entanto, tenha em mente que nem todos os aspectos de sua vida precisam de perspectiva. Avaliar e lidar com cada situação mundana com as lentes da perspectiva pode tornar suas decisões misteriosas ou pedantes.

- *Sobreutilização da força:* elitismo, mistério, pedantismo
- *Subutilização da força:* superficialidade

Integração

Em alguns aspectos, perspectiva abrange as forças discutidas previamente. Ou seja, abrange aprendizagem, curiosidade, criatividade e compreensão da proporção em que suas forças específicas melhor funcionam juntas para sua satisfação e bem-estar (p. ex., uso proporcional de gentileza e justiça).

Filmes

- *A invenção de Hugo Cabret (2011)* – Hugo, um menino de 12 anos que vive na estação de trem Gare Montparnasse, em Paris, oferece uma perspectiva sobre experiências com o que realmente tem importância na vida. O filme também é uma ilustração brilhante de resiliência e inteligência social.
- *Poder além da vida (2006)* – Sócrates, interpretado por Nick Nolte, ensina a Dan, um adolescente ambicioso, a força da perspectiva, da humildade e do foco a partir de ações e cenários aplicados.
- *Beleza americana (1999)* – Lester Burnham, um empresário de meia-idade preso a sua própria infelicidade, passa por uma transformação rápida ao perceber o que é verdadeiramente importante em sua vida.

Ações Terapêuticas

- **Estabeleça objetivos para coisas que o deixam frustrado:** Estabeleça cinco pequenos objetivos relacionados aos seus estressores cotidianos (como sentir-se irritada com seu parceiro por não trazer os pratos de volta para a cozinha depois do jantar ou sentir-se frustrada ao esquecer as senhas para *websites* importantes). Divida os objetivos em passos práticos, realize-os oportunamente e monitore seu progresso de uma semana para outra.
- **Escolha um modelo para a solução de problemas:** Escolha um modelo que exemplifique perseverança e determine como você pode seguir seus passos. Tente escolher uma pessoa que tenha lidado com desafios semelhantes aos seus, com os quais você possa se identificar. Se essa pessoa estiver viva e for alguém que você conhece, fale com ela sobre essa força.
- **Amplie sua perspectiva e monitore os estressores temporários:** Explique a perspectiva ampla de sua vida em uma ou duas sentenças como um exercício semanal. Monitore se os estressores temporários têm um impacto na sua perspectiva global. Se você encontrar esse padrão, faça um *brainstorm* de forma que sua perspectiva possa permanecer constante durante as alegrias e dificuldades diárias.
- **Trabalhe como voluntário durante um tempo que de outra forma você passaria analisando seus problemas:** Empenhe esforços que tenham um impacto significativo no mundo. Reorganize seu tempo e recursos para realizar esses esforços. Essa reorganização irá distrair positivamente sua mente de pensar sobre seus problemas, alguns dos quais precisam de uma nova perspectiva. Se você não conseguir resolver um problema imediatamente, a distração positiva lhe permitirá reconsiderar a partir de uma nova perspectiva.
- **Conecte crenças a emoções:** Conecte suas crenças às suas emoções lendo livros ou assistindo a filmes de experiências pessoais sobre problemas que são importantes para você. Dê uma cara humana ao problema e lembre-se disso quando achar que sua opinião sobre a questão está ficando muito acalorada.

Modelos (Palestras no TED)

Visite *https://www.ted.com/talks* e faça uma busca das seguintes palestras para ouvir histórias de indivíduos que representam a força da perspectiva:

- Barry Schwartz: Usando nossa sabedoria prática
- Joshua Prager: Sabedoria de grandes escritores para cada ano de vida
- Rory Sutherland: Perspectiva é tudo

Livros

- Frankl, V. (2006). *Man's Search for Meaning*. Boston: Beacon Press.
- Hall, Stephen (2010). *Wisdom: From Philosophy to Neuroscience*. New York: Random House.

- Sternberg, R. J., ed. (1990). *Wisdom: Its Nature, Origins, and Development*. Cambridge: Cambridge University Press.
- Vaillant, G. E. (2003). *Aging Well: Surprising Guideposts to a Happier Life from the Landmark Study of Adult Development*. New York: Little Brown.

Websites

- Este *website* detalha o trabalho de Thomas D. Gilovich, que estuda crenças, julgamento e tomada de decisão. Ele estuda como esses fatores afetam e são afetados pelas emoções, comportamento e percepção: http://www.psych.cornell.edu/people/Faculty/tdg1.html
- Barry Schwarz estuda sabedoria prática e o paradoxo da escolha. Ele discute as desvantagens de ter escolhas infinitas, o que, segundo ele argumenta, exaure a sociedade e a psique humana: https://www.ted.com/speakers/barry_schwartz

VIRTUDE CENTRAL: CORAGEM

Exercício da vontade para atingir os objetivos em face de oposição externa ou interna

6. BRAVURA

Descrição

Bravura (coragem) é a capacidade de tomar uma atitude para auxiliar terceiros apesar dos riscos ou perigos significativos. Quando você está psicologicamente estressado e *também* enfrenta desafios, ameaças ou adversidades – reais ou percebidos –, isso pode se tornar um "duplo infortúnio", e o impacto pode, portanto, ser duplo. Às vezes, nossos desafios, ameaças e adversidades são suficientemente devastadores para causar problemas psicológicos. Se bravura é uma das suas principais forças, ela pode ajudá-lo a tomar uma atitude para lidar com o desafio de uma forma adaptativa. A bravura não deixa que você evite ou se furte aos desafios, e você costuma exercitar essa força com muita consciência dos riscos envolvidos. Se bravura é uma das suas forças de assinatura, você deposita um grande valor nela. Isto é, quando se sente estressado, triste, amedrontado, irritado ou sobrecarregado, a força da bravura provavelmente irá motivá-lo a tomar uma atitude. Indivíduos corajosos evitam esquivar-se das ameaças, desafios ou dor associados à tentativa de fazer bons trabalhos. Atos de bravura são realizados voluntariamente, com pleno conhecimento da adversidade potencial envolvida. Indivíduos com bravura colocam a mais alta importância em propósitos e moralidade superiores, independentemente das consequências.

Meio-termo

Para lidar com seus problemas com a ajuda da bravura, é importante que você não se sinta coagido ou inteiramente motivado extrinsecamente. As ações corajosas – físicas ou emocionais – devem estar baseadas nos seus próprios valores. (Por exemplo, se você confrontar um familiar que está sendo abusivo emocionalmente ou fisicamente com outro membro da família, ou se tomar partido em apoio a uma pessoa vulnerável ou oprimida, tal ação será autêntica se for guiada por seus valores pessoais profundamente assumidos de que essa ação é a coisa certa a ser feita.) Um uso balanceado de coragem requer a existência de uma ameaça ou risco real que pode ser afastado pela sua ação corajosa. Um uso balanceado da bravura também implica que você esteja ciente das consequências de sua ação ou inação. (Por exemplo, você terá que se assegurar de que seu uso da bravura não está assumindo o risco indevido que acompanha o custo de comprometer sua segurança e a da outra pessoa.) Observe que não usar coragem pode frequentemente resultar em sentimentos de desamparo. Assim, a sobreutilização de bravura (p. ex., exposição, reputação, represálias coletivas) e a subutilização (p. ex., desesperança, passividade, desmotivação) podem criar problemas para você e os outros.

- *Sobreutilização da força:* assunção de riscos, insensatez
- *Subutilização da força:* medo debilitante, covardia

Integração

A bravura pode interagir com inúmeras outras forças. Por exemplo, bravura pode implicar a *utilização* (i.e., compromisso) de forças como justiça, autenticidade ou perspectiva ou a *não utilização* (i.e., omissão) de forças como perspectiva, prudência, autorregulação ou perdão. A bravura também funciona bem com forças como entusiasmo, inteligência social e pessoal, persistência e autorregulação. Exemplos incluem querer enfrentar seu temor apesar de acessar emoções e memórias desconfortáveis, avaliar com uma mente aberta (julgamento), tomar medidas para interromper o ciclo de negatividade ou resistir aos impulsos (autorregulação) e comprometer-se em aderir ao seu objetivo (persistência).

Filmes

- *Milk: a voz da igualdade (2008)* – Este filme retrata a coragem de Harvey Milk de se tornar a primeira pessoa abertamente *gay* a ser eleita para um cargo público na Califórnia.
- *O caçador de pipas (2007)* – Uma história comovente de dois meninos, Amir e Hassan, cuja amizade floresce antes da invasão soviética a Kabul, da metade ao final da década de 1970. O filme mostra como Amir reúne coragem para resgatar o filho de Hassan de um Afeganistão devastado pela guerra e governado pelo Taliban.
- *A lista de Schindler (1993)* – Oskar Schindler é um empresário alemão cuja bravura salva mais de mil judeus durante a II Guerra Mundial.
- *Histórias cruzadas (2011)* – Eugenia, também conhecida como "Skeeter", é uma escritora branca corajosa que se empenha em contar as histórias e perspectivas de empregadas domésticas negras em uma sociedade claramente estratificada e altamente racista.

Ações Terapêuticas

- **Resolva tensões interpessoais com frente a frente:** Escreva sobre três situações interpessoais que lhe causam estresse constante, como medo ou inibição, especialmente com pessoas em posição de autoridade e com as quais você interage regularmente. Reflita sobre como um uso balanceado de bravura pode reduzir seu sofrimento. (Por exemplo, *"Quero falar com meu professor, sozinho, depois da aula, para me expressar corajosamente"*.)
- **Acolha as experiências mais sombrias e negativas com bravura:** Faça uma lista de emoções das quais você frequentemente foge. Transforme-as em frases como *"Vou fazer um completo papel de boba; Tenho muito medo de ser rejeitada ou ficar sozinha; Não posso fazer nada para impedi-lo de agir assim, então largo de mão a situação completamente"* e avalie o custo de não enfrentar tais emoções. Então, usando a bravura, visualize o acolhimento de toda a gama de suas emoções, como, por exemplo, qual poderia ser o pior e o melhor cenário se você ficasse e fizesse alguma coisa. A bravura pode ajudá-lo a acolher a gama completa de suas emoções, especialmente em situações perturbadoras.
- **Fale a verdade que irá libertá-lo:** Use a bravura para compartilhar com amigos íntimos uma verdade sobre você. Esta é uma verdade importante o suficiente para impactar suas relações de uma forma negativa e é um aspecto importante de sua vida que você não está compartilhando por medo de rejeição. (Por exemplo: *"Tenho muito medo de contar aos meus pais que sou lésbica. Essa é uma parte tão importante de mim, mas como eles vão recebê-la? Mas, se eu não lhes contar, não estarei sendo autêntica com minha família"*.)
- **Faça perguntas difíceis ou questione o *status quo*:** Em situações grupais, como no trabalho, com sua família ou entre amigos, use a bravura para fazer perguntas difíceis ou questionar o *status quo*. Exemplos incluem questionar por que políticas ou rituais específicos sistematicamente mantêm à margem pessoas ou grupos específicos, não permitindo que assumam papéis de liderança. Proponha soluções ousadas, mas realistas.
- **Defenda alguém ou uma causa:** Defenda alguém que não é capaz de se defender sozinho, como um irmão mais novo, uma mulher espancada, um imigrante vulnerável ou um trabalhador que não tem conhecimento de seus direitos. Você pode se juntar a uma organização que defende corajosamente aqueles que mais precisam de apoio.

Modelos (Palestras no TED)

Visite *https://www.ted.com/talks* e faça uma busca das seguintes palestras para ouvir histórias de indivíduos que representam a força da bravura:

- Ash Beckham: Todos nós estamos escondendo alguma coisa. Vamos encontrar coragem para nos abrirmos
- Clins Smith: O perigo do silêncio
- Eman Mohammed: A coragem de contar uma história escondida

Livros

- Diener, R. (2012). *The Courage Quotient: How Science Can Make You Braver*. San Francisco: Jossey-Bass.
- Pury, C. (2010). *The Psychology of Courage: Modern Research on an Ancient Virtue*. Washington, DC: American Psychological Association.
- Pausch, R., & Zaslow, J. (2008). *The Last Lecture*. New York: Hyperion.

Websites

- A competência da bravura, seus benefícios e o equilíbrio entre medo e excesso de confiança: http://www.skillsyouneed.com/ps/courage.html
- Nove adolescentes e seus incríveis atos de bravura: http://theweek.com/articles/468498/9-heroic-teens-incredible-acts-bravery-updated

7. PERSISTÊNCIA

Descrição
Persistência é a força mental necessária para continuarmos empenhados na busca de nossos objetivos diante de obstáculos e contratempos. Segundo a perspectiva terapêutica, inúmeros problemas psicológicos impactam adversamente a atenção e a habilidade de se concentrar. Persistência (perseverança) é a força que pode ajudá-lo a lidar com problemas de atenção porque lhe possibilita manter-se direcionado para os objetivos apesar dos desafios, especialmente aqueles devidos à distração. Com essa força, mesmo que você esteja distraído, a persistência lhe traz de volta para concluir a tarefa. Você faz o melhor para terminar o que começou e encontra formas de superar contratempos e dificuldades. Se ficar entediado e apático – outra característica comum de muitas dificuldades psicológicas –, encontrar uma tarefa na qual você possa persistir é uma forma organizada e terapêutica de se sentir autoeficaz, animado e satisfeito quando terminar a tarefa.

Meio-termo
O segredo de um uso balanceado da persistência é saber quando e onde persistir e quando parar e reduzir as perdas. Para determinar se deve persistir ou não, pergunte-se o que aconteceria se você não terminasse essa tarefa específica. Igualmente importante é sua habilidade de se adaptar a situações em mutação. Por exemplo, ao buscar uma carreira desejada, você precisa se adaptar a mudanças inevitáveis nas condições de mercado, na tecnologia e na estrutura socioeconômica mais ampla. Por fim, para usar idealmente essa força, você precisa se manter constantemente consciente de seu objetivo. (Por exemplo, para persistir na obtenção da certificação em uma mídia social que envolve realizar muitos cursos à noite e nos fins de semana, você precisa avaliar seus objetivos e "manter os olhos no prêmio".)

- *Sobreutilização da força:* obsessividade, fixação, busca de objetivos inalcançáveis
- *Subutilização da força:* preguiça, apatia

Integração
Para avaliar quando a persistência é adaptativa ou quando ela entra no domínio da preocupação obsessiva e compulsiva, você precisa de outras forças, como perspectiva, inteligência social, julgamento (mente aberta) e prudência. Para persistir, especialmente se encontra imprevistos, desafios ou obstáculos, você precisa de uma boa dose de esperança e otimismo. Sem esperança e otimismo, a motivação para persistir será enfraquecida. Contudo, você precisa manter suas esperanças e otimismo na esfera do que é realista.

Filmes
- *A vida de Pi (2010)* – Este filme apresenta a jornada épica de um jovem que persevera e sobrevive em mar aberto e estabelece uma conexão improvável com um feroz tigre-de-bengala.
- *127 horas (2010)* – Em uma notável exibição de persistência e coragem, Ralston, um montanhista, fica preso em um rochedo enquanto escala os cânions perto de Moab, Utah.
- *O discurso do rei (2010)* – O rei George VI da Inglaterra persevera para superar um impedimento da fala.

Ações Terapêuticas
- **Enfrente tarefas que o sobrecarregam:** Liste cinco grandes tarefas que você realiza, mas que frequentemente o sobrecarregam, como declarar o imposto de renda, responder *e-mails* ininterruptamente ou preparar um jantar comemorativo para a grande família do seu parceiro. Divida essas tarefas em passos menores e congratule-se e celebre – em pequenas doses – quando terminar cada passo. Monitore seu progresso passo a passo.
- **Encontre um modelo que persistiu apesar das dificuldades:** Escolha um modelo que exemplifique perseverança e determine como você pode seguir os passos dessa pessoa. Tente encontrar alguém que tenha experimentado desafios de saúde mental semelhantes aos seus. Idealmente, encontre essa pessoa cara a cara, ou então entre em contato com ela de outras formas, para explorar como ela superou os desafios e perseverou.
- **Persista enquanto adquire novas competências:** Sua persistência pode chegar a um impasse simplesmente porque você não tem o próximo nível de habilidade para seguir adiante. (Por exemplo, depois de projetar um produto, não hesite em pedir ajuda para aprender novas habilidades ou para que alguém trabalhe com você para que consiga terminar o projeto e produzi-lo.)
- **Incorpore elementos de "fluxo":** Se você tem dificuldades em persistir, explore o fluxo, um estado intrinsecamente motivado de imersão profunda. Explore as atividades que induzem fluxo; você vai persistir e, no processo, irá crescer.
- **Trabalhe com outras pessoas:** Um uso potencialmente terapêutico da persistência é trabalhar

com outros indivíduos com as mesmas ideias. A companhia de outros pode aumentar suas competências e sua motivação para persistir.

Modelos (Palestras no TED)

Visite *https://www.ted.com/talks* e faça uma busca das seguintes palestras para ouvir histórias de indivíduos que representam a força da persistência:

- Angela Lee Duckworth: Grit: O poder da paixão e da perseverança
- Elizabeth Gilbert: Sucesso, fracasso e a motivação para continuar a criar
- Richard St. John: 8 segredos para o sucesso

Livros

- Duckworth, A. (2016). *Grit: The Power of Passion and Perseverance.* New York: Simon & Schuster.
- Luthans, F., Youssef, C., & Avolio, B. (2007). *Psychological Capital: Developing the Human Competitive Edge.* New York: Oxford University Press.
- Tough, P. (2012). *How Children Succeed: Grit, Curiosity, and the Hidden Power of Character.* New York: Houghton Mifflin Harcourt.

Websites

- A teoria da autodeterminação discute motivação intrínseca, valores e como eles afetam o bem-estar e os objetivos: http://www.selfdeterminationtheory.org/
- Edward L. Deci estuda motivação e autodeterminação e seus efeitos em diferentes facetas da vida, como saúde mental, educação e trabalho: http://www.psych.rochester.edu/people/deci_edward/index.html

8. INTEGRIDADE

Descrição

A força da integridade (autenticidade) é manifestada ao falar a verdade e apresentar-se de uma forma genuína. De um ponto de vista terapêutico, inúmeras condições psicológicas implicam ambivalência, inibição, medo, embaraço e rejeição, o que nos impede de compartilhar nossas emoções, pensamentos e, o que é mais importante, necessidades de uma maneira autêntica. A integridade o ajuda a ser aberto e honesto em relação aos seus pensamentos e emoções. Se integridade e autenticidade são suas forças principais, você facilmente toma posse de suas ações, o que lhe possibilita comportar-se em consonância com seus valores. Em outras palavras, há pouca dissonância e alienação, o que, por sua vez, melhora seu teste de realidade e raciocínio social. Um indivíduo com alta dose de integridade tem menos probabilidade de experimentar distorções cognitivas e temores sociais. É mais capaz de compreender e lidar com o contexto de dilemas complexos frequentemente apresentados pela psicopatologia.

Uma pessoa de integridade é aberta e honesta quanto aos próprios pensamentos, sentimentos e responsabilidades, sendo cuidadosa para não desorientar outras pessoas por meio da ação ou omissão. Essa força permite que você sinta um senso de propriedade sobre seus estados internos, independentemente de esses estados serem populares ou socialmente confortáveis, e experimente um senso de totalidade autêntica.

Meio-termo

Viver em consonância com seus valores e tomar posse de suas emoções e pensamentos em um mundo complexo do ponto de vista interpessoal não são tarefas fáceis, dado o impacto das influências culturais, religiosas, políticas, econômicas, ecológicas e até mesmo tecnológicas (especialmente mídias sociais). Portanto, um uso balanceado da integridade depende do contexto. (Por exemplo, nem toda situação é suscetível a expressões autênticas, como: *"Não sou tão bom quanto os outros"*; *"Frequentemente me sinto desvalorizado"*, *"Estou muito constrangido para pedir ajuda; os outros vão me ver como fraco"*. Além disso, compartilhar no Facebook ou Twitter alguma coisa que você está pensando pode não ser a forma ideal de se representar de forma autêntica.) Para viver uma vida autêntica e honesta, é realmente necessário coragem para resistir às pressões externas. Uma vida autêntica também implica ser confiável, ser real e falar a verdade. Observe que autenticidade e justiça não são aplicáveis em termos absolutos; as culturas diferem muito em termos da representação autêntica do *self*. Portanto, um uso balanceado de autenticidade, honestidade e integridade pode ser mais bem avaliado dentro do contexto cultural. Entretanto, seja qual for a estrutura cultural, a subutilização da autenticidade pode levar à não expressão de suas emoções, interesses e necessidades. Isso, por sua vez, pode limitar sua autoeficácia – se você não pode tomar posse de suas necessidades, como poderá atendê-las? Além disso, a subutilização dessa força o obriga a adotar diferentes papéis em diferentes situações, causando uma personalidade fragmentada que é mais controlada ou influenciada por forças externas do que por você mesmo.

- *Sobreutilização da força*: retidão
- *Subutilizaçãoo da força*: superficialidade, falsidade

Integração

A integridade funciona bem quando você também está em sintonia com suas necessidades e motivações. Entusiasmo e vitalidade complementam muito bem a integridade, e perspectiva e inteligência social são duas forças principais que podem ajudá-lo a compreender o contexto. Além disso, inteligência emocional (como um subdomínio da inteligência social) lhe fornece pistas para sentir, possuir e expressar seus estados internos de uma forma que lhe pareça apropriada e autêntica. Gentileza e amor são dois outros atributos que ocorrem em paralelo com integridade. Amor genuíno marcado por atenção e compartilhamento encoraja autenticidade, e vice-versa.

Filmes

- *A separação (2011, Irã)* – Durante a dissolução de um casamento, este filme apresenta uma mostra inspiradora de integridade e honestidade por parte de uma pessoa que é acusada de mentir.
- *Erin Brockovich (2000)* – O profundo senso de integridade da personagem principal para trazer à luz a verdade acaba resultando em uma das maiores ações judiciais coletivas da história dos Estados Unidos.
- *A lenda de Bagger Vance (2000)* – Rannulph Junnah, que já foi o melhor jogador de golfe em Savannah, Georgia, supera o alcoolismo para refazer seu jogo de golfe e sua vida a partir das forças de autenticidade e integridade.
- *Sociedade dos poetas mortos (1989)* – O professor de inglês John Keating ensina aos rapazes o prazer da poesia, mas, em essência, eles aprendem e por fim demonstram as forças de honestidade e integridade.

Ações Terapêuticas

- **Avalie inibições, julgamentos e rejeição – falta de autenticidade:** Reflita a respeito e escreva sobre cinco situações que o deixaram estressado. Avalie cada 3situação para identificar se ela foi, em parte, devida a inibição, medo de julgamento ou rejeição, especialmente se causadas por normas e expectativas sociais. Com um amigo próximo ou familiar, discuta maneiras de descobrir como você pode se expressar de forma autêntica.
- **Procure situações que facilitem sua autenticidade:** Reflita a respeito e escreva sobre situações que naturalmente permitem que você seja você mesmo. Preste muita atenção aos fatores internos e externos que facilitam sua autenticidade. Discuta com um confidente como você pode criar mais situações como essa.
- **Promova interação autêntica:** Inúmeros estressores psicológicos brotam de nossa incapacidade de nos relacionarmos de forma autêntica com os outros com integridade. Revise modelos de *feedback* que sejam autênticos e construtivos e que constroem – não bloqueiam – o relacionamento.
- **Procure papéis autênticos:** Procure papéis com clara estrutura que permitam que você seja autêntico e honesto, especialmente se você se sente inibido no trabalho. Persiga posições em organizações que promovem comunicação honesta e franca.
- **Elucide convicções morais:** Identifique sua área de mais forte convicção moral (p. ex., fazer seu trabalho da forma ideal e dar o melhor de si). Como você pode trazer essas convicções para outras áreas de sua vida em que tende a ter dificuldades (p. ex., obedecer a regras de trânsito, sempre optar por opções favoráveis ao ambiente, defender quem está sendo maltratado)? Estabeleça objetivos pequenos e mensuráveis para melhorar seu comportamento e que resultem em maior integridade.

Modelos (Palestra no TED)

Visite *https://www.ted.com/talks* e faça uma busca das seguintes palestras para ouvir histórias de indivíduos que representam a força de integridade:

- Brené Brown: O poder da vulnerabilidade
- Malcolm McLaren: Criatividade autêntica vs. cultura do caraoquê
- Heather Brooke: Minha batalha para expor a corrupção no governo

Livros

- Brown, B. (2010). *The Gifts of Imperfection: Let Go of Who You Think You're Supposed To Be and Embrace Who You Are*. Center City, MN: Hazelden.
- Cloud, H. (2006). *Integrity: The Courage to Meet the Demands of Reality*. New York: Harper.
- Simons, T. (2008). *The Integrity Dividend Leading by the Power of Your Word*. San Francisco: Jossey-Bass.

Websites

- Perfis de vozes, vítimas e testemunhas de corrupção e trabalho para um mundo sem corrupção: https://www.transparency.org

- O Cento Internacional para Integridade Acadêmica trabalha para identificar, promover e afirmar os valores da integridade acadêmica entre alunos, docentes, professores e administradores: http://www.academicintegrity.org/icai/home.php

9. VITALIDADE E ENTUSIASMO

Descrição

Vitalidade é uma abordagem da vida marcada por apreciação da energia, vivacidade, excitação e entusiasmo. Por uma perspectiva psicológica, a falta de vitalidade produz depressão, passividade e enfado. Vitalidade inclui emoções positivas como alegria, exuberância e excitação, além de contentamento, satisfação e gratificação. Se vitalidade e entusiasmo estão entre as suas forças principais, você aborda a vida com determinação. Você tem vigor emocional e físico ao perseguir atividades cotidianas. Frequentemente se sente inspirado e transforma esse sentimento em projetos e iniciativas criativas. Dá o melhor de si para seus projetos, e esse engajamento frequentemente encoraja outras pessoas. Uma vida de vigor permite que você experimente a sobreposição do domínio mental e físico da experiência quando o estresse diminui e a saúde aumenta.

Meio-termo

Um uso balanceado de vitalidade é essencial, mas não é fácil distinguir entre equilíbrio e sobreutilização. Esses dois estados podem facilmente ser vistos como paixão. No entanto, quando a vitalidade é sobreutilizada, pode se tornar uma paixão que é internalizada tão profundamente que se torna parte de sua identidade. Contudo, não usar vitalidade o deixaria passivo e desmotivado. Para um uso balanceado, é importante que entusiasmo e vitalidade se tornem parte de sua personalidade, mas apenas uma parte, entre muitas outras. Um uso balanceado de vitalidade significa que você persegue muitas atividades com entusiasmo, mas não negligencia suas outras responsabilidades.

- *Sobreutilização da força:* hiperatividade
- *Subutilização da força:* passividade, inibição

Integração

Vitalidade é uma força que funciona melhor com forças de outras virtudes, como prudência, autorregulação, curiosidade, ludicidade e apreciação da beleza, as quais também são utilizadas para criar experiências saudáveis. (Por exemplo, aprender a tocar um instrumento musical pode requerer que você estabeleça uma rotina de prática [autorregulação], aprecie a música já criada [apreciação da beleza e excelência], goste do processo de aprendizagem [curiosidade], improvise e se divirta com isso [ludicidade, criatividade], aprenda música e também cumpra outras responsabilidades [prudência].)

Filmes

- *Hector e a procura da felicidade (2014)* – Este filme apresenta a tentativa peculiar de um psiquiatra de se sentir vivo e a busca do sentido da vida. O filme exibe inúmeras forças de caráter, entre as quais entusiasmo, curiosidade, amor, perspectiva, gratidão e coragem.
- *O lado bom da vida (2012)* – O principal personagem, Pat, tem um lema – *excelsior* (uma palavra em latim que significa *sempre mais alto*) – que inclui entusiasmo e vitalidade, enquanto ele se recupera de adversidades e se torna determinado, dinâmico e mais atencioso.
- *Up – altas aventuras (2009)* – Uma história edificante (literalmente e metaforicamente) de Carl, 78 anos, que persegue seu sonho de toda a vida de ver as florestas da América do Sul, junto com um companheiro improvável.
- *Meu pé esquerdo (1993)* – Nascido quadriplégico em uma família irlandesa pobre, Christy Brown (com a ajuda de sua mãe e professora dedicada) aprende a escrever usando o único membro sobre o qual tem controle: seu pé esquerdo. Esse personagem exibe vitalidade e entusiasmo pela vida.

Ações Terapêuticas

- **Engaje-se em uma atividade que "deve ser feita":** Inúmeras condições psicológicas solapam nossa motivação. Escolha uma atividade que "deve ser feita" – uma que você tem que fazer (como fazer o dever de casa, exercitar-se ou lavar a louça), mas não está com vontade de fazer. Use sua força de criatividade para realizar a atividade de uma forma diferente e animada. Você pode escolher um parceiro e realizá-la com ele.
- **Saia ao ar livre:** Durante uma hora por semana, faça pelo menos uma atividade ao ar livre, como caminhar, andar de bicicleta, escalar ou correr. Desfrute tanto o ambiente externo quanto suas sensações internas. A natureza tem imenso potencial terapêutico.
- **Durma melhor:** Melhore a higiene de seu sono estabelecendo uma hora de dormir regular. Não

coma mais nada de 3 a 4 horas antes da hora de dormir e evite fazer qualquer trabalho na cama, ingerir cafeína à noite, etc. Observe as mudanças no seu nível de energia.
- **Associe-se a um clube:** Participe de um clube de dança, vá a um concerto ou entre para um grupo de artes performáticas – no mínimo um evento mensal. Se houver canto ou dança envolvidos, participe. Como alternativa, use seu *smartphone* para tirar fotografias que representam seu conceito de vitalidade e entusiasmo.
- **Socialize mais com pessoas alegres:** Passe um tempo com amigos que gostam de se divertir. Observe como o riso pode ser contagioso. Ou então assista a um seriado na televisão ou vá assistir a uma comédia *stand-up* com seus amigos.

Modelos (Palestras no TED)

Visite *https://www.ted.com/talks* e faça uma busca das seguintes palestras para ouvir histórias de indivíduos que representam a força de vitalidade e entusiasmo:

- Dan Gilbert: A ciência surpreendente da felicidade
- Ron Gutman: O poder oculto do sorriso
- Meklit Hadero: A beleza inesperada dos sons do cotidiano
- Matt Cutts: Experimente algo novo por 30 dias

Livros

- Buckingham, M. (2008). *The Truth About You*. Nashville, TN: Thomas Nelson.
- Elfin, P. (2014). *Dig Deep & Fly High: Reclaim Your Zest and Vitality by Loving Yourself from Inside Out*. Mona Vale, NSW: Penelope Ward.
- Peale, V. N. (1967). *Enthusiasm Makes the Difference*. New York: Simon & Schuster.

Websites

- Robert Vallerand explica o que é paixão e o que diferencia paixão obsessiva de paixão harmoniosa: https://vimeo.com/30755287
- *Website* da teoria da autodeterminação, que se ocupa do apoio a nossas tendências naturais ou intrínsecas de nos comportarmos de forma efetiva e saudável: http://www.selfdeterminationtheory.org
- Quatro Razões para Cultivar Entusiasmo na Vida: https://greatergood.berkeley.edu/article/item/four_reasons_to_cultivate_zest_in_life

VIRTUDE CENTRAL: HUMANIDADE

Forças emocionais que mostram o exercício da vontade diante de oposição ou ameaça interna

10. AMOR

Descrição

Amor inclui a capacidade de amar e ser amado. A característica definidora dessa força é valorizar e cuidar dos outros, em particular aqueles com quem o compartilhamento e os cuidados são recíprocos. Se amor está entre suas forças principais, dar e receber amor acontece facilmente para você. Você pode expressar seu amor por aqueles de quem você depende e por aqueles que ama romanticamente, sexualmente e emocionalmente. Essa força lhe permite depositar confiança em outas pessoas e torná-las uma prioridade na sua tomada de decisões. Você experimenta um senso de profundo contentamento com a devoção àqueles a quem ama.

Meio-termo

O amor é, sem dúvida, a fonte a partir da qual inúmeras outras forças fluem. Isso torna desafiador o equilíbrio entre amor e outras forças, especialmente quando você está se sentindo triste, ansioso, ambivalente ou perturbado. Se você tende a evitar (provavelmente devido à ansiedade) em vez de confrontar um agressor reincidente, pode estar exercendo sua força de amor, possivelmente desconsiderando ou mesmo perdoando o agressor. Da mesma forma, o medo de perder um relacionamento (provavelmente devido à depressão) pode comprometer sua força de amor e fazê-lo tolerar um tratamento injusto. De modo semelhante, pode desenvolver-se uma expressão tendenciosa e seletiva de amor por uma pessoa específica – um parceiro romântico, genitor, filho, irmão ou amigo –, magoando outras pessoas com quem você tem de se relacionar. Observe que uma aplicação balanceada de amor é, por excelência, estruturada dentro do contexto cultural do indivíduo: em culturas interdependentes, esse equilíbrio é amar a família como um todo, enquanto em culturas individualistas implica um equilíbrio entre amar e trabalhar de forma apropriada.

- *Sobreutilização da força:* promiscuidade emocional
- *Subutilização da força:* isolamento, desapego

Integração

O amor, uma necessidade universal para construir relações de cuidados mútuos, atua como uma "supercola" que pode integrar quase todas as outras forças. Neste livro, a Sessão 3: Sabedoria Prática, discute inúmeras estratégias para integrar as forças de forma adaptativa. Devido à natureza abrangente e idiossincrásica do amor, é importante ter noção de quais princípios norteadores integram as várias forças de forma mais adaptativa, considerando-se a situação ou desafio em questão. (Por exemplo, se você está experimentando problemas no relacionamento, pode integrar amor a inteligência social e coragem para aliviar o estresse, enquanto outra pessoa com uma dificuldade similar pode resolvê-la integrando amor a ludicidade e criatividade.)

Filmes

- *Doutor Jivago (1965)* – Uma história épica mostrando o amor – a capacidade de amar e ser amado – de um médico que está dividido entre o amor de sua esposa e o amor de sua vida, ambientada em meio à Revolução Russa.
- *O paciente inglês (1996)* – Ambientado durante a II Guerra Mundial, este filme conta uma história poderosa de amor, quando uma jovem enfermeira cuida de um estranho misterioso.
- *As pontes de Madison (1995)* – Francesca Johnson, uma mulher casada e com filhos, se apaixona por um fotógrafo viajante; o romance dura apenas quatro dias, mas muda sua vida drasticamente.
- *O segredo de Brokeback Mountain (2005)* – Este filme apresenta a profunda história de amor entre dois vaqueiros que se apaixonam quase por acaso, ambientada na conservadora paisagem e no meio social da década de 1960, quando o amor *gay* ainda em grande parte não era aceito.

Ações Terapêuticas

- **Amor é uma competência que pode ser aprendida:** Se seu amor está lhe causando sofrimento, avalie as origens e consequências de seu sofrimento. O amor é uma competência adquirida que precisa de prática. Explore competências específicas baseadas em evidências, como prestar atenção nas forças das pessoas que você ama (veja a prática da *Árvore das Relações Positivas* na Sessão 12: Relações Positivas, e a prática *Resposta Ativa Construtiva* na Sessão 13: Comunicação Positiva).
- **Mantenha-se atualizado com seu parceiro/pessoas amadas:** Mantenha-se conectado com as pessoas que você ama. Reserve cinco minutos de seu dia de trabalho para enviar uma mensagem de texto ou telefone para perguntar como está o dia delas, especialmente em dias importantes. Pergunte regularmente a pessoas que você ama sobre os estressores atuais, preocupações, projetos, esperanças, sonhos, amigos e adversidades.
- **Evite a "fadiga no relacionamento":** A maioria dos relacionamentos começa com uma nota positiva. Com o passar do tempo, no entanto, os parceiros começam a achar que decifraram um ao outro, e o viés da negatividade tende a minimizar os aspectos positivos e a acentuar os negativos. Esse viés atrasa o crescimento das relações, enquanto raiva e ressentimento se acumulam. Use o amor, juntamente com criatividade e curiosidade, para explorar algo novo sobre seu parceiro, e façam alguma coisa que vocês dois ainda não experimentaram.
- **Compartilhe um profundo senso de propósito:** Relacionamentos prósperos crescem quando os casais e famílias brincam e riem juntos e quando compartilham um profundo senso de propósito. Esse propósito pode ser compartilhado de inúmeras maneiras, como, por exemplo, tendo valores em comum (p. ex., autonomia, harmonia familiar e sucesso na carreira) e compreendendo as ações que expressam esses valores.
- **Passem algum tempo juntos:** Organize regularmente atividades de lazer em família, como fazer caminhadas, andar de bicicleta ou acampar juntos; fazer aulas de ioga ou dança em família; ou participar de eventos esportivos, retiros, concertos ou festivais culturais em família. Essas atividades irão construir memórias agradáveis, em vez de memórias tóxicas.

Modelos (Palestras no TED)

Visite *https://www.ted.com/talks* e faça uma busca das seguintes palestras para ouvir histórias de indivíduos que representam a força de amor:

- Robert Waldinger: Do que é feita uma vida boa? Lições do estudo mais longo sobre felicidade
- Helen Fisher: Por que amamos, por que traímos
- Yann Dall'Aglio: Amor – você está fazendo errado
- Mandy Len Catron: Apaixonar-se é a parte mais fácil

Livros

- Fredrickson, B. L. (2013). *Love 2.0.* New York: Plume.

- Gottman, J. M., & Silver. N. (1999). *The Seven Principles for Making Marriage Work*. New York: Three Rivers Press.
- Pileggi Pawelski, S., & Pawelski, J. (2018). *Happy Together: Using the Science of Positive Psychology to Build Love That Lasts*. New York: TarcherPerigee.
- Vaillant, G. E. (2012). *Triumphs of Experience: The Men of the Harvard Grant Study*. Cambridge, MA: Belknap Press of Harvard University Press.

Websites

- O Instituto Gottman oferece técnicas de avaliação e intervenção baseadas em pesquisa, além de informações sobre treinamento em terapia de casais: https://www.gottman.com/
- O Laboratório do Apego: A pesquisa sobre apego foca na compreensão da dinâmica consciente e inconsciente do sistema comportamental do apego: http://psychology.ucdavis.edu/research/research-labs/adult-attachment-lab-1
- O Centro de Pesquisas da Família, da Universidade de Cambridge, tem reputação mundial pela pesquisa inovadora que aumenta a compreensão das relações dos filhos, pais e família. https://www.cfr.cam.ac.uk

11. GENTILEZA

Descrição

Gentileza inclui inúmeros atributos, como ter consideração, ser cortês e atencioso. Se gentileza está entre suas forças principais, você traduz esses atributos em ações, obras e esforços para outras pessoas sem ser solicitado e sem a expectativa de resultados tangíveis. Gentileza não é meramente o que você quer fazer. Você também tem conhecimento dos motivos, competências e do provável impacto de seus esforços. Embora o ato de gentileza seja feito sem expectativa de ganho pessoal, por uma perspectiva terapêutica, a pessoa que recebe o ato de gentileza experimenta emoções positivas, assim como a pessoa que pratica o ato. Assim, a gentileza atua como proteção para uma pessoa em sofrimento ao direcionar a atenção de si mesma para outras pessoas de uma forma adaptativa. Se gentileza é sua força, você encontrará alegria ao ajudar outras pessoas. Não importa se você conhece ou não a outra pessoa; você é motivado a ajudar incondicionalmente.

Meio-termo

De fato, há um grande valor em realizar atos espontâneos e aleatórios de gentileza que se direcionam para necessidades imediatas. Tais atos podem incluir resolver alguma falha tecnológica para alguém, prestar os primeiros socorros a uma pessoa ferida, ouvir com atenção alguém que precisa compartilhar seu sofrimento ou preparar uma refeição para um amigo doente. No entanto, é necessária alguma consideração de que a realização de atos de gentileza pode requerer muito esforço, energia e tempo. (Exemplos incluem tutoria, ajudar na construção de uma casa ou um projeto de construção e auxiliar com *expertise* profissional, como contábil, legal ou médica.) Para todas essas situações, explique os riscos e os resultados potenciais. Também leve em consideração se a ajuda que você está oferecendo é realmente necessária; é aceita; é oferecida com respeito; é pragmática; e não é contingente com qualquer ganho direto, indireto ou secundário. Não deixe de consultar o receptor sobre o processo e a logística, já que muitos fatores podem não ser evidentes. Também se certifique de que sua gentileza não é percebida como leniência ou não evoluirá para dependência. Sempre conecte seus atos de gentileza com seus valores mais profundos. É muito importante compreender que gentileza também inclui ser gentil consigo mesmo. Gentileza desprovida de autocompaixão pode ser uma desculpa para evitar ou suprimir sua crítica interna severa. Um uso balanceado de gentileza implica que você não está sendo indevidamente crítico consigo mesmo.

- *Sobreutilização da força*: intromissão
- *Subutilização da força*: indiferença, crueldade, mesquinharia

Integração

Gentileza funciona bem com inúmeras outras forças. Por exemplo, o uso de facetas de inteligência emocional pode ajudá-lo a avaliar as nuances de situações: gentileza é relevante para a situação ou alguma outra força poderia produzir um resultado melhor? Se, por exemplo, uma tarefa requer um conjunto de competências muito específicas que você só pode realizar parcialmente, você também pode pedir que outra pessoa o ajude (trabalho em equipe) ou esclareça a extensão de seu conhecimento para que o destinatário da ajuda esteja ciente do que você pode e do que não pode realizar (autenticidade), e então o restante da tarefa poderá ser feito por terceiros. Se você estiver interessado em ajudar alguém e tem as competências para prestar ajuda, mas tem medo de cometer erros, consulte e colabore com o destinatário e utilize outras forças, como prudência, julgamento e mente aberta, para criar uma experiência ideal de expressão de sua gentileza.

Filmes

- *Um sonho possível (2009)* – Baseado em uma história verídica de gentileza e compaixão, Michael Oher, um menino sem-teto e traumatizado, é adotado por Sean e Leigh Anne Tuohy – uma conexão que leva Michael a jogar na Liga Nacional de Futebol.
- *Filhos do paraíso (1997, Irã)* – Este filme mostra gentileza e compaixão, em vez da tradicional rivalidade, entre um irmão e uma irmã que compartilham um par de sapatos.
- *A vida secreta das abelhas (2008)* – Uma história comovente que mostra uma conexão forte entre estranhos. Uma menina de 14 anos escapa de um mundo conturbado para encontrar cuidados e amor na casa das irmãs Boatwright e em seu mundo envolvente da apicultura.
- *Regras da vida (1999)* – Homer, um jovem que reside em um orfanato no Maine, aprende medicina e o valor de privilegiar ações gentis em detrimento da obediência cega às regras.

Ações Terapêuticas

- **Construa autoeficácia:** Comprometa-se a fazer pelo menos um ato de gentileza para ajudar outras pessoas. Quando você ajuda alguém genuinamente, o faz sem a expectativa de alguma recompensa ou outro benefício. No entanto, é provável que você colha benefícios psicológicos, pois ajudar outras pessoas desenvolve sua própria autoeficácia, que, por sua vez, reduz o sofrimento psiquiátrico.
- **Seja gentil consigo mesmo:** Pessoas com sofrimento psicológico – especialmente aquelas que lutam contra a depressão – criticam-se duramente e pensam em si mesmas como a causa de seu sofrimento. Se você é assim, comece a usar autocompaixão, isto é, seja gentil consigo mesmo. Em vez de focar exclusivamente em seus déficits, afirme suas forças de forma autêntica.
- **Expresse gentileza por meio da comunicação:** Use palavras mais gentis e mais suaves com as pessoas ao mandar *e-mail*, escrever cartas, falar ao telefone ou interagir nas mídias sociais. Crie uma lista de dicas e estratégias para ser gentil nas mídias sociais. Faça uma postagem dessa lista e peça respostas e sugestões de seus amigos e família.
- **Expanda sua gentileza e as conexões culturais:** Escolha uma cultura específica e distinta. Usando diferentes fontes, inclusive algumas dessa própria cultura, faça uma lista das expressões que frequentemente são mal compreendidas por pessoas que são de outras culturas. Compartilhe a lista no seu círculo social.
- **Engaje-se em atos espontâneos de gentileza:** Quando dirigir, ceda a passagem aos outros e seja cortês com os pedestres e ciclistas. Quando entrar ou sair de prédios, segure a porta para os outros. Ajude a trocar um pneu furado ou ofereça seu telefone para um motorista com o carro em pane. Carregue em seu porta-malas cabos auxiliares e sinalizadores para o caso de precisar ajudar alguém na estrada.
- **Compartilhe pertences e *expertise*:** Compartilhe seus pertences com os outros (p. ex., aparador de grama, removedor de neve ou cabos auxiliares). Ofereça ajuda caso eles não saibam como operar o equipamento ou como desempenhar uma tarefa.

Modelos (Palestras no TED)

Visite *https://www.ted.com/talks* e faça uma busca das seguintes palestras para ouvir histórias de indivíduos que representam a força de gentileza:

- Karen Armstrong: A carta para a compaixão
- Matthieu Ricard: Como ter o altruísmo como seu guia
- Robert Thurman: Expandindo seu círculo de compaixão
- Hannah Brencher: Cartas de amor para estranhos
- Abigail Marsh: Por que algumas pessoas são mais altruístas do que outras

Livros

- Keltner, D., & Marsh, J., & Smith, J. A. (Eds.). (2010). *The Compassionate Instinct: The Science of Human Goodness*. New York: W. W. Norton.
- Rifkin, J. (2009). *The Empathic Civilization: The Race to Global Consciousness in a World in Crisis*. New York: Penguin.
- Ferrucci, P. (2007). *The Power of Kindness: The Unexpected Benefits of Leading a Compassionate Life*. Paperback edition. New York: Penguin.

Websites

- Uma lista de 35 pequenos atos de gentileza que você pode fazer: http://www.oprah.com/spirit/35-Little-Acts-of-Kindness
- Atos Aleatórios de Gentileza, uma organização sem fins lucrativos internacionalmente reconhecida que fornece recursos e ferramentas que encorajam atos de gentileza: https://www.randomactsofkindness.org
- As Raízes da Empatia e da Compaixão; Paul Ekman descreve alguns dos componentes da empa-

tia e da compaixão: https://youtu.be/3AgvKJK-nrk
- Artigo baseado em evidências mostrando os benefícios de uma mente compassiva: http://www.psychologicalscience.org/index.php/publications/observer/2013/may-june-13/the-compassionate-mind.html
- Como Aumentar Sua Compaixão Amplamente: http://greatergood.berkeley.edu/article/item/how_to_increase_your_compassion_bandwidth

12. INTELIGÊNCIA SOCIAL

Descrição

Pessoas com inteligência social (que também inclui inteligência emocional e pessoal) têm consciência das próprias emoções e intenções, assim como as dos outros. Se essa for uma das suas forças principais, é muito provável que você esteja perfeitamente consciente de suas emoções, motivações e reações (inteligência pessoal), assim como das dos outros (inteligência social). Você tem uma habilidade excepcional para notar uma mudança nas emoções dos outros e é capaz de fazer os ajustes necessários para garantir que um ambiente cordial seja mantido. Quando trabalha com outras pessoas, você se certifica de que todos se sintam à vontade, incluídos e valorizados, especialmente em esforços que incluem um grupo. Do ponto de vista terapêutico, a inteligência social lhe oferece acesso aos seus próprios sentimentos e também aos sentimentos dos outros. Esse acesso pode atuar para promover, manter e aprofundar relações saudáveis.

Meio-termo

Um uso balanceado da inteligência social possibilita que você perceba pequenas nuanças entre outras pessoas, especialmente quando a motivação ou o humor delas muda. Essa força lhe permite responder de formas apropriadas à situação. Você se conecta com os outros quase sem esforço. Você reage de modo apropriado e, quando necessário, expressa simpatia, empatia ou simplesmente consegue se colocar no lugar do outro. (Por exemplo, se alguma coisa desencadeia tristeza em seu amigo, sua inteligência social percebe isso, e você será capaz de dizer ou fazer alguma coisa que não o faça se sentir isolado.) Você tem a habilidade de conhecer a pessoa integralmente. Muito como o amor e a gentileza, a inteligência social é uma das principais forças para uma vida saudável.

O déficit e o excesso dessa força estão associados a problemas psicológicos. A falta de inteligência social não permite que você se conecte com os outros em um nível mais profundo. Portanto, você não será capaz de construir conexões que possam ser terapêuticas e apoiadoras, especialmente quando estiver estressado, triste e/ou ansioso – estados que, por definição, levam ao isolamento e dificultam que você seja capaz de se abrir para os outros. Você também pode achar que compartilhar seu sofrimento psicológico com outros é constrangedor porque eles podem não compreender e você pode se tornar uma carga para eles desnecessariamente. No entanto, se você tem relações profundas e seguras devido a sua inteligência social, será relativamente fácil se abrir para outros e buscar apoio. Dessa maneira, sua inteligência social lhe oferece proteção, especialmente durante momentos difíceis.

Há também déficits severos de inteligência social. Estes se manifestam por meio de condições como autismo, síndrome de Asperger e transtorno da personalidade esquizoide. Essas condições, que têm fortes raízes biológicas e necessitam de tratamento especializado e contínuo, também se beneficiam com aspectos da inteligência social que podem ser desenvolvidos.

O excesso de inteligência social também pode ser problemático. Por exemplo, conhecer e compreender outras pessoas, em meio a contextos sociais complexos, é demorado e requer considerável investimento emocional. Se você investir esses recursos excessivamente, poderá não ter tempo para si mesmo. Em segundo lugar, você pode ganhar uma reputação lisonjeira de que está disponível para todos, mas é muito provável que isso crie expectativas irrealistas em outras pessoas que gostariam de desabafar com você. Você pode se tornar um "pseudoterapeuta" para muitos, e é muito provável que isso possa exauri-lo emocionalmente. Sua inteligência social pode ficar sobrecarregada; você pode começar a mostrar sinais de irritabilidade e ser menos empático – por ter ouvido a mesma história de muitas pessoas – e, por fim, começar a se sentir inadequado. Assim, o uso balanceado de inteligência social implica que você esteja atento ao seu próprio bem-estar.

- *Sobreutilização da força:* psicobalbucio, autoengano
- *Subutilização da força:* obtusidade, ignorância

Integração

Para alcançar o uso balanceado da inteligência social, você precisará usá-la junto com outras forças, como perspectiva, que é essencial. Ao empregar inteligência social e pessoal em qualquer esforço, sempre tenha a visão do conjunto (o significado e o propósito). A inteligência social funciona bem quando você também usa seu julgamento e mente aberta para examinar a situação por todos os ângulos possíveis para identificar algum viés potencial. Vitalidade e entusiasmo podem acentuar a inteligência social, especialmente quando um evento ou situação precisa de motivação e esperança. A inteligência social também pode resolver muitas situações tensas se você for capaz de identificar um aspecto mais leve, divertido e bem-humorado da situação para acabar com o impasse ou aliviar a tensão.

Filmes

- *O que traz boas novas (2011)* – Bahir Lazhar, um imigrante argelino e professor substituto, usa sua inteligência social para se conectar com os alunos em uma classe que acabou de perder seu professor de forma traumática.
- *Filhos do silêncio (1986)* – Este filme retrata lindamente a inteligência social e pessoal à medida que a relação entre um professor de língua de sinais e uma mulher com deficiência auditiva se desenvolve na compreensão das emoções, intenções e ações um do outro.
- *K-Pax – o caminho da luz (2001)* – Um paciente misterioso em um hospital psiquiátrico afirma ser um alienígena de um planeta distante, demonstrando notável inteligência social ao relacionar-se com os outros pacientes.
- *Uma lição de amor (2002)* – Sam, um homem com problemas psicológicos significativos, luta pela custódia de sua filha pequena, argumentando com sucesso que o que importa não é o cérebro, mas o amor e os relacionamentos.

Ações Terapêuticas

- **Enfrente situações desconfortáveis com inteligência emocional:** Pense em enfrentar uma situação emocional que costuma produzir sentimentos de ansiedade e depressão em você. (Os exemplos podem incluir compartilhar seus pensamentos em uma reunião de trabalho sobre questões das quais você discorda, discutir um problema não resolvido com seus familiares que continua a incomodá-lo e comunicar *feedback* a um amigo sobre alguma coisa da qual você discorda e com a qual se preocupa.) Use sua inteligência social e pessoal e procure esclarecer pontos que não foram esclarecidos anteriormente. Compartilhe sua motivação e valores subjacentes e peça que os outros façam o mesmo. No mínimo, esse processo irá ajudar você e aos outros a avaliar os valores.
- **Ouça sem interromper:** Ouça as pessoas que você ama, especialmente aquelas com quem você interage frequentemente e francamente. Deixe que elas saibam que você gostaria de ouvir do começo até o fim, sem interromper ou preparar uma refutação. Faça anotações mentais dos pontos a serem esclarecidos e aborde-os quando a pessoa terminar de falar. Então, compartilhe seus pensamentos e também receba *feedback* da pessoa com quem está compartilhando.
- **Desfaça ofensas:** Se alguém o ofender, procure encontrar um elemento positivo em seus motivos. Usando noções associadas à inteligência social, considere as razões por que o comportamento ofensivo pode ter resultado de fatores situacionais temporários, em vez de representarem a disposição ou natureza da pessoa.
- **Obtenha *feedback*:** Pergunte a alguém próximo sobre momentos em que você não o compreendeu emocionalmente e também sobre como ele gostaria de ser compreendido emocionalmente no futuro. Pense em alguns pequenos passos práticos que você pode dar na próxima vez que interagir com essa pessoa.
- **Seja simples e direto:** Em suas relações íntimas, fale de forma simples e direta sobre suas necessidades e desejos. Permita que os outros façam o mesmo sem julgá-los ou responder com refutações.

Modelos (Palestras no TED)

Visite *https://www.ted.com/talks* e faça uma busca das seguintes palestras para ouvir histórias de indivíduos que representam a força da inteligência social:

- Daniel Goleman: Por que não somos mais compassivos?
- Joan Halifax: Compaixão e o verdadeiro significado de empatia
- David Brooks: O animal social

Livros

- Cassady, J. C., & Eissa, M. A. (Eds.) (2008). *Emotional Intelligence: Perspectives on Educational and Positive Psychology*. New York: P. Lang.
- Goleman, D. (2006). *Social Intelligence: The New Science of Human Relationships*. New York: Bantam Books.
- Livermore, D. A. (2009). *Cultural Intelligence: Improving Your CQ to Engage Our Multicultural World*. Grand Rapids, MI: Baker Academic.

Websites
- Centro de Inteligência Emocional de Yale: http://ei.yale.edu
- Consórcio de Inteligência Emocional: http://www.eiconsortium.org/
- Marc Brackett – Centro de Inteligência Emocional de Yale: https://youtu.be/62F9z1OgpRk

VIRTUDE CENTRAL: JUSTIÇA

Forças interpessoais que envolvem proteção e afiliação

13. CIDADANIA E TRABALHO EM EQUIPE

Descrição

A força de caráter da cidadania, também chamada de trabalho em equipe, envolve trabalhar como membro de um grupo para um bem comum. Se essa é uma das suas forças principais, é mais provável que você esteja disposto a fazer sacrifícios para o bem comum dos grupos com quem está envolvido, como seu bairro, comunidade religiosa, grupo na escola, redes profissionais e círculos culturais. Você sente afinidade e se identifica fortemente com seu bairro, cidade, província ou estado e seu país, de forma adaptativa, sem ser xenofóbico. Esses grupos e unidades formam fontes de identidade para você. Se cidadania e trabalho em equipe estão entre suas forças principais, você as manifesta cumprindo e/ou indo além de suas responsabilidades cívicas.

As pessoas que participam de atividades que desenvolvem cidadania e trabalho em equipe geralmente têm boa saúde mental, porque essas atividades as conectam com pessoas que pensam de forma parecida, o que, por sua vez, desenvolve sua confiança social. Ter confiança social proporciona garantia de que o mundo a sua volta não é um lugar inseguro. Além disso, a participação em atividades de formação da comunidade melhora a autoeficácia.

Meio-termo

O uso balanceado de cidadania e trabalho em equipe implica que você se conecte com seu grupo ou equipe e encontre formas de utilizar suas forças, *expertise*, conhecimento e recursos para o bem-estar do grupo. Entretanto, cidadania não significa que você segue cegamente as regras e regulações daqueles que estão no poder. Um uso equilibrado e bem-ajustado de cidadania significa que quase todos os membros da equipe se sentem incluídos e estão intrinsecamente motivados para trabalhar para o sucesso do grupo. Cidadania e trabalho em equipe funcionam de modo ideal quando os objetivos do grupo prevalecem, apesar das diferenças individuais inevitáveis. De fato, cada membro da equipe mantém sua própria identidade, mas a habilidade criativa cria coesão e solidariedade no grupo. Você pode ter ouvido expressões como "grupo de irmãos" e "irmandade", o que simbolicamente representa família.

O uso balanceado de cidadania também implica que você não se torne um espectador. Se alguns indivíduos assumem um papel maior que poderia diminuir sua participação, você precisa usar forças como coragem e justiça para assegurar que a harmonia do grupo não esteja comprometida. A falta de trabalho em equipe e cidadania pode deixar você isolado e privado do apoio social e comunitário, que pode fazer uma diferença significativa, especialmente quando você experimenta sofrimento psicológico.

- *Sobreutilização da força:* obediência irracional e automática
- *Subutilização da força:* egoísmo, narcisismo

Integração

Para usar idealmente cidadania e trabalho em equipe, você vai precisar de inúmeras outras forças, como conhecer a si mesmo e os outros (inteligência emocional e social). Ao trabalhar com um grupo de indivíduos diversos (p. ex., em termos de etnia, contexto educacional, disposições ou preferências), você se beneficiará da mente aberta, da justiça e de ter consciência e respeitar as diferenças.

Quase todas as equipes ou grupos experimentam tensões e conflitos. Portanto, você pode estimular a criatividade dos membros do grupo para fazer um *brainstorm* das soluções para o bem comum e o desempenho ideal da equipe. Humor bem-intencionado e ludicidade aliviam tensões grupais, e a tarefa se torna mais fácil se os membros do grupo compartilharem um propósito comum (perspectiva) para aumentar a solidariedade. Além disso, o trabalho em equipe se beneficia enormemente quando as forças dos membros do grupo são identificadas, reconhecidas e apoiadas.

Filmes

- ***O campo dos sonhos (1989)*** – Uma representação excelente de cidadania e trabalho em equipe, este filme mostra os esforços colaborativos de um fazendeiro em Iowa que interpreta uma mensagem misteriosa: *se você construir, eles virão.*

- *Invictus (2009)* – Esta é a inspiradora história real de um time de rúgbi que vence a Copa Mundial dentro de campo e também une a África do Sul pós-*apartheid* fora de campo.
- *Hotel Ruanda (2004)* – Uma exibição extraordinária de responsabilidade social de Paul Rusesabagina, um gerente de hotel que, durante o genocídio em Ruanda, abrigou mais de mil refugiados Tutsi, protegendo-os da milícia Hutu.
- *Um sonho possível (2009)* – Um menino sem-teto e traumatizado se torna jogador de futebol americano e draft da NFL na primeira rodada com a ajuda de uma mulher atenciosa e sua família.

Ações Terapêuticas

- **Evite a alienação cívica:** Muitos de nós nos desobrigamos da participação cívica, achando que não importa o que façamos, nada vai mudar. Essa é uma visão sem esperança e pessimista – duas características da depressão. Envolva-se em trabalho comunitário e leve junto seus amigos. Na verdade, seu trabalho vai beneficiar a organização, e, mais ainda, o engajamento cívico irá conectá-lo com uma causa e companhia nobres, ambas previsoras potentes de bem-estar mental.
- **Crie uma comunidade *on-line*:** Crie uma comunidade na *web* na qual os membros compartilhem um propósito nobre, como salvar espécies específicas em perigo; angariar fundos para refugiados; ou tomar uma ação cívica contra a discriminação, como islamofobia, homofobia ou xenofobia. Compartilhe essa plataforma *on-line* para criar uma comunidade.
- **Envolva-se com um jardim comunitário:** Inicie ou junte-se a um jardim comunitário, o que pode lhe oferecer um ambiente apoiador, seguro e calmante. Você pode interagir com outras pessoas que podem (ou não) estar enfrentando problemas de saúde mental. Compartilhar o espaço e a tarefa (jardinagem) o ajuda a se tornar parte de uma comunidade.
- **Junte-se a um grupo de apoio de saúde mental comunitário:** Inicie ou junte-se a uma organização de saúde mental baseada na comunidade. Usando recursos multimídia, você pode apresentar ilustrações de como outras pessoas tiveram sucesso ao lidar com problemas de saúde mental. Explore os tratamentos mais efetivos para problemas específicos de saúde mental.
- **Decore um espaço comunitário com a arte das "experiências vividas":** Em um espaço disponível na comunidade, convide indivíduos com problemas de saúde mental a apresentarem suas "experiências vividas". Estes seriam indivíduos que estão dispostos a compartilhar suas experiências por meio de inúmeras formas artísticas. Eles também podem apresentar sua expressão artística *on-line*.

Modelos (Palestras no TED)

Visite *https://www.ted.com/talks* e faça uma busca das seguintes palestras para ouvir histórias de indivíduos que representam a força de cidadania e trabalho em equipe:

- Jeremy Rifkin: A civilização empática
- Douglas Beal: Uma alternativa para GDP que engloba nosso bem-estar
- Hugh Evans: O que significa ser um cidadão do mundo?
- Bill Strickland: Reconstruindo um bairro com beleza, dignidade, esperança

Livros

- Putnum, R. (2001). *Bowling Alone: The Collapse and Revival of American Community*. New York: Simon & Schuster.
- Kielburger, C., & Keilburger, M. (2008). *Me to We: Finding Meaning in a Material World*. New York: Simon & Schuster.
- Ricard, M. (2015). *Altruism: The Power of Compassion to Change Yourself and the World*. New York: Little Brown.

Websites

- De Mim para Nós, uma organização sem fins lucrativos que defende a conexão com outras pessoas, a construção de confiança e o envolvimento em iniciativas de construção comunitária: http://www.metowe.com
- *Websites* do sociólogo de Harvard, Robert Putnum, sobre o declínio e a ascensão da comunidade, com recursos: http://bowlingalone.com/ robertdputnam.com/better-together/

14. JUSTIÇA

Descrição

Justiça envolve o tratamento de todos segundo os ideais universais de igualdade e justiça. Se justiça é uma das suas forças principais, você geralmente não deixa que seus sentimentos influenciem suas decisões morais ou éticas sobre outras pessoas e, em vez disso, recorre a um amplo conjunto de valores morais. Seu senso de justiça incorpora um respeito pelas diretrizes morais e uma abordagem compassiva de cuidado com outras pessoas. Essa é uma força que você pode aplicar em todos os aspectos de sua vida – pessoal, profissional, lazer e comunidade – em interações do dia a dia com questões de justiça social.

Meio-termo

Uma aplicação balanceada de justiça implica que você geralmente respeita o princípio de levar em consideração o bem-estar dos outros, mesmo que não os conheça. O desafio que você pode enfrentar é a definição de "bem-estar". Você pode ter dificuldade para decidir o que é justo e o que é certo, pois o contexto cultural pode apresentar conflitos entre os dois e o modo como eles representam valores centrais subjacentes. Por exemplo, os trajes femininos (uma expressão comportamental) e modéstia (um valor subjacente) variam grandemente de cultura para cultura e até mesmo dentro da mesma cultura. Uma mulher que usa um biquíni em um país muçulmano conservador pode representar um sinal de imodéstia, embora esse traje de banho seja perfeitamente aceitável em um país ocidental. Da mesma forma, para mulheres muçulmanas, vestir um *hijab* é esperado e admirado em países muçulmanos, embora esse véu ou lenço possa ser percebido por alguns como uma escolha forçada ou uma obrigação religiosa ou cultural em alguns países ocidentais. Portanto, para alcançar um equilíbrio de justiça entre direitos, rituais e valores concomitantes, interprete justiça à luz de cada contexto. Antes de aplicar justiça, pergunte a respeito e entenda os sinais socioculturais. Procure conselhos sábios para interpretá-los. Justiça, talvez mais do que qualquer outra força, não é algo preto e branco, e você deve, portanto, estar preparado para navegar em áreas cinza.

Antes de aplicar justiça, sempre explore qual é o objetivo final. Por exemplo, tomemos equidade e igualdade. No contexto da justiça, equidade é tratar todos de forma que eles tenham sucesso ou não sejam prejudicados, enquanto igualdade é tratar todos da mesma forma, embora nem todos precisem do mesmo tipo ou níveis de apoio. Da mesma forma, se você tratar todos igualmente, saiba que, a menos que você construa uma sociedade utópica, nem todos serão tratados com justiça. Portanto, em vez de aplicar justiça em termos absolutos, use a contextualidade.

- *Sobreutilização da força:* imparcialidade sem perspectiva ou empatia, desapego
- *Subutilização da força:* preconceito, partidarismo

Integração

Para um uso balanceado de justiça, você irá precisar de inúmeras forças, como liderança, cidadania e trabalho em equipe, que lhe possibilitarão aplicar justiça facilmente. Da mesma forma, honestidade e autenticidade reforçarão um senso de justiça. Gentileza também deve ser considerada na aplicação de justiça. (Por exemplo, se um professor está sempre punindo um aluno que exibe comportamento hiperativo devido a um transtorno de déficit de atenção subjacente, a punição desse aluno provavelmente irá perder seu impacto e poderá deixá-lo mais irritável e ressentido. Porém, se o professor usar gentileza e oferecer modificações mais apropriadas ao aluno, ele terá mais chances de melhorar seu comportamento.)

Filmes

- *O clube do imperador (2002)* – William Hundert, um professor de princípios que ensina os clássicos, entra em conflito com um aluno em uma escola de prestígio, pois suas tentativas de ensinar o jovem a agir de acordo com a justiça e a moral têm resultados heterogêneos.
- *Filadélfia (1993)* – Andrew Beckett, demitido da firma de advocacia por ser *gay* e portador do vírus HIV, contrata um advogado homofóbico, Joe Miller, para atuar em sua defesa. Durante os procedimentos legais, Miller passa a ver Beckett como uma pessoa digna de respeito e tratamento justo, em vez de um estereótipo.
- *Zona verde (2010)* – Esta é uma descrição arrepiante de equidade e justiça social. Roy Miller, um oficial de alta patente da CIA, descobre evidências de armas de destruição em massa na guerra do Iraque e percebe que operadores em ambos os lados do conflito estão tentando distorcer a história a seu favor.
- *As sufragistas (2015)* – Este filme é uma excelente representação de justiça. Conta a história de mulheres comuns durante a primeira parte do século XX que são esposas, mães e filhas dedicadas. Sua principal preocupação é a desigualdade de gênero. Elas enfrentam assédio sexual no ambiente de trabalho, violência doméstica e violação de seus direitos parentais, e seus salários são muito mais baixos do que os de seus colegas homens.

Ações Terapêuticas

- **Compreenda os vieses e as preconcepções:** Para promover justiça, em primeiro lugar mantenha-se alerta à discriminação que você testemunha ou experimenta. Essa discriminação pode se mani-

festar de muitas maneiras, entre as quais ageísmo, capacitismo, gênero, orientação sexual, sotaque, fluência na língua, religião e xenofobia. Use sua força de justiça para fazer alguma coisa para deter esses vieses e preconcepções.
- **Aumente a justiça na vida diária:** Faça uma lista de tarefas, interações e atividades diárias que podem receber uma dose de justiça – coisas que aumentarão seu estresse se não se tornarem mais equitativas. (Por exemplo, fale com seu parceiro sobre assumir parte das tarefas diárias de cozinha e da arrumação da casa.) Encontre formas culturalmente e contextualmente apropriadas de aplicar justiça com o objetivo de reduzir o estresse.
- **Identifique problemas sociais que o incomodam:** Faça uma lista dos problemas sociais que mais o perturbam, focando em questões que podem ser resolvidas pela justiça. (Por exemplo, você se incomoda com o fato de as mulheres continuarem a ganhar significativamente menos do que os homens pelo mesmo trabalho? Você se incomoda com o fato de os povos indígenas terem de lutar por necessidades básicas? Ou com o fato de, apesar de claras evidências, os supermercados continuarem a vender alimentos sintéticos nocivos?)
- **Monitore seus julgamentos:** Automonitore-se para ver se seus julgamentos são afetados pelos seus gostos pessoais ou se estão baseados em princípios de justiça e imparcialidade. Tente minimizar a influência de suas preferências pessoais ao fazer julgamentos no futuro.
- **Seja porta-voz do seu grupo:** Seja uma voz pelos direitos dos outros de uma maneira que respeite as pessoas de outros grupos.

Modelos (Palestras no TED)

Visite *https://www.ted.com/talks* e faça uma busca das seguintes palestras para ouvir histórias de indivíduos que representam a força da justiça:

- Daniel Reisel: A neurociência da justiça reparadora
- Paul Zak: Confiança, moralidade – e ocitocina?
- Jonathan Haidt: As raízes morais dos liberais e conservadores
- Bono: O meu desejo: três ações para a África

Livros

- Sun, L. (2009). *The Fairness Instinct: The Robin Hood Mentality and Our Biological Nature*. New York: Prometheus Books.
- Harkins, D. (2013). *Beyond the Campus: Building a Sustainable University Community Partnership*. Charlotte, NC: Information Age.
- Last, J. (2014). *Seven Deadly Virtues: 18 Conservative Writers on Why the Virtuous Life Is Funny as Hell*. West Conshohocken, PA: Templeton Press.

Websites

- A diferença entre igualdade e equidade: http://everydayfeminism.com/2014/09/equality-is-not-enough/
- Com mais de 100 capítulos nacionais por todo o mundo, a Transparência Internacional trabalha com parcerias do governo, empresas e da sociedade civil para aprovar medidas efetivas para lutar contra a corrupção: https://www.transparency.org
- Roméo Antonius Dallaire: Comandou a Missão de Assistência das Nações Unidas para Ruanda em 1993. Desde sua aposentadoria, tornou-se porta-voz defensor dos direitos humanos em prevenção de suicídio, saúde mental e crianças afetadas pela guerra: http://www.romeodallaire.com

15. LIDERANÇA

Descrição

Liderança é o processo de motivar, dirigir e coordenar os membros de um grupo para atingir um objetivo comum. Se essa é uma das suas forças principais, você assume um papel dominante na interação social; no entanto, a liderança efetiva também requer a escuta das opiniões e sentimentos de outros membros do grupo tanto quanto envolve direção ativa. Como líder, você é capaz de ajudar seu grupo a atingir os objetivos de uma maneira coesa, eficiente e amável.

Meio-termo

Vemos um uso balanceado de liderança quando uma pessoa é capaz de encontrar consenso em um grupo, apesar das diferenças entre seus membros. Esse consenso é comunicado efetivamente e de diferentes maneiras para que os membros do grupo se mantenham motivados. Alguns líderes notáveis para estimular esperança e revigorar os espíritos de seus seguidores podem não ter as competências necessárias para traduzir sua visão em tarefas e resultados claros, concretos e tangíveis. Portanto, um uso balanceado de liderança incorpora a vontade e a motivação, além dos passos concretos necessários para o sucesso.

Além disso, o uso balanceado de liderança requer seguir, tanto quanto liderar. Isto é, sem humildade e a habilidade de ouvir, um líder pode facilmente evoluir para uma figura autoritária. Além disso, um uso balanceado de liderança requer que você seja capaz de desenvolver relações genuínas e confiáveis com as pessoas que lidera. Por meio da confiança, você tem a maior chance de despertar o melhor em seu grupo. Relações baseadas em medo ou abuso de poder ou autoridade irão induzir medo, e, em vez de serem as melhores, as pessoas em um grupo como esse provavelmente operam com medo e desconfiança.

- *Sobreutilização da força*: despotismo, autoritarismo
- *Subutilização da força*: obediência, aquiescência

Integração

A liderança pode usar inúmeras forças para promover bem-estar e resiliência. Por exemplo, inteligência social, trabalho em equipe e gentileza podem construir laços fortes com seu grupo, e humildade e gratidão podem tornar sua liderança humana e acessível. Juntas, essas forças podem criar sinergia, o que lhe possibilitará manter-se em sintonia com seu grupo.

Filmes

- *Gandhi (1982)* – A vida de Mohandas Gandhi oferece o modelo de liderança baseado na cultura da não violência, na justiça social e na humildade, ideias que inspiraram pessoas como Martin Luther King Jr.
- *A dama de ferro (2011)* – Este filme é baseado na vida de Margaret Thatcher, a chefe de estado e política britânica que se tornou a primeira mulher (e de mais longo mandato) primeira-ministra do Reino Unido no século XX.
- *Mandela: a longa caminhada até a liberdade (2013)* – Este filme faz a crônica da épica jornada de liderança de Nelson Mandela, desde o início de sua vida até a idade adulta, sua educação e os 27 anos na prisão, para se tornar o presidente da África do Sul pós-*apartheid*.
- *Lincoln (2012)* – Este filme sobre Abraham Lincoln relata o número extraordinário de suas forças, especialmente sua liderança e coragem para nadar contra a corrente e emancipar os escravos, apesar da contínua instabilidade no campo de batalha e do conflito entre seus próprios aliados.

Ações Terapêuticas

- **Defenda alguém ou lute por uma causa:** Defenda alguém que está sendo tratado de forma injusta. Encoraje outros líderes a enfatizarem a justiça em seus processos grupais. Como alternativa, você pode lutar por uma causa que acha significativa. Isso pode envolver muitas questões, como trabalho infantil, subemprego de grupos marginalizados, *bullying* nas escolas (inclusive *cyberbullying*) ou o uso de produtos químicos nocivos para o ambiente.
- **Leia a biografia de um líder que lutou contra problemas de saúde mental:** Leia uma biografia e/ou assista a um filme sobre um líder famoso que sofreu de problemas de saúde mental e que lidou com eles por meio da força de liderança (p. ex., rainha Vitória, Abraham Lincoln, Winston Churchill). Que percepções você tem desse líder que podem reforçar sua força de liderança?
- **Seja orientador de uma criança:** Seja orientador de uma criança na sua vizinhança ou em seu círculo de amizades que poderia se beneficiar das suas competências (p. ex., acadêmicas, técnicas, atléticas). Avalie seu humor antes e depois de cada sessão de orientação e também como você vê o impacto de seus esforços.
- **Faça a mediação entre dois amigos em litígio:** Quando duas pessoas estão em uma discussão, torne-se mediador. Convide-as a se reunirem com você e, depois de estabelecer algumas regras básicas, as quais você pode fazer cumprir, deixe que elas compartilhem seus pontos de vista. Enfatize a solução do problema por meio da discussão.
- **Lidere uma atividade em família:** Organize e lidere um evento familiar que inclua tanto os parentes jovens quanto os idosos. Use suas competências de liderança para convidar os familiares a participar dessa atividade, especialmente aqueles que podem não estar se falando ou têm rancores com os outros. Também envolva todos na conversa, em vez de permitir que faixas etárias se autossegreguem. Chame a atenção das pessoas para as semelhanças transgeracionais.

Modelos (Palestras no TED)

Visite *https://www.ted.com/talks* e faça uma busca das seguintes palestras para ouvir histórias de indivíduos que representam a força de liderança:

- Roselinde Torres: O que é preciso para ser um bom líder
- Simon Sinek: Como grandes líderes inspiram a ação
- Simon Sinek: Por que bons líderes fazem você se sentir seguro

Livros

- Avolio, B. & Luthans, F. (2006). *The High-Impact Leader*. New York: McGraw-Hill.

- Csikszentmihalyi, M. (2004). *Good Business: Leadership, Flow, and the Making of Meaning.* New York: Penguin.
- Rath, T. & Conchie, B. (2009). *Strengths-Based Leadership.* New York: Gallup Press.

Websites

- As 10 maiores qualidades para formar bons líderes: http://www.linkedin.com/pulse/forbes-top-10-qualities-make-great-leader-tedson-myers-cpa-mba/
- 20 maneiras de se tornar um líder imediatamente: http://www.inc.com/john-brandon/20-ways-to-become-a-better-leader-right-now.html
- O trabalho sobre liderança de Uma Jogulu e suas influências culturais: http://www.buseco.monash.edu.my/about/school/academic/management/uma-jogulu-dr
- O trabalho de Kim Cameron gira em torno das estruturas organizacionais e da liderança positiva: http://michiganross.umich.edu/faculty-research/faculty/kim-cameron
- Gilad Chen estuda equipes e a eficácia da liderança, além da motivação no trabalho: http://www.rhsmith.umd.edu/directory/gilad-chen
- Centre for Health Leadership and Research, dirigido pelo Dr. Ronald R. Lindstrom: http://sls.royalroads.ca/centre-health-leadership-and-research

VIRTUDE CENTRAL: TEMPERANÇA

Forças que protegem contra o excesso

16. PERDÃO E MISERICÓRDIA

Descrição

Perdão é um processo gradual de mudança, não uma decisão e acontecimento único. No perdão, você está disposto a renunciar ao seu direito de desejo de vingança; na verdade, você está disposto a interromper o ciclo de vingança e provavelmente será capaz de encontrar um caminho mais saudável para o autocrescimento. Essa força envolve perdoar aqueles que o lesaram ou ofenderam. Por meio do perdão, você aceita as imperfeições dos outros; dá ao agressor uma segunda chance; e deliberadamente deixa de lado a tentação de guardar rancor, sentimentos negativos e revanchismo. Além disso, o perdão possibilita que você processe a negatividade autodestrutiva que mantém sua raiva latente e suas outras forças afastadas. Para adotar o perdão, você precisa de misericórdia. Para se motivar a passar pelo processo de perdão, precisa exercitar misericórdia em termos de aceitação das limitações dos outros e criar um espaço cognitivo e emocional para oferecer um presente para o transgressor. Misericórdia é importante para iniciar o processo de perdão e mantê-lo.

Meio-termo

Para chegar a um uso balanceado do perdão, também é importante compreender plenamente o que *não é* perdão e o que constitui misericórdia. Ao usar a força do perdão, você não está absolvendo, evitando, desconsiderando ou ignorando o impacto da ofensa; nem está minimizando a necessidade de justiça, trocando emoções negativas por positivas, recorrendo ao destino, transigindo, optando por resolver unilateralmente ou esperando atingir um elevado padrão moral. Perdão não é um resultado; ao contrário, é um processo de mudança pró-social. Esse processo geralmente gradual, complexo e difícil é aquele no qual a pessoa ofendida decide voluntariamente interromper o ciclo de vingança e ultrapassar a ofensa, de modo que esta – embora não expurgada da memória – já não cause dor constante.

Chegar ao perdão é extremamente difícil. Entretanto, vale a pena buscar uma noção balanceada de perdão, porque sua falta (ser "implacável") provavelmente o deixará insensível e pode deixá-lo amargurado com memórias do passado. O perdão se torna mais fácil quando você é capaz de acessar sua misericórdia e bondade. A falta de perdão e misericórdia pode impactar seus relacionamentos, pois sua confiança estará maculada para sempre. Além disso, sempre que a ofensa for desencadeada, poderá drená-lo emocionalmente e deixá-lo mais uma vez ruminando por dias aquelas memórias negativas. O excesso de perdão e misericórdia, por sua vez, pode levá-lo a se tornar um "capacho" não assertivo e vulnerável. E, se você estiver tentando perdoar alguma coisa que não deve ser perdoada – como abuso, violação grosseira e repetida dos direitos de outras pessoas ou ofensas que lhe causam sofrimento, mas cuja vítima real pode ser outra pessoa –, às vezes o processo não é efetivo.

Você provavelmente vai precisar de inúmeras forças – estejam ou não entre as suas principais – para usar idealmente o perdão. Precisa de coragem para vencer o temor interno de deixar de lado a raiva e a vingança. Julgamento e mente aberta podem permitir que você examine a situação detidamente por todos os ângulos. Bondade poderá capacitá-lo a perdoar, o que é um presente altruísta.

- *Sobreutilização da força:* permissividade
- *Subutilização da força:* inclemência, vingança

Integração

Uma dose regular de gratidão – para preencher sua cabeça e coração com eventos positivos autênticos e realistas em sua vida – pode ajudar a neutralizar as memórias amargas. Depois que você decidir perdoar, também vai precisar de persistência e suporte social para manter seu perdão.

Filmes

- *Incêndios (2010, França/Canadá)* – Em uma série de *flashbacks*, gêmeos (um irmão e uma irmã) desvendam o mistério da vida de sua mãe, o que os perturba, mas a força do perdão os ajuda a se reconciliarem com o passado.
- *A corrente do bem (2000)* – O estudante da 7ª série Trevor McKinney assume uma tarefa fascinante – mudar o mundo para melhor –, o que dá início a uma cadeia de atos de bondade e perdão.
- *Os últimos passos de um homem (1995)* – Este filme conta a história de um assassino condenado que está no corredor da morte e faz amizade com uma enfermeira, que o ajuda a compreender que o perdão é possível mesmo nas piores circunstâncias.
- *Laços de ternura (1983)* – Em meio aos altos e baixos da vida, uma mãe e uma filha encontram formas de ver os ressentimentos e transgressões passadas, encontrando alegria em seu relacionamento.

Ações Terapêuticas

- **Avalie o efeito da "falta de perdão" em você:** Explore como não perdoar e ter ressentimento torturam você emocionalmente. Isso produz emoções perturbadoras, como raiva, ódio, medo, preocupação, tristeza, ansiedade ou ciúme? Reflita a respeito e escreva sobre como essas emoções perturbadoras afetam seu comportamento. Avalie seu impacto coletivo, essencialmente em sua saúde mental.
- **Deixe de lado as emoções negativas por meio do perdão:** Revise a Sessão 6: Perdão, a qual enfatiza que o processo de perdão lhe permite substituir emoções negativas por positivas. Usando sua força de perspectiva, reflita sobre os benefícios de "deixar de lado" as emoções negativas por meio do perdão.
- **Procure sua motivação para o perdão:** Você precisa se sentir disposto a perdoar internamente. Entre em sintonia com os sentimentos de apego às emoções negativas relacionadas à ofensa e também a emoções que possam derivar do ato de perdão.
- **Recorde de quando você foi perdoado:** Recorde vividamente e escreva sobre situações em que você ofendeu alguém e foi perdoado. Se a pessoa que o perdoou é alguém que você ama, pergunte o que a ajudou a aplicar o perdão como um ato corretivo ou reparador no relacionamento. Reflita sobre o que seria necessário para que você aplicasse uma ação corretiva ou reparadora similar.
- **Planeje sua resposta para a próxima vez que alguém o ofender:** Crie um plano e o ensaie, se possível. Periodicamente afirme para si mesmo: "Não importa como ele me ofende, vou responder conforme planejei".
- **Passe da cisma para a empatia:** A ruminação ou cisma estão atrapalhando seu caminho para o perdão? Quando você cisma, a raiva, a tristeza e a ambivalência tomam conta de seu pensamento. Veja deliberadamente se você consegue substituir seus pensamentos ruminativos para empatizar com o agressor. Procure compreender, segundo a perspectiva do agressor, por que ele o ofendeu. Então, avalie se sua reação está magoando mais do que o agressor, especialmente quando você se volta para a ruminação.

Modelos (Palestras no TED)

Visite *https://www.ted.com/talks* e faça uma busca das seguintes palestras para ouvir histórias de indivíduos que representam a força de perdão e misericórdia:

- Aicha el-Wafi e Phyllis Rodriguez: Mães que encontraram perdão, amizade
- Joshua Prager: À procura do homem que quebrou meu pescoço
- Shaka Senghor: Por que seus piores atos não o definem

Livros

- Enright, R. D., & Fitzgibbons, R. (2001). *Forgiveness Is a Choice: A Step-by-Step Process for Resolving Anger and Restoring Hope*. Washington, DC: APA Books.
- Nussbaum, M. C. (2016). *Anger and Forgiveness: Resentment, Generosity, Justice*. New York: Oxford University Press.
- Tutu, D. (2015). *The Book of Forgiving: The Fourfold Path for Healing Ourselves and Our World*. New York: HarperOne.

- McCullough, M. (2008). *Beyond Revenge: The Evolution of the Forgiveness Instinct*. New York: Wiley.

Websites

- Psicólogo Evertt Worthington, um líder na pesquisa sobre perdão: http://www.evworthington-forgiveness.com/
- Dez Exemplos Extraordinários de Perdão: http://listverse.com/2013/10/31/10-extraordinary-examples-of-forgiveness/
- Dez Histórias Inspiradoras de Perdão Extremo: http://incharacter.org/archives/forgiveness/ten-great-moments-in-forgiveness-history/
- Grandes Momentos na História do Perdão: http://incharacter.org/archives/forgiveness/ten-great-moments-in-forgiveness-history/

17. HUMILDADE E MODÉSTIA

Descrição

Humildade e modéstia implicam deixar que suas realizações e reconhecimentos falem por si próprios. Você está consciente deles, mas não tem a necessidade de fazer os outros tomarem conhecimento deles explicitamente. Você também tem consciência de suas limitações. Se essa é uma das suas forças principais, você não se percebe como se fosse melhor do que os outros, embora sua autoestima não esteja comprometida. Na cultura contemporânea, que com frequência é ofuscada pelos holofotes das mídias sociais, voltados para nossas realizações e felicidade, você evita a busca pelos holofotes. Como uma pessoa humilde, você é honesto consigo mesmo, com sua falibilidade e com o que não é capaz de fazer e está aberto para pedir ajuda.

Meio-termo

Um uso balanceado de humildade implica os atributos observados anteriormente, mas não se esqueça de que a sobreutilização de humildade e modéstia (ser humilde demais ou excessivamente modesto) pode ser difícil de identificar. Para distinguir um uso balanceado de uma sobreutilização de humildade e modéstia, você precisa avaliar a situação específica para determinar se você está realmente de acordo com ela ou se os desafios de sua saúde mental estão levando-o a ser excessivamente despretensioso ou quieto, enquanto outros tiram vantagem da situação. (Por exemplo, você pode ter sido ignorado para uma promoção no trabalho ou para um cargo de liderança – apesar de merecê-lo com base no mérito – simplesmente porque sua humildade não vai permitir que você se imponha, ou porque você tem uma opinião modesta sobre si mesmo. Também é possível que a humildade e a modéstia não permitam que você aspire posições mais altas, que na verdade merece.) Para atingir um equilíbrio, você precisa descobrir se está satisfeito com o *status quo* e, se não estiver, precisa atenuar sua humildade e lutar pelos seus direitos. Se estiver inseguro para fazer isso, consulte alguém com sabedoria e que seja imparcial.

Contudo, se lhe falta humildade e modéstia (ou se lhe disseram isso), peça que um amigo confiável lhe dê um *feedback* honesto. Escolha alguém que não tenha medo de lhe dar esse *feedback* e de quem você não tenha medo de receber. Pense muito sobre o que esse amigo tem a dizer e escolha algumas áreas nas quais trabalhar. (Por exemplo, resista à necessidade de compartilhar suas conquistas com pessoas que não são suas amigas próximas, aquelas para quem você sente a necessidade de provar seu mérito.) Você também pode sentir um grande desejo de ser reconhecido, mas isso pode não se dever inteiramente à falta de humildade. Você pode ter tido experiências de ser humilhado por outras pessoas, especialmente irmãos mais velhos ou os pais, ou pode ter ouvido repetidamente que sua expressão de entusiasmo e ludicidade pode ser percebida como falta de humildade e modéstia. O meio-termo da humildade e modéstia não pode ser avaliado e apreciado sem compreensão das nuances do contexto.

- *Sobreutilização da força:* autodepreciação
- *Subutilização da força:* autoestima insensata, arrogância

Integração

Humildade, por definição, combina bem com gentileza, inteligência social, autorregulação e prudência. No entanto, é importante que forças similares trabalhem em sinergia para continuar o *status quo*. (Por exemplo, se você é conhecido no trabalho como uma pessoa humilde, e gentileza, prudência, humildade e modéstia estão entre suas forças principais, a combinação dessas forças pode reforçar tendências não assertivas, despretensiosas e realistas que podem não o servir bem. É melhor que você use forças como entusiasmo e curiosidade para que atinja um equilíbrio ideal.) Como uma pessoa humilde e modesta, você está aberto às perspectivas dos outros, portanto procure opiniões sobre si mesmo com um amigo confiável que provavelmente irá destacar suas realizações. Aceite os elogios com graça e, é claro, humildade.

Filmes

- *Forest Gump (1994)* – Apesar de ter baixo QI, Forest Gump realiza muitas coisas: conhece presidentes, recebe um prêmio como jogador de futebol americano, recebe a medalha de honra do Congresso e sai em capas de revistas. Exibindo humildade, ele experimenta todas as suas conquistas seguindo em frente.
- *Poder além da vida (2006)* – Dan, transbordando de orgulho por ser ginasta de elite, acha que já compreendeu a vida, até que um orientador surpreendente, Sócrates, lhe ensina humildade e sabedoria.
- *A paixão de Cristo (2004)* – Este filme mostra as horas finais de Jesus Cristo e inúmeros exemplos comoventes de humildade.

Ações Terapêuticas

- **Cultive humildade a partir de outras forças:** Você pode fazer uso de outras forças para cultivar humildade. Por exemplo, seja sensível (inteligência social e emocional) a respeito de como sua "ostentação" inadvertida pode fazer os outros se sentirem. Depois de compartilhar notícias de uma conquista com seus familiares ou amigos próximos, pergunte a um confidente como a notícia foi recebida. Eles acharam que você estava se gabando ou ostentando? Aquilo provocou alguma comparação inadvertida com alguém presente, fazendo-o sentir-se desconfortável?
- **Ouça mais, fale menos:** Se você tem consciência (ou lhe disseram) de que fala mais do que os outros em uma situação grupal, concentre-se em ouvir as palavras das outras pessoas em vez disso e simplesmente esperar sua vez de falar.
- **Reconheça seus erros:** Reconheça seus erros, especialmente aqueles que criaram um afastamento entre você e as pessoas que ama. Desculpe-se, mesmo com aqueles que são mais jovens do que você. Tenha consciência de seu papel como um modelo para a próxima geração.
- **Deixe que os outros descubram suas habilidades, talentos e realizações:** Resista à tentação de ostentar suas realizações, talentos e habilidades. Deixe que os outros percebam sozinhos.
- **Elogie sinceramente:** Elogie sinceramente se achar que alguém é autêntico e melhor do que você em alguns aspectos. Aceite os elogios dos outros com humildade.

Modelos (Palestras no TED)

Visite *https://www.ted.com/talks* e faça uma busca das seguintes palestras para ouvir histórias de indivíduos que representam a força de humildade e modéstia:

- Feisal Abdul Rauf: Perca seu ego, encontre sua comparação
- Robert Wright: Progresso não é um jogo de soma zero
- Graham Hill: Menos coisas, mais felicidade
- Sam Richards: Um experimento radical em empatia

Livros

- Hess, E. D., & Ludwig, K. (2017). *Humility Is the New Smart: Rethinking Human Excellence in the Smart Machine Age.* Oakland, CA: Berrett-Koehler.
- Nielsen, R., Marrone, J. A., & Ferraro, H. S. (2014). *Leading with Humility.* New York: Routledge.
- Worthington, E. L. (2007). *Humility: The Quiet Virtue.* West Conshohocken, PA: Templeton Press.

Websites

- Como desenvolver e manter humildade: https://www.bigquestionsonline.com/content/how-do-we-develop-and-maintain-humility
- Os Melhores Líderes são Líderes Humildes: *Harvard Business Review*: https://hbr.org/2014/05/the-best-leaders-are-humble-leaders
- Como desenvolvemos e mantemos a humildade: https://www.bigquestionsonline.com/content/how-do-we-develop-and-maintain-humility

18. PRUDÊNCIA

Descrição

Prudência é uma orientação prática para objetivos futuros. Se essa é sua força principal, você é em geral bastante cuidadoso com suas escolhas. Você não corre riscos indevidos e tem objetivos de longo prazo em mente quando toma decisões de curto prazo. Portanto, você é um bom planejador e também prevê resultados inesperados. Você geralmente chega cedo ou na hora. Quando está atrasado devido a circunstâncias além de seu controle, encontra maneiras de informar aqueles que estão esperando. Você dirige com cuidado e respeita as regras e as leis de trânsito. Quando toma uma decisão ou faz um plano, remove distrações desnecessárias. Você tem seu tempo para limpar a mente e organizar seus pensamentos. Você monitora e controla o comportamento impulsivo e antecipa as consequências de suas ações. Você evita fazer julgamentos apressados e não cede fácil ou espontaneamente a propostas e ideias.

Meio-termo

O uso balanceado de prudência requer tomar decisões e abordar tarefas importantes com cautela e deliberação. No entanto, a sobreutilização dessa força pode se manifestar na forma de preocupação com detalhes e análise, o que pode parecer uma obsessão. Na verdade, há tarefas que requerem detalhes meticulosos – como realizar uma cirurgia cerebral, fornecer o número do cartão de crédito no teclado do telefone e fazer uma verificação ortográfica antes de apresentar um editorial para o jornal. No entanto, há tarefas que não requerem detalhes tão meticulosos – como lavar perfeitamente a louça, passar mais tempo organizando tudo na escrivaninha e muito menos tempo no trabalho propriamente dito e focar mais na formatação do que no conteúdo de um relatório importante. Utilizar prudência em tais situações seria uma sobreutilização da força. Um uso balanceado de prudência pode ajudá-lo a planejar bem, chegar na hora, motivá-lo a respeitar as regras e leis, além de servir como uma proteção para não se sentir sobrecarregado quando surgem situações inesperadas.

Essa força não é sinônimo de mesquinhez ou timidez e envolve uma perspectiva inteligente e eficiente para atingir objetivos importantes na vida. No entanto, um uso excessivo de prudência pode levar a ambivalência e indecisão. Você pode experimentar uma "paralisia de decisão". Por sua vez, a falta de prudência pode levar a decisões apressadas, sem considerar os riscos ou regras e regulamentos. Sempre há situações excepcionais devidas a circunstâncias atenuantes, mas a falta de prudência pode não permitir que você avalie a situação adequadamente, o que pode fazê-lo tomar uma decisão com mais pressa do que deveria. (Por exemplo, se alguém pede que você estenda o prazo para uma bolsa ou candidatura a um emprego, a falta de prudência se manifestará fazendo você tomar uma decisão sem explorar plenamente o terreno no qual deve ser aberta uma exceção, porque pode não ser justo para aqueles que se candidataram dentro do prazo.)

- *Sobreutilização da força:* recato, conservadorismo
- *Subutilização da força:* descuido, busca de sensações

Integração

Você pode usar inúmeras forças para atingir um uso balanceado de prudência. Inteligência social pode ajudá-lo a determinar os motivos dos outros. Curiosidade pode ajudá-lo a explorar mais para tomar uma decisão prudente. Persistência e autorregulação podem ajudá-lo a cumprir sua decisão prudente. Mente aberta e gentileza podem ajudá-lo a fazer uma análise minuciosa do custo-benefício e a explorar as dimensões humanas de suas decisões.

Filmes

- ***Um sonho de liberdade (1995)*** – Andy Dufresne, injustamente condenado por duplo assassinato e cumprindo a sentença na prisão estadual de Shawshank, no Maine, usa suas forças de prudência, inteligência social e resiliência para melhorar as condições da prisão, o que aumenta a dignidade dos prisioneiros.
- ***Conduzindo Miss Daisy (1989)*** – Daisy Werthan, uma viúva judia e rica de 72 anos, lentamente constrói confiança e amizade com seu motorista afro-americano, Hoke Colburn. A amizade entre eles se desenvolve a partir da força mútua da prudência.
- ***A rainha (2006)*** – Helen Mirren retrata a Rainha Elizabeth II e capta brilhantemente suas forças, especialmente sua prudência, senso de dever e estoicismo.

Ações Terapêuticas

- **Tome decisões importantes quando estiver relaxado:** Tomar decisões quando relaxado possibilita que você considere todas as possibilidades, em vez de tomar uma decisão apressada, que poderia ser contraproducente no futuro. Se precisar tomar uma decisão sob pressão (como quando está ansioso ou deprimido), espere alguns segundos, respire fundo e esvazie a mente.
- **Remova distrações:** Remova todas as distrações exteriores antes de tomar suas três próximas decisões importantes. Reserve um tempo para esvaziar sua mente e reflita.
- **Preveja as consequências de longo prazo:** Visualize as consequências de suas decisões daqui a 1, 5 e 10 anos. Leve em conta essas consequências de longo prazo ao tomar decisões no curto prazo.
- **Reflita antes de falar:** Pense duas vezes antes de dizer qualquer coisa. Faça esse exercício no mínimo 10 vezes por semana e observe seus efeitos.
- **Dirija com cuidado ou siga as regras de trânsito:** Dirija com cautela e observe que chegar a um lugar o mais rapidamente nem sempre é uma necessidade. Faça da segurança na estrada uma prioridade, especialmente durante horários movimentados, como a hora do *rush* em feriados prolongados.

Modelos (Palestras no TED)

Visite *https://www.ted.com/talks* e faça uma busca das seguintes palestras para ouvir histórias de indivíduos que representam a força da prudência:

- Naomi Klein: Viciado em risco
- Paolo Cardini: Esqueça a multitarefa, tente a monotarefa
- Novo sinal de trânsito de Gary Lauder: Revezamento

Livros

- Hariman, R. (2003). *Prudence: Classical Virtue, Postmodern Practice*. University Park: Pennsylvania State University Press.
- McKeown, G. (2014). *Essentialism: The Disciplined Pursuit of Less*. New York: Crown.
- Gracian, J., & Robbins, J. (2011). *The Pocket Oracle and Art of Prudence*. London: Penguin

Websites

- Virtue First Foundation: http://virtuefirst.info/
- Em Louvor à Prudência, de Kathryn Britton: http://positivepsychologynews.com/news/kathryn-britton/2013031225590

19. AUTORREGULAÇÃO

Descrição

Autorregulação é a habilidade de exercer controle sobre si mesmo para atingir objetivos ou cumprir normas. Se essa é uma das suas forças principais, você muito provavelmente é capaz de controlar respostas instintivas como agressão e impulsividade e responder de acordo com padrões de comportamento bem planejados. No contexto de sofrimento psicológico, a autorregulação permite que você regule seus sentimentos, pensamentos e ações. Quando você se sente sobrecarregado, essa força o ajuda a redirecionar suas emoções de maneira saudável. Mesmo quando os outros reagem fortemente, você mantém seu equilíbrio e compostura. Você não é provocado facilmente e sabe manter a calma.

Meio-termo

O uso balanceado da autorregulação depende do contexto. Você não subestima o impacto de uma situação grave ou presume que de alguma forma ela vai se resolver, nem superestima a situação e entra em pânico. Um uso balanceado da autorregulação também requer que você esteja consciente do que está regulando. Segundo uma perspectiva terapêutica, considere estas três situações: (a) estabelecer objetivos concretos para perder peso, (b) evitar a escalada da negatividade e (c) evitar entrar em relacionamentos nocivos. Para perder peso, você precisa de uma aplicação balanceada de autorregulação para comer alimentos saudáveis e fazer exercícios. Entretanto, isso não significa que você precisa se tornar excessivamente focado nos rótulos dos alimentos ou, quando visitar outras pessoas, ficar desapontado quando elas têm hábitos alimentares diferentes. Para combater a espiral da negatividade, em vez de cismar com experiências e eventos que estão além de seu controle, você redireciona seus pensamentos para eventos e experiências que estão dentro de seu controle ou para os positivos, que podem fornecer apoio para ajudar a prevenir a negatividade. Para estabelecer relacionamentos saudáveis, você procura caráter e o valoriza, em vez de se deixar encantar pela aparência e outras características superficiais.

Um uso balanceado da autorregulação também requer que você tenha um objetivo concreto e que possa assegurar que sua autorregulação é adaptativa, que não o prejudique fisicamente ou cognitivamente. Perder peso de maneira saudável é uma coisa, mas fazer exercícios em excesso e uma dieta extremamente controlada pode deixá-lo doente. O controle emocional excessivo está associado a sentimentos de isolamento. Por sua vez, a falta de autorregulação está associada a padrões comportamentais impulsivos, inclusive tabagismo, abuso de drogas e promiscuidade sexual. Psicologicamente, a falta de autorregulação nos sobrecarrega, e tendemos a fazer escolhas ruins que frequentemente nos deixam com emoções negativas, ruminações e impulsividade (dizendo ou fazendo coisas sem pensar) que podem ofender outras pessoas e prejudicar nossos relacionamentos.

- *Sobreutilização da força:* inibição, reticência
- *Subutilização da força:* autoindulgência, impulsividade

Integração

Inúmeras forças funcionam bem com autorregulação para produzir comportamentos e resultados favoráveis. Talvez a mais importante seja a persistência, sem a qual a autorregulação dificilmente é possível. Da mesma forma, prudência, justiça, autenticidade, perspectiva e coragem podem ajudá-lo a se autorregular efetivamente. Ter o conhecimento de um comportamento desejável não é suficiente para fazê-lo acontecer; aplicar esse conhecimento em uma ação concreta é importante. Para manejar os obstáculos para atingir seu objetivo, você vai precisar de uma dose saudável de otimismo, criatividade e coragem, juntamente com a autorregulação.

Filmes

- *Doze anos de escravidão (2013)* – Solomon (Chiwetel Ejiofor), um homem negro livre do interior do Estado de Nova York, é sequestrado e vendido como escravo. Ele exibe a força extraordinária de autorregulação e se mantém equilibrado por 12 anos, suportando abuso e crueldade, mas mantendo sua dignidade.
- *Cisne negro (2010)* – Este suspense psicológico mostra a jornada eletrizante, e algumas vezes assustadora, de uma jovem bailarina que exibe um extremo senso de autorregulação e disciplina para apresentar um desempenho perfeito.
- *O discurso do rei (2010)* – O príncipe Albert da Inglaterra ascende ao trono como Rei George VI e precisa superar um impedimento de fala grave. O filme mostra as forças do rei de coragem e autorregulação para aprender a falar com confiança.

Ações Terapêuticas

- **Elimine objetos de tentação:** Ao fazer dieta, não tenha *junk food* por perto; quando quiser passar um tempo com outras pessoas, desligue a televisão; quando se abstiver de álcool, não socialize em bares ou participe de eventos como *open bar*; ao parar de fumar, substitua os cigarros por goma de mascar ou outro item de mascar adaptável; ou, ao fazer cortes em compras, deixe seus cartões de crédito ou dinheiro em casa. Porém, uma vez por mês, desfrute de uma sobremesa deliciosa, leve um cartão de crédito com você, etc. Caso contrário, você pode ter um esgotamento. Peça que outras pessoas com quem você interage respeitem sua remoção de itens tentadores e encorajem suas mudanças de estilo positivas.
- **Liste os desencadeantes**: Faça uma lista de situações que desencadeiam emoções intensas em você, quando você automaticamente "perde". Escreva pelo menos uma estratégia para neutralizar essas emoções intensas. Mantenha essas estratégias acessíveis para uso na próxima vez que sentir emoções intensas.
- **Tente controlar seus sentimentos:** Na próxima vez que você ficar perturbado, tente controlar suas emoções e foque nos atributos positivos da situação. Tome consciência do grau em que você pode controlar seus sentimentos e reações.
- **Crie rotinas:** Cuidadosamente, crie rotinas que você possa seguir de forma sistemática. Essas rotinas devem ser terapeuticamente úteis, como ir para a cama em um horário regular, exercitar-se três vezes por semana, etc. Faça pequenos ajustes quando necessário, mas mantenha os elementos centrais intactos.
- **Engaje-se em relaxamento progressivo quando estiver perturbado:** Quando você ficar perturbado, faça um relaxamento positivo. Permita que seus pensamentos perturbados sejam interrompidos momentaneamente para que eles não fiquem fora de controle.
- **Tolere as dificuldades:** Liste coisas que costumam perturbá-lo. Estabeleça um objetivo de gradualmente tolerar as dificuldades e, se puder, elimine-as completamente. Se você for perturbado pelo comportamento de certos colegas, ou quando o metrô estiver atrasado e lotado, ou quando falar em público, encontre formas de reduzir essas dificuldades. Estabeleça objetivos específicos mensuráveis para diminuir o sofrimento. (Estes são dois exemplos: evite que um colega de quem você não gosta impacte adversamente seu trabalho. Em vez de evitá-lo, estabeleça um objetivo de não focar nos atributos pessoais dessa pessoa e trabalhe com ela em um pequeno projeto que vocês podem fazer juntos. Ou, em vez de sempre ficar incomodado com seu filho adolescente por causa de comida, música e roupas que ele usa no momento, foque no que você gosta nele, em vez de nas coisas de que você não gosta.)
- **Determine seu tempo ideal:** Preste muita atenção ao seu relógio biológico e faça as tarefas mais importantes quando você estiver mais alerta.

Modelos (Palestras no TED)

Visite *https://www.ted.com/talks* e faça uma busca das seguintes palestras para ouvir histórias de indivíduos que representam a força de autorregulação:

- Judson Brewer: Uma forma simples de abandonar um hábito
- Carol Dweck: O poder de acreditar que você pode melhorar
- Michael Merzenich: Evidências crescentes da plasticidade do cérebro
- Arianna Huffington: Como ter sucesso? Durma mais.

Livros

- Berger, A. (2011). *Self-Regulation: Brain, Cognition, and Development*. Washington, DC: American Psychological Association.

- Shanker, S. (2012). *Calm, Alert and Learning: Classroom Strategies for Self-Regulation.* Toronto: Pearson.
- Vohs, K. D., & Baumeister, R. F. (Eds.). (2016). *Handbook of Self-Regulation: Research, Theory, and Applications* (3rd ed.). New York: Guilford Press.

Websites

- Iniciativa Canadense de Autorregulação: http://www.self-regulation.ca/
- Como desenvolver foco e se sentir melhor: https://www.psychologytoday.com/blog/anger-in-the-age-entitlement/201110/self-regulation
- Wilhelm Hofmann estuda autorregulação em diferentes contextos, além de examinar por que as pessoas agem impulsivamente em alguns deles: http://hofmann.socialpsychology.org/publications
- O MEHRIT Centre apresenta livros, vídeos, folhetos e outros recursos destacando o trabalho do Dr. Shanker em autorregulação: www.self-reg.ca/

VIRTUDE CENTRAL: TRANSCENDÊNCIA

Forças que constroem conexões com o universo maior e conferem sentido

20. APRECIAÇÃO DA BELEZA E EXCELÊNCIA

Descrição

Indivíduos com apreciação da beleza têm um senso de admiração das cenas e padrões em torno delas. Se apreciação da beleza e excelência é uma das suas forças principais, você sente prazer na observação da beleza natural e física, admira as habilidades e talentos de outras pessoas e aprecia a beleza inerente na virtude e na moralidade. Você pode encontrar beleza em quase todas as áreas da vida, da natureza até as artes, matemática, ciência e experiências cotidianas. A observação e a admiração da beleza natural e física e a experiência de sentimentos elevados produzem emoções positivas, o que, segundo um ponto de vista terapêutico, se contrapõe às emoções negativas. Quando observamos alguém realizando um ato de coragem ou autossacrifício, quando uma pessoa exibe compostura em uma situação estressante ou é gentil e compassiva, não só admiramos essas ações como algumas vezes nos sentimos inspirados a fazer o mesmo. Assim, testemunhar excelência nos motiva a fazer algo similar. Essa é uma forma orgânica de estar motivado para a ação positiva – em vez de ser impregnado por sentimentos associados a inúmeros transtornos psicológicos.

Meio-termo

Um uso balanceado de apreciação da beleza e excelência moral requer que sejamos sensíveis e abertos para notar, reconhecer, apreciar e avaliar experiências positivas. Essa sensibilidade pode variar de pessoa para pessoa e pode estar culturalmente associada. (Por exemplo, você pode experimentar deslumbramento enquanto ouve a ópera de Mozart *As Bodas de Fígaro* ou a *Nona Sinfonia* de Beethoven, ao passo que outra pessoa pode experimentar deslumbramento quando ouve música clássica indiana ou cantos gregorianos ou quando assiste a dançarinos apresentando um tango argentino ou uma dança irlandesa.) Alguns eventos que alteram a vida, como nascimento e morte, uma recuperação milagrosa e inesperada, ou uma conquista surpreendente e significativa, também têm um subtexto cultural. Para apreciar integralmente a elevação e o deslumbramento associados a tais eventos, você precisa compreender esse contexto cultural – tanto no nível macro (normas culturais mais amplas, como as práticas nos funerais irlandeses) quanto no micro (as normas de funerais praticadas por uma família irlandesa específica). Se você vê alguém comovido em uma reunião social e não e consegue compreender, pedir polidamente que a pessoa explique a importância vai ajudá-lo a compreender o deslumbramento que está sendo experimentado. Atos de coragem moral que envolvem colocar-se em perigo para salvar outras pessoas são mais compreendidos universalmente, mesmo sem conhecimento da linguagem, e podem ser moralmente elevados. Uma expressão artística (p. ex., dança, atuação, pintura) também pode cultivar elevação quando você testemunha um desempenho comovente. Tal elevação pode ocorrer quando você assiste a um concerto ou testemunha uma grande obra de arte em um museu; também pode acontecer enquanto você está assistindo ou ouvindo alguma coisa na mídia popular, como programas como *America's* ou *Britain's Got Talent*, *Ídolos* ou *Dança dos Famosos* – todos eles podem nos deixar impactados.

Um uso balanceado de apreciação da beleza e excelência também implica que ela não é exercida, expressa ou compartilhada como esnobismo, nem é expressa com a intenção de obter reconhecimento e recompensas externas. Uma falta de apreciação da beleza e excelência pode deixar sua vida diária repleta de tédio e falta de motivação, embora essa falta possa se dever a inúmeros fatores, como barreiras físicas, culturais ou econômicas.

- *Sobreutilização da força:* esnobismo, presunção
- *Subutilização da força:* esquecimento, inconsciência

Integração

A apreciação da beleza se integra naturalmente a inúmeras forças, como criatividade e gratidão. Você é capaz de apreciar a natureza criativa da pintura, da escultura, do desempenho artístico, etc. O próprio ato de apreciação é a característica da gratidão. A apreciação quase sempre nos conecta com os outros – em pessoa ou virtualmente –, dessa forma fortalecendo nossa confiança social e estimulando nossa inspiração, em particular nossa elevação moral. Isso pode ocorrer quando vemos alguém fazendo o possível para salvar uma vida, quando o socorrista coloca sua vida em risco para salvar outros ou quando testemunhamos um desempenho artístico excepcional por alguém desconhecido ou não treinado formalmente. Essa elevação infunde motivação, entusiasmo e persistência em nós para emular o que experimentamos em um nível mais profundo.

Filmes

- *Avatar (2009)* – Os híbridos humanos/Na'vi, chamados de Avatares, se conectam com as mentes humanas para explorar a beleza de Pandora porque o ambiente é de outra forma tóxico para os humanos.
- *Entre dois amores (1985)* – Karen Blixen sai da Dinamarca e vai para a África para começar uma plantação de café. Em meio a um casamento disfuncional, ela começa a apreciar a beleza a sua volta.
- *A cor do paraíso (1999, Irã)* – O filme está centrado em um menino com deficiência visual que explora a beleza na natureza por meio dos sentidos que lhe restam, com um final dramático e emocionalmente forte.

Ações Terapêuticas

- **Explore a totalidade das suas emoções:** Tome consciência das suas emoções negativas – quando elas emergem, como persistem e como impactam seu comportamento. Ao mesmo tempo, observe pelo menos um exemplo de beleza natural a sua volta todos os dias (como o nascer e o pôr do sol, as nuvens, os raios de sol, a neve caindo, o arco-íris, as árvores, as folhas se movendo, o gorjeio dos pássaros, as flores, as frutas e os vegetais). No final do dia, avalie criticamente as emoções negativas e as positivas e escreva sobre formas de aumentar as positivas, especialmente quando você se sentir perturbado.
- **Inicie projetos que protejam contra a negatividade:** Pense a respeito e escolha três projetos para executar que usem criatividade, persistência e apreciação da beleza. Gaste algum tempo com esses projetos em vez de preocupar-se, ficar ansioso ou sentir-se estressado. Garanta que cada projeto realmente o envolva, sobretudo em momentos que possam protegê-lo de escorregar para a negatividade.
- **Preste atenção às expressões:** Observe como outras pessoas apreciam a beleza e excelência por meio de palavras específicas, expressões, gestos e ações. Veja se você nota esses indivíduos admirando aspectos da vida dos quais você não costuma ter consciência. Incorpore essa expressão ao seu vocabulário.
- **Catalogue comportamentos positivos:** Observe semanalmente como a bondade de outras pessoas afeta sua vida, aprecie a beleza do comportamento humano positivo. Catalogue-o, revise-o semanalmente e extraia motivação para fazer algo semelhante.
- **Reflita e escreva:** Reflita a respeito e escreva sobre três aspectos da beleza natural, três exemplos de criatividade humana ou expressão artística e três experiências de ver alguém fazer algo positivo com que você consiga se identificar e se enxergue fazendo.
- **Aplique apreciação da beleza e gratidão aos seus relacionamentos íntimos**: Aplicar essa apreciação provavelmente vai substituir sentimentos negativos. Em particular, se você tiver uma visão tendenciosa ou rancor de alguém, focar nos aspectos positivos e admirar genuinamente essa pessoa reduzirá a negatividade e a substituirá por confiança e intimidade.

Modelos (Palestras no TED)

Visite *https://www.ted.com/talks* e faça uma busca das seguintes palestras para ouvir histórias de indivíduos que representam a força de apreciação da beleza e excelência:

- Louie Schwartzberg: Natureza. Beleza. Gratidão.
- Bernie Krause: A voz do mundo natural
- Mac Stone: Fotos deslumbrantes do ameaçado Everglades

Livros

- Cold, B. (2001). *Aesthetics, Well-Being, and Health: Essays within Architecture and Environmental Aesthetics*. Aldershot, UK: Ashgate.
- Murray, C. A. (2003). *Human Accomplishment: The Pursuit of Excellence in the Arts and Sciences, 800 B.C. to 1950*. New York: HarperCollins.
- Wariboko, N. (2009). *The Principle of Excellence: A Framework for Social Ethics*. Lanham, MD: Lexington Books.

Websites

- Benefícios Adicionais da Apreciação da Beleza e Excelência: http://positivepsychologynews.com/news/sherri-fisher/2014091529973
- Como apreciar a beleza e desfrutar de seus benefícios: http://feelhappiness.com/how-to-appreciate-beauty/

21. GRATIDÃO

Descrição

Gratidão é a consciência e o agradecimento pelas coisas boas em nossas vidas. Se gratidão é uma das suas forças principais, você reserva algum tempo para expressar agradecimento e contemplar tudo o que recebeu na vida. Quando olha para sua vida, você não fica paralisado ou preocupado por conta de memórias negativas; em vez disso, provavelmente reavalia suas memórias negativas e extrai sentido delas. Você nunca toma as coisas como garantidas e expressa sua gratidão a uma pessoa específica, a uma divindade ou simplesmente à natureza. Portanto, você em geral vê o mundo como mais positivo do que negativo, e essa confiança o ajuda a estender a gratidão para outras pessoas. Na verdade, gratidão é geralmente "orientada para o outro". Ou seja, você expressa gratidão para alguém, com alguém ou por alguém, e esse processo desenvolve relações positivas. É mais provável que você foque nos aspectos positivos quando se relaciona com outras pessoas.

Meio-termo

Um uso balanceado de gratidão requer que você não se sinta no direito de receber um resultado positivo nem considere um evento ou resultado positivo como garantido. Um uso balanceado e adaptativo de gratidão geralmente não é compatível com uma emoção negativa. Isto é, quando você é genuinamente grato, você não sente raiva, amargura, inveja, cobiça, não se sente desfavorecido ou inferior/superior aos outros. De fato, um uso apropriado de gratidão impede tais sentimentos. Entretanto, há situações – como engravidar depois de tentar por vários anos e descobrir que o bebê provavelmente terá atrasos significativos no desenvolvimento; ou o alívio vivenciado no final de um relacionamento abusivo, cujas memórias ainda o incomodam; ou sobreviver milagrosamente a um acidente, mas perder a mobilidade – que encapsulam muitas emoções, algumas positivas, algumas negativas.

Além disso, tenha em mente que, se você expressar gratidão efusivamente a cada pequena coisa, o receptor dessa gratidão poderá ficar acostumado com essa expressão, considerá-la natural e não a reconhecer apropriadamente. Outros podem se sentir desconfortáveis com uma expressão de agradecimento elaborada e pública. Portanto, é importante compreender a disposição pessoal e a dinâmica situacional antes de expressar gratidão. Contudo, não expressá-la quando se deveria pode dar a impressão de que você tem um senso de direito ou que é muito egocêntrico para perceber as coisas positivas a sua volta.

Um uso sensível de gratidão promove uma autoimagem equilibrada. Você é feliz com o que tem e se abstém de comparações sociais. No entanto, isso não significa que você não se empenha e em vez disso se torna complacente – mas você não se empenha por causa dos outros ou se sente ressentido por causa do progresso deles e deseja alcançá-los. Você encontra suas próprias medidas internas de competência.

- *Sobreutilização da força*: insinuação
- *Subutilização da força*: direito, privilégio

Integração

A gratidão funciona bem com inúmeras forças, como gentileza, amor e inteligência social e emocional, para ajudá-lo a ser perceptivo e sensível às necessidades dos outros e a expressar sua preocupação por meio de ações. A gratidão também promove o *savoring* de experiências positivas. Você é capaz de exercer atenção plena para observar um evento ou experiência positivo e compartilhá-lo com outros. Usando sua força de apreciação da beleza e excelência, você também percebe os eventos positivos e atributos dos outros e genuinamente compartilha esse *feedback* com eles, fortalecendo, assim, os laços sociais. Como a maioria das emoções positivas, a gratidão abre seus canais cognitivos e atencionais, permitindo que você incorpore perspectivas diversas e novas à solução de problemas e realize um esforço criativo. Um uso balanceado de gratidão também inibe comparações sociais.

A gratidão nos ajuda a enfrentar o estresse e o trauma. Estimula a reinterpretação ou reestruturação positiva. Depois do choque inicial, a gratidão nos ajuda a avaliar o que é mais importante em nossas vidas. Expressar gratidão durante adversidade pessoal, perda ou trauma pode ser difícil e pode parecer irrelevante no momento. No entanto, essa expressão talvez seja a coisa mais importante que você pode fazer, pois pode ajudá-lo a se adaptar, enfrentar e crescer. Outro marcador da aplicação balanceada de gratidão é o comportamento pró-social; isto é, gratidão promove comportamento moral. Você se torna sensível e cuidadoso em relação às necessidades dos outros e compartilha seus recursos com eles.

Filmes

- *A culpa é das estrelas (2014)* – Dois adolescentes com câncer se apaixonam, um tanto milagrosamente. Este filme é um lembrete para que sejamos gratos pelo amor e beleza a nossa volta, pois não estaremos aqui para sempre para poder desfrutar.
- *O fabuloso destino de Amélie Poulain (2001, França)* – Amélie aborda a vida com uma natureza curiosa e uma apreciação das pequenas coisas. Ela se torna amiga de um vizinho fechado, faz brincadeiras e devolve objetos perdidos aos seus donos.
- *Sunshine, o despertar de um século (1999)* – Este filme épico acompanha as vidas de três gerações de homens judeus que vivem na Hungria. O filme termina com a concretização final do neto de sua gratidão em relação a sua família e sua herança, independentemente da dor do passado.

Ações Terapêuticas

- **Cultive gratidão:** A expressão simultânea de gratidão e emoções negativas é incompatível. Em outras palavras, se você está se sentindo grato, é altamente improvável que também se sinta com raiva, ambivalente, estressado ou triste. Usando estratégias como expressar agradecimento e desaprender a autopiedade, você cultiva a gratidão diariamente. Quanto mais experimentar emoções positivas, menos sentirá emoções negativas, ou o tempo que você ficará preso a emoções negativas diminuirá.
- **Expresse agradecimento:** Expresse agradecimento a todos que contribuíram para seu sucesso, independentemente do quão pequena tenha sido essa contribuição. Tenha noção do grau em que seu sucesso é produto da influência útil de outras pessoas, além de seu próprio empenho. Não expresse agradecimento simplesmente dizendo "obrigado" – seja mais descritivo e específico (p. ex., *"Sou muito grato por seus conselhos prudentes"*). Observe atentamente como outras pessoas expressam gratidão.
- **Desaprenda a autopiedade:** A gratidão o ajuda a apreciar o que você tem, o que conquistou e os recursos e suporte de que desfruta. Isso, por sua vez, o torna mais confiante e efetivo. Esse processo pode ajudá-lo a desaprender hábitos como autopiedade e sentir-se vitimizado.
- **Enfrente o trauma:** A gratidão também o ajuda a lidar com o estresse e o trauma. Possibilita que você reinterprete positivamente ou reestruture eventos do passado que ainda o incomodam.
- **Pratique gratidão diariamente:** Reserve pelo menos 10 minutos por dia para saborear uma experiência agradável. Decida suspender qualquer decisão consciente durante estes 10 minutos.

Modelos (Palestras no TED)

Visite *https://www.ted.com/talks* e faça uma busca das seguintes palestras para ouvir histórias de indivíduos que representam a força da gratidão:

- David Steindl-Rast: Você quer ser feliz? Seja grato.
- Laura Trice: Lembre-se de agradecer
- Chip Conley: Medindo o que faz a vida valer a pena

Livros

- Emmons, R. A. (2007). *THANKS! How the New Science of Gratitude Can Make You Happier.* Boston: Houghton-Mifflin.
- Sacks, O. (2015). *Gratitude* (1st ed.). Toronto: Alfred A. Knopf.
- Watkins, P. C. (2013). *Gratitude and the Good Life: Toward a Psychology of Appreciation.* Dordrecht: Springer.

Websites

- Um guia prático para cultivar gratidão: http://www.unstuck.com/gratitude.html
- Laboratório de Gratidão de Robert Emmon: http://emmons.faculty.ucdavis.edu
- Adam Grant estuda as vantagens de dar e receber em interações no ambiente de trabalho e para o sucesso: https://adam-grant.socialpsychology.org/publications

22. ESPERANÇA E OTIMISMO

Descrição

Esperança e otimismo é a expectativa de que coisas boas vão acontecer no futuro. Embora "esperança" e "otimismo" algumas vezes sejam usados de modo intercambiável, pesquisas mostraram diferenças sutis. Do ponto de vista terapêutico, pode-se desenvolver depressão quando um indivíduo explica as causas de um fracasso em termos pessimistas, enquanto um otimista encara o fracasso de forma diferente. Por exemplo, uma pessoa com depressão pode pensar que um único insucesso (a) provavelmente irá arruinar sua vida inteira, (b) impacta todas as áreas de sua vida e (c) vai durar para sempre. Um otimista, por sua vez, vai entender que (a) um único insucesso não implica que ele irá fracassar em todos os esforços, (b) insucessos acontecem, mas não duram para sempre e (c) insucessos não arruínam tudo na vida. Da mesma forma, se você está experimentando sintomas depressivos, o trabalho com a força da esperança irá ajudá-lo a fomentar sua disposição e, ao mesmo tempo, lhe proporcionará estratégias específicas para aproveitar sua disposição ou motivação para colocá-las em ação. Esperança e otimismo podem levá-lo a explorar e esperar o melhor de si mesmo.

Meio-termo

Um uso balanceado de esperança e otimismo requer que você não estabeleça expectativas ou objetivos irrealistas, sobretudo se estiver psicologicamente afligido. Comece com objetivos realistas e atingíveis, particularmente aqueles para os quais você tem apoio.

Um dos princípios orientadores da PPT é fundamentalmente acreditar em suas forças, e a sua atitude de buscar ajuda (i.e., engajar-se em PPT) é um ato de esperança e otimismo. Você tem a coragem de reconhecer que precisa de ajuda e começou muito bem. De muitas formas, você e seu clínico podem estabelecer objetivos que são significativos para você, e juntos irão monitorar o progresso enquanto a terapia avança. Quanto mais realistas são os objetivos, mais rápida será sua recuperação e a jornada em direção ao bem-estar. Celebre à medida que atingir cada objetivo ou parte dele.

Para um uso balanceado de esperança e otimismo, é importante que você estabeleça objetivos no início da terapia, porque as chances de mudança em seus sintomas são muito maiores nas cinco primeiras semanas ou sessões. Se você não conseguir estabelecer objetivos, ou for espontâneo demais na seleção deles, poderá perder sua motivação para a mudança, e, com o tempo, seus sintomas podem piorar. Escrever sobre uma versão futura positiva de si mesmo (veja a Sessão Quatro: Uma Melhor Versão de Mim Mesmo) provavelmente também irá ajudá-lo a estabelecer e revisar objetivos realistas. Por fim, esperança e otimismo também devem ser considerados dentro do contexto cultural.

- *Sobreutilização da força:* perspectiva panglossiana
- *Subuilização da força:* pessimismo, aflição

Integração

Inúmeras forças podem ser mescladas com esperança e otimismo para oferecer benefícios terapêuticos ideais. Por exemplo, é importante transformar esperança e otimismo em objetivos, e você precisa de forças como coragem e persistência para atingir esses objetivos. Otimismo, em particular, precisa de uma boa dose de coragem e entusiasmo, porque algumas vezes nós realmente fazemos alguma coisa, mas nossa crítica interna e a crítica dos outros impedem nosso progresso. Podemos não acreditar em nossas forças e dar mais atenção aos nossos déficits.

Filmes

- ***O escafandro e a borboleta (2007)*** – Esta é a história incrível de Jean-Dominique Bauby, um editor francês que sofreu um acidente vascular cerebral e ficou paralisado; sua única forma de se comunicar com o mundo exterior era piscando um olho. Sua esperança e seu otimismo ajudaram-no a aprender a falar por meio de seus gestos aparentemente irrelevantes, e ele começou a produzir palavras.
- ***A luta pela esperança (2005)*** – Durante o abismo da Grande Depressão, o lendário atleta Jim Bradockk – anteriormente um promissor boxeador peso-pesado leve – usa sua esperança e otimismo para encontrar seu caminho de volta ao ringue e obter uma surpreendente vitória no terceiro *round*.
- ***E o vento levou (1939)*** – Scarlett O'Hara está vivendo durante os anos tumultuados da Guerra Civil em uma sociedade dividida por todos os tipos de conflitos. Além disso, ela precisa dar conta das tentativas de amor não correspondido e frustração romântica. Apesar de todos esses obstáculos, Scarlett mantém seu senso de esperança e continua a lutar por um futuro melhor para ela.
- ***Gênio indomável (1997)*** – Will Hunting, um servente no MIT, tem um dom para a matemática. Para lidar com seu passado difícil e articular seu

senso de esperança e otimismo, ele precisa dos bons conselhos de um terapeuta compassivo que acredita nele.

Ações Terapêuticas

- **Aplique otimismo e esperança:** Liste três coisas que acabam com sua esperança e otimismo. Usando as ideias e forças discutidas anteriormente, aplique esperança e otimismo para diminuir sua aflição.
- **Cultive companhias otimistas:** Cerque-se de amigos otimistas e preocupados com o futuro, particularmente quando estiver enfrentando algum contratempo. Aceite seu encorajamento e ajuda e deixe que saibam que você também estará ao lado deles quando enfrentarem obstáculos.
- **Tenha sucesso depois de uma dificuldade:** Recorde de uma situação em que você – ou alguém próximo – teve êxito em superar um obstáculo difícil. Lembre-se desse precedente quando se deparar com uma situação parecida no futuro.
- **Visualize sua vida:** Reflita sobre onde você quer estar e o que deseja ser em 1, 5 e 10 anos. Trace um caminho que você possa seguir para chegar lá. Inclua etapas administráveis e formas de projetar seu progresso.
- **Enfrente a adversidade:** Ao se deparar com adversidades, foque em como você resolveu uma situação parecida no passado. Deixe que seus sucessos ciem um precedente para seus esforços futuros.

Modelos (Palestras no TED)

Visite *https://www.ted.com/talks* e faça uma busca das seguintes palestras para ouvir histórias de indivíduos que representam a força de esperança e otimismo:

- Tali Sharot: O viés otimista
- Martin Seligman: A nova era da psicologia positiva
- Douglas Beal: Uma alternativa para GDP que engloba nosso bem-estar
- Laura Carstensen: As pessoas mais velhas são mais felizes
- Carlos Morales encontra esperança depois de tragédia enquanto cria quádruplos sozinho

Livros

- Gillham, J. (2000). *The Science of Optimism and Hope*: West Conshohocken, PA, Templeton Press.
- Seligman, M. (2006). *Learned Optimism: How to Change Your Mind and Your Life.* New York: Vintage Books.
- Tali Sharot, T. (2011). *The Optimism Bias: A Tour of the Irrationally Positive Brain.* Toronto: Knopf.
- Snyder, C. R. (1994). *The Psychology of Hope: You Can Get There from Here.* New York: Free Press.
- Seligman, M. (2018). *The Hope Circuit: A Psychologist's Journey from Helplessness to Optimism.* New York: Hachette Book Group.

Websites

- Visão geral de pesquisas sobre esperança: http://www.thepositivepsychologypeople.com/hope-research/
- Shane J. Lopez, PhD: http://www.hopemonger.com/

23. HUMOR E LUDICIDADE

Descrição

Humor envolve prazer em rir, zombaria amigável e proporcionar felicidade aos outros. Como parte integrante do jogo social, o humor nos oferece uma perspectiva diferente. Se humor e ludicidade são uma das suas forças principais, você sabe como atenuar uma situação estressante, mantendo a coesão grupal. Do ponto de vista terapêutico, o humor oferece uma forma viável de liberar emoções negativas. Com essa força, você é capaz de enxergar o lado bom de muitas situações, encontrando aspectos divertidos em vez de deixar que a adversidade o derrube. Humor significa mais do que apenas contar piadas; humor é uma abordagem lúdica e imaginativa da vida.

Meio-termo

Humor em excesso pode fazer você parecer bobo, enquanto a falta severa dessa força pode torná-lo sério demais e entediante. Um uso balanceado de humor e ludicidade, embora não seja fácil, é muito desejável. Sem sacrificar a empatia e a sensibilidade cultural, uma brincadeira, réplica rápida, observação ou comentário bem empregados podem oferecer uma perspectiva nova e diferente, podendo expandir seu pensamento e melhorar seu senso de identidade. O contexto, no entanto, é crucial no uso de humor e ludicidade. Por exemplo, em situações que podem se beneficiar de uma pequena eclosão de humor com uma rápida mudança para deliberações sérias, o uso excessivo de humor pode dar a impressão de que você não está levando algo a sério e, portanto, de que não é confiável. Por sua vez, um tom sério e uma expressão estoica que não podem ser penetrados por uma brincadeira rápida ou um comentário leve podem isolá-lo dos outros e impedir que compartilhem livremente seus pensamentos e sentimentos com você.

- *Sobreutilização da força:* aparência de bufão, palhaço
- *Subutilização da força:* tristeza, melancolia

Integração

Inúmeras forças podem ajudar a explorar a ludicidade, como inteligência social, entusiasmo, curiosidade, trabalho em equipe, gentileza, autenticidade e justiça. Se um comentário jocoso, uma brincadeira ou anedota for compartilhado com cuidado, pode amavelmente aliviar uma situação estressante sem ofender os outros ou oferecer uma nova perspectiva. Observe que o uso balanceado e adaptativo de humor e ludicidade requer que essa brincadeira ou história engraçada seja relevante, envolvente e culturalmente sensível.

Filmes

- *Patch Adams (1999)* – Patch Adams se interna voluntariamente em uma ala psiquiátrica e encontra alegria ajudando seus companheiros pacientes. Incomodado com a abordagem fria que a equipe tem com os pacientes, ele promete mudar o sistema e se matricula na faculdade de Medicina. Sua mistura nada ortodoxa de medicina e humor lhe traz muito orgulho e algumas vezes reprovação.
- *A vida é bela (1998, Itália)* – Guido, um judeu encantador, nunca perde sua esperteza, esperança ou humor, especialmente para proteger seu filho pequeno dos horrores do Holocausto, fingindo que toda a situação é uma brincadeira.
- *Amadeus (1984)* – Este filme descreve o humor e os riscos do jovem Mozart, que, além de criatividade e perseverança, mostra seu lado lúdico quando se envolve em pregar peças.

Ações Terapêuticas

- **Use humor para distração cognitiva:** Se você se sente estressado, deprimido ou irritado, crie uma *playlist* de vídeos engraçados no YouTube ou outros vídeos *on-line*. Certifique-se de que o conteúdo seja envolvente para que você se desligue das emoções negativas. Mantenha a lista atualizada.
- **Anime um amigo triste:** Anime alguém cujos gostos e aversões você conhece bem. Isso também o ajudará a lidar com seus próprios problemas.
- **Faça amizade com alguém que é engraçado:** Faça amizade com alguém que tem um ótimo senso de humor. Observe como essa pessoa usa essa força para lidar com situações difíceis e más notícias.
- **Procure o lado mais leve de uma situação séria:** Quando alguma coisa séria acontece, procure encontrar um lado divertido e mais leve para a situação. Encontre um equilíbrio entre levar as coisas suficientemente a sério e não as levar tão a sério.
- **Engaje-se em diversão ao ar livre:** Saia com seus amigos pelo menos uma vez por mês para correr, fazer caminhadas, esquiar, andar de bicicleta, etc. Observe como a dinâmica do grupo melhora quando vocês riem juntos.

Modelos (Palestras no TED)

Visite *https://www.ted.com/talks* e faça uma busca das seguintes palestras para ouvir histórias de indivíduos que representam a força do humor e ludicidade:

- Jane McGonigal: O jogo que pode lhe dar mais 10 anos de vida
- Liza Donnelly: Desenho sobre humor para a mudança
- John Hunter: Ensinando com o Jogo da Paz Mundial
- Cosmin Mihaiu: Fisioterapia é uma chatice – o melhor é jogar
- Ze Frank: Comédia *nerdcore*

Livros

- Akhtar, M. C. (2011). *Play and Playfulness: Developmental, Cultural, and Clinical Aspects*. Lanham, MD: Jason Aronson.
- McGonigal, J. (2011). *Reality Is Broken: Why Games Make Us Better and How They Can Change the World*. New York: Penguin Press.
- Schaefer, C. E. (2003). *Play Therapy with Adults*. Hoboken, NJ: Wiley.
- Russ, S. W., & Niec, L. N. (2011). *Play in Clinical Practice: Evidence-Based Approaches*. New York: Guilford Press.

Websites

- O neurocientista cognitivo Scott Weems fala sobre seu livro *HA! The Science of When We Laugh and Why*: http://www.scientificamerican.com/podcast/episode/humor-science-weems/
- Cientistas descobrem o segredo do humor: http://www.telegraph.co.uk/news/science/science-news/7938976/Scientists-discover-the-secret-of-humour.html
- Sinais de que você tem um bom senso de humor: http://www.huffingtonpost.com/2014/08/29/good-sense-of-humor_n_5731418.html

24. ESPIRITUALIDADE

Descrição
Espiritualidade é uma parte universal da experiência humana e envolve o conhecimento de nosso lugar dentro do esquema mais amplo das coisas. Espiritualidade pode incluir – mas não está limitada a – a crença e a prática religiosas. Com a ajuda dessa força, você toma consciência do sagrado e do secular na vida diária. Essa é uma força que oferece um senso de conforto em face da adversidade e da experiência de transcender o corriqueiro para atingir alguma coisa fundamental. Você sente o conforto de que existe alguém ou alguma coisa maior do que você, uma força com a qual contar. Ter um senso de espiritualidade lhe oferece o suporte emocional de que você é capaz de lidar com a adversidade. Para aumentar seu senso de espiritualidade, você toma atitudes específicas que em geral seguem normas espirituais ou religiosas estabelecidas. Enquanto progride nessas ações, você sente que sua vida tem um sentido.

Meio-termo
Um senso de espiritualidade balanceado indica que sua vida está imbuída de significado e propósito, embora o significado e o propósito não tenham que ser grandes e arrasadores. Um uso balanceado de espiritualidade, significado e propósito pode ser obtido por meio de atividades pró-sociais tangíveis, como voluntariado em um banco de alimentos, um centro para crianças com deficiências ou um lar para cidadãos idosos. O envolvimento com uma instituição religiosa (como igreja, mesquita ou templo), associação profissional, clube de lazer ou esportivo, organização sem fins lucrativos, força-tarefa ambiental ou grupo humanitário oferece oportunidades de se conectar com algo maior. Independentemente da forma particular como você estabelece uma vida espiritual e significativa, assegure-se de que o objetivo ou significado esteja sempre claro. Existem muitos caminhos para a espiritualidade. Cada caminho pode levá-lo a algo maior que você – seu propósito. Antes de tomar qualquer caminho, reflita sobre onde e para que final esse caminho o levará. A falta total de espiritualidade, significado e propósito pode levá-lo a sentir-se vazio, insatisfeito e existencialmente ansioso pela falta de perspectiva em sua vida.

- *Sobreutilização da força:* fanatismo, radicalismo
- *Subutilização da força:* anomia, isolamento

Integração
Inúmeras forças se integram naturalmente com espiritualidade, entre as quais gratidão, autorregulação, persistência, autenticidade, apreciação da beleza e esperança. Além das forças específicas, inúmeras ações baseadas nas forças podem lhe oferecer experiências calmantes e satisfatórias de espiritualidade. Estas incluem fornecer aconselhamento, fazer um retiro com seu parceiro ou um amigo próximo, meditar ou orar em conjunto ou compartilhando o mesmo espaço e periodicamente fazer um exame de sua vida para refletir sobre seu significado e sobre como suas ações e hábitos estão congruentes com esse significado.

Filmes
- *Contato (1997)* – A Dra. Eleanor Arroway, uma cientista que trabalha na procura de inteligência extraterrestre, descobre um sinal vindo de uma estrela distante. Essa descoberta coloca a sociedade em turbulência quando irrompe o antigo conflito entre razão e crença.
- *O padre (1994, Grã-Bretanha)* – O padre Greg Plinkington vive duas vidas, uma como padre católico conservador e outra como homem *gay* que tem um amante. Quando uma garota lhe conta no confessionário do abuso sexual nas mãos de seu pai, sua frustração com as leis da Igreja Católica transborda, e ele precisa conciliar suas crenças internas com as premissas de sua fé doutrinária.
- *Comer, rezar, amar (2010)* – Apesar de ter um lar e uma carreira de sucesso, quando se divorcia, Liz se vê confusa e em uma encruzilhada. Ela se aventura na busca da autodescoberta e viaja para diferentes lugares do mundo, saindo da sua zona de conforto para aprender mais sobre si mesma.

Ações Terapêuticas
- **Liste experiências que façam você se sentir isolado e experiências que construam conexões:** Faça uma lista semanal ou mensal de experiências que deixam seus sentimentos fragmentados, desviados ou isolados. Ao lado de cada uma, escreva sobre uma experiência potencial que construiria fortes conexões em sua vida.
- **Refine sua busca:** Se você se encontrar imerso em sentimentos negativos (como tristeza, estresse ou raiva), mergulhe deliberadamente na natureza, arte, música, poesia ou literatura que instile um senso de deslumbramento e admiração em você. Gradualmente refine sua consciência. Essas experiências podem conectá-lo com sua busca espiritual.

- **Pratique relaxamento:** Passe 10 minutos por dia respirando profundamente, relaxando e meditando (esvaziando a mente dos pensamentos, focando na respiração). Observe como você se sente depois.
- **Explore diferentes religiões:** Participe de uma aula, faça uma pesquisa *on-line*, encontre-se com alguém de uma religião diferente ou frequente uma congregação de uma religião diferente. Fale com pessoas que praticam essa fé e conheça-as melhor como pessoas.
- **Explore seu propósito:** Se você se sente perdido, ambivalente ou vazio, explore um propósito fundamental de sua vida e vincule suas ações a esse propósito. Todos os dias, pergunte-se se você realizou alguma coisa no caminho do cumprimento desse propósito.
- **Escreva seu próprio tributo:** Escreva seu tributo ou pergunte às pessoas que ama como elas gostariam de se lembrar de você. Elas mencionam suas forças de assinatura?

Modelos (Palestras no TED)

Visite *https://www.ted.com/talks* e faça uma busca das seguintes palestras para ouvir histórias de indivíduos que representam a força de espiritualidade:

- Lesley Hazleton: Sobre a leitura do Alcorão
- Dan Dennett: Vamos ensinar religião – todas as religiões – nas escolas
- Julia Sweeney: Libertando-se de Deus
- Kwame Anthony Appiah: Religiões são boas ou ruins? (Essa pergunta é uma pegadinha)

Livros

- Aslan, R. (2017). *God: A Human History*. New York: Random House.
- Newberg, A., & Waldman, M. R. (2006). *Why We Believe What We Believe: Uncovering Our Biological Need for Meaning, Spirituality, and Truth*. New York: Free Press.
- Valliant, G. (2008). *Spiritual Evolution: How We Are Wired for Faith, Hope, and Love*. New York: Broadway.

Websites

- Como entrar em contato com seu lado espiritual: http://www.actionforhappiness.org/take-action/get-in-touch-with-your-spiritual-side
- Pesquisa sobre espiritualidade por Michael McCullough: http://www.psy.miami.edu/faculty/mmccullough/
- Pesquisa sobre espiritualidade por Kenneth I. Pargament: http://www.bgsu.edu/arts-and-sciences/center-for-family-demographic-research/about-cfdr/research-affiliates/kenneth-i-pargament.html

TABELA D2 USO BALANCEADO DAS FORÇAS DE CARÁTER

Força	Sobreutilização (excesso)	Subutilização (falta de, ou muito pouco)	Meio-termo	Integração (interação com outras forças)
Sabedoria e Conhecimento *Forças cognitivas que implicam aquisição e uso do conhecimento*				
Criatividade	Singularidade, estranheza, excentricidade	Monotonia, banalidade, conformidade	Formas adaptativas, positivas e inovadoras de fazer as coisas	Curiosidade, mente aberta e entusiasmo
Curiosidade	Curiosidade, bisbilhotice, intromissão	Tédio, desinteresse, apatia	Exploração e abertura que não é aborrecida nem intrusiva	Persistência, mente aberta e coragem
Mente aberta	Cinismo, ceticismo	Dogmatismo, "irreflexão", rigidez, excessivamente simplista	Investigação crítica imparcial em direção à mudança adaptativa, se necessário	Perspectiva, curiosidade e justiça
Amor por aprendizado	"Sabe-tudo"	Complacência, vaidade	Aprofundamento do conhecimento para compreender melhor a si mesmo e à sociedade	Curiosidade, mente aberta e persistência
Perspectiva	Elitismo, mistério, pedantismo	Superficialidade	Síntese do conhecimento para compreender o contexto	Inteligência social, integridade e coragem
Coragem *Exercício da vontade para atingir os objetivos em face de oposição externa ou interna*				
Bravura	Assunção de riscos, insensatez	Medo debilitante, covardia	Enfrentando e respondendo a ameaças e medo sem comprometer a segurança e o bem-estar	Autorregulação, integridade e persistência
Persistência	Obsessividade, fixação, busca de objetivos inalcançáveis	Preguiça, apatia	Terminar o que foi iniciado e precisa ser terminado	Coragem, perspectiva e entusiasmo
Integridade	Retidão	Superficialidade, falsidade	Ser real e verdadeiro, sem pressões ou recompensas externas	Justiça, coragem e perspectiva
Vitalidade e Entusiasmo	Hiperatividade	Passividade, inibição	Entusiasmo que não é obsessão nem inibição excessiva	Autorregulação, esperança e perspectiva

(Continua)

(Continuação)

Força	Sobreutilização (excesso)	Subutilização (falta de, ou muito pouco)	Meio-termo	Integração (interação com outras forças)
Humanidade *Forças emocionais que mostram o exercício da vontade diante de oposição ou ameaça interna*				
Amor	Promiscuidade emocional	Isolamento, desapego	Genuinamente amoroso e cuidadoso com os outros sem fazer sacrifícios extremos	Gentileza, inteligência social e esperança
Gentileza	Intrusão	Indiferença, crueldade, mesquinharia	Fazer ações para outros que estão necessitados, não são solicitados e não recebem recompensas tangíveis	Inteligência social, cidadania e trabalho em equipe e perspectiva
Inteligência Social	Psicobalbucio, autoengano	Obtusidade, ignorância	Nuanças na compreensão das emoções, motivos e mudanças correspondentes	Gentileza, amor e autorregulação
Justiça *Forças interpessoais que envolvem proteção e afiliação*				
Cidadania e Trabalho em Equipe	Obediência irracional e automática	Egoísmo, narcisismo	Ser inclusivo e harmonioso para o bem comum	Inteligência social, liderança e esperança
Justiça	Imparcialidade sem perspectiva ou empatia, desapego	Preconceito, partidarismo	Fazer a coisa certa, sem ser influenciado por vieses pessoais e sociais	Integridade, coragem e mente aberta
Liderança	Despotismo, autoritarismo	Obediência, aquiescência	Aspirar e direcionar os outros para um objetivo positivo comum	Entusiasmo, trabalho em equipe e inteligência social
Temperança *Forças que protegem contra o excesso*				
Perdão e Misericórdia	Permissividade	Inclemência, vingança	Voluntariamente cessar o ciclo de vingança	Gentileza, inteligência social e integridade
Humildade e Modéstia	Autodepreciação	Autoestima insensata, arrogância	Sem comprometer o autocuidado, não buscar os holofotes, apesar de merecer	Gratidão, integridade e espiritualidade

(Continua)

(Continuação)

Força	Sobreutilização (excesso)	Subutilização (falta de, ou muito pouco)	Meio-termo	Integração (interação com outras forças)
Prudência	Recato, conservadorismo	Descuido, busca de sensações	Ser cauteloso sem estar preocupado ou indiferente com os riscos potenciais e realistas	Persistência, autorregulação e curiosidade
Autorregulação	Inibição, reticência	Autoindulgência, impulsividade	Regulação das emoções e ações sem se sentir rígido ou restrito	Perspectiva, persistência e esperança
Transcendência *Forças que constroem conexões com o universo maior e conferem sentido*				
Apreciação da Beleza e Excelência	Esnobismo, presunção	Esquecimento, inconsciência	Intrinsecamente apreciar a beleza e a excelência sem esnobismo	Gratidão, entusiasmo e criatividade
Gratidão	*Ingratidão*	Direito, privilégio	Senso de gratidão profundo e genuíno sem se sentir obrigado	Gentileza, amor e inteligência social
Esperança e Otimismo	Perspectiva panglossiana	Pessimismo, aflição	Ser otimista dentro dos limites realistas	Mente aberta, coragem e entusiasmo
Humor e Ludicidade	Aparência de bufão, palhaço	Tristeza, melancolia	Expressão de aspectos mais leves e divertidos de uma situação com boas intenções	Entusiasmo, inteligência social e integridade
Espiritualidade	Fanatismo, radicalismo	Anomia, isolamento	Busca de caminhos adaptativos por intermédio de ações significativas	Gratidão, humildade e gentileza

REFERÊNCIAS

Ackerman, S., Zuroff, D. C., & Moskowitz, D. S. (2000). Generativity in midlife and young adults: Links to agency, communion, and subjective well-being. *International Journal of Aging & Human Development, 50*, 17–41.

Adler, J. M., & McAdams, D. P. (2007). Telling stories about therapy: Ego development, well-being, and the therapeutic relationship. In R. Josselson, D. P. McAdams, & A. Lieblich (Eds.), *The meaning of others: Narrative studies of relationships* (pp. 213–236). Washington, DC: American Psychological Association.

Ajzen, I., & Sheikh, S. (2013). Action versus inaction: Anticipated affect in the theory of planned behavior. *Journal of Applied Social Psychology, 43*(1), 155–162. doi:10.1111/j.1559-1816.2012.00989.x

Alarcon, G. M., Bowling, N. A., & Khazon, S. (2013). Great expectations: A meta-analytic examination of optimism and hope. *Personality and Individual Differences, 54*(7), 821–827. doi:10.1016/j.paid.2012.12.004

Aldao, A., Nolen-Hoeksema, S., & Schweizer, S. (2010). Emotion-regulation strategies across psychopathology: A meta-analytic review. *Clinical Psychology Review, 30*(2), 217–237.

Al-Krenawi, A., Elbedour, S., Parsons, J. E., Onwuegbuzie, A. J., Bart, W. M., & Ferguson, A. (2011). Trauma and war: Positive psychology/strengths approach. *Arab Journal of Psychiatry, 22*, 103–112.

Allan, B. A., & Duffy, R. D. (2014). Examining moderators of signature strengths use and well-being: Calling and signature strengths level. *Journal of Happiness Studies, 15*(2), 323–337. doi:10.1007/s10902-013-9424-0

American Psychiatric Association. (2013). *Diagnostic and statistical manual of mental disorders* (5th ed.). Arlington, VA: American Psychiatric Association.

Anderson, A. K., Wais, P. E., & Gabrieli, J. D. (2006). Emotion enhances remembrance of neutral events past. *Proceedings of the National Academy of Sciences of the United States of America, 103*(5),1599–604.

Anderson, C. A., & Bushman, B. J. (2002). Human aggression. *Annual Review of Psychology, 53*(1), 27–51.

Andreassen, T. (2001). From disgust to delight. *Journal of Service Research, 4*(1), 39–49.

Andrewes, H. E., Walker, V., & O'Neill, B. (2014). Exploring the use of positive psychology interventions in brain injury survivors with challenging behaviour. *Brain Injury, 28*(7), 965– 971. doi:10.3109/02699052.2014.888764

Asebedo, S. D., & Seay, M. C. (2014). Positive psychological attributes and retirement satisfaction. *Journal of Financial Counseling and Planning, 25*(2), 161–173. Retrieved from http://search. proquest.com/docview/1635267624?accountid=14771

Asgharipoor, N., Farid, A. A., Arshadi, H., & Sahebi, A. (2012). A comparative study on the effectiveness of positive psychotherapy and group cognitive-behavioral therapy for the patients suffering from major depressive disorder. *Iranian Journal of Psychiatry and Behavioral Sciences*, *6*(2), 33.

Azañedo, C. M., Fernández-Abascal, E. G., & Barraca, J. (2014). Character strengths in Spain: Validation of the Values in Action Inventory of Strengths (VIA-IS) in a Spanish sample. *Clínica y Salud*, *25*, 123–130. doi:10.1016/j.clysa.2014.06.002

Baer, R. A., Smith, G. T., & Allen, K. B. (2004). Assessment of mindfulness by self-report: The Kentucky Inventory of Mindfulness Skills. *Assessment*, *11*, 191–206.

Barlow, H. D. (2008). *Handbook of clinical disorders*. New York: Guilford Press.

Bartels, M., Cacioppo, J. T., van Beijsterveldt, Toos, C. E. M., & Boomsma, D. I. (2013). Exploring the association between well-being and psychopathology in adolescents. *Behavior Genetics*, *43*(3), 177–190.

Baumeister, R. F. (2005). *The cultural animal: Human nature, meaning, and social life*. New York: Oxford University Press.

Baumeister, R. F., Bratslavsky, E., Finkenauer, C., & Vohs, K. D. (2001). Bad is stronger than good. *Review of General Psychology*, *5*, 323–370. doi:10.1037/1089-2680.5.4.323

Baumeister, R. F., & Leary, M. R. (1995). The need to belong: Desire for interpersonal attachment as a fundamental human motivation. *Psychological Bulletin*, *117*, 497–529.

Bay, M. (2012). *Comparing positive psychotherapy with cognitive behavioral therapy in treating depression*. Unpublished manuscript. Paris West University Nanterre La Défense (Université Paris Ouest Nanterre La Défense).

Bearse, J. L., McMinn, M. R., Seegobin, W., & Free, K. (2013). Barriers to psychologists seeking mental health care. *Professional Psychology: Research and Practice*, *44*(3), 150–157. http:// dx.doi.org/10.1037/a0031182

Beck, A. T., Epstein, N., Brown, G., & Steer, R. A (1988). An inventory for measuring clinical anxiety: Psychometric properties. *Journal of Consulting and Clinical Psychology*, *56*, 893–897.

Beck, A. T., Steer, R. A., & Brown, G. K. (1996). *BDI-II. Beck Depression Inventory: Manual* (2nd ed). Boston: Harcourt Brace.

Berntson, G. G., Thomas Bigger, J., Eckberg, D. L., Grossman, P., Kaufmann, P. G., Malik, M., . . . Der Molen, M. W. (1997). Heart rate variability: Origins, methods, and interpretive caveats. *Psychophysiology*, *34*(6), 623–648.

Berthold, A., & Ruch, W. (2014). Satisfaction with life and character strengths of non-religious and religious people: It's practicing one's religion that makes the difference. *Frontiers in Psychology*, *5*, 876. doi:10.3389/fpsyg.2014.00876

Bertisch, H., Rath, J., Long, C., Ashman, T., & Rashid, T. (2014). Positive psychology in rehabilitation medicine: A brief report. *Neuro-Rehabilitation*, *34*(3), 573–585. doi:10.3233/NRE-141059

Berzoff, J., & Kita, E. (2010). Compassion fatigue and countertransference: Two different concepts. *Clinical Social Work Journal*, *38*(3), 341–349. http://dx.doi.org/10.1007/s10615-010-0271-8

Birchwood, M., Smith, J., Cochrane, R., & Wetton, S. (1990). The Social Functioning Scale: The development and validation of a new scale of social adjustment for use in family intervention programmes with schizophrenic patients. *British Journal of Psychiatry*, *157*, 853–859.

Biswas-Diener, R., Kashdan, T. K., & Minhas, G. (2011). A dynamic approach to psychological strength development and intervention. *The Journal of Positive Psychology* *6*(2), 106–118.

Bjelland, I., Dahl, A. A., Haug, T. T., & Neckelmann, D. (2002). The validity of the Hospital Anxiety and Depression Scale. An updated literature review. *Journal of Psychosomatic Research*, *52*, 69–77.

Boisvert, C., & Faust, D. (2002). Iatrogenic symptoms in psychotherapy: A theoretical exploration of the potential impact of labels, language, and belief systems. *American Journal of Psychotherapy, 56,* 244–259.

Bolier, L., Haverman, M., Westerhof, G., Riper, H., Smit, F., & Bohlmeijer, E. (2013). Positive psychology interventions: A meta-analysis of randomized controlled studies. *BMC Public Health, 13,* 119.

Bonanno, G. A., & Mancini, A. D. (2012). Beyond resilience and PTSD: Mapping the heterogeneity of responses to potential trauma. *Psychological Trauma: Theory, Research, Practice, and Policy, 4*(1), 74–83. doi:10.1037/a0017829

Bron, T. I., van Rijen, Elisabeth, H. M., van Abeelen, A. M., & Lambregtse-van, D. B. (2012). Development of regulation disorders into specific psychopathology. *Infant Mental Health Journal, 33*(2), 212–221. http://dx.doi.org/10.1002/imhj.21325

Bryant, F. B. (1989). A four-factor model of perceived control: Avoiding, coping obtaining, and savoring. *Journal of Personality, 57,* 773–797.

Bryant, F. B. (2003). Savoring Beliefs Inventory (SBI): A scale for measuring beliefs about savouring. *Journal of Mental Health, 12,* 175–196.

Bryant, F. B., Smart, C. M., & King, S. P. (2005). Using the past to enhance the present: Boosting happiness through positive reminiscence. *Journal of Happiness Studies, 6,* 227–260.

Bryant, F. B., & Veroff, J. (2007). *Savoring: A new model of positive experience.* Mahwah, NJ: Erlbaum.

Buckingham, M., & Clifton, D.O. (2001). *Now, discover your strengths.* New York: Free Press.

Bureau of Labor Statistics. (2015). American time use survey. Retrieved from http://www.bls.gov/ tus/charts/home.htm# on December 1, 2015.

Bureau of Labor Statistics. (2016). American time use survey. Retrieved from https://www.bls.gov/ tus/documents.htm on December 31, 2017.

Burton, C. M., & King, L. A. (2004). The health benefits of writing about intensely positive experiences. *Journal of Research in Personality, 38,* 150–163.

Buschor, C., Proyer, R. T., & Ruch, W. (2013). Self and peer rated character strengths: How do they relate to satisfaction with life and orientations to happiness? *Journal of Positive Psychology, 8,* 116–127. doi:10.1080/17439760.2012.758305

Bushman, B. J., Baumeister, R. F., & Phillips, C. M. (2001). Do people aggress to improve their mood? Catharsis beliefs, affect regulation opportunity, and aggressive responding. *Journal of Personality and Social Psychology, 81*(1), 17–32.

Calhoun, L. G., & Tedeschi, R. G. (Eds.). (2006). *Handbook of posttraumatic growth: Research and practice.* Mahwah, NJ: Erlbaum.

Calmes, C. A., & Roberts, J. E. (2008). Rumination in interpersonal relationships: Does corumination explain gender differences in emotional distress and relationship satisfaction among college students? *Cognitive Therapy and Research, 32*(4), 577–590. https://doi.org/10.1007/s10608-008-9200-3

Carr, A., Finnegan, L., Griffin, E., Cotter, P., & Hyland, A. (2017). A randomized controlled trial of the Say Yes To Life (SYTL) positive psychology group psychotherapy program for depression: An interim report. *Journal of Contemporary Psychotherapy, 47*(3), 153–161. https://doi. org/10.1007/s10879-016-9343-6

Carrier, L. M., Rosen, L. D., Cheever, N. A., & Lim, A. F. (2015). Causes, effects, and practicalities of everyday multitasking. *Developmental Review, 35,* 64–78. https://doi.org/10.1016/j.dr.2014.12.005

Carver, C. S., Scheier, M. F., & Segerstrom, S. C. (2010). Optimism. *Clinical Psychology Review, 30*(7), 879–889. doi:10.1016/j.cpr.2010.01.006

Casellas-Grau, A., Font, A., & Vives, J. (2014). Positive psychology interventions in breast cancer. A systematic review. *Psycho-Oncology, 23*(1), 9–19. https://doi.org/10.1002/pon.3353

Casiday, R., Kinsman, E., Fisher, C., & Bambra, C. (2008). *Volunteering and health: What impact does it really have?* London: Volunteering England.

Castonguay, L. G. (2013). Psychotherapy outcome: An issue worth re-revisiting 50 years later. *Psychotherapy, 50*(1), 52–67. doi:10.1037/a0030898

Chaves, C., López-Gómez, I., Hervas, G., & Vazquez, C. (2017). A comparative study on the efficacy of a positive psychology intervention and a cognitive behavioral therapy for clinical depression. *Cognitive Therapy and Research, 41*(3), 417–433. doi: 10.1007/s10608-016-9778-9

Cheavens, J. S., Feldman, D., Gum. A., Michael, S. T., & Snyder, C. R. (2006). Hope therapy in a community sample: A pilot investigation. *Social Indicators Research, 77*, 61–78.

Cheavens, J. S., Strunk, D. S., Sophie Lazarus, S. A., Goldstein, L. A. (2012). The compensation and capitalization models: A test of two approaches to individualizing the treatment of depression. *Behaviour Research and Therapy, 50*, 699–706.

Chibnall, J. T., & Tait, R. C. (1994). The short form of the Beck Depression Inventory: Validity issues with chronic pain patients. *The Clinical Journal of Pain, 10*, 261–266.

Chida, Y., & Steptoe, A. (2009). The association of anger and hostility with future coronary heart disease: A meta-analytic review of prospective evidence. *Journal of the American College of Cardiology, 53*, 936–946.

Chowdhury, T. G., Ratneshwar, S., & Mohanty, P. (2009). The time-harried shopper: Exploring the differences between maximizers and satisficers. *Marketeting Letters, 20*, 155–167.

Cooney, R. E., Joormann, J., Atlas, L. Y., Eugène, F., & Gotlib, I. H. (2007). Remembering the good times: Neural correlates of affect regulation. *Neuroreport, 18*(17), 1771–1774.

Cooper, H., & Frattaroli, J. (2006). Experimental disclosure and its moderators: A meta-analysis. *Psychological Bulletin, 132*(6), 823–865. doi:10.1037/0033-2909.132.6.823

Cordaro, D. T., Sun, R., Keltner, D., Kamble, S., Huddar, N., & McNeil, G. (2018). Universals and cultural variations in 22 emotional expressions across five cultures. *Emotion, 18*(1), 75–93.http://dx.doi.org/10.1037/emo0000302

Cornish, M. A., & Wade, N. G. (2015). A therapeutic model of self-forgiveness with intervention strategies for counselors. *Journal of Counseling & Development, 93*(1), 96–104. http://dx.doi.org/10.1037/cou0000080

Corrigan, P. (2004). How stigma interferes with mental health care. *American Psychologist, 59*, 614–625.

Corrigan, P. W., Salzer, M., Ralph, R., Sangster, Y., & Keck, L. (2004). Examining the factor structure of the Recovery Assessment Scale. *Schizophrenia Bulletin, 30*, 1035–1041.

Costa-Requena, G., & Gil, F. (2010). Posttraumatic stress disorder symptoms in cancer: Psychometric analysis of the Spanish Posttraumatic Stress Disorder Checklist–Civilian version. *PsychoOncology, 19*, 500–507. http://dx.doi.org/10.1002/pon

Coyne, J. C., & Tennen, H. (2010). Positive psychology in cancer care: Bad science, exaggerated claims, and unproven medicine. *Annals of Behavioral Medicine, 39*, 16–26. doi:10.1007/ s12160-009-9154-z

Crits-Christoph, P., Connolly Gibbons, M. B., Ring-Kurtz, S., Gallop, R., Stirman, S., Present, J., . . . Goldstein, L. (2008). Changes in positive quality of life over the course of psychotherapy. *Psychotherapy, 45*(4), 419–430. doi:10.1037/a0014340

Csikszentmihalyi, M. (1990). *Flow: Thepsychologyofoptimalexperience*. New York: HarperCollins.

Cuadra-Peralta, A., Veloso-Besio, C., Pérez, M., & Zúñiga, M. (2010). Resultados de la psicoterapia positiva en pacientes con depresión [Positive psychotherapy results in patients with depression.]. *Terapia Psicológica*, *28*, 127–134. doi:doi:10.4067/S0718-48082010000100012

D'raven, L. L., & Pasha-Zaidi, N. (2014). Positive psychology interventions: A review for counsellingpractitioners/interventions de psychologie positive: Une revue à l'intention des conseillers praticiens. *Canadian Journal of Counselling and Psychotherapy*, *48*(4), 383–408.

Davidson, L., Shahar, G., Lawless, M. S., Sells, D., & Tondora, J. (2006). Play, pleasure, and other positive life events: "Non-specific" factors in recovery from mental illness? *Psychiatry*, *69*(2), 151–163. doi:10.1521/psyc.2006.69.2.151

Davis, D. E., Choe, E., Meyers, J., Wade, N., Varjas, K., Gifford, A., . . . Worthington, E. L. Jr. (2016). Thankful for the little things: A meta-analysis of gratitude interventions. *Journal of Counseling Psychology*, *63*(1), 20–31.

Dawda, D., & Hart, S. D. (2000). Assessing emotional intelligence: Reliability and validity of the bar-on emotional quotient inventory (EQ-i) in university students. *Personality and Individual Differences*, *28*(4), 797–812.

De Shazer, S., Berg, I. K., Lipchik, E., Nunnally, E., Molnar, A., Gingerich, W., & Weiner-Davis, M. (1986). Brief therapy: Focused solution development. *Family Process*, *25*(2), 207–221.

Deacon, B. J. (2013). The biomedical model of mental disorder: A critical analysis of its validity, utility, and effects on psychotherapy research. *Clinical Psychology Review*, *33*(7), 846–861.

Deci, E. L., & Ryan, R. M. (2008). Self-determination theory: A macrotheory of human motivation, development and health. *Canadian Psychology*, *49*, 182–185. doi:10.1037/a0012801

Deighton, R. M., Gurris, N., & Traue, H. (2007). Factors affecting burnout and compassion fatigue in psychotherapists treating torture survivors: Is the therapist's attitude to working through trauma relevant? *Journal of Traumatic Stress*, *20*(1), 63–75. http://dx.doi.org/10.1002/jts.20180

Demir, M. (2010). Close relationships and happiness among emerging adults. *Journal of Happiness Studies*, *11*(3), 293–313. doi:10.1007/s10902-009-9141-x

Derogatis, L. R. (1993). *Brief Symptom Inventory (BSI): Administration, scoring, and procedures manual* (3rd ed.). Minneapolis, MN: National Computer Systems.

Dewey, J. (1934). *Art as experience*. New York: Minton, Balch & Company.

Dittmar, H., Bond, R., Hurst, M., & Kasser, T. (2014). The relationship between materialism and personal well-being: A meta-analysis. *Journal of Personality and Social Psychology*, *107*(5), 879–924. http://doi.org/10.1037/a0037409

Donaldson, S. I., Csikszentmihalyi, M., & Nakamura, J. (Eds.). (2011). *Applied positive psychology: Improving everyday life, health, schools, work, and society*. London: Routledge Academic.

Donaldson, S. I., Dollwet, M., & Rao, M. A. (2015). Happiness, excellence, and optimal human functioning revisited: Examining the peer-reviewed literature linked to positive psychology. *The Journal of Positive Psychology*, *10*(3), 185–195. doi:10.1080/17439760.2014.943801

Douglass, R. P., & Duffy, R. D. (2015). Strengths use and life satisfaction: A moderated mediation approach. *Journal of Happiness Studies*, *16*(3), 619–632.

Dowlatabadi, M. M., Ahmadi, S. M., Sorbi, M. H., Beiki, O., Khademeh Razavi, T., & Bidaki, R. (2016). The effectiveness of group positive psychotherapy on depression and happiness in breast cancer patients: A randomized controlled trial. *Electronic Physician*, *8*(3), 2175–2180. https://doi.org/10.19082/2175

Drvaric, L., Gerritsen, C., Rashid, T., Bagby, R. M., & Mizrahi, R. (2015). High stress, low resilience in people at clinical high risk for psychosis: Should we consider a strengths-

-based approach? *Canadian Psychology*, *56*(3), 332–347.

Duan, W., Ho, S. M. Y., Tang, X., Li, T., & Zhang, Y. (2014). Character strength-based intervention to promote satisfaction with life in the Chinese university context. *Journal of Happiness Studies*, *15*(6), 1347–1361. doi:10.1007/s10902-013-9479-y

Duckworth, A. L., Steen, T. A., & Seligman, M. E. P. (2005). Positive psychology in clinical practice. *Annual Review of Clinical Psychology*, *1*(1), 629–651. doi:10.1146/annurev.clinpsy.1.102803.144154

Duckworth, A. L., Peterson, C., Matthews, M. D., & Kelly, D. R. (2007). Grit: Perseverance and passion for long-term goals. *Journal of Personality and Social Psychology*, *92*, 1087–1101.

Ehrenreich, B. (2009). *Bright-sided: How positive thinking is undermining America*. New York: Metropolitan Books.

Eichstaedt, J. C., Schwartz, H. A., Kern, M. L., Park, G., Labarthe, D. R., Merchant, R. M., . . . Seligman, M. E. P. (2015). Psychological language on Twitter predicts county--level heart disease mortality. *Psychological Science*, *26*(2), 159–169. http://doi.org/10.1177/0956797614557867

Elkins, D. (2009). The medical model in psychotherapy. *Journal of Humanistic Psychology*, *49*(1), 66–84.

Emmons, R. A. (2007). Gratitude, subjective well-being, and the brain. In R. J. Larsen & M. Eid (Eds.), *The science of subjective well-being* (pp. 469–492). New York: Guilford Press.

Emmons, R. A., & McCullough, M. E. (2003). Counting blessing versus burdens: An experimental investigation of gratitude and subjective well-being in daily life. *Journal of Personality and Social Psychology*, *84*(2), 377–389.

Emmons, R. A., & Mishra, A. (2012). Why gratitude enhances well-being: What we know, what we need to know. In K. Sheldon, T. Kashdan, & M. F. Steger (Eds.), *Designing the future of positive psychology: Taking stock and moving forward*. New York: Oxford University Press.

Enright, R., & Fitzgibbons, R. (2015). *Forgiveness therapy*. Washington, DC: American Psychological Association.

Evans, I. M. (1993). Constructional perspectives in clinical assessment. *Psychological Assessment*, *5*, 264–272. http://dx.doi.org/10.1037/1040-3590.5.3.264

Fadla, A. (2014). Self-leadership. *Leadership Excellence*, *31*(8), 10–11.

Fava, G. A. (2016). Well-being therapy. In A. M. Wood & J. Johnson (Eds.), *The Wiley handbook of positive clinical psychology* (pp. 395–407). Chichester, UK: John Wiley. http://doi.org/ 10.1002/9781118468197

Fava, G. A., & Ruini, C. (2003). Development and characteristics of a well-being enhancing psychotherapeutic strategy: Well-being therapy. *Journal of Behavior Therapy and Experimental Psychiatry*, *34*(1), 45–63. doi:10.1016/S0005-7916(03)00019-3

Fazio, R. J., Rashid, T., Hayward, H., & Lopez, S. J. (2008). Growth through loss and adversity: A choice worth making. In S. J. Lopez (Ed.), *Positive psychology: Exploring the best in people: Vol. 3, Growing in the face of adversity* (pp. 1–28). Westport, CT: Praeger.

Fehr, R., Gelfand, M. J., & Nag, M. (2010). The road to forgiveness: A meta-analytic synthesis of its situational and dispositional correlates. *Psychological Bulletin*, *136*, 894–914. doi:10.1037/a0019993

Feldman, G. C., Joormann, J., & Johnson, S. L. (2008). Responses to positive affect: A self--report measure of rumination and dampening. *Cognitive Therapy and Research*, *32*(4), 507–525. doi:10.1007/s10608-006-9083-0

Finlay, W. M. L., & Lyons, E. (2000). Social categorizations, social comparisons and stigma: Presentations of self in people with learning difficulties. *British Journal of Social Psychology*, *39*, 129–146.

First, M. B., Spitzer, R. L., Gibbon, M., & Williams, J. (2007). *Structured Clinical Interview for DSM-IV-TR Axis I disorders, Research Version, Patient Edition (SCID-VP)*. New York: Biometrics Research, New York State Psychiatric Institute.

Fisher, K., & Robinson, J. (2009). Average weekly time spent in 30 basic activities across 17 countries. *Social Indicators Research*, *93*(1), 249–254. doi:10.1007/s11205-008-9372-y

Fitzpatrick, M. R., & Stalikas, A. (2008). Integrating positive emotions into theory, research, and practice: A new challenge for psychotherapy. *Journal of Psychotherapy Integration*, *18*, 248–258.

Flinchbaugh, C. L., Moore, E. W. G., Chang, Y. K., & May, D. R. (2012). Student well-being interventions: The effects of stress management techniques and gratitude journaling in the management education classroom. *Journal of Management Education*, *36*(2), 191–219. doi:10.1177/1052562911430062

Flückiger, C., Caspar, F., Holtforth, M. G., & Willutzki, U. (2009). Working with patients' strengths: A microprocess approach. *Psychotherapy Research*, *19*(2), 213–223. https://doi.org/ 10.1080/10503300902755300

Flückiger, C., & Grosse Holtforth, M. (2008). Focusing the therapist's attention on the patient's strengths: A preliminary study to foster a mechanism of change in outpatient psychotherapy. *Journal of Clinical Psychology*, *64*, 876–890.

Folkman, S., & Moskowitz, J. T. (2000). Positive affect and the other side of coping. *American Psychologist*, *55*(6), 647–654.

Fordyce, M. W. (1983). A program to increase happiness: Further studies. *Journal of Consulting Psychology*, *30*, 483–498.

Forest, J., Mageau, G. V. A., Crevier-Braud, L., Bergeron, L., Dubreuil, P., & Lavigne, G. V. L. (2012). Harmonious passion as an explanation of the relation between signature strengths' use and well-being at work: Test of an intervention program. *Human Relations*, *65*(9), 1233–1252.

Forgeard, M. J. C., & Seligman, M. E. P. (2012). Seeing the glass half full: A review of the causes and consequences of optimism. *Pratiques Psychologiques*, *18*(2), 107–120. doi:10.1016/j.prps.2012.02.002

Fowers, B. J. (2005). *Virtue and psychology: Pursuing excellent in ordinary practices*. Washington, DC: American Psychological Association.

Frank, J. D., & Frank, J. B. (1991). *Persuasion and healing: A comparative study of psychotherapy* (3rd ed.). Baltimore: Johns Hopkins University Press.

Frankl, V. E. (1963). *Man's search for meaning: An introduction to Logotherapy*. New York: Washington Square Press.

Frankl, V. E. (1986). *The doctor and the soul: From psychotherapy to Logotherapy*. New York: Penguin Books.

Frankl, V. E. (1988). *The will to meaning: Foundations and applications of Logotherapy*. Expanded Edition. New York: Penguin Books.

Frattaroli, J. (2006). Experimental disclosure and its moderators: A meta-analysis. *Psychological Bulletin*, *132*(6), 823–865. http://doi.org/10.1037/0033-2909.132.6.823

Fredrickson, B. (2014). *Love 2.0: Creating happiness and health in moments of connection*. New York: Plume.

Fredrickson, B. L. (2001). The role of positive emotions in positive psychology. *American Psychologist*, *56*, 218–226.

Fredrickson, B. L. (2009). *Positivity: Discover the ratio that tips your life toward flourishing*. New York: Crown.

Fredrickson, B. L., & Branigan, C. (2005). Positive emotions broaden the scope of attention and thought-action repertoires. *Cognition and Emotion*, *19*, 313–332.

Fredrickson, B. L., Grewen, K. M., Coffey, K. A., Algoe, S. B., Firestine, A. M., Arevalo, J. M. G., . . . Cole, S. W. (2013). A functional genomic perspective on human well-being. *Proceedings of the National Academy of Scien-*

ces of the United States of America, *110*(33), 13684–13689. doi:10.1073/pnas.1305419110

Fredrickson, B. L., & Losada, M. F. (2005). Positive affect and the complex dynamics of human flourishing. *American Psychologist, 60*(7), 678–686.

Fredrickson, B. L., Tugade, M. M., Waugh, C. E., & Larkin, G. R. (2003). What good are positive emotions in crisis? A prospective study of resilience and emotions following the terrorist attacks on the United States on September 11th, 2001. *Journal of Personality and Social Psychology, 84*, 365–376.

Freidlin, P., Littman-Ovadia, H., & Niemiec, R. M. (2017). Positive psychopathology: Social anxiety via character strengths underuse and overuse. *Personality and Individual Differences, 108*, 50–54.

Frisch, M. B. (2013). Evidence-based well-being/positive psychology assessment and intervention with quality of life therapy and coaching and the Quality of Life Inventory (QOLI). *Social Indicators Research, 114*(2), 193–227. doi:10.1007/s11205-012-0140-7

Frisch, M. B. (2016). Quality of life therapy. In A. M. Wood, & J. Johnson (Eds.), *The Wiley hand-book of positive clinical psychology* (pp. 409–425). Chichester, UK: John Wiley. http://doi.org/ 10.1002/9781118468197

Froh, J. J., Emmons, R. A., Card, N. A., Bono, G., & Wilson, J. A. (2011). Gratitude and the reduced costs of materialism in adolescents. *Journal of Happiness Studies, 12*(2), 289–302.

Fung, B. K., Ho, S. M., Fung, A. S., Leung, E. Y. P., Chow, S. P., Ip, W. Y., . . . Barlaan, P. I. G. (2011). The development of a strength-focused mutual support group for caretakers of children with cerebral palsy. *East Asian Archives of Psychiatry, 21*(2), 64.

Furchtlehner, L. M., & Laireiter, A.-R. (2016, September). *Comparing positive psychotherapy (PPT) and cognitive behavior therapy (CBT) in the treatment of depression: Preliminary ITT results from a RCT study*. Paper presented at the 1st Conference on Positive Psychology of DACH PP (German-language Association of Positive Psychology), Berlin.

Furnes, B., & Dysvik, E. (2013). Experiences of memory-writing in bereaved people. *Bereavement Care, 32*(2), 65–73. doi:10.1080/02682 621.2013.812817

Gable, S. L, Reis, H. T., Impett, E. A., & Asher, E. R. (2004). What do you do when things go right? The intrapersonal and interpersonal benefits of sharing positive events. *Journal of Personality and Social Psychology, 87*, 228–245.

Gander, F., Proyer, R., Ruch, W., & Wyss, T. (2013). Strength-based positive interventions: Further evidence for their potential in enhancing well-being and alleviating depression. *Journal of Happiness Studies, 14*(4), 1241–1259. doi:10.1007/s10902-012-9380-0

Gelso, C. J., Nutt Williams, E., & Fretz, B. R. (2014). Working with strengths: Counseling psychology's calling. In *Counseling psychology* (3rd ed., pp. 157–178). Washington, DC: American Psychological Association. doi:10.1037/14378-007

Gilman, R., Schumm, J. A., & Chard, K. M. (2012). Hope as a change mechanism in the treatment of posttraumatic stress disorder. *Psychological Trauma: Theory, Research, Practice, and Policy, 4*, 270–277. doi:10.1037/a0024252

Glasgow, R. E., Vogt, T. M., & Boles, S. M. (1999). Evaluating the public health impact of health promotion interventions: The RE-AIM framework. *American Journal of Public Health, 89*, 1322–1327.

Glaw, X., Kable, A., Hazelton, M., & Inder, K. (2017). Meaning in life and meaning of life in mental health care: An integrative literature review. *Issues in Mental Health Nursing, 38*(3), 242–252.

Gobel, M. S., Chen, A., & Richardson, D. C. (2017). How different cultures look at faces depends on the interpersonal context. *Canadian Journal of Experimental Psychology, 71*(3), 258–264. http://dx.doi.org.myaccess.library. utoronto.ca/10.1037/cep0000119

Goodwin, E. M. (2010). *Does group positive psychotherapy help improve relationship satisfaction in a stressed and/or anxious population?* (Doctoral dissertation). Retrieved from *ProQuest Dissertations and Theses,* 166 (Order No. 3428275, Palo Alto University).

Govindji, R., & Linley, P. A. (2007). Strengths use, self-concordance and well-being: Implications for strengths coaching and coaching psychologists. *International Coaching Psychology Review, 2,* 143–153.

Grace, J. J., Kinsella, E. L., Muldoon, O. T., & Fortune, D. (2015). Post-traumatic growth following acquired brain injury: A systematic review and meta-analysis. *Frontiers in Psychology, 6,* 1162.

Grafanaki, S., Brennan, M., Holmes, S., Tang, K., & Alvarez, S. (2007). "In search of flow" in counselling and psychotherapy: Identifying the necessary ingredients of peak moments of therapy interaction, person-centered and experiential psychotherapies. *International Journal of Person-Centred and Experiential Psychotherapies, 6,* 239–255.

Graham, J. E., Lobel, M., Glass, P., & Lokshina, I. (2008). Effects of written constructive anger expression in chronic pain patients: Making meaning from pain. *Journal of Behavioral Medicine, 31,* 201–212.

Gratz, K. L., & Roemer, L. (2004). Multidimensional assessment of emotion regulation and dysregulation: Development, factor structure, and initial validation of the difficulties in emotion regulation scale. *Journal of Psychopathology and Behavioral Assessment, 26,* 41–54.

Gresham, F. M., & Elliott, S. N. (1990). *Social skills rating system manual.* Circle Pines, MN: American Guidance Service.

Guney, S. (2011). The Positive Psychotherapy Inventory (PPTI): Reliability and validity study in Turkish population. *Social and Behavioral Sciences, 29,* 81–86.

Güsewell, A., & Ruch, W. (2012). Are there multiple channels by which to connect with beauty and excellence? *Journal of Positive Psychology, 7,* 516–529. doi:10.1080/17439760.2012.726636

Hamilton, M. (1960). A rating scale for depression. *Journal of Neurology, Neurosurgery, and Psychiatry, 23,* 56–62.

Hanna, F. J. (2002). Building hope for change. In F. J. Hanna, *Therapy with difficult clients: Using the precursors model to awaken change* (pp. 265–273). Washington, DC: American Psychological Association.

Hansen, N. B., Lambert, M. J., & Forman, E. V. (2002). The psychotherapy dose-response effect and its implications for treatment delivery services. *Clinical Psychology: Science and Practice, 9,* 329–343.

Harris, A., & Thoresen, C. E. (2006). Extending the influence of positive psychology interventions into health care settings: Lessons from self-efficacy and forgiveness. *The Journal of Positive Psychology, 1,* 27–36.

Harris, A. H. S., Luskin, F., Norman, S. B., Standard, S., Bruning, J., Evans, S., & Thoresen, C. E. (2006). Effects of a group forgiveness intervention on forgiveness, perceived stress, and trait-anger. *Journal of Clinical Psychology, 62,* 715–733. doi:10.1002/jclp.20264

Harris, A. H. S., Thoresen, C. E., & Lopez, S. J. (2007). Integrating positive psychology into counseling: Why and (when appropriate) how. *Journal of Counseling & Development, 85,* 3–13.

Harrison, A., Al-Khairulla, H., & Kikoler, M. (2016). The feasibility, acceptability and possible benefit of a positive psychology intervention group in an adolescent inpatient eating disorder service. *The Journal of Positive Psychology, 11*(5), 449–459.

Harrison, R. L., & Westwood, M. J. (2009). Preventing vicarious traumatization of mental health therapists: Identifying protective practices. *Psychotherapy: Theory, Research, Practice, Training, 46*(2), 203–219. http://dx.doi.org/10.1037/a0016081

Hart, D. S. (2014). Review of lying down in the ever-falling snow: Canadian health professionals' experience of compassion fatigue. *Canadian Journal of Counselling and Psychotherapy, 48*(1), 77–79.

Harvey, A., Watkins, E., Mansell, W., & Shafran, R. (2004). *Cognitive behavioural processes across psychological disorders: A transdiagnostic approach to research and treatment.* New York: Oxford University Press.

Hawkes, D. (2011). Review of solution focused therapy for the helping professions. *Journal of Social Work Practice, 25*(3), 379–380.

Headey, B., Schupp, J., Tucci, I., & Wagner, G. G. (2010). Authentic happiness theory supported by impact of religion on life satisfaction: A longitudinal analysis with data for Germany. *The Journal of Positive Psychology, 5*, 73–82.

Heatherton, T. F., Kozlowski, L. T., Frecker, R. C., & Fagerström, K. (1991). The Fagerström test for nicotine dependence: A revision of the Fagerström tolerance questionnaire. *British Journal of Addiction, 86*, 1119–1127. http://dx.doi.org/10.1111/j.1360-0443.1991.tb01879.x

Hicks, J. A., & King, L. A. (2009). Meaning in life as a subjective judgment and a lived experience. *Social and Personality Psychology Compass, 3*(4), 638–658. doi:10.1111/ j.1751--9004.2009.00193.x

Ho, H. C. Y., Yeung, D. Y., & Kwok, S. Y. C. L. (2014). Development and evaluation of the positive psychology intervention for older adults. *The Journal of Positive Psychology, 9*(3), 187–197. doi:10.1080/ 17439760.2014.888577

Holt-Lunstad, J., Smith, T. B., & Layton, J. B. (2010). Social relationships and mortality risk: A meta-analytic review. *PLoS Medicine, 7*(7). doi:10.1371/journal.pmed.1000316

Hone, L. C., Jarden, A., & Schofield, G. M. (2015). An evaluation of positive psychology intervention effectiveness trials using the re--aim framework: A practice-friendly review. *The Journal of Positive Psychology, 10*(4), 303–322. doi:10.1080/17439760.2014.965267

Honoré, C. (2005). *In praise of slowness: Challenging the cult of speed.* New York: HarperCollins.

Hortop, E. G., Wrosch, C., & Gagné, M. (2013). The why and how of goal pursuits: Effects of global autonomous motivation and perceived control on emotional well-being. *Motivation and Emotion, 37*(4), 675–687.

Horvath, A. O., Del Re, A. C., Flückiger, C., Symonds, D., Horvath, A. O., & Del Re, A. C. (2011). Alliance in individual psychotherapy. *Psychotherapy, 48*(1), 9–16.

Houltberg, B. J., Henry, C. S., Merten, M. J., & Robinson, L. C. (2011). Adolescents' perceptions of family connectedness, intrinsic religiosity, and depressed mood. *Journal of Child and Family Studies, 20*(1), 111–119.

Huebner, E. S. (1991). Initial development of the Students' Life Satisfaction Scale. *School Psychology International, 12*, 231–243.

Huffman, J. C., DuBois, C. M., Healy, B. C., Boehm, J. K., Kashdan, T. B., Celano, C. M., & Lyubomirsky, S. (2014). Feasibility and utility of positive psychology exercises for suicidal inpatients. *General Hospital Psychiatry, 36*(1), 88–94.

Huffman, J. C., DuBois, C. M., Millstein, R. A., Celano, C. M., & Wexler, D. (2015). Positive psychological interventions for patients with type 2 diabetes: Rationale, theoretical model, and intervention development. *Journal of Diabetes Research, 2015*, 1–18. doi:10.1155/2015/428349

Huffman, J. C., Mastromauro, C. A., Boehm, J. K., Seabrook, R., Fricchione, G. L., Denninger, J. W., & Lyubomirsky, S. (2011). Development of a positive psychology intervention for patients with acute cardiovascular disease. *Heart International, 6*(2). https://doi.org/10.4081/hi.2011.e14

Hunt, M., Auriemma, J., & Cashaw, A. C. A. (2003). Self-report bias and underreporting of depression on the BDI-II. *Journal of Personality Assessment, 80*, 26–30. doi:10.1207/S15327752JPA8001_10

Huta, V., & Hawley, L. (2008). Psychological strengths and cognitive vulnerabilities: Are they two ends of the same continuum or do they have independent relationships with well-being and illbeing? *Journal of Happiness Studies*, *11*(1), 71–93. doi:10.1007/s10902-008-9123-4

Huynh, K. H., Hall, B., Hurst, M. A., & Bikos, L. H. (2015). Evaluation of the positive re-entry in corrections program: A positive psychology intervention with prison inmates. *International Journal of Offender Therapy and Comparative Criminology*, *59*(9), 1006.

Hwang, K., Kwon, A., & Hong, C. (2017). A preliminary study of new positive psychology interventions: Neurofeedback-aided meditation therapy and modified positive psychotherapy. *Current Psychology*, *36*(3), 683–695. http://doi.org/10.1007/s12144-016-9538-8

Jahoda, M. (1958). *Current concepts of positive mental health*. New York: Basic Books.

Jayawickreme, E., & Blackie, L. E. R. (2014). Post-traumatic growth as positive personality change: Evidence, controversies and future directions. *European Journal of Personality*, *28*(4), 312–331.

Jelinek, L., Stockbauer, C., Randjbar, S., Kellner, M., Ehring, T., & Moritz, S. (2010). Characteristics and organization of the worst moment of trauma memories in posttraumatic stress disorder. *Behaviour Research and Therapy*, *48*(7), 680–685. https://doi.org/10.1016/j.brat.2010.03.014

Johnson, D. P., Penn, D. L., Fredrickson, B. L., Meyer, P. S., Kring, A. M., & Brantley, M. (2009). Loving-kindness meditation to enhance recovery from negative symptoms of schizophrenia. *Journal of Clinical Psychology*, *65*, 499–509. doi:10.1002/jclp.20591

Johnson, J., Gooding, P. A., Wood, A. M., & Tarrier, N. (2010). Resilience as positive coping appraisals: Testing the schematic appraisals model of suicide (SAMS). *Behaviour Research and Therapy*, *48*, 179–186.

Johnson, J., Gooding, P. A., Wood, A. M., Taylor, P. J., Pratt, D., & Tarrier, N. (2010). Resilience to suicidal ideation in psychosis: Positive self-appraisals buffer the impact of hopelessness. *Behaviour Research and Therapy*, *48*, 883–889.

Johnson, J., & Wood, A. M. (2017). Integrating positive and clinical psychology: Viewing human functioning as continua from positive to negative can benefit clinical assessment, interventions and understandings of resilience. *Cognitive Therapy and Research*, *41*(3), 335–349. doi:10.1007/ s10608-015-9728-y

Joormann, J., Dkane, M., & Gotlib, I. H. (2006). Adaptive and maladaptive components of rumination? Diagnostic specificity and relation to depressive biases. *Behavior Therapy*, *37*, 269–280. doi:10.1016/j.beth.2006.01.002

Joormann, J.,& Siemer, M.(2004). Memoryaccessibility, moodregulation, anddysphoria: Difficulties in repairing sad mood with happy memories? *Journal of Abnormal Psychology*, *113*(2), 179– 188. doi:10.1037/0021--843X.113.2.179

Joormann, J., Siemer, M., & Gotlib, I. H. (2007). Mood regulation in depression: Differential effects of distraction and recall of happy memories on sad mood. *Journal of Abnormal Psychology*, *116*(3), 484–490. doi:10.1037/0021-843X.116.3.484

Joseph, S., & Linley, A. P. (2006). *Positive therapy: A meta-theory for positive psychological practice*. New York: Rutledge.

Kahler, C. W., Spillane, N. S., Day, A. M., Cioe, P. A., Parks, A., Leventhal, A. M., & Brown, R. A. (2015). Positive psychotherapy for smoking cessation: A pilot randomized controlled trial. *Nicotine & Tobacco Research*, *17*(11), 1385–1392.

Kahneman, D. (2011). *Thinking fast and slow*. London: Allen Lane.

Kahneman, D., Krueger, A. B., Schkade, D., Schwarz, N., Stone, A. A., Schwartz, N., & Stone, A. A. (2006). Would you be happier if you were richer? A focusing illusion. *Science*, *312*(5782), 1908–1910. doi:10.1126/science.1129688

Kaitlin, A. H., Karly, M. M., & Mezulis, A. (2017). Ruminating on the positive: Paths from trait positive emotionality to event-specific gratitude. *Journal of Happiness Studies*, 1–17. https://doi.org/10.1007/s10902-017-9940-4

Kapur, N., Cole, J., Manly, T., Viskontas, I., Ninteman, A., Hasher, L., & Pascual-Leone, A. (2013). Positive clinical neuroscience: Explorations in positive neurology. *The Neuroscientist*, *19*(4), 354–369. doi:10.1177/1073858412470976

Kashdan, T. B., Julian, T., Merritt, K., & Uswatte, G. (2006). Social anxiety and posttraumatic stress in combat veterans: Relations to well-being and character strengths. *Behaviour Research and Therapy*, *44*, 561–583.

Kashdan, T. B., & Rottenberg, J. (2010). Psychological flexibility as a fundamental aspect of health. *Clinical Psychology Review*, *30*, 865–878.

Kasser, T. (2002). *The high price of materialism*. Cambridge, MA: MIT Press.

Kasser, T., & Kanner, A. D. (Eds.). (2004). *Psychology and consumer culture: The struggle for a good life in a materialistic world*. Washington, DC: American Psychological Association. http://dx.doi.org/10.1037/10658-000

Kazdin, A. E. (2009). Understanding how and why psychotherapy leads to change. *Psychotherapy Research*, *19*(4–5), 418–428.

Kelly, J. R. (1997). Changing issues in leisure-family research—again. *Journal of Leisure Research*, *29*(1), 132–134.

Kern, M. L., Waters, L. E., Adler, A., & White, M. A. (2015). A multidimensional approach to measuring well-being in students: Application of the PERMA framework. *The Journal of Positive Psychology*, *10*(3), 262–271. https://doi.org/10.1080/17439760.2014.936962

Kerner, E. A., & Fitzpatrick, M. R. (2007). Integrating writing into psychotherapy practice: A matrix of change processes and structural dimensions. *Psychotherapy: Theory, Research, Practice, Training*, *44*(3), 333–346.

Kerr, S. L., O'Donovan, A., & Pepping, C. A. (2015). Can gratitude and kindness interventions enhance well-being in a clinical sample? *Journal of Happiness Studies*, *16*(1), 17–36. http://dx.doi.org/10.1007/s10902-013-9492-1

Keyes, C. L. M. (2013). *Promotion and protection of positive mental health: Towards complete mental health in human development*. New York: Oxford University Press.

Keyes, C. L M., & Eduardo, J. S. (2012). To flourish or not: Level of positive mental health predicts ten-year all-cause mortality. *American Journal of Public Health 102*, 2164–2172.

Khanjani, M., Shahidi, S., FathAbadi, J., Mazaheri, M. A., & Shokri, O. (2014). The factor structure and psychometric properties of the Positive Psychotherapy Inventory (PPTI) in an Iranian sample. *Iranian Journal of Applied Psychology*, *7*(5), 26–47. (In Persian)

Khumalo, I. P., Wissing, M. P., & Temane, Q. M. (2008). Exploring the validity of the Values-In-Action Inventory of Strengths (VIA-IS) in an African context. *Journal of Psychology in Africa*, *18*, 133–142. doi:10.1080/14330237.2008.10820180

King L. A., & Milner, K. N. (2000). Writing about the perceived benefits of traumatic events: Implications for physical health. *Personality and Social Psychology Bulletin*. *26*, 220–230.

Kirsch, I., Moore, T. J., Scoboria, A., & Nicholls, S. S. (2002). The emperor's new drugs: An analysis of antidepressant medication data submitted to the U.S. Food and Drug Administration. *Prevention & Treatment*, *5*, art. 23.

Kitayama, S., & Markus, H. R. (2000). The pursuit of happiness and the realization of sympathy: Cultural patterns of self, social relations, and well-being. In J. B. P. Sinha (Ed.), *Culture and subjective well-being* (pp. 113–161). Thousand Oaks, CA: SAGE.

Kleinsmith, A., De Silva, P. R., & Bianchi-Berthouze, N. (2006). Cross-cultural differences in recognizing affect from body posture. *Interacting with Computers*, *18*(6), 1371–1389.

Ko, Y. S., & Hyun, M. Y. (2015). Effects of a positive psychotherapy program on depression, self-esteem, and hope in patients with major depressive disorders. *Journal of Korean Academy of Psychiatric and Mental Health Nursing*, *24*(4), 246. https://doi.org/10.12934/jkpmhn.2015.24.4.246

Kovacs, M. (1992). *Children Depression Inventory: Manual*. New York: Multi Health System.

Kross, E., Ayduk, O., & Mischel, W. (2005). When asking "why" doesn't hurt: Distinguishing re-flective processing of negative emotions from rumination. *Psychological Science*, *16*, 709–715.

Lai, J. C. L., & Yue, X. (2000). Measuring optimism in Hong Kong and mainland Chinese with the revised life orientation test. *Personality and Individual Differences*, *28*(4), 781–796.

Lambert, M. (2007). Presidential address: What we have learned from a decade of research aimed at improving psychotherapy outcome in routine care. *Psychotherapy Research*, *17*(1), 1–14. doi:10.1080/10503300601032506

Lambert, M. J. (2013). Outcome in psychotherapy: The past and important advances. *Psychotherapy*, *50*(1), 42–51.

Lambert, M. J., Burlingame, G. M., Umphress, V. J., Hansen, N. B., Vermeersch, D., Clouse, G., & Yanchar, S. (1996). The reliability and validity of the Outcome Questionnaire. *Clinical Psychology and Psychotherapy*, *3*, 106–116.

Lambert, M. J., Hansen, N. B., & Finch, A. E. (2001). Patient-focused research: Using patient outcome data to enhance treatment effects. *Journal of Consulting and Clinical Psychology*, *69*(2), 159–172. Retrieved from http://www.ncbi.nlm.nih.gov/pubmed/11393594

Lambert, M. J., Whipple, J. L., Hawkins, E. J., Vermeersch, D. A., Nielsen, S. L., & Smart, D. W. (2003). Is it time for clinicians to routinely track patient outcome? A meta-analysis. *Clinical Psychology: Science and Practice*, *10*, 288–301.

Lambert, N. M., Fincham, F. D., & Stillman, T. F. (2012). Gratitude and depressive symptoms: The role of positive reframing and positive emotion. *Cognition and Emotion*, *26*(4), 615–633. doi:10.1080/02699931.2011.595393

Lambert D'raven, L. T., Moliver, N., & Thompson, D. (2015). Happiness intervention decreases pain and depression, boosts happiness among primary care patients. *Primary Health Care Research & Development*, *16*(2), 114–126. https://doi.org/10.1017/S146342361300056X

Lambert D'raven, L., & Pasha-Zaidi, N. (2016). Using the PERMA model in the United Arab Emirates. *Social Indicators Research*, *125*(3), 905–933.

Lamont, A. (2011). University students' strong experiences of music: Pleasure, engagement, and meaning. *Music and Emotion*, *15*, 229–249.

Langston, C. A., & Langston, C. A. (1994). Capitalizing on and coping with daily-life events: Expressive responses to positive events. *Journal of Personality and Social Psychology*, *67*(6), 1112–1125. doi:10.1037/0022-3514.67.6.1112

Larsen, D., Edey, W., & Lemay, L. (2007). Understanding the role of hope in counselling: Exploring the intentional uses of hope. *Counselling Psychology Quarterly*, *20*(4), 401–416.

Larsen, D. L., Attkisson, C. C., Hargreaves, W. A., & Nguyen, T. D. (1979). Assessment of client/patient satisfaction: Development of a general scale. *Evaluation and Program Planning*, *2*, 197–207. http://dx.doi.org/10.1016/0149-7189(79)90094-6

Larsen, D. J., & Stege, R. (2010). Hope-focused practices during early psychotherapy sessions: Part I: Implicit approaches. *Journal of Psychotherapy Integration*, *20*(3), 271–292. doi:10.1037/a0020820

Le Boutillier, C., Leamy, M., Bird, V., Davidson, L., Williams, J., & Slade, M. (2011). What does recovery mean in practice? A qualitative analysis of international recovery-oriented practice guidance. *Psychiatric Services*, *62*, 1470–1476.

Lemay, E. P. Jr., Clark, M. S., & Feeney, B. C. (2007). Projection of responsiveness to needs and the construction of satisfying communal relationships. *Journal of Personality & Social Psychology*, *92*, 834–853.

Leotti, L. A., Iyengar, S. S., & Ochsner, K. N. (2010). Born to choose: The origins and value of the need for control. *Trends in Cognitive Sciences*, *14*(10), 457–463.

Leykin, Y., & DeRubeis, R. J. (2009). Allegiance in psychotherapy outcome research: Separating association from bias. *Clinical Psychology: Science and Practice*, *16*, 54–65. doi:10.1111/j.1468-2850.2009.01143.x

Lightsey, O. (2006). Resilience, meaning, and well-being. *The Counseling Psychologist*, *34*, 96–107. doi:10.1177/0011000005282369

Lin, A. (2001). *Exploring sources of life meaning among Chinese* (Unpublished master's thesis). Langley: Trinity Western University.

Linley, P. A. (2008). *Average to A+: Realising strengths in yourself and others*. Leicester, UK: CAPP Press.

Linley, P. A., Nielsen, K. M., Wood, A. M., Gillett, R., & Biswas-Diener, R. (2010). Using signature strengths in pursuit of goals: Effects on goal progress, need satisfaction, and well-being, and implications for coaching psychologists. *International Coaching Psychology Review*, *5*, 8–17.

Littman-Ovadia, H., & Lavy, S. (2012). Character strengths in Israel. *European Journal of Psychological Assessment*, *28*, 41–50. doi:10.1027/1015-5759/a000089

Littman-Ovadia, H., & Steger, M. (2010). Character strengths and well-being among volunteers and employees: Toward an integrative model. *The Journal of Positive Psychology*, *5*(6), 419–430. https://doi.org/10.1080/17439760.2010.516765

Long, E. C. J., Angera, J. J., Carter, S. J., Nakamoto, M., & Kalso, M. (1999). Understanding the one you love: A longitudinal assessment of an empathy training program for couples in romantic relationships. *Family Relations*, *48*(3), 235. https://doi.org/10.2307/585632

Lounsbury, J. W., Fisher, L. A., Levy, J. J., & Welsh, D. P. (2009). Investigation of character strengths in relation to the academic success of college students. *Individual Differences Research*, *7*(1), 52–69.

Lü, W., Wang, Z., & Liu, Y. (2013). A pilot study on changes of cardiac vagal tone in individuals with low trait positive affect: The effect of positive psychotherapy. *International Journal of Psychophysiology*, *88*(2), 213–217.

Lucas, R. E. (2007). Adaptation and the set-point model of subjective well-being: Does happiness change after major life events? *Current Directions in Psychological Science*, *16*(2), 75–79. doi:10.1111/j.1467-8721.2007.00479.x

Lyubormirsky, S. (2007). *The how of happiness: A scientific approach to getting the life you want*. New York: Penguin.

Lyubomirsky, S., King, L.,& Diener, E.(2005). Thebenefitsoffrequentpositiveaffect: Doeshappiness lead to success? *Psychological Bulletin*, *131*(6), 803–855. doi:10.1037/0033-2909.131.6.803

Lyubomirsky, S., & Layous, K. (2013). How do simple positive activities increase well-being? *Current Directions in Psychological Science*, *22*, 57–62. doi:10.1177/0963721412469809

Macaskill, A. (2016). Review of positive psychology applications in clinical medical populations. *Healthcare*, *4*(3), 66.

Macaskill, A., & Denovan, A. (2014). Assessing psychological health: The contribution of psychological strengths. *British Journal of Guidance & Counselling*, *42*(3), 320–337. doi:10.1080/ 03069885.2014.898739

Maddux, J. E. (2008). Positive psychology and the illness ideology: Toward a positive clinical psychology. *Applied Psychology*, *57*, 54–70. doi:10.1111/j.1464-0597.2008.00354.x

Maisel, N. C., & Gable, S. L. (2009). The paradox of received support: The importance of responsiveness. *Psychological Science*, *20*, 928–932.

Markus, H., & Nurius, P. (1986). Possible selves. *American Psychologist*, *41*, 954–969.

Marques, S. C., Pais-Ribeiro, J. L., & Lopez, S. J. (2011). The role of positive psychology constructs in predicting mental health and academic achievement in children and adolescents: A two-year longitudinal study. *Journal of Happiness Studies*, *12*(6), 1049–1062. doi:10.1007/s10902-010-9244-4

Martinez-Marti, M. L., & Ruch, W. (2014). Character strengths and well-being across the life span: Data from a representative sample of German-speaking adults living in Switzerland. *Frontiers in Psychology*, *5*, 1253. doi: 10.3389/fpsyg.2014.01253

Martínez-Martí, M. L., & Ruch, W. (2017). Character strengths predict resilience over and above positive affect, self-efficacy, optimism, social support, self-esteem, and life satisfaction. *The Journal of Positive Psychology*, *12*(2), 110–119.

Maslow, A. H. (1970). *Motivation and personality* (2nd ed.). New York: Harper & Row.

Mazzucchelli, T., Kane, R., & Rees, C. (2009). Behavioral activation treatments for depression in adults: A meta-analysis and review. *Clinical Psychology: Science and Practice*, *16*(4), 383–411. http://doi.org/10.1111/j.1468-2850.2009.01178.x

Mazzucchelli, T. G., Kane, R. T., & Rees, C. S. (2010). Behavioral activation interventions for well-being: A meta-analysis. *The Journal of Positive Psychology*, *5*(2), 105–121. doi:10.1080/17439760903569154

McAdams, D. P. (2008). Personal narratives and the life story. In O. P. John, R. W. Robins, & A. Pervin (Eds.), *Handbook of personality: Theory and research* (3rd ed., pp. 242–262). New York: Guilford Press.

McCormick, B. P., Funderburk, J. A., Lee, Y., & Hale-Fought, M. (2005). Activity characteristics and emotional experience: Predicting boredom and anxiety in the daily life of community mental health clients. *Journal of Leisure Research*, *37*, 236–253.

McCullough, M. E. (2008). *Beyond revenge: The evolution of the forgiveness instinct*. San Francisco: Jossey-Bass.

McCullough, M. E., Pedersen, E. J., Tabak, B. A., & Carter, E. C. (2014). Conciliatory gestures promote forgiveness and reduce anger in humans. *Proceedings of the National Academy of Sciences of the United States of America*, *111*(30), 12111–12116.

McGrath, R. E. (2015). Integrating psychological and cultural perspectives on virtue: The hierarchical structure of character strengths. *The Journal of Positive Psychology*, *10*(5), 407–424.

McKnight, P. E., & Kashdan, T. B. (2009). Purpose in life as a system that creates and sustains health and well-being: An integrative, testable theory. *Review of General Psychology*, *13*(3), 242–251. http://doi.org/10.1037/a0017152

McLean, K. C., Pasupathi, M., & Pals. J. L. (2007). Selves creating stories creating selves: A process model of narrative self development in adolescence and adulthood. *Personality and Social Psychology Review*, *11*, 262–278.

McLean, K. C., & Pratt, M. W. (2006). Life's little (and big) lessons: Identity statuses and meaning-making in the turning point narratives of emerging adults. *Developmental Psychology*, *42*(4), 714–722. doi:10.1037/0012-1649.42.4.714

McNulty, J. K., & Fincham, F. D. (2012). Beyond positive psychology? Toward a contextual view of psychological process and well-being. *American Psychologist*, *67*, 101–110.

McWilliams, N. (1994). *Psychoanalytic diagnosis*. New York: Guilford Press.

Messias, E., Saini, A., Sinato, P., & Welch, S. (2010). Bearing grudges and physical health: Relationship to smoking, cardiovascular health and ulcers. *Social Psychiatry and Psychiatric Epidemiology*, *45*(2), 183–187.

Meyer, P. S., Johnson, D. P., Parks, A., Iwanski, C., & Penn, D. L. (2012). Positive living: A pilot study of group positive psychotherapy for people with schizophrenia. *The Journal of Positive Psychology, 7*, 239–248. doi:10.1080/17439760.2012.677467

Michalak, J., & Holtforth, M. G. (2006). Where do we go from here? The goal perspective in psychotherapy. *Clinical Psychology: Science and Practice, 13*(4), 346–365. doi:10.1111/j.1468-2850.2006.00048.x

Minear, M., Brasher, F., McCurdy, M., Lewis, J., & Younggren, A. (2013). Working memory, fluid intelligence, and impulsiveness in heavy media multitaskers. *Psychonomic Bulletin & Review, 20*(6), 1274–1281. doi:10.3758/s13423-013-0456-6

Mitchell, J., Stanimirovic, R., Klein, B., & Vella-Brodrick, D. (2009). A randomised controlled trial of a self-guided Internet intervention promoting well-being. *Computers in Human Behavior, 25*, 749–760. doi:10.1016/j.chb.2009.02.003

Mongrain, M., & Anselmo-Matthews, T. (2012). Do positive psychology exercises work? A replication of Seligman et al. (2005). *Journal of Clinical Psychology, 68*, 382–389.

Montgomery S. A., & Asberg, M. (1979). A new depression scale designed to be sensitive to change. *British Journal of Psychiatry, 134*, 382–389.

Morganson, V. J., Litano, M. L., & O'Neill, S. K. (2014). Promoting work–family balance through positive psychology: A practical review of the literature. *The Psychologist-Manager Journal, 17*(4), 221–244. https://doi.org/10.1037/mgr0000023

Müller, R., Gertz, K. J., Molton, I. R., Terrill, A. L., Bombardier, C. H., Ehde, D. M., & Jensen, P. (2016). Effects of a tailored positive psychology intervention on well-being and pain in individuals with chronic pain and a physical disability: A feasibility trial. *The Clinical Journal of Pain, 32*(1), 32–44.

Murray, G., & Johnson, S. L. (2010). The clinical significance of creativity in bipolar disorder. *Clinical Psychology Review, 30*, 721–732. doi:10.1016/j.cpr.2010.05.006

Murray, H. A. (1938). *Explorations in personality*. Oxford: Oxford University Press.

Musick, M. A., & Wilson, J. (2003). Volunteering and depression: The role of psychological and social resources in different age groups. *Social Science & Medicine, 56*(2), 259–269.

Nakamura, J., & Csikszentmihalyi, M. (2002). The concept of flow. In C. R. Snyder & S. J. Lopez (Eds.), *Handbook of positive psychology* (pp. 89–105). New York and Oxford: Oxford University Press.

National Collaborating Centre for Methods and Tools. (2008). *Quality assessment tool for quantitative studies: Effective public health practice project*. Hamilton, ON: McMaster University.

Nedelcu, A. M., & Michod, R. E. (2006). The evolutionary origin of an altruistic gene. *Molecular Biology And Evolution, 23*(8), 1460–1464.

Neimeyer, R. A., Burke, L. A., Mackay, M. M., & van Dyke Stringer, J. G. (2010). Grief therapy and the reconstruction of meaning: From principles to practice. *Journal of Contemporary Psychotherapy, 40*, 73–83. doi:10.1007/s10879-009-9135-3

Nelson, C., & Johnston, M. (2008). Adult Needs and Strengths Assessment–abbreviated referral version to specify psychiatric care needed for incoming patients: Exploratory analysis. *Psychological Reports, 102*, 131–143.

Nes, L. S., & Segerstrom, S. C. (2006). Dispositional optimism and coping: A meta-analytic review. *Personality and Social Psychology Review, 10*(3), 235–251. doi:10.1207/s15327957pspr1003_3

Newman, C. F., Leahy, R. L., Beck, A. T., Reilly-Harrington, N. A., & Gyulai, L. (2002). *Bipolar disorder: A cognitive therapy approach*. Washington, DC: American Psychological Association.

Niemiec, R., & Wedding, D. (2013). Positive psychology at the movies: *Using films to build virtues and character strengths* (3rd ed.): Cambridge, MA: Hogrefe & Huber.

Nikrahan, G. R., Laferton, J. A. C., Asgari, K., Kalantari, M., Abedi, M. R., Etesampour, A., . . . Huffman, J. C. (2016). Effects of positive psychology interventions on risk biomarkers in coronary patients: A randomized, wait-list controlled pilot trial. *Psychosomatics*, *57*(4), 359–368.

Nisbett, R. E. (2008). Eastern and Western ways of perceiving the world. In Y. Shoda, D. Cervone, & G. Downey (Eds.), *Persons in context: Constructing a science of the individual* (pp. 62–83). New York: Guildford Press.

Nolen-Hoeksema, S., & Davis, C.G. (1999). "Thanks for sharing that": Ruminators and their social support networks. *Journal of Personality and Social Psychology*, *77*, 801–814.

Nolen-Hoeksema, S., Wisco, B., & Lyubomirsky, S. (2008). Rethinking rumination. *Perspectives on Psychological Science*, *3*(5), 400–424.

Norcm, J. K., & Chang, E. C. (2001). A very full glass: Adding complexity to our thinking about the implications and applications of optimism and pessimism research. In E. C. Chang (Ed.), *Optimism and pessimism: Implications for theory, research and practice* (pp. 347–367). Washington, DC: APA Press.

Ochoa, C., Casellas-Grau, A., Vives, J., Font, A., & Borràs, J. (2017). Positive psychotherapy for distressed cancer survivors: Posttraumatic growth facilitation reduces posttraumatic stress. *International Journal of Clinical and Health Psychology*, *17*(1), 28–37.

O'Connell, B. H., O'Shea, D., & Gallagher, S. (2016). Enhancing social relationships through positive psychology activities: A randomised controlled trial. *The Journal of Positive Psychology*, *11*(2), 149–162.

Odou, N., & Vella-Brodrick, D. A. (2013). The efficacy of positive psychology interventions to increase well-being and the role of mental imagery ability. *Social Indicators Research*, *110*(1), 111–129. doi:10.1007/s11205-011-9919-1

Oettingen, G., & Gollwitzer, P. M. (2009). Embodied goal pursuit. *European Journal of Social Psychology*, *39*(7), 1210–1213.

Oksanen, T., Kouvonen, A., Vahtera, J., Virtanen, M., & Kivimäki, M. (2010). Prospective study of workplace social capital and depression: Are vertical and horizontal components equally important? *Journal of Epidemiology and Community Health*, *64*, 684–689. doi:10.1136/jech. 2008.086074

Overall, J. E., & Gorham, D. R. (1962). The Brief Psychiatric Rating Scale. *Psychological Reports*, *10*, 790–812.

Park, C. L., & Blumberg, C. J. (2002). Disclosing trauma through writing: Testing the meaning-making hypothesis. *Cognitive Therapy and Research*, *26*, 597–616.

Park, N., & Peterson, C. (2006). Values in Action (VIA) inventory of character strengths for youth. *Adolescent & Family Health*, *4*, 35–40.

Park, N., Peterson, C., & Seligman, M. E. P. (2004). Strengths of character and well-being. *Journal of Social & Clinical Psychology*, *23*, 603–619.

Parks, A. C., & Schueller, S. M. (Eds.). (2014). *The Wiley-Blackwell handbook of positive psychological interventions*. Oxford: Wiley--Blackwell.

Parks, A., Della Porta, M., Pierce, R. S., Zilca, R., & Lyubomirsky, S. (2012). Pursuing happiness in everyday life: The characteristics and behaviors of online happiness seekers. *Emotion*, *12*, 1222–1234.

Parks-Sheiner, A. C. (2009). *Positive psychotherapy: Building a model of empirically supported self-help* (Doctoral dissertation). University of Pennsylvania.

Pediaditakis, N. (2014). The association between major mental disorders and geniuses. *Psychiatric Times*, *31*(9). 32.

Pedrotti, J. T. (2011). Broadening perspectives: Strategies to infuse multiculturalism into a positive psychology course. *The Journal of Positive Psychology*, *6*(6), 506–513. doi:10.1080/17439760. 2011.634817

Peeters, G., & Czapinski, J. (1990). Positive--negative asymmetry in evaluations: The distinction between affective and informational negativity effects. *European Review of Social Psychology*, *1*, 33–60.

Pennebaker, J. W. (1997). *Opening up: The healing power of expressing emotions*. New York: Guildford Press.

Pennebaker, J. W., & Evans, J. F. (2014). *Expressive writing: Words that heal*. Enumclaw, WA: Idyll Arbor.

Peseschkian, N. (2000). *Positive psychotherapy*. New Delhi: Sterling.

Peseschkian, N., & Tritt, K. (1998). Positive psychotherapy: Effectiveness study and quality assurance. *The European Journal of Psychotherapy*, *1*, 93–104.

Peterson, C. (2006). *Primer in positive psychology*. New York: Oxford University Press.

Peterson, C., Park, N., & Seligman, M. E. P. (2005). Orientations to happiness and life satisfaction: The full life versus the empty life. *Journal of Happiness Studies*, *6*, 25–41.

Peterson, C., Ruch, W., Beerman, U., Park, N., & Seligman, M. E. P. (2007). Strengths of character, orientations to happiness, and life satisfaction. *The Journal of Positive Psychology*, *2*, 149–156.

Peterson, C., & Seligman, M. E. P. (2004). *Character strengths and virtues: A handbook and classification*. New York and Oxford: Oxford University Press and Washington, DC: American Psychological Association.

Phillips, L., & Rolfe, A. (2016). Words that work? Exploring client writing in therapy. *Counselling and Psychotherapy Research*, *16*(3), 193–200.

Pillemer, K., Fuller-Rowell, T. E., Reid, M. C., & Wells, N. M. (2010). Environmental volunteering and health outcomes over a 20-year period. *The Gerontologist*, *50*, 594–602. doi:10.1093/geront/gnq007

Pine, A., & Houston, J. (1993). *One door closes, another door opens*. Toronto: Delacorte/Random House Canada.

Pirkis, J. E., Burgess, P. M., Kirk, P. K., Dodson, S., Coombs, T. J., & Williamson, M. K. (2005). A review of the psychometric properties of the Health of the Nation Outcome Scales (HoNOS) family of measures. *Health and Quality of Life Outcomes*, *3*(1), 76.

Pratto, F., & John, O. P. (1991). Automatic vigilance: The attention grabbing power of negative social information. *Journal of Personality and Social Psychology*, *61*, 380–391.

Proctor, C., Tsukayama, E., Wood, A. M., Maltby, J., Eades, J. F., & Linley, P. A. (2011). Strengths gym: The impact of a character strengths-based intervention on the life satisfaction and well-being of adolescents. *The Journal of Positive Psychology*, *6*(5), 377–388. https://doi.org/10.1080/17439760.2011.594079

Proyer, R. T., Gander, F., Wellenzohn, S., & Ruch, W. (2013). What good are character strengths beyond subjective well-being? The contribution of the good character oneself-reported health-oriented behavior, physical fitness, and the subjective health status. *The Journal of Positive Psychology*, *8*, 222–232. doi:10.1080/17439760.2013.777767

Putnum, R. (2000). *Bowling alone: The collapse and revival of American community*. New York: Simon & Schuster.

Quinlan, D., Swain, N., & Vella-Brodrick, D. A. (2012). Character strengths interventions: Building on what we know for improved outcomes. *Journal of Happiness Studies*, *13*(6), 1145–1163. doi:10.1007/s10902-011-9311-5

Quinlan, D. M., Swain, N., Cameron, C., & Vella-Brodrick, D. A. (2015). How "other people matter" in a classroom-based strengths intervention: Exploring interpersonal strategies and classroom outcomes. *The Journal of Positive Psychology*, *10*(1), 77–89.

Quoidbach, J., Mikolajczak, M., & Gross, J. J. (2015). Positive interventions: An emotion regulation perspective. *Psychological Bulletin*, *141*(3), 655.

Radloff, L. (1977). The CES-D Scale. *Applied Psychological Measurement*, *1*, 385–401. doi:10.1177/ 014662167700100306

Rapp, C. A., & Goscha, R. J. (2006). *The Strengths Model: Case management with people with psychiatric disabilities* (2nd ed.). New York: Oxford University Press.

Rashid, T. (2004). Enhancing strengths through the teaching of positive psychology. *Dissertation Abstracts International*, *64*, 6339.

Rashid, T., & Anjum, A. (2008). Positive psychotherapy for young adults and children. In J. R. Z. Abela & B. L. Hankin (Eds.), *Handbook of depression in children and adolescents* (1st ed., pp. 250–287). New York: Guilford Press.

Rashid, T., Anjum, A., Lennex, C., Quinlin, D., Niemiec, R., Mayerson, D., & Kazemi, F. (2013). In C. Proctor & A. Linley (Eds.), *Research, applications, and interventions for children and adolescents: A positive psychology perspective* (2017). New York: Springer.

Rashid, T., Summers, R., & Seligman, M. E. P. (2015). Positive Psychology; Chapter 30, pp-489-499., In A. Tasman., J. Kay, J. Lieberman, M. First & M. Riba (Eds.), *Psychiatry* (Fourth Edition). Wilcy-Blackwell.

Rashid, T., & Howes, R. N. (2016). Positive psychotherapy. In A. M. Wood & J. Johnson (Eds.), *The Wiley handbook of positive clinical psychology* (pp. 321–347). Chichester, UK: John Wiley. http://doi.org/10.1002/9781118468197

Rashid, T., Howes, R., & Louden, R. (2017). Positive psychotherapy. In M. Slad, L. Oades, & A. Jarden (Eds.), *Wellbeing, recovery and mental health* (pp. 112–132). New York: Cambridge University Press.

Rashid, T., & Louden, R. (2013). *Student Engagement Inventory (SEI)*. Unpublished data. University of Toronto Scarborough.

Rashid, T., Louden, R., Wright, L., Chu, R., Lutchmie-Maharaj A., Hakim, I., . . . Kidd, B. (2017). Flourish: A strengths-based approach to building student resilience. In C. Proctor (Ed.), *Positive psychology interventions in practice* (pp. 29–45). Amsterdam: Springer.

Rashid, T., & Ostermann, R. F. O. (2009). Strength-based assessment in clinical practice. *Journal of Clinical Psychology*, *65*, 488–498.

Rashid, T., & Seligman, M. E. P. (2013). Positive psychotherapy. In D. Wedding & R. J. Corsini (Eds.), *Current psychotherapies* (pp. 461–498). Belmont, CA: Cengage.

Redondo, R. L., Kim, J., Arons, A. L., Ramirez, S., Liu, X., & Tonegawa, S. (2014). Bidirectional switch of the valence associated with a hippocampal contextual memory engram. *Nature*, *513*, 426–430. doi:10.1038/nature13725

Reinsch, C. (2014, May). *Adding science to the mix of business and pleasure: An exploratory study of positive psychology interventions with teachers accessing employee assistance counselling*. Paper presented at the Canadian Counselling Psychology's Annual Convention, Manitoba.

Retnowati, S., Ramadiyanti, D. W., Suciati, A. A., Sokang, Y. A., & Viola, H. (2015). Hope intervention against depression in the survivors of cold lava flood from Merapi Mount. *Procedia— Social and Behavioral Sciences*, *165*, 170–178. http://doi.org/10.1016/j.sbspro.2014.12.619

Rief, W., Nestoriuc, Y., Weiss, S., Welzel, E., Barsky, A. J., & Hofmann, S. G. (2009). Meta-analysis of the placebo response in antidepressant trials. *Journal of Affective Disorders*, *118*(1), 1–8.

Roepke, A. M. (2015). Psychosocial interventions and posttraumatic growth: A meta-analysis. *Journal of Consulting and Clinical Psychology*, *83*(1), 129–142.

Ronningstam, E. (2016). Pathological narcissism and narcissistic personality disorder: Recent research and clinical implications. *Current Behavioral Neuroscience Reports*, *3*(1), 34–42. doi:10.1007/s40473-016-0060-y

Rozin, P., & Royzman, E. (2001). Negativity bias, negativity dominance, and contagion. *Personality and Social Psychology Review*, *5*, 296–320.

Ruch, W., Huber, A., Beermann, U., & Proyer, R. T.(2007). Character strengths as predictors of the "good life" in Austria, Germany and Switzerland. In Romanian Academy, George Barit Institute of History, and Department of Social Research (Eds.), *Studies and researches in social sciences series humanistica* (pp. 123–131). Cluj-Napoca: Argonaut Press. doi:10.5167/uzh-3648

Ruckenbauer, G., Yazdani, F., & Ravaglia, G. (2007). Suicide in old age: Illness or autonomous decision of the will? *Archives of Gerontology and Geriatrics, 44*, 355–358.

Ruini, C., & Fava, G. A. (2009). Well-being therapy for generalized anxiety disorder. *Journal of Clinical Psychology, 65*, 510–519.

Ruini, C., & Vescovelli, F. (2013). The role of gratitude in breast cancer: Its relationships with post-traumatic growth, psychological well-being and distress. *Journal of Happiness Studies, 14*(1), 263–274. doi:10.1007/s10902-012-9330-x

Rust, T., Diessner, R., & Reade, L. (2009). Strengths only or strengths and relative weaknesses? A preliminary study. *The Journal of Psychology, 143*(5), 465–476. Retrieved from http:// search.proquest.com/docview/213830202?accountid=14771.

Ryan, R. M., Huta, V., & Deci, E. L. (2008). Living well: A self-determination theory perspective on eudaimonia. *Journal of Happiness Studies, 9*(1), 139–170.

Ryan, R. M., Lynch, M. F., Vansteenkiste, M., & Deci, E. L. (2011). Motivation and autonomy in counseling, psychotherapy, and behavior change: A look at theory and practice 1ψ7. *The Counseling Psychologist, 39*(2), 193–260.

Ryff, C. D. (1989). Happiness is everything, or is it? Explorations on the meaning of psychological well–being. *Journal of Personality and Social Psychology, 57*, 1069–1081.

Ryff, C. D., Heller, A. S., Schaefer, S. M., van Reekum, C., & Davidson, R. J. (2016). Purposeful engagement, healthy aging, and the brain. *Current Behavioral Neuroscience Reports, 3*(4), 318–327.

Ryff, C. D., & Singer. B. (1996). Psychological well-being: Meaning, measurement, and implications for psychotherapy research. *Psychotherapy and Psychosomatics, 65*, 14–23.

Ryff, C. D., Singer, B. H., & Davidson, R. J. (2004). Making a life worth living: Neural correlates of well-being. *Psychological Science, 15*(6), 367–372.

Saleebey, D. (1997). The strengths approach to practice. In D. Saleebey (Ed.), *The strengths perspective in social work practice* (2nd ed., pp. 49–57). New York: Longman.

Sanjuán, P., Montalbetti, T., Pérez-García, A. M., Bermúdez, J., Arranz, H., & Castro, A. (2016). A randomised trial of a positive intervention to promote well-being in cardiac patients. *Applied Psychology: Health and Well--Being, 8*(1), 64–84.

Scheel, M. J., Davis, C. K., & Henderson, J. D. (2012). Therapist use of client strengths: A qualitative study of positive processes. *The Counseling Psychologist, 41*(3), 392–427. doi:10.1177/ 0011000012439427

Scheier, M. F., Carver, C. S., & Bridges, M. W. (1994). Distinguishing optimism from neuroticism (and trait anxiety, self-mastery, and self-esteem): A reevaluation of the Life Orientation Test. *Journal of Personality and Social Psychology, 67*, 1063–1078. doi:10.1037/0022-3514.67.6.1063

Schmid, K. L., Phelps, E., & Lerner, R. M. (2011). Constructing positive futures: Modeling the relationship between adolescents' hopeful future expectations and intentional self regulation in predicting positive youth development. *Journal of Adolescence, 34*(6), 1127.

Schnell, T. (2009). The Sources of Meaning and Meaning in Life Questionnaire (SoMe): Relations to demographics and well-being, *The Journal of Positive Psychology, 4*, 483–499.

Schotanus-Dijkstra, M., Drossaert, C. H., Pieterse, M. E., Walburg, J. A., & Bohlmeijer, E. T. (2015). Efficacy of a multicomponent positive psychology self-help intervention: Study protocol of a randomized controlled trial. *JMIR Research Protocols, 4*(3), e105. http://doi.org/10.2196/ resprot.4162

Schrank, B., Bird, V., Rudnick, A., & Slade, M. (2012). Determinants, self-management strategies and interventions for hope in people with mental disorders: Systematic search and narrative review. *Social Science & Medicine, 74*(4), 554–564.

Schrank, B., Brownell, T., Jakaite, Z., Larkin, C., Pesola, F., Riches, S., . . . Slade, M. (2016). Evaluation of a positive psychotherapy group intervention for people with psychosis: Pilot randomised controlled trial. *Epidemiology and Psychiatric Sciences, 25*(3), 235–246. doi:10.1017/S2045796015000141

Schrank, B., Riches, S., Coggins, T., Rashid, T., Tylee, A., & Slade, M. (2014). WELLFOCUS PPT— modified positive psychotherapy to improve well-being: Study protocol for pilot randomised controlled. *Trial, 15*(1), 203.

Schrank, B., & Slade, M. (2007). Recovery in psychiatry. *Psychiatric Bulletin, 31*, 321–325.

Schrank, B., Stanghellini, G., & Slade, M. (2008). Hope in psychiatry: A review of the literature. *Acta Psychiatrica Scandinavica, 118*(6), 421–433.

Schreier, H. M. C., Schonert-Reichl, K. A., & Chen, E. (2013). Effect of volunteering on risk factors for cardiovascular disease in adolescents. *JAMA Pediatrics, 167*(4), 327. http://doi.org/10.1001/ jamapediatrics.2013.1100

Schueller, S. (2010). Preferences for positive psychology exercises. *The Journal of Positive Psychology, 5*, 192–203.

Schueller, S. M., & Parks, A. C. (2012). Disseminating self-help: Positive psychology exercises in an online trial. *Journal of Medicine Internet Research 14*(3), e63. doi:10.2196/jmir.1850

Schueller, S. M., Kashdan, T. B., & Parks, A. C., (2014). Synthesizing positive psychological interventions: Suggestions for conducting and interpreting meta-analyses. *International Journal of Wellbeing, 4*(1), 91–98. doi:10.5502/ijw.v4i1.5

Schueller, S. M., & Seligman, M. E. P. (2010). Pursuit of pleasure, engagement, and meaning: Relationships to subjective and objective measures of well-being. *The Journal of Positive Psychology, 5*(4), 253–263. doi:10.1080/17439761003794130

Schwartz, B. (2004). *The paradox of choice: Why more is less* (1st ed.). New York: ECCO.

Schwartz, B., & Sharpe, K. E. (2010). *Practical wisdom: The right way to do the right thing*. New York: Riverhead Books.

Schwartz, B., Ward, A., Monterosso, J., Lyubomirsky, S., White, K., & Lehman, D. R. (2002). Maximizing versus satisficing: Happiness is a matter of choice. *Journal of Personality and Social Psychology, 83*, 1178–1197. doi:10.1037/0022-3514.83.5.1178

Secker, J., Membrey, H., Grove, B., & Seebohm P. (2002). Recovering from illness or recovering your life? Implications of clinical versus social models of recovery from mental health problems for employment support services. *Disability & Society, 17*, 403–418.

Sedikides, C., & Gregg, A. P. (2008). Self--enhancement: Food for thought. *Perspectives on Psychological Science, 3*, 102–116.

Segerstrom, S. C. (2007). Optimism and resources: Effects on each other and on health over 10 years. *Journal of Research in Personality, 41*(4), 772–786. http://doi.org/10.1016/j.jrp.2006.09.004

Seligman, M. E. P. (1991). *Learned optimism*. New York: Knopf.

Seligman, M. E. P. (1995). The effectiveness of psychotherapy: The Consumer Reports study. *American Psychologist, 50*(12), 965–974. doi:10.1037/0003-066X.50.12.965

Seligman, M. E. P. (2002a). *Authentic happiness: Using the new positive psychology to realize your potential for lasting fulfillment*. New York: Free Press.

Seligman, M. E. P. (2002b). Positive psychology, positive prevention, and positive therapy. In C. R. Snyder & S. J. Lopez (Eds.), *Handbook of positive psychology* (pp. 3–9). New York: Oxford University Press.

Seligman, M. E. P. (2006). Afterword: Breaking the 65 percent barrier. In M. C. I. S. Csikszentmihalyi (Ed.), *A life worth living: Contributions to positive psychology* (pp. 230– 236). New York: Oxford University Press.

Seligman, M. E. P. (2012). *Flourish: A visionary new understanding of happiness and well-being*. New York: Simon & Schuster.

Seligman, M. E. P., & Csikszentmihalyi, M. (2000). Positive psychology: An introduction. *American Psychologist, 55*(1), 5–14. doi:10.1037/0003-066X.55.1.5

Seligman, M. E., Rashid, T., & Parks, A. C. (2006). Positive psychotherapy. *American Psychologist, 61*, 774–788. doi: 10.1037/0003-066X.61.8.774

Seligman, M. E., Steen, T. A., Park, N., & Peterson, C. (2005). Positive psychology progress: Empirical validation of interventions. *American Psychologist, 60*, 410–421. doi:10.1037/0003-066X.60.5.410

Shafer, A. B. (2006). Meta-analysis of the factor structures of four depression questionnaires: Beck, CES-D, Hamilton, and Zung. *Journal of Clinical Psychology, 62*, 123–146.

Sheldon, K. M., & Lyubomirsky, S. (2006). How to increase and sustain positive emotion: The effects of expressing gratitude and visualizing best possible selves. *The Journal of Positive Psychology, 1*(2), 73–82. doi:10.1080/17439760500510676

Sheldon, K. M., Ryan, R. M., Deci, E. L., & Kasser, T. (2004). The independent effects of goal contents and motives on well-being: It's both what you pursue and why you pursue it. *Personality and Social Psychology Bulletin, 30*, 475–486.

Sheridan, S. M., Warnes, E. D., Cowan, R. J., Schemm, A. V., & Clarke, B. L. (2004). Family-centered positive psychology: Focusing on strengths to build student success. *Psychology in the Schools, 41*(1), 7–17.

Siddique, J., Chung, J. Y., Brown, H. C., & Miranda, J. (2012). Comparative effectiveness of medication versus cognitive-behavioral therapy in a randomized controlled trial of low-income young minority women with depression. *Journal of Consulting and Clinical Psychology, 80*(6), 995–1006.

Simons, J. S., & Gaher, R. M. (2005). The Distress Tolerance Scale: Development and validation of a self-report measure. *Motivation and Emotion, 29*, 83–102. http://dx.doi.org/10.1007/s11031-005-7955-3

Sin, N. L., & Lyubomirsky, S. (2009). Enhancing well-being and alleviating depressive symptoms with positive psychology interventions: A practice-friendly meta-analysis. *Journal of Clinical Psychology, 65*, 467–487. doi:10.1002/jclp.20593

Sirgy, M. J., & Wu, J. (2009). The pleasant life, the engaged life, and the meaningful life: What about the balanced life? *Journal of Happiness Studies, 10*, 183–196.

Skaggs, B. G., & Barron, C. R. (2006). Searching for meaning in negative events: Concept analysis. *Journal of Advanced Nursing*. doi:10.1111/j.1365-2648.2006.03761.x

Slade, M. (2010). Mental illness and well-being: The central importance of positive psychology and recovery approaches. *BMC Health Services Research, 10*(26).

Smyth, J., & Pennebaker, J. (2008). Exploring the boundary conditions of expressive writing: In search of the right recipe. *British Journal of Health Psychology, 13*, 1–7.

Snyder, C. R. (1994). *The psychology of hope: You can get there from here*. New York: Free Press. Snyder, C. R., Cheavens, J., & Michael, S. T. (2005). Hope theory: History and elaborated model. In J. A. Eliott (Ed.), *Interdisciplinary perspectives on hope* (pp. 101–118). New York: Nova Science.

Snyder, C. R., Rand, K., & Sigmon, D. (2002). Hope theory: A member of the positive psychology family. In C. R. Snyder & S. J. Lopez (Eds.), *Handbook of positive psychology* (pp. 257–276). New York: Oxford University Press.

Soosai-Nathan, L., Negri, L., & Delle Fave, A. (2013). Beyond pro-social behaviour: An exploration of altruism in two cultures. *Psychological Studies*, *58*(2), 103–114.

Spanier, G. B. (1976). Measuring dyadic adjustment: New scales for assessing the quality of marriage and similar dyads. *Journal of Marriage and the Family*, *38*, 15–28.

Spielberger, C. D., Gorsuch, R. L., Lushene, R., Vagg, P. R., & Jacobs, G. A. (1983). *Manual for the State-Trait Anxiety Inventory (Form Y)*. Palo Alto, CA: Consulting Psychologists Press.

Steger, M. F. (2012). Experiencing meaning in life: Optimal functioning at the nexus of spirituality, psychopathology, and well-being. In P. T. P. Wong & P. S. Fry (Eds.), *The human quest for meaning* (2nd ed, pp. 165–184). New York: Routledge.

Steger, M. F., Kawabata, Y., Shimai, S., & Otake, K. (2008). The meaningful life in Japan and the United States: Levels and correlates of meaning in life. *Journal of Research in Personality*, *42*(3), 660–678. doi:10.1016/j.jrp.2007.09.003

Steger, M. F., & Shin, J. Y. (2010). The relevance of the Meaning in Life Questionnaire to therapeutic practice: A look at the initial evidence. *International Forum for Logotherapy*, *33*, 95–104.

Stewart, T., & Suldo, S. (2011). Relationships between social support sources and early adolescents' mental health: The moderating effect of student achievement level. *Psychology in the Schools*, *48*(10), 1016–1033. doi:10.1002/pits.20607

Stillman, T. F., & Baumeister, R. F. (2009). Uncertainty, belongingness, and four needs for meaning. *Psychological Inquiry*, *20*, 249–251.

Stoner, C. R., Orrell, M., & Spector, A. (2015). Review of positive psychology outcome measures for chronic illness, traumatic brain injury and older adults: Adaptability in dementia? *Dementia and Geriatric Cognitive Disorders*, *40*(5–6), 340–357.

Substance Abuse and Mental Health Services Administration. (2015). Evidence-based practices. Retrieved from http://store.samhsa.gov/facet/Professional-Research-Topics/term/Evidence-Based-Practices?narrowToAdd=For-Professionals&pageNumber=1 on November 27, 2015.

Suldo, S. M., & Shaffer, E. J. (2008). Looking beyond psychopathology: The dual-factor model of mental health in youth. *School Psychology Review*, *37*(1), 52–68.

Szasz, T. S. (1961). *The myth of mental illness: Foundations of a theory of personal conduct*. New York: Hoeber.

Tabassum, F., Mohan, J., & Smith, P. (2016). Association of volunteering with mental well-being: A lifecourse analysis of a national population-based longitudinal study in the UK. *BMJ Open*, *6*(8), e011327.

Tedeschi, R. G., & Calhoun, L. G. (1996). The posttraumatic growth inventory: Measuring the positive legacy of trauma. *Journal of Traumatic Stress*, *9*(3), 455–472.

Tennant, R., Hiller, L., Fishwick, R., Platt, S., Joseph, S., Weich, S., . . . Stewart-Brown, S. (2007). The Warwick-Edinburgh Mental Well-being Scale (WEMWBS): Development and UK validation. *Health and Quality of Life Outcomes*, *5*(1), 63. https://doi.org/10.1186/1477-7525-5-63

Terrill, A., Einerson, J., Reblin, M., MacKenzie, J., Cardell, B., Berg, C., . . . Richards, L. (2016). Promoting resilience in couples after stroke: Testing feasibility of a dyadic positive psychology-based intervention. *Archives of Physical Medicine and Rehabilitation*, *97*(10), e62–e63. http://dx.doi.org/10.1016/j.apmr.2016.08.190

Toepfer, S., & Walker, K. (2009). Letters of gratitude: Improving well-being through expressive writing. *Journal of Writing Research*, *1*(3), 181–198. http://dx.doi.org/10.17239/jowr-2009.01.03.1

Tong, E. M. W. (2014). Differentiation of 13 positive emotions by appraisals. *Cognition & Emotion*, *29*, 1–20. doi:10.1080/02699931.2014.922056

Toussaint, L., & Webb, J. R. (2005). Theoretical and empirical connections between forgiveness, mental health and well-being. In E. L. Worthington (Ed.), *Handbook of forgiveness* (pp. 349–362). New York: Routledge.

Trampe, D., Quoidbach, J., & Taquet, M. (2015). Emotions in everyday life. *PLoS One, 10*(12), e0145450.

Trompetter, H. R., de Kleine, E., & Bohlmeijer, E. T. (2017). Why does positive mental health buffer against psychopathology? An exploratory study on self-compassion as a resilience mechanism and adaptive emotion regulation strategy. *Cognitive Therapy and Research, 41*(3), 459–468.

Tsang, J. (2006). Gratitude and prosocial behavior: An experimental test of gratitude. *Cognition and Emotion, 20*, 138–148.

Uliaszek, A. A., Rashid, T., Williams, G. E., & Gulamani, T. (2016). Group therapy for university students: A randomized control trial of dialectical behavior therapy and positive psychotherapy. *Behaviour Research and Therapy, 77*, 78–85. http://dx.doi.org/10.1016/j.brat.2015.12.003

Undurraga, J., & Baldessarini, R. J. (2017). Tricyclic and selective serotonin-reuptake-inhibitor antidepressants compared with placebo in randomized trials for acute major depression. *Journal of Psychopharmacology, 31*(12), 1624–1625. doi:10.1177/0269881117731294

Van Boven, L., & Gilovich, T. (2003). To do or to have? That is the question. *Journal of Personality and Social Psychology, 85*, 1193–1202. doi:10.1037/0022-3514.85.6.1193

Van Dillen, L. F., Koole, S. L., Van Dillen, L. F., & Koole, S. L. (2007). Clearing the mind: A working memory model of distraction from negative mood. *Emotion, 7*(4), 715–723.

Van Tongeren, D. R., Burnette, J. L., O'Boyle, E., Worthington, E. L., & Forsyth, D. R. (2014). A meta-analysis of intergroup forgiveness. *The Journal of Positive Psychology, 9*(1), 81–95. doi:10.1080/ 17439760.2013.844268

Vandenberghe, L., & Silvestre, R. L. S. (2013). Therapists' positive emotions in-session: Why they happen and what they are good for. *Counselling and Psychotherapy Research*, April, 1–9. http://doi.org/10.1080/14733145.2013.790455

Vázquez, C. (2015). Beyond resilience: Positive mental health and the nature of cognitive processes involved in positive appraisals. *The Behavioral and Brain Sciences, 38*, e125.

Vazsonyi, A. T., & Belliston, L. M. (2006). The cultural and developmental significance of parenting processes in adolescent anxiety and depression symptoms. *Journal of Youth and Adolescence, 35*(4), 491–505.

Vella-Brodrick, D. A., Park, N., & Peterson, C. (2009). Three ways to be happy: Pleasure, engagement, and meaning: Findings from Australian and U.S. samples. *Social Indicators Research, 90*, 165–179.

Vertilo, V., & Gibson, J. M. (2014). Influence of character strengths on mental health stigma. *The Journal of Positive Psychology, 9*(3), 266–275. doi:10.1080/17439760.2014.891245

Visser, P. L., Loess, P., Jeglic, E. L., & Hirsch, J. K. (2013). Hope as a moderator of negative life events and depressive symptoms in a diverse sample. *Stress and Health, 29*(1), 82–88. doi:10.1002/smi.2433

Wade, N., Worthington, E., & Haake, S. (2009). Comparison of explicit forgiveness interventions with an alternative treatment: A randomized clinical trial. *Journal of Counseling & Development, 87*, 143–151.

Wallace, J. E. (2013). Social relationships, well-being, and career commitment: Exploring cross-domain effects of social relationships. *Canadian Review of Sociology/Revue Canadienne De Sociologie, 50*(2), 135–153.

Walsh, S., Cassidy, M., & Priebe, S. (2017). The application of positive psychotherapy in mental health care: A systematic review. *Journal of Clinical Psychology, 73*(6), 638–651. http://doi. org/10.1002/jclp.22368

Wammerl, M., Jaunig, J., Maierunteregger, T., & Streit, P. (2015, June). *The development of a German Version of the Positive Psychotherapy Inventory Überschrift (PPTI) and the PERMA-Profiler*. Paper presented at the World

Congress of International Positive Psychology Association, Orlando, FL.

Wampold, B. E. (2001). *The great psychotherapy debate: Models, methods, and findings.* Mahwah, NJ: Lawrence Erlbaum.

Wampold, B. E. (2007). Psychotherapy: The humanistic (and effective) treatment. *American Psychologist, 62*, 857–873. doi:10.1037/0003-066X.62.8.857

Watkins, C. E. (2010). The hope, promise, and possibility of psychotherapy. *Journal of Contemporary Psychotherapy, 40*, 195–201. doi:10.1007/s10879-010-9149-x

Watkins, P. C., Cruz, L., Holben, H., & Kolts, R. L. (2008). Taking care of business? Grateful processing of unpleasant memories. *The Journal of Positive Psychology, 3*, 87–99.

Watkins, P. C., Grimm, D. L., & Kolts, R. (2004). Counting your blessings: Positive memories among grateful persons. *Current Psychology, 23*, 52–67.

Weber, M. (2002). *The Protestant ethic and the spirit of capitalism.* New York: Penguin. (Original work published 1905)

Weiten, W. (2006). A very critical look at the self-help movement; A review of SHAM: How the self help movement made America helpless. *Psycritiques, 51*, 2.

Wilson, T. D. (2009). Know thyself. *Perspectives on Psychological Science, 4*(4), 384–389. http://dx.doi.org/10.1111/j.1745-6924.2009.01143.x

Wilson, T. D., & Gilbert, D. T. (2003). Affective forecasting. In M. P. Zanna (Ed.), *Advances in experimental social psychology* (Vol. 35, pp. 345–411). San Diego, CA: Academic Press.

Winslow, C. J., Kaplan, S. A., Bradley-Geist, J., Lindsey, A. P., Ahmad, A. S., & Hargrove, A. K. (2016). An examination of two positive organizational interventions: For whom do these interventions work? *Journal of Occupational Health Psychology, 22*(2), 129.

Wong, Y. J., Owen, J., Gabana, N. T., Brown, J. W., Mcinnis, S., Toth, P., & Gilman, L. (2018). Does gratitude writing improve the mental health of psychotherapy clients? Evidence from a randomized controlled trial. *Psychotherapy Research, 28*(2), 192–202. http://doi.org/10.1080/10503307.2016.1169332

Wood, A. M., Froh, J. J., & Geraghty, A. W. A. (2010). Gratitude and well-being: A review and theoretical integration. *Clinical Psychology Review, 30*(7), 890–905. doi:10.1016/j.cpr.2010.03.005

Wood, A. M., & Johnson, J. (Eds.). (2016). *The Wiley handbook of positive clinical psychology.* Chichester, UK: John Wiley. http://doi.org/10.1002/9781118468197

Wood, A. M., & Joseph, S. (2010). The absence of positive psychological (eudemonic) well-being as a risk factor for depression: A ten year cohort study. *Journal of Affective Disorders, 122*(3), 213 217. doi:10.1016/j.jad.2009.06.032

Wood, A. M., Joseph, S., & Linley, P. (2007). Coping style as a psychological resource of grateful people. *Journal of Social and Clinical Psychology, 26*(9). 1076–1093.

Wood, A. M., Joseph, S., Lloyd, J., & Atkins, S. (2009). Gratitude influences sleep through the mechanism of pre-sleep cognitions. *Journal of Psychosomatic Research, 66*(1), 43–48. doi:10.1016/j.jpsychores.2008.09.002

Wood, A. M., Linley, P. A., Maltby, J., Kashdan, T. B., & Hurling, R. (2011). Using personal and psychological strengths leads to increases in well-being over time: A longitudinal study and the development of the Strengths Use Questionnaire. *Personality and Individual Differences, 50*(1), 15–19. doi:10.1016/j.paid.2010.08.004

Wood, A. M., Maltby, J., Gillett, R., Linley, P. A., & Joseph, S. (2008). The role of gratitude in the development of social support, stress, and depression: Two longitudinal studies. *Journal of Research in Personality, 42*, 854–871.

Wood, A. M., & Tarrier, N. (2010). Positive clinical psychology: A new vision and strategy for integrated research and practice. *Cli-*

nical Psychology Review, 30(7), 819–829. doi:10.1016/j.cpr.2010.06.003

Wood, A. M., Taylor, P. T., & Joseph, S. (2010). Does the CES-D measure a continuum from depression to happiness? Comparing substantive and artifactual models. *Psychiatry Research, 177*, 120–123.

Worthington, E. L. (2006). *Forgiveness and reconciliation: Theory and application.* New York: Routledge.

Worthington, E. L., & Drinkard, D. T. (2000). Promoting reconciliation through psychoeducational and therapeutic interventions. *Journal of Marital and Family Therapy, 26,* 93–101.

Worthington, E. L., Hook, J. N., Davis, D. E., & McDaniel, M. A. (2011). Religion and spirituality. *Journal of Clinical Psychology, 67*(2), 204–214. doi:10.1002/jclp.20760

Worthington, E. L. Jr., & Wade, N.G. (1999). The psychology of unforgiveness and forgiveness and implications for clinical practice. *Journal of Social & Clinical Psychology, 18,* 385–418.

Worthington, E. L., Witvliet, C. V. O., Pietrini, P., & Miller, A. J. (2007). Forgiveness, health, and well-being: A review of evidence for emotional versus decisional forgiveness, dispositional forgivingness, and reduced unforgiveness. *Journal of Behavioral Medicine, 30*(4), 291–302. https://doi.org/10.1007/s10865-007-9105-8

Worthington, E. L. Jr. (Ed.). (2005). *Handbook of forgiveness.* New York: Brunner-Routledge.

Wright, B. A., & Lopez, S. J. (2009). Widening the diagnostic focus: A case for including human strengths and environmental resources. In S. J. Lopez & C. R. Snyder (Eds.), *The handbook of positive psychology* (pp. 71–87). New York: Oxford University Press. doi:10.1093/oxfordhb/ 9780195187243.013.0008

Wrzesniewski, A., McCauley, C., Rozin, P., & Schwartz, B. (1997). Jobs, careers, and callings: People's relations to their work. *Journal of Research in Personality, 31,* 21–33.

Yalom, I. D. (1980). *Existential psychotherapy.* New York: Basic Books.

Young, K. C., Kashdan, T. B., & Macatee, R. (2015). Strength balance and implicit strength measurement: New considerations for research on strengths of character. *The Journal of Positive Psychology, 10*(1), 17–24. doi:10.1080/17439760.2014.920406

Zalaquett, C. P., Fuerth, K. M., Stein, C., Ivey, A. E., & Ivey, M. B. (2008). Reframing the DSM-IV-TR from a multicultural/social justice perspective. *Journal of Counseling & Development, 86,* 364–371. doi:10.1002/j.1556-6678.2008.tb00521.x

Zung, W. W. K. (1965). A self-rating depression scale. *Archives of General Psychiatry, 12,* 63–70.

ÍNDICE

Tabelas, figuras, quadros e folhas de exercícios estão indicados por *t*, *f*, *q* e *fe* após o número da página.

A

abordagem baseada nas forças, 3-7, ix
    aflições graves, 5-6
    benefícios, 5-6
    eficiência e aceitabilidade, 6-7
    indicadores de bem-estar, 5-6
    redução do estigma, 6-7
abordagem descritiva, 65
abuso
    emocional, 59, 93-94, 121-122, 136, 156-157
    físico, 93-94, 121, 157, 169, 218
    história, 65
    perdão, 170, 306-307
    sexual, 157
acessibilidade, aumento, 81-82
adequação pessoa-intervenção, 64-65
advertência, 65-67
alongamento e relaxamento, 264-267
altruísmo, 243-250
    adequação e flexibilidade, 248-249
    conceitos centrais: Positiva, 243-244
    considerações culturais, 249
    dever de casa, 245-246*fe*
    manutenção, 249
    nota clínica, 245*q*
    prática na sessão: *Presente do Tempo*, 244
    recursos, 250
    reflexão e discussão, 244-245, 247

ambiente, identificando forças, 49-50
amor, 295-297, 322-323*t*
amor ao aprendizado, 285-287, 322-323*t*
amplificação das forças, 47-49
ansiedade social, 35, 47-49
Antevendo um Objetivo Futuro, 252, 254*fe*-255*fe*
antidepressivos, efeito placebo, 7-8
apreciação da beleza e excelência, 313-315, 323-324*t*
Apresentação Positiva, 52-53*t*, 55-56, 60, 63-65, 136
    Significado e Propósito, 252-253*q*
Apresentação Positiva e Diário de Gratidão, 85-97
    adequação e flexibilidade, 90, 94-96
    conceitos centrais: Positiva, 85-86, 91
    considerações culturais, 90, 95-96
    manutenção, 91, 95-97
    nota clínica, 91*q*
    prática na sessão: *Apresentação Positiva*, 85-87*fe*
    prática na sessão: *Diário de Gratidão*, 91-92
    recursos, 97
    reflexão e discussão, 88, 93-94
    vinhetas, 88-90, 93-95
Aristóteles, 9-10
Árvore das Relações Positivas, 53-54*t*, 59
    prática na sessão, 220-221, 222*fe*-223*fe*
    Relações Positivas, 219-230. *Veja também* Relações Positivas
atenção, reeducação da, 62

ativação de recursos, 63-65
Atividade Planejada de Savoring, 214-216
atividades familiares espontâneas, 229
atividades familiares estruturadas, 229
Ausência, Oposto ou Excesso (AOE), da força, 27, 35
autoexposição, 233
autofoco consciente, 58
autorregulação, 310-313, 323-324*t*
avaliação das forças, 36-37
    abrangente, 42-43
    entrevista clínica, 47-48
    início da terapia, 50
    medida de autorrelato, 47-48
    visão geral das medidas, 47-48
Avaliação das *Forças de Caráter*, 52-53*t*, 100-111, 102*fe*-109*fe*
    Compile Suas *Forças de Assinatura,* 101, 110-111*fe*
    entrevista clínica, 47-48
    início da terapia, 50
    medida de autorrelato, 47-48
    Quais São Suas Forças da "Cabeça"?, 101-102*fe*
    Quais São Suas Forças do "Coração"?, 101, 103-104*fe*
    Suas *Forças de Caráter:* Conforme Observado por um Amigo, 101, 108-109*fe*
    Suas *Forças de Caráter:* Conforme Observado por um Familiar, 101, 106-107*fe*
    Suas *Forças de Caráter:* Coração vs. Cabeça, 101, 103*fe*
    visão geral das medidas, 47-48
Avaliação Positiva, 52-53*t*, 57-58, 60*q*, 62-64
    adequação e flexibilidade, 157-158
    manutenção, 159
    Memórias Abertas e Fechadas, 152-155*fe*
    prática e folha de exercícios, 152-155*fe*
    reflexão e discussão, 156

B

barreira dos 65%, 4-5, 6-8
Baumeister, R. F., 251-252
beleza e excelência, apreciação da, 313-315, 323-324*t*

bem-estar, 5-7, 58
Berg, I. K., 9-10
Biswas-Diener, R., 55-56
Bolier, L., 16-19
bravura, 289-291, 322-323*t*
Bryant, F., 212

C

capacidade inerente para crescimento, 23-24
capitalização, 232-233
Carta de Perdão, 52-53*t*
    considerações culturais, 170
    Escrevendo uma Carta de Perdão, 167*fe*
    nota clínica, 169*q*
    perdão, 166-168
    reflexão e discussão, 168
    vinhetas, 168-169
Carta e Visita de Gratidão, 4-5, 10-11, 53-54*t*, 58, 60-65, 184-185*fe*
Cassidy, M., 62
Centro para Estudos Epidemiológicos – Escala de Depressão (CES- D), 27-35
Cheavens, J. S., 11-12*t*, 23-24
cidadania e trabalho em equipe, 300-302, 323-324*t*
Comunicação Positiva, 231-242
    adequação e flexibilidade, 240-241
    conceitos centrais: Positiva, 231-233
    considerações culturais, 241-242
    manutenção, 242
    prática como dever de casa: *Identifique as Forças do Seu Parceiro,* 235-237*fe*
    prática na sessão: *Resposta Ativa Construtiva,* 233-234*fe*
    Quatro Formas de Responder a um Evento Bom Compartilhado por uma Pessoa Amada, 232*q*
    recursos, 242
    reflexão e discussão, 235-237
confidencialidade, 79-80
considerações contextuais, 48-49
construção de competência experiencial, 64-65
Construindo Suas Forças, 49-50, 55-56, 279-324
    coragem, 280*t*, 289-295, 322-323*t*
    forças de caráter, virtudes centrais correspondentes, 280*t*

humanidade, 280*t*, 295-301, 322-323*t*
integração, 280
justiça, 280*t*, 300-306, 323-324*t*
meio-termo, 280
organização, 279-280
sabedoria e conhecimento, 280*t*, 281-289, 322-323*t*
temperança, 280*t*, 306-313, 323-324*t*
transcendência, 280*t*, 313-321, 323-324*t*
uso equilibrado, 322*t*-324*t*
construir o que é forte, 3-4
construtos focados, 10-11
contexto cultural, 66-67
coragem, 40-41*t*, 275, 289-295
bravura, 289-291, 322-323*t*
forças de caráter, correspondentes, 280*t*
integridade, 292-294, 322-323*t*
persistência, 290-292, 322-323*t*
uso balanceado, 322-323*t*
vitalidade e entusiasmo, 293-295, 322-323*t*
Crescimento Pós-traumático, 199-207
adequação e flexibilidade, 218
conceitos centrais: Positiva, 199
considerações culturais, 218-219
manutenção, 219
nota clínica, 218*q*
prática na sessão: *Escrita Expressiva*, 200-201*fe*
recursos, 220
reflexão e discussão, 202
criatividade, 281-283, 322-323*t*
Csikszentmihalyi, M., 21-22
culpa, 228
curiosidade, 280*t*, 282-284, 322-323*t*

D

dano involuntário, 66-67
Davidson, L., 6-7
Davis, C. K., 24
de Shazer, S., 9-10
depressão, 50, 219-220
efeito placebo, 6-8
forças de caráter, 7-8
gratidão, 16-19
terapia cognitivo-comportamental vs. ISRSs, 6-8

descrição sessão a sessão
fase dois, 52*t*-58
fase três, 53-54*t*, 58-60
fase um, 52-56
nota clínica, 60*q*
desregulação emocional, 59
desvio, 58
Dewey, J., 9-10
Diário de Bênçãos, Utilização das Forças de Assinatura de Uma Maneira Nova, 10-11
Diário de Gratidão, 51-53*t*, 60-61, 63-65, 78-79*t*, 82-83
Apresentação Positiva e *Diário de Gratidão,* 91-92
prática, 269-271
sintomas depressivos, 93-95
diferenças individuais, 35
Diminuir o Ritmo e Saborear, 53-54*t*, 60-61, 64-65, 82-83
dinâmica situacional, 35-37
disruptivo, do controle de impulsos, da conduta, transtornos, 32*t*

E

efeito placebo, depressão, 6-8
eficácia, aumento, 81-82
Em Direção À Satisfação, 52-53*t*, 58
Maximização *versus* Satisfação, 176-180. *Veja também* Maximização *versus* Satisfação
Prática na sessão, 176-179*fe*
emoções negativas, 66-67
emoções positivas, 20*t*-22, 82-83, 274-275
cultivo, 60-62
motivação, 82-83
engajamento, 20*t*-23, 274-275
ativo, 80-81
entrevista clínica, avaliação das forças de caráter, 47-48
escrita
Crescimento Pós-traumático, 199-220. *Veja também* Crescimento Pós-traumático
Escrita Expressiva, 53-54*t*, 59
eventos positivos, 48-49
prática na sessão, 200-201*fe*, 218
terapêutica, 63-64

esforços acadêmicos, 50
esgotamento, 5-6
espaço psicológico, criação de, 57
especificidade, 242
esperança, 80-81, 191-197. *Veja também*
  Esperança e Otimismo
Esperança e Otimismo, 191-197, 316-318, 323-324*t*
  adequação e flexibilidade, 195
  conceitos centrais: Positiva, 191-192
  considerações culturais, 195-196
  manutenção, 196
  prática na sessão: *Uma Porta Se Fecha, Outra Porta Se Abre,* 192-193*fe*
  recursos, 196-197
  reflexão e discussão, 194
  vinhetas, 194
espiritualidade, 320-321, 323-324*t*
estigma, 6, 26
estratégias de enfrentamento, 57
estressores cotidianos, 91
estudos de resultados, PPT, 66-68*t*, 73*t*
  ensaios controlados randomizados, 68*t*-72*t*
  não randomizados, 71*t*-73*t*
"eu melhor", 139-140
Evans, I. M., 26
experiências vs. comprar produtos, 243-244
extensão, forças, 36-37

F

faltas, foco nas, 27, 35
feedback, 81-82
Fitzpatrick, M. R., 54-55, 62
flexibilidade, 81-82
Flückiger, C., 11-12*t*, 23-24, 47-48
fobia
  agorafobia, 29-30*t*
  específica, 29-30*t*
  social, 29-30*t*
foco nos aspectos negativos, 3-5
força(s). *Veja também* Construindo Suas Forças
  afirmações, 273-275
  amplificação, 47-49
  Ausência, Oposto ou Excesso (AOE), 27, 35
  autenticidade, 23-24

desregulação, psicopatologia, 26-37
  falta e excesso, 35
  grau ou extensão, 36-37
  modelos, 49-50
  nomear, 48-49
  processos, 48-49
  resultados, 48-49
  ter vs. desenvolver, 36-37
  uso, 63-65
forças de assinatura, 42-43, 112*q*. *Veja também*
  Construindo Suas Forças; *Forças de Caráter e Forças de Assinatura*
  desenvolvendo, 64-65
  Marcadores das Suas *Forças de Assinatura,* 112-113*fe*
  prática na sessão: Compile Suas *Forças de Assinatura,* 101, 110-111*fe*
  Subutilização e Superutilização das Forças, 114-117*fe*
forças de caráter, 39-50. *Veja também*
  Construindo Suas Forças; *Forças de Caráter e Forças de Assinatura*
  ambiente, forças, 49-50
  amplificação, 47-49
  busca de significado positivo, 49-50
  centralidade, 39
  combinações, 41-42
  competências e estratégias, 43-50
  compreensão com matizes e contextualizada, 42-43
  considerações contextuais, 48-49
  definição, 279
  incorporando, 41-47*t*
  manifestações, 279
  medidas válidas e confiáveis, 42-43
  modelos, 49-50
  objetivos significativos, estruturando, 42-47*t*
  processos, 48-49
  resultados, 48-49
  talento vs., 41-42
  valores vs., 39-42
  virtudes centrais, correspondendo, 280*t*
Forças de Caráter e Forças de Assinatura, 99-124
  adequação e flexibilidade, 120
  avaliação, 100-111

conceitos centrais: Positiva, 99-100
considerações culturais, 121-122
manutenção, 122
Marcadores das Suas *Forças de Assinatura*, 112-113*fe*
notas clínicas, 101*q*, 112*q*, 120*q*-121*q*
prática na sessão: Compile Suas *Forças de Assinatura*, 101, 110-111*fe*
prática na sessão: *Forças de Caráter*
recursos, 123-124
reflexão e discussão, 112-118
Subutilização e Superutilização das Forças, 114-117*fe*
Forças de Caráter e Virtudes (Peters & Seligman), 39
Fordyce, M., 9-10
Fowers, B., 137-138
Frankl, V. E., 22-23, 58, 252
Fredrickson, B., 220
Freudofobia, 120
Frisch, M. B., 9-10
fundamentos teóricos, 82-83

G

Gable, S., 231-232, 240
gentileza, 59, 296-299, 322-323*t*
Gratidão, 183-190, 314-317, 323-324*t*
adequação e flexibilidade, 188-189
bem-estar, 58
conceitos centrais: Positiva, 183
considerações culturais, 189
estimulando, 10-11
manutenção, 189-190
na depressão, 16-19
nota clínica, 186*q*
prática na sessão: *Carta de Gratidão* e *Visita de Gratidão*, 184-185*fe*
recursos, 190
reflexão e discussão, 186
grau, forças, 36-37

H

Harrison, R. L., 6-7
Henderson, J. D., 24
Holtforth, M. G., 139-140
Hone, L. C., 16-19*t*
Honore, C., 222

Houltberg, B. J., 220
humanidade, 40-41*t*, 295-301
amor, 295-297, 322-323*t*
forças de caráter, correspondentes, 280*t*
gentileza, 296-299, 322-323*t*
inteligência social, 299-301, 322-323*t*
uso balanceado, 322-323*t*
humildade e modéstia, 307-309, 323-324*t*
humor e ludicidade, 318-319, 323-324*t*

I

Identifique as Forças do Seu Parceiro, 235-237*fe*
Imagem Positiva, 267-268
inclusão, aumento, 81-82
integração, forças de caráter, 280
integridade, 292-294, 322-323*t*
inteligência social, 299-301, 322-323*t*
intervenções psicológicas positivas, 9-20
bases teóricas, 16-19
contextos clínicos, 10-19
eficácia e relevância, 16-19*t*
empiricamente validadas, 10-11
estrutura teórica e implicações aplicadas, 10-11
PERMA, 20*t*-24. *Veja também* PERMA
Psicoterapia Positiva, 10-20
revisões, 16-20
visão histórica, 9-11
Inventário de Ansiedade Traço-Estado, 35
Inventário de Psicoterapia Positiva (PPTI), 67, 273-277
afirmações das forças, 273-275
estresse, engajamento acadêmico, e correlação das forças de caráter, 276-277*t*
estrutura, 275
estudos de resultados, 277
instruções sobre a pontuação, 274-275
psicometria, 275
traduções, 277
investigação autêntica, 242

J

Jahoda, M., 9-10
James, W., 9-10
Jarden, A., 16-19*t*
Johnson, J., 10-11, 26

Joseph, S., 27-35
justiça, 40-41*t*, 300-306, 323-324*t*
   cidadania e trabalho em equipe, 300-302, 323-324*t*
   forças de caráter, correspondentes, 280*t*
   liderança, 304-306, 323-324*t*
   uso balanceado, 323-324*t*

K

Kashdan, T. B., 55-56
King, L., 139-140
Know-How das Forças, 52-55
   calibrar, 127-128
   conflito, resolução, 127
   Desenvolvendo Competências de Sabedoria Prática, 130-132*fe*
   especificidade, procura, 125-126
   Ilustrando Sua Subutilização e Sobreutilização das Forças, 128-129*fe*
   O Desafio, 132-133*fe*
   reflita, 127
   relevância, 126
   roteiro para o clínico, 130
   Sabedoria Prática, 125-127, 129*fe*, 131*fe*-133*fe*
   cultivando, 125-128

L

Lambert, L. T., 16-20, 27, 35, 335
Langston, C. A., 231-232
Larsen, D. J., 80-81
Legado Positivo, 53-54*t*, 60, 63-64, 256-257*fe*
   Significado e Propósito, 256-257*fe*
Lentidão, 211*fe*, 223
Lentidão e *Savoring,* 222-228
   adequação e flexibilidade, 202-217
   conceitos centrais: Positiva, 222-223, 212
   considerações culturais, 217
   manutenção, 217-218
   prática como dever de casa: *Um Encontro para Saborear,* 214-201
   prática na sessão: *Atividade Planejada de Savoring,* 214-216
   prática na sessão: *Diminuir o Ritmo,* 211*fe,* 223
   prática na sessão: *Saborear,* 212-213*fe*
   recursos, 218
   reflexão e discussão, 212, 214-216
   lento, 222-223
   liderança, 304-306, 323-324*t*
Linley, P. A., 23-24
Lyubomirsky, S., 16-19

M

Maddux, J., 5-6
Man's Search for Meaning (Frankl), 58, 252
Maslow, Abraham, 9-10
maximização (maximizadores), 173-182. *Veja também* Maximização *versus* Satisfação
   adequação e flexibilidade, 180-181
   considerações culturais, 181
   definição, 173
   depressão e perfeccionismo, 174
   identificação, 174-176
   manutenção, 181
   reflexão e discussão, 176, 180
Maximização *versus* Satisfação, 173-182
   adequação e flexibilidade, 180-181
   conceitos centrais: Positiva, 173-174
   considerações culturais, 181
   manutenção, 181
   prática na sessão: *Em Direção à Satisfação,* 176-180
   prática na sessão: *Você É um Maximizador ou Satisficer?,* 174-175*fe*
   recursos, 182
   reflexão e discussão, 176, 180
mecanismos de mudança, 60-65
   ativação de recursos, 63-65
   Avaliação Positiva, 62-64
   construção de competência experiencial, 64-65
   emoções positivas, cultivo, 60-62
   escrita terapêutica, 63-64
   variáveis moderadoras, mudança terapêutica, 64-65
medida de autorrelato, forças de caráter, 47-48
medidas
   Avaliação das *Forças de Caráter,* 47-48
   força válida e confiável, 42-43
   resultados, Psicoterapia Positiva, 72-74
   Sofrimento Psiquiátrico, 275
meditação, 268
Meditação *Loving-Kindness* (Salzberg), 268

meio-termo, 280
memórias
    abertas e fechadas, 149-160. *Veja também* Memórias Abertas e Fechadas
    autobiográficas positivas, 91
    reescrevendo, 62
Memórias Abertas e Fechadas, 149-160
    adequação e flexibilidade, 157-158
    Avaliação Positiva, 152-155*fe*
    conceitos centrais: Positiva, 149-150
    considerações culturais, 158-159
    manutenção, 159
    memórias negativas, 149-150
    nota clínica, 150*q*
    prática na sessão: *Memórias Abertas,* 150-152
    prática na sessão: *Uma Memória Fechada,* 152
    recursos, 159-160
    Reflexão e discussão, 152, 156
mente aberta, 280*t*, 284-286, 322-323*t*
Michalak, J., 139-140
mindfulness, 60, 263
    alongamento e relaxamento, 264-267
    Imaginação Positiva, 267-268
    Meditação *Loving-Kindness,* 268
    respiração, 264
    Um Minuto Atento, 263
Minhas, G., 55-56
modelo médico, ampliando para além do, 5-7
modelos, força, 49-50. *Veja também* Construindo Suas Forças
motivação
    emoções positivas, 82-83
    externa, 81-82
    intrínseca, 80-81
multitarefas, 223
Murray, H., 9-10
mutismo seletivo, 29-30*t*, 65

N

Nossos Melhores Selves, 55-56

O

objetivos
    Antevendo um Objetivo Futuro, 252, 254*fe*-255*fe*
    considerações culturais, 228
    estruturando, significativos, 42-47*t*
    Psicoterapia Positiva, 4-5
orientação interdependente, 196
otimismo, 191-197. *Veja também* Esperança e Otimismo
    realista, 195
otimismo realista, 195
Outcome Questionnaire (OQ-45), 275

P

Pasha-Zidi, N., 16-20
Pennebaker, J., 139-140, 200
pensamento focado, 195
Pensamento Lento, 223
Perdão, 58, 161-171
    adequação e flexibilidade, 169-170
    conceitos centrais: Positiva, 161-162
    considerações culturais, 170
    manutenção, 170-171
    notas clínicas, 162*q*, 170*q*
    prática na sessão: *Carta de Perdão,* 166-168
    prática na sessão: *REACH,* 162-166
    recursos, 171
    reflexão e discussão, 166, 168
perdão e misericórdia, 306-308, 323-324*t*
Perfil das *Forças de Assinatura,* 63-64
perguntas para ativação dos recursos, 47-48
PERMA, 20-24, 64-65, 77
    elementos, 274-275
    emoções positivas, 20-22, 60-62, 274-275
    engajamento, 20*t*-23, 80-81, 274-275
    realização, 20*t*, 22-24, 274-275
    relações, 20*t*, 22-23, 275
    significado, 4-6, 20*t*, 22-23, 64-65, 275
persistência, 290-292, 322-323*t*
perspectiva, 287-289, 322-323*t*
pertencer, necessidade de, 22-23
pertencimento, ameaças ao, 259
Peseschkian, N., 51n1
pessimismo, 195
Peterson, C., 27, 35, 39, 241, 279
Platão, 9-10
Positive psychology at the movies (Niemiec & Wedding), 49-50

prática e processo, PPT, 51-60, 78-79*t*
    fase dois, 52-58
    fase três, 53-54*t*, 58-60
    fase um, 52-56
    nota clínica, 60*q*
prática respiratória, consciente, 264
práticas de relaxamento, 263-264
Presente do Tempo, 53-54*t*, 59-60, 64-65
    prática na sessão: vídeo, 244
prevenção de recaída, 82-83
Priebe, S., 62
processo
    de mudança, 81-82
    orientado para as forças, 46-49
    terapêutico, 79-83
    transformador, ix
produção de propósito positivo, 49-50
progressão, 82-83
progressão da melhora, 66-67
propósito, 4-6, 64-65, 251-261. *Veja também* Significado e Propósito
prudência, 309-311, 323-324*t*
psicologia positiva, 3-4, 10-11
psicometria, 275
psicopatologia, 25-34
    agorafobia, 29-30*t*
    aspectos positivos, centralidade, 25-26
    desregulação das forças, 26-37
    diferenças individuais, 35
    dinâmica situacional, 35-37
    disruptivo, controle de impulsos, transtorno da conduta, 32*t*
    estigma, 26
    fobia específica, 29-30*t*
    fobia social, 29-30*t*
    força, ter vs. desenvolver, 36-37
    forças, falta e excesso, 35
    forças, grau ou extensão, 36-37
    ingredientes centrais, 25-26
    mutismo seletivo, 29-30*t*, 65
    transtorno bipolar, 28-29*t*
    transtorno da personalidade antissocial, 34*t*
    transtorno da personalidade *borderline,* 32*t*, 50
    transtorno da personalidade dependente, 34*t*
    transtorno da personalidade evitativa, 33*t*-34*t*
    transtorno da personalidade histriônica, 33-34*t*
    transtorno da personalidade narcisista, 32*t*-34*t*
    transtorno da personalidade paranoide, 32*t*, 65
    transtorno de ansiedade de separação, 29-30*t*
    transtorno de ansiedade generalizada, 28-29*t*
    transtorno de déficit de atenção/hiperatividade, 30-31*t*
    transtorno de estresse pós-traumático, 4-5, 30-31*t*, 48-49, 65-67, 199, 218
    transtorno de oposição desafiante, 30-32*t*
    transtorno de pânico, 29-30*t*, 48-49, 65
    transtorno depressivo maior, 28-29*t*
    transtorno depressivo não especificado com sofrimento ansioso, 28-29*t*
    transtorno dismórfico corporal, 30-31*t*
    transtorno disruptivo da desregulação do humor, 28-29*t*
    transtorno obsessivo-compulsivo, 29-30*t*, 33-34*t*, 48-49
    transtornos da personalidade, 32*t*-34*t*
    transtornos de acumulação, 30-31*t*
psicoterapia, 3-8
    alternativas, 7-8
    ampliação dos resultados, 6-7
    como remédio, ix
    eficácia, 4-5
    expandindo o escopo, 4-6
    focos nos aspectos negativos, 3-4
    modelo médico, ampliando para além do, 5-7
    no clínico, atenuando o impacto, 6-7
    orientada para o déficit, 7-8
    tradicional, 4-5
    vitimologia, 7-8
psicoterapia existencial (Yalom), 259
psicoterapia orientada para o déficit, 7-8
psicoterapia positiva, 51n1
Psicoterapia Positiva (PPT)
    advertências, conduzindo, 65-67
    aplicação clínica, ix-x

barreira dos 65%, 4-8
capacidade de crescimento, inerente, 23-24
definição e visão geral, 3-5
escopo da psicoterapia, expandindo, 4-6
estrutura genérica da sessão, 78-79
fases, 51
final, chegando, 251
focos positivos, 3-4
forças, autenticidade, 23-24
forças, usando, 3-5, ix
mecanismos de mudança, 60-65. *Veja também* mecanismos de mudança
modelo médico, ampliação, 5-7
navegando, 219
necessidade, 4-7
no clínico, atenuando o impacto, 6-7
objetivo, 4-5
orientação, 77-80
origens e desenvolvimento, 10-11
PERMA (teoria do bem-estar), 20-24
prática e processo, 51-60. *Veja também* prática e processo, PPT
processo terapêutico, 79-83
relação terapêutica, 24
resultados, 6-7, 66-74
roteiros sugeridos para o clínico, 77-80
supostos teóricos, 23-24
psicoterapia tradicional, ix
Putnam, R., 244

Q

qualidade do tempo que é passado com os outros, 219
Quatro Formas de Responder a um Evento Bom Compartilhado por uma Pessoa Amada, 232*q*
Questionário das *Forças de Assinatura*, (SSQ-72), 55-56, 275

R

REACH, 52-53*t*
    adequação e flexibilidade, 169-170
    considerações culturais, 170
    manutenção, 170-171
    nota clínica, 162*q*, 170*q*
    passos, 162-165*fe*
    Perdão, 162-166
    reflexão e discussão, 166
RE-AIM, 16-19
realização, 20*t*, 22-24, 274-275
receptividade do parceiro, 233
reconsolidação, 58
recuperação, 5-7
recursos, 78-79*t*
reeducação da atenção, 62
reescrita, memórias, 62
regras básicas, estabelecendo, 79-80
    capacidade de crescimento, inerente, 23-24
    exercícios de promoção do crescimento, 218
relação terapêutica, 24, 79-80
relações, 20*t*, 22-23, 275. *Veja também Árvore das Relações Positivas*
    PERMA, 20*t*, 22-23, 275
    positivas, 219-230. *Veja também* Relações Positivas
    terapêuticas, 24, 79-80
Relações Positivas, 219-230
    adequação e flexibilidade, 227-228
    conceitos centrais: Positiva, 219-220
    considerações culturais, 228
    manutenção, 228-229
    nota clínica, 219*q*
    prática na sessão: *Árvore das Relações Positivas,* 220-223*fe*
    recursos, 229-230
    reflexão e discussão, 224-225*fe*
relaxamento, 78-80
    final da sessão, 78-79*t*
    início da sessão, 78-79*t*
reminiscência, 48-49
Resposta Ativa Construtiva, 53-54*t*, 59-60, 64-65, 231-242. *Veja também* Comunicação Positiva
    prática na sessão, 233-234*fe*
resultados
    expansão, 6-7
    medidas, 72-74
    orientados para as forças, 48-49
    terapêuticos, monitoramento, 81-83
revisão, 78-79*t*
Roepke, A. M., 218

roteiros sugeridos para o clínico, 77-80
Rottenberg, J., 55-56

S

sabedoria e conhecimento, 40-41*t*, 281-289
    amor por aprendizado, 285-287, 322-323*t*
    criatividade, 281-283, 322-323*t*
    curiosidade, 282-284, 322-323*t*
    forças de caráter, correspondentes, 280*t*
    mente aberta, 280*t*, 284-286, 322-323*t*
    perspectiva, 287-289, 322-323*t*
    uso balanceado, 322-323*t*
Sabedoria Prática, 125-138. *Veja também Know-How das Forças*
    adequação e flexibilidade, 136
    conceitos centrais: Positiva, 125
    considerações culturais, 136-138
    Construindo Suas Forças, 126, 279-324
    cultivando, 125-128
    desenvolvimento de competências, 130-132*fe*
    manutenção, 137-138
    O Desafio, 132-133*fe*
    prática na sessão: *Know-How das Forças*, 125-127, 129*fe*, 131*fe*-133*fe*. *Veja também Know-How das Forças*
    recursos, 138
    reflexão e discussão, 134
    sabedoria prática, construindo competência, 134
    vinheta, 134-135
saborear, 212
Salzberg, S., 268
satisfação (*satisficers*), 52-53*t*, 58, 173-182. *Veja também Maximização versus Satisfação*
    adequação e flexibilidade, 180-181
    considerações culturais, 181
    definição, 173
    Dez Formas de Aumentar a Satisfação, 176-179*fe*
    identificação, 174-176
    manutenção, 181
    reflexão e discussão, 176, 180
Savoring, 212-213*fe*, 218-222. *Veja também Diminuir o Ritmo e Saborear*
Scheel, M. J., 24, 47-48
Schofield, G. M., 16-19
Schrank, B., 6-7
Schuller, S., 64-65
Schwartz, B., 173-174, 176
Seligman, M. E. P., 21-22, 39, 80-81, 279
sessão
    estrutura, genérica, 78-79*t*
    processo terapêutico, 79-83
    roteiros, clínico, 77-80
Sheridan, S., 220
significado, 4-6, 20*t*, 22-23, 64-65, 251-261, 275. *Veja também* Significado e Propósito
    busca de significado positivo, 49-50
    conexão, 252
    definição e benefícios, 251-252
    objetivo, estruturação, 42-43, 44*t*-47*t*
Significado e Propósito, 251-261
    adequação e flexibilidade, 259
    conceitos centrais: Positiva, 251-252
    considerações culturais, 259-260
    manutenção, 260
    nota clínica, 253*q*
    prática na sessão: *Legado Positivo*, 256-257*fe*
    prática na sessão: *Uma História do Seu Passado* e *Antevendo um Objetivo Futuro*, 252, 254*fe*-255*fe*
    recursos, 261
    reflexão e discussão, 256, 258
Sin, N. L., 16-19
sintomas, ingredientes centrais, 25-26
sintonia, 242
Slade, M., 5-7
Sócrates, 9-10
Sofrimento Psiquiátrico, medida, 275
Stalikas, A., 54-55, 62
Stege, R., 80-81
Student Engagement Inventory (SEI), 275
supostos teóricos, 23-24

T

talento, 41-42
Tarrier, N., 6-7
temperança, 40-41*t*, 306-313
    autorregulação, 310-313, 323-324*t*
    forças de caráter, correspondentes, 280*t*
    humildade e modéstia, 307-309, 323-324*t*
    perdão e misericórdia, 306-308, 323-324*t*

prudência, 309-311, 323-324*t*
   uso balanceado, 323-324*t*
teoria do bem-estar, 20-24
terapia da qualidade de vida, 9-10
terapia do bem-estar, 9-10
terapia focada na solução, 9-10
The doctor and the soul: from psychotherapy to logotherapy (Frankl), 58, 252
The handbook of positive psychology interventions, 10-11
The will to meaning (Frankl), 252
Toepfer, S., 62
transcendência, 40-41*t*, 313-321
   apreciação da beleza e excelência, 313-315, 323-324*t*
   esperança e otimismo, 316-318, 323-324*t*
   espiritualidade, 320-321, 323-324*t*
   forças de caráter, correspondentes, 280*t*
   gratidão, 314-317, 323-324*t*
   humor e ludicidade, 318-319, 323-324*t*
   uso balanceado, 323-324*t*
transtorno bipolar, 28-29*t*
transtorno da conduta, disruptivo, controle de impulsos, 32*t*
transtorno da personalidade antissocial, 34*t*
transtorno da personalidade *borderline*, 32*t*, 50
transtorno da personalidade dependente, 34*t*
transtorno da personalidade evitativa, 33*t*-34*t*
transtorno da personalidade histriônica, 33-34*t*
transtorno da personalidade narcisista, 32*t*-34*t*
transtorno da personalidade paranoide, 32*t*, 65
transtorno de ansiedade
   ansiedade antecipatória, 35-37
   generalizada, 28-29*t*
   separação, 29-30*t*
transtorno de déficit de atenção/hiperatividade, 30-31*t*
transtorno de estresse pós-traumático, 4-5, 30-31*t*, 48-49, 65-67, 199, 218
transtorno de oposição desafiante, 30-32*t*
transtorno de pânico, 29-30*t*, 48-49, 65
transtorno depressivo
   Diário de Gratidão, 93-95
   maior, 28-29*t*
   não especificado, com sofrimento ansioso, 28-29*t*

transtorno dismórfico corporal, 30-31*t*
transtorno disruptivo da desregulação do humor, 28-29*t*
transtorno obsessivo-compulsivo, 29-30*t*, 33-34*t*, 48-49
transtornos da personalidade, 32*t*-34*t*
   transtorno da personalidade antissocial, 34*t*
   transtorno da personalidade *borderline*, 32*t*, 50
   transtorno da personalidade dependente, 34*t*
   transtorno da personalidade evitativa, 33*t*-34*t*
   transtorno da personalidade histriônica, 33-34*t*
   transtorno da personalidade narcisista, 32*t*-34*t*
   transtorno da personalidade obsessivo-compulsiva, 29-30*t*, 33-34*t*, 48-49
   transtorno da personalidade paranoide, 32*t*, 65
transtornos de acumulação, 30-31*t*
tratamentos simultâneos, 80-82
trauma, 65-67
Três Coisas Boas, 10-11

U

Um Encontro para Saborear, 214-201
Um Minuto Atento, 263
Uma História do Seu Passado e *Antevendo um Objetivo Futuro*, 252, 254*fe*-255*fe*
Uma Melhor Versão de Mim Mesmo, 52-53*t*, 55-56, 63-65, 139-148
   adequação e flexibilidade, 146
   conceitos centrais: Positiva, 139-140
   considerações culturais, 146
   manutenção, 146-147
   prática na sessão: *Uma Melhor Versão de Mim Mesmo*, 140-143*fe*
   recursos, 147-148
   reflexão e discussão, 144
   vinhetas, 144-145
Uma Memória Fechada, 152-153
Uma Porta Se Fecha, Outra Porta Se abre, 53-54*t*, 59, 192-193*fe*. *Veja também* Esperança e Otimismo

V

Valores em Ação (VIA), classificação das forças, 39-41*t*
Valores em Ação (VIA), Classificação das *Forças de Caráter* e Virtudes, 279
valores, 39-42
Values in Action – Inventory of Strengths (VIA-IS), 42-43, 47-48, 55-56
variáveis moderadoras, mudança terapêutica, 64-65
vício em drogas, 59
vida boa, 9-10
viés otimista, 195
vinhetas, 78-79*t*
virtudes, 279, 280*t*
vitalidade e entusiasmo, 293-295, 322-323*t*
vitimologia, 7-8
Você É Um Maximizador ou um Satisficer?, 174-175*fe*
voluntariado, 243-250. *Veja também* Altruísmo

W

Walker, K., 62
Walsh, S., 62
Westwood, M. J., 6-7
Wood, A., 5-6, 10-11, 26-35
Worthington, E. L. Jr., 162

Y

Yalom, I., 259

IMPRESSÃO:

PALLOTTI
GRÁFICA

Santa Maria - RS | Fone: (55) 3220.4500
www.graficapallotti.com.br